三门峡南交口

河南省文物考古研究所　编著

科 学 出 版 社
北 京

内 容 简 介

本书系统报道了河南省三门峡南交口遗址和古墓葬的发掘成果。该遗址包含仰韶文化一期、二期、三期和二里头文化的遗存，尤以仰韶文化一、二期遗存最为丰富，为进一步认识豫、陕、晋交界地带的古文化面貌、研究仰韶文化各阶段及其发展演变提供了一批重要资料。古墓葬为东周和汉代墓葬，汉墓中有一座带有土冢和围墓沟，在墓底发现具有镇墓性质的五个朱书陶瓶，这为道教起源与发展的研究提供了新的实物资料。

本书可供从事考古学、博物馆学、历史学研究的专家学者及高校相关专业师生阅读、参考。

图书在版编目(CIP)数据

三门峡南交口/河南省文物考古研究所编著. 北京：科学出版社，2009

ISBN 978-7-03-024662-2

Ⅰ. 三… Ⅱ. 河… Ⅲ. ①文化遗址-发掘报告-三门峡市②周墓-发掘报告-三门峡市③汉墓-发掘报告-三门峡市 Ⅳ. K878.055 K878.85

中国版本图书馆 CIP 数据核字（2009）第 085658 号

责任编辑：雷 英/责任校对：朱光光

责任印制：赵德静/封面设计：张 放

科学出版社出版

北京东黄城根北街 16 号

邮政编码：100717

http://www.sciencep.com

中国科学院印刷厂印刷

科学出版社发行 各地新华书店经销

*

2009 年 6 月第 一 版 开本：787×1092 1/16

2009 年 6 月第一次印刷 印张：30 1/2 插页：42

印数：1—1 600 字数：736 000

定价：228.00 元

（如有印装质量问题，我社负责调换〈科印〉）

Nanjiaokou Site in Sanmenxia

Henan Provincial Insititute of Cultural Relics and Archaeology

Science Press

Beijing 2009

序

严文明

三门峡南交口遗址与著名的庙底沟与三里桥遗址同处于黄河南岸的小支流青龙涧岸边，相距仅约12公里，遗址按自然地形从西往东分为三区，主要为仰韶文化遗存，还有少量二里头文化遗存和战国到汉代的墓葬。总面积约12万平方米，是一个不大的中等遗址。

从1997年起，因修建高速公路而进行了三次抢救性发掘，发掘面积达1400平方米。具体布方因为要照顾到三个区域和公路线的走向，所以显得比较零散。发现的房屋、灰坑等遗迹因受客观条件的限制，往往只挖了一部分，完整的遗迹单位很少。出土遗物还比较丰富，但能复原的不算太多；有些器物是画图复原，不一定准确；有些器物型式的划分不尽合理，希望以后有所改进。

从报告中可以看出，尽管是抢救性发掘，地层的划分和遗迹单位的清理还做得比较仔细，整理时对出土器物又经过认真细致的分析与排比，因此在文化分期和文化特征的把握上也都做得不错。

南交口的仰韶文化遗存可以明显分为三期，其中第一期分布于第一区和第二区，第二期分布于第三区，第三期仅分布于第一区的西部一隅。三者之间没有发生叠压打破关系。从文化特征看，第一期大致相当于三里桥仰韶文化一期，但内容要丰富得多。第二期相当于庙底沟的仰韶文化。第三期则相当于山西芮城西王村仰韶文化晚期，即所谓西王村类型的遗存。报告对各期遗存进行了仔细分析。特别是对第一期和第二期的分段比以前的研究更为细密。具体说第一期本身又细分为三段，发展脉络清楚。报告将其同周围大致同期的遗址进行比较后，认为它与半坡类型基本同时而文化特征有别，属于主要分布于半坡类型之东的晋南豫西的一种地方类型即东庄类型，是完全正确的。我过去在提出东庄类型的名称时，限于资料太少，内涵和外延都难以准确把握，只是看到与半坡类型有明显区别，又有各自的分布区域，自不应简单地归入同一类型。南交口的发掘不但大大充实了东庄类型的内容，而且本身发展脉络和分布区域也比过去远为清晰。报告将该遗址仰韶文化的第二期遗存本身更细分为三期六段，发展脉络也更加清晰。将其与庙底沟和西阴村等遗址的仰韶文化遗存比较，毫无疑问是属于庙底沟类型的，但其早期比庙底沟和西阴村的早期还要早些，与第一期的第三段已经十分接近。如果把东庄村的仰韶文化遗存插入，从第一期到第二期就基本上没有缺环了。为了更清楚地说明第一期和第二期之间，也就是东庄类型和庙底沟类型之间的关系，报告的作者在结语中还从六个方面进行了全面论证，证明庙底沟类型就是从东庄类型发展而来的。在发展过程中有大量因素的继承，也有部分旧因素的淘汰或改造，还有若干新因素的产生以及周边文化类型的影响。这是任何考古学文化发展过程中常见的现象，因此二者应该是属于同一文化的两期，即仰韶文化的早期和中期，而不是分属于两个文化。至于比东庄类型更早的枣园和东关一期文化遗存，有的学者认为是庙底沟类型的源头，并以此来论证半坡类型或半坡文化与庙底沟类型或庙底沟文化是平行发展的。但枣园一类遗存与庙底沟类型中间隔了一个东庄类型，自然不可能是直接继承和发展的关系。何况东关一期之后的东关二期就属于东庄类型而不是庙底沟类型。由河南省文物考古研究所发掘的灵宝底董遗址主要是与东关一期相同的文化遗存，紧接其后的乃是东庄类型的早期而非庙底沟类型。南交口遗址的发掘与研究在这个问题上的明显进展，应该是一个重要的收获。至于仰韶文化以后的二里头文化和战国—汉代墓葬的资料也很重要，特别是汉墓的资料很有特色，这里就不多加讨论了。

作为一个考古报告，应该全面如实而准确地反映田野工作和室内整理研究的成果，这一点本报告基本是做到了，而且做得很细致，很认真。但考古报告的编写应该在满足上述要求的前提下，力求简洁洗练，表达明确，逻辑严密顺畅，文字、表格、插图和图版要相互配合，相得益彰。既要全面，又要重点突出，不能轻重不分地一律对待；特别要避免不必要的重复。在这方面，本报告的编写是有缺点的，希望以后有所改进。

目　　录

序 …………………………………………………………………… 严文明（i）

第一章　概述 ………………………………………………………… （1）

第一节　地理位置与历史沿革 ……………………………………… （1）

一、地理位置 ………………………………………………………… （1）

二、历史沿革 ………………………………………………………… （2）

第二节　自然环境 …………………………………………………… （2）

一、地质与地貌 ……………………………………………………… （2）

二、气候、土壤与植被 ……………………………………………… （4）

三、自然环境对古人类生存的影响 ………………………………… （5）

四、遗址所在小区域的地貌 ………………………………………… （5）

第三节　发掘、资料整理与报告编写 ……………………………… （6）

一、发掘经过 ………………………………………………………… （6）

二、资料整理与报告编写经过 ……………………………………… （7）

三、报告编写体例说明 ……………………………………………… （8）

第二章　遗址分区与文化堆积 ……………………………………… （10）

第一节　遗址分区 …………………………………………………… （10）

第二节　探方分布 …………………………………………………… （10）

第三节　文化堆积 …………………………………………………… （14）

第三章　仰韶文化一期遗存 ………………………………………… （21）

第一节　文化遗迹 …………………………………………………… （21）

一、房址 ……………………………………………………………… （21）

二、灰坑 ……………………………………………………………… （22）

三、墓葬 ……………………………………………………………… （29）

第二节　文化遗物 …………………………………………………… （30）

一、陶器 ……………………………………………………………… （30）

二、石器 ……………………………………………………………… （63）

三、骨器 ……………………………………………………………… （64）

第三节　植物遗存 …………………………………………………………（64）
第四节　遗存分段与各段文化特征 ……………………………………（65）
一、遗存分段 ………………………………………………………………（65）
二、各段文化特征 …………………………………………………………（67）
第四章　仰韶文化二期遗存 ……………………………………………（72）
第一节　文化遗迹 …………………………………………………………（72）
一、房址 ……………………………………………………………………（72）
二、灰坑 ……………………………………………………………………（78）
三、灰沟 ……………………………………………………………………（89）
四、灶址 ……………………………………………………………………（92）
五、墓葬 ……………………………………………………………………（92）
第二节　文化遗物 …………………………………………………………（94）
一、陶器 ……………………………………………………………………（94）
二、石器 ……………………………………………………………………（185）
三、骨器 ……………………………………………………………………（196）
第三节　动、植物遗存 ……………………………………………………（198）
一、动物遗存 ………………………………………………………………（198）
二、植物遗存 ………………………………………………………………（199）
第四节　遗存分期与各期文化特征 ……………………………………（199）
一、遗存分期、分段 ………………………………………………………（199）
二、各期、各段文化特征 …………………………………………………（206）
第五章　仰韶文化三期遗存 ……………………………………………（221）
第一节　文化遗迹 …………………………………………………………（221）
第二节　文化遗物 …………………………………………………………（222）
一、陶器 ……………………………………………………………………（222）
二、石器 ……………………………………………………………………（227）
第三节　动物遗存 …………………………………………………………（229）
第六章　二里头文化遗存 ………………………………………………（230）
第一节　文化遗迹 …………………………………………………………（230）
一、房址 ……………………………………………………………………（230）
二、灰坑 ……………………………………………………………………（232）
三、墓葬 ……………………………………………………………………（235）
第二节　文化遗物 …………………………………………………………（236）

一、陶器 …………………………………………………………………………………… (236)
二、石器 …………………………………………………………………………………… (243)
第三节　遗存分期与各期文化特征 ………………………………………………………… (245)
一、遗存分期、分段 ……………………………………………………………………… (245)
二、各期、各段文化特征 …………………………………………………………………… (246)
第七章　东周、汉代墓葬 ………………………………………………………………… (248)
第一节　东周墓葬 ……………………………………………………………………………… (248)
第二节　汉代墓葬 ……………………………………………………………………………… (255)
一、长方形竖穴土坑墓 …………………………………………………………………… (255)
二、土洞墓 …………………………………………………………………………………… (258)
三、砖室墓 …………………………………………………………………………………… (268)
第八章　结语 ………………………………………………………………………………… (304)
一、仰韶文化各期基本文化特征与文化类型 ………………………………………… (304)
二、仰韶文化一、二期之间的关系 ……………………………………………………… (308)
三、仰韶文化各期聚落形态的初步考察 ………………………………………………… (312)
四、仰韶文化各期环境、农业状况的讨论 ……………………………………………… (316)
五、关于二里头文化遗存 …………………………………………………………………… (320)
六、关于东周、汉代墓葬 …………………………………………………………………… (321)
附表 …………………………………………………………………………………………… (327)
附录一　三门峡市交口一带考古调查报告 ……………………………………………… (386)
附录二　南交口遗址1997年出土仰韶文化中期农作物遗存初步研究 ……………… (420)
附录三　南交口遗址2007年出土仰韶文化早、中期植物遗存及相关问题探讨 …… (427)
附录四　南交口遗址^{14}C年代的测定与相关遗存的年代 …………………………… (436)
附录五　南交口东汉墓镇墓瓶朱书文考略 ……………………………………………… (444)
附录六　南交口东汉墓出土“五石”的分析及相关研究 ……………………………… (452)
后记 …………………………………………………………………………………………… (459)
Abstract ……………………………………………………………………………………… (460)

插图目录

图一　南交口遗址地理位置图 ……………………………………………… (1)
图二　南交口附近东青龙涧河地貌第四纪综合剖面图 ……………………… (6)
图三　南交口遗址地形及探方分布图 ……………………………………… (插页)
图四　南交口遗址Ⅰ区遗迹总平面图 ……………………………………… (11)
图五　南交口遗址Ⅱ区及Ⅲ区西北部遗迹总平面图 ………………………… (12)
图六　南交口遗址Ⅲ区中部偏北、北部遗迹总平面图 …………………… (插页)
图七　南交口遗址Ⅲ区南部遗迹总平面图 ………………………………… (14)
图八　T35 南壁剖面图 ……………………………………………………… (15)
图九　T27 东壁剖面图 ……………………………………………………… (16)
图一〇　T24 北壁剖面图 …………………………………………………… (16)
图一一　T17 北壁剖面图 …………………………………………………… (17)
图一二　T1 北壁剖面图 ……………………………………………………… (18)
图一三　T4 南壁剖面图 ……………………………………………………… (18)
图一四　T03 南壁剖面图 …………………………………………………… (19)
图一五　仰韶文化一期 F8 平、剖面图 …………………………………… (21)
图一六　仰韶文化一期 H87 平、剖面图 ………………………………… (23)
图一七　仰韶文化一期 H54 平、剖面图 ………………………………… (23)
图一八　仰韶文化一期 H55 平、剖面图 ………………………………… (24)
图一九　仰韶文化一期 H78 平、剖面图 ………………………………… (24)
图二〇　仰韶文化一期 H46 平、剖面图 ………………………………… (25)
图二一　仰韶文化一期 H74 平、剖面图 ………………………………… (26)
图二二　仰韶文化一期 H43 平、剖面图 ………………………………… (27)
图二三　仰韶文化一期 H72 平、剖面图 ………………………………… (28)
图二四　仰韶文化一期 H44 平、剖面图 ………………………………… (29)
图二五　仰韶文化一期 H67 平、剖面图 ………………………………… (29)
图二六　仰韶文化一期 M7 平、剖面图 …………………………………… (30)
图二七　仰韶文化一期 M8 平、剖面图 …………………………………… (30)

图二八　仰韶文化一期第Ⅰ段彩陶片 …………………………………………（31）
图二九　仰韶文化一期第Ⅱ段彩陶片 …………………………………………（32）
图三〇　仰韶文化一期第Ⅲ段彩陶片 …………………………………………（33）
图三一　仰韶文化一期陶盆 ……………………………………………………（34）
图三二　仰韶文化一期乙类陶盆 ………………………………………………（35）
图三三　仰韶文化一期乙类陶盆 ………………………………………………（37）
图三四　仰韶文化一期陶钵 ……………………………………………………（39）
图三五　仰韶文化一期陶钵 ……………………………………………………（40）
图三六　仰韶文化一期陶碗 ……………………………………………………（42）
图三七　仰韶文化一期陶碗 ……………………………………………………（43）
图三八　仰韶文化一期陶窄沿罐 ………………………………………………（44）
图三九　仰韶文化一期陶窄沿罐 ………………………………………………（46）
图四〇　仰韶文化一期陶宽沿罐 ………………………………………………（47）
图四一　仰韶文化一期陶宽沿罐 ………………………………………………（48）
图四二　仰韶文化一期陶无沿罐 ………………………………………………（49）
图四三　仰韶文化一期泥质陶罐 ………………………………………………（50）
图四四　仰韶文化一期陶罐 ……………………………………………………（51）
图四五　仰韶文化一期陶筒形罐 ………………………………………………（52）
图四六　仰韶文化一期陶罐底 …………………………………………………（53）
图四七　仰韶文化一期陶小口尖底瓶 …………………………………………（53）
图四八　仰韶文化一期陶瓶 ……………………………………………………（54）
图四九　仰韶文化一期陶小钵 …………………………………………………（56）
图五〇　仰韶文化一期陶小盆 …………………………………………………（57）
图五一　仰韶文化一期陶小罐 …………………………………………………（58）
图五二　仰韶文化一期陶小碗 …………………………………………………（59）
图五三　仰韶文化一期陶缸 ……………………………………………………（60）
图五四　仰韶文化一期陶器盖 …………………………………………………（61）
图五五　仰韶文化一期陶器座 …………………………………………………（62）
图五六　仰韶文化一期陶小杯 …………………………………………………（62）
图五七　仰韶文化一期陶瓮 ……………………………………………………（62）
图五八　仰韶文化一期陶鼎 ……………………………………………………（62）
图五九　仰韶文化一期石核 ……………………………………………………（63）
图六〇　仰韶文化一期骨环 ……………………………………………………（64）

图六一　仰韶文化一期典型陶器分段图 …………………………………… (70)
图六二　仰韶文化二期 F5 平、剖面图 …………………………………… (73)
图六三　仰韶文化二期 F1 平、剖面图 …………………………………… (74)
图六四　仰韶文化二期 F2 平、剖面图 …………………………………… (75)
图六五　仰韶文化二期 F3 平、剖面图 …………………………………… (76)
图六六　仰韶文化二期 F9 平、剖面图 …………………………………… (77)
图六七　仰韶文化二期 H13 平、剖面图 ………………………………… (78)
图六八　仰韶文化二期 H2 平、剖面图 …………………………………… (79)
图六九　仰韶文化二期 H3 平、剖面图 …………………………………… (80)
图七〇　仰韶文化二期 H4 平、剖面图 …………………………………… (81)
图七一　仰韶文化二期 H8 平、剖面图 …………………………………… (82)
图七二　仰韶文化二期 H16 平、剖面图 ………………………………… (83)
图七三　仰韶文化二期 H18 平、剖面图 ………………………………… (84)
图七四　仰韶文化二期 H19 平、剖面图 ………………………………… (85)
图七五　仰韶文化二期 H62 平、剖面图 ………………………………… (85)
图七六　仰韶文化二期 H30 平、剖面图 ………………………………… (86)
图七七　仰韶文化二期 H91 平、剖面图 ………………………………… (86)
图七八　仰韶文化二期 H35 平、剖面图 ………………………………… (87)
图七九　仰韶文化二期 H38 平、剖面图 ………………………………… (87)
图八〇　仰韶文化二期 H89 平、剖面图 ………………………………… (88)
图八一　仰韶文化二期 H6 平、剖面图 …………………………………… (89)
图八二　仰韶文化二期 G1 平、剖面图 …………………………………… (90)
图八三　仰韶文化二期 G2 平、剖面图 …………………………………… (91)
图八四　仰韶文化二期 Z1 平、剖面图 …………………………………… (92)
图八五　仰韶文化二期 M2 平、剖面图 …………………………………… (93)
图八六　仰韶文化二期甲类陶盆 ………………………………………… (96)
图八七　仰韶文化二期甲类陶盆 ………………………………………… (97)
图八八　仰韶文化二期乙类陶盆 ………………………………………… (100)
图八九　仰韶文化二期乙类陶盆 ………………………………………… (101)
图九〇　仰韶文化二期乙类陶盆 ………………………………………… (103)
图九一　仰韶文化二期乙类陶盆 ………………………………………… (104)
图九二　仰韶文化二期乙类陶盆 ………………………………………… (106)
图九三　仰韶文化二期乙类陶盆 ………………………………………… (107)

图九四　仰韶文化二期乙类陶盆 ……………………………………………（109）
图九五　仰韶文化二期乙类陶盆 ……………………………………………（111）
图九六　仰韶文化二期乙类陶盆 ……………………………………………（112）
图九七　仰韶文化二期乙类陶盆 ……………………………………………（114）
图九八　仰韶文化二期乙类陶盆 ……………………………………………（115）
图九九　仰韶文化二期夹砂陶罐 ……………………………………………（117）
图一〇〇　仰韶文化二期夹砂陶罐 …………………………………………（118）
图一〇一　仰韶文化二期夹砂陶罐 …………………………………………（120）
图一〇二　仰韶文化二期夹砂陶罐 …………………………………………（121）
图一〇三　仰韶文化二期夹砂陶罐 …………………………………………（123）
图一〇四　仰韶文化二期夹砂陶罐 …………………………………………（124）
图一〇五　仰韶文化二期陶碗 ………………………………………………（126）
图一〇六　仰韶文化二期陶碗 ………………………………………………（128）
图一〇七　仰韶文化二期陶碗 ………………………………………………（129）
图一〇八　仰韶文化二期陶碗 ………………………………………………（132）
图一〇九　仰韶文化二期陶碗 ………………………………………………（133）
图一一〇　仰韶文化二期陶碗 ………………………………………………（134）
图一一一　仰韶文化二期陶碗 ………………………………………………（135）
图一一二　仰韶文化二期陶小口瓶 …………………………………………（137）
图一一三　仰韶文化二期陶小口瓶 …………………………………………（139）
图一一四　仰韶文化二期陶小口瓶 …………………………………………（140）
图一一五　仰韶文化二期陶小口瓶 …………………………………………（141）
图一一六　仰韶文化二期陶钵 ………………………………………………（142）
图一一七　仰韶文化二期陶钵 ………………………………………………（143）
图一一八　仰韶文化二期甲类陶缸 …………………………………………（145）
图一一九　仰韶文化二期甲类陶缸 …………………………………………（147）
图一二〇　仰韶文化二期甲类陶缸 …………………………………………（148）
图一二一　仰韶文化二期乙类陶缸 …………………………………………（150）
图一二二　仰韶文化二期乙类陶缸 …………………………………………（151）
图一二三　仰韶文化二期甲类陶器盖 ………………………………………（152）
图一二四　仰韶文化二期甲类陶器盖 ………………………………………（153）
图一二五　仰韶文化二期甲类陶器盖 ………………………………………（154）
图一二六　仰韶文化二期陶器盖 ……………………………………………（155）

图一二七 仰韶文化二期陶瓮 ……（156）
图一二八 仰韶文化二期乙类陶瓮 ……（156）
图一二九 仰韶文化二期乙类陶瓮 ……（157）
图一三〇 仰韶文化二期乙类陶瓮 ……（158）
图一三一 仰韶文化二期陶釜 ……（159）
图一三二 仰韶文化二期泥质陶罐 ……（160）
图一三三 仰韶文化二期彩陶罐 ……（161）
图一三四 仰韶文化二期夹砂陶小罐 ……（162）
图一三五 仰韶文化二期泥质陶小罐 ……（163）
图一三六 仰韶文化二期陶小折腹罐 ……（163）
图一三七 仰韶文化二期陶小盆 ……（164）
图一三八 仰韶文化二期陶器 ……（165）
图一三九 仰韶文化二期陶灶 ……（166）
图一四〇 仰韶文化二期陶器座 ……（167）
图一四一 仰韶文化二期陶甑 ……（169）
图一四二 仰韶文化二期陶壶 ……（170）
图一四三 仰韶文化二期陶器 ……（170）
图一四四 仰韶文化二期彩陶图案 ……（174）
图一四五 仰韶文化二期彩陶图案 ……（177）
图一四六 仰韶文化二期陶工具 ……（182）
图一四七 仰韶文化二期陶环 ……（183）
图一四八 仰韶文化二期陶环 ……（184）
图一四九 仰韶文化二期石铲 ……（186）
图一五〇 仰韶文化二期石铲形器 ……（187）
图一五一 仰韶文化二期石磨棒 ……（188）
图一五二 仰韶文化二期石器 ……（189）
图一五三 仰韶文化二期石器 ……（191）
图一五四 仰韶文化二期石球 ……（192）
图一五五 仰韶文化二期石器 ……（193）
图一五六 仰韶文化二期石器 ……（195）
图一五七 仰韶文化二期石器 ……（196）
图一五八 仰韶文化二期骨器与骨饰 ……（197）
图一五九 仰韶文化二期动物遗存 ……（198）

图一六〇　仰韶文化二期典型陶器演变图 …………………………………………（208）
图一六一　仰韶文化三期 H01 平、剖面图 …………………………………………（221）
图一六二　仰韶文化三期 H02 平、剖面图 …………………………………………（221）
图一六三　仰韶文化三期 H01 出土陶器 …………………………………………（223）
图一六四　仰韶文化三期 H01 出土陶器 …………………………………………（225）
图一六五　仰韶文化三期 H01 出土陶器 …………………………………………（226）
图一六六　仰韶文化三期 H01 出土石器 …………………………………………（228）
图一六七　仰韶文化三期 H01 出土动物遗存 …………………………………………（229）
图一六八　二里头文化 F7 平、剖面图 …………………………………………（231）
图一六九　二里头文化 H07 平、剖面图 …………………………………………（232）
图一七〇　二里头文化 H73 平、剖面图 …………………………………………（233）
图一七一　二里头文化 H80 平、剖面图 …………………………………………（234）
图一七二　二里头文化 H03 平、剖面图 …………………………………………（234）
图一七三　二里头文化 H79 平、剖面图 …………………………………………（234）
图一七四　二里头文化 H06 平、剖面图 …………………………………………（235）
图一七五　二里头文化 M10 平、剖面图 …………………………………………（235）
图一七六　二里头文化陶器 …………………………………………（237）
图一七七　二里头文化陶器 …………………………………………（239）
图一七八　二里头文化陶器 …………………………………………（241）
图一七九　二里头文化陶器 …………………………………………（243）
图一八〇　二里头文化石器 …………………………………………（244）
图一八一　东周 M4 平、剖面图…………………………………………（249）
图一八二　东周 M4 出土陶器与石器…………………………………………（250）
图一八三　东周 M5 平、剖面图…………………………………………（252）
图一八四　东周 M5 出土陶器、石器与骨器…………………………………………（253）
图一八五　东周 M6 平、剖面图…………………………………………（254）
图一八六　汉代铜带钩 …………………………………………（255）
图一八七　汉代 M11 平、剖面图 …………………………………………（256）
图一八八　汉代 M14 平、剖面图 …………………………………………（257）
图一八九　汉代 M15 平、剖面图 …………………………………………（259）
图一九〇　汉代 M16 平、剖面图 …………………………………………（260）
图一九一　汉代 M16 出土陶器 …………………………………………（261）
图一九二　汉代 M3 平、剖面图…………………………………………（263）

图一九三　汉代 M3 出土陶器……………………………………………………………（265）
图一九四　汉代 M3 出土陶器、铁器与铜钱………………………………………………（266）
图一九五　汉代 M3 出土陶器……………………………………………………………（267）
图一九六　汉代 M3 出土铜镜……………………………………………………………（268）
图一九七　汉代 M1 平、剖面图…………………………………………………………（269）
图一九八　汉代 M1 出土陶器与铜钱……………………………………………………（270）
图一九九　汉代 M1 出土铜器与铁器……………………………………………………（271）
图二〇〇　汉代 M9 平、剖面图 …………………………………………………………（272）
图二〇一　汉代 M12 平、剖面图 ………………………………………………………（274）
图二〇二　汉代 M12 出土陶器 …………………………………………………………（275）
图二〇三　汉代 M13 平、剖面图 ………………………………………………………（276）
图二〇四　汉代 M13 出土陶器 …………………………………………………………（277）
图二〇五　汉代 M17 平、剖面及与附近墓葬关系图…………………………………（插页）
图二〇六　汉代 M17 地下部分平、剖面图……………………………………………（插页）
图二〇七　汉代 M17 出土陶器 …………………………………………………………（282）
图二〇八　汉代 M17 出土陶器 …………………………………………………………（283）
图二〇九　汉代 M17 出土陶器 …………………………………………………………（284）
图二一〇　汉代 M17 出土陶盘 …………………………………………………………（285）
图二一一　汉代 M17 出土陶器 …………………………………………………………（287）
图二一二　汉代 M17 出土陶器、石器与铜器 …………………………………………（288）
图二一三　汉代 M17 出土陶镇墓瓶 ……………………………………………………（290）
图二一四　汉代 M17 出土陶镇墓瓶 ……………………………………………………（292）
图二一五　汉代 M17 出土陶镇墓瓶 ……………………………………………………（293）
图二一六　汉代 M17 出土陶器与铁器 …………………………………………………（294）
图二一七　汉代 M17 出土铜器、铁器、铅器、玉器与骨器 …………………………（296）
图二一八　汉代 M18 平、剖面图 ………………………………………………………（300）
图二一九　汉代 M18 出土陶器、石器、铜器与铜钱 …………………………………（301）

插表目录

表一　仰韶文化一期 F8 柱洞登记表 …………………………………… (22)
表二　仰韶文化一期典型单位主要陶器组合表 ………………………… (66)
表三　仰韶文化一期陶器分段表 ………………………………………… (66)
表四　仰韶文化二期 F5 柱洞登记表 …………………………………… (73)
表五　仰韶文化二期 F2 柱洞登记表 …………………………………… (75)
表六　仰韶文化二期 F9 柱洞登记表 …………………………………… (77)
表七　仰韶文化二期 M2 人骨鉴定登记表 ……………………………… (94)
表八　仰韶文化二期典型单位主要陶器组合表 ………………………… (200)
表九　仰韶文化二期陶器分期、分段表 ………………………………… (202)
表一〇　仰韶文化二期彩陶纹样分期、分段表 ………………………… (205)
表一一　二里头文化 F7 柱洞登记表 …………………………………… (231)

彩版目录

彩版一　南交口遗址全貌
彩版二　南交口遗址局部
彩版三　南交口遗址及其附近地貌示意图
彩版四　南交口遗址发掘现场
彩版五　南交口遗址调查、土样采集
彩版六　仰韶文化一期灰坑（H78）
彩版七　仰韶文化一期墓葬（M7、M8）
彩版八　仰韶文化一期彩陶片
彩版九　仰韶文化一期陶器
彩版一〇　仰韶文化一期陶器
彩版一一　仰韶文化二期房址、灰坑与灶址（F1、H2、Z1）
彩版一二　仰韶文化二期墓葬（M2）
彩版一三　仰韶文化二期陶器
彩版一四　仰韶文化二期陶器
彩版一五　仰韶文化二期陶器
彩版一六　仰韶文化二期陶器
彩版一七　仰韶文化二期陶器
彩版一八　仰韶文化二期陶器
彩版一九　仰韶文化二期陶器
彩版二〇　仰韶文化二期黑色彩陶片
彩版二一　仰韶文化二期黑色彩陶片与白衣彩陶片
彩版二二　仰韶文化二期陶器与石器
彩版二三　仰韶文化二期石器
彩版二四　汉代墓葬出土陶模型明器
彩版二五　汉代墓葬出土陶镇墓瓶及其内置物
彩版二六　汉代墓葬出土陶镇墓瓶及其内置物
彩版二七　汉代墓葬出土玉璩

彩版二八　北梁遗址与朱家沟遗址
彩版二九　卢家店遗址与大交口遗址
彩版三〇　小交口遗址与卢家店南遗址
彩版三一　南交口遗址浮选植物遗存
彩版三二　南交口遗址浮选植物遗存

图版目录

图版一　南交口遗址局部

图版二　南交口遗址局部与Ⅱ区发掘现场

图版三　南交口遗址发掘现场

图版四　南交口遗址发掘现场

图版五　仰韶文化一期灰坑（H78）

图版六　仰韶文化一期墓葬（M7、M8）

图版七　仰韶文化一期陶器、石器与骨器

图版八　仰韶文化一期陶器

图版九　仰韶文化二期房址与灶址（F5、Z1）

图版一〇　仰韶文化二期房址（F1）

图版一一　仰韶文化二期墓葬（M2）

图版一二　仰韶文化二期陶器

图版一三　仰韶文化二期陶器

图版一四　仰韶文化二期陶器

图版一五　仰韶文化二期陶器

图版一六　仰韶文化二期陶器

图版一七　仰韶文化二期陶器

图版一八　仰韶文化二期陶器与石器

图版一九　仰韶文化二期石器与骨器

图版二〇　仰韶文化二期石器

图版二一　仰韶文化二期石器

图版二二　仰韶文化三期陶器

图版二三　二里头文化房址与墓葬（F7、M10）

图版二四　二里头文化陶器

图版二五　二里头文化石铲

图版二六　东周墓葬出土陶器

图版二七　东周墓葬出土陶器
图版二八　汉代墓葬及其出土陶器
图版二九　汉代墓葬出土陶器
图版三〇　汉代墓葬出土陶器与铜器
图版三一　汉代墓葬出土陶器
图版三二　汉代墓葬出土陶器与铜器
图版三三　汉代墓葬出土陶器与铜器
图版三四　汉代墓葬出土陶器
图版三五　汉代墓葬（M17）
图版三六　汉代墓葬（M17）
图版三七　汉代墓葬（M17）
图版三八　汉代墓葬出土陶器
图版三九　汉代墓葬出土陶器
图版四〇　汉代墓葬出土陶器
图版四一　汉代墓葬出土陶器与石器
图版四二　汉代墓葬出土陶器与铜器
图版四三　交口一带遗址出土陶器与石器
图版四四　南交口遗址浮选植物遗存

第一章 概　述

第一节　地理位置与历史沿革

一、地理位置

南交口遗址位于河南省三门峡市区东约7公里的湖滨区交口乡交口村南交口组西，位处黄河一级支流青龙涧河及其支流东青龙涧河交汇处东南，分布于河南岸二级阶地及黄土台塬边坡上，总面积约12万平方米，地理坐标为东经111°16′53″，北纬34°43′02″，海拔475.2～539.2米（图一；彩版一；彩版二，1；图版一；图版二，1）。

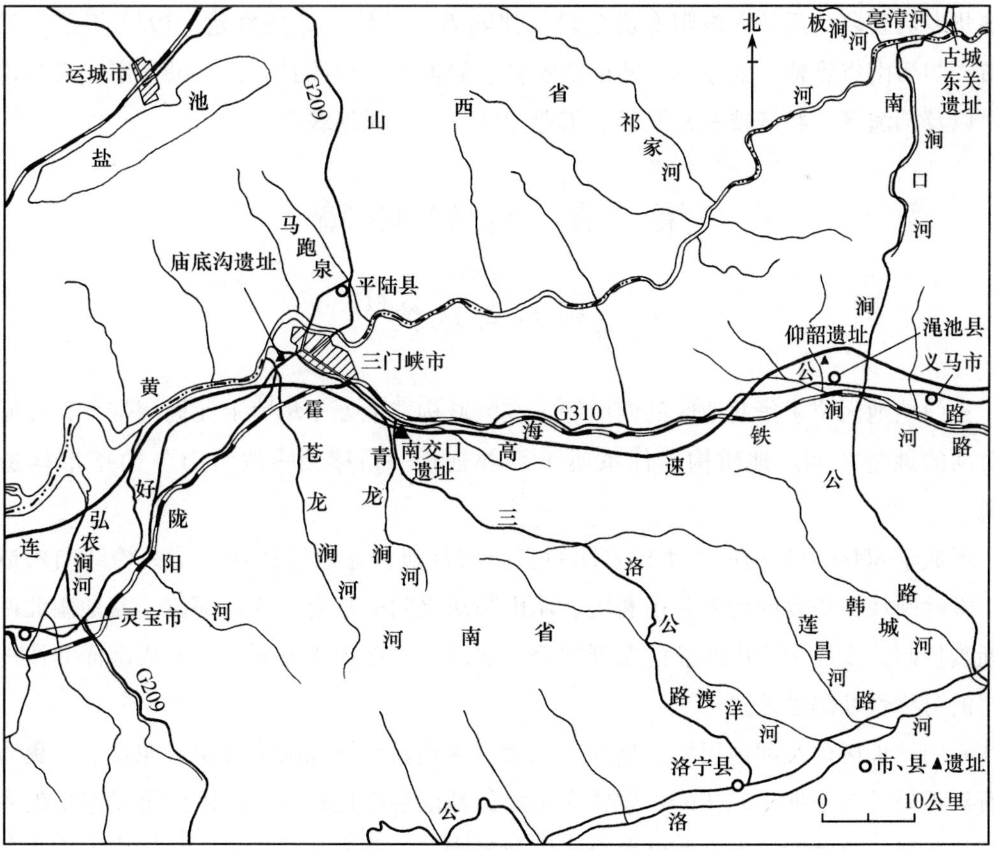

图一　南交口遗址地理位置图

三门峡市位于黄河中游，地处陕、晋、豫三省交界地带。其北临黄河天险，南依秦岭余脉干山，西据函谷要塞，东扼崤函故道，自古便是我国东西方陆路、水路交道的咽喉之地。现今有陇海铁路、郑（州）西（安）铁路客运专线、310国道、连（云港）霍（尔果斯）高速公路横贯东西，209国道纵穿南北，是我国东南连接西北和欧亚大陆桥中的接力站，具有承东启西、北连南进的重要地位。

二、历史沿革

三门峡一带夏、商时期乃豫州之域。西周初年周公、召公于此分陕而治天下，焦国、虢国先后立国建都此地。春秋时期晋假虞灭虢，该地被纳入晋国版图，三家分晋之后，魏占其地。秦国时置陕县，属三川郡，始皇据此地东窥中原，继而统一六国。汉属弘农郡，三国为曹魏恒农郡。晋属司州弘农郡，北魏置陕州。隋属弘农郡，唐设大都督府。五代十国之后，宋、金又置陕州，元、明陕州属河南府，清升陕州为直隶州，州属河陕汝道。险要的地理位置，使其在历史上有着复杂的建置沿革。1949年以后，这里置陕州专员公署，后并入洛阳专员公署。伴随着三门峡水库的修建，1957年设立三门峡市，归河南省管辖。如今三门峡市辖陕县、渑池县、卢氏县三县，灵宝市、义马市二市，以及湖滨区、经济技术开发区、工业园区三区，属地级市。

第二节 自然环境

一、地质与地貌[1]

三门峡地区位于华北地区的西南缘，在区域构造上处于华熊上元拗摺带上，在崤山和黄河的地堑之间。地质构造体系属于“祁连山—吕梁山—贺兰山”山字形构造的前弧。

形成于8000万年前的中生代末期的三门峡盆地，盆地构造基础是秦岭纬向构造带的小秦岭断块与华夏向的中条山断块、崤山断块之间的复合、联合部位。盆地南北两侧为断裂控制，南缘为华山断裂的东延部分，北缘为中条山南坡断裂，形成南深北浅的半封闭的对称性断陷盆地。

三门峡地区内沉积地层发育良好，从太古界到新生界除缺失志留、泥盆、上奥陶至下石炭系外的各个地质时代的地层皆有出露，地层层序比较完整。区内可见厚层的寒武纪鲕状灰岩、竹叶状灰岩夹紫红色页岩以及奥陶纪的灰岩和白云岩。区域内岩土大部分为上更新统及中更新统黄土所覆盖，仅在义马、陕县东部的偏东地带有局部基岩出露。

本区属于汾渭地震带的南端，历史上该地震带较为活跃，主要分布于中条山南侧山西省平陆县境，渑池和三门峡一带为其影响区。根据国家地震局和建设部震发办（92）160号文件中的《中国地震烈度区划图（1990）》以及《河南省地震烈度（6°~8°）市县一览表》，三门峡、陕县一带为地震烈度8°区[2]。

三门峡地区位于黄土高原东南部边缘，系豫西丘陵山区的一部分。其地处于豫、晋、陕三省交界，东西长约120公里，南北宽约40公里。南临秦岭支脉——小秦岭和崤山，北临中条山，东接韶山，西连渭河谷地，构成三门峡盆地的周围轮廓。三门峡盆地地势总体西南高，东北低，从南向北海拔高度由2000米以上递减到低于200米。盆地内洪积、冲积和坡积黄土广泛分布。小秦岭、崤山以北地带，地势由南向北倾斜度逐渐降低，地貌类型依次为基岩山地—黄土丘陵、台塬—河谷平原阶地。盆地内部的河谷平原、塬地、黄土丘陵、山麓冲洪积平原，呈与盆地一致的东西向延伸，南北排列。

山地主要包括中山和低山两个类型。其中中山包括小秦岭、崤山、伏牛山、熊耳山以及韶山等山地，海拔均在1000~2000米以上，相对高度在500~1000米以上。在小秦岭和崤山北坡的山前地带多有山麓冲洪积平原分布。冲洪积倾斜平原主要由山麓洪积扇群联合而成，尤其是沿小秦岭山脉北麓呈条带状连续分布，地势南高北低，倾角3°~5°，海拔500~700米，一般由巨厚的冲、洪积物和黄土组成。

低山包括基岩低山和黄土低山两类。基岩低山主要呈片状或带状分布在中山附近，海拔多在500~1000米之间，相对高度多在200~600米之间，在灵宝、卢氏、陕县、渑池等境内都有分布。黄土低山主要分布在灵宝和渑池北部，海拔700~800米，相对高度200~500米。黄土低山表层为浅黄色黄土和红色黄土，下部为第三纪红色沙砾岩，局部也有古老变质岩或石英岩或石英砂岩。

本区内丘陵包括石质丘陵和黄土丘陵两类。石质丘陵主要分布在北部和东部的低山边缘，呈片状分布，海拔一般在500米左右，相对高度小于200米。黄土丘陵主要分布在灵宝、陕县和湖滨区内，依崤山和小秦岭北麓低山地段展开，海拔在500~700米之间，相对高度在80~110米。丘坡平缓，顶部浑圆，一般坡度10°~15°。

黄土塬在盆地中沿黄河谷地南侧呈东西向带状分布，分布范围西起灵宝，东至陕县，海拔500~600米，塬面大小不一，宽度变化较大，均向北微倾斜，坡度很小，一般仅1°~2°。塬北面以30~50米高的陡壁与黄河阶地分开，南接黄土丘陵，东南以深切的河谷或沟谷为界与其他地形分开。整个塬为近南北向的河流和黄土冲沟分割，比高一般在50~80米。

河谷平原由黄土物质组成，主要分布在黄河谷地南侧及其较大支流两旁。黄河南侧的河谷平原，大部分海拔300~400米，由黄土三级阶地组成，自西向东沿河分布，地势由南向北呈梯级降低，宽度不等，各地差别较大，一般宽度2000~3500米，最窄

1000 米左右，最宽 7500 米以上。

三门峡地区河流沟溪较多，有河流 3000 多条，其中较大河流 29 条。本区以熊耳山为界分为长江、黄河两大流域，以黄河流域面积最大。多数河流的发源地或大部分河床都在山地丘陵间，水流湍急，落差大。黄河从市境北缘流过，流经市辖区的长度为 201.1 公里。沿途纳入众多河流，支流流域面积占市总面积的 85% 以上，大的支流有洛河、弘农涧河、青龙涧河、苍龙涧河等。

二、气候、土壤与植被

三门峡地区大部属暖温带大陆性季风气候，四季分明，气候温和，光照充足。多年平均气温为 13.9℃，7 月平均气温为 26.7℃，1 月平均气温为 －0.7℃。因境内高差悬殊，气温的垂直变化比较明显。多年平均降水量在 550～800 毫米，但年际变化大，年内分布不均匀，主要集中在 6～9 月，占全年总降水量的 60% 以上，特别是冬春缺雨，伏旱严重，秋季雨量集中。多年平均全年无霜期 217 天左右。受季风气候影响，冬季多西北风，夏季多偏东风。灾害性气象有干旱、暴雨、冰雹、风灾（干热风）等。

三门峡地区土壤类型具有明显的垂直分布和水平分布特征。垂直分布从黄河岸边到南部山地，依次分布着潮土、褐土、黄棕壤、棕壤；水平分布以陕县张茅为界，东部为红土地貌，西部为黄土地貌。

本区内棕壤分布面积占土壤总面积的 12.5%，分布于小秦岭、崤山、熊耳山及伏牛山中山植被下、海拔 800 米以上、坡度大于 30°的地带。其中分布面积最大的土壤类型是褐土，占土壤总面积的 54%，广泛分布在海拔 200～800 米之间的低山、丘陵、河谷等地。本区内黄棕壤土主要分布在海拔 1100 米以下的熊耳山南麓和伏牛山地，占总面积的 3.6%，属于亚热带向暖温带过渡的土壤。潮土主要分布在本区内河流的一级阶地上，占总面积的 0.4%。红黏土面积占本区土壤总面积的 6.3% 以上，主要分布于渑池县的部分地区，在义马、卢氏和灵宝也有少量分布，其母质为第三纪保德红土。

三门峡地区处于暖温带和亚热带交界地带，基本上在全国植物区系划分的南北界线上。该区大部属于我国南暖温带落叶阔叶林地带，地带性植被为落叶栎林，以栓皮栎林、锐齿槲栎林和麻栎林为主。由于是最早开垦的农业区之一，目前自然植被稀少。仅在南部的小秦岭等部分山地有小面积次生林，以栓皮栎为主，还有油松、五角枫、槭树等。此外，荒坡、荒地和路边有零星的灌木丛草甸，如荆条、酸枣、白羊草等。零星分布的植物种类较多，如连翘、黄栌、黄背草、白头翁、狗芽根、胡枝子、白茅、鸡眼草、苍耳、翻白草、狗尾草和蒿类等。在河漫滩或季节性积水区有零星分布的水生和湿生植物群落，如莎草、酸模、香蒲、芦苇、灯心草、荇菜、慈姑、水鳌、水蓼、酸草叶蓼等。

在本区南部卢氏的全部和灵宝的部分地区，由于海拔一般在 1000～1500 米，气温低、热量条件较差，植被以落叶栎林为主，其次是松林和松栎混交林。

三、自然环境对古人类生存的影响

根据以上介绍，可知三门峡一带全新世的原始地貌景观由山地、黄土台塬、丘陵、河流和沟谷组成，地貌类型复杂多样。地貌的多样性决定了生物资源的多样性，可以为古代人类提供丰富多样的食物来源。本区又位于黄土高原南缘，黄土堆积丰厚，黄土土质疏松，矿物质丰富，适合于早期的农业活动，再加上地处暖温带南缘，东亚季风给本区带来了四季分明、雨热同季、温暖湿润的气候环境，适宜于农作物生长。优越的生存环境，为这里的史前人类活动，尤其是早期农业活动提供了保证，该区域发达的早期考古学文化是与其良好的景观系统密不可分的。

本区的地理位置也对文化的形成和发展起到了重要的作用。由于地处豫、陕、晋三省的交界处，居我国东西方交通要冲，有利的地貌条件使这里成为史前文化交流的通道和荟萃地，当地与周邻地区文化上的联系与交流，在这里汇聚、交融，这是本区史前文化形成和发展的一大特色。

四、遗址所在小区域的地貌

青龙涧河，即《水经注》所称槖水，为黄河的一级支流，发源于陕县店子乡十八盘的南部及摩云岭西张村乡境内的葫芦峪，自东南向西北流入黄河，全长 45 公里。东青龙涧河，又名山口河，属青龙涧河支流，发源于陕县张茅乡的瓦山沟，在三门峡湖滨区交口乡交口村注入青龙涧河。总流域面积约 487 平方公里。

南交口遗址位于东青龙涧河与青龙涧河交汇处东南，其北侧为东青龙涧河，南侧为黄土台塬，黄土台塬高于河面 100～150 米（海拔 500～650 米），构成东青龙涧河与青龙涧河之间的分水岭。塬面平坦，经后期沟谷切割所以比较破碎。台塬前缘陡坎比较陡峭，主要由巨厚的马兰黄土和离石黄土组成，高达 100 米左右，部分地段已被改造为梯田。

在黄土台塬的边坡上发育有三级河流阶地，其中三级阶地（T3）拔河高度 30～40 米，主要分布于交口村以西至野鹿村一带的青龙涧河北岸，为基座阶地。由于受后期沟谷侵蚀的影响，阶地面比较破碎。二级阶地（T2）拔河高度 15～20 米，分布于青龙涧河及其支流两岸，是流域内最发育的一级阶地，属基座阶地。阶地面宽阔平坦，保存完好。区内仰韶遗址主要分布在二级阶地上，著名的有三里桥遗址和庙底沟遗址等。一级阶地（T1）拔河高度5～7米，局部分布，是现代人类的主要活动场所。一级阶地之下为河漫滩及河床，尤其在河流的中下游，河漫滩十分宽阔平坦，目前已多开垦为农田。

南交口遗址的主体位于东青龙涧河的二级阶地（T2）上，遗址的东部向南延伸约220米，呈半椭圆形分布到黄土台塬的边坡上（图二；彩版二，2；彩版三）。

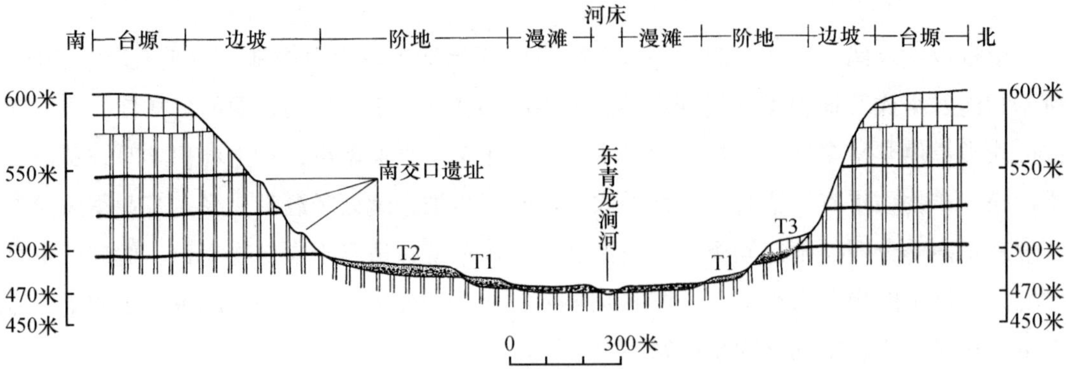

图二　南交口附近东青龙涧河地貌第四纪综合剖面图

第三节　发掘、资料整理与报告编写

一、发掘经过

南交口遗址于1984年调查发现，1985年被公布为三门峡市文物保护单位，列为仰韶文化、龙山文化遗址。为做好连（云港）霍（尔果斯）高速公路洛阳至三门峡段建设工程中的文物保护工作，经河南省文物局报请国家文物局批准，河南省文物考古研究所对南交口遗址进行了抢救性发掘。发掘执照为“中华人民共和国考古发掘证照——考执字（1998）第138号”。发掘代号97SN或98SN（下文略）。

发掘工作自1997年9月17日始，于1998年12月7日完成，前后历时约16个月，大体可分为三个阶段。

第一阶段　1997年9月17日～1998年3月30日，主要对工程线路以内遗址部分进行发掘（彩版四；图版二，2；图版三，1）。

第二阶段　1998年3月31日～1998年10月16日，对遗址东部区公路占地之外的区域做零星发掘，以尽可能地了解整个遗址的文化内涵和遗存分布（图版三，2；图版四，1），并运用平板仪对遗址及其周邻区域进行了测绘。同时，我们对遗址西部公路施工中推出的早期灰坑、墓葬等遗迹及时地进行了清理，对遗址西南部南交口村砖厂取土发现的汉代墓葬进行了发掘。另外，本阶段还利用下雨天等发掘间隙对交口一带青龙涧河及其支流岸边的遗址进行了调查。

第三阶段 1998年10月17日～1998年12月7日，在高速公路建设单位提供了公路区内大型汉墓的发掘经费以后，我们对汉代墓葬（M17）及其附近的古墓葬进行了发掘（图版四，2）。

遗址与古墓葬的发掘按田野考古工作操作规程严格执行。对于重要的堆积单位均采集了土样用于浮选，以期获得植物遗存，并用自制带网底的小水桶进行浮选。该遗址是国内较早开展植物浮选的考古遗址之一。

本遗址发掘主持者为领队魏兴涛，裴韬参加了第一阶段前期的发掘，赵宏、孙建国参加了第三阶段的发掘。参加发掘的技术人员有雷树威、邱宏文、郁红亮、雷云超、郭改应、郭安民、秦书斌、任成磊、张文举、邱淑莉、杨军锋等。

二、资料整理与报告编写经过

资料与实物的整理工作由魏兴涛负责。在1998年3月底遗址大规模发掘工作也即第一阶段发掘结束之后，随即转入室内整理。到1998年12月，在工地驻地先后完成了出土物的清洗、拼对、修复，及对各堆积单位陶片的陶系与器形的统计，标本挑选，编号登记，器物底图绘制，器物排队、分期以及器物描述制卡工作，对遗址资料进行了细致扎实的系统整理。1998年7月，我们还邀请中国科学院古脊椎动物与古人类研究所张振标先生对遗址出土的人骨进行了鉴定研究。1998年9月，河南省文物考古研究所祝贺对遗址出土器物进行了拍摄。1998年12月撤离工地，遗址标本和墓葬出土遗物均被运送到三门峡市文物工作队（今三门峡市文物考古研究所）存放。

1999年9月，我们把遗址发掘中取土样浮选所获的植物遗存送中国科学院植物研究所请孔昭宸、刘长江先生鉴定拍照。魏兴涛、孔昭宸、刘长江合作写成《三门峡南交口遗址仰韶文化稻作遗存的发现及其意义》[3]一文；后三人又合作完成《南交口遗址1997年出土仰韶文化中期农作物遗存初步研究》[4]一文。2000年3～7月，利用发掘虢国都城三门峡李家窑遗址的间歇对南交口遗址发掘的古墓葬资料进行了整理，绘制了器物图，由河南省文物考古研究所杨玉华承担遗址和古墓葬遗迹、遗物图的清绘工作。我们还请该所李占扬先生鉴定了遗址出土的石器和动物骨骼。2002年5～7月，利用发掘三门峡李家窑遗址的间歇，我们对早先制作的南交口遗址器物卡片进行了连缀合成，张应桥博士做了大量工作。2005年7月，河南省文物考古研究所郭民卿对南交口遗址与古墓葬出土的器物进行了拍摄。2006年2月、2007年4月我们曾两度邀请北京大学城市与环境学院夏正楷教授、张小虎博士对南交口一带进行了环境考古调查（彩版五，1）。

由于1997～1998年对本遗址的发掘是配合高速公路建设所需，发掘区较狭长，部分探方因成为路边的断崖得以保留至今。为配合南交口发掘报告的整理，更多地获取植物遗存，并结合采集测年样本的需要，2007年10月，发掘者再次前往该遗址，对原发掘区Ⅲ区（遗址分区见本书第二章）至今仍保留的探方南壁上堆积较好的南交口仰韶文化二期即仰韶文化中期的8个灰坑进行了重新清理和取样（彩版五，2）；并对主要为南交口仰韶文化一期即仰韶文化早期堆积的遗址Ⅰ区进行调查，在断面上清理出2个仰韶文化早期灰坑，进行了土样采集，用水波浮选机进行了浮选。浮选物于2008年5月送北京大学考古文博学院交秦岭女士分选鉴定和统计，由秦岭完成《南交口遗址2007年出土仰韶文化早、中期植物遗存及相关问题探讨》[5]一文。同时挑选浮选获得的炭化稻、粟等标本于2008年6月送北京大学考古文博学院经吴小红教授进行^{14}C测年，秦岭据测年结果由吴小红与魏兴涛合作完成《南交口遗址^{14}C年代的测定与相关遗存的年代》[6]一文。

同时，我们还请河南省文物考古研究所郝本性先生对汉代墓葬M17出土朱书陶瓶上的文字进行隶定，由赫本性与魏兴涛合作完成《南交口东汉墓镇墓瓶朱书文考略》[7]一文。汉代墓葬M17陶瓶中出土的矿物质取样交中国科学技术大学科技史与科技考古系张居中先生分析测定，由杨玉璋、张居中和魏兴涛合作完成《南交口东汉墓出土“五石”的分析及相关研究》[8]一文。

2007年6月～2008年5月，在郑州至西安铁路客运专线工程河南灵宝市底董遗址发掘工地对南交口遗址发掘资料及文稿再次进行整理、校对、汇总和制表，魏兴涛、邱宏涵、贾长有、朱家生、刘华臣、陈国亮、赵亚军参加了工作，三门峡市文物考古研究所史智民参加了东周、汉代墓葬部分报告的编写工作，张建华清绘了东周、汉代墓葬出土器物图，贾长有补充清绘了遗迹图，邱宏涵完成了汉代墓葬铜镜和铜钱的拓片。此后，魏兴涛对各期文化遗存进行了通编合成，即为本报告。

三、报告编写体例说明

由于遗址东西跨度较长，时代不同，无统一地层，本报告分区介绍文化堆积。早期墓葬往往与居址有密切关系，因此放在遗址部分一并介绍。对于东周、汉代墓葬，因缺乏同时期的遗址堆积，本报告直接按时代予以介绍。

由于2007年对遗址的调查，对暴露在原探方壁上的一些灰坑的重新清理、取样浮选及^{14}C测年等工作系在本报告成稿后陆续完成，因此调查报告、植物鉴定研究报告及年代学研究等作为附录编排在报告之后，实际上与报告为一整体。

发掘工作结束后，我们曾就主要收获做了简要报道[9]。以往报道中凡与本报告不一致者，皆以本报告为准。

注 释

[1] 本节第一、二部分主要参考三门峡市地方史志编纂委员会：《三门峡市志》，中州古籍出版社，1997年。

[2] 河南省洛三高速公路建设指挥部、河南省高等级公路建设监理部、豫通国际咨询公司：《中华人民共和国第二河南公路项目洛阳至三门峡高速公路工程合同要求、施工规范》第一卷第一篇，1997年。

[3] 魏兴涛、孔昭宸、刘长江：《三门峡南交口遗址仰韶文化稻作遗存的发现及其意义》,《农业考古》2000年第3期。

[4] 孔昭宸、刘长江、魏兴涛：《南交口遗址1997年出土仰韶文化中期农作物遗存初步研究》，见本书附录二。

[5] 秦岭：《南交口遗址2007年出土仰韶文化早、中期植物遗存及相关问题探讨》，见本书附录三。

[6] 吴小红、魏兴涛：《南交口遗址^{14}C年代的测定与相关遗存的年代》，见本书附录四。

[7] 郝本性、魏兴涛：《南交口东汉墓镇墓瓶朱书文考略》，《文物》2009年第3期，又见本书附录五。

[8] 杨玉璋、张居中、魏兴涛：《南交口东汉墓出土“五石”的分析及相关研究》，见本书附录六。

[9] 魏兴涛：《三门峡南交口遗址发掘收获》，《中国文物报》1999年8月4日；河南省文物考古研究所：《河南三门峡南交口汉墓M17发掘简报》，《文物》2009年第3期。

第二章　遗址分区与文化堆积

第一节　遗 址 分 区

南交口遗址北为东青龙涧河河谷，南为黄土台塬，在河谷与台塬之间的坡地上有众多梯田，遗址东部河岸梯田达30余层，塬顶与河谷的垂向高差约130米。受雨水的长期冲刷，在坡地上还形成有南北向的冲沟，有的较大的沟谷两侧成为近现代村民挖筑窑洞的理想场所。

遗址大致呈东西向，东部南北较宽，西部南北较窄。根据现今地貌景观并结合古文化遗存情况可将之分为三区（图三）。Ⅰ区位于遗址西部，其西紧邻三（门峡）洛（宁）公路，东西长约210米，南北宽约165米，面积约3.5万平方米，分布于自北而南依次增高的7层梯田上。Ⅱ区位于遗址中部，与Ⅰ区相隔宽30～50米的冲沟，东西长70～110米，南北宽约80米，面积近0.7万平方米，分布于4层梯田上。Ⅲ区位于遗址东部，与Ⅱ区相隔一近三角形冲沟，北部宽约60米，向东约到南交口村东南房舍。Ⅲ区东西长约280米，南北宽约320米，面积约8万平方米，该区东部偏北又有一长约80米、宽近30米的冲沟，将之分为两部分，沟东部分较小，仅有东西长约35米，南北宽约70米，面积约0.25万平方米的范围；此沟以西是Ⅲ区的主体部分，其东约到南交口村西通向塬顶的生产路，分布于河南岸第1至20层梯田上，高差较大，近70米。三区现存总面积约为12万平方米。

根据调查结果和后来的发掘验证，Ⅰ、Ⅱ区主要分布着仰韶文化一期遗存，Ⅰ区西部有仰韶文化三期遗存分布，这两区还有二里头文化遗存。Ⅲ区为仰韶文化二期遗存分布区。

东周墓在Ⅰ区南部发掘中发现。汉代墓在Ⅱ、Ⅲ区内及Ⅰ区南都有分布，多处于Ⅱ区，在Ⅱ区南部地表有南、北两个突兀隆起的高大墓冢，其北部者（M17）在高速公路线路内，本次工作中对之进行了发掘。

第二节　探 方 分 布

本次发掘主要是配合高速公路建设项目，故重点发掘区是在公路占用土地区域之

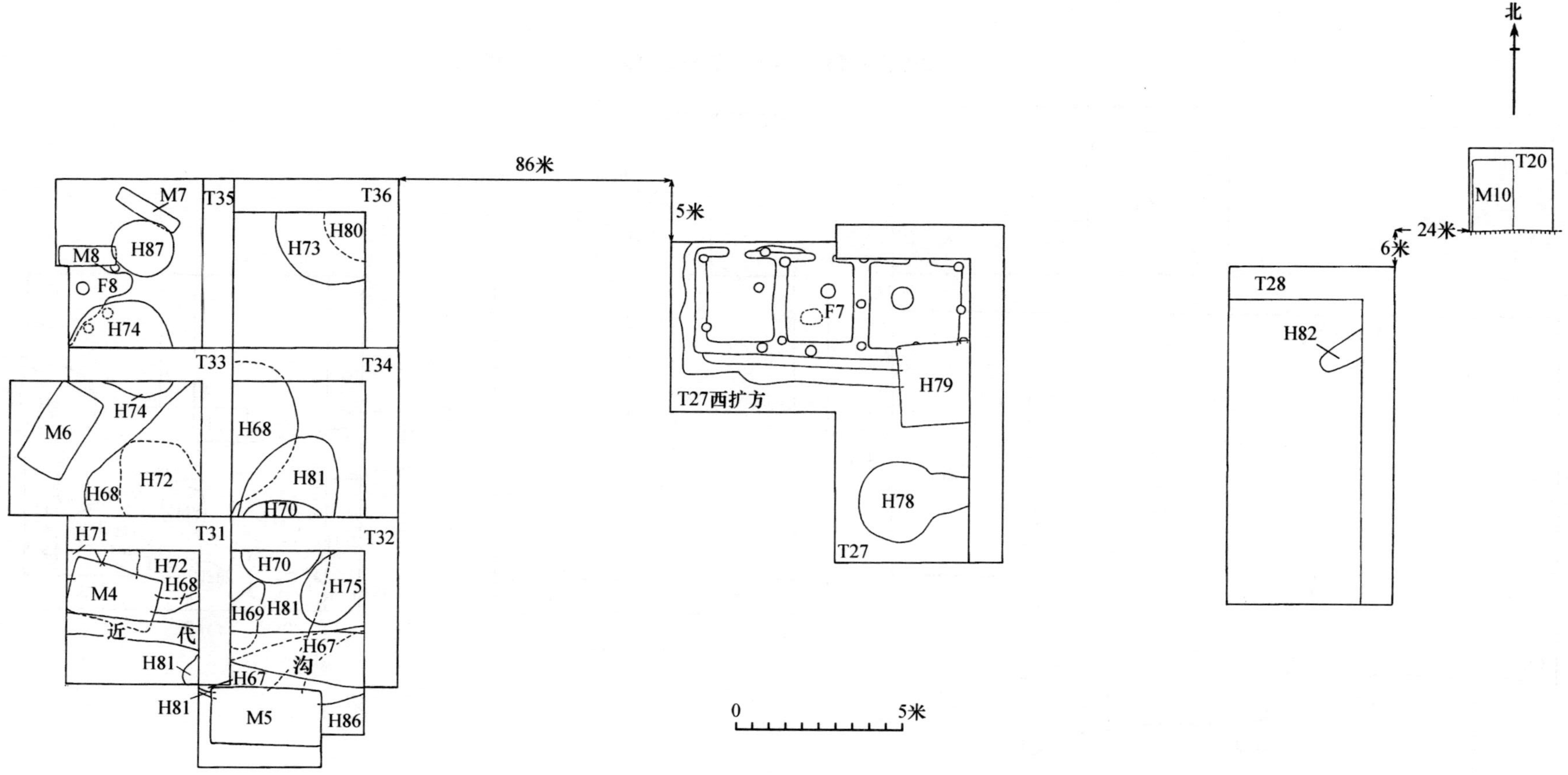

图四 南交口遗址Ⅰ区遗迹总平面图

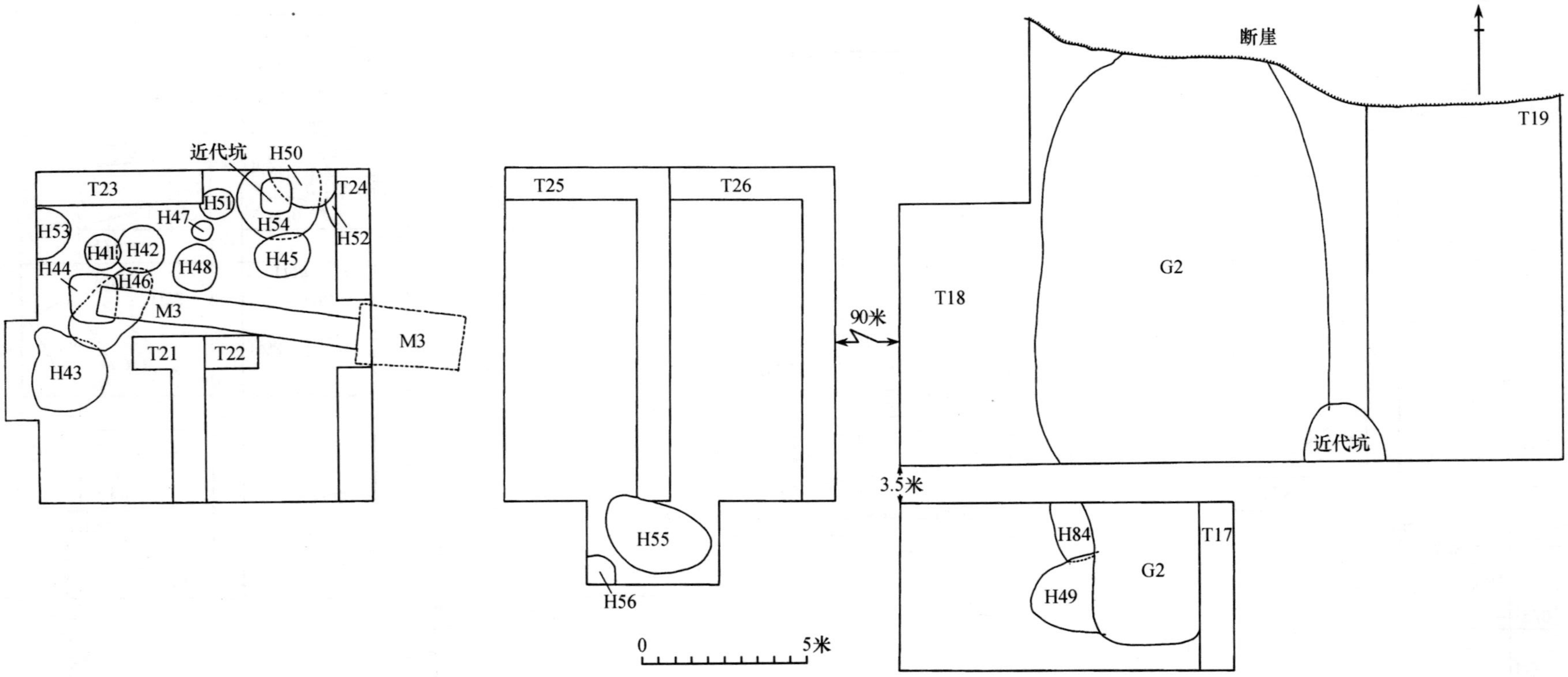

图五　南交口遗址Ⅱ区及Ⅲ区西北部遗迹总平面图

内，公路占地之外仅作了零星发掘，以了解整个遗址的文化内涵和分布。由于地貌较破碎，加上受建设单位地表清障进度的影响，发掘时只能在较小的范围内尽可能地统一布方，而且是从遗址东部Ⅲ区开始布方发掘。现分别介绍各区的探方分布。

Ⅰ区　在其偏西部布设5米×5米的探方6个，即T31、T32、T33、T34、T35、T36。后在T31南扩方东西1米×南北2.5米；在T32两度向南扩方，其一东西4米×南北1.5米，其二东西2.5米×南北1米；在T33西扩方东西1.7米×南北4米；在T35西扩方东西0.5米×南北2.5米。Ⅰ区偏东部布设东西5米×南北10米的探方2个，即T27、T28，二者相距10米，后在T27西北扩方东西5米×南北5米。大规模发掘结束后，我们在Ⅱ区东部高速公路施工中发现有二里头文化墓葬的断面，随即布方清理，布东西2.5米×南北2.5米的探方1个，即T20，其西南角距T28东北角东24米，北6米（图四）。

Ⅱ区　在其中部布设5米×5米的探方4个，即T21、T22、T23、T24，后在T21西扩方东西1米×南北3米。上述探方以东，又布东西5米×南北10米的探方2个，即T25、T26，后在两方南扩方东西4米×南北2.5米（图五）。

Ⅲ区　首先在该区中部偏北东青龙涧河南岸第5层梯田的边缘、紧邻线路的南边线布设东西5米×南北5米的探方13个，即T1～T13，受线路走向局限，每一个东部探方比其西者向南移0.6米。后在T1西扩方东西10米×南北（2.9～3.75）米；在T13东扩方东西6.5米×南北（3.6～4.5）米（二者实际上即扩切的断崖）。在Ⅲ区东部偏北的冲沟以东布设5米×5米的探方1个，即T14。又在东青龙涧河南岸第4、3层梯田上布设探沟2个，即东西2米×南北5米的T15和东西2米×南北6米的T16（图六）。并在Ⅲ区西北部即第2、3层梯田上布设探方3个，即东西10米×南北6米的T17，以及北部据地形布方成东西10米×南北（10.6～13.6）米的T18和东西6米×南北10.6米的T19，后又在T18以西扩方东西4米×南北8米（见图五）。上述Ⅰ、Ⅱ、Ⅲ区探方均位于二级阶地上。为了全面了解遗址的堆积状况，后来又根据地势在Ⅲ区南部台塬边坡上切断崖布设探沟3条，即东青龙涧河南岸第22层梯田上的东西10米×南北(2～2.5）米的T01、第19层梯田上的东西4.5米×南北1.5米的T02和第16层梯田上的东西4.5米×南北（1.9～2.4）米的T03。同时在二级阶地和塬坡交界处，第6层梯田的南部布设东西10米×南北10米的探方1个，即T04（图七）。

Ⅰ、Ⅱ、Ⅲ区共布设探方或探沟38个，以5米×5米的探方为主，另有10米×10米、5米×10米、3米×6米、2.5米×2.5米等多种形式，均为正方向。加上扩方，以及对所布探方外公路施工中暴露出来的灰坑等遗迹的清理，遗址总发掘面积近1400平方米。

此外，除在所布探方中发掘的9座古墓葬外，我们还在南交口遗址另外发掘了9座古墓葬。其中东周、汉代墓葬共计14座。

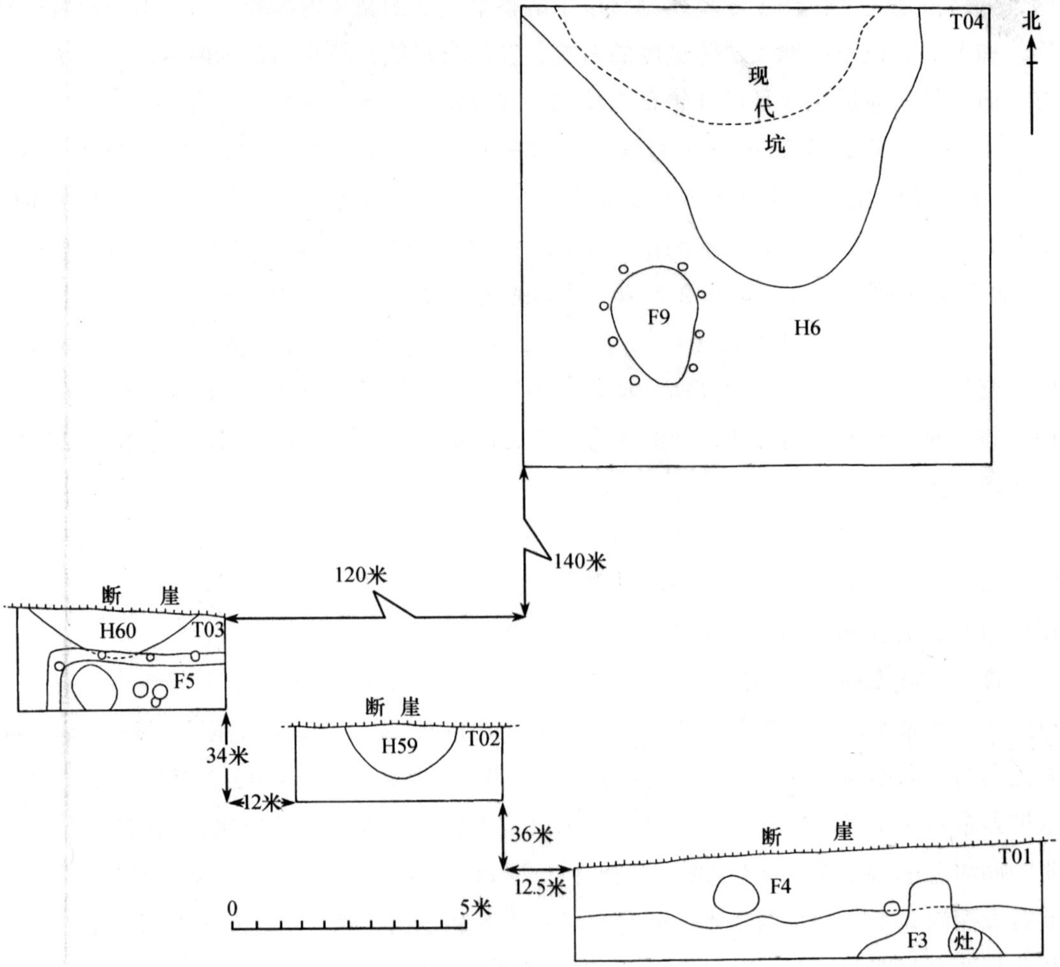

图七　南交口遗址Ⅲ区南部遗迹总平面图

第三节　文化堆积

因遗址范围较广，各处文化堆积并不一致，现试分别概述之。

Ⅰ区西部在耕土、近现代层之下有东周墓葬分布，以下往往依次为一层二里头文化层和两层仰韶文化一期文化层，并发现有二里头文化灰坑及仰韶文化一期房址、灰坑、墓葬等。如T35南壁剖面（图八）：

第1层：厚17～25厘米，耕土层，灰褐色土，质地疏松，含有现代砖瓦块。

第2层：厚10～15厘米，黄褐色土，质地较硬，含近现代砖瓦块、瓷片等，为近现代平整土地所形成。

第3层：厚25～45厘米，红褐色土，质地坚硬，内含少量陶片，为二里头文化层。

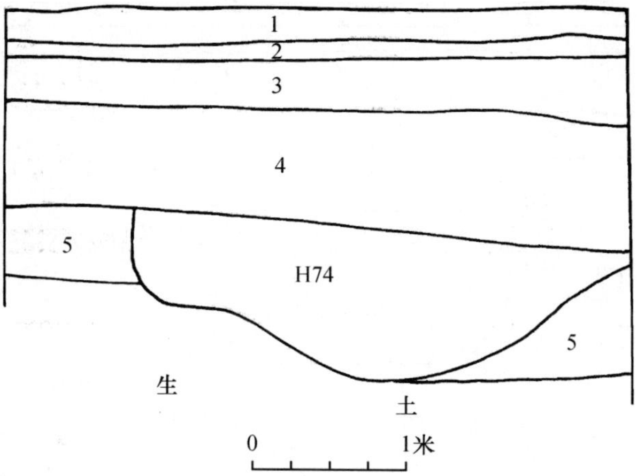

图八　T35 南壁剖面图

第 4 层：厚 65～85 厘米，自东向西略倾斜，深灰色土，质地较硬，包含物较丰富，有钵、碗、窄沿罐、宽沿罐、泥质罐、盆、小盆、器盖等陶器残片，为仰韶文化一期文化层。

本层下叠压仰韶文化一期 H74 等。

第 5 层：厚 45～70 厘米，自东向西倾斜，浅黄灰色土，土质较硬，包含物较多，有碗、泥质罐、窄沿罐、盆等陶器残片，为仰韶文化一期文化层。

第 5 层下为生土。

需要说明的是，Ⅰ区西部偏南的 T31、T32 内局部无第 3 层即二里头文化层堆积。仰韶文化一期房址、灰坑、墓葬等遗迹都被叠压于第 4 层下，打破第 5 层或生土，这些遗迹之间也有诸多打破关系。另在Ⅰ区西部发掘区以西施工中发现并清理两座灰坑（H01、H02），出土了以腹饰篮纹加宽扁附加堆纹的夹砂罐、小口高领瓮为代表的陶器等，表明这里分布有仰韶文化三期遗存。

Ⅰ区东部据 T27、T28 发掘可知，在耕土、近现代层之下有三层时代大致为汉代的冲积层，其下为一层二里头文化层，再下为二里头文化房址和仰韶文化一期灰坑等。如 T27 东壁剖面（图九）：

第 1 层：厚 10～15 厘米，耕土层，灰褐色土，质地疏松，散见近现代砖瓦片等。

第 2 层：厚 10～18 厘米，黄灰色土，质地稍硬，内含少量近代砖块，为近现代平整土地所形成。

第 3 层：厚 25～35 厘米，黄褐色土，质较坚硬略黏，内含少量汉代砖块，为汉代文化层。

第 4 层：厚 60～75 厘米，黄色土，质地坚硬较黏，内含汉代瓦片及少量早期陶片，为汉代文化层。

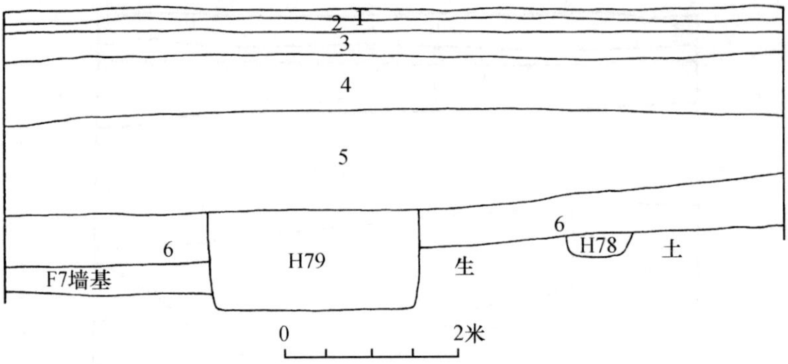

图九　T27 东壁剖面图

第 5 层：厚 65 ~ 120 厘米，黄灰色土，质地坚硬略黏，内含少量汉代瓦片，为汉代文化层。

本层下叠压二里头文化 H79。

第 6 层：厚 45 ~ 65 厘米，灰褐色土，质地较硬，出土物有二里头文化和个别仰韶文化一期陶片，为二里头文化层。

本层下叠压二里头文化 F7 墙基及仰韶文化一期 H78。

第 6 层下为生土。

另据 T20 发掘结果得知，Ⅰ区东部边缘无汉代层，但有一层二里头文化层。同一文化 M20 即处于该层之下。

Ⅱ区在耕土层下一般有一层汉代的冲积层，其下为仰韶文化一期灰坑等，有些探方无遗迹，可见Ⅱ区堆积并不丰富。如 T24 北壁剖面（图一〇）：

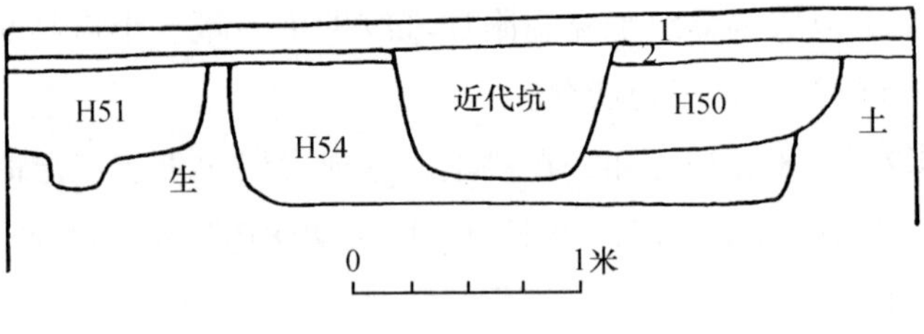

图一〇　T24 北壁剖面图

第 1 层：厚 10 ~ 15 厘米，耕土层，黄灰色土，质地疏松，内含少量近代砖瓦片。本层下有深约 0.7 米的近现代苹果树坑或施肥坑。

第 2 层：厚 4 ~ 10 厘米，黄色土，质较坚硬，包含物有汉代砖瓦片及少量仰韶文化一期陶片，为汉代冲积层。

本层下叠压仰韶文化一期 H50、H51、H54 等。

第2层下为生土。

Ⅲ区西北部耕土层下一般有一层仰韶文化二期文化层，以下叠压灰坑、灰沟等遗迹，再下即为生土。如T17北壁剖面（图一一）：

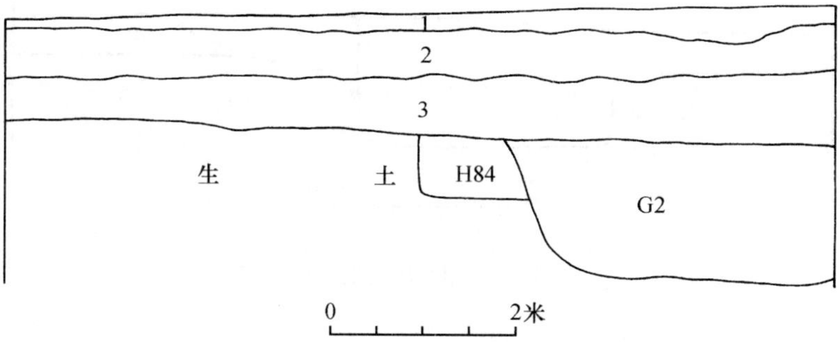

图一一　T17北壁剖面图

第1层：厚10～35厘米，耕土层，黄灰色土，质地松软，内含有近现代砖瓦、瓷片等。

第2层：厚35～55厘米，黄褐色土，质地较疏松，包含物有汉代砖瓦片等，为汉代文化层。

第3层：厚42～85厘米，红褐色土，质地较硬，包含物有少量以环形口小口瓶、夹砂罐等器形为代表的陶片，为仰韶文化二期文化层。

本层下叠压仰韶文化二期H84、G2等。

第3层下为生土。

Ⅲ区北部耕土层下，或者有一层汉代冲积地层，或者直接叠压着偶尔可见的灰坑，如T16第1层下就有一个仰韶文化二期的H1。也许是文化堆积已被破坏，这里的遗存较为稀少。

Ⅲ区中部文化遗存则十分丰富，成为该遗址堆积最厚的区域之一。由在Ⅲ区中部偏北的东青龙涧河南岸第5层梯田北部边缘布设的13个探方的发掘可知，此区域耕土层下有两层汉代层，其下局部有一层仰韶文化二期文化层，在有些探方连续分布，而有些探方间虽有一层仰韶文化二期文化层，但其原来并非同一层，年代也不尽一致。如T1北壁剖面（图一二）：

第1层：厚20～25厘米，耕土层，黄灰色土，质地疏松，散见近现代砖瓦片及个别早期陶片。

第2层：厚25～35厘米，浅黄色土，质较坚硬，包含物有布纹瓦片等，为汉代文化层。

第3层：厚30～45厘米，黄褐色土，质地坚硬，包含物有布纹瓦片及少量陶片，

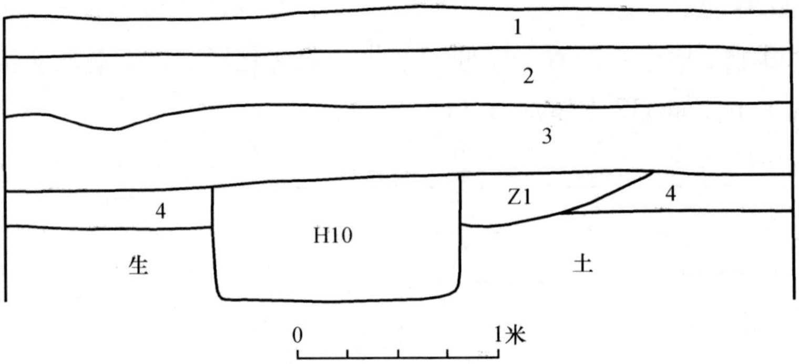

图一二　T1 北壁剖面图

为汉代文化层。

本层下叠压仰韶文化二期 H10、Z1 等。

第 4 层：厚 15 ~25 厘米，灰褐色土，质地致密较硬，包含物有陶钵、盆、小口瓶、夹砂罐残片等，为仰韶文化二期文化层。

第 4 层下为生土。

再如 T4 南壁剖面（图一三）：

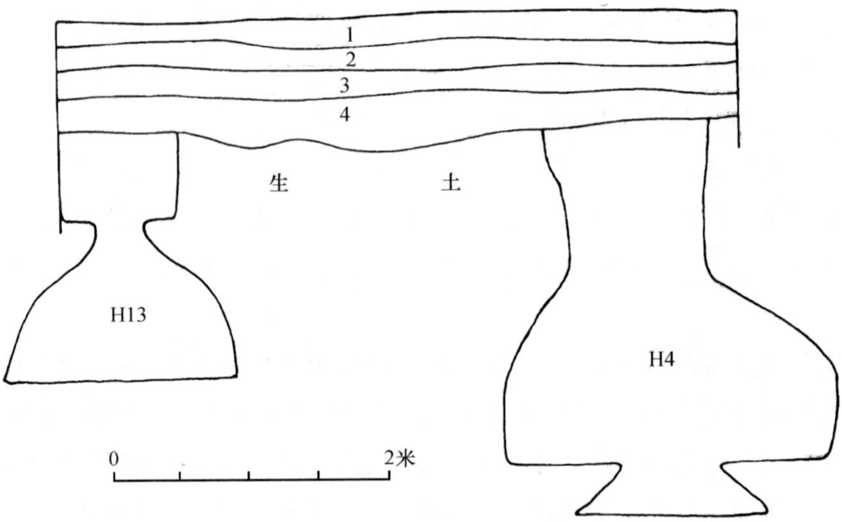

图一三　T4 南壁剖面图

第 1 层：厚 10 ~25 厘米，耕土层，黄灰土，质地松软，内含近现代砖瓦、瓷片等。

第 2 层：厚 15 ~25 厘米，浅黄色土，质较坚硬，包含物有布纹瓦片等，为汉代文化层。

第 3 层：厚 15 ~25 厘米，黄褐色土，质较坚硬，包含物有布纹瓦片等，为汉代文化层。

第4层：厚15～45厘米，深灰褐色土，质地坚硬，包含物有陶钵、夹砂罐、小口瓶、盆残片等，为仰韶文化二期文化层。

本层下叠压仰韶文化二期H4、H13等。

第4层下为生土。

据Ⅲ区东部偏北南北向冲沟以东T14的发掘结果可知，在耕土层下有一层汉代文化层，再下即为仰韶文化二期大型灰沟G3，G3打破生土。

在Ⅲ区东部偏北冲沟西侧的沟壁断面上，经铲刮，清晰地显现出南高北低倾斜堆积的文化层，并似呈台阶状分布。

Ⅲ区南部台塬边坡的梯田断面上可见零星的文化堆积，表明这里虽然遗存稀少，但仍属遗址分布区。遂在这里的切断面布设探沟3条，即T01、T02和T03，另在二级阶地和塬坡交界处开探方1个，即T04。T01在表土层下有六层时代不明的冲积层，以下为早期堆积，有一层仰韶文化二期文化层（第8层）及其下的两座同期房址，再下为生土；T02在表土层下有两层冲积层，以下为仰韶文化二期的一座灰坑，不见文化层，再下为生土；T03在表土层下有九层时代不明的冲积层，以下为仰韶文化二期堆积，有两层文化层（第11、12层）及房址、灰坑等遗迹，再下为生土；T04在耕土及垫土层下为仰韶文化二期堆积，有房址、灰坑等遗迹，再下即为生土。如T03南壁剖面（图一四）：

第1层：厚10～15厘米，耕土层，黄灰色土，质地疏松，散见近现代砖瓦片、玻

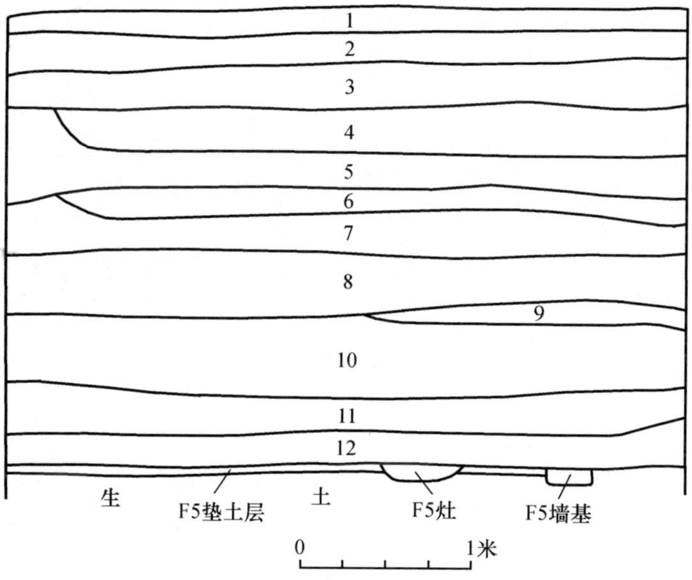

图一四　T03南壁剖面图

璃片、农膜片等。

第2~10层：厚230~245厘米，各层均浅灰色土，质地疏松，内含较多螺壳，未见文化遗物，分布不连贯，但土质、土色、结构、包含物均较一致，只是层间有明显冲积形成的分界痕迹。

第11层：厚25~35厘米，黄褐色土，质稍坚硬，内含少量烧土颗粒，出土有泥质、夹砂红陶片等，为仰韶文化二期文化层。

第12层：厚20~30厘米，灰褐色土，质地坚硬，内含较多烧土颗粒，出土陶片较多，有盆、罐、小口瓶残片等，为仰韶文化二期文化层。

本层下叠压仰韶文化二期F5等遗迹。

第12层下为生土。

综上所述，除以墓葬为代表的东周、汉代遗存外，南交口遗址本次发掘所获主要为仰韶文化和二里头文化遗存。其中据前者各单位文化特征的不同，结合豫西地区已有的考古成果，又可将之分为三大期，即分别为仰韶文化一期、二期、三期文化遗存。

第三章　仰韶文化一期遗存

仰韶文化一期遗存发现于Ⅰ区和Ⅱ区，在Ⅰ区西部发现两层文化层，即T31～T36的第4、5层，合计厚100～155厘米。本期遗存主要为文化遗迹和文化遗物。

第一节　文化遗迹

文化遗迹有房址、灰坑、墓葬三类。

一、房　址

发现1座。半地穴式建筑。

F8　位于T35西南部，向西延伸至西壁外未发掘，开口于第4层下，被M8、H74打破，口部距地表190厘米，打破第5层。半地穴式，平面约呈圆形，发掘部分残口径为235厘米，门道朝东，方向80°，半椭圆形，长90、宽60厘米，斜壁下收，斜坡状底，门道底部有厚2～4厘米的踩踏面，深60厘米。房内正对门道发现一灶，圆形，直径37厘米，直壁平底浅坑，深3～4厘米，灶壁、底为光滑的烧结面。发现柱洞三个，位于门道两侧和坑穴外，均为圆形，口径22～26厘米，直壁或斜壁下收，平底或圜底，深15～18厘米，填土均为灰黄色，土质松软（表一）。房址坑穴内填土呈浅灰色，土质较疏松，出土甚少陶片（图一五）。

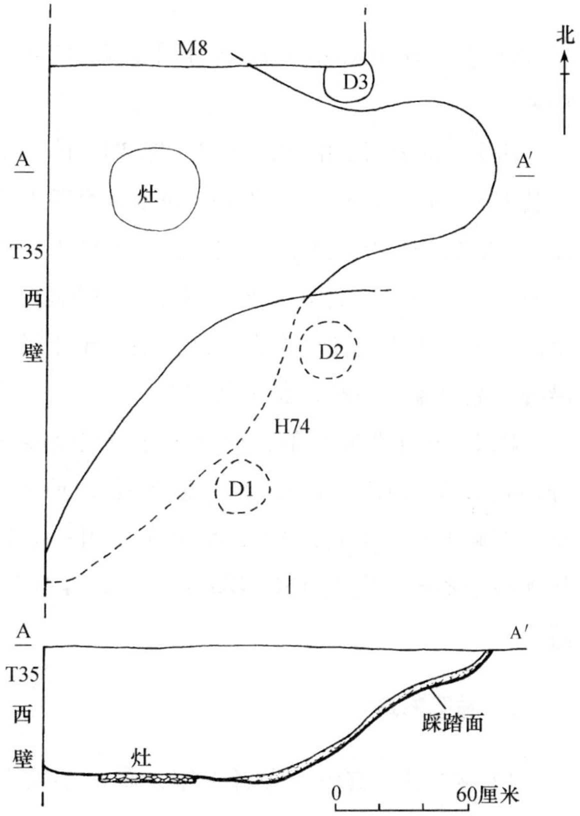

图一五　仰韶文化一期F8平、剖面图

表一　仰韶文化一期 F8 柱洞登记表

编号	形状与结构	尺寸（厘米）			填土
		口径	底径	深度	
D1	圆形，斜壁下收，平底	22	15	15	灰黄色，松软
D2	圆形，斜壁下收，平底	26	18	18	灰黄色，松软
D3	圆形，直壁，圜底	22	22	18	灰黄色，松软

二、灰　　坑

共发现 30 座。按口部形状分，圆形者 15 座，椭圆形者 12 座，方形、长方形或约长方形者 3 座；按坑壁、底的特征分，直壁平底者 7 座，斜壁下收平底或近平底者 10 座，弧壁圜底者 9 座，局部斜壁下张平底者 4 座。

1. 圆形坑

15 座。其中直壁平底者 4 座，斜壁下收平底或近平底者 4 座，弧壁圜底者 7 座。

H87　位于 T35 中部，开口于第 4 层下，口部距地表 105 厘米，打破 M7、M8、第 5 层及生土。坑口圆形，口径 175 厘米，直壁，西部坑壁距坑口 80 厘米处有一脚窝，进深 12 厘米，高 10 厘米，灰坑平底，底径 150 厘米，坑深 280 厘米（图一六）。坑内堆积分上、下两层，上层厚 20 厘米，呈红褐色，土质稍疏松，无遗物；下层厚 260 厘米，呈浅灰色，土质较硬，含大量烧土块，出土较多陶片。主要器形有钵、碗、窄沿罐、无沿罐、宽沿罐、小罐、盆、器盖等。

H54　位于 T24 北部，向北延伸至北隔梁下未发掘，开口于第 2 层下，南部和北部分别被 H45 和 H50 打破，口部距地表 25 厘米，打破生土。坑口圆形，直径 250 厘米，壁斜直略下收，平底，坑深 65 厘米（图一七）。坑内填土呈黄褐色，土质较坚硬，含较多烧土颗粒，出土有较多陶片。主要器形有钵、窄沿罐、宽沿罐、小罐、盆、敛口罐等。

2. 椭圆形坑

12 座。其中直壁平底者 1 座，斜壁下收平底者 6 座，局部斜壁下张平底者 4 座，弧壁圜底者 1 座。

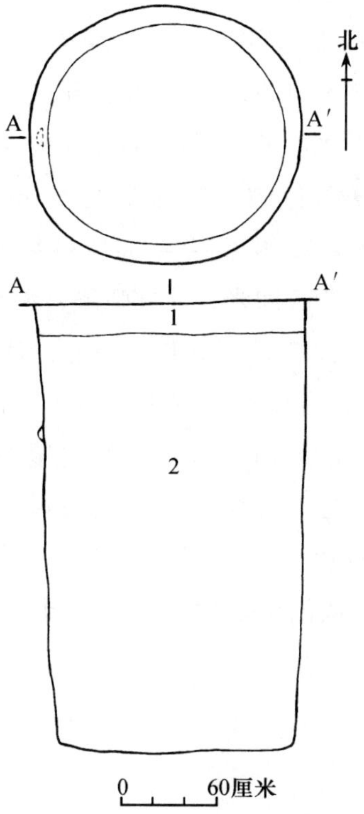

图一六　仰韶文化一期 H87 平、剖面图

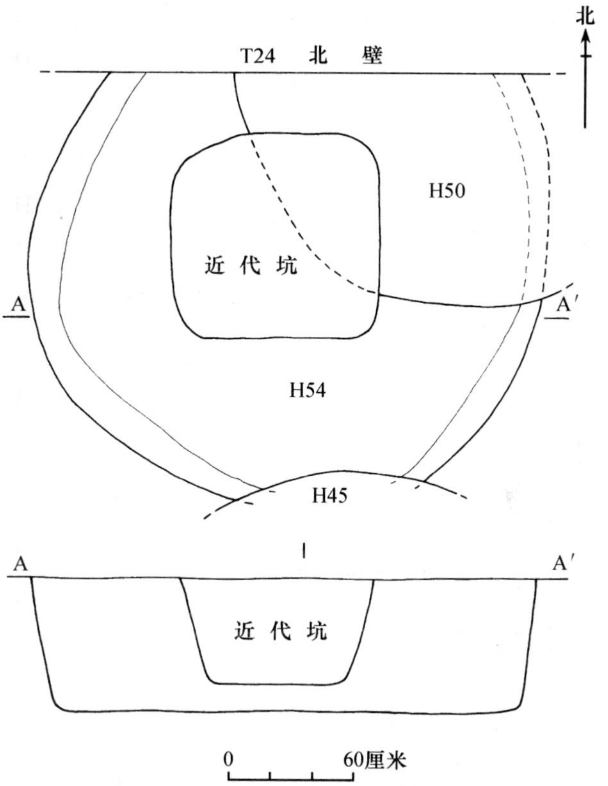

图一七　仰韶文化一期 H54 平、剖面图

H55　位于 T25、T26 的南扩方内，开口于第 2 层下，口部距地表 30 厘米，打破生土。坑口椭圆形，口径 220～340 厘米，西部斜壁下张，东壁内收成斜坡状，长 80 厘米，斜坡上有灰褐色硬面，当为进出该坑踩踏而致，灰坑平底，坑深 105 厘米（图一八）。坑内堆积分两部分：西部为松软的灰土，含大量灰烬，有较多的陶片和石块；东部为稍松软的灰褐土，纯净无遗物。陶片主要器形有钵、碗、窄沿罐、宽沿罐、盆、小盆、缸、小口尖底瓶、敛口罐、筒形罐、小杯等。

H78　位于 T27 南部，向东延伸至东隔梁下未发掘，开口于第 6 层下，口部距地表 260 厘米，打破生土。坑口呈椭圆形，残径 240～320 厘米，东部有一梯形斜坡门道（通道）伸出坑外，门道残长 90 厘米，门道向西部坑内还有两层台阶，台阶上有踩踏形成的硬面。坑壁北部斜直略下收，余处上部近直壁，下部外张，西部尤甚，坑底较平，坑深 175 厘米（图一九；见彩版六；图版五）。坑周围未发现柱洞痕迹，推测该坑应曾作为窑穴使用。坑内填土呈黑灰色，土质较疏松，含大量炭屑，出土有较多陶片。

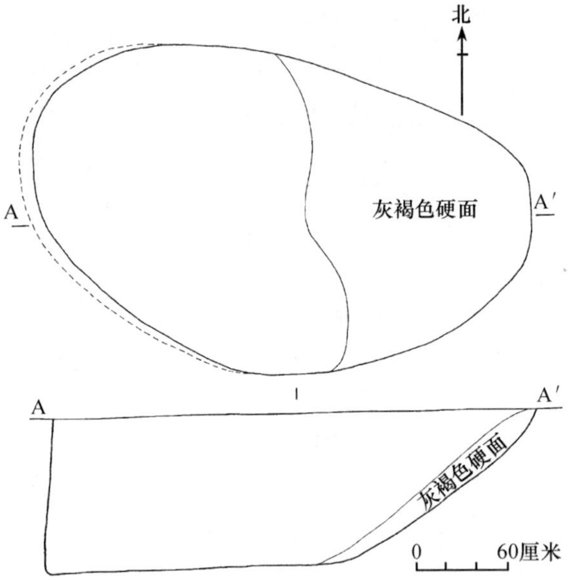

图一八　仰韶文化一期 H55 平、剖面图

主要器形有钵、小钵、碗、窄沿罐、无沿罐、宽沿罐、小罐、盆、小口尖底瓶、鼎、缸、平底瓶、器盖等。

H46　位于 T23 中南部，开口于第 2 层下，中部、西部和北部分别被 M3、H44 及 H42 打破，口部距地表 30 厘米，打破 H43 及生土。坑口椭圆形，口径 120 ~ 265 厘米，北部弧壁，南部、西部与东部斜直壁下收，平底，底部平坦坚硬，有厚约 2 厘米的料姜石面，坑深 130 厘米（图二〇）。坑内填土呈浅灰色，土质疏松，含大量炭屑，出土较多陶片。主要器形有钵、小钵、窄沿罐、宽沿罐、盆、小盆、小口尖底瓶、器盖等。

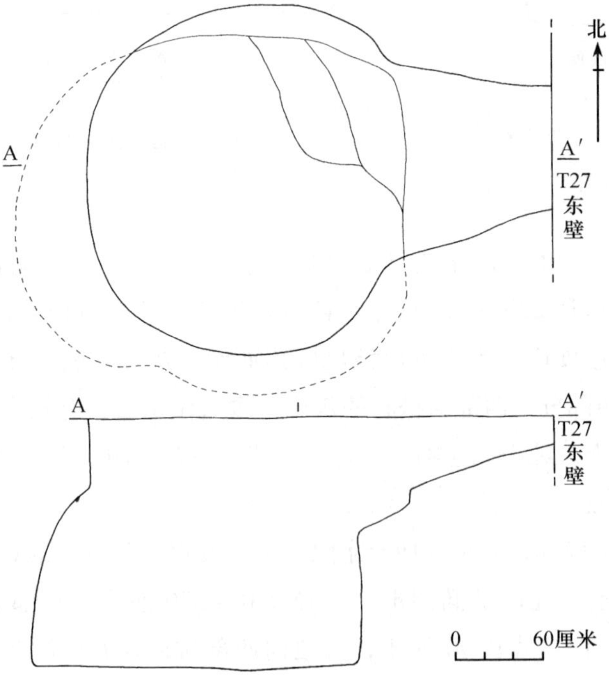

图一九　仰韶文化一期 H78 平、剖面图

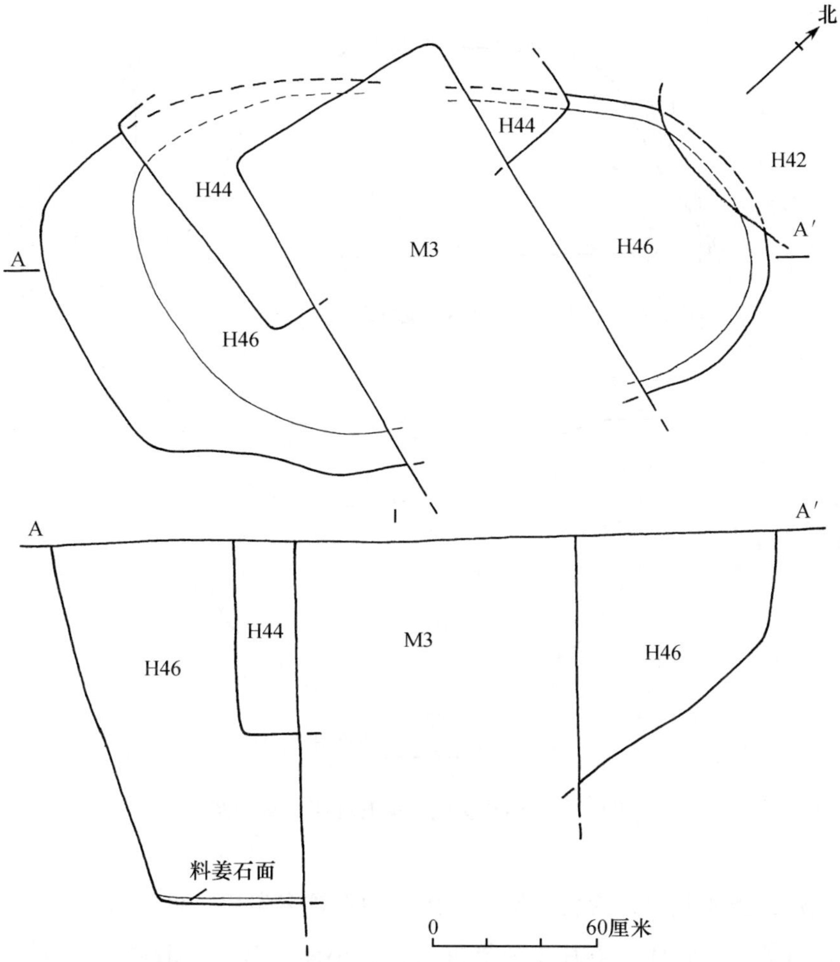

图二〇　仰韶文化一期 H46 平、剖面图

H74　位于 T35 南部和 T33 北部，向西延伸至 T35 西壁外，一部分压在 T33 北隔梁下未发掘，开口于第 4 层下，口部距地表 125 ~ 150 厘米，打破 F8 及生土。坑口约呈椭圆形，残径 274 ~ 320 厘米，弧壁，圜底，坑深 80 厘米（图二一）。坑内填土呈深灰色，土质疏松，含大量烧结的烧土块及炭屑。出土有大量陶片及石核、石片等遗物。陶片主要器形有钵、小钵、碗、窄沿罐、无沿罐、宽沿罐、小罐、盆、小口尖底瓶等。

H43　位于 T21 的西北角，向北分布至 T23 内，开口于第 2 层下，北部被 H46 打破，口部距地表 30 厘米，打破生土。坑口椭圆形，口径 220 ~ 290 厘米。西部有一梯形浅斜坡门道，长约 70、宽约 105、深 20 ~ 33 厘米，门道上有踩踏硬面。坑北壁与西壁斜直向下内收，东壁较直，南部斜壁下张较甚，平底，坑深 140 厘米（图二二）。坑内

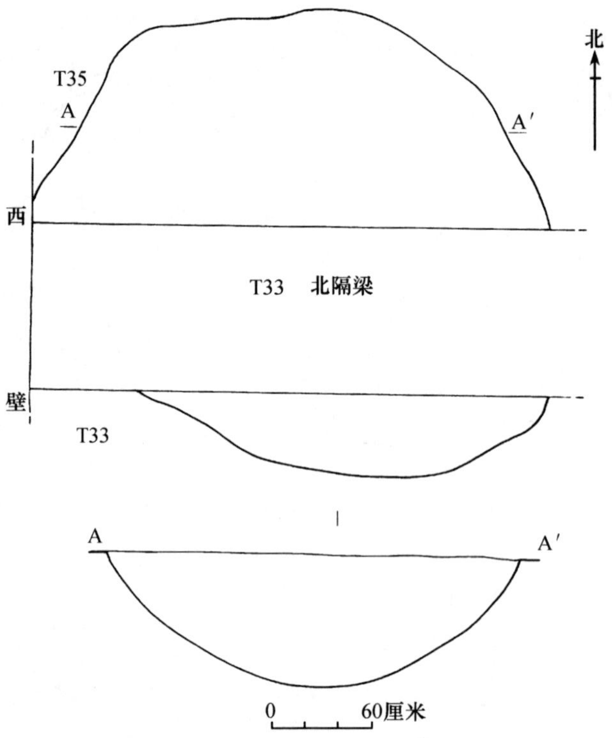

图二一 仰韶文化一期 H74 平、剖面图

填土呈浅灰色，土质疏松，含较多炭屑，出土物有较多陶片、少量石片和仰韶文化一期仅见的 1 件骨器——骨环。陶片主要器形有钵、小钵、碗、窄沿罐、无沿罐、宽沿罐、小罐、盆、瓮、敛口罐、小口尖底瓶等。

H72 位于 T31 和 T33 东部，开口于第 4 层下，被 M4、H68 打破，口部距地表 165 厘米，打破第 5 层。坑口大致为椭圆形，残径 230～454 厘米，南部直壁，北部斜壁稍内收，西部斜壁下张，平底，坑深 140 厘米。该坑也当曾为窖穴。坑内堆积分上、下两层：第 1 层为黄灰色土，厚 70～98 厘米；第 2 层为灰色土，含密集的烧土块，厚 50 厘米（图二三）。出土物有较多陶片和石片等。陶片主要器形有钵、小钵、碗、窄沿罐、无沿罐、宽沿罐、泥质罐、小罐、盆、小盆、器盖等。

3. 方形、长方形或约长方形坑

3 座。其中直壁平底者 2 座，弧壁圜底者 1 座。

H44 位于 T23 中南部，开口于第 2 层下，被 M3 打破，口部距地表 30 厘米，打破 H46 及生土。坑口方形，边长 145～148 厘米，直壁，平底，坑深 70 厘米（图二四）。

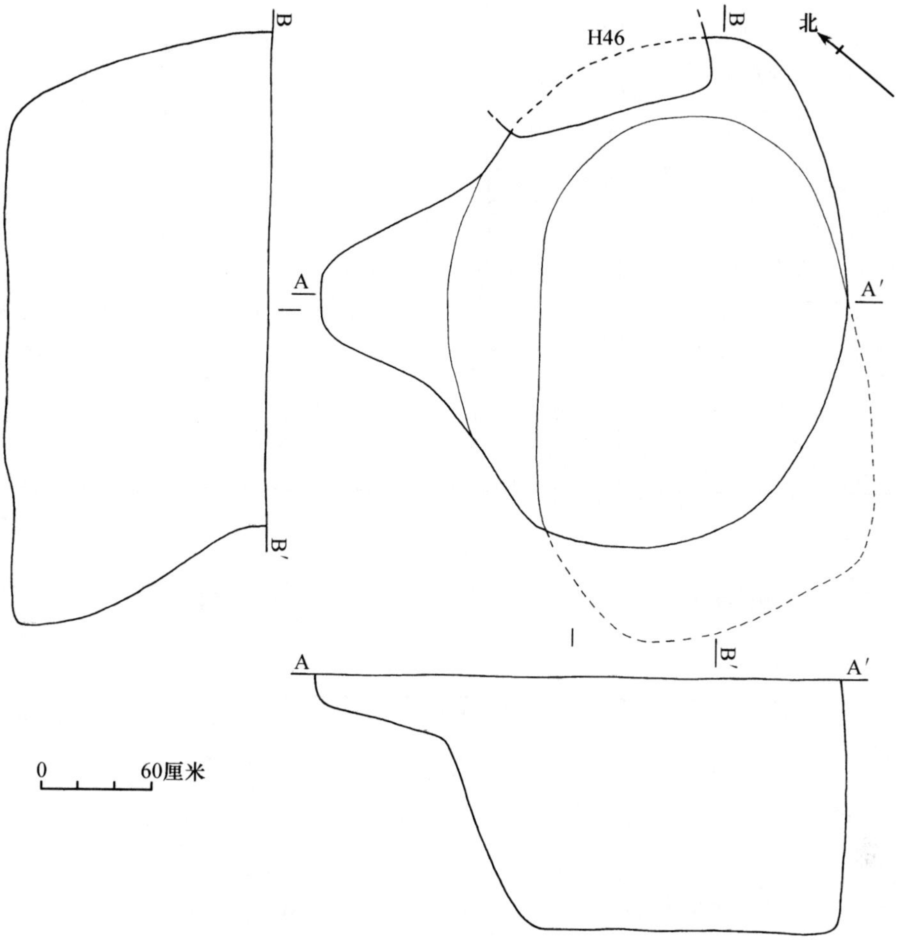

图二二　仰韶文化一期 H43 平、剖面图

坑内填土呈黄灰色，土质较硬，出土少量陶片。主要器形有小口尖底瓶、盆、无沿罐、宽沿罐、泥质罐、小钵、碗等。

H67　位于 T32 南部，西部、东部分别延伸至 T31、T32 的东隔梁下未发掘，开口于第 4 层下，南部被 M5 打破，口部距地表 110 厘米，打破 H81、H86 和第 5 层。发掘部分坑口为长方形，残长 400、宽 90～200 厘米，弧壁，圜底，坑深 100 厘米（图二五）。坑内填土呈深灰色，土质疏松，含大量炭屑及烧土颗粒，出土陶片较多。主要器形有盆、钵、小碗、器盖等。

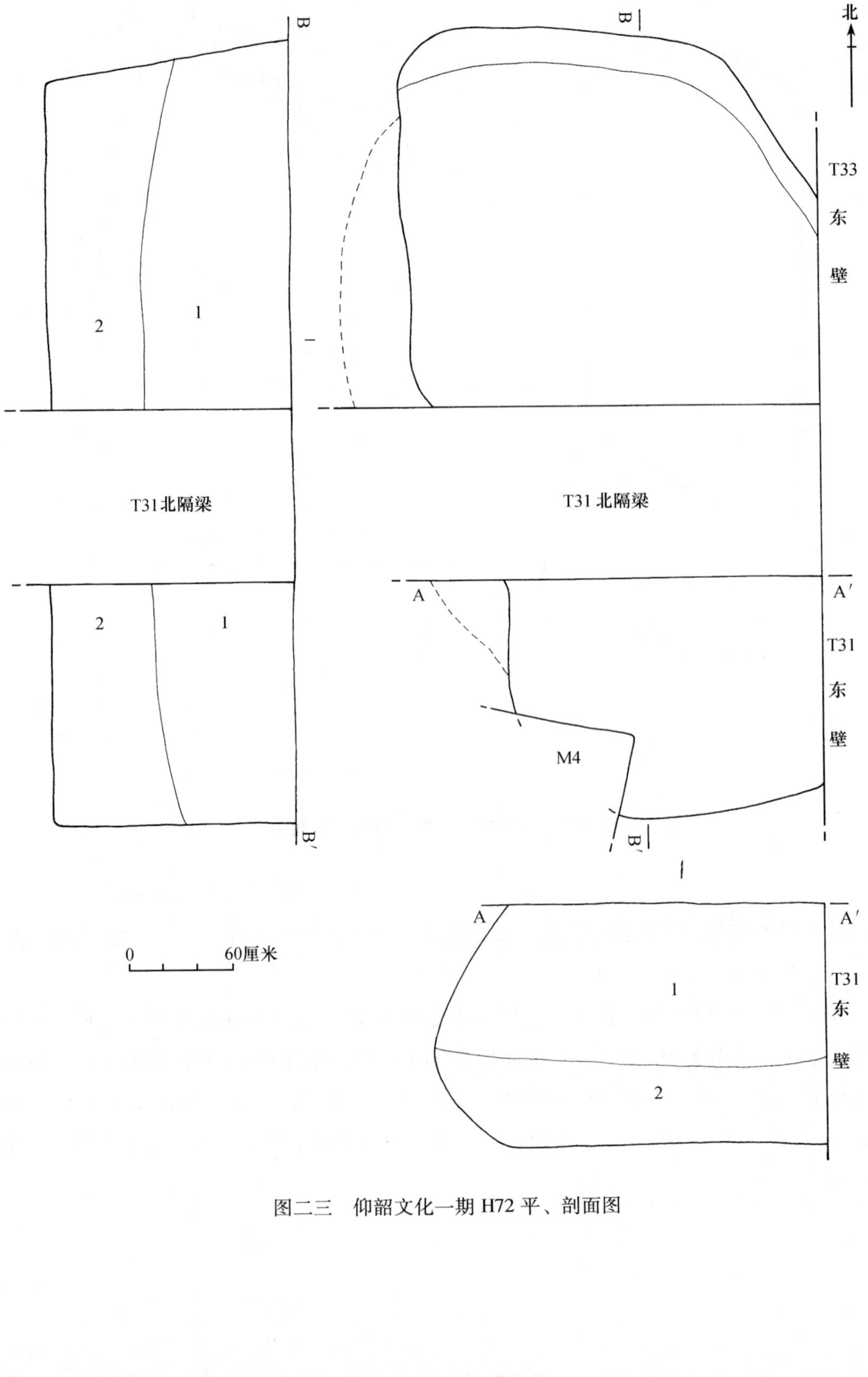

图二三　仰韶文化一期 H72 平、剖面图

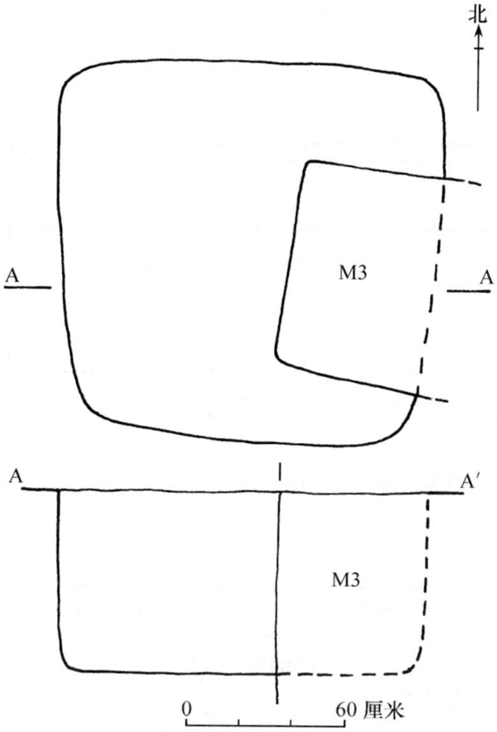

图二四　仰韶文化一期 H44 平、剖面图

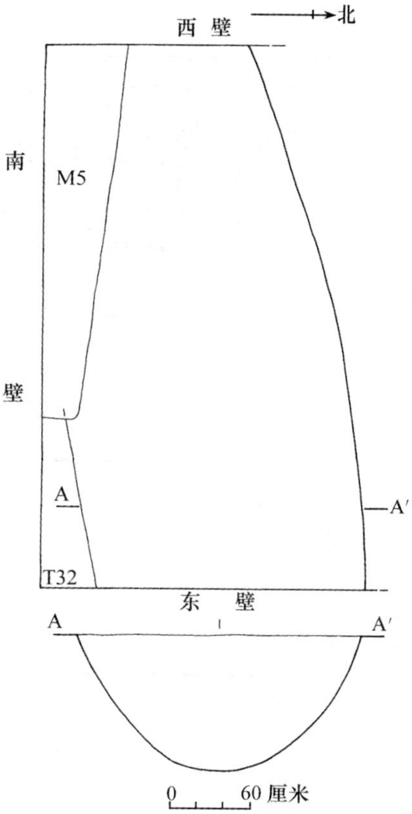

图二五　仰韶文化一期 H67 平、剖面图

三、墓　　葬

共发现 2 座。皆竖穴土坑墓。

M7　位于 T35 北部，开口于第 4 层下，被 H87 打破，口部距地表 180 厘米，打破第 5 层。平面呈长方形，墓口长 240、宽 42 厘米，方向 295°，竖穴土坑，平底，口略大于底，墓底长 230、宽 39、墓深 30 厘米。墓内填土呈深灰色，土质较疏松。墓底有人骨架一具，仰身直肢，骨架保存较好，初步鉴定为一男性，年龄在 30 ~ 35 岁之间。无葬具，无随葬品（图二六；彩版七，1；图版六，1）。

M8　位于 T35 西部及西扩方内，开口于第 4 层下，被 H87 打破，口部距地表 170 厘米，打破 F8 及第 5 层。平面呈长方形，墓口长 170、宽 65 厘米，方向 95°，竖穴土坑，平底，口略大于底，墓底长 165、宽 60、墓深 23 厘米。墓内填土呈深灰色，土质疏松。墓底有人骨架一具，仰身屈肢，骨架下肢残缺较甚，经初步鉴定为一女性，年龄在 35 ~ 40 岁之间。无葬具，无随葬品（图二七；彩版七，2；图版六，2）。

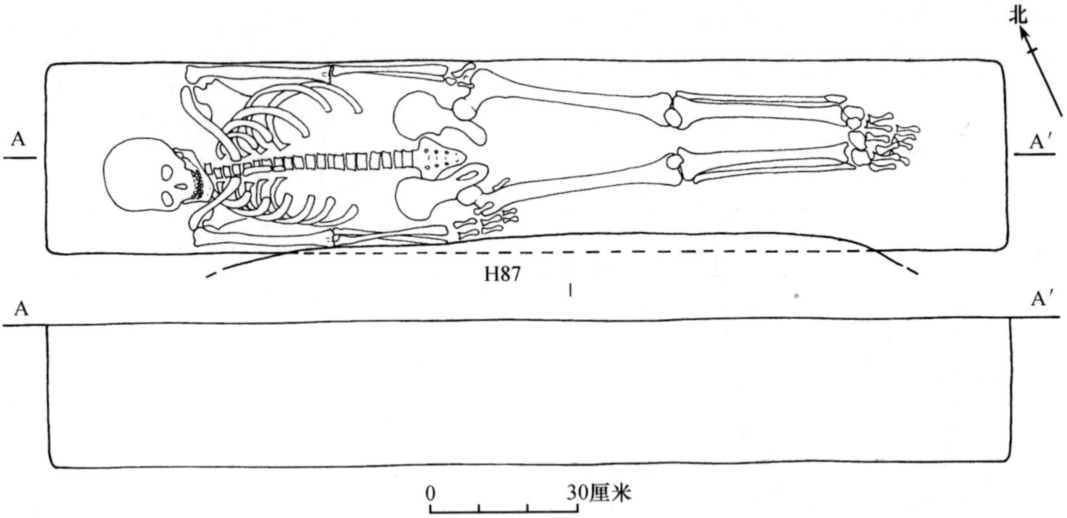

图二六　仰韶文化一期 M7 平、剖面图

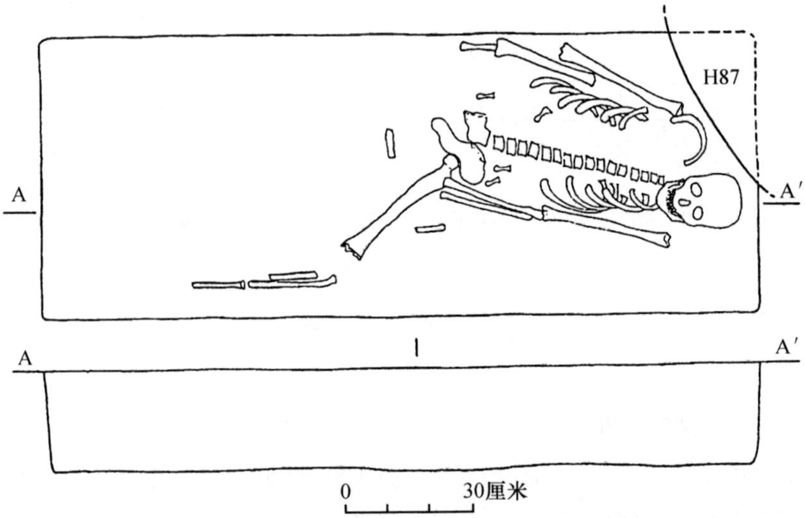

图二七　仰韶文化一期 M8 平、剖面图

第二节　文化遗物

一、陶　　器

均为容器。

共有各种器物 524 件（一般根据器物口沿所代表的器物数统计）。陶质分夹砂和泥质两大类。夹砂陶又有夹细砂和夹粗砂两种，多用以制作罐、缸、杯、鼎类器物。泥质陶中还有一种细泥陶，其陶土经过淘洗处理，质地细腻，主要用以制作彩陶器和磨光陶器。

陶色分红、红褐、灰褐、灰、黑、黄等六种，以红、红褐或灰褐陶为主，灰、黑陶较少，黄陶最少，为红陶里的色彩较淡者。由于烧制技术掌握不佳，陶器尤其是夹砂陶往往出现陶色斑驳也即一器多色现象，特别是灰褐、红褐、黑陶常常同时出现于一件器物上。

除占主导地位的素面陶外，纹饰较常见绳纹和旋纹，绳纹中一部分为线纹，主要饰于小口尖底瓶和罐类器的腹部，旋纹则常见于各类罐的肩部。同时还存在少量的附加堆纹和锥刺纹等。磨光陶器占有一定比例，主要为碗、钵、盆类诸器。

彩陶数量较少，多黑彩，有一定数量的褐彩，常饰于泥质（含细泥质）红陶器上，罕见于黄、红褐陶器，主要在钵、泥质罐、盆类的口部及上腹部。图案以直边或直线为主要特征，纹样较简单，有直边长三角、斜线、直线、窄带、宽带、平行线和较少的圆点、圆圈纹等。线条多硬直遒劲（图二八~图三〇；彩版八）。

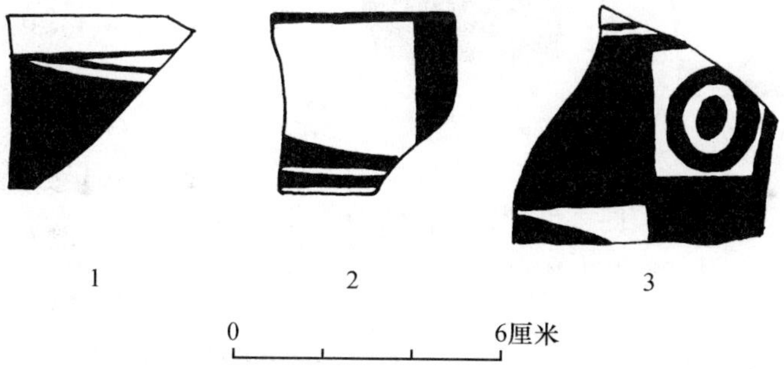

图二八　仰韶文化一期第Ⅰ段彩陶片

1~3. 彩陶片（T33⑤:13、T33⑤:11、T33⑤:12）

在制作工艺方面，显得较为原始，器壁厚薄不匀。器物大多由泥条盘筑法制成，多数器物经慢轮修整，小型器物如杯、小盆、小钵、小罐、小碗以及器耳等系手捏而成，个别陶器采用叠烧工艺。

陶器种类较多，主要有宽沿罐、窄沿罐、无沿罐、敛口罐、筒形罐、小罐、泥质罐、钵、碗、杯、小口尖底瓶、盆、小盆、缸、瓮、器盖、器座等。造型以平底（含微内凹底）和圜底器居多，尖底器主要为小口尖底瓶一类，罕见鼎类三足器。

现按器类介绍如下：

盆　76件。最常见器形之一，数量众多。多为泥质陶，夹砂陶较少。依陶质不同可分为两大类。

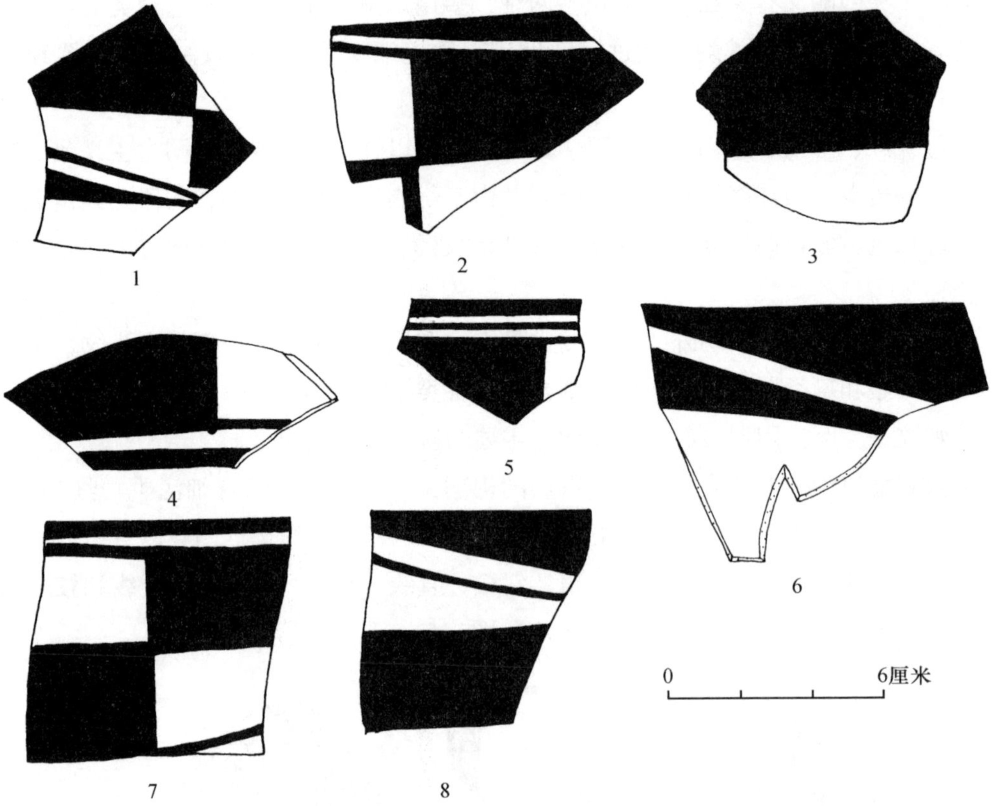

图二九　仰韶文化一期第Ⅱ段彩陶片

1～8. 彩陶片（H72∶31、H72∶24、H72∶25、H72∶27、H72∶28、H72∶30、H72∶26、H72∶29）

甲类　9件。夹砂类，灰褐或红褐陶。依沿部特征不同分二型。

A型　5件。卷沿，沿面较厚。依沿、腹部差异分二式。

Ⅰ式：2件。沿面较窄，腹壁较直。H72∶19，红褐陶。直口，厚圆唇，唇面中部微起棱，沿面有两周沟槽，腹壁近直。腹饰竖绳纹。口径26、残高4.6厘米（图三一，1）。H68∶5，红褐陶。直口，厚圆唇，沿内面有一周浅凹槽，微弧腹。素面。口径28.6、残高4.8厘米（图三一，2）。

Ⅱ式：3件。沿面较宽，腹向外弧鼓。T35④∶5，红褐陶。直口，圆唇，沿较厚，略有颈，微鼓腹。腹饰较粗绳纹。口径36.4、残高5厘米（图三一，3）。T32④∶5，灰褐陶。直口微敛，尖圆唇，沿较薄，弧腹。素面。口径36、残高7.6厘米（图三一，4）。

B型　4件。折沿，沿面较薄。依沿面宽窄差异分二亚型。

Ba型　3件。沿面较窄。H68∶6，灰褐陶。直口，沿面近平略内斜，圆唇，直腹微弧。器表素面，仅上腹部饰一周旋纹。口径36.8、残高9厘米（图三一，5）。H43∶19，

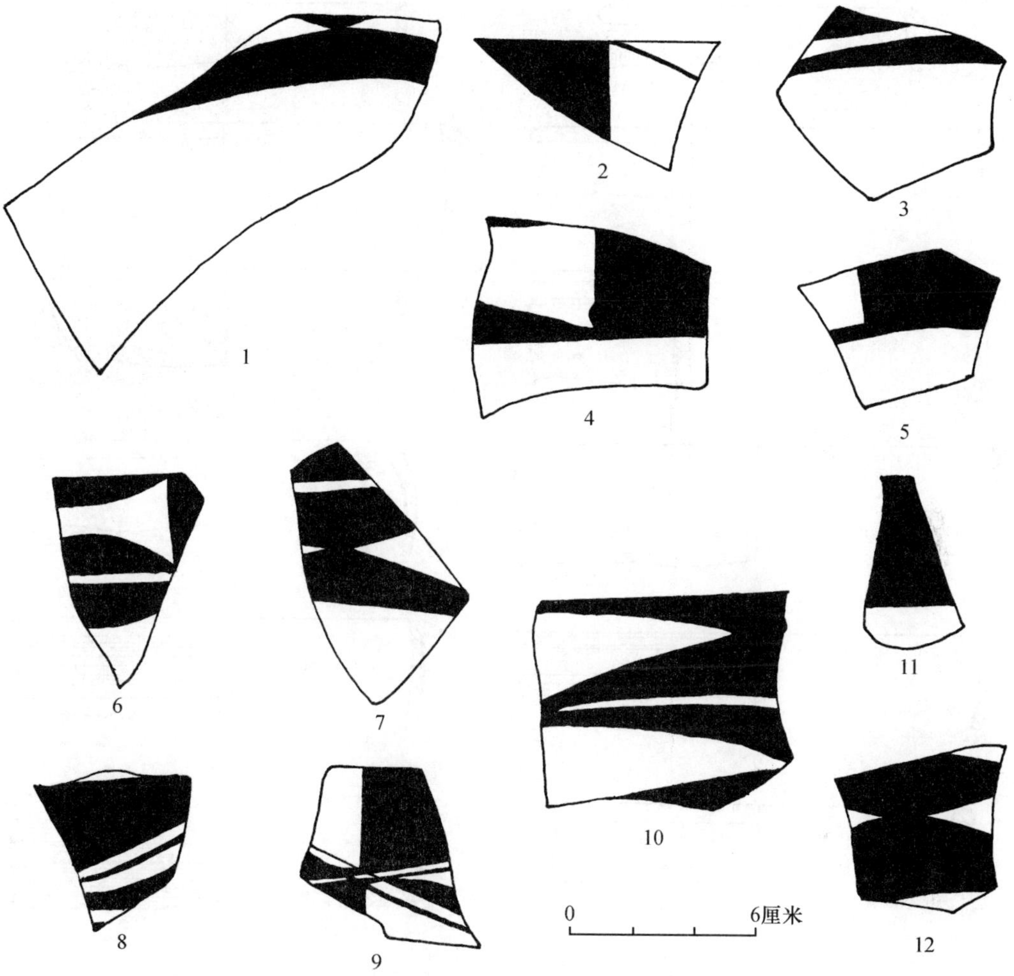

图三〇 仰韶文化一期第Ⅲ段彩陶片

1～12. 彩陶片（H78:25、T32④:9、H70:6、H78:26、H87:8、T32④:8、H78:27、T32④:10、H70:5、H78:24、T32④:7、T32④:11）

灰褐陶。敞口，平折沿，圆方唇，弧腹。素面。口径29.5、残高7.6厘米（图三一，6）。H68:8，灰褐陶。直口微敛，沿面近平稍外斜，圆唇，微鼓腹。腹部饰隐约可见的稀疏斜绳纹。口径39.5、残高8.8厘米（图三一，7）。

Bb型 1件。沿较宽。H04:4，红褐陶，侈口，宽折沿，圆唇，沿薄而斜直，略鼓腹。素面。口径31.2、残高7.2厘米（图三一，8）。

乙类 67件。泥质类，多红陶，少量褐陶、黄陶和黑陶。数量多，形制复杂而且变化较大。依口沿特征不同分四型。

A型 57件。卷沿，沿面微鼓。依沿、唇部不同分二亚型。

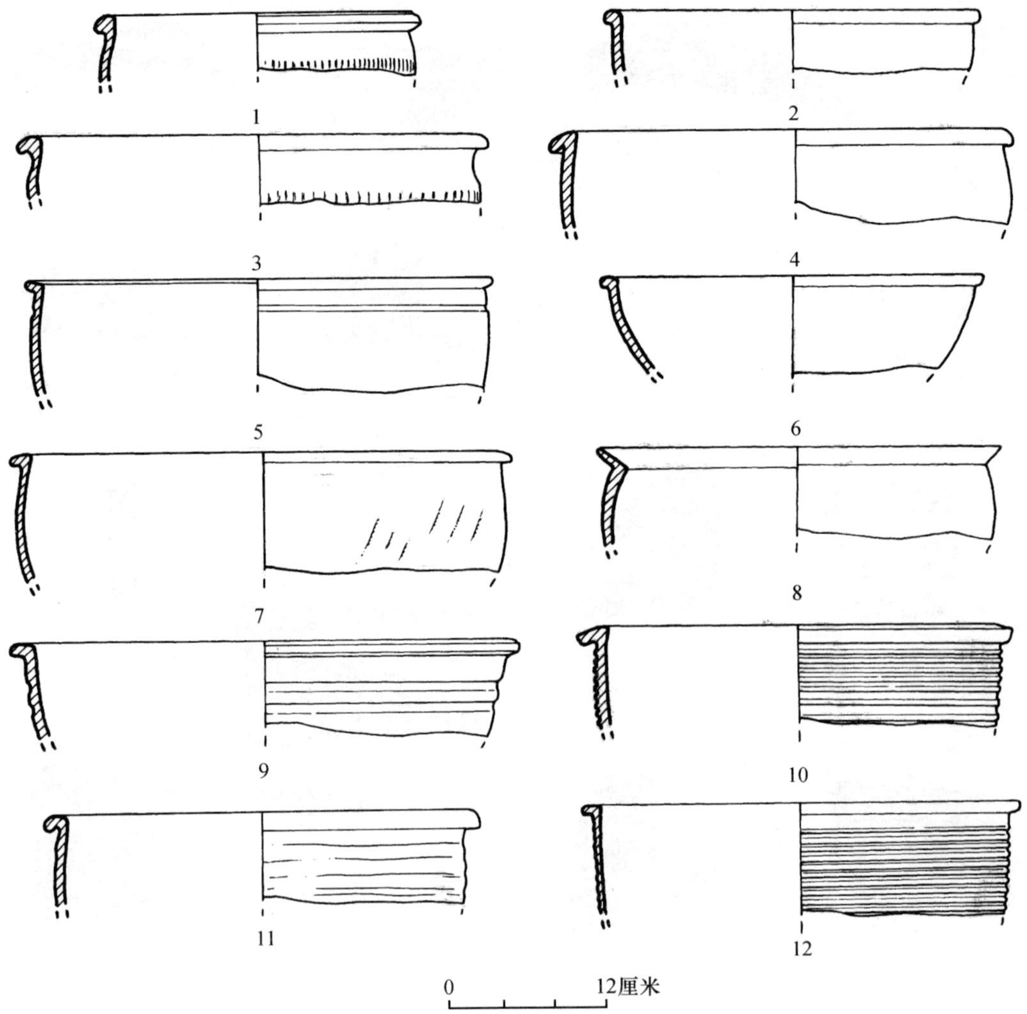

图三一　仰韶文化一期陶盆

1、2. 甲类AⅠ式（H72:19、H68:5）　3、4. 甲类AⅡ式（T35④:5、T32④:5）　5～7. 甲类Ba型（H68:6、H43:19、H68:8）　8. 甲类Bb型（H04:4）　9. 乙类AaⅠ式（T32⑤:5）　10～12. 乙类AaⅡ式（H43:18、H43:16、H54:5）

Aa型　39件。小卷沿，沿窄而厚，卷沿内侧面与内壁之间形成细棱。依腹部差异分三式。

Ⅰ式：2件。腹壁内斜。T32⑤:5，红陶。微敞口，圆方唇，沿面中下部有一周细浅凹槽，唇部圆钝略显方痕，弧腹。腹饰二周甚粗浅旋纹，似制作时留下的轮旋痕。口径40、残高7.8厘米（图三一，9）。T35⑤:5，红陶。直口微敛，方唇，断面上显示沿部卷痕清晰。腹饰印痕方而深的草率旋纹。口径36.4、残高7.4厘米（图三二，1）。

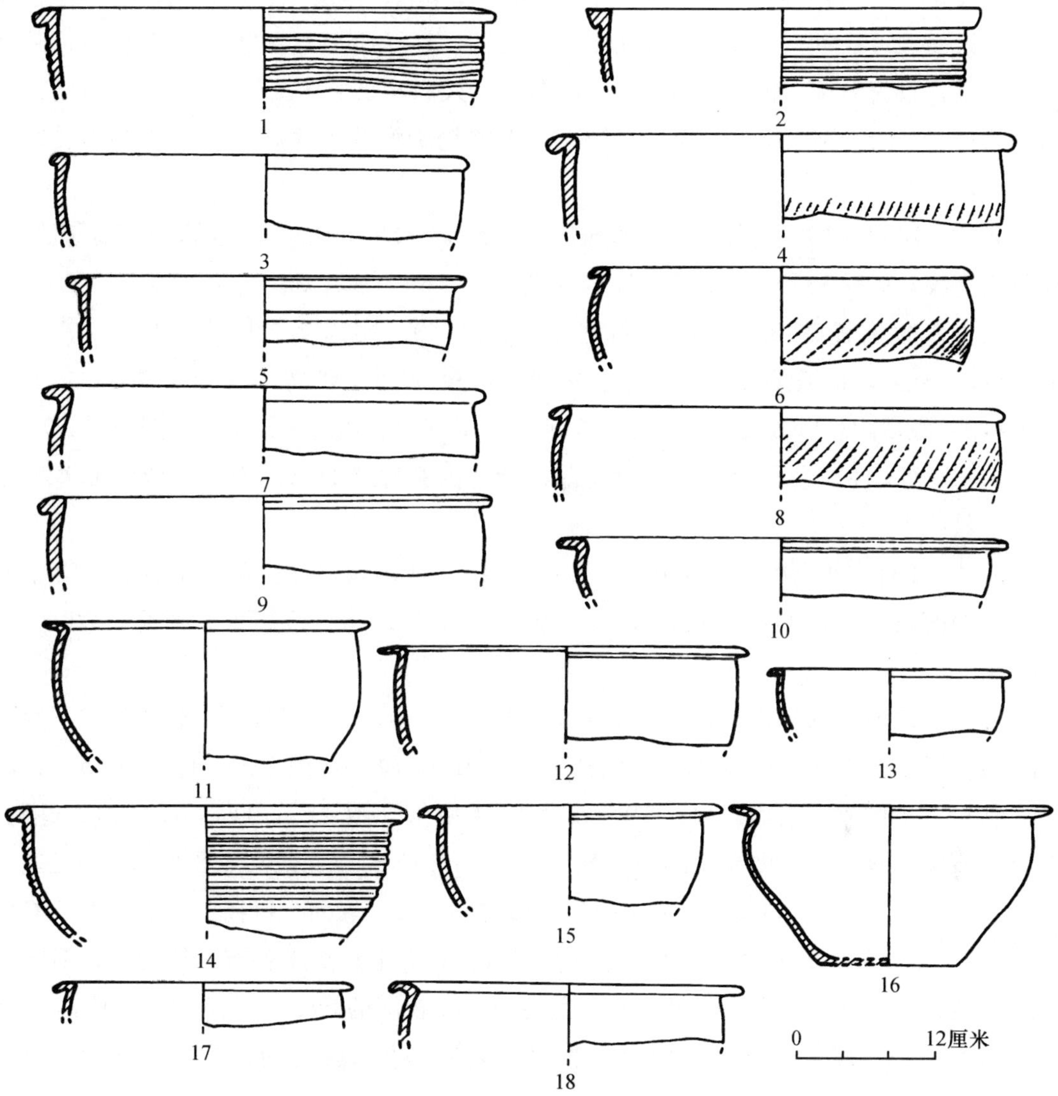

图三二　仰韶文化一期乙类陶盆

1. AaⅠ式（T35⑤:5）　2～5. AaⅡ式（H43:17、H72:20、H68:7、H81:9）　6～9. AaⅢ式（H75:8、T33④:3、H74:5、T33④:2）　10. AbⅠ式（T33⑤:10）　11～16. AbⅡ式（H55:7、H72:21、H43:15、H46:4、H46:5、H55:6）　17、18. AbⅢ式（H75:9、H78:13）

Ⅱ式：19件。腹壁近直。H43:18，黑陶。口微敛，圆方唇，沿面斜平微鼓。腹饰密集而印痕窄深的旋纹。口径34、残高8厘米（图三一，10）。H43:16，红陶。直口微敛，厚圆唇斜下垂，沿面呈弧形。腹饰印痕细浅草率的旋纹。口径34.2、残高7.2厘米（图三一，11）。H54:5，红陶。直口，圆唇。腹饰密集的宽浅旋纹。口径34、残高8.4厘米（图三一，12）。H43:17，红褐陶。直口，斜方唇，沿面较平。腹饰宽浅旋纹。口径34.4、残高6.4厘米（图三二，2）。H72∶20，黄陶。直口微敛，圆唇，直腹微弧。素面。口径36.5、残高7.2厘米（图三二，3）。H68∶7，红陶。直口微敛，圆唇略斜下垂，直腹微弧。腹饰斜绳纹。口径41.2、残高8厘米（图三二，4）。H81∶9，红陶。直口，平沿，圆唇略有方痕。腹饰一周近似轮旋痕的宽浅旋纹。口径34.8、残高6.4厘米（图三二，5）。

Ⅲ式：18件。腹壁向外弧鼓，腹较深。H75∶8，红陶。敛口，尖圆唇下垂。腹饰稀疏的斜绳纹。口径33.5、残高8.4厘米（图三二，6）。H74∶5，红陶。敛口，尖圆唇，沿面斜平。腹饰稀疏时断时续的斜绳纹。口径40、残高7.2厘米（图三二，8）。T33④∶2，红陶。口微敛，圆唇较厚。素面。口径39.5、残高7厘米（图三二，9）。T33④∶3，红褐陶。口微敛，尖圆唇。素面。口径38.4、残高6.2厘米（图三二，7）。

Ab型　18件。卷沿较大，沿宽而薄，沿与内腹壁之间有的无棱。依腹部差异分三式。

Ⅰ式：1件。腹壁略斜向下内收。T33⑤∶10，红褐陶。口微敛，小方唇，沿中部上、下两面较厚，沿与腹壁之间无棱。素面。口径39.6、残高5.2厘米（图三二，10）。

Ⅱ式：13件。腹壁上部近直。H55∶6，红褐陶。侈口，尖圆唇，上腹弧鼓，下腹微凹内收，平底。素面。口径24.2、底径12.4、高14厘米（图三二，16）。H55∶7，红陶。侈口，尖圆唇。素面。口径29、残高12.4厘米（图三二，11）。H72∶21，红陶。口近直，尖圆唇，沿与腹壁之间微有棱。素面。口径32.2、残高8.8厘米（图三二，12）。H43∶15，红陶。口微敛，圆唇，沿与腹之间无棱。素面。口径21.6、残高5.6厘米（图三二，13）。H46∶4，红陶。直口，圆唇，唇面上、下缘各有一周沟槽，沿与腹之间无棱，下腹微弧内收。中腹以上饰密集的印痕较深的旋纹。口径34.8、残高11.5厘米（图三二，14）。H46∶5，红陶。直口，圆唇，沿与腹之间微有棱。素面。口径26.4、残高8.8厘米（图三二，15）。

Ⅲ式：4件。腹壁向外弧鼓。H75∶9，红陶。口微敛，厚圆唇，沿与腹壁之间有折棱。素面。口径26.2、残高2.8厘米（图三二，17）。H78∶13，红陶。敛口，圆唇，沿与腹壁之间有折棱。素面。口径30.8、残高5厘米（图三二，18）。

B型　3件。折沿，沿面近平。依口沿及腹部差异分二式。

Ⅰ式：1件。沿下垂较斜直，腹斜收微弧较浅。H69∶3，红陶。敞口，圆方唇，沿面斜直。素面。口径36.3、残高5厘米（图三三，1）。

Ⅱ式：2件。沿面平直，腹微外鼓较深。T32④∶3，红陶。口微敛，尖圆唇。素面，沿下有一圆形双面钻孔，可能为加固裂纹之用。口径37.2、残高10.8厘米（图三三，2）。T32④∶4，红陶。直口，圆唇。素面。口径30.4、残高6.4厘米（图三三，3）。

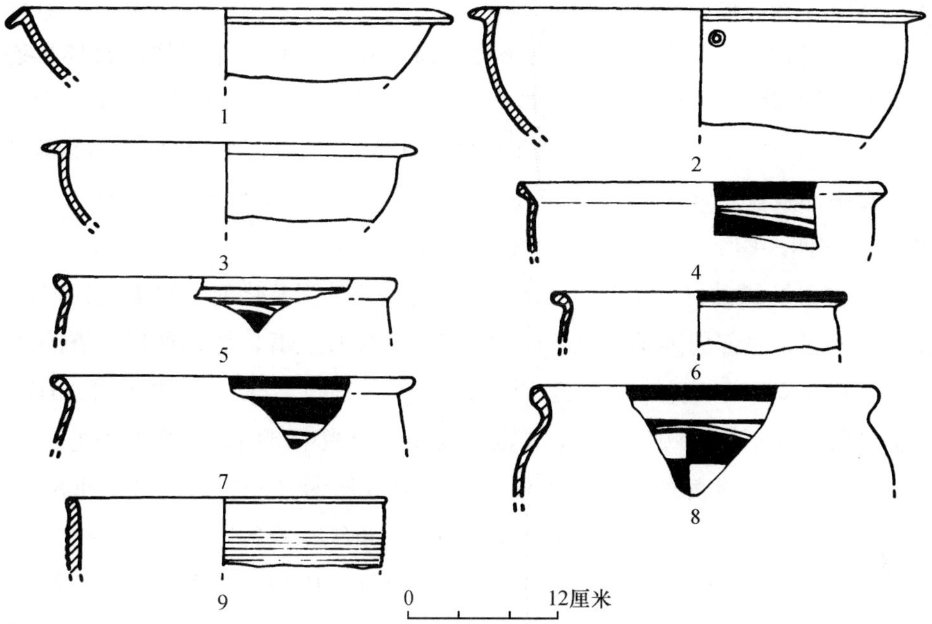

图三三　仰韶文化一期乙类陶盆

1. BⅠ式（H69:3）　2、3. BⅡ式（T32④:3、T32④:4）　4～6. CⅠ式（H72:22、T35⑤:3、T35⑤:4）　7. CⅡ式（H68:4）　8. CⅢ式（H78:10）　9. D型（H75:10）

C型　6件。翻沿，厚圆唇或方唇，均彩陶。依腹部差异分三式。

Ⅰ式：3件。腹微弧近直。H72:22，黄陶。方唇，腹壁微弧近直。器表磨光，唇部饰褐彩窄带纹，上腹饰直线、斜线与三角纹。口径约28.4、残高5.6厘米（图三三，4）。T35⑤:3，红陶。圆唇。器表磨光，唇面饰黑彩窄带纹，腹上部饰黑彩直线、斜线和直边三角构成的图案。口径约27.5、残高4.2厘米（图三三，5）。T35⑤:4，红陶。圆唇。器表磨光，唇部饰褐彩窄带纹。口径24、残高4.6厘米（图三三，6）。

Ⅱ式：1件。微鼓腹。H68:4，红陶。圆唇，微束颈。器表磨光，唇面饰黑彩窄带纹，腹饰黑彩直线、斜线和直边三角组成的图案。口径约28.5、残高6厘米（图三三，7）。

Ⅲ式：2件。鼓腹。H78:10，红陶。圆唇，束颈。器表磨光，唇部饰褐彩窄带纹，腹饰褐彩直线、斜线和两角对顶的两个直边长三角构成的图案。口径约28、残高9.5厘米（图三三，8）。

D型　1件。直口，无沿。H75:10，红褐陶。圆唇，腹壁微弧近直。腹饰密集的细深旋纹。口径26、残高5.6厘米（图三三，9）。

钵　97件。最常见器形之一，数量最多。泥质，其中一部分为细泥质，多红陶，少红褐陶和黄陶，彩陶占一定比例，有些器物因叠烧而形成红顶或褐顶。多敛口，圜底或平底。依唇、肩、腹部等不同分二型。

A 型　75 件。多尖圆唇或尖唇，鼓肩，圆弧腹，圜底或小平底，整体形态较大，约呈半球形，彩陶钵多属该型。依口部差异分五式。

Ⅰ式：2 件。近直口，仅在唇部呈微敛状。T35⑤:1，红陶。尖唇，腹微弧近斜直，小平底，腹中部残缺。素面。口径 27.8、底径 7.5、上残高 5.6、下残高 3.8、器高约 10 厘米（图三四，1）。

Ⅱ式：19 件。微敛口，尖唇。H43:1，红陶，顶部因叠烧而呈红褐色，内壁呈灰褐色。弧腹，平底，底部周围稍凸，有使用时留下的磨痕，其内为制作时留下的植物碎屑痕。素面。口径 29.6、底径 9.6、高 13.4 厘米（图三四，2；彩版九，1）。H72:3，红陶，因烧制时火候不均，陶色自上而下渐趋变深，至腹中部时，已变为褐色。近唇部器壁较厚，以下较薄。器表磨光。口径 30、残高 10.8 厘米（图三四，4）。H68:1，红陶。器表磨光，鼓腹部分饰褐彩斜线、直边三角和对三角纹组成的图案。口径约 34.8、残高 8.8 厘米（图三四，5；彩版八，3 下）。H72:6，红陶，内壁自上而下陶色变浅，过渡为浅黄色。素面，近口部饰褐彩宽带纹。口径 26.4、残高 5.4 厘米（图三四，6；彩版八，3 上左）。H43:4，红陶，顶部因叠烧而呈红褐色。内壁自上而下陶色逐渐变深，下部呈灰褐色。唇局部因使用磨成半方唇，底部周围稍凸，并有磨痕，其内为制作时留下的植物碎屑痕。素面。口径 29.8、底径 10.4、高 12.6 厘米（图三四，7）。H54:1，红陶，口部因叠烧呈红褐色。圆弧腹。器表磨光。口径 26.6、残高 12.2 厘米（图三四，8；彩版九，2）。H55:19，红陶，顶部因叠烧而呈红褐色。圜底周围略高，其下为制作时留下的众多小圆坑组成的糙面，当为粟粒外壳痕。素面。口径 26、高 14.5 厘米（图三四，11）。

Ⅲ式：29 件。敛口，尖圆唇。H72:2，红陶。器表磨光，肩及鼓腹部分饰黑彩三角构成的图案。口径约 35.2、残高 14 厘米（图三四，3；彩版八，3 上右）。H72:4，黄陶。腹中部残缺，微有小平底。素面。口径 20.6、底径 5.4、上残高 6.4、下残高 2.4、器高约 10.4 厘米（图三四，9）。H81:1，红陶。器表磨光。口径 20、残高 7.6 厘米（图三四，10）。H43:2，红褐陶，顶部因叠烧而呈红色。圜底，底部周围有磨蚀痕迹，其内为制作时留下的植物碎屑痕，正中部有一直径约 2 厘米的小按窝，恰可放一手指，底部略呈凹圜底。素面。口径 27.8、高 15.3 厘米（图三四，12；彩版九，5）。

Ⅳ式：23 件。口敛较甚，圆唇。H70:1，黄陶。鼓肩。器表磨光，肩、腹部饰褐彩直边三角与斜线构成的图案。口径约 33.2、残高 6.8 厘米（图三五，1；彩版八，5 左）。H78:4，红陶。器表磨光，肩部饰黑彩直边三角和斜线纹。口径约 34、残高 8.4 厘米（图三五，5；彩版八，5 右）。H87:1，红褐陶。鼓肩。素面。口径 24、残高 6.8 厘米（图三五，8）。H87:2，红陶。因叠烧顶部呈褐黄色。器表磨光。口径 25、残高 8 厘米（图三五，11）。

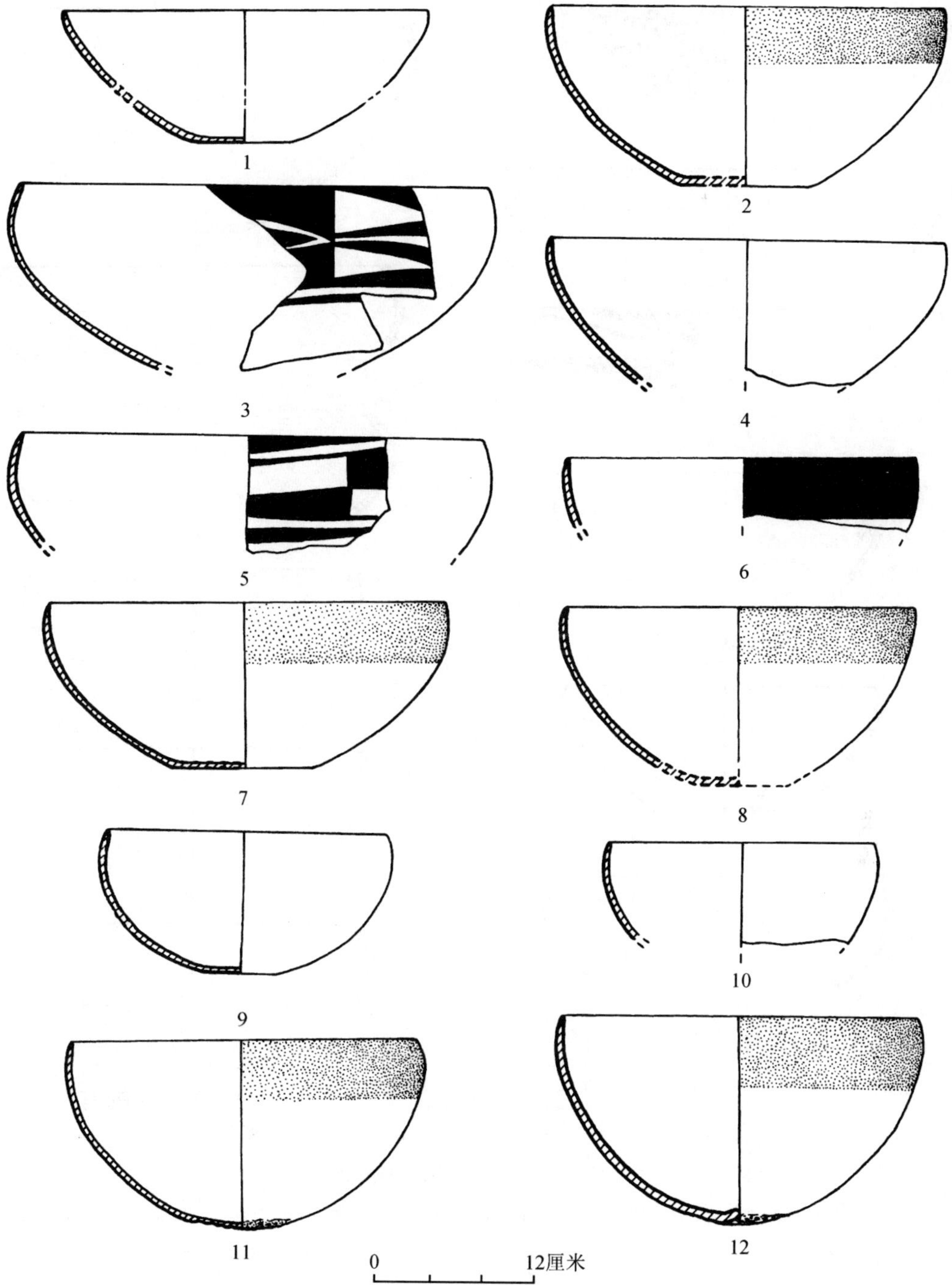

图三四　仰韶文化一期陶钵

1. AⅠ式（T35⑤:1）　2、4～8、11. AⅡ式（H43:1、H72:3、H68:1、H72:6、H43:4、H54:1、H55:19）
3、9、10、12. AⅢ式（H72:2、H72:4、H81:1、H43:2）

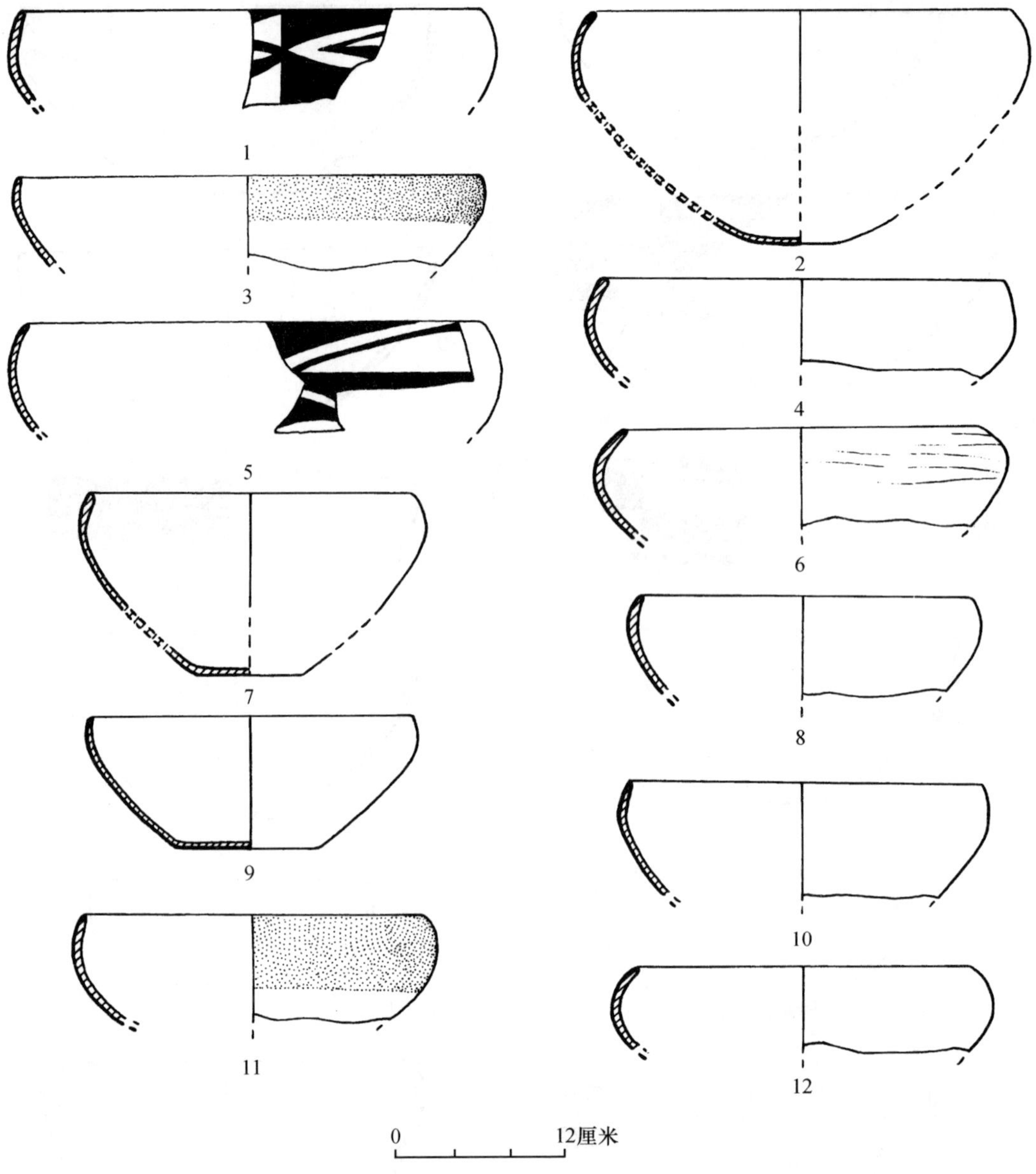

图三五　仰韶文化一期陶钵

1、5、8、11. AⅣ式（H70:1、H78:4、H87:1、H87:2）　2. AⅤ式（T32④:1）　3、7、9、10. BⅠ式（H68:2、H72:5、H43:3、H43:5）　4. BⅡ式（H72:7）　6、12. BⅢ式（H87:3、H67:1）

Ⅴ式：2 件。口甚敛，圆唇。T32④:1，红陶。鼓肩，弧腹较直内收，小平底。器表磨光。口径 30、底径 5.4、高约 16.5 厘米（图三五，2）。

B 型　22 件。圆唇或圆方唇，弧肩，斜腹近直，平底较大，整体形态较矮小，器表多素面。依口部差异分三式。

Ⅰ式：8件。口微敛近直。H68∶2，红陶，顶部因叠烧呈褐色。圆唇较厚。器表磨光。口径35.2、残高6.8厘米（图三五，3）。H72∶5，红陶。圆唇较厚，腹中部残缺。素面。口径24、底径7.5、上残高8.4、下残高1.6、器高约13.2厘米（图三五，7）。H43∶3，红陶。小圆方唇。素面。口径23.6、底径10、高9.5厘米（图三五，9；图版七，2）。H43∶5，红陶。圆唇。素面。口径25.2、残高8.4厘米（图三五，10）。

Ⅱ式：8件。口较敛。H72∶7，红陶。厚圆唇。素面。口径29、残高6.8厘米（图三五，4）。

Ⅲ式：6件。口敛较甚。H87∶3，红陶。圆唇。素面，肩部有较多制作时留下的刮痕。口径21.6、残高7.2厘米（图三五，6）。H67∶1，红陶。圆唇。素面。口径24、残高5.8厘米（图三五，12）。

碗　87件。常见器形之一，数量较多。泥质，其中一部分为细泥质，多红陶，甚少黄陶，少量因叠烧而形成的褐色或浅红色顶。多圆唇或尖圆唇，罕见方唇，圜底或小平底。依口、腹部等不同分二型。

A型　82件。敞口，斜弧腹。依口敞程度、腹部差异分四式。

Ⅰ式：5件。大敞口，皆尖唇，腹较浅。H72∶10，红陶。斜腹近直。器表磨光。口径29、残高6.8厘米（图三六，1）。T33⑤∶1，红陶。微弧腹，圜底。素面。口径29、高10厘米（图三六，3；图版七，4）。T33⑤∶2，红陶。微弧腹近直。素面。口径32、残高8.4厘米（图三六，5）。

Ⅱ式：26件。较敞口，多尖唇，浅弧腹。H05∶1，红褐陶。圆唇。素面。口径32.5、残高11.6厘米（图三六，7）。H05∶2，红陶，顶部因叠烧而呈浅褐色。尖圆唇，腹近直。素面。口径28、残高5.6厘米（图三六，2）。H72∶11，红陶。尖圆唇。器表磨光。口径28、残高6.8厘米（图三六，4）。H43∶12，红陶。尖圆唇。器表磨光。口径32.5、残高10.4厘米（图三六，10）。H55∶2，红陶。尖唇。器表磨光。口径36、残高10.8厘米（图三六，11）。

Ⅲ式：26件。敞口，多圆唇，腹较深。H81∶2，红陶。圆唇。素面。口径26、残高9.2厘米（图三六，6）。H74∶2，红褐陶。圆唇。器表磨光。口径32、残高7.6厘米（图三六，8）。H68∶3，红褐陶。圆唇，腹斜直。素面。口径30.5、残高7.6厘米（图三六，9）。H55∶3，红陶。微斜方唇。素面。口径34、残高11厘米（图三六，12）。

Ⅳ式：25件。微敞口，圆唇或圆方唇，深腹。T35④∶2，红陶。圆唇。素面。口径34、残高8.4厘米（图三七，1）。H78∶6，红陶，近口部饰一周红彩带。微斜平圆方唇。器表磨光。口径36.2、残高6.8厘米（图三七，2）。T35④∶1，红陶。圆唇较厚。器表磨光。口径35、残高7.2厘米（图三七，3）。H75∶1，红陶，顶部因叠烧而呈褐色。圆唇。器表磨光。口径34、残高11.6厘米（图三七，4）。H70∶2，黄陶。小圆方

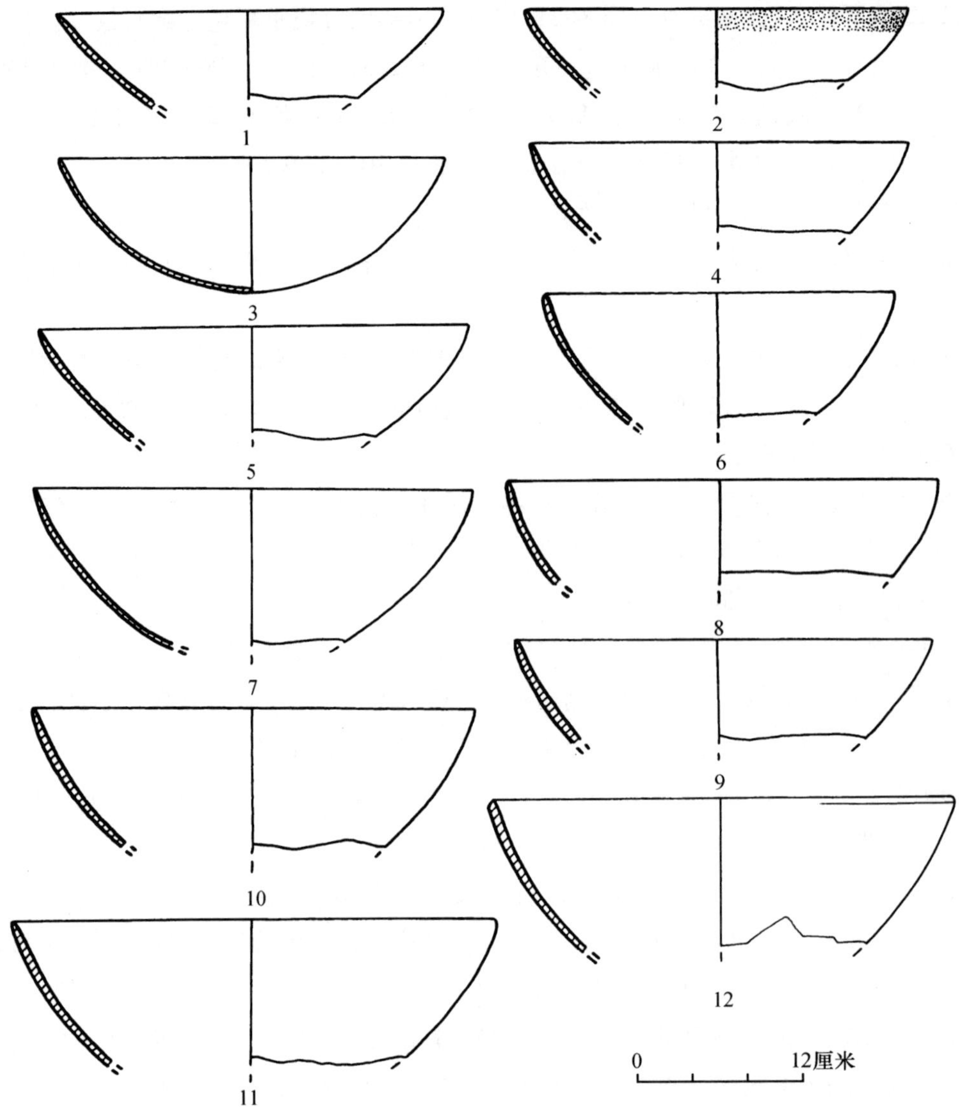

图三六　仰韶文化一期陶碗

1、3、5. AⅠ式（H72∶10、T33⑤∶1、T33⑤∶2）　2、4、7、10、11. AⅡ式（H05∶2、H72∶11、H05∶1、H43∶12、H55∶2）　6、8、9、12. AⅢ式（H81∶2、H74∶2、H68∶3、H55∶3）

唇较平。素面。口径 32. 8、残高 9. 2 厘米（图三七，5）。

B 型　5 件。直口或近直口，尖圆唇或圆唇，腹壁斜直。H75∶2，红陶。直口，小圆唇，腹壁微弧。素面。口径 17、残高 4. 4 厘米（图三七，6）。H43∶10，红褐陶。直口微敛，尖圆唇，上腹直壁，下腹内收。器表磨光。口径 18、残高 8. 8 厘米（图三七，7）。H43∶11，红陶，顶部因叠烧呈浅红色。直口，尖圆唇，上腹壁近直，下腹微弧内收。素面。口径 25. 5、残高 8. 8 厘米（图三七，8）。H44∶2，红陶。直口微敞，尖圆

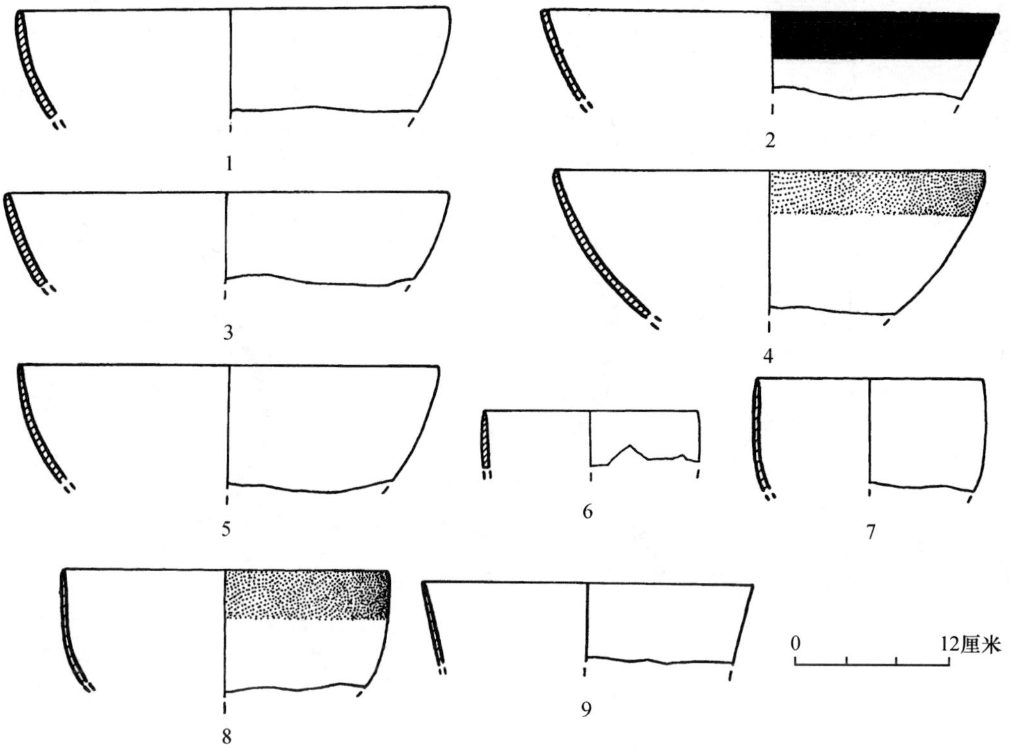

图三七　仰韶文化一期陶碗

1～5. AⅣ式（T35④:2、H78:6、T35④:1、H75:1、H70:2）　6～9. B型（H75:2、H43:10、H43:11、H44:2）

唇。素面。口径25.5、残高6.4厘米（图三七，9）。

窄沿罐　88件。常见器形，数量较多。皆夹砂，多灰褐陶或红褐陶，罕见灰陶，内壁多呈红褐色，砂粒粗大，往往砂粒裸露。小侈口，沿甚窄，深弧腹，小平底。有的器底中央有一圆形或椭圆形小孔。器表素面，或在鼓腹部分饰线纹，也偶见上腹饰旋纹者。依沿部不同分二型。

A型　74件。非折沿，略呈卷沿状，在器口外贴一周泥条，而使沿面中部带有沟槽，或成为小“子口”或“母口”状。依沿面及腹部差异分三式。

Ⅰ式：3件。沿面外缘低于内缘，器口略呈“子口”状，腹斜直或微弧。T33⑤:3，红褐陶。圆唇，沿面中部有一周沟槽，微弧腹。素面。口径24.8、残高6厘米（图三八，6）。T33⑤:4，红褐陶。直口，尖圆唇，沿面外缘明显低于内缘，沿面中部微有凸棱，棱两侧形成浅沟槽，弧腹近直。素面。口径24、残高5.6厘米（图三八，1）。T33⑤:5，红褐陶。尖圆唇，沿面中部有一周较深沟槽，微弧腹。腹部饰稀疏线纹。口径24.5、残高6.8厘米（图三八，4）。

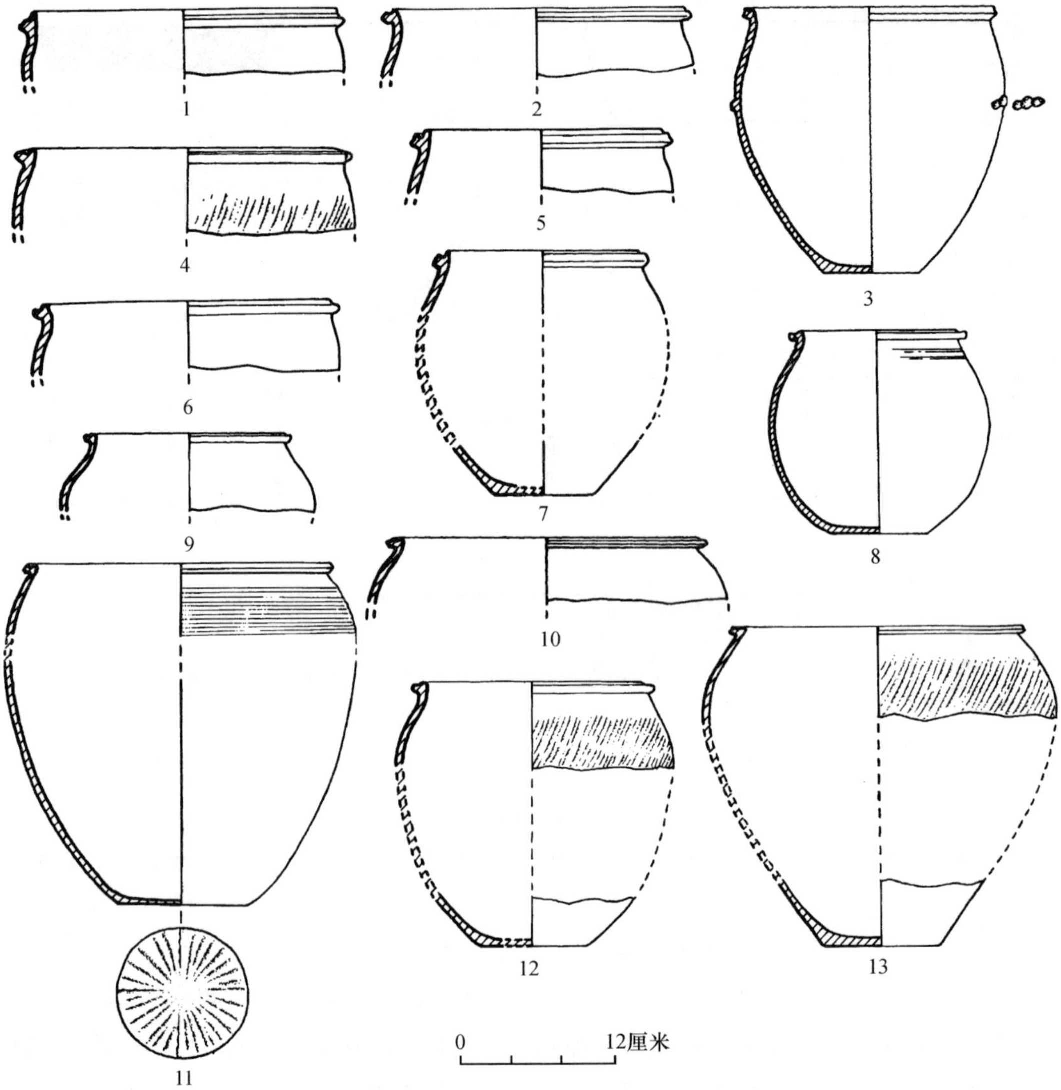

图三八　仰韶文化一期陶窄沿罐

1、4、6. AⅠ式（T33⑤:4、T33⑤:5、T33⑤:3）　2、5、7、9、12. AⅡ式（H72:16、H05:4、H74:3、H55:5、H43:13）　3、8、10、11、13. AⅢ式（H78:3、H78:1、H75:5、H78:8、H78:12）

Ⅱ式：55 件。沿面外缘略低于内缘，多微鼓腹。H72:16，灰褐陶。近三角形唇，唇面中部凸起一脊棱，沿面中部有一周沟槽，微束颈，微鼓腹。素面。口径 24.4、残高 4.8 厘米（图三八，2）。H05:4，灰褐陶。方唇，唇面有浅凹痕，沿面中部有深沟槽。素面。口径 18.5、残高 5.5 厘米（图三八，5）。H74:3，灰褐陶。方唇，沿面中部有一周沟槽，腹微鼓，甚平的小平底，底中部渐薄。素面。口径 15、底径 8、上残高 4.8、下残高 4、器高约 20 厘米（图三八，7）。H55:5，灰褐陶。方唇，沿面中部一周沟槽，束颈，鼓腹。素面。口径 16、残高 6.2 厘米（图三八，9）。H43:13，红褐陶。

圆唇，沿面中部有沟痕，微鼓腹，小平底，底中部渐薄。上腹饰绳纹，绳纹上有抹痕。口径19.2、底径8、上残高6.8、下残高4、器高约21.5厘米（图三八，12）。

Ⅲ式：16件。沿面内外缘近平，有的外缘高于内缘，略似“母口”状，鼓腹。H75:5，红褐陶。唇约呈三角形，上唇面略有凹痕，沿面有一周沟槽。素面。口径23.2、残高5.2厘米（图三八，10）。H78:1，红褐陶。三角形唇，唇面起一脊棱，沿面有一周沟槽，腹上部微凹，中部圆鼓，下部缓收，平底。上腹饰两周旋纹，以下素面。口径13.8、底径7.6、高16.6厘米（图三八，8；彩版九，3）。H78:3，红褐陶。方唇，沿面一周沟槽，腹上部弧鼓，下部缓收，平底，底部周围厚，中间薄，腹中上部附带有按窝的横泥条状小鋬。素面。口径20、底径7.6、高约21.6厘米（图三八，3；图版七，1）。H78:8，灰褐陶。三角形唇，唇面起一脊棱，沿面有一周沟槽，腹上部弧鼓，下部缓收，平底，底部周围厚，中间薄。上腹饰多周旋纹，下腹素面，底部可见制作时留下的近似粗绳纹的浅印痕，由中心向周围呈放射状分布。口径24、底径10.6、上残高5.8、下残高20.2、器高约28厘米（图三八，11）。H78:12，灰褐陶。三角形唇，唇面起一脊棱，沿面有一周沟槽，上腹鼓，下部缓收，平底。上腹饰线纹，下部素面，底部有制作时留下的微微凸起的垂直十字形印痕。口径22、底径9.2、上残高7.7、下残高5.2、器高约26厘米（图三八，13）。

B型 14件。侈口，窄折沿，圆唇或圆方唇。依沿面及腹部差异分三式。

Ⅰ式：1件。沿面近平，腹壁微弧近直。T33⑤:6，灰褐陶。圆唇。腹饰绳纹。口径24、残高4.8厘米（图三九，1）。

Ⅱ式：7件。沿面较斜，微鼓腹。H72:15，灰褐陶。圆唇，折沿内棱微凸。素面。口径34.2、残高6.8厘米（图三九，2）。H05:5，红褐陶。圆唇，沿面下部微凹。素面。口径29.5、残高7.4厘米（图三九，3）。H46:3，红褐陶。圆唇，平底，底中部较薄。素面。口径22.5、底径10.4、上残高15.8、下残高5.6、器高约25.5厘米（图三九，4）。

Ⅲ式：6件。斜沿面，鼓腹。H75:6，红褐陶。圆唇，沿面下部微凹。素面。口径28.5、残高5.2厘米（图三九，5）。H75:4，红褐陶。圆方唇，腹甚鼓。素面。口径28、残高5.7厘米（图三九，6）。T35④:3，红褐陶。厚圆唇，沿面下部微凹。素面。口径24、残高4.3厘米（图三九，7）。

宽沿罐 46件。常见器形之一，数量较多。皆夹砂，多红褐或灰褐陶，少量灰陶，陶色不匀，多复色，砂粒较细小。侈口，宽沿，深腹，平底。依沿部不同分二型。

A型 38件。折沿，多圆唇或尖圆唇。素面陶较多，有的器表涂抹一层泥浆，个别器物上腹饰旋纹或绳纹。依沿及腹部差异分三式。

Ⅰ式：4件。沿较低斜，弧腹。T34⑤:1，红褐陶。圆唇，沿内面斜平。素面。口

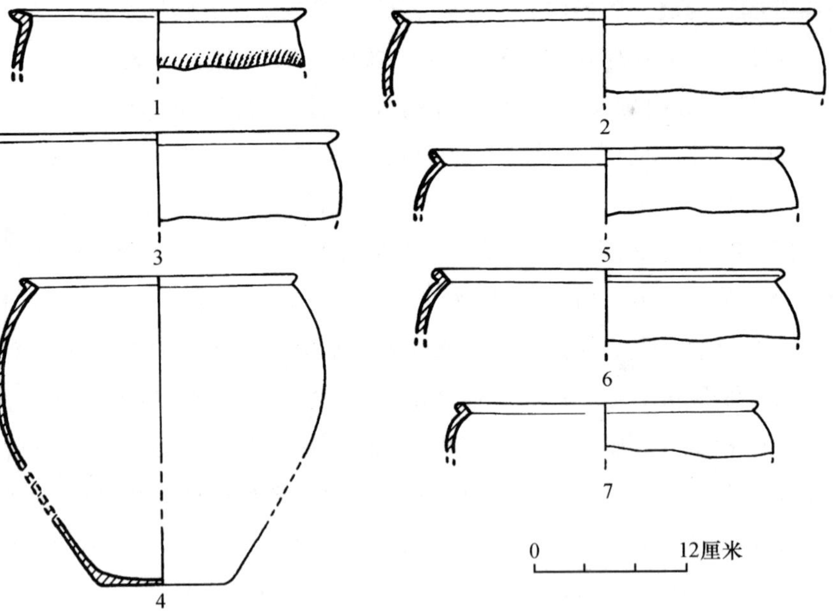

图三九　仰韶文化一期陶窄沿罐

1. BⅠ式（T33⑤:6）　2～4. BⅡ式（H72:15、H05:5、H46:3）　5～7. BⅢ式（H75:6、H75:4、T35④:3）

径16、残高7.6厘米（图四〇，1）。T34⑤:2，红褐陶。圆唇，沿内面微凹，外面圆弧，内折棱凸起。素面。口径23.5、残高8.4厘米（图四〇，3）。T34⑤:3，红褐陶。圆唇，沿面甚斜平。器表涂抹一层泥浆。口径17.2、残高10.2厘米（图四〇，2）。T34⑤:4，灰褐陶。圆唇，内折棱明显。素面。口径22.2、残高7.6厘米（图四〇，4）。

Ⅱ式：21件。沿稍高，弧腹微鼓。H72:12，灰褐陶。尖圆唇，沿面斜直。腹表饰浅绳纹，并有抹痕。口径20、残高6.8厘米（图四〇，7）。H72:13，灰褐陶。尖圆唇，沿内面上部略鼓，下部微凹，内折棱凸起。素面。口径21、残高7.6厘米（图四〇，9）。H81:4，灰褐陶。圆唇，沿部较厚。素面。口径23.6、残高7.5厘米（图四〇，6）。H81:5，灰褐陶。尖圆唇，沿薄而折棱明显。腹表涂抹一薄层泥浆。口径18.5、残高7.4厘米（图四〇，8）。H05:3，灰褐陶。圆唇，沿内面斜平，外面微弧。素面。口径20.9、残高6.8厘米（图四〇，5）。

Ⅲ式：13件。沿较高，鼓腹。H70:4，灰褐陶。尖圆唇，沿下部较厚，内折棱明显。素面。口径20.5、残高5.6厘米（图四〇，10）。H04:3，红褐陶。尖圆唇，沿面下部微凹，内折棱微微上翘。素面。口径22、残高7厘米（图四〇，11）。T33④:1，红褐陶。尖圆唇。素面。口径21、残高6厘米（图四〇，12）。H78:2，灰褐陶。尖圆

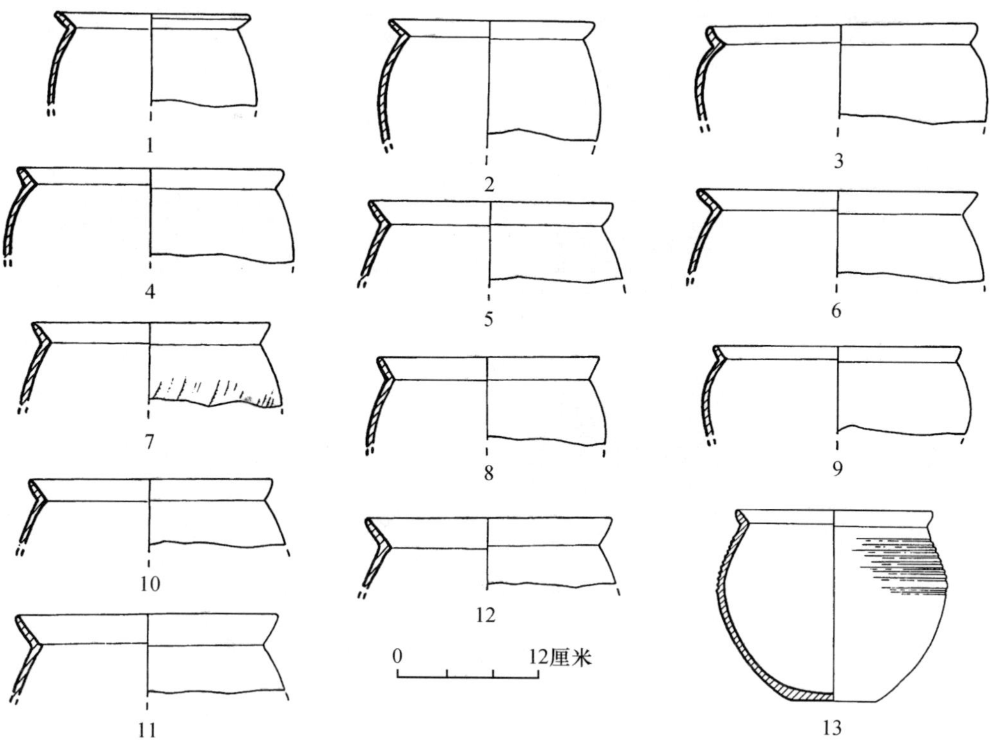

图四〇　仰韶文化一期陶宽沿罐

1～4. AⅠ式（T34⑤:1、T34⑤:3、T34⑤:2、T34⑤:4）　5～9. AⅡ式（H05:3、H81:4、H72:12、H81:5、H72:13）　10～13. AⅢ式（H70:4、H04:3、T33④:1、H78:2）

唇，沿下部较厚，内折棱明显，鼓腹下收，小平底。上腹饰旋纹，下腹素面。口径16.8、底径7.4、高16.4厘米（图四〇，13；彩版九，4）。

B型　8件。翻沿，沿部往往较厚，器形多较高大，上腹部多饰旋纹。H54:2，红褐陶。方唇，唇面有两周细浅的沟槽，沿较厚，沿内面上部有一周凸棱，棱上、下两侧微凹，沿、腹相接处外部有一较深沟槽，鼓腹，下部渐收，平底。上腹饰多周旋纹。口径31.5、底径10、上残高12、下残高7.8、器高约36厘米（图四一，5）。H54:3，红褐陶。厚圆唇，沿面中部略有凹痕，微鼓腹。腹表饰细密旋纹。口径28.5、残高8.2厘米（图四一，3）。H50:1，灰褐陶。厚圆唇外凸，沿面上部有一周凸棱，棱两侧微凹，沿、腹相接处外部沟槽较深，弧腹。腹表饰细密旋纹。口径32、残高9.2厘米（图四一，4）。H50:2，红褐陶。小平方唇，沿部上薄而下厚，鼓腹。上腹饰旋纹。口径17、残高5.4厘米（图四一，2）。H55:4，灰褐陶。厚斜方唇，沿内面上部微凹，颈微束，腹略鼓。上腹饰较细横绳纹。口径21、残高9.8厘米（图四一，1）。

无沿罐　18件。夹砂红褐陶或灰褐陶，多复色，器物内壁往往呈红褐色，砂粒较

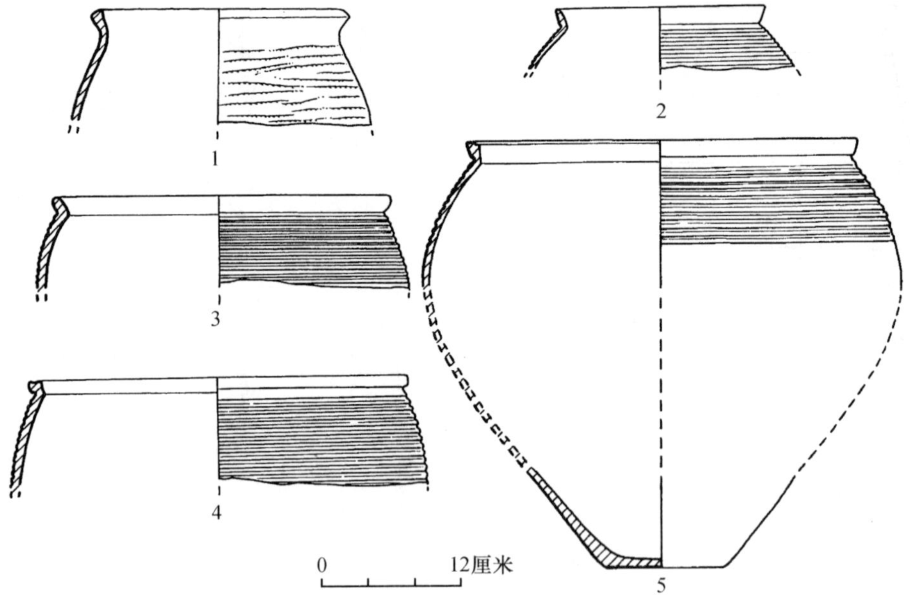

图四一　仰韶文化一期陶宽沿罐

1～5. B型（H55∶4、H50∶2、H54∶3、H50∶1、H54∶2）

大，内壁多有砂粒裸露。口部为较厚的圆或圆方唇，基本无沿或谓甚窄口沿，深腹，平底，最大腹径在腹上部。依腹部差异分三式。

Ⅰ式：1件。弧腹。T33⑤∶7，红褐陶。方唇，唇面上部起一脊棱，棱两侧微有凹痕，纵剖面约呈三角形。腹饰稀疏细绳纹，上腹部被抹而模糊不清，以下依稀可见。口径26.5、残高10.2厘米（图四二，1）。

Ⅱ式：12件。微鼓腹。H05∶7，灰褐陶。圆唇微外凸。素面。口径24.8、残高7.6厘米（图四二，2）。H72∶14，灰褐陶。圆唇微外凸。素面。口径26.8、残高3.6厘米（图四二，3）。H43∶14，灰褐陶。圆唇外凸，小平底，底中部较薄。上腹饰稀疏的细绳纹，下腹素面。口径22.2、底径6.6、上残高7.8、下残高4.5、器高约24厘米（图四二，4）。H05∶6，红褐陶。圆唇外凸，腹下部斜直内收，小平底，底微内凹，中部较薄。素面。口径26.2、底径8.5、上残高5.6、下残高2.5、器高约28厘米（图四二，5）。

Ⅲ式：5件。鼓腹。H75∶3，红褐陶。圆方唇外凸。素面。口径28、残高3.6厘米（图四二，6）。H87∶4，灰褐陶。圆唇外凸。素面。口径28、残高5.2厘米（图四二，7）。H04∶1，灰褐陶。圆唇外凸，腹下部斜直内收，平底。素面。口径26.4、底径11.5、上残高7.8、下残高5.5、器高约26厘米（图四二，8）。H78∶9，红褐陶。圆唇微外凸，圆鼓腹下收，小平底，底中部稍薄，正中部有一微斜自外（下）向内（上）

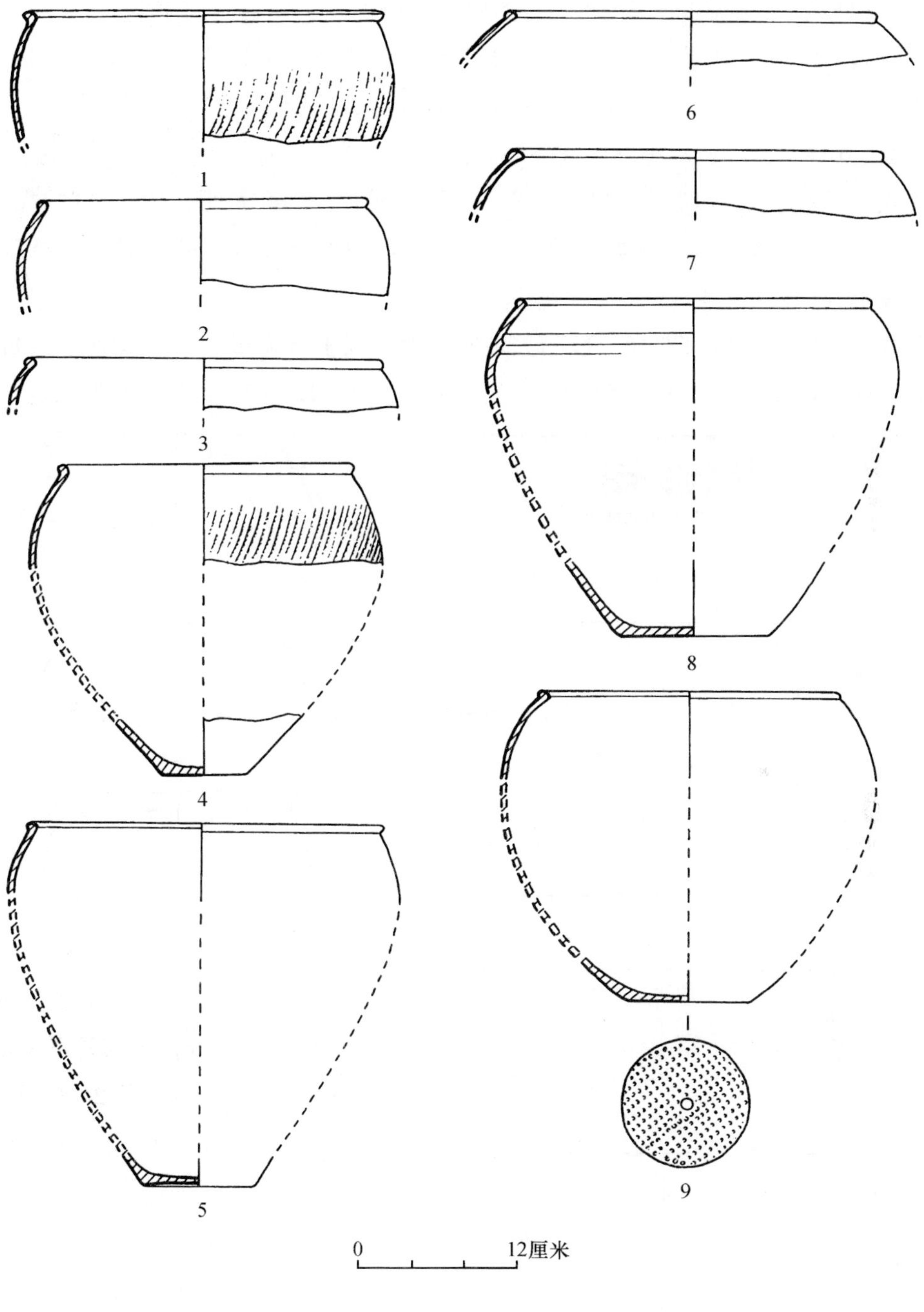

图四二　仰韶文化一期陶无沿罐

1. Ⅰ式（T33⑤:7）　2～5. Ⅱ式（H05:7、H72:14、H43:14、H05:6）　6～9. Ⅲ式（H75:3、H87:4、H04:1、H78:9）

穿的圆孔。素面，底面依稀可见制作时留下的粟粒外壳印痕。口径 22、底径 9. 6、上残高 6. 8、下残高 2. 8、器高约 24 厘米（图四二，9）。

泥质罐　11 件。泥质，其中一些为细泥质，多红陶，个别为红褐陶。侈口，多圆唇或尖圆唇，深腹，平底。多素面，有的为彩陶。依口沿不同分二型。

A 型　6 件。折沿，多小圆唇或尖唇。依腹部差异分二式。

Ⅰ式：1 件。腹微弧近直。T32⑤：9，红陶。圆唇，沿面斜平，内折棱明显。器表磨光，唇面饰黑彩窄带纹，上腹饰黑彩直边三角形和平行线构成的图案。口径 26、残高 5. 9 厘米（图四三，1）。

Ⅱ式：5 件。鼓腹。H81：6，红陶。尖唇，沿内面上部微鼓，下部微凹，内折痕不明显。素面。口径 15. 5、残高 5. 6 厘米（图四三，2）。H69：2，红陶。小圆唇，沿内面

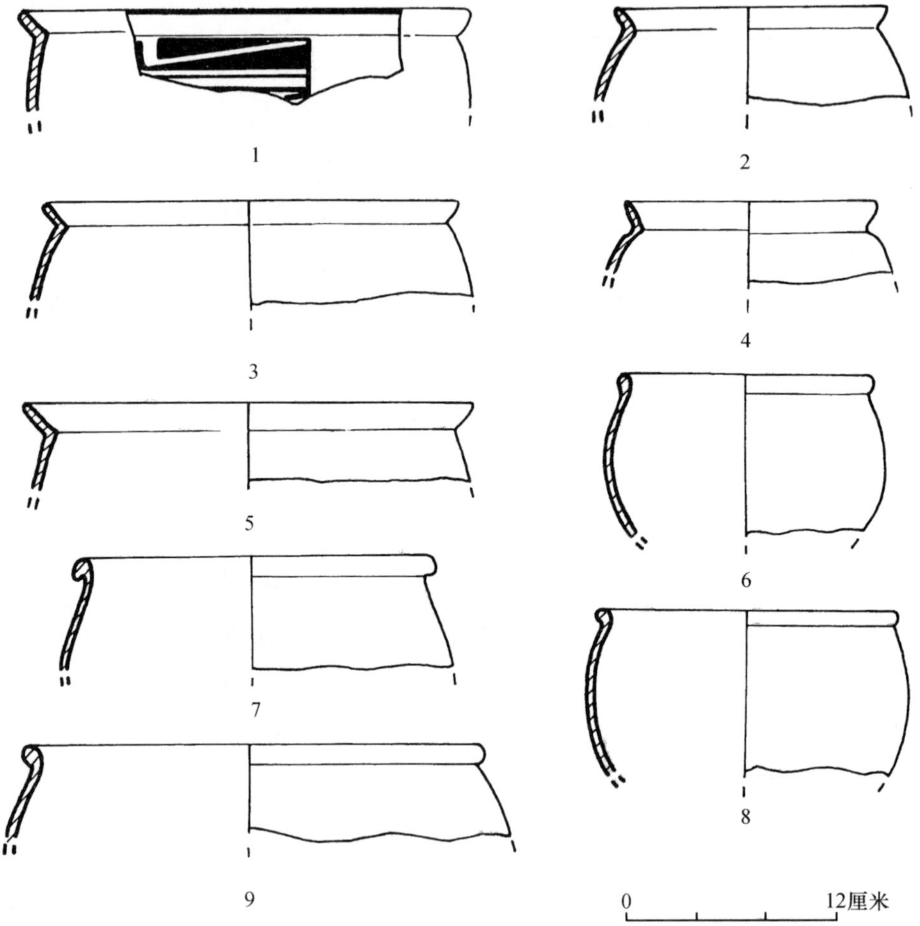

图四三　仰韶文化一期泥质陶罐

1. AⅠ式（T32⑤：9）　2～5. AⅡ式（H81：6、H69：2、H72：17、H81：7）　6、8. BⅠ式（T33⑤：9、T33⑤：8）　7. BⅡ式（H72：18）　9. BⅢ式（T35④：4）

微鼓，内折棱较明显。素面。口径24.5、残高6厘米（图四三，3）。H72:17，红褐陶。尖唇，沿内面微鼓，沿与腹相接处周围有一沟槽。素面。口径14.8、残高4.4厘米（图四三，4）。H81:7，红陶。小圆唇，折沿较斜，内折棱凸显。素面。口径26、残高5.2厘米（图四三，5）。

B型　5件。卷沿，厚圆唇。依腹部差异分三式。

Ⅰ式：2件。腹微弧鼓。T33⑤:9，红陶。窄沿微卷。素面。口径14、残高9.6厘米（图四三，6）。T33⑤:8，红陶。沿较窄。素面。口径17、残高9.8厘米（图四三，8）。

Ⅱ式：1件。腹微鼓。H72:18，红褐陶。沿外卷下奁，束颈，下腹部较鼓，腹壁甚薄，厚仅约2毫米。器表磨光。口径20、残高6.8厘米（图四三，7）。

Ⅲ式：2件。腹圆鼓。T35④:4，红陶。窄沿。素面。口径26.5、残高5.6厘米（图四三，9）。

直口罐　仅发现1件。与上述窄沿、无沿、宽沿罐等形制迥异，无法将其归属任何一类，故暂以直口罐名之。H75:7，夹砂红褐陶。约直口，微折沿，小方唇，略有颈，腹微鼓。素面。口径25.5、残高8.2厘米（图四四，4）。

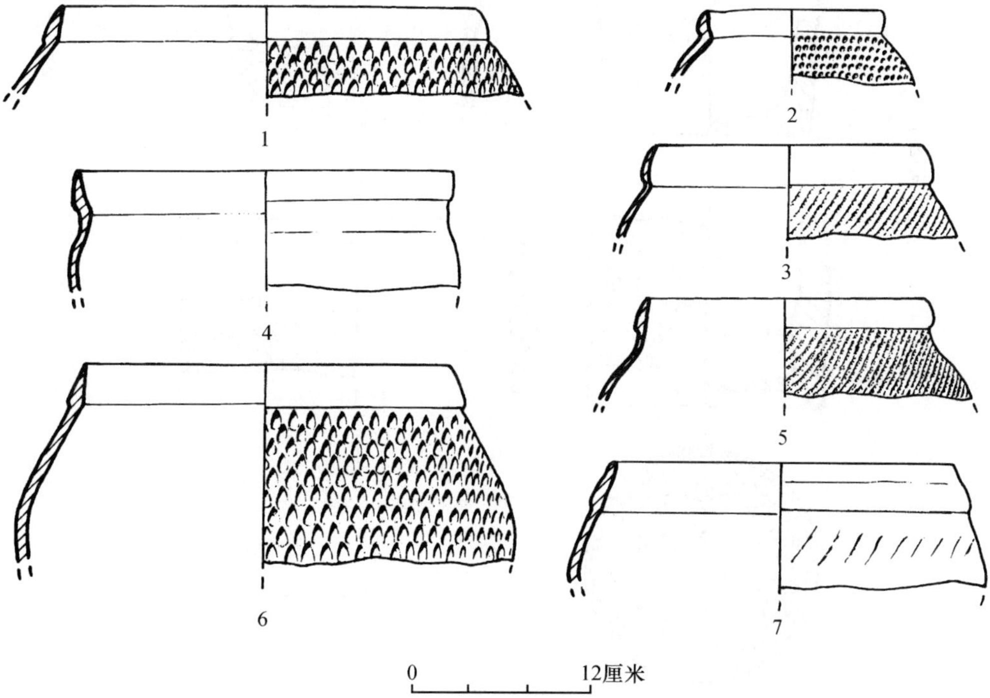

图四四　仰韶文化一期陶罐

1~3、5~7. 敛口罐（H43:29、H54:6、H43:28、H43:30、H55:16、H43:27）　4. 直口罐（H75:7）

敛口罐　6件。泥质，红陶或黄陶，敛口，圆唇或尖圆唇，唇外有较宽的叠边。鼓腹。H43∶27，红陶。圆唇，唇内缘呈斜方状，唇折甚微，内折棱不明显，沿外略有叠边痕，腹部微内折。沿上部有一周较清晰的制作时留下的浅轮旋痕，上腹饰稀疏的极浅绳纹。口径26.8、残高8.5厘米（图四四，7）。H43∶28，红陶。尖圆唇，沿面外弧鼓而内凹。腹饰斜绳纹。口径18、残高6.4厘米（图四四，3）。H43∶29，红陶。尖圆唇，内、外沿面斜平。腹饰排列规整有序的三角形锥刺纹，每行与上行相交错。口径28、残高6.4厘米（图四四，1）。H43∶30，红陶。尖圆唇，沿面外弧鼓，内面微凹，微束颈。腹饰斜细绳纹，颈部绳纹之上有抹痕。口径19、残高6.8厘米（图四四，5）。H55∶16，黄陶。尖圆唇，内、外沿面斜平。腹饰排列整齐的三角形锥刺纹，行间相互交错有序。口径24.8、残高13.8厘米（图四四，6）。H54∶6，红陶。圆唇，沿面外鼓内凹。肩部饰印痕较深略呈椭圆形的锥刺纹。口径12.5、残高5厘米（图四四，2）。

筒形罐　4件。夹砂灰褐陶，多陶色斑驳，直口或近直口，腹壁近直若筒形，胎较厚，平底或微凹底，制作粗糙，器表凹凸不平，腹饰绳纹。T32④∶6，直腹，平底，腹壁甚厚，底中部渐薄。近底部素面，以上饰较细绳纹。底径11、残高6.4厘米（图四五，1）。H55∶17，直口微敞，圆唇，直腹。口径14、残高6.4厘米（图四五，2）。

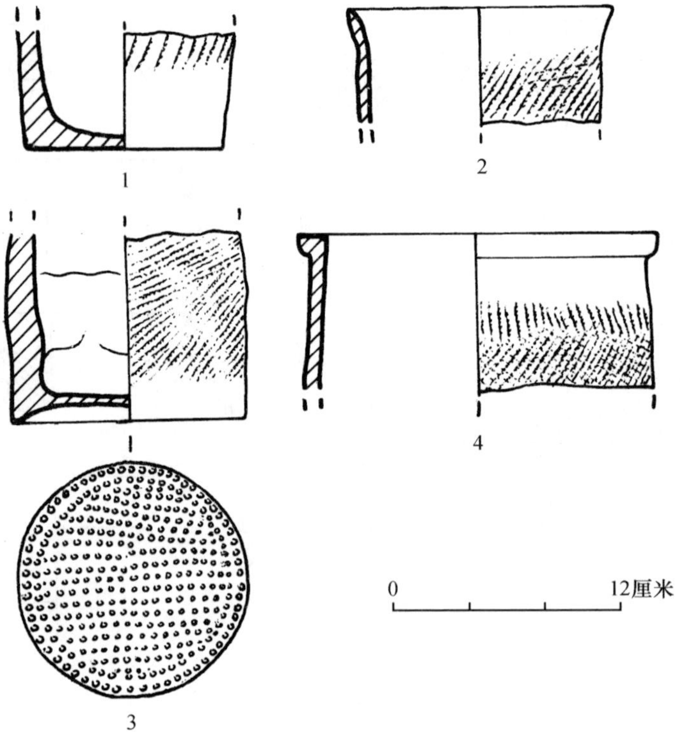

图四五　仰韶文化一期陶筒形罐

1～4. 筒形罐（T32④∶6、H55∶17、T32⑤∶6、H69∶4）

T32⑤:6，直壁，厚薄不匀，凹底较薄。腹饰较细绳纹，器底有制作时留下的细密乳钉纹。底径12.5、残高10.1厘米（图四五，3）。H69:4，直口，宽方唇，平折沿，腹下部略外弧。上腹饰竖绳纹，其下为交叉绳纹。口径18.5、残高8.8厘米（图四五，4）。

罐底　多件，其中标本2件。可能属上述罐类器底。H43:26，夹砂灰褐陶。鼓腹下收，微凹底，底中部较薄。底有印痕清晰较规整的同心圆纹痕。底径14.5、残高6.5厘米（图四六，2）。T32⑤:2，夹砂灰褐陶。下腹微鼓，平底，底中部较薄，中间有一自内（上）向外（下）穿的椭圆形孔。底径7、残高2.8、底部穿孔长径2、短径1.3厘米（图四六，1）。

小口尖底瓶　22件。典型器类之一。泥质，多红陶和黄陶，少见褐陶。基本特征为杯形小口，弧肩，细颈，弧腹，腹中部弧鼓处多附对称双耳，耳横断面呈圆形或近圆形，尖底。制法为泥条盘筑，有的器内壁清晰地显现出盘筑痕迹，杯口与瓶身系分别制成后相接而成，腹部双耳为捏塑后贴在瓶身上。颈部以下，多饰斜竖绳纹。据口和底部差异分二式。

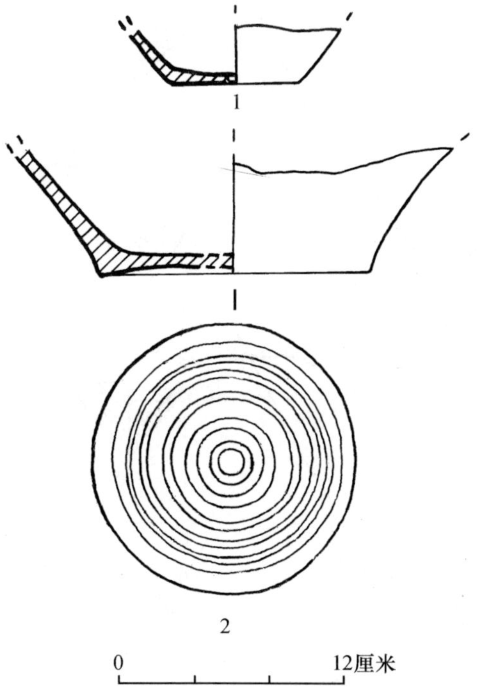

图四六　仰韶文化一期陶罐底

1、2. 罐底（T32⑤:2、H43:26）

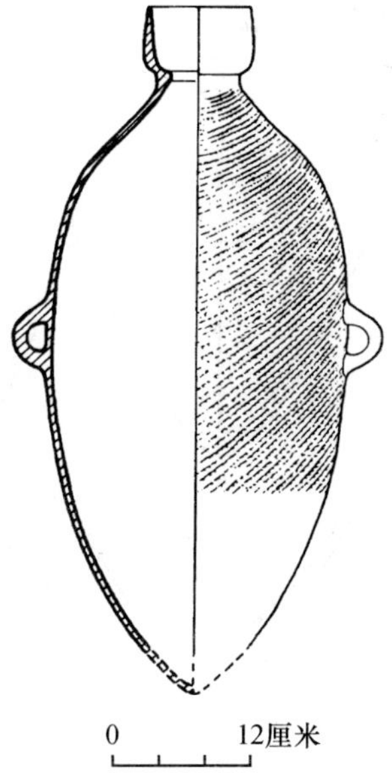

图四七　仰韶文化一期陶小口尖底瓶

Ⅰ式（H55:1）

Ⅰ式：15件。杯形口腹壁较高，近直或略呈弧壁，尖底夹角较大，无尖实足根。H55∶1，红陶。小圆唇，杯形口腹壁近直，杯口与瓶身相接处外部有折痕，内有宽凸棱一周，微束颈，斜肩，弧鼓腹。腹中部竖置对称的双耳。肩及鼓腹部分饰斜绳纹。口径9.2、杯口高6、最大腹径27.2、耳长6.6、器残高57.2、修复后高约62厘米（图四七；彩版一〇；图版八）。H46∶7，黄陶。平方唇，杯形口腹壁微弧，肩微鼓，无束颈。肩部饰斜绳纹。口径12、杯口高7.5、器残高14.8厘米（图四八，1）。H43∶25，黄陶。近直口，小平方唇。口径9.8、残高5.2厘米（图四八，2）。H43∶24，黄陶。圆

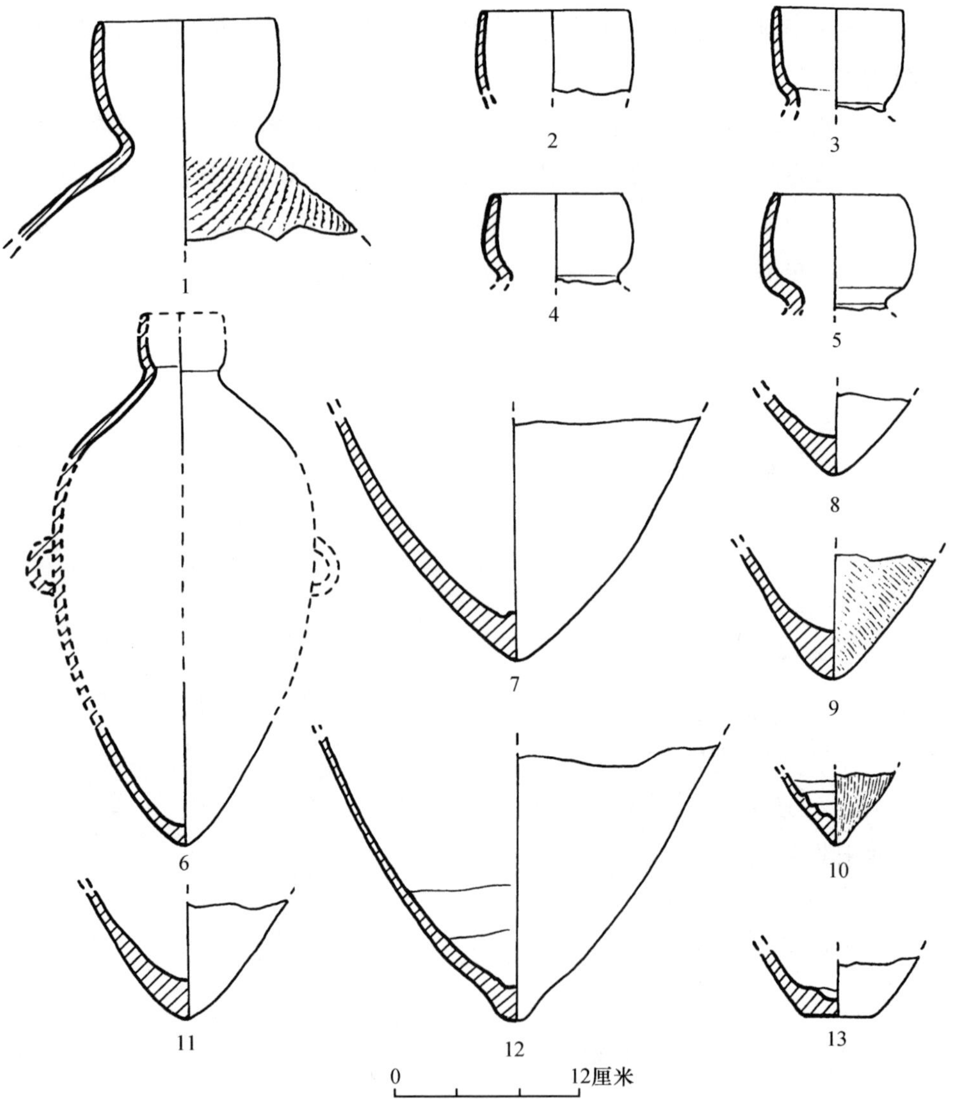

图四八　仰韶文化一期陶瓶

1～3、6～8、11. Ⅰ式小口尖底瓶（H46∶7、H43∶25、H43∶24、H46∶8、H78∶17、H46∶9、H43∶23）
4、5、9、10、12. Ⅱ式小口尖底瓶（H44∶3、H78∶19、H78∶21、H78∶20、H78∶18）　13. 平底瓶（H78∶22）

唇，口部腹壁近直，与瓶身相接处内部微起棱。口径8.9、残高6.8厘米（图四八，3）。H46:8，器形较小，却极精致。黄陶。口部与瓶身相接处内外均有矮棱，微束颈。素面。口径5.6、上残高7.6、下残高8.1、器通高约36厘米（图四八，6）。H78:17，红陶。瓶身近底部向下腹壁逐渐加厚。残高16厘米（图四八，7）。H46:9，红陶。足尖部加厚。残高5.6厘米（图四八，8）。H43:23，黄陶。近底部向下腹壁渐加厚。残高8.8厘米（图四八，11）。

Ⅱ式：7件。杯形口较矮，弧壁微鼓，尖底夹角稍小，有的有实足根。H44:3，红陶。圆方唇。口径8.6、残高5.8厘米（图四八，4）。H78:19，红陶。小平方唇，口与瓶身相接处有深沟槽。杯形口下收处饰一周浅细旋纹。口径8.2、残高7.6厘米（图四八，5）。H78:21，红褐陶。实足根不明显，但胎壁向下逐渐加厚。表面局部有较浅细绳纹。残高8.2厘米（图四八，9）。H78:20，器形甚小，红褐陶。有较矮实足根，内壁盘筑痕清晰。器表饰密集的极细绳纹。残高4.8厘米（图四八，10）。H78:18，红陶。近底部向下渐加厚。底有较粗矮实足根，内壁隐约可见盘筑痕。残高18厘米（图四八，12）。

平底瓶 1件。H78:22，残存底部。泥质红陶，斜壁略弧，小平底甚平，底甚厚，器壁内有清晰的盘筑后用手轻抹的痕迹。素面。底径5、残高4厘米（图四八，13）。

小钵 17件。常见器类之一。多泥质红陶和红褐陶，较少夹砂红褐陶。敛口，圆唇、尖圆唇或小平方唇，鼓肩，弧腹，整体形态似A型钵，唯器体甚小。依陶质不同分两大类。

甲类 2件。夹砂类。H43:9，灰褐陶。弧腹下收，微凹底，底甚薄。素面。底径5、残高4.8厘米（图四九，1）。H43:8，红褐陶。敛口，尖圆唇，鼓腹。素面。口径10、残高5厘米（图四九，2）。

乙类 15件。泥质类。依口敛差异分二式。

Ⅰ式：12件。口微敛。H72:8，红陶。圆唇，圆弧腹，整体看似半球形。器表磨光。口径16、残高8厘米（图四九，3）。H72:9，红褐陶。小圆唇。素面。口径12、残高5.2厘米（图四九，6）。H74:1，红陶。厚圆唇。素面。口径11、残高6.5厘米（图四九，5）。H43:6，红陶，上腹有两条褐色条带，疑系叠烧而致。圆唇。素面。口径16、残高5.2厘米（图四九，7）。H43:7，红陶，局部因烧制原因呈褐色。圆唇，局部小平方唇。器表磨光。口径12.5、残高4.6厘米（图四九，4）。H46:1，红陶。尖圆唇。素面。口径16.4、残高5.6厘米（图四九，8）。H46:2，黑陶。圆唇。素面。口径18、残高7.5厘米（图四九，9）。

Ⅱ式：3件。口敛较甚。H78:7，红陶。小平方唇。器表磨光。口径18、残高7.2厘米（图四九，10）。H44:1，红陶。小圆唇，肩部有一残痕，可能系器鋬残落而致。素面。口径13、残高5.6厘米（图四九，11）。H78:5，红陶。圆唇。器表磨光。口径

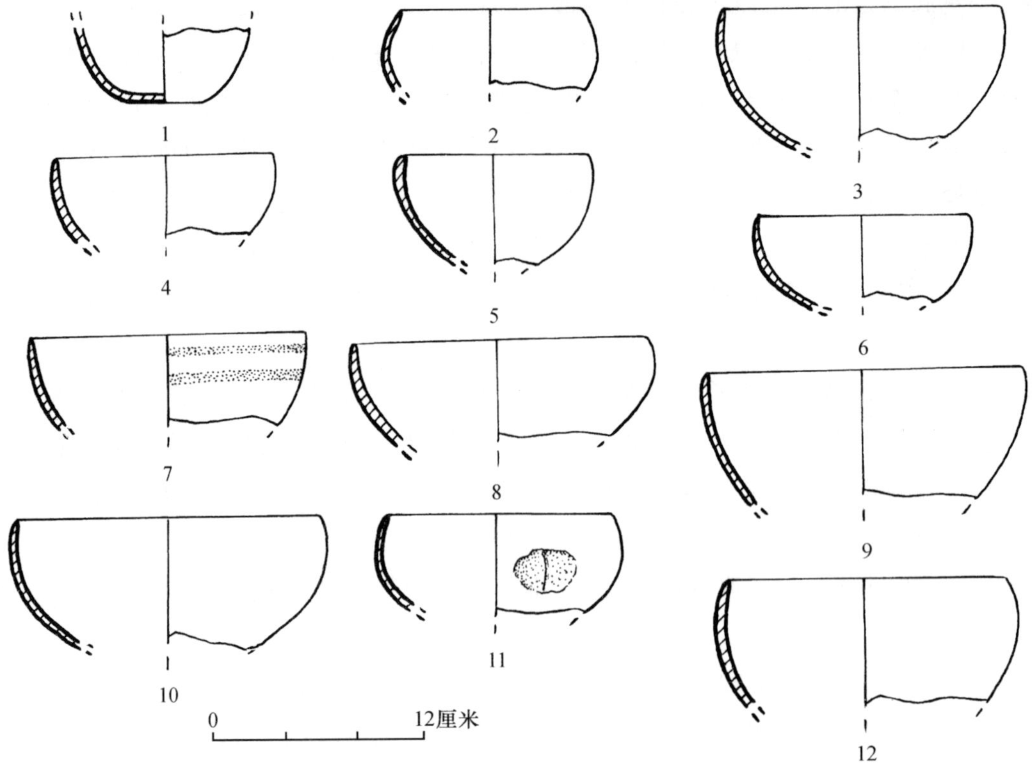

图四九　仰韶文化一期陶小钵

1、2. 甲类（H43:9、H43:8）　3～9. 乙类Ⅰ式（H72:8、H43:7、H74:1、H72:9、H43:6、H46:1、H46:2）
10～12. 乙类Ⅱ式（H78:7、H44:1、H78:5）

16、残高7.2厘米（图四九，12）。

小盆　9件。泥质陶多于夹砂陶。基本特征同盆，大侈口，弧腹，唯器体甚小。器表全为素面或磨光。依陶质不同分为两类。

甲类　3件。夹砂类。H55:8，红褐陶。折沿，圆方唇，沿面微下凹，斜壁略弧。素面。口径18、残高5.2厘米（图五〇，1）。H46:6，灰褐陶。折沿较宽，圆唇，浅弧腹。素面。口径23.2、残高6.8厘米（图五〇，2）。H55:9，红褐陶。折沿，圆方唇，内折棱较明显，微弧腹。素面。口径19.2、残高6.1厘米（图五〇，3）。

乙类　6件。泥质类。依口沿不同分三型。

A型　3件。卷沿。H55:10，红陶。圆唇，腹微弧近直。素面。口径21.5、残高3.2厘米（图五〇，4）。H55:11，黄陶。圆唇，腹壁微弧近直。器表磨光。口径17、残高3厘米（图五〇，5）。

B型　2件。折沿。H72:23，黄陶。尖唇，沿面微鼓，沿部剖面呈“T”字形，斜

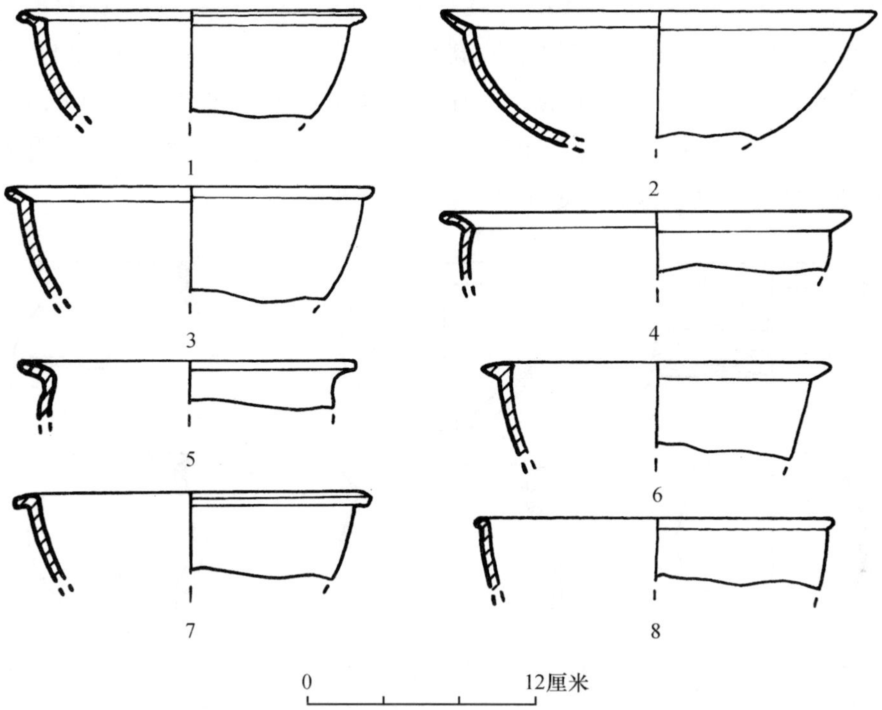

图五〇　仰韶文化一期陶小盆

1～3. 甲类（H55∶8、H46∶6、H55∶9）　4、5. 乙类A型（H55∶10、H55∶11）
6、7. 乙类B型（H72∶23、H55∶12）　8. 乙类C型（T35④∶6）

腹微弧。器表磨光。口径16、残高4.8厘米（图五〇，6）。H55∶12，红陶。圆方唇，沿面略鼓，斜腹微弧。器表磨光。口径16.8、残高4.8厘米（图五〇，7）。

C型　1件。窄翻沿。T35④∶6，红陶。小圆唇外凸，沿部甚窄，腹微弧。口径18.5、残高3.9厘米（图五〇，8）。

小罐　10件。夹砂，多灰褐陶，少红褐陶。器形甚小，多系捏制，器壁厚薄不匀，不规整。侈口，鼓腹或弧腹，小平底。依口沿不同分二型。

A型　4件。折沿。H50∶3，红褐陶。平方唇，沿面外鼓内凹，腹微鼓。腹饰细密旋纹。口径10.5、残高6厘米（图五一，1）。H72∶1，灰褐陶。小圆唇，沿面斜平，腹中部略有折痕，小平底。素面。口径8.5、底径4、高8.8厘米（图五一，2；图版七，3）。H04∶2，灰褐陶。圆唇，沿面微鼓，鼓腹，小平底，底中部稍薄。素面。口径10.6、底径4.5、上残高7、下残高2、器高约15厘米（图五一，9）。

B型　6件。翻沿。H74∶4，灰褐陶。圆唇外凸，沿甚窄，鼓腹中部略显折痕。素面。口径8、残高5.3厘米（图五一，3）。T32④∶2，灰褐陶，小圆唇，窄沿，束颈，鼓腹。素面。口径8.5、残高6.6厘米（图五一，4）。H87∶5，灰褐陶。平方唇，沿面斜平，束颈，弧腹。素面。口径 10.2、残高 7.6 厘米（图五一，5）。H81∶8，灰褐陶。小圆唇，束颈，鼓腹。素面。口径 8、残高 8.1 厘米（图五一，6）。H78∶11，灰褐陶。小圆唇，沿面微鼓，微束颈，弧腹。素面。口径 10、残高 5.5 厘米（图五一，7）。H54∶4，红褐陶。圆方唇，窄沿，沿面上部鼓起一棱，棱之上形成浅凹槽，弧腹。器表饰细密旋纹。口径 13.6、残高 8.8 厘米（图五一，8）。

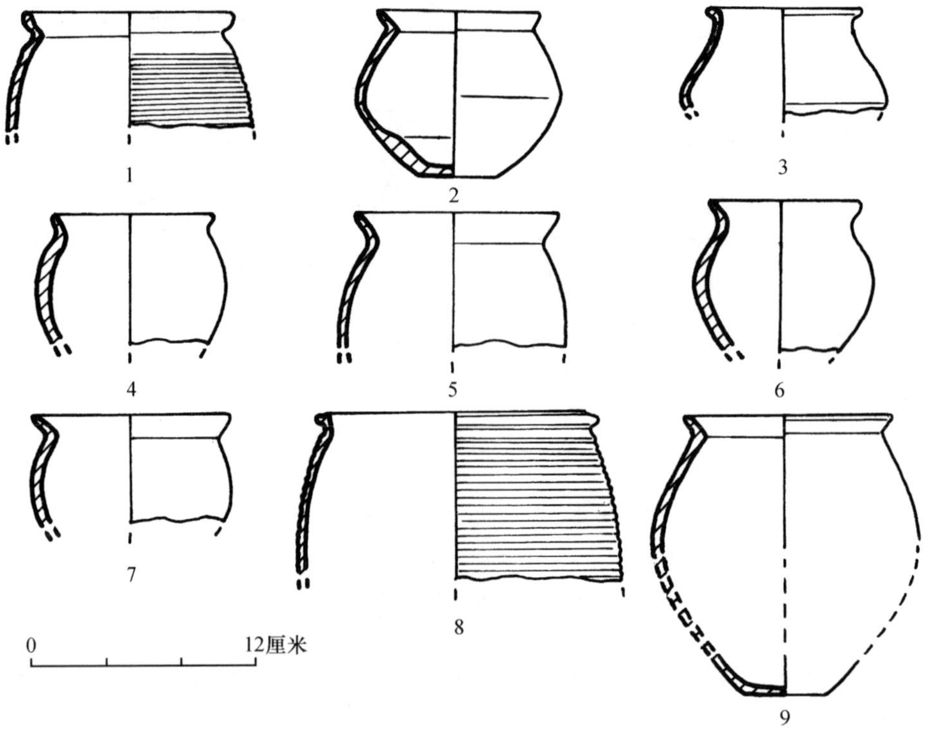

图五一　仰韶文化一期陶小罐

1、2、9. A 型（H50∶3、H72∶1、H04∶2）　3～8. B 型（H74∶4、T32④∶2、H87∶5、H81∶8、H78∶11、H54∶4）

小碗　4 件。泥质红陶、黑陶或夹砂红褐、灰褐陶。T32⑤∶1，夹砂灰褐陶。敞口，圆唇，斜弧腹。素面。口径 14、残高 3.6 厘米（图五二，1）。H70∶3，夹砂红褐陶。敞口，方唇圆钝，弧腹。素面。口径 14.4、残高 4.4 厘米（图五二，2）。H81∶3，泥质红陶。敞口，圆唇，斜弧腹。器表磨光，腹顶部饰黑色窄带纹。口径 17、残高 5.4 厘米（图五二，3）。H67∶2，泥质黑陶。敞口，尖圆唇，腹壁微弧，底部周围有折痕，微圜底。器表磨光。口径 12.2、高 4.4 厘米（图五二，4）。

缸　8 件。多泥质陶，少夹砂陶。直口或微敛口，较深的直腹或略弧腹，器体大，大多饰绳纹。H43∶22，夹砂红褐陶。直口微敛，平折沿，斜方唇，微弧腹。素面。口

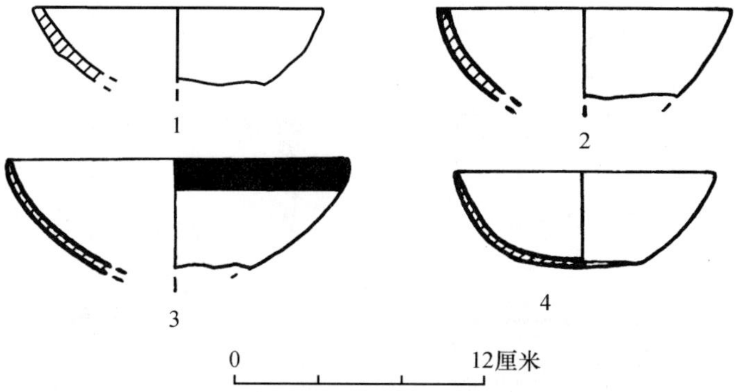

图五二　仰韶文化一期陶小碗
1～4. 小碗（T32⑤:1、H70:3、H81:3、H67:2）

径29.5、残高7.9厘米（图五三，1）。H43:20，细泥质黄陶。略直口，沿微卷，尖圆唇，沿面内侧略显凹痕，腹微弧近直。腹饰斜绳纹。口径29、残高7.2厘米（图五三，2）。H55:13，泥质红褐陶。口微敛，窄沿微卷，圆唇外凸，沿面有浅凹槽，沿、腹相接处外贴一周泥条，微弧腹。上腹饰竖绳纹，中部饰斜绳纹。口径30.5、残高7.9厘米（图五三，3）。H43:21，泥质红陶。直口，窄卷沿，圆唇外凸，沿面微凹，卷沿内有因制作留下的空心，弧腹近直。腹饰竖绳纹。口径32、残高6.5厘米（图五三，4）。H78:15，夹砂红褐陶。鼓腹，底部甚平，底周围较厚中部较薄。底径16、残高4.8厘米（图五三，5）。H78:14，泥质红陶。敛口，小平沿微折，圆唇外凸，沿面略有凹痕，深弧腹斜内收。腹饰斜细绳纹。口径40、残高19.3厘米（图五三，6）。H55:14，泥质红陶。微敛口，小平沿，圆唇外凸，微弧腹，微圜底，腹底相接处略显折痕。腹中部以上饰斜绳纹。口径36、底径12、上残高27.5、下残高10.3、器高约40.4厘米（图五三，8）。H55:15，夹砂灰褐陶。敛口，窄沿微卷，厚圆唇外凸，沿面有浅凹槽，弧腹下收，小平底。上腹部饰斜绳纹。口径36、底径16、上残高5.7、下残高6、器高约34.4厘米（图五三，7）。

器盖　10件。器形较大，依形制及陶质、陶色不同分二型。

A型　2件。泥质，覆钵形。H78:23，红陶。直口，圆方唇微外凸，弧壁，近口部有对称的双宽扁状鋬手，现仅存其一，鋬上部较厚而下端扁薄，微向下耷。素面。口径18、残高10.5、鋬手长5、宽3.1厘米（图五四，1）。

B型　8件。夹砂灰褐陶，覆碗形。H05:8，弧壁，弧顶，顶上部附扁亚腰状纽。纽长3.4、宽0.8、高2.3、盖残高4.5厘米（图五四，2）。H04:5，扁亚腰状纽，纽顶较平，弧壁。纽长2.7、宽0.8、高2、盖残高3.5厘米（图五四，3）。H87:7，敞口，圆唇外凸，弧壁。素面。口径18.5、残高4.8厘米（图五四，4）。T35④:7，纽呈马鞍

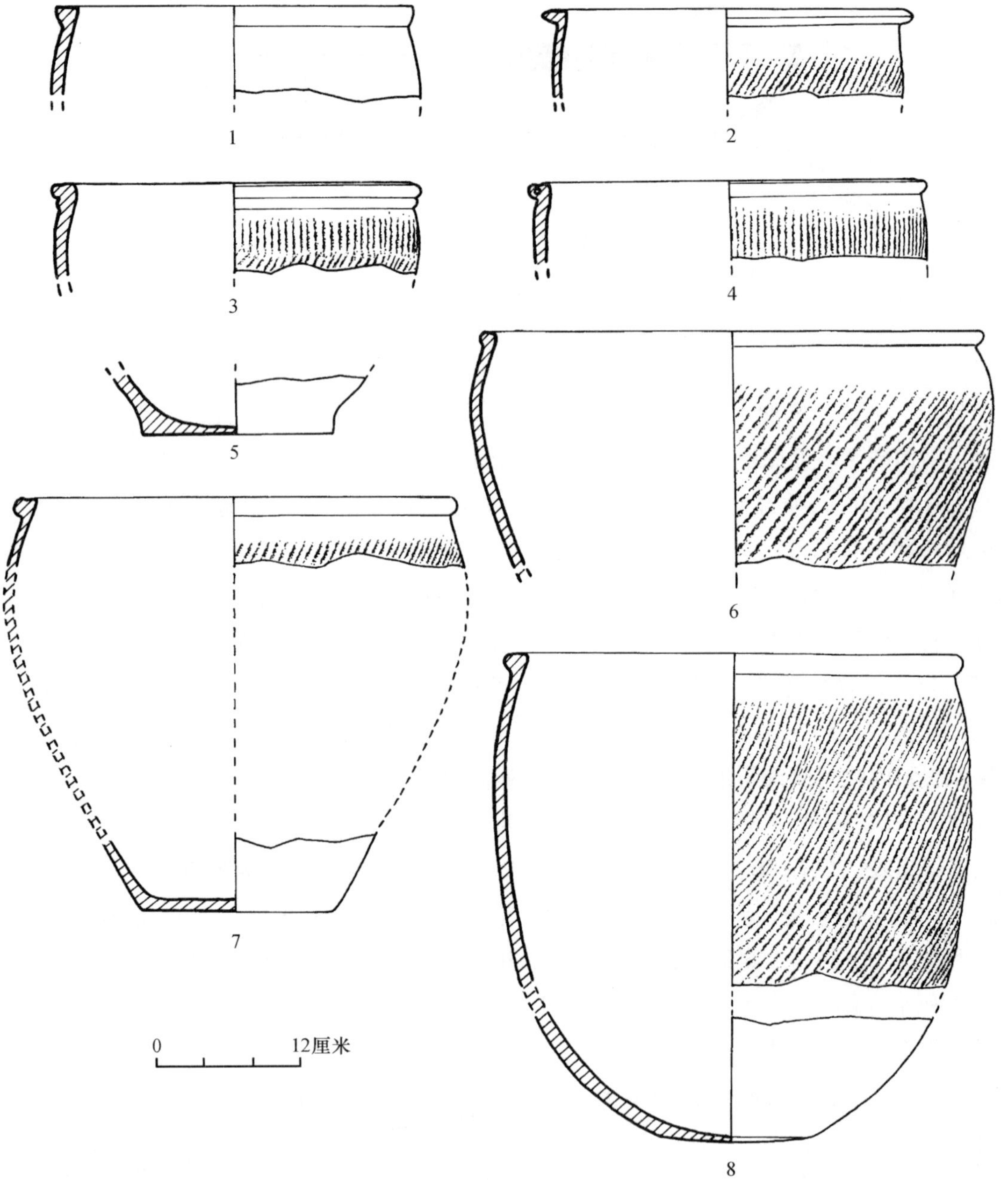

图五三　仰韶文化一期陶缸

1～8. 缸（H43∶22、H43∶20、H55∶13、H43∶21、H78∶15、H78∶14、H55∶15、H55∶14）

形（或“丫”字形），弧壁。纽长3.2、宽4.5、高2.2、盖残高3.7厘米（图五四，5）。H87:6，敞口，圆唇微外凸。素面。口径19.5、残高5.4厘米（图五四，6）。H50:4，口微敛，平方唇内外均凸，口部纵剖面呈倒“T”形，顶部饰锥刺纹。口径19、残高6.8厘米（图五四，7）。H67:3，敞口，圆唇微外凸，壁斜直。素面。口径23.6、残高4厘米（图五四，8）。

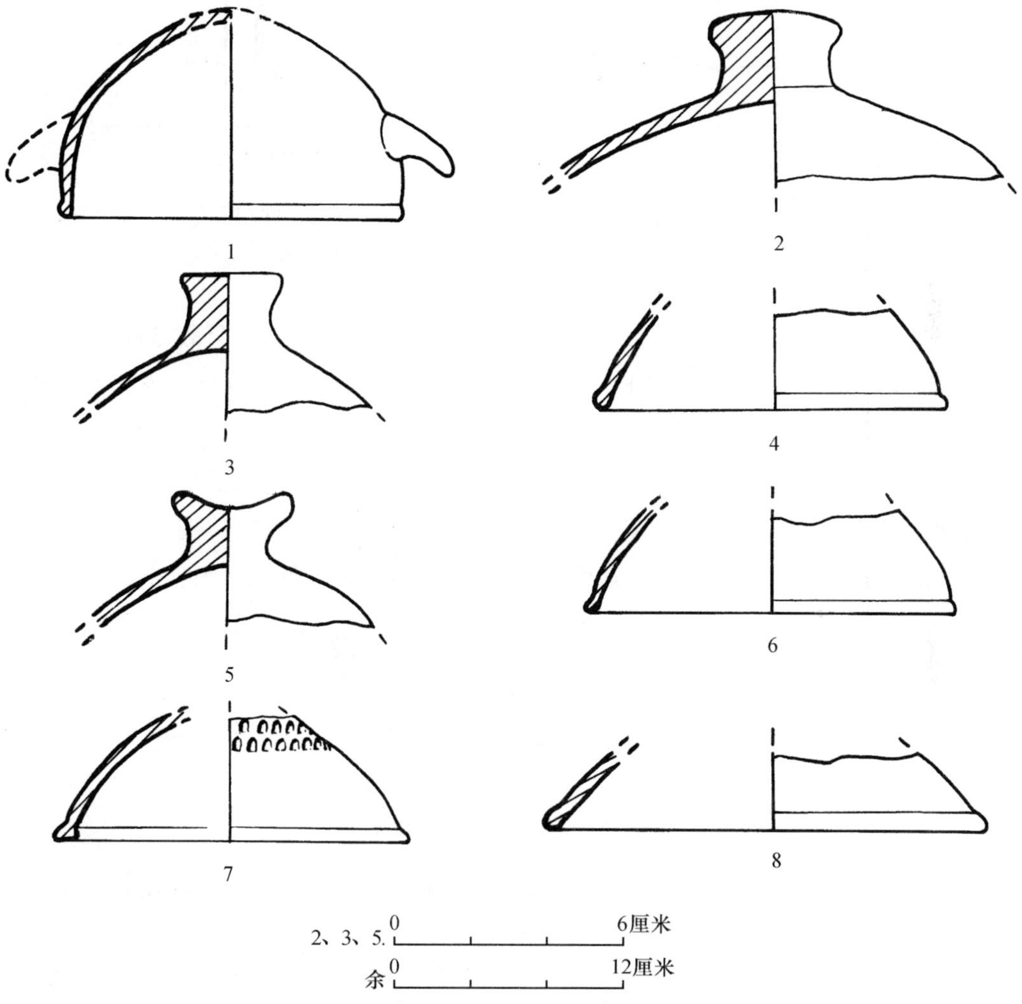

图五四　仰韶文化一期陶器盖

1. A型（H78:23）　2～8. B型（H05:8、H04:5、H87:7、T35④:7、H87:6、H50:4、H67:3）

器座　2件。T32⑤:8，残存下部，泥质红陶。亚腰形，圆唇外凸，向上斜内收后外敞。素面。底径16、残高4.8厘米（图五五，1）。T32⑤:7，泥质红陶。亚腰形，圆唇，斜宽沿，中部内收，外部直壁，内部微凹，下部外撇。素面。口径20.5、残高8厘米（图五五，2）。

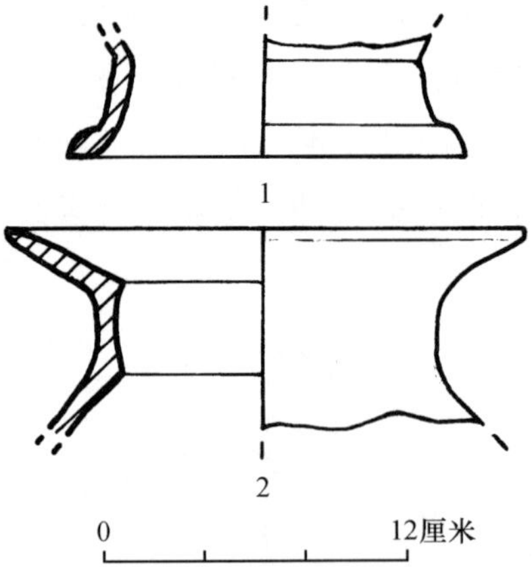

图五五　仰韶文化一期陶器座

1、2. 器座（T32⑤:8、T32⑤:7）

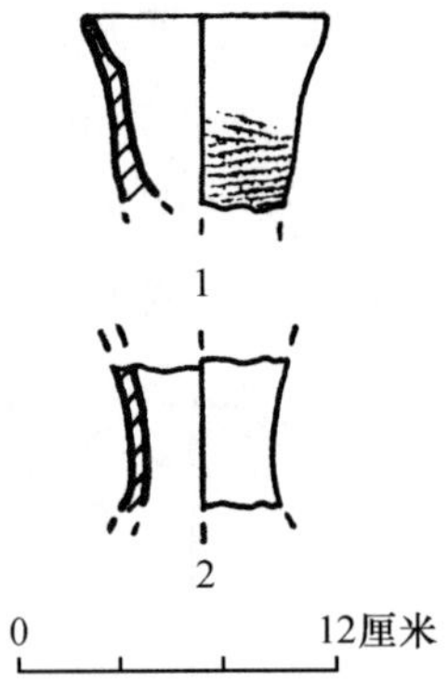

图五六　仰韶文化一期陶小杯

1、2. 小杯（H55:18、T32⑤:4）

小杯　2件。H55:18，夹砂灰褐陶。口微敞，圆唇，斜直腹。下腹饰横绳纹。口径6.6、残高5.1厘米（图五六，1）。T32⑤:4，泥质红褐陶。微敞口，下略收。磨光。杯径4.8、残高4.2厘米（图五六，2）。

瓮　2件。H81:10，泥质红陶。侈口，翻沿，尖圆唇，沿内微显棱，溜肩微鼓，鼓腹。素面。口径21、残高7.2厘米（图五七，1）。H43:31，泥质黄陶。侈口，平方唇外突，窄沿，溜肩，肩上部微凹。素面。口径13、残高6.4厘米（图五七，2）。

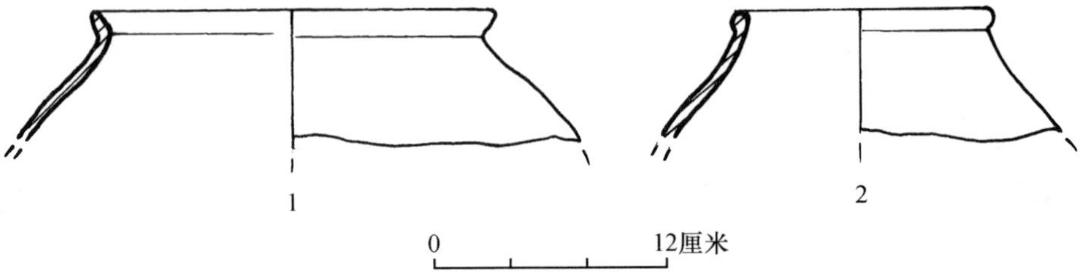

图五七　仰韶文化一期陶瓮

1、2. 瓮（H81:10、H43:31）

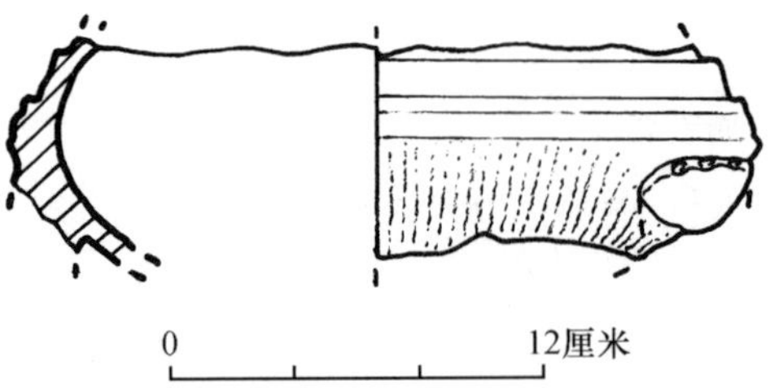

图五八　仰韶文化一期陶鼎

（H78:16）

鼎　1件。H78:16，釜形鼎，残存中部，夹砂红褐陶。折腹，腹折处宽于肩部形成宽棱，宽棱与上腹之间形成深沟槽，宽棱表面上、下各有一周浅凹槽，圜底，据残痕，鼎足剖面约呈外面较平直的椭圆形，足上端与底相接处有多个斜点状按窝。上腹饰一周较深旋纹，底饰朝向中心的浅细线纹。腹径25、残高7厘米（图五八）。

二、石　　器

仅见工具，共22件。均为石核或石料，其中石核8件，余皆为石料。从石质看，石英岩10件，变质岩6件，砂岩5件，脉石英1件。仅有2件石英岩分别出自H72和H75，1件脉石英出于H43，其余均出自H74。全系打制，未见磨制石器。

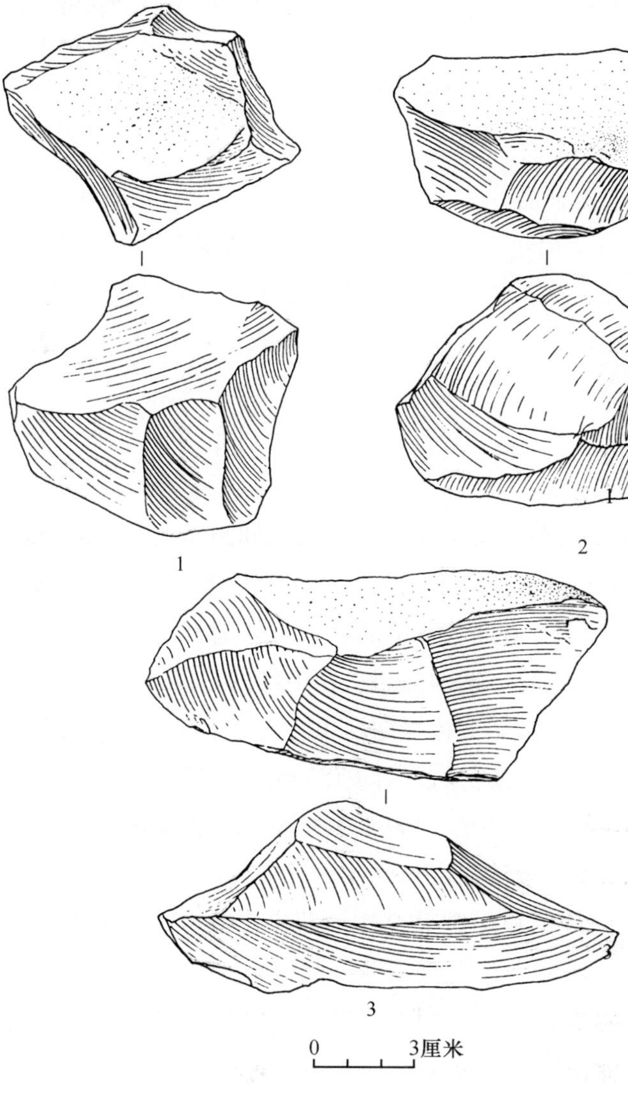

图五九　仰韶文化一期石核

1～3. 石核（H74:6、H74:7、H74:8）

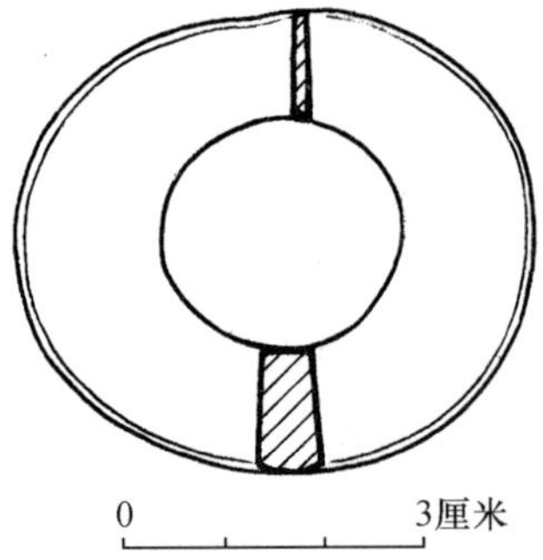

图六〇　仰韶文化一期骨环
（H43∶32）

石核　H74∶6，浅红褐色石英岩。漏斗形，打击台面为砾石面，有6块较完整的石片疤。长约12厘米（图五九，1；图版七，5左）。H74∶7，深红褐色石英岩。不规则形，打击台面周围有5块完整石片疤。长约15厘米（图五九，2；图版七，5右）。H74∶8，黄灰色砂岩。不规则形，自然台面有3个完整的石片崩疤。长约16厘米（图五九，3；图版七，5中）。

三、骨　　器

仅见1件骨环，当为饰品。

骨环　H43∶32，黄灰褐色，利用较粗骨管切磨制成，一面保留原始骨面，另一面切截面清晰，一侧较厚，另一侧较薄，周边经擦磨，局部露出骨内质。呈不甚规整圆形，外径5.2、内径2.4、厚0.15～0.6厘米（图六〇；图版七，6）。

第三节　植物遗存

在1997～1998年南交口遗址发掘中未收集到仰韶文化一期的植物遗存。为了配合南交口遗址发掘报告的整理，获取本期及更多仰韶文化二期的植物遗存，结合采集测年样品的需要，2007年10月，遗址发掘者再次前往该遗址，对原发掘区至今仍保留的探方南壁上堆积较好的仰韶文化二期即仰韶文化中期的数座灰坑进行了重新清理和取样；并对主要为仰韶文化一期即仰韶文化早期堆积的遗址Ⅰ区进行了调查，在断面上清理出2个包含物单纯的仰韶文化一期灰坑，即07SNH01和07SNH02，铲掉表层后采集了土样[1]。样品用水波浮选机进行浮选，筛网为0.2mm，浮选物阴干后交北京大学考古文博学院秦岭女士进行后期的分选鉴定和统计。

据鉴定[2]，从07SNH01和07SNH02中所获炭化植物种子大致有以下几类：①栽培的谷物，包含稻（*Oryza sativa*）、粟（*Setaria italica*）、黍（*Panicum miliaceum*）等。②杂草类，可细分为禾本科杂草和其他杂草，禾本科杂草中包括狗尾草属的狗尾草（*Setaria viridis*）及其他种类（*Setaria cf. verticillata/* other Setaria spp.）、黍属（*Panicum* sp.）的野生种类等；其他杂草包括藜科（Chenopodiaceae）、唇形科（疑似水苏 cf. *Stachys* sp.）等。③果实类，包括菱角残块（*Trapa*）和不明坚果的果壳。另有少量无法辨识的残体等。

第四节 遗存分段与各段文化特征

一、遗存分段

仰韶文化一期遗存主要发现于Ⅰ区西部T31～T36、Ⅱ区T21～T26，Ⅰ区东部仅在T28发现有本期灰坑1座。

T31～T36有两层文化层，即各方的第4、第5层，这些探方内的两层各自可作为一个地层单位。两层之间发现有灰坑、墓葬、房址等遗迹，遗迹之间也存在一些打破关系。其中出土器物较多的有以下2组：

T32、T34：④→H70→H81→H68→H72→⑤（“→”表示叠压或打破，下同）

T35：④→H87→……→⑤（H87打破的墓葬及房址等单位包含物甚少，故不列出）

T21～T26内本期遗存仅为灰坑，无文化层，也有数组打破关系，其中出土器物较多的也有2组：

T23：H44→H46→H43

T24：H45→H54

上述层位关系涉及12个堆积单位（T32、T34、T35的第4与第5层可分别看作一个单位，并以T32的第4、5层为代表），虽然文化层中遗物的性质相对复杂，但这些探方的第4与第5层出土物较丰富，尤其是第5层器物特征鲜明，具有较早的特征，因此该层也作为分期的典型单位，将这些单位出土主要陶器的型式列于表二。从表中可以看出，各种器物的型式具有明显的规律，即层位靠下的单位出土式别较小的器型，即使有些单位两式并存，层位靠上者中较小式别的器型数量更少，与器物出现、发展及消亡的逻辑相符。A型钵、A型碗式别较多，表明这两种型制的器物发展演变较快，这是典型器形的常见现象。兼顾到与其他大多器型的共存关系，我们可把这12个单位分成3组，分别代表先后顺序的三个时间段，即第Ⅰ、Ⅱ、Ⅲ段。

以此分段为标准，依据出土相同型式器物的单位大致为同一期段的原则，可把本期出土所有可辨式别的单位归入上述三段。检验层位关系均不相悖，表明上述分段方案可行。同时，可把若干出土器物较少的单位利用层位关系归入相应的段别。

属于第Ⅰ段的单位仅T31～T36的第5层。

属于第Ⅱ段的单位有H43、H46、H54、H55、H68、H69、H72、H74、H81、H05等。

属于第Ⅲ段的单位有H44、H45、H48、H50、H67、H70、H75、H78、H87、H04、T31～T36的第4层等。

H41、H42、H47、H51、H52、H53、H56、H71、H82、H86、M7、M8、F8等因出土物太少，无可以分段的典型器物和层位关系，段别不明。

在表二的基础上，增加各段单位内的所有出土器物类型，可得到表三，此表涵盖了南交口遗址仰韶文化一期所有的陶器。

表二　仰韶文化一期典型单位主要陶器组合表

组别	单位	盆				钵		碗A	窄沿罐		无沿罐	宽沿罐A	泥质罐		小口尖底瓶	小钵乙类
		甲类A	乙类Aa	乙类Ab	乙类C	A	B		A	B			A	B		
1	T32⑤		Ⅰ	Ⅰ	Ⅰ	Ⅰ		Ⅰ	Ⅰ	Ⅰ	Ⅰ	Ⅰ	Ⅰ	Ⅰ	√	
2	H72	Ⅰ	Ⅱ	Ⅱ	Ⅰ	Ⅱ Ⅲ	Ⅰ Ⅱ	Ⅰ Ⅱ	Ⅱ	Ⅱ	Ⅱ	Ⅱ	Ⅱ	Ⅱ	Ⅰ	Ⅰ
	H68	Ⅰ	Ⅱ		Ⅱ	Ⅱ	Ⅰ	Ⅲ		Ⅱ						
	H81		Ⅱ	Ⅱ		Ⅲ		Ⅲ				Ⅱ	Ⅱ			
	H43		Ⅱ	Ⅱ		Ⅱ Ⅲ	Ⅰ	Ⅱ Ⅲ	Ⅱ		Ⅱ	Ⅱ			Ⅰ	Ⅰ
	H46		Ⅱ	Ⅱ		Ⅱ			Ⅱ	Ⅱ		Ⅱ			Ⅰ	Ⅰ
	H54		Ⅱ			Ⅲ	Ⅱ		Ⅱ							
3	H70					Ⅳ		Ⅳ				Ⅲ				
	H87		Ⅲ			Ⅳ	Ⅲ	Ⅳ	Ⅲ		Ⅰ Ⅱ	Ⅲ				
	H44		Ⅲ								Ⅱ	Ⅲ		Ⅲ	Ⅱ	Ⅱ
	H45		Ⅲ			Ⅲ Ⅳ										
	T32④	Ⅱ	Ⅲ	Ⅲ		Ⅴ	Ⅲ		Ⅲ	Ⅲ		Ⅲ		Ⅲ	√	

说明：T32、T34、T35 的第4与第5层可分别看作同一单位，以T32④、T32⑤为代表；"√"表示有但不可分式。

表三　仰韶文化一期陶器分段表

器形			Ⅰ	Ⅱ	Ⅲ
盆	甲类	A		Ⅰ	Ⅱ
		Ba		√	
		Bb			√
	乙类	Aa	Ⅰ	Ⅱ	Ⅲ
		Ab	Ⅰ	Ⅱ	Ⅲ
		B		Ⅰ	Ⅱ
		C	Ⅰ	<u>Ⅰ</u> <u>Ⅱ</u>	Ⅲ
		D			√
钵		A	Ⅰ	Ⅱ Ⅲ	<u>Ⅲ</u> Ⅳ Ⅴ
		B		Ⅰ Ⅱ	Ⅲ

续表

器形 \ 段别			Ⅰ	Ⅱ	Ⅲ
碗	A		Ⅰ	Ⅰ　Ⅱ　Ⅲ	Ⅲ　Ⅳ
	B			√	√
小碗			√	√	√
小钵	甲类			√	
	乙类			Ⅰ	Ⅱ
窄沿罐	A		Ⅰ	Ⅱ	Ⅲ
	B		Ⅰ	Ⅱ	Ⅲ
无沿罐			Ⅰ	Ⅱ	Ⅲ
宽沿罐	A		Ⅰ	Ⅱ	Ⅲ
	B			√	√
直口罐					√
小罐	A			√	√
	B			√	√
泥质罐	A		Ⅰ	Ⅱ	
	B		Ⅰ	Ⅱ	Ⅲ
小盆	甲类			√	
	乙类	A		√	
		B		√	
		C			√
瓮				√	
鼎					√
缸				√	√
器盖	A			√	√
	B			√	√
小口尖底瓶			√	Ⅰ	Ⅰ　Ⅱ
平底瓶					√
敛口罐				√	
筒形罐			√	√	√
小杯			√	√	
器座			√		

说明：式别下划线者表示此式在该段为相比较少者；“√”表示有但不可分式。

二、各段文化特征

现以上述分段作为考察的尺度，概括仰韶文化一期各段的文化特征，以认识其发展变化规律。

第Ⅰ段是本期也是南交口遗址中发现最早的文化遗存，为仅见于Ⅰ区西部 T31～T36 的一个文化层（文化层和遗迹等堆积单位均仅据出土器物特征或层位关系可确定段属的，下同），即诸探方的第 5 层，除被遗迹打破的部分外，余处基本均有此层堆积，自东南向西北约略倾斜，厚薄不匀，最薄处厚仅约 10 厘米，而最厚处可达 90 厘米以上。

可能受发掘面积所限，本段出土器物较少，均陶器。其中泥质（下述除特别说明者外均含细泥质）陶居绝对优势，占 70. 11%，夹砂陶仅占 29. 9%。以泥质红陶为主，占所有陶片的一半左右，其次为泥质灰陶、夹砂红褐陶、夹砂黑陶；再次为泥质红褐陶、夹砂灰褐陶，较少夹砂灰陶、泥质黄陶，罕见泥质黑陶。陶片绝大多数为素面，少量绳纹、磨光陶和彩陶，并可见甚少旋纹。绳纹一般较粗；旋纹宽且深，纹痕不规整；彩陶比第Ⅱ、Ⅲ段少，多黑彩，褐彩约占 1/4，纹样中的地子红色较暗，有的三角纹上下宽度较窄，有的对三角纹空白处饰圆圈内加圆点纹。此段器形有乙类 AaⅠ式、乙类 AbⅠ式盆，AⅠ式钵，AⅠ式碗，AⅠ式、BⅠ式窄沿罐，AⅠ式宽沿罐，Ⅰ式无沿罐，AⅠ式、BⅠ式、CⅠ式泥质罐，小口尖底瓶，筒形罐，小杯，器座等。各型式盆腹壁内斜。钵口近直。碗为大敞口，腹较浅。钵、碗皆尖唇。窄沿罐、宽沿罐、无沿罐与泥质罐腹部均微弧近直。

第Ⅱ段遗存较丰富，在Ⅰ区西部和Ⅱ区均有分布，能够确定为本段的单位均为灰坑，除 2 座圆形口外，其余 8 座皆椭圆或近似椭圆形口。实际上，椭圆形口应是圆口不规则而呈现的形态。常见斜壁下收平底坑。

本段出土器物较丰富，但除 H74 集中出土有石核或石料外，其余灰坑大都仅出土陶器。陶片仍以泥质陶为大宗，在绝大多数单位中其占所有陶片的 60% 以上，H46、H74 中的泥质陶比例更高达 70. 58% 和 79. 48%，夹砂陶则相对较少。但也有些单位夹砂陶比例有所上升，如 H72 夹砂与泥质陶几乎平分秋色。仍以泥质红陶为主，多数单位中泥质红陶占有三四成，而也有单位占到了一半以上，其次为泥质灰陶、黄陶、红褐陶以及夹砂黑陶、红褐陶和灰褐陶。与第Ⅰ段明显不同的是，夹砂黑陶、泥质（绝大多数为细泥质）黄陶所占比例有所上升，前者在多数单位成为仅次于泥质红陶的陶系，夹砂灰陶、泥质黑陶仍较少。陶片多数仍为素面，素面陶在各单位大都占一半以上，多的则可占到七八成；其次为绳纹陶和磨光陶，旋纹陶较少，但在 H43 中其比例则达 12. 11%，彩陶整体上比第Ⅰ段多，但出现不均，有些单位不见，而有些如 H72 中彩陶则可占到 5. 03%，另可见甚少的锥刺纹、附加堆纹陶等。绳纹较细；旋纹较窄浅，纹痕规整均匀；彩陶陶色鲜正，仍多黑彩，纹样较规整；直线纹多饰于长三角直角边的延伸线上，三角纹上下错对角而绘，较少斜线纹或弧线纹。此段大多延续了前一段的器形，而又有所增加，主要有甲类 AⅠ式、甲类 Ba 型、乙类 AaⅡ式、乙类 AbⅡ式、乙类BⅠ式盆，AⅡ式、AⅢ式、BⅠ式、BⅡ式钵，AⅡ式、AⅢ 式、B型碗，甲类、乙类Ⅰ式小钵，AⅡ式、BⅡ式窄沿罐，AⅡ式、B型宽沿罐，Ⅱ式无沿罐，B型小罐，AⅡ式、BⅡ式、CⅡ式泥质罐，甲类、乙类A型、乙类B型小盆，瓮，缸，B型器盖，Ⅰ式小口尖底瓶，敛口罐，筒形罐，小杯等。各型式盆腹壁较直。钵口微敛。碗口较敞，腹较深。钵、碗多尖唇或圆唇。窄沿罐、无沿罐、折沿宽沿罐和泥质罐均腹壁多微鼓，折沿宽沿罐沿稍高。小口尖底瓶杯形口腹壁近直或略弧较高，尖底夹角较大，无尖实足根。

第Ⅲ段遗存较丰富，在Ⅰ区西部、东部和Ⅱ区均有分布，能够确定为本段的单位有T31～T36的第4层和10座灰坑。该文化层在以上诸探方内除被少量遗迹打破的部分外，余处均有分布，南部较薄，北部较厚，厚20～100厘米。灰坑除2座为方形、长方形口外，余皆圆形或椭圆形坑口，圆形者增多，且与第Ⅱ段相比，坑口形状明显较规整。多斜壁或直壁平底，少量圜底坑。

本段出土物仍较丰富，基本全为陶器。陶片中泥质陶仍居多，但夹砂陶似乎有逐渐增多的趋势。泥质红陶依然较多，在大多数单位中占有三成以上，然在T31～T36第4层则占到45.09%，其次为夹砂红褐陶、灰褐陶、黑陶及泥质红褐陶、灰陶和黄陶等，陶片中素面者仍占绝对多数，在一些单位占八成以上。绳纹是最主要的纹饰，少量旋纹陶和彩陶，并有甚少的锥刺纹、小乳钉纹陶等。绳纹较细，有的成为线纹；旋纹细浅，略显草率风格；本段彩陶多出土于H78、H70和T32第4等单位，陶色较浅淡，绝大多数为黑彩，甚少褐彩，纹样结构比第Ⅰ、Ⅱ段相对复杂，三角纹上下错对角，左右饰纹者往往在角部增加交叉直线或小三角纹，并出现了上下并列或对顶的三角纹，与前段的轻直作风不同，三角边线都微有凹弧，流行微弧斜线和弧线，并有凸边三角纹形成近似鱼尾形的地子，彩纹整体给人以略草率但柔顺之感。此段器形与第Ⅱ段相差不大，但也略有增减，主要有甲类AⅡ式、乙类AaⅢ式、乙类AbⅢ式盆，AⅣ式、AⅤ式、BⅢ式钵，AⅣ式碗，乙类Ⅱ式小钵，AⅢ式、BⅢ式窄沿罐，AⅢ式宽沿罐，Ⅲ式无沿罐，A型、B型小罐，BⅢ式、CⅢ式泥质罐，缸，B型器盖，Ⅱ式小口尖底瓶等。本段盆腹壁向外弧鼓。钵口敛较甚。碗口微敞，深腹。钵、碗多圆唇或圆方唇。窄沿罐、无沿罐、折沿宽沿罐和泥质罐均鼓腹，宽沿罐沿斜较高。小口尖底瓶杯形口腹壁弧而较矮，尖底夹角较小，有的有实足根。

总体上看，以上第Ⅰ、Ⅱ、Ⅲ段之间虽然文化遗迹的形态和器物特征存在某些区别，但无根本差异，尤其是共存关系中的主要器类并无改变，且存在着一脉相承的发展关系（图六一），其间无明显缺环，显然是同一文化类型中的不同发展阶段。

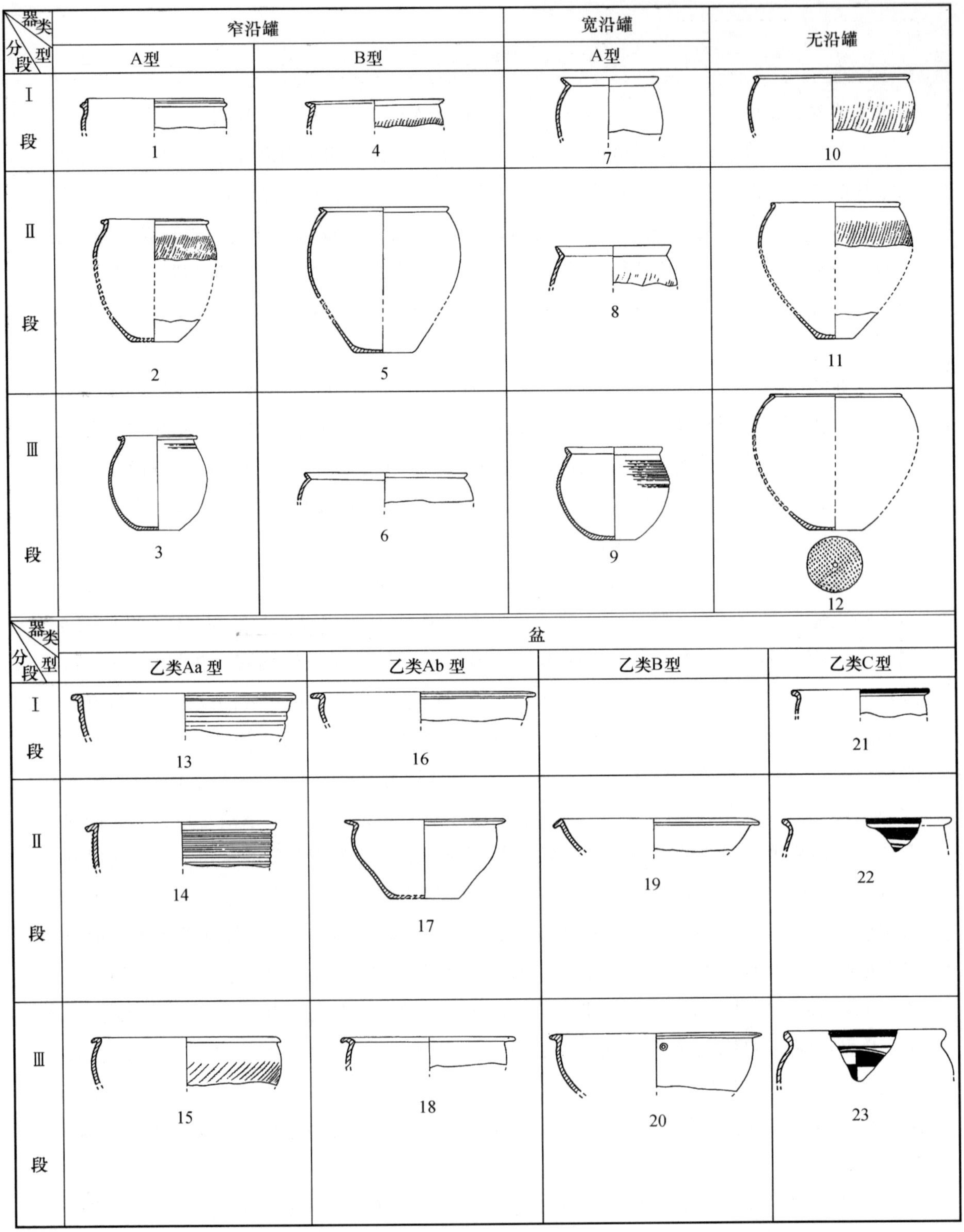

图六一-1　仰韶文化一期典型陶器分段图

1. AⅠ式窄沿罐（T33⑤:4）　2. AⅡ式窄沿罐（H43:13）　3. AⅢ式窄沿罐（H78:1）　4. BⅠ式窄沿罐（T33⑤:6）　5. BⅡ式窄沿罐（H46:3）　6. BⅢ式窄沿罐（H75:6）　7. AⅠ式宽沿罐（T34⑤:3）　8. AⅡ式宽沿罐（H72:12）　9. AⅢ式宽沿罐（H78:2）　10. Ⅰ式无沿罐（T33⑤:7）　11. Ⅱ式无沿罐（H43:14）　12. Ⅲ式无沿罐（H78:9）　13. 乙类AaⅠ式盆（T32⑤:5）　14. 乙类AaⅡ式盆（H43:18）　15. 乙类AaⅢ式盆（H75:8）　16. 乙类AbⅠ式盆（T32⑤:10）　17. 乙类AbⅡ式盆（H55:6）　18. 乙类AbⅢ式盆（H78:13）　19. 乙类BⅠ式盆（H69:3）　20. 乙类BⅡ式盆（T32④:3）　21. 乙类CⅠ式盆（T35⑤:4）　22. 乙类CⅡ式盆（H68:4）　23. 乙类CⅢ式盆（H78:10）

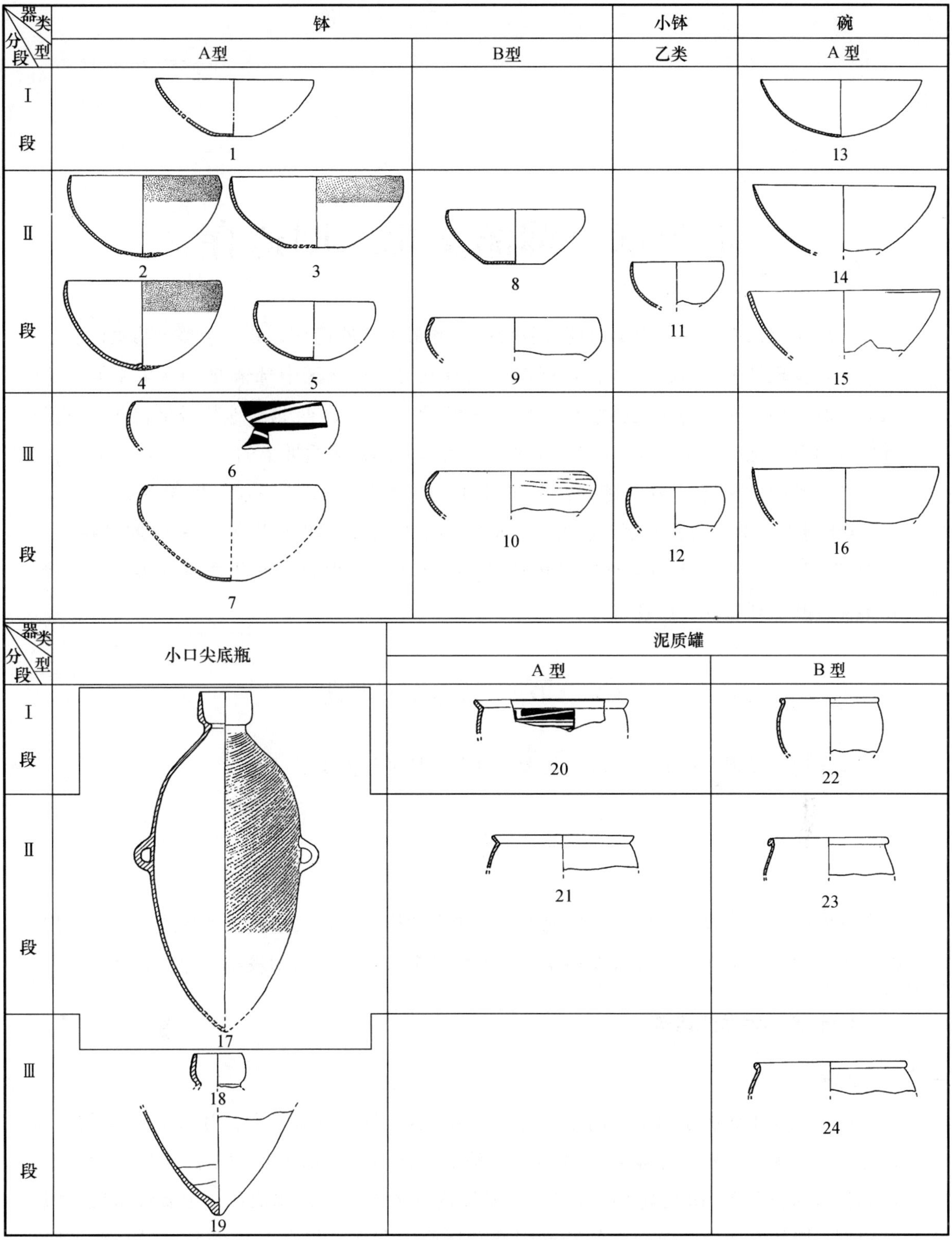

图六一-2　仰韶文化一期典型陶器分段图

1. AⅠ式钵（T35⑤:1）　2、3. AⅡ式钵（H55:19、H43:4）　4、5. AⅢ式钵（H43:2、H72:4）　6. AⅣ式钵（H78:4）　7. AⅤ式钵（T32④:1）　8. BⅠ式钵（H43:3）　9. BⅡ式钵（H72:7）　10. BⅢ式钵（H87:3）　11. 乙类Ⅰ式小钵（H72:8）　12. 乙类Ⅱ式小钵（H78:5）　13. AⅠ式碗（T33⑤:1）　14. AⅡ式碗（H05:1）　15. AⅢ式碗（H55:3）　16. AⅣ式碗（H70:2）　17. Ⅰ式小口尖底瓶（H55:1）　18、19. Ⅱ式小口尖底瓶（H44:3、H78:18）　20. AⅠ式泥质罐（T32⑤:9）　21. AⅡ式泥质罐（H69:2）　22. BⅠ式泥质罐（T33⑤:8）　23. BⅡ式泥质罐（H72:18）　24. BⅢ式泥质罐（H35④:4）

第四章　仰韶文化二期遗存

仰韶文化二期遗存是南交口遗址发现的内涵最丰富的遗存，分布于整个第Ⅲ区。本期文化层发现较少，但在Ⅲ区各发掘部位均有发现。在该区中部偏北 T1 ~ T14 的一些探方内有一层不连续的文化层堆积，厚 15 ~ 60 厘米。此区西北部地势较低洼处的 T17 等探方内有文化层一层，厚 50 ~ 90 厘米。在Ⅲ区南部台塬边坡上的 T01、T03 也有文化层分布，其中位于遗址最南和最高处的 T01 内有本期文化层一层，即第 8 层，厚达 40 ~ 125 厘米，T03 则有本期两层堆积，即第 11、12 层，厚度分别为 15 ~ 35 厘米和 5 ~ 30 厘米。总体上看，本期文化层堆积较薄，分布不均。但是，文化遗迹众多，文化遗物丰富，并发现有动、植物遗存。

第一节　文 化 遗 迹

文化遗迹发现有房址、灰坑、灰沟、墓葬、灶址等五类。

一、房　　址

共发现 6 座。有长方形、圆形地面式建筑和圆形半地穴式建筑三种形式，前两者规模较大，但大都破坏严重或未发掘完整，难窥其全貌，后者面积较小，保存较好。

1. 长方形地面式建筑

2 座。

F5　位于 T03 的东南部，向东、向南分别延伸至探方外未发掘，开口于第 12 层下，口部距地表 300 厘米，打破 H60 和生土。地面式建筑，平面形状为东西向长方形，发掘部分东西长 390、南北宽 136 厘米。墙基以内有垫土一层，浅灰色，土质较坚硬，似经拍打，厚约 5 厘米。地面上的墙壁因遭破坏而不存在，仅存基槽部分，呈直壁平底状，宽 20 ~ 30、残深 10 厘米，基槽内填土灰褐色，土质较坚硬。北墙内发现柱洞 4 个（D4 ~ D7），均圆形弧壁圜底，口径 17 ~ 20、深 13 ~ 16、间距 72 ~ 88 厘米，内填浅灰色疏松土。房内中部发现柱洞 3 个，其中 D1 和 D2 较大，东西并列，间距 10 厘米，内有柱心，周边有柱基硬面。D1 为圆形斜壁下收近平底，口径 32、底径 26、柱心径 27、深 10 厘米；D2 为圆形斜壁下收近平底，口径 30、底径 17、柱心径 12～21、深 30 厘米；D3 北部被 D2 打破，为圆形直壁圜底，口径 20、深 14 厘米。D1、D2、D3 内填土均为灰褐色，较松软（表四）。灶位于房址内西北角，残存底部，椭圆形弧壁圜底，系用草拌泥筑建，火烧成坚硬的红褐色烧结面，口径 90～110、深 30 厘米。居住面呈红褐色平整光滑，局部有烧烤痕，厚 2～4 厘米（图六二；图版九，1）。房址垫土内出土少量陶片。

表四　仰韶文化二期 F5 柱洞登记表

编号	形状与结构	尺寸（厘米）			填土
		口径	底径	深度	
D1	圆形，斜壁下收，近平底	32	26	10	灰褐色，松软
D2	圆形，斜壁下收，近平底	30	17	30	灰褐色，松软
D3	圆形，直壁，圜底	20		14	灰褐色，松软
D4	圆形，弧壁，圜底	20		16	浅灰色，疏松
D5	圆形，弧壁，圜底	19		13	浅灰色，疏松
D6	圆形，弧壁，圜底	17		15	浅灰色，疏松
D7	圆形，弧壁，圜底	20		16	浅灰色，疏松

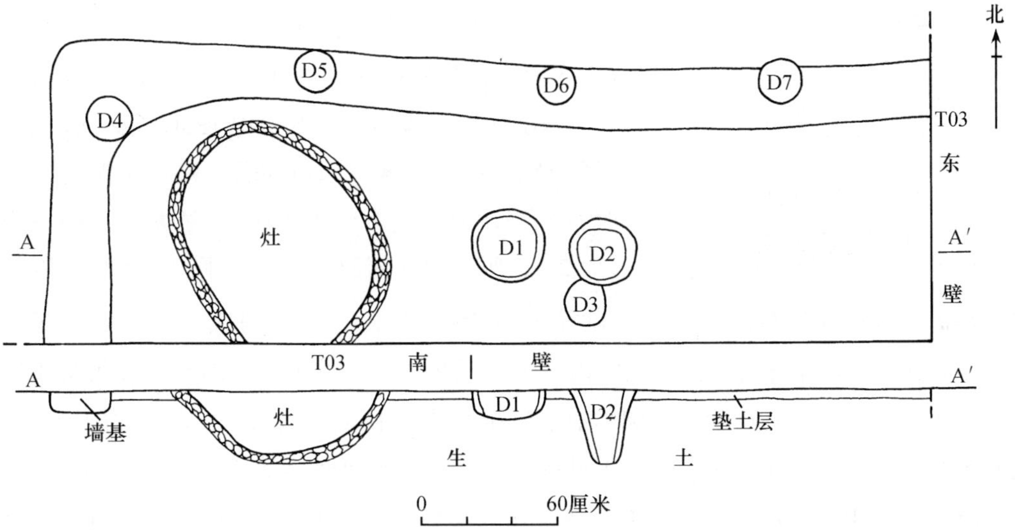

图六二　仰韶文化二期 F5 平、剖面图

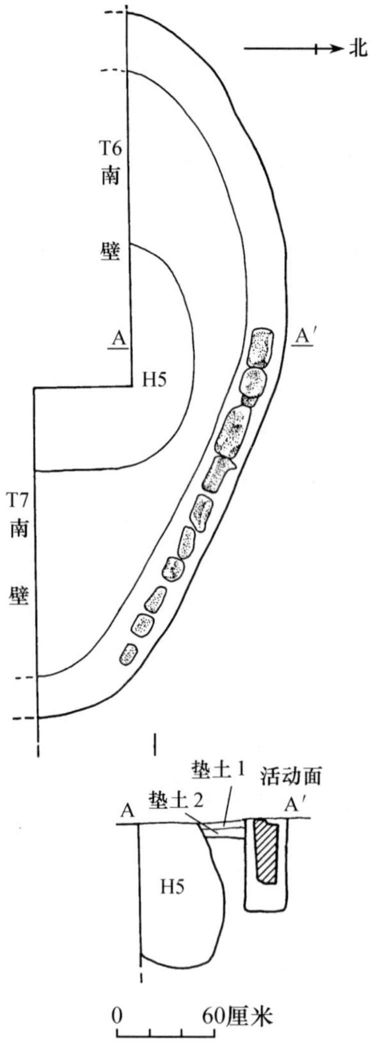

图六三 仰韶文化二期
F1 平、剖面图

2. 圆形地面式建筑

1 座。

F1 位于 T6 和 T7 的南部，向南延伸至两探方南壁外未发掘，开口于第 4 层下，被 H5 打破，口部距地表 105 厘米，打破生土。据揭露部分推测该房址为圆形地面式建筑，残径 425 厘米。墙体已不存，仅存墙基槽，直壁，平底，底部规整，宽 25 ~ 35、深 50 ~ 65 厘米，内填黄褐色土，土质坚硬，较纯净，东北部墙基槽内，栽立石头 10 块，均为未经加工的自然砂质岩石，形状大小不一，偏西的 4 块较大，偏东的 6 块稍小，块块相接，排列整齐。墙基槽以内局部残存有居住面，灰褐色，平坦坚硬。居住面以下有两层垫土层，亦呈灰褐色，土质较坚硬。第 1 层，厚 5 ~ 10 厘米；第 2 层，厚 10 ~ 12 厘米（图六三；彩版一一，1；图版一〇）。房址垫土内出土少量陶片。

3. 圆形半地穴式建筑

3 座。

F2 位于 T13 中部，开口于第 3 层下，口部距地表 155 厘米，打破第 4 层、H89 及生土。半地穴式建筑，坐南朝北，圆形，口径 240 厘米，直壁，平底，底径 238、深 52 厘米。门道朝北，略呈半椭圆形，方向为 0°，长 110、宽 60 ~ 114 厘米，斜坡状，门道底部有厚 2 ~ 5 厘米的踩踏面。居住面平坦。房址周围发现柱洞 8 个，呈对应分布，均圆形，口径 14 ~ 26 厘米，直壁或斜壁下收，多平底，深 10 ~ 12 厘米（图六四；表五）。地穴内填土呈深灰色，土质疏松，内含大量灰烬和烧土块，有些烧土块上还有草叶痕和圆木痕迹，推测为房顶倒塌的堆积。出土物多为陶片，主要器形有小口瓶、盆、碗、钵、夹砂罐、缸、瓮，另有骨锥等。

F3 位于 T01 东部，向南延伸至南壁外未发掘，开口于第 7 层下，口部距地表 165 厘米，打破第 8 层、F4 及生土。半地穴式建筑，坐南向北，圆形，发掘部分口径 320 厘米，东部直壁，西部斜壁下张，平底，底径 345、房址深 210 厘米。门道朝北，略呈半椭圆形，方向为 0°，长 100、宽 90 ~ 100 厘米，有四层台阶，台阶宽 17 ~ 20 厘米。

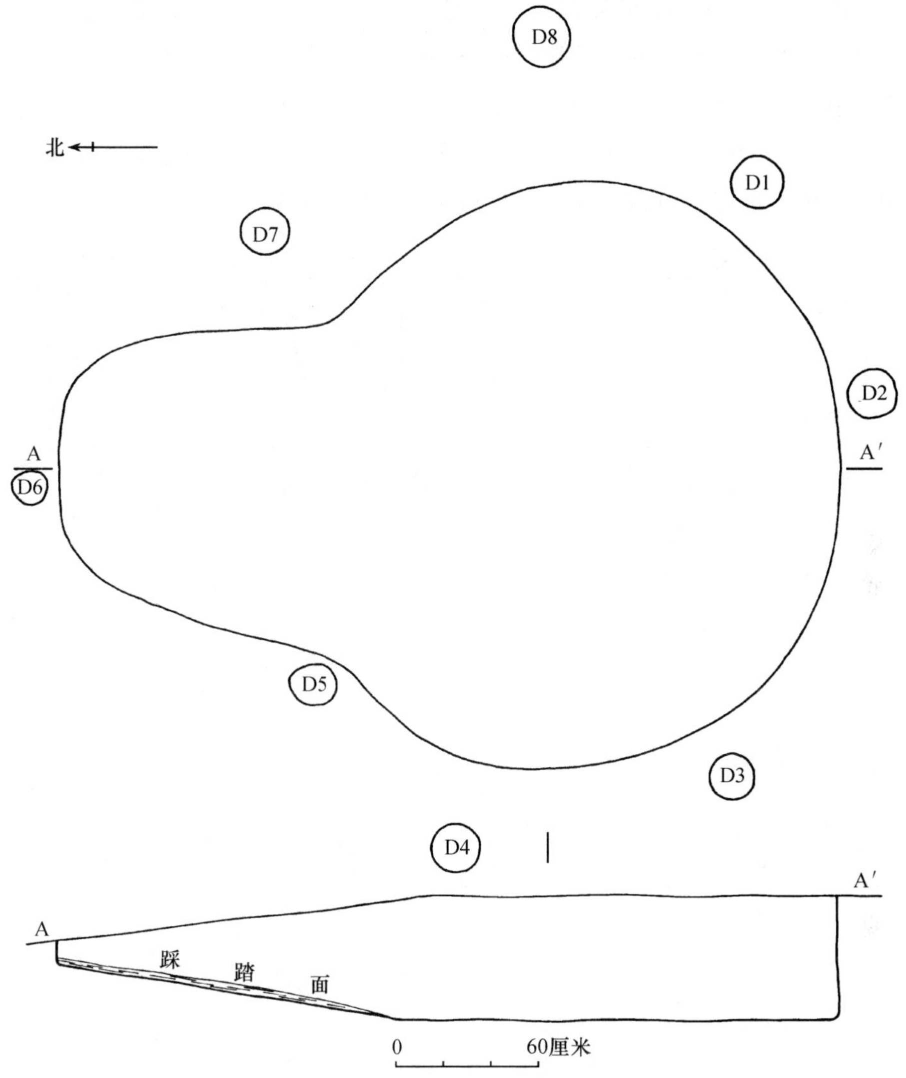

图六四　仰韶文化二期 F2 平、剖面图

表五　仰韶文化二期 F2 柱洞登记表

编号	形状与结构	尺寸（厘米）			填土
		口径	底径	深度	
D1	圆形，斜壁下收，近平底	22	14	10	深灰色，松软
D2	圆形，直壁，平底	20	20	12	深灰色，松软
D3	圆形，斜壁下收，平底	20	14	10	深灰色，松软
D4	圆形，直壁，平底	20	20	10	浅灰色，松软
D5	圆形，斜壁下收，平底	20	12	10	浅灰色，松软
D6	圆形，斜壁下收，平底	19	16	10	深灰色，疏松
D7	圆形，斜壁下收，平底	26	16	10	深灰色，疏松
D8	圆形，直壁，平底	16	16	12	深灰色，疏松

灶位于房址内门道东侧，略呈椭圆形，残径 70 ~ 80 厘米，弧壁，圜底，深 18 厘米，壁、底糊有一层厚约 5 厘米的草拌泥，已烧烤成青灰色硬面。居住面平坦光滑。在门道西侧发现柱洞一个，圆形，口径 20 厘米，直壁，圜底，深 21 厘米，内填灰褐色土，土质松软（图六五）。房址坑穴内填土呈黄褐色，土质较疏松，内含较多料姜石颗粒，出土少量陶片。由于该房址坑穴较深，其也可能为地穴式建筑。

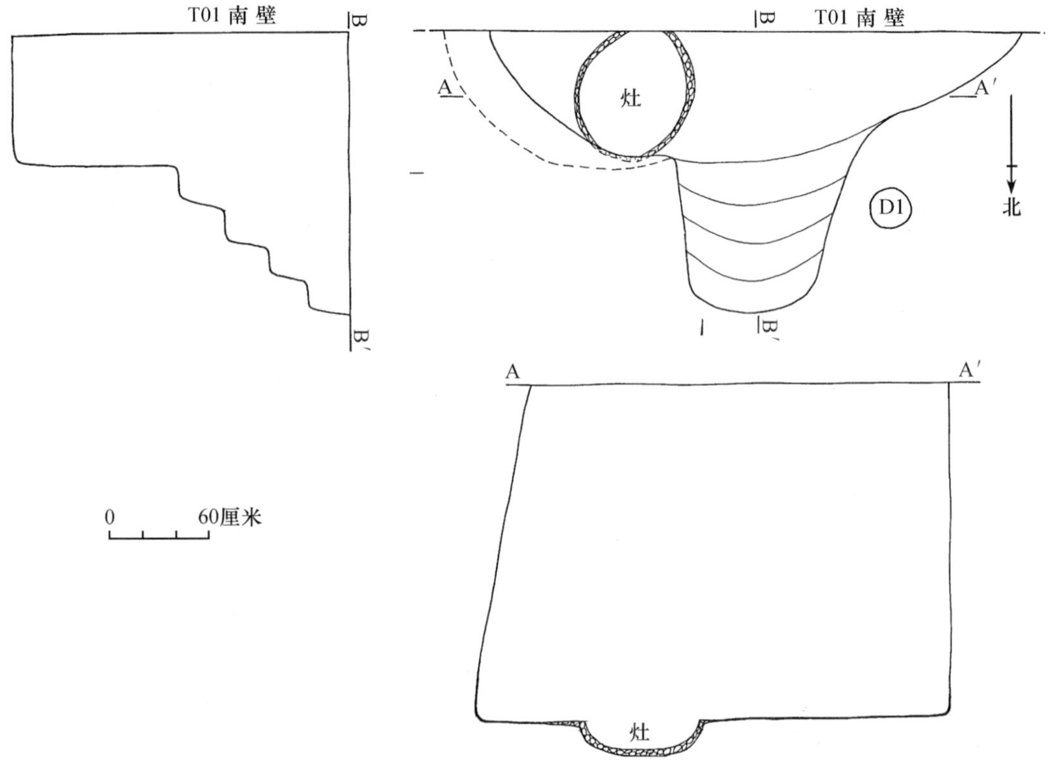

图六五　仰韶文化二期 F3 平、剖面图

F9　位于 T04 的西南部，开口于第 2 层下，口部距地表 25 厘米，打破 H6。半地穴式建筑，坐北向南，圆形，口径 180 厘米，斜壁向下内收，平底，底径 150、房址深 74 厘米。门道朝南，方向为 180°，平面略呈半椭圆形，长 92、宽 48 ~ 114 厘米，斜坡状，底部有踩踏面。灶位于房内正中部与门道对应，椭圆形，长径 32、短径约 24 厘米，斜壁下收，近平底，周壁及底部有烧结的青灰色硬面，深 10 厘米，灶内堆积为红烧土及灰烬。居住面呈黄褐色，平坦坚硬，有踩踏痕迹，与门道踩踏面连为一体，厚 10 ~ 15 厘米。发现柱洞 8 个，均匀地分布在半地穴周围和门道两侧，皆圆形，口径 14 ~ 18 厘米，多直壁，少量斜壁下收，平底或圜底，深 14 ~ 18 厘米，内填浅灰色或深灰色土，土质松软，含有烧土块、料姜石颗粒等（图六六；表六）。坑穴内填土呈浅灰色，土质疏松，内含大量灰烬和烧土块，出土少量陶片。

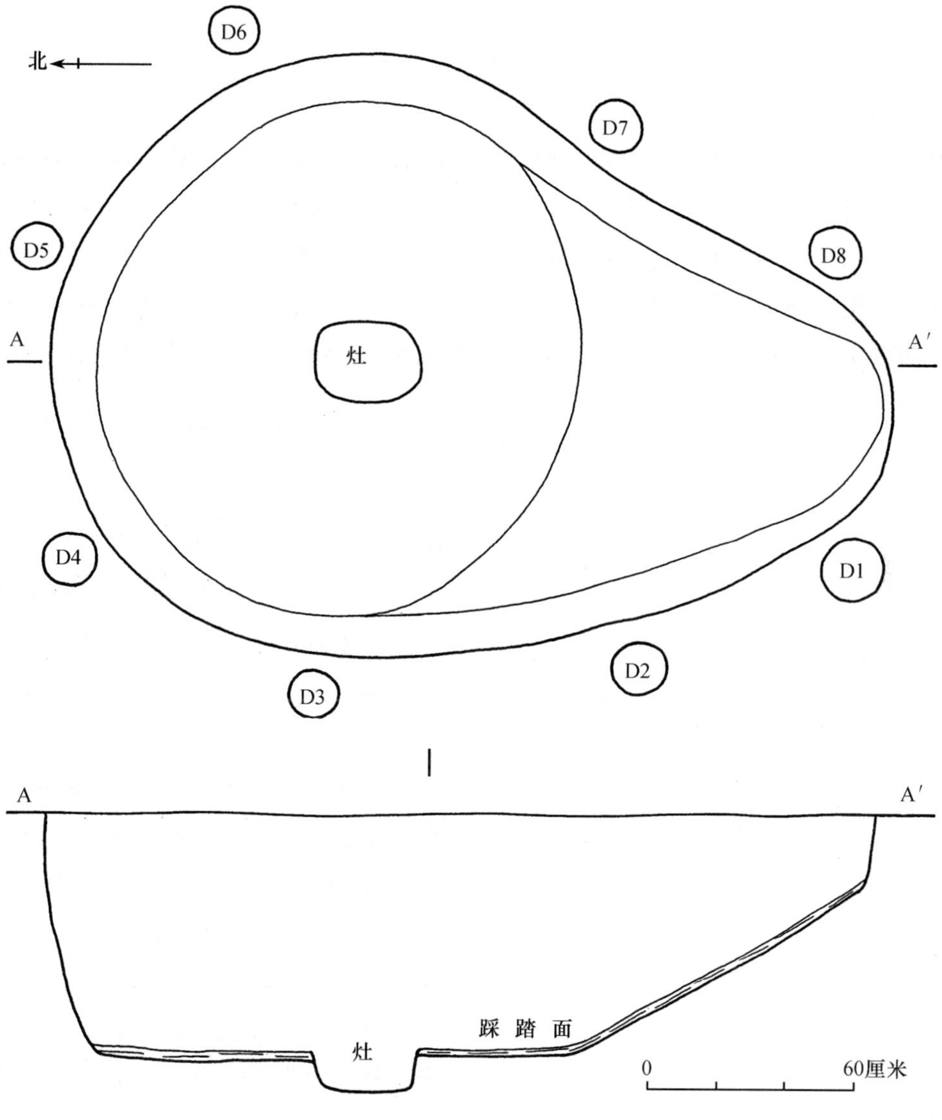

图六六　仰韶文化二期 F9 平、剖面图

表六　仰韶文化二期 F9 柱洞登记表

编号	形状与结构	尺寸（厘米）			填土
		口径	底径	深度	
D1	圆形，直壁，平底	18	18	16.5	浅灰色，松散
D2	圆形，直壁，圜底	16		16	深灰色，松散
D3	圆形，直壁，圜底	16		18	深灰色，松散
D4	圆形，斜壁下收，平底	17	16	14	浅灰色，松软
D5	圆形，斜壁下收，平底	14	10	16	浅灰色，松软
D6	圆形，壁一侧直一侧斜，平底	16	12	14	深灰色，松软
D7	圆形，斜壁下收，平底	15	14	16	深灰色，松软
D8	圆形，直壁，圜底	14		18	深灰色，松软

二、灰　坑

数量较多，共发现57座。按口部形状（子母坑依上部坑，下同）分，圆形或近圆形者38座，椭圆形者13座，方形、长方形或近长方形者5座，灰坑形制较大，发掘部分较小，坑口形状不明者1座；按壁底特征分，直壁平底或近平底者11座，斜壁、弧壁下张或一侧壁下张平底者22座，斜壁下收平底者15座，弧壁圜底者8座，因未发掘到底，直壁但底部形状不明者1座。其中子母坑5座，结构别致，最富特色。

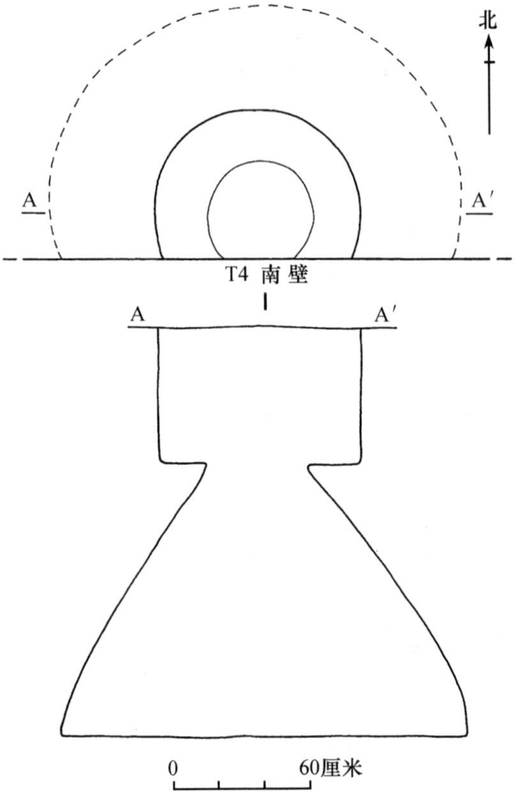

图六七　仰韶文化二期H13平、剖面图

1. 圆形或近圆形坑

38座。其中直壁平底或近平底者7座，斜壁、弧壁下张或一侧壁下张者19座，斜壁下收平底者4座，弧壁圜底者7座，因未发掘到底，直壁但底部形状不详者1座。本期发现的5座子母坑的上部均为圆形坑。

H13　位于T4东南角，向南伸到南壁外未发掘，开口于第4层下，口部距地表80厘米，打破生土。子母坑，上部坑口圆形，口径84厘米，直壁，平底，深60厘米；下部坑口圆形，口径47厘米，斜壁下张，平底，底径180、深120厘米，整坑总深180厘米（图六七）。坑内填土呈深灰色，土质疏松，内含较多烧土颗粒及炭屑，出土大量陶片。陶片器形主要有小口瓶、盆、碗、钵、夹砂罐、缸、器盖、釜、灶等。

H2　位于T2的东南部，向南延伸至南壁外未发掘，开口于第3层下，口部距地表80厘米，打破H11、第4层及生土。子母坑，上部坑口圆形，口径100厘米，斜直壁向下外张，平底，底径160、深120厘米；下部坑口圆形，口径45厘米，上部壁较直，下部壁弧形外张，平底，底径180、深220厘米，整坑总深达340厘米（图六八；彩版一一，2）。坑口、壁、底修整得光滑、平整。该坑上、下部堆积较一致，均呈深灰色，土质疏松，含少量烧土颗粒及炭粒，出土大量陶片和少量石器。陶片主要器形有小口瓶、盆、碗、钵、夹砂罐、缸、器盖、釜、灶、瓮、器座、小折腹罐等。石器有石铲、石刀、石环形器、石球等，其中石铲3件，发现于下部坑底部，均较大型者，2件完整，制作均规整考究，无明显使用痕迹。通过浮选，坑内还发现有粟、黍的种子等植物遗存。

H3 位于T3的西南部，开口于第3层下，口部距地表70厘米，打破H11、第4层及生土。坑口圆形，直径120厘米，上部壁较直，下部弧壁外张，平底，底径290、坑深205厘米，口、壁、底均较规整（图六九）。坑内填土呈深灰色，土质疏松，含少量烧土颗粒，出土物主要为陶片。陶片主要器形有小口瓶、盆、碗、钵、夹砂罐、缸、夹砂小罐、瓮、器盖等。

图六八 仰韶文化二期H2平、剖面图

H4 位于T4的西南部，向南延伸至南壁外未发掘，开口于第4层下，口部距地表80厘米，打破生土。子母坑，上部坑口圆形，口径118厘米，近直壁向下弧壁外张，平底，底径230、深240厘米；下部坑浅穴，坑口圆形，口径110厘米，斜壁下张，平底，底径140、深40厘米，整坑总深280厘米（图七〇）。坑内上下堆积一致，均呈浅灰色，土质疏松，含较多炭屑和少量烧土颗粒。出土遗物丰富，主要为陶片。主要器形有小口瓶、盆、碗、夹砂罐、缸、釜、瓮等。通过浮选，坑内还发现有粟的种子等植物遗存。

H8 位于T6的西南部，向南延伸至T5、T6南壁外未发掘，开口于第3层下，口部距地表80厘米，打破H16、第4层及生土。坑口圆形，口径232厘米，斜壁下张，底部略斜平，南高北低，似一台阶状，底径约250、坑深115～140厘米（图七一）。坑内填土呈黑灰色，土质松软，含大量草木灰，出土较多陶片。主要器形有小口瓶、盆、碗、钵、夹砂罐、缸、器盖、折腹盆、泥质罐、夹砂小罐、甑，另有陶环等。

H16 位于T6的中南部，开口于第4层下，西部被H8打破，口部距地表95厘米，打破H18及生土。坑口圆形，口径140厘米，斜壁下张，平底，底径172、坑深120厘

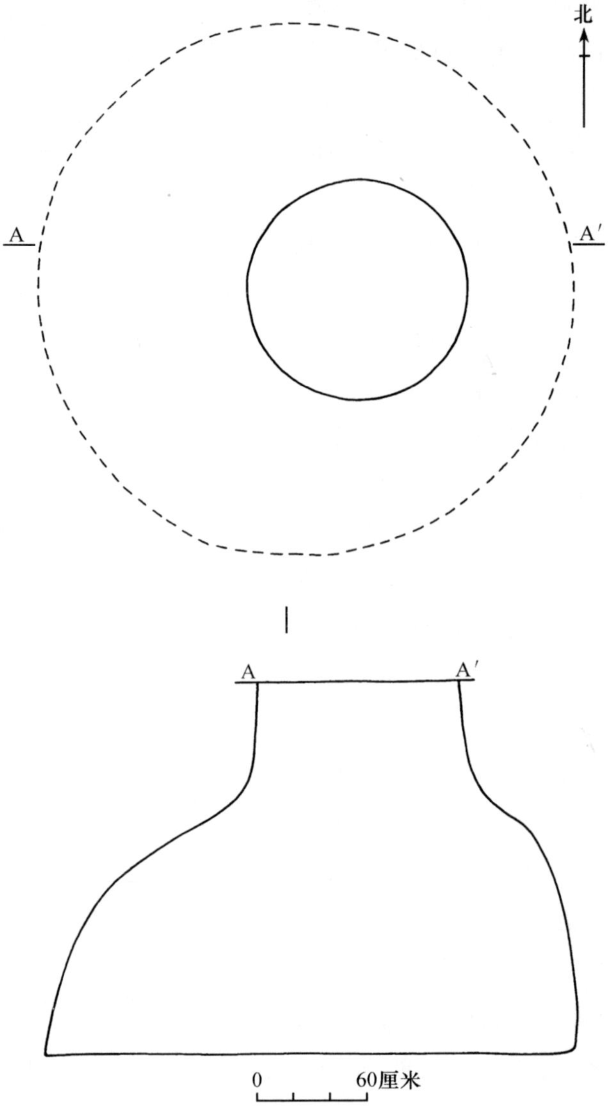

图六九　仰韶文化二期 H3 平、剖面图

米（图七二）。坑内填土呈灰色，土质松软，含较多烧土颗粒、炭屑和经烧烤的墙壁残块，出土有大量陶片和石铲 2 件。陶片主要器形有小口瓶、盆、钵、夹砂罐、缸、器盖、灶等。

H18　位于 T6 的西北部，北部延伸至北隔梁下未发掘，开口于第 4 层下，被 H16 打破，口部距地表 95 厘米，打破 H23、H19 和生土。坑口圆形，口径 280 厘米，西部斜壁略下张，东部斜壁微下收，底部近平，西高东低，略呈台阶状，底径 290、坑深 83 ~ 115 厘米（图七三）。坑内填土呈浅灰色，土质松软，内含较多红烧土块，出土物

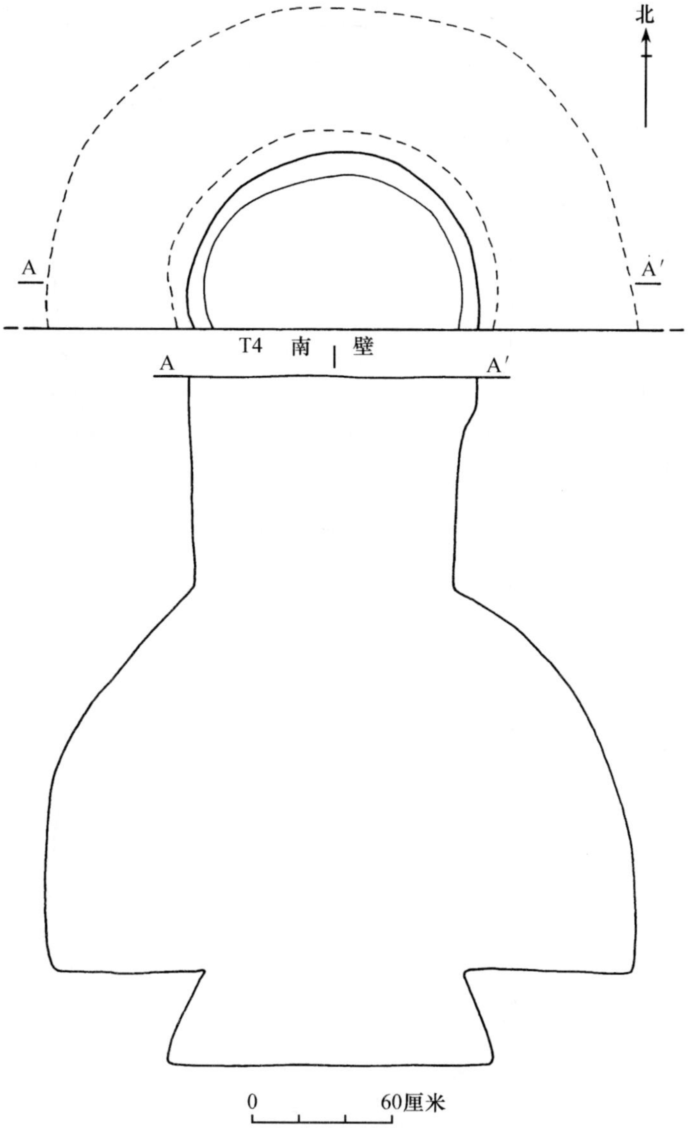

图七〇　仰韶文化二期 H4 平、剖面图

以陶片为主。主要器形有小口瓶、盆、碗、夹砂罐、缸、器盖、器座、釜、灶、球。另出土有石球等。

H19　位于 T5 东北部、T6 西北部，T5 东隔梁及 T6 北隔梁下压部分未发掘，开口于第 4 层下，被 H8、H18 打破，口部距地表 100 厘米，打破生土。坑口圆形，口径 275 厘米，斜壁下收，平底，底径 215、坑深 33 厘米（图七四）。坑内填土呈深灰色，土质疏松，出土较多陶片。主要器形有小口瓶、盆、碗、夹砂罐等。

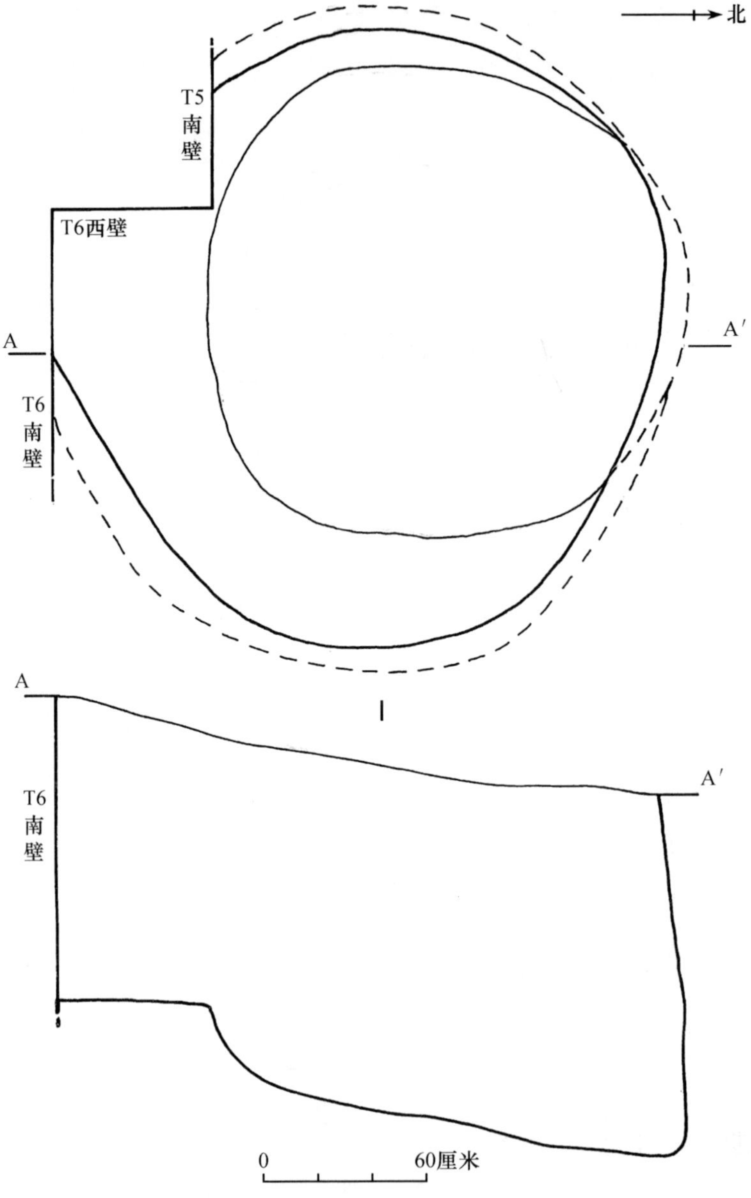

图七一　仰韶文化二期 H8 平、剖面图

H62　位于 T1 西扩方的东南部，开口于第 3 层下，口部距地表 120 厘米，打破生土。坑口圆形，口径 120 厘米，斜壁下张，平底，底径 170、坑深 100 厘米（图七五）。坑内填土呈灰黑色，土质松软，出土物丰富，有陶片和石器等。陶片主要器形有小口瓶、盆、碗、缸、器盖、小杯、器座、夹砂罐以及陶环等。石器有石饼、石球、石楔、石磨棒、石铲、石杵等。

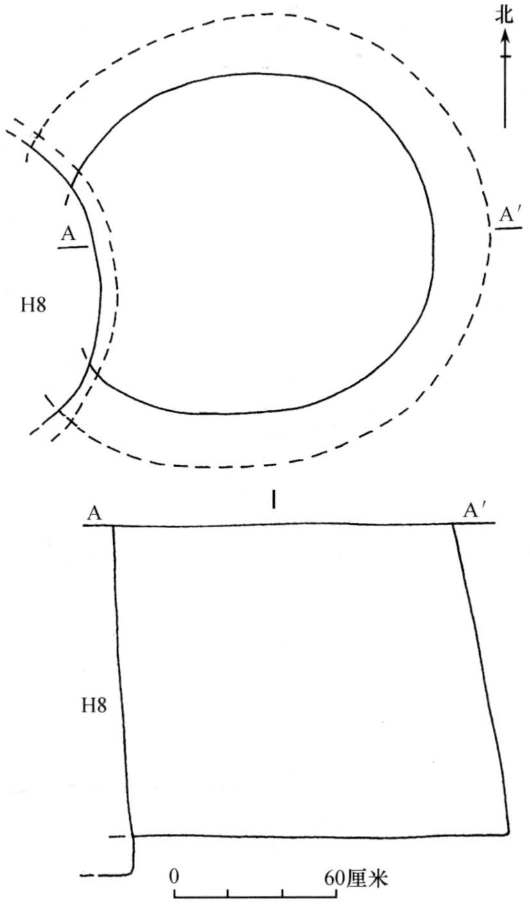

图七二　仰韶文化二期 H16 平、剖面图

2. 椭圆形坑

13 座。其中直壁近平底者 2 座，斜壁下张平底者 3 座，斜壁下收平底或近平底者 7 座，弧壁圜底者 1 座。

H30　位于 T11 东部，向东分布至 T12 西部，开口于第 3 层下，口部距地表 135 厘米，打破 H38、H40 和第 4 层。坑口椭圆形，口径 215～342 厘米，东北部斜直壁向下微内收，西南部斜直壁下收较甚，平底，底径 198～245、坑深 80 厘米（图七六）。坑内填土呈黑灰色，土质疏松，出土较多陶片。主要器形有盆、碗、缸、器盖、小盆及陶刀等。

H91　位于 T4 北部，北部被断崖破坏，开口于第 4 层下，口部距地表 100 厘米，打破生土。坑口椭圆形，残口径 105～260 厘米，斜壁下收，平底，坑深 80 厘米（图

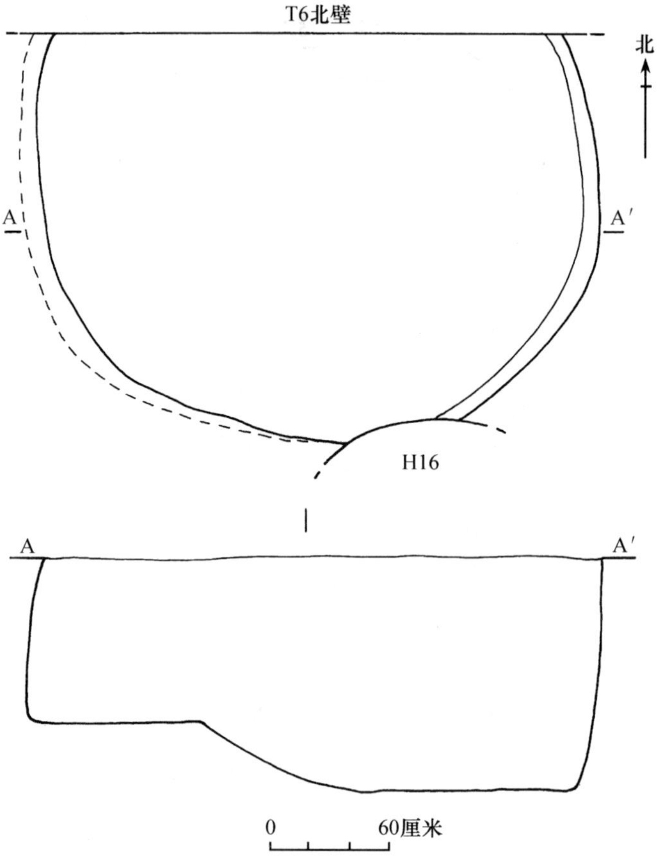

图七三 仰韶文化二期 H18 平、剖面图

七七)。坑内填土呈深灰色，土质松散，出土少量陶片。主要器形有小口瓶、盆、碗、钵、夹砂罐、器盖、釜等。

3. 方形、长方形或近长方形坑

5 座。其中直壁平底者 2 座，斜壁下收平底者 3 座。

H35 位于 T5 西北部，开口于第 4 层下，被 G1 打破，口部距地表 95 厘米，打破 H37 及生土。残存部分坑口长方形，南北长 150、东西残宽 85 厘米，斜壁下收，平底，底部南北长 140、东西残宽 80、坑深 50 厘米（图七八）。坑内填土呈灰褐色，土质稍硬，出土甚少陶片，多为小口瓶、盆类腹片等。

H38 位于 T11 东南部，开口于第 3 层下，被 H30 打破，口部距地表 135 厘米，打破 H39 及生土。坑口方形，残长 120、宽 140 厘米，斜壁下收，平底，坑底残长 113、宽 126、坑深 80 厘米（图七九）。坑内填土呈黄褐色，土质稍硬，夹杂大量料姜颗粒，出土少量陶片。主要器形有盆、夹砂罐等。

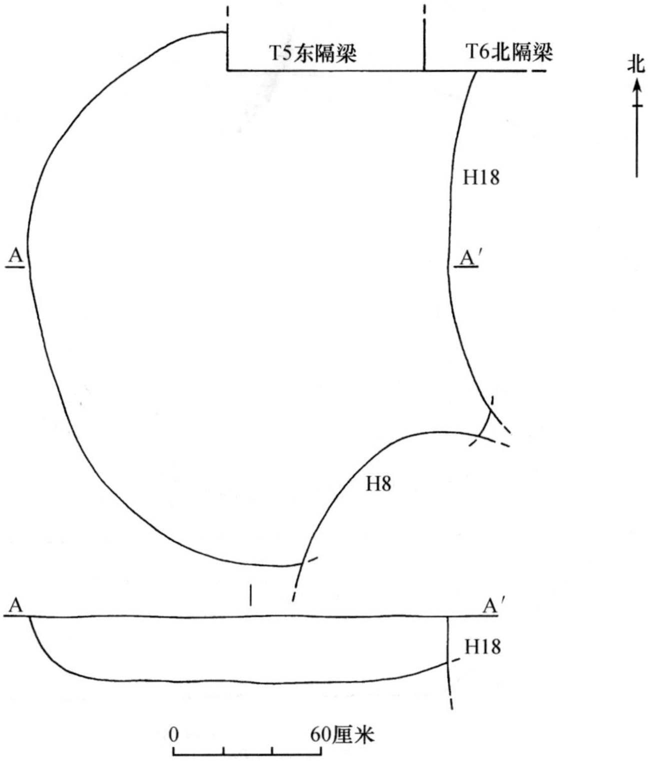

图七四　仰韶文化二期 H19 平、剖面图

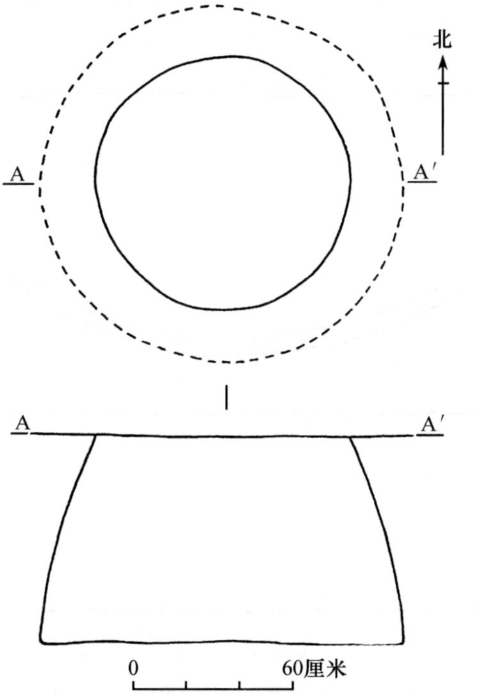

图七五　仰韶文化二期 H62 平、剖面图

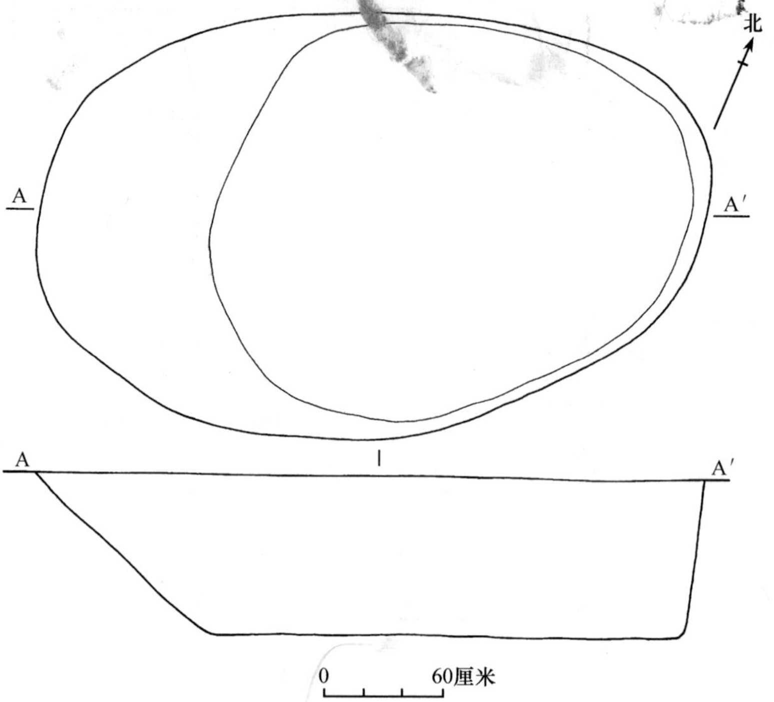

图七六　仰韶文化二期 H30 平、剖面图

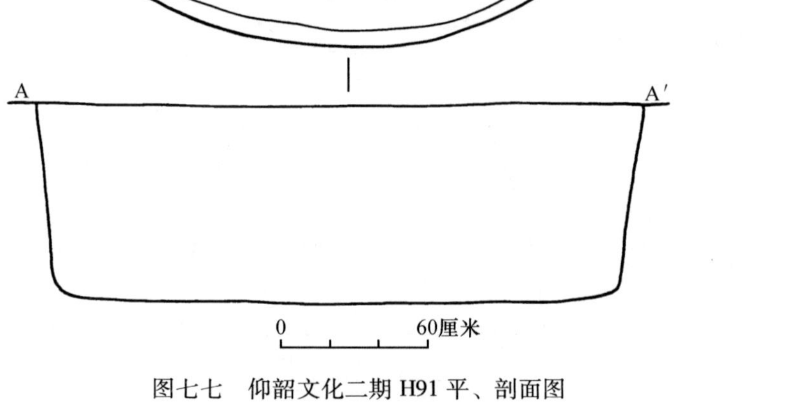

图七七　仰韶文化二期 H91 平、剖面图

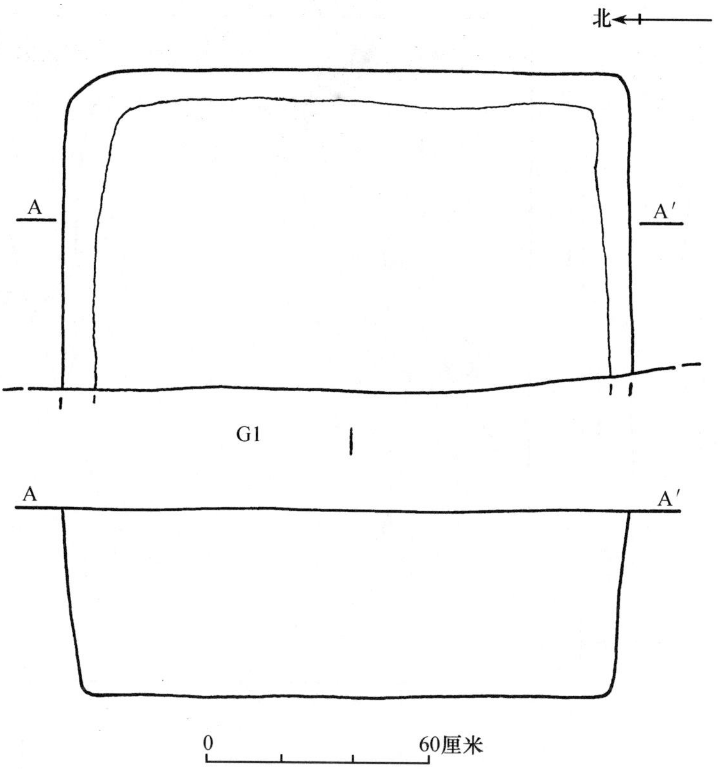

图七八　仰韶文化二期 H35 平、剖面图

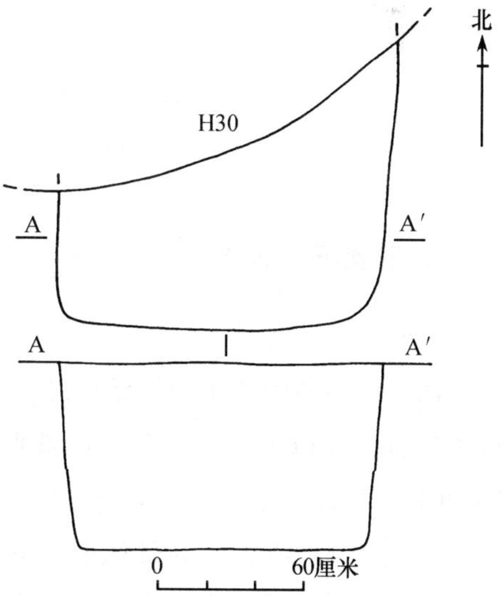

图七九　仰韶文化二期 H38 平、剖面图

H89　位于 T13 西部，向北、向西延伸至北隔梁和 T12 东隔梁下未发掘，开口于第 4 层下，被 F2 及现代窑洞打破，口部距地表 200 厘米，打破生土。坑口近长方形，南部为半圆形，残长 410、宽 206 厘米，直壁，南部有 4 层台阶，各阶之间高差约 20 厘米，台阶上有明显的踩踏硬面，坑底北部平坦，坑深 150 厘米（图八〇）。坑内填土呈深灰色，土质疏松，坑底北部有 30 厘米厚的草木灰烬一层，填土中含大量烧土块，出土大量陶片和少量石器等。陶片主要器形有小口瓶、盆、碗、夹砂罐、瓮、缸、夹砂小罐、器盖以及陶环、陶网坠等。石器有石核、石尖状器、石磨盘、石磨棒、石研磨器和石楔等。

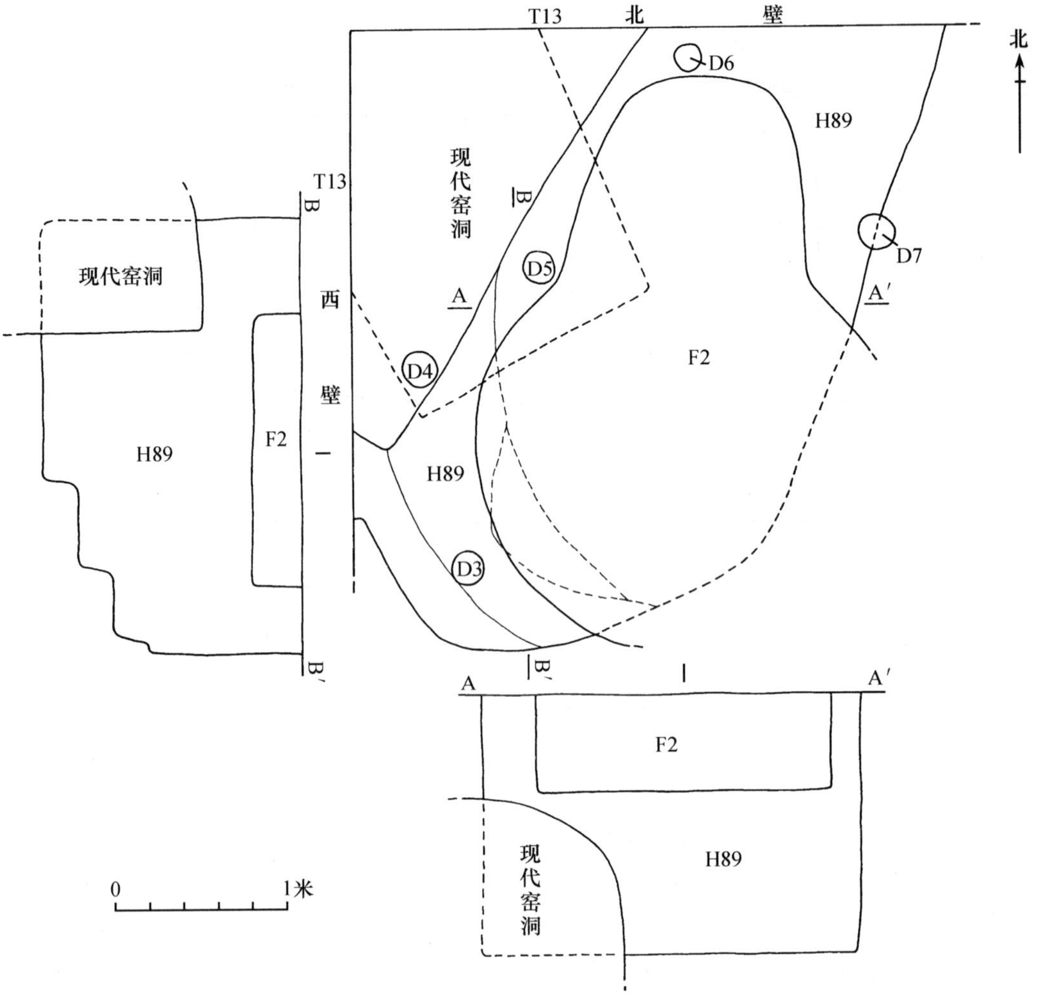

图八〇　仰韶文化二期 H89 平、剖面图

4. 形状不明的坑

1 座。

H6　位于 T04 的南部，约占整个探方面积的 2/3，东、南、西、北四面延伸至探方外未发掘，开口于第 2 层下，北部被近代坑打破，西南部被 F9 打破，口部距地表 25～30 厘米，打破生土。坑口因形制较大，未全部揭露，形状不明，发掘部分东西长 10 米，南北宽 4～10 米，北部弧壁，近平底，坑深 60～280 厘米（图八一）。坑内堆积呈深灰色，土质较硬，出土大量陶片和少量石器。陶片主要器形有小口瓶、盆、碗、钵、夹砂罐、缸、瓮、泥质罐、小杯、灶、器盖等。石器有石饼、石铲、石斧、石纺轮、石磨棒、石杵等。

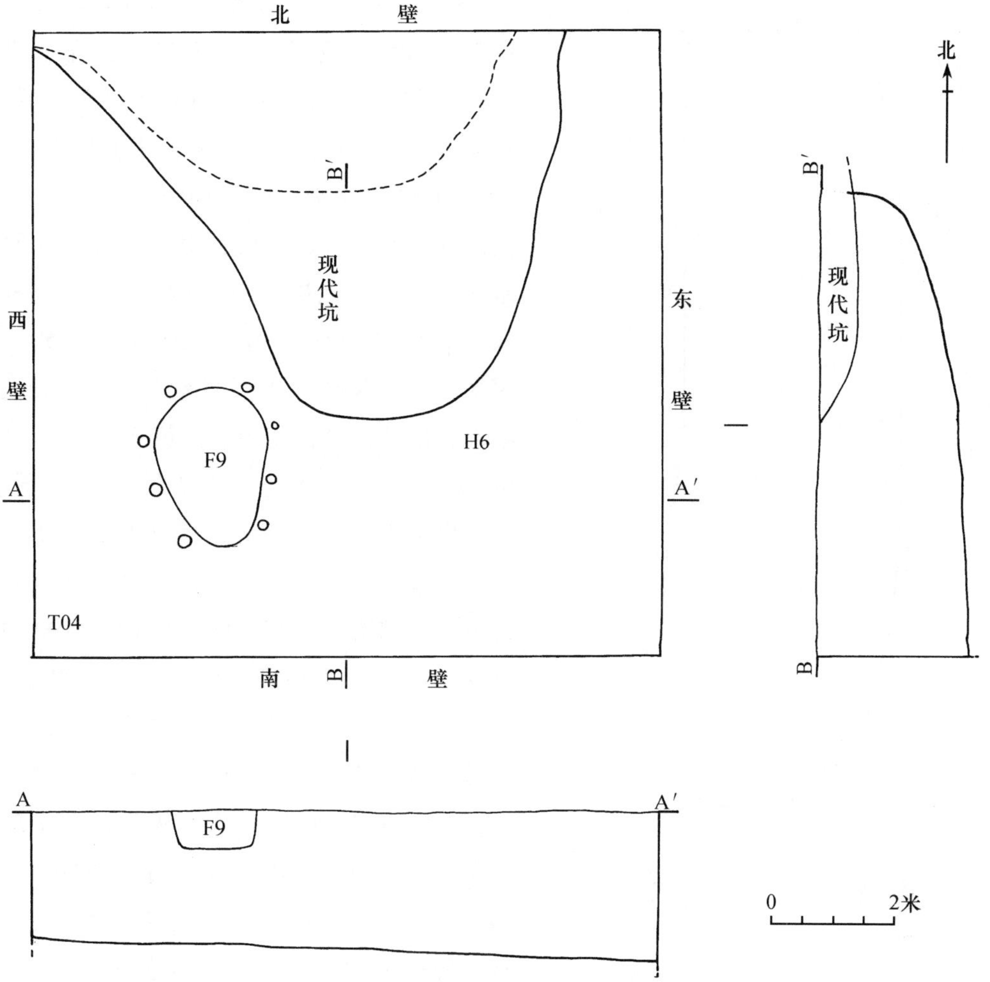

图八一　仰韶文化二期 H6 平、剖面图

三、灰　沟

发现 3 条。其中 2 条为小型或较小型沟，1 条为大型沟。

G1　位于 T5 西部，北部延伸至北隔梁下未发掘，开口于第 4 层下，口部距地表 92 厘米，打破 H33、H34、H35、H36、H37 和生土。小型沟，沟口平面呈弧头长条形，揭露部分长 330、宽 75～95 厘米，斜壁下收，平底，沟壁不太规整，沟底较平，底部宽 60～75、沟深 60 厘米（图八二）。该沟当系人工修筑。沟内填土呈黄褐色，土质较硬，含大量砂粒，出土物仅少量陶片。主要器形有小口瓶、盆、夹砂小罐、器盖、器座等。

图八二　仰韶文化二期 G1 平、剖面图

G2　位于 T17 东北部、T18 东部，北部被断崖破坏，延伸至 T17 东隔梁下及 T17、T18 之间的部分未发掘，开口于第 3 层下，东部被近代坑打破，口部距地表 138 厘米，打破 H49、H84 及生土。较小型沟，沟口呈不规则长条形，南端弧鼓，残长 1925、宽 900 厘米，略斜壁下收，西壁较弧，圜底，坑深 980 厘米。沟内堆积可分 8 层。第 1 层，厚 50～250 厘米，呈浅灰色，土质松软细腻，分布于沟中部和南部，包含物较少。第 2 层，厚 110～145 厘米，呈灰褐色，土质较松软，分布均匀，出土少量甚碎陶片。第 3 层，厚 50～90 厘米，呈黄灰色，土质较硬，呈斜坡状分布，含少量甚碎陶片。第 4 层，厚 100～190 厘米，呈深灰色，土质坚硬，分布均匀，出土大量陶片。第 5 层，厚 80～145 厘米，呈浅灰色，土质松软，分布较均匀，出土大量陶片。第 6 层，厚 40～70 厘米，呈黄灰色，土质疏松，分布于沟的西部，出土较多石器和少量陶片。第 7 层，厚 30～65 厘米，呈灰褐色，土质松软，分布于沟的东部，含较多大块的红烧土块，出土甚少陶片。第 8 层，厚 30～100 厘米，呈黄灰色，土质疏松，有淤积痕，出土少量陶片（图八三）。据沟口形状及壁、底等特征判断，该沟应系自然冲沟，后填以垃圾。此灰沟内出土物甚多，是南交口遗址出土物最丰富的单位，有陶片、石器、骨器和动物残骸等。虽然该灰沟包含物来源较复杂，但其出土物十分丰富，与一些单位可能很快填充所致的片面性和偶然性不同，更能够反映出一定时段内人们所用生产、生活用具的整体情况，因此显得更加重要。出土陶片主要器形有小口瓶、盆、碗、夹砂罐、缸、器盖、釜、瓮、泥质罐、夹砂小罐、小杯、器座、小盆、壶、小碟、甑、鼎（足）以及陶环等。石器有石刀、石球、石研磨器、石磨棒、石饼、石环状器、石片等。骨器为骨饰 1 件。发现的动物残骸为家猪骨骼等。

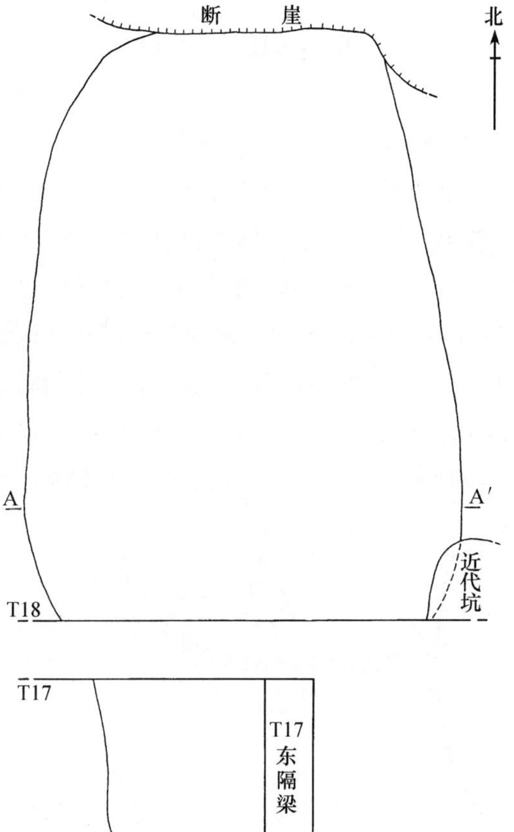

图八三　仰韶文化二期 G2 平、剖面图

四、灶　址

除房址内灶坑外，仅发现 1 座。

Z1　位于 T1 北部，向北延伸至北隔梁下未发掘，开口于第 3 层下，被 H10 打破，口部距地表 85 厘米，打破第 4 层及生土。据发掘部分可知，坑口圆形或椭圆形，残口径 95 厘米，弧壁，圜底，深 26 厘米，壁、底糊有一层草拌泥，已烧结成青绿色硬面，厚 3 ~ 5 厘米，以外呈砖红色，厚 5 ~ 8 厘米，为烧烤而致。该坑周围未发现房屋遗迹，应为一处露天灶址，或属于一陶窑的一部分。灶坑内填土呈深灰色，土质疏松，含大量烧土颗粒和灰烬，在较小的空间内清理出 1 件石尖状器和少量陶片（图八四；彩版一一，3；图版九，2）。陶片主要器形有小口瓶、盆、夹砂罐、瓮、彩陶罐等。

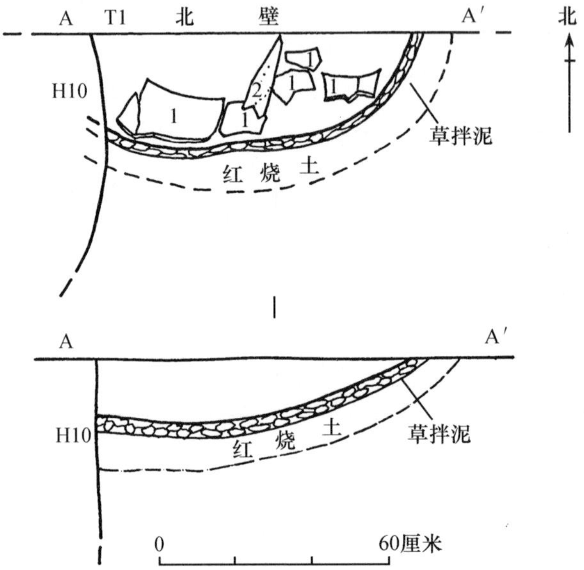

图八四　仰韶文化二期 Z1 平、剖面图
1. 陶片　2. 石尖状器

五、墓　葬

发现 1 座。

M2　位于 T6 东北部、T7 西北部，口部少部分延伸至 T7 的北隔梁下，开口于第 4 层下，口部距地表 110 厘米，打破生土，南距 F1 为 1.35 米。平面略呈弧角长方形，东西长 180 ~ 206、南北宽 150 ~ 180 厘米，直壁平底，坑穴深 50 厘米。内填土呈灰褐色，土质松软，较为纯净。墓内埋葬 24 具个体，基本上摆放在同一层，均二次葬。骨骼的摆放情况为，颅骨大多放置位置稍高，较平，顶部向上，面朝前方，肢骨及其他骨骼绕颅骨较低放置。颅骨面向各方均有，似无一定规律（图八五；彩版一二；图版一一）。经鉴定，男性8个，女性10个，无法确定性别的6个；其中男性多为25～45岁的青壮年，仅2个为60岁左右的老者；女性多18～25岁的青年，40岁左右的壮年占少数，无老年者；未定性别的均为13岁以下的未成年少年或婴儿、儿童（表七）。在墓葬填土中发现少量陶片和石器。陶片主要器形有夹砂罐、缸、彩陶罐等。石器有石铲形器、石铲等。

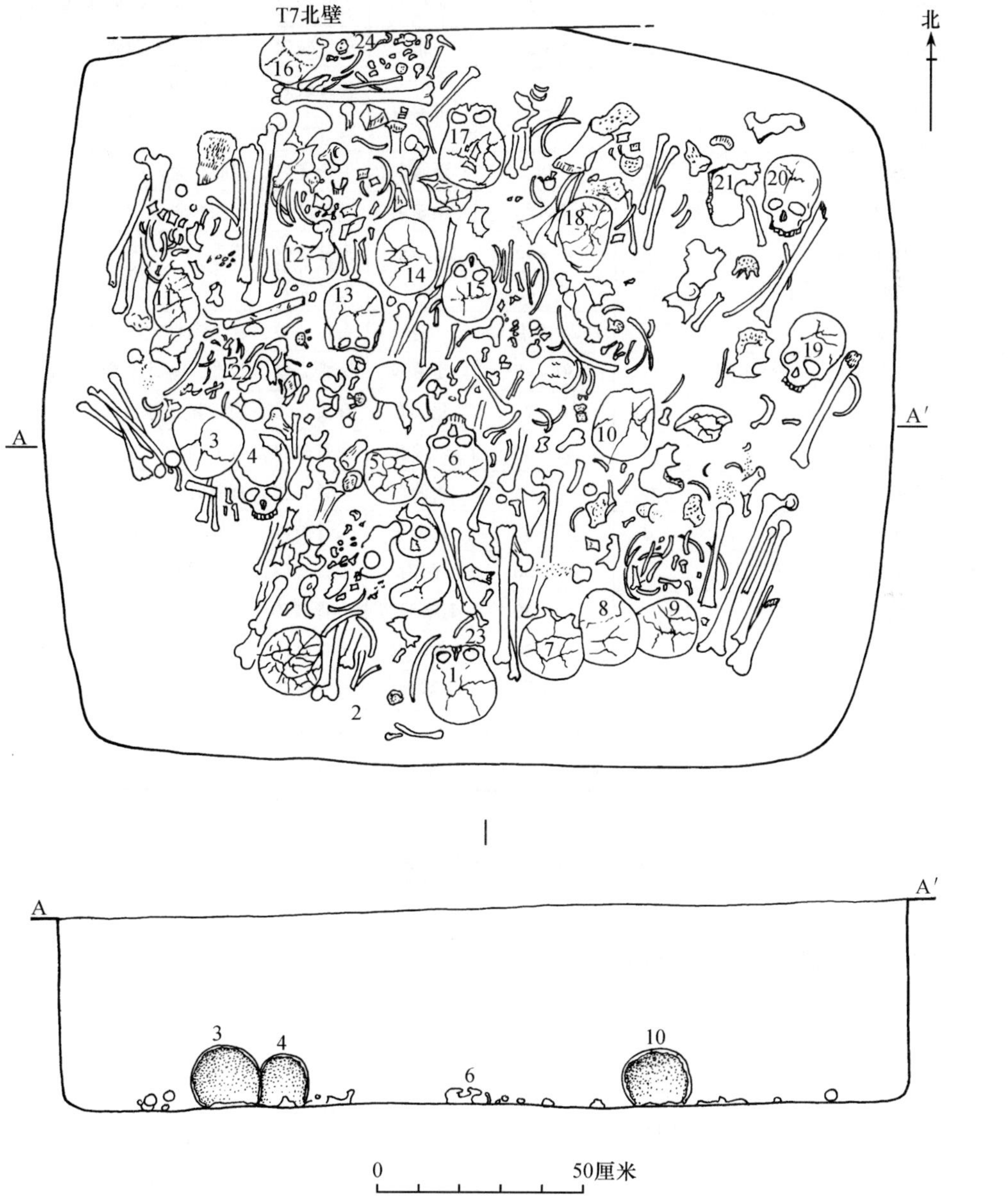

图八五　仰韶文化二期M2平、剖面图

1～24. 人骨

表七　仰韶文化二期 M2 人骨鉴定登记表

编号	在墓室内位置	性别	年龄（岁）	面向	保存状况
1	西南部	女	20～25	北偏东	头骨破碎，有下颌骨，四肢骨残断
2	南部偏中	女	18～22	北	头骨破碎，四肢骨残断
3	西部偏南，4 号西侧	不详	8～12	北偏西	头骨成碎块，四肢骨残断
4	西部偏南	不详	13～14	南	头骨破碎，有残缺的上颌和下颌
5	南部偏西	不详	2 左右	北略偏西	头骨破碎，四肢骨残
6	南部偏中，5 号东侧	男	20～25	北	头骨完好，有下颌骨，四肢骨残断
7	南部稍偏东	女	25～30	北	头骨破碎，有下颌骨和肢骨
8	南部，7、9 号中间	女	18～20	北偏西	头骨破碎，骨骺未愈合，下颌骨残断，有四肢骨
9	东南部	男	60 以上	北偏东	头骨完好，四肢骨全
10	中东部	女	不详	北偏东	颅骨破碎，无四肢骨
11	西部稍偏北	男	40～45	北偏东	头骨破碎，肢骨不全
12	西部偏北	女	40～45	北	头骨完整
13	西部偏中	男	25 左右	南	头骨完整，有下颌骨，肢骨不全
14	北部稍偏西，12 号东侧	男	30～35	北偏西	头骨完整，肢骨、盆骨不全
15	北部偏中，14 号东侧	不详	6～7	北偏东	有头骨、下颌骨和肢骨
16	西北部	男	35～40	东偏北	头骨破碎，有下颌骨，肢骨全
17	北中部	女	40～45	北偏东	头骨完整，有肢骨
18	北部稍偏东	男	55～60	北偏东	头骨破碎，下颌骨碎，肢骨不全
19	东中部	女	45～50	西南	头骨破碎，有下颌骨、盆骨和下肢骨
20	东北部	女	25～30	南略偏西	头骨破碎，肢骨不全
21	20 号西，下部	女	25～30	北偏东	头骨破碎，下颌骨完整，肢骨不全已残断
22	3 号北部	男	25 左右	不详	有下颌骨、盆骨、四肢骨
23	2 号头骨下	不详	不详（婴儿）	不详	仅存头骨碎片
24	16 号东侧	不详	不详（婴儿）	不详	仅存头骨碎片

第二节　文化遗物

绝大部分为陶器，少量石器、骨器等。

一、陶　　器

分容器、陶质工具、饰品等三大类。

1. 容器

共有各种器物 2648 件（一般根据器物口沿所代表的器物数统计）。绝大部分出土于灰坑和灰沟中。陶质分夹砂和泥质两类，夹砂陶还可细分为夹粗砂和夹细砂两种，用以制作罐、釜、灶、器盖等。盆、小口瓶、碗、钵、缸、瓮、器座等器类多为泥质陶。泥质陶中还有一种细泥陶，这种陶土大多经过淘洗，质地细腻，杂质极少，烧成温度高，质地坚硬，器表光亮，主要用来制作碗、钵等彩陶器。

陶色分红、红褐、灰褐、黄、灰、黑六种，红陶最多，见于各种器类，红褐和灰褐陶次之，常见于夹砂类陶器，灰、黑陶较少，黄陶为红陶颜色较淡者，多为橙黄色，一般为细泥质，磨光，往往绘饰成彩陶。另外，还有极个别的黄衣和白衣陶。

素面陶占主导地位，较少磨光陶。纹饰以线纹居多，一部分绳纹或谓粗线纹，其次为彩陶纹饰，另有少量旋纹、附加堆纹、篮纹、刻划纹等。

制作工艺方面，以泥条盘筑法为主，普遍采用慢轮修整技术，器形大多规整，器壁厚薄均匀，小型器物及鋬耳等采用捏塑成形。夹砂陶器表往往涂抹一层泥浆，再饰纹饰如线纹等。陶器烧成温度较高，已基本不见红顶等烧制缺陷。

器类繁多，主要有盆、夹砂罐、小口瓶、碗、钵、缸、泥质罐、彩陶罐、瓮、器盖、釜、灶、器座、甑、壶、杯等。其中以盆、夹砂罐、碗、小口瓶、钵、缸、瓮、器盖居多，是当时人们日常生活中使用的主要器皿。综合考察这批陶器的造型特点，以平底器占绝大多数，尖底器仅有小口瓶中的尖底瓶一种，圜底器为釜一种，圈足仅见于灶的底部，三足器极少，为鼎、灶等器。

首先依器类介绍如下：

盆 1029件。数量最多，最常见器形之一，为主要盛器。多泥质陶，少量夹砂陶。依陶质不同分为两大类。

甲类 38件。夹砂类，皆为褐陶，以红褐陶为主，灰褐陶较少。依口沿不同分五型。

A型 4件。侈口，折沿，内折棱凸起或较大。H2:43，灰褐陶。圆唇，沿较窄，沿面有一周凹槽，内折棱凸起较高，沿剖面近似“T”字形，斜腹微弧。素面。口径30.4、残高5.2厘米（图八六，1）。G2:81，红褐陶。圆唇，沿面斜平较宽，斜弧腹。素面。口径28、残高6厘米（图八六，2）。H62:18，红褐陶。口微侈，厚圆唇，窄沿，斜弧腹。素面。口径28、残高4厘米（图八六，3）。

B型 8件。侈口，翻沿。依沿与腹部夹角大小差异分三式。

Ⅰ式：3件。沿与腹夹角较小。H37:1，灰褐陶。口微侈，圆唇，沿面较宽，斜弧腹。腹饰稀疏的右斜线纹。口径24、残高4厘米（图八六，4）。

Ⅱ式：4件。沿与腹夹角稍大。H19:3，灰褐陶。圆唇，沿面较宽，内面斜直，弧腹近直。腹饰左斜线纹。口径20、残高5.2厘米（图八六，5）。H9:1，红褐陶。微侈口，斜方唇，沿面较窄，弧腹近直。腹饰左斜线纹。口径24、残高4.8厘米（图八六，6）。

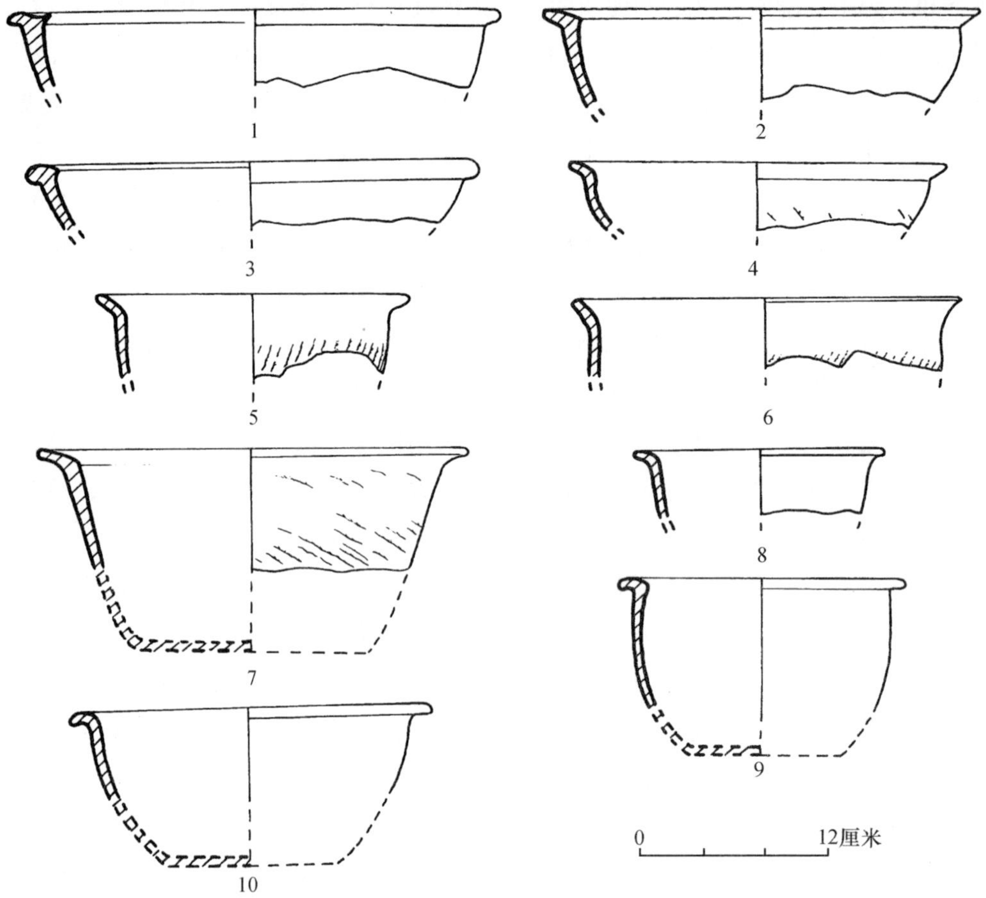

图八六　仰韶文化二期甲类陶盆

1～3. A型（H2:43、G2:81、H62:18）　4. BⅠ式（H37:1）　5、6. BⅡ式（H19:3、H9:1）　7. BⅢ式（H2:44）　8～10. C型（H09:12、H8:26、H65:20）

Ⅲ式：1件。沿与腹夹角较大。H2:44，红褐陶。敞口，圆唇，沿面较宽，沿内面略有折痕，斜直腹，平底。腹饰较稀疏的右斜线纹。口径28、残高8厘米（图八六，7）。

C型　6件。卷沿。H09:12，红褐陶。尖圆唇，窄沿，斜直腹。素面。口径15.6、残高4.2厘米（图八六，8）。H8:26，灰褐陶。微侈口，圆唇，宽沿微下耷，弧腹。素面。口径18.8、残高9.2厘米（图八六，9）。H65:20，红褐陶。尖圆唇，沿面较宽下耷。素面。口径23.4、残高6厘米（图八六，10）。

D型　13件。唇外有叠边。依唇叠边及腹部不同分二亚型。

Da型　4件。唇外叠边较宽。依叠边下缘差异分三式。

Ⅰ式：1件。叠边下缘较厚。G2:82，灰褐陶。敛口，尖圆唇，弧腹。素面，腹中部横置对称的带圆形按窝的堆纹状鋬一对。口径28、残高7.2厘米（图八七，1）。

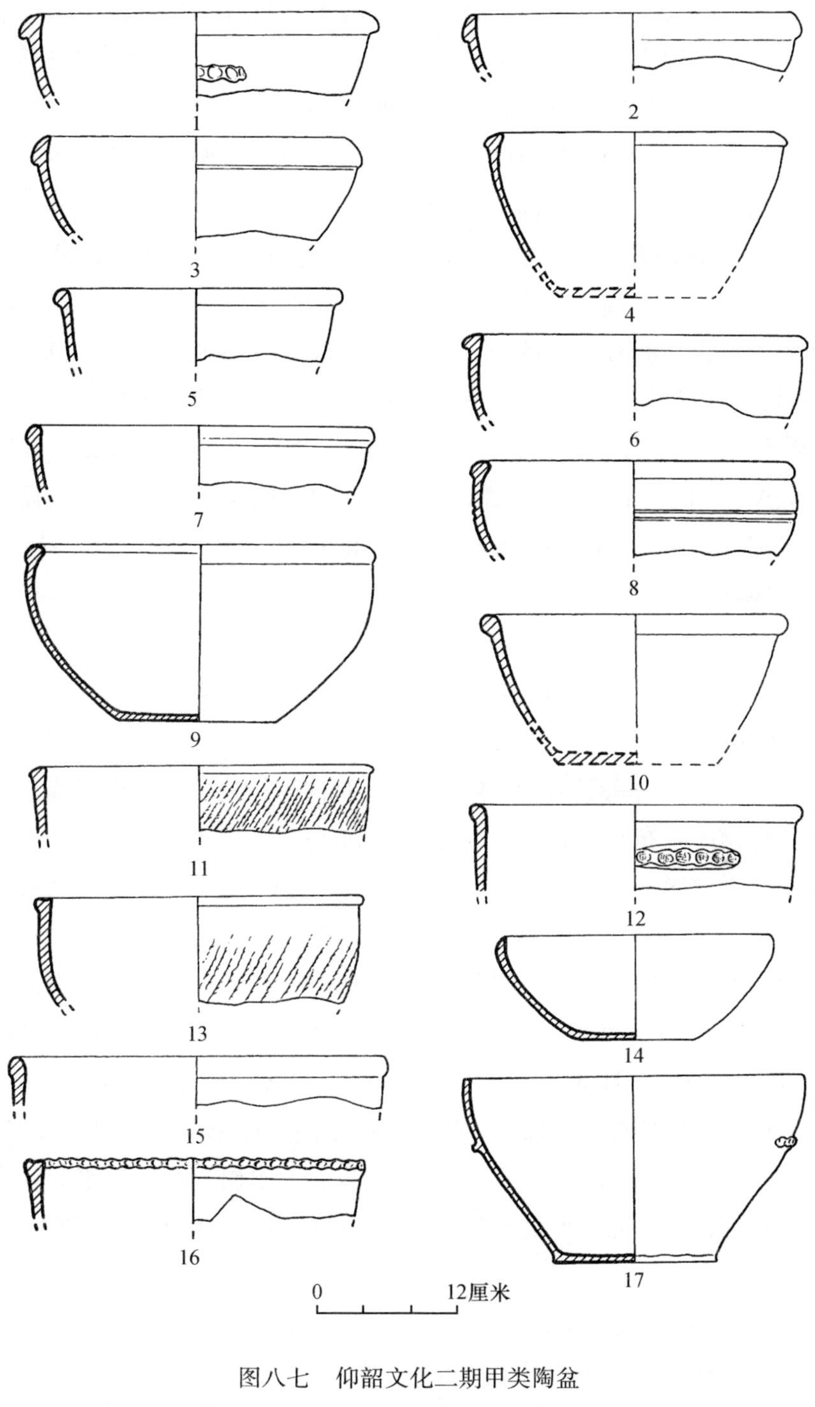

图八七　仰韶文化二期甲类陶盆

1. DaⅠ式（G2∶82）　2、3. DaⅡ式（H23∶3、H18∶8）　4. DaⅢ式（H2∶45）　5～10. Db型（G3∶10、G2∶83、H5∶1、H16∶7、H5∶2、H2∶46）　11～17. E型（G2∶85、H8∶27、G2∶84、H65∶2、H31∶3、H65∶21、H22∶1）

Ⅱ式：2件。叠边下缘稍薄。H23∶3，红褐陶。敛口，圆唇，弧腹。素面。口径27.8、残高5厘米（图八七，2）。H18∶8，红褐陶。敛口，尖圆唇，唇外叠边下部略有折痕，浅弧腹。素面。口径25.8、残高8.6厘米（图八七，3）。

Ⅲ式：1件。叠边下缘较薄。H2∶45，红褐陶。敛口，圆唇，叠边较平，斜直腹微弧，平底。素面。口径25.6、残高12厘米（图八七，4）。

Db型　9件。唇外叠边较窄。G3∶10，灰褐陶。直口，厚圆唇，叠边圆鼓，斜直腹。素面。口径24.4、残高6厘米（图八七，5）。G2∶83，灰褐陶。直口微敛，尖圆唇，叠边较厚，弧腹。素面。口径28.8、残高7厘米（图八七，6）。H5∶1，红褐陶。直口，厚圆唇，叠边弧鼓，腹微弧。素面。口径27.8、残高5.6厘米（图八七，7）。H16∶7，灰褐陶。敛口，厚圆唇，唇外叠边圆鼓，弧腹。腹饰二周旋纹。口径26、残高7.8厘米（图八七，8）。H5∶2，红褐陶。敛口，方唇圆钝，唇外叠边弧鼓，弧腹向下斜直内收，平底。素面。口径28、底径13.6、高15.2厘米（图八七，9）。H2∶46，红褐陶。敞口，厚圆唇，唇外叠边圆鼓，斜直腹。素面。口径26.8、残高9.4厘米（图八七，10）。

E型　7件。直口或敛口，唇多微外鼓。G2∶85，灰褐陶。直口，宽方唇圆钝，唇微外鼓，直腹下微内收。腹饰左斜线纹。口径28、残高5.8厘米（图八七，11）。H8∶27，红褐陶。直口，厚圆唇，唇微外鼓，直腹向下微内收。上腹附横置微上弧的鸡冠状錾，錾面按窝内有布纹。素面。口径28、残高7.2厘米（图八七，12）。G2∶84，灰褐陶。直口，平方唇，唇面有一周浅凹槽，唇微外鼓，上腹近直，下腹弧内收。腹饰左斜线纹。口径28、残高9.4厘米（图八七，13）。H65∶2，红褐陶。敛口，尖圆唇，弧腹向下斜直内收，平底。素面。口径23.2、底径10.2、高9厘米（图八七，14；图版一二，1）。H31∶3，红褐陶。直口，厚圆唇，唇微外鼓，直腹。素面。口径32、残高4.6厘米（图八七，15）。H65∶21，红褐陶。直口微敛，宽方唇，唇面有一周凹槽，唇略外鼓，斜直腹。唇内外缘分别饰斜点状花边。素面。口径28、残高5厘米（图八七，16）。H22∶1，红褐陶。直口，平方唇，上腹略弧，下腹斜直内收，平底，底部外凸一周。上腹附对称的横置浅泥条形錾一对。素面。口径28.2、底径13、高16厘米（图八七，17；图版一二，2）。

乙类　991件。泥质或细泥质，多红陶，其次为红褐陶，少量黄陶、灰褐陶及黑陶，有一部分为彩陶。依口部不同分六型。

A型　41件。侈口，翻沿。依唇部，口、腹径之比，以及腹部等差异分为五式。

Ⅰ式：3件。两件唇部甚厚，口径均明显小于腹径，最大腹径在腹上部，鼓腹，器形大。Z1∶1，泥质红陶。圆唇，微束颈，圆鼓腹。素面，唇部饰一周黑彩窄带纹。口径26、残高14厘米（图八八，2）。Z1∶2，泥质红陶。宽厚圆唇，唇下一周浅凹槽，微束颈，鼓腹。素面，唇外饰一周黑彩窄带纹。口径34、残高5.6厘米（图八八，1）。Z1∶3，泥质红褐陶。甚厚圆唇，沿内面微有折痕，扁鼓腹。沿内面及器表磨光，唇中上部饰一周黑彩窄带纹。口径37.6、残高12.2厘米（图八八，4）。

Ⅱ式：9件。唇部较厚，口径稍小于腹径，最大腹径偏上腹部，鼓腹，器形较大。H90∶2，泥质黄陶。斜方唇圆钝，微束颈，鼓腹。沿内面及器表磨光，唇部饰一周黑彩窄带纹。口径28.3、残高5.8厘米（图八八，3）。H90∶3，泥质红褐陶。斜方唇圆钝，唇中部微折，沿外有折痕。沿内面上部因叠烧而呈灰色，器表磨光，唇部饰黑彩窄带纹。口径28、残高5.2厘米（图八八，5）。H90∶4，泥质红陶。厚圆唇，微束颈，鼓腹。唇部饰一周黑彩窄带纹，腹部素面。口径24.4、残高6厘米（图八八，6）。

Ⅲ式：16件。唇部稍薄，口径约等于腹径，弧腹，最大腹径下移，腹中部微显折痕，有的器形变小。G2∶1，泥质黄陶。厚圆唇，沿外略显折痕，上腹微弧，下腹斜直内收，小平底。沿内面及器表磨光，唇部及沿内面顶部饰一周黑彩窄带纹。口径18.9、底径6.9、高10.2厘米（图八八，11；彩版一三，1）。G2∶2，泥质黄陶。圆唇，沿外稍显折痕，上腹弧，下腹斜直内收，小平底。素面，唇部及沿内面顶部饰黑彩窄带纹。口径19.2、底径7.5、高8.8厘米（图八八，8；彩版一三，2）。G2∶8，泥质红陶。圆唇，唇下缘起折痕，微束颈，弧腹。素面，唇部及沿面顶部饰黑彩窄带纹。口径27.2、残高4.8厘米（图八八，10）。G2∶9，泥质黄陶。圆唇，微束颈，圆弧腹。沿内面及器表磨光，唇部及沿内面顶部饰黑彩窄带纹。口径25.6、残高6.8厘米（图八八，9）。G2∶10，泥质黄陶，内面红色。圆唇，束颈，圆鼓腹。沿内面及器表磨光，唇部及沿内面顶部饰一周黑彩窄带纹，腹部饰黑彩弧线、弧线三角和圆点纹。口径26.8、残高6.8厘米（图八八，7）。

Ⅳ式：6件。唇部较薄，口径稍大于腹径，微弧腹。H6∶1，泥质红陶。圆唇，沿外微折，浅弧腹。沿内面及器表磨光，唇部及沿内面上部饰黑彩窄带纹。口径26、残高5.2厘米（图八八，12）。H6∶2，泥质红陶。方唇圆钝，微束颈。沿内面及器表磨光，唇部及沿内面上部饰黑彩窄带纹。口径22、残高5.2厘米（图八八，13）。H14∶7，细泥黄陶。圆唇，沿内面起折棱，窄束颈，口沿较厚而腹壁较薄。素面。口径19.6、残高4.6厘米（图八八，14）。H66∶1，泥质红陶。厚圆唇，微束颈。沿内面及器表磨光，唇部及沿内面上部饰一周黑彩窄带纹。口径23.2、残高4.8厘米（图八八，15）。

Ⅴ式：7件。薄唇，口径明显大于腹径，腹近直。H8∶5，泥质红褐陶。尖圆唇，沿面较宽。器表磨光。口径24.4、残高5.6厘米（图八八，16）。H8∶6，泥质红陶。圆唇，沿面较宽。沿内面及器表磨光，唇部及沿内面上部饰黑彩窄带纹。口径23.6、残高5.7厘米（图八八，18）。H8∶7，泥质红陶。圆唇，沿内略显折棱残片腹部有一自外

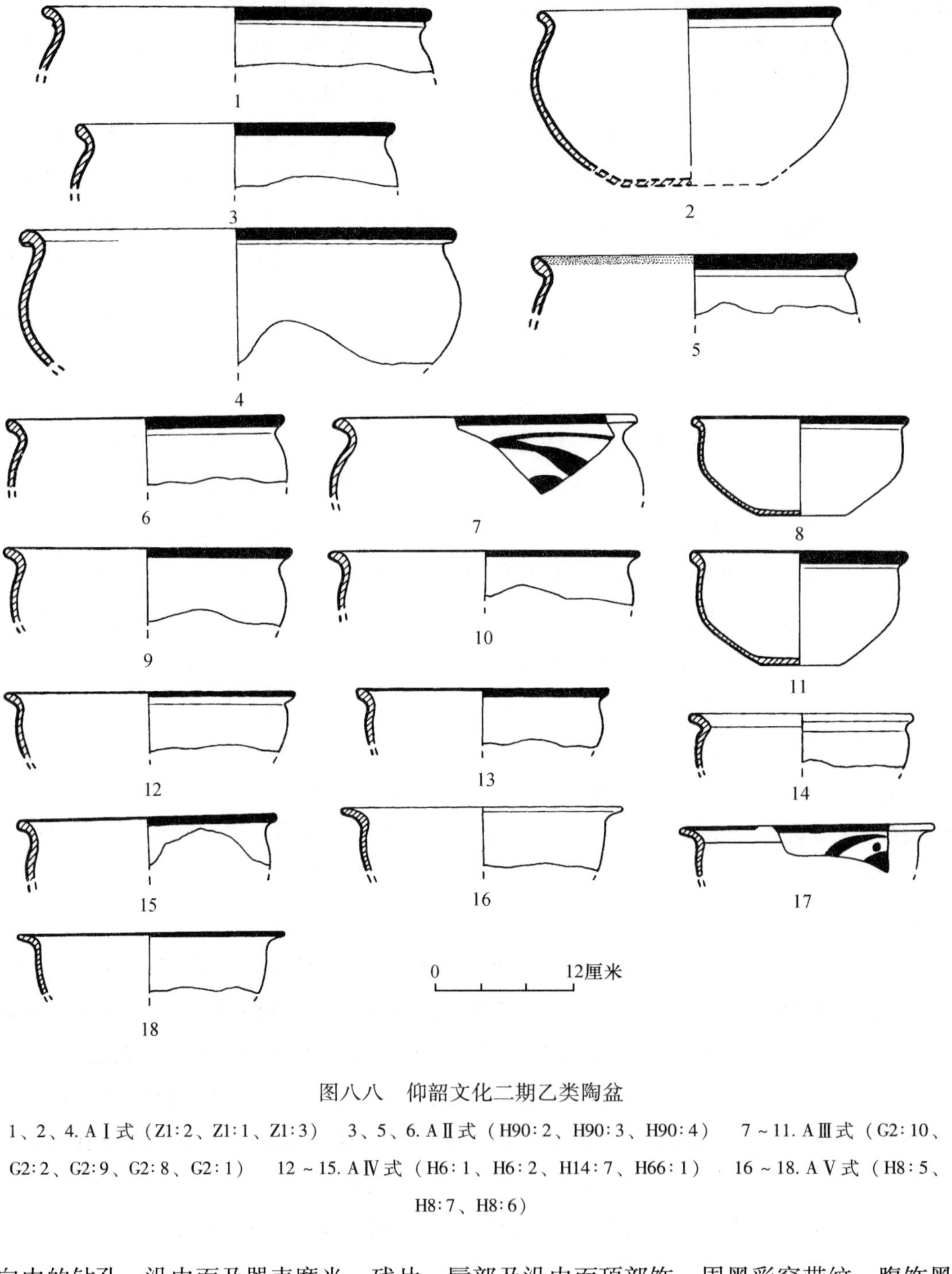

图八八　仰韶文化二期乙类陶盆

1、2、4. AⅠ式（Z1∶2、Z1∶1、Z1∶3）　3、5、6. AⅡ式（H90∶2、H90∶3、H90∶4）　7～11. AⅢ式（G2∶10、G2∶2、G2∶9、G2∶8、G2∶1）　12～15. AⅣ式（H6∶1、H6∶2、H14∶7、H66∶1）　16～18. AⅤ式（H8∶5、H8∶7、H8∶6）

向内的钻孔。沿内面及器表磨光、残片，唇部及沿内面顶部饰一周黑彩窄带纹，腹饰黑彩弧边三角纹。口径22、残高4.1厘米（图八八，17）。

B型　655件。卷沿，侈口或微侈口，沿内有锐小折棱。大多为彩陶。依盆腹深浅不同分两亚型。

Ba 型　350 件。深曲腹，口、腹部多饰彩。本亚型成熟器形即通常所谓的卷沿曲腹盆。依唇部，沿部及腹部差异分五式。

Ⅰ式：12 件。唇部甚厚，沿仰高，腹上部近直，腹径明显小于口径。H90∶5，泥质黄陶。圆唇，束颈。素面。口径 31、残高 5.2 厘米（图八九，1）。H90∶6，泥质红褐陶。圆唇，束颈。沿内面及器表磨光，唇中上部及沿内面饰黑彩窄带纹和平行线纹，其中沿中部者稍窄，余者较宽。口径 27.8、残高 4.2 厘米（图八九，2）。

Ⅱ式：172 件。唇部较厚，沿面稍矮，上腹微鼓，下腹内收，底较大，腹径稍小于口径。G2∶11，泥质红陶。圆唇。口沿内面及器表磨光，唇部及沿内面顶部饰窄带纹，腹饰弧边三角纹与斜线加圆点纹，均黑彩。口径 26.4、残高 8.4 厘米（图八九，3）。H49∶2，泥质红陶。圆唇。沿内面及器表磨光，唇部饰窄带纹，沿内面上部饰垂弧纹，鼓腹部分窄带纹以上饰由双侧弧纹和上下相错对的弧边三角纹构成的连弧纹，弧边三角

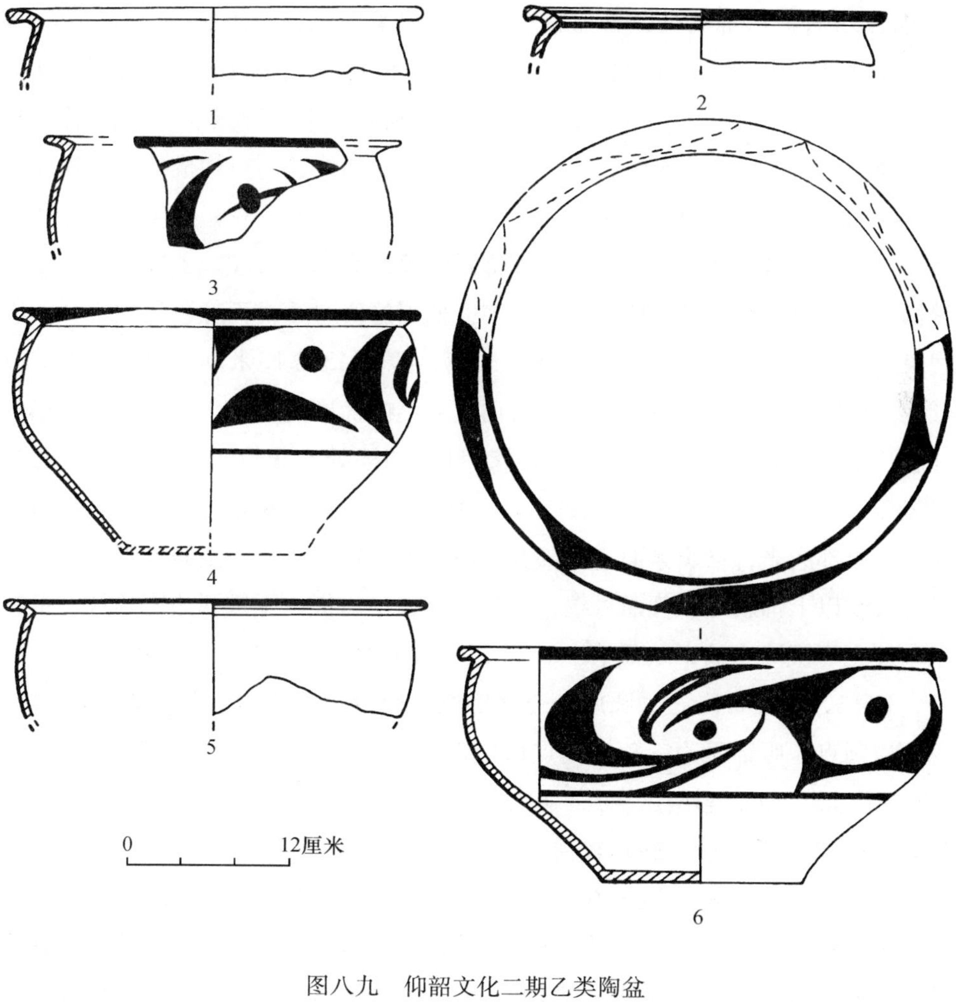

图八九　仰韶文化二期乙类陶盆

1、2. BaⅠ式（H90∶5、H90∶6）　3～6. BaⅡ式（G2∶11、H49∶2、G2∶12、H09∶1）

纹与侧弧纹之间缀以圆点，以上花纹均为黑彩，据形制、纹饰相似的完整器物庙底沟遗址[1] A10d 盆（H379∶86）推测，上述纹饰也可能为以回旋勾连纹为主体构成的彩纹的一部分。口径 30、残高 17 厘米（图八九，4）。G2∶12，泥质红陶。圆唇。沿内面及器表磨光，唇上部及沿内面上部饰黑彩窄带纹。口径 31.6、残高 8.5 厘米（图八九，5）。H09∶1，泥质红陶。圆唇下卷，下腹凹内收，平底。沿内面及器表磨光，唇部饰窄带纹，沿内面上部为一列垂弧纹，下部为一列反弧纹与垂弧纹相咬；窄带纹以上鼓腹部分饰回旋勾连纹，回旋勾连纹主要由中有一圆点和未封闭的圆圈、两对挂钩构成，挂钩中填以圆点，在挂钩之外再加一侧弧纹，侧弧纹与未封闭的圆圈两侧分别饰以上、下相反的弧边三角纹，以上花纹以一在其中部和顶部缀以圆点的斜线划分为单元，据残存部分推测，整个花纹共两个单元，皆为黑彩。口径 36.4、底径 15.2、高 17.6 厘米（图八九，6；彩版一三，3）。

Ⅲ式：139 件。唇部略薄，沿面较矮，鼓腹向下内收，小平底，口径约等于腹径。H6∶6，泥质黑陶。圆唇，腹圆鼓，稍显矮扁。口沿内面及器表磨光。口径 24、残高 10.8 厘米（图九〇，1）。H14∶8，泥质黄陶。尖圆唇，上腹弧鼓。口沿内面及器表磨光，唇部及沿内面顶部饰窄带纹，腹部饰弧边三角、弧线、圆点构成的回旋勾连纹，均黑彩。口径 32、残高 7.6 厘米（图九〇，2；彩版二一，4 下右）。H16∶4，泥质红陶。尖圆唇。沿内面及器表磨光，沿内面顶部饰垂弧纹，腹部窄带纹之上饰弧边三角纹与三条弧线构成的花纹，均黑彩，腹部纹样草率，似因施彩时重描而颜色深浅不一，边部有虚笔现象，且将花纹绘至沿下部。口径约 30.8、残高 13.8 厘米（图九〇，3）。H6∶4，泥质红陶。圆唇，腹中部微折，下腹斜直内收。沿内面磨光，饰黑彩垂弧纹和相咬的反弧纹，腹折处饰一周带绳切状按窝的堆纹，堆纹凹陷处有布纹，堆纹以上饰稠密的旋纹。口径 20、残高 8.4 厘米（图九〇，4）。H22∶22，细泥黄陶。圆唇，上腹扁鼓。口沿内面及上腹部磨光，下腹素面，唇部及沿内面上部饰窄带纹，上腹中部饰二周平行线纹，平行线纹以上饰新月状侧面鸟纹，凹弧朝上，平行线以下饰弧边三角纹，平行线上对应于鸟纹之下缀圆点纹，均黑彩。口径 31.2、残高 12.2 厘米（图九〇，5；彩版一三，4）。H6∶3，泥质黄陶。尖圆唇。通体磨光，唇部饰窄带纹，沿面饰垂弧纹，垂弧纹之间缀以圆点，腹饰弧边三角、圆点构成的回旋勾连纹，均黑彩。口径 34.6、残高 8.2 厘米（图九〇，6；彩版二一，4 上右）。

Ⅳ式：12 件。近平沿，唇部较薄，上腹较鼓，下腹内收，腹径略大于口径，底较小。H2∶1，泥质黄陶。圆唇微下耷，小平底。口沿内面及器表磨光，唇上部及沿内面中部以上饰窄带纹，上腹饰一周两个单元组成的宽彩纹带，每个单元纹饰皆由两个相向的侧弧纹和两个弧边三角纹构成，侧弧纹内侧加一条弧线，而两端则缀以圆点，弧边三角置于侧弧纹两侧，整个彩纹带下部封以直线并缀圆点纹，侧弧纹、弧边三角纹均与直

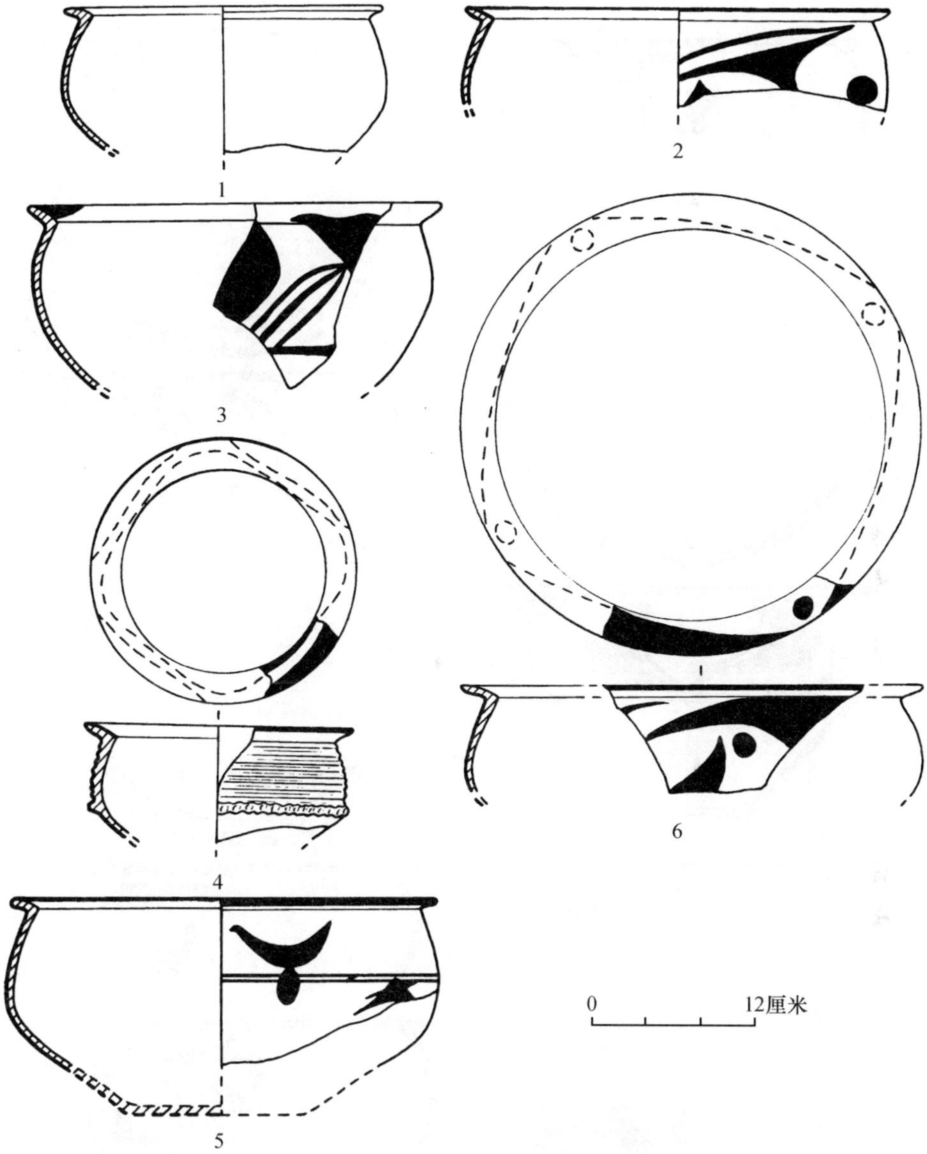

图九〇 仰韶文化二期乙类陶盆

1～6. BaⅢ式（H6:6、H14:8、H16:4、H6:4、H22:22、H6:3）

线上的圆点相连接，皆黑彩。口径34、底径11.9、高20.8厘米（图九一，3；彩版一三，5）。H2:14，泥质黄陶。圆唇下垂，微显束颈。口沿内面及器表磨光，唇上部及沿内面上部饰窄带纹，腹饰弧边三角和侧弧构成的图案，均褐彩。口径31.2、残高8.4厘米（图九一，1；彩版二一，1下右）。H2:15，泥质灰褐陶。圆唇下垂，口部及内壁慢轮修整痕清晰。口沿内面及器表磨光，唇部饰窄带纹，沿面绘垂弧纹与相咬的弧

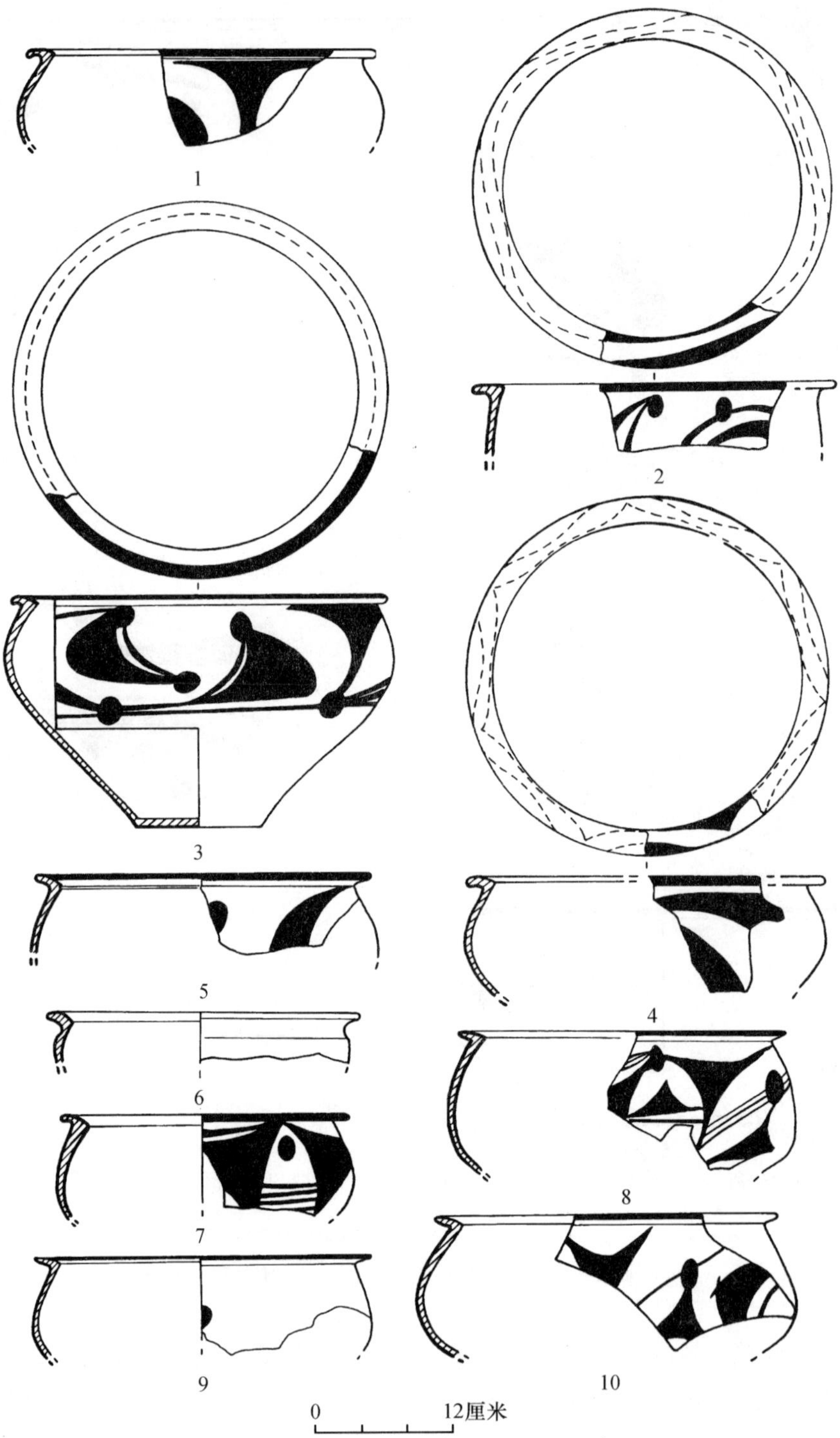

图九一　仰韶文化二期乙类陶盆

1～5. BaⅣ式（H2∶14、T03⑫∶2、H2∶1、H2∶15、H3∶15）　6～10. BaⅤ式（H21∶8、H21∶7、H21∶4、H21∶5、H21∶6）

边三角纹，腹饰弧边三角和侧弧纹，均黑彩，因陶色为灰色，彩纹较暗，对比不明显。口径32、残高10.4厘米（图九一，4）。T03⑫:2，泥质黄陶。圆唇，平沿，上腹近直。口沿内面及器表磨光，唇部饰窄带纹，沿内面饰垂弧纹与弧边三角纹，腹饰弧线、弧边三角并缀圆点构成回旋勾连纹，均黑彩。口径32、残高6.4厘米（图九一，2；彩版二一，1下左）。H3:15，泥质红陶。圆唇，沿内折痕下有一周凹槽。口沿内面及器表磨光，唇部及沿面上部饰黑彩窄带纹，腹饰黑彩侧弧纹与圆点纹，据与之形制相仿的完整器物庙底沟遗址[2]A10d盆（H379:86）判断，其也应为回旋勾连纹附属纹饰的一部分。口径30.2、残高7.2厘米（图九一，5）。

Ⅴ式：15件。约平沿，薄唇，上腹外鼓，下腹内收较甚，腹径明显大于口径，小底。H21:4，细泥黄陶。尖圆唇，沿内有锐折棱，上腹较鼓而略显下垂，下腹凹收。口沿内面及器表磨光，唇部绘窄带纹，腹部一周直线纹之上是上、下错对的弧边三角纹，相接处缀以圆点，其间区域填以横直线和一边为直边的弧边三角纹，两侧以中部缀有圆点的三斜线划分单元，均黑彩。口径29.2、残高12.4厘米（图九一，8）。H21:5，泥质黄陶。尖圆唇。通体磨光，唇及沿内面中上部饰窄带纹，腹部饰圆点纹，均黑彩。口径30.8、残高8.8厘米（图九一，9）。H21:6，泥质黄陶。窄圆唇，沿外中部略鼓。口沿内面及器表磨光，唇部及沿内面上部饰窄带纹，腹饰弧边三角纹、侧弧纹、弧线纹与缀以竖椭圆形点的斜线纹，侧弧纹凸鼓处起笔延伸呈交叉状，均黑彩。据形制相仿的完整器形庙底沟遗址[3]A10f盆（H59:29）推测，上述腹部纹饰当属回旋勾连纹附属纹样的一部分，斜线用以划分单元，其左侧应有火焰纹。口径30.2、残高12厘米（图九一，10）。H21:7，泥质黄陶。窄圆唇微下奁，沿及腹上部胎壁甚厚，腹下部则极薄。口沿内面及器表磨光，唇部饰窄带纹，腹饰弧边三角纹、弧线纹，在两弧边三角纹相连对形成的区域内上部绘圆点而下部则填以至少四道平行线纹，均黑彩。口径26、残高9厘米（图九一，7）。H21:8，泥质红陶。圆唇，微束颈。素面。口径28、残高4.2厘米（图九一，6）。

Bb型　305件。浅弧腹，多在沿内面饰彩，而腹部素面无纹。依沿与腹部差异分五式。

Ⅰ式：17件。沿与腹间夹角较大，沿面稍上仰。H90:7，泥质红陶。小方唇。沿内面磨光，饰黑彩垂弧纹，腹部素面。口径25.6、残高5.8厘米（图九二，1）。

Ⅱ式：164件。沿与腹间夹角稍小，沿面稍低。G3:1，泥质黄陶。小圆唇，平底。沿内面磨光，饰黑彩垂弧及与之相咬的弧边三角纹，腹部素面。口径30、底径13.2、高9.9厘米（图九二，2；彩版一四，1、2）。G2:13，泥质红陶。圆唇，内折棱明显。器内、外壁涂一层泥浆并磨光。口径25、残高8.8厘米（图九二，4）。H65:4，泥质红陶。尖圆唇，小平底。沿内面磨光，唇面饰黑彩窄带纹，沿面饰垂弧纹，腹部素面。口

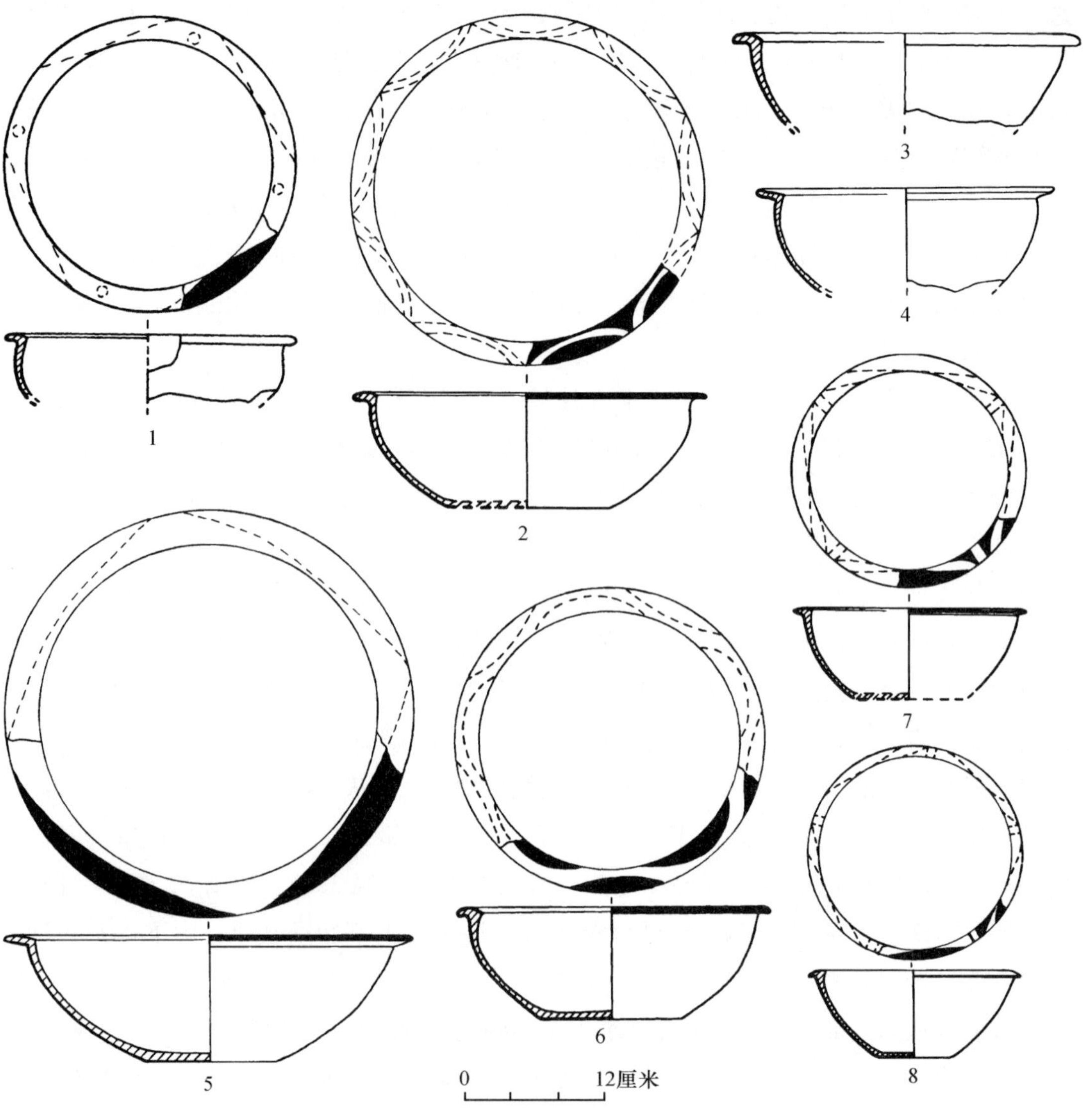

图九二　仰韶文化二期乙类陶盆

1. BbⅠ式（H90∶7）　2、4、5. BbⅡ式（G3∶1、G2∶13、H65∶4）　3、6～8. BbⅢ式（H6∶5、H22∶23、H22∶16、H22∶13）

径34.8、底径10.8、高11厘米（图九二，5）。

Ⅲ式：100件。沿与腹间夹角较小，沿面稍平，腹近斜直。H22∶15，细泥黄陶。胎甚薄，器形精致，口微敛，尖圆唇，斜直腹内收，小平底。沿内面磨光，余处素面。唇部饰甚窄的窄带纹，沿内面饰垂弧纹及与之相咬的反弧纹，均黑彩。口径20.8、底径8.1、高8.4厘米（图九三，1；彩版一四，3、4）。H16∶5，泥质红陶。圆唇，浅腹微弧。素面。口径31.8、残高5.9厘米（图九三，2）。H14∶9，泥质红褐陶。圆唇，微束

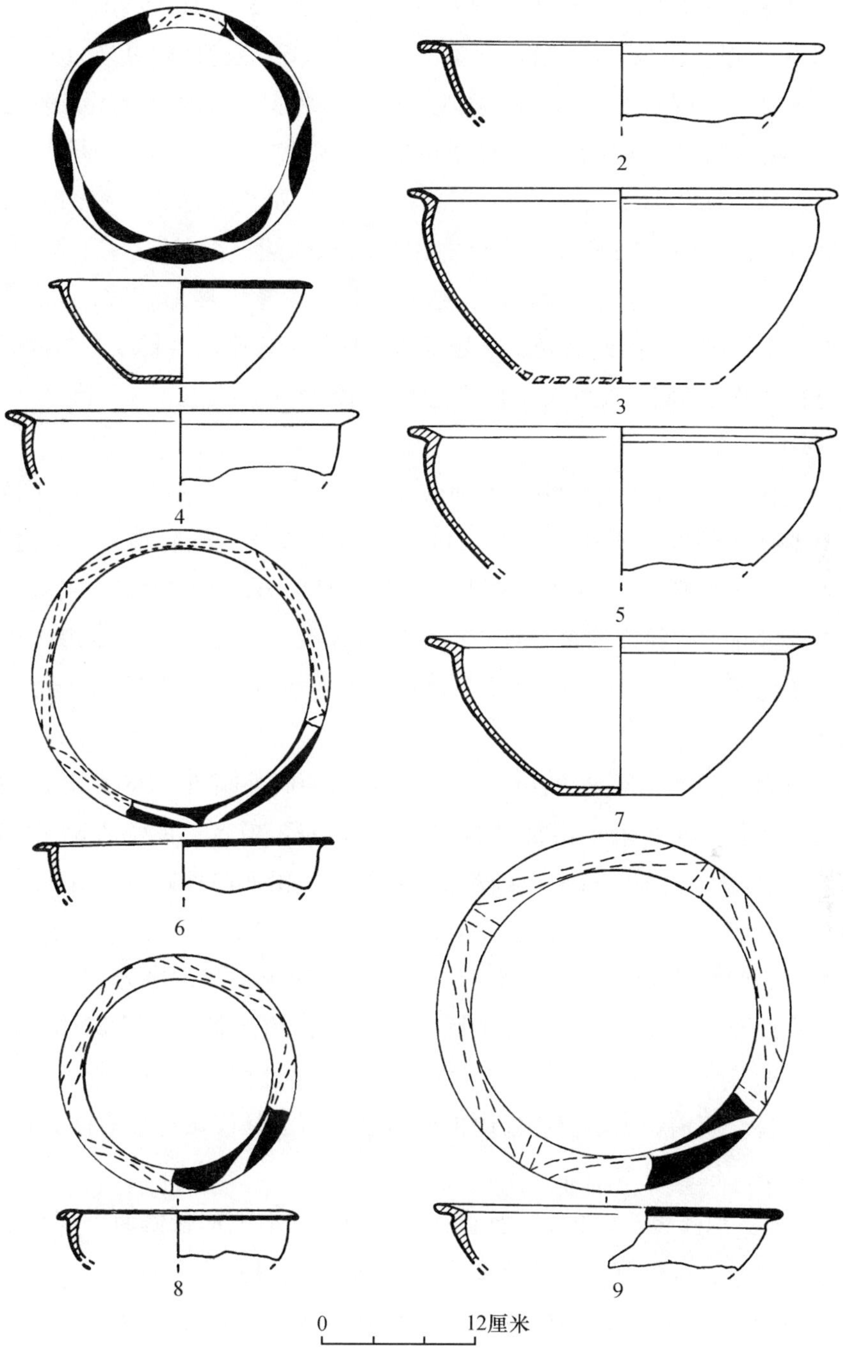

图九三 仰韶文化二期乙类陶盆

1～3. BbⅢ式（H22∶15、H16∶5、H14∶9） 4～6. BbⅣ式（T03⑫∶3、H8∶10、H2∶16）

7～9. BbⅤ式（H8∶17、H21∶9、H8∶8）

颈，平底。素面。口径33.6、残高14.2厘米（图九三，3）。H6:5，泥质红陶。圆唇微下耷，沿部壁较厚，下腹部薄胎。素面。口径29.6、残高8厘米（图九二，3）。H22:23，细泥黄陶。圆唇微下耷，腹微弧近直，小平底。沿内面及器表磨光，唇部饰黑彩窄带纹，沿内面饰黑彩垂弧纹及与之相咬的反弧纹。口径26、底径12、高9.6厘米（图九二，6）。H22:16，细泥黄陶。尖唇，平底。沿内面磨光，腹部素面。唇部涂成甚窄的窄带纹，沿内面饰垂弧纹及与之相咬的双弧边三角纹，均黑彩。口径19.8、残高8.2厘米（图九二，7）。H22:13，细泥黄陶。薄壁，器形精致，尖唇，口微敛，微弧腹近直，小平底。沿内面磨光，余处素面，唇部饰极窄的窄带纹，沿内面饰垂弧纹与相咬的短直线纹和弧边三角纹，均黑彩。口径18.6、底径6.5、高7.6厘米（图九二，8；彩版一三，6）。

Ⅳ式：9件。沿与腹间夹角小，沿面较平。T03⑫:3，泥质红褐陶。圆唇。素面。口径28、残高5.2厘米（图九三，4）。H8:10，泥质黄陶。圆唇稍厚，沿内面有折棱。素面。口径33.6、残高11.2厘米（图九三，5）。H2:16，泥质黄陶。尖圆唇。口沿内面磨光，腹部素面。唇部饰细窄带纹，沿面饰垂弧纹及与之相咬的弧边三角纹，均褐彩，因褐彩颜色特浅几乎与黄色相近，故彩纹不甚清晰。口径23.6、残高4.1厘米（图九三，6）。

Ⅴ式：15件。沿与腹间夹角甚小，有的器物沿面向外倾斜。H8:17，泥质黑陶。圆唇，沿面斜直较宽，小平底。沿面及器表磨光。口径30.8、底径9.8、高12.5厘米（图九三，7）。H21:9，细泥黄陶。口微敛，尖圆唇，沿面向外倾斜。沿面及器表磨光，唇部饰细窄的窄带纹，沿面饰垂弧纹及与之相咬的反弧纹，均黑彩。口径18.6、残高4厘米（图九三，8）。H8:8，泥质红褐陶。圆唇，微束颈。沿面磨光，余处素面。唇部饰窄带纹，沿面饰垂弧纹及与之相咬的弧边三角纹，均黑彩。口径27.8、残高4.8厘米（图九三，9）。

C型　77件。折沿，大多器物沿内折棱明显，而沿外仅微有折痕或无折痕，弧腹。该型器不见彩陶。依腹部差异分五式。

Ⅰ式：1件。深弧腹。H90:8，泥质红陶。圆唇，沿上部较薄而下部甚厚，折沿下有一周沟槽。素面。口径26、残高5.2厘米（图九四，1）。

Ⅱ式：50件。弧腹较深。G2:14，泥质黑陶。圆唇。沿内面及器表磨光，内壁制作时留下的刮痕明显。口径27.8、残高7.4厘米（图九四，2）。H65:1，泥质红陶。小圆唇，沿部自上而下渐厚，弧腹较斜直，平底。素面。口径30.8、底径12.8、高9.6厘米（图九四，9；彩版一四，5）。H65:6，泥质红陶。尖圆唇，沿上端极薄而下部较厚。素面。口径29.8、残高10.8厘米（图九四，13）。H65:5，泥质灰陶。圆唇，微束颈，腹较弧。素面。口径36、残高8.4厘米（图九四，14）。

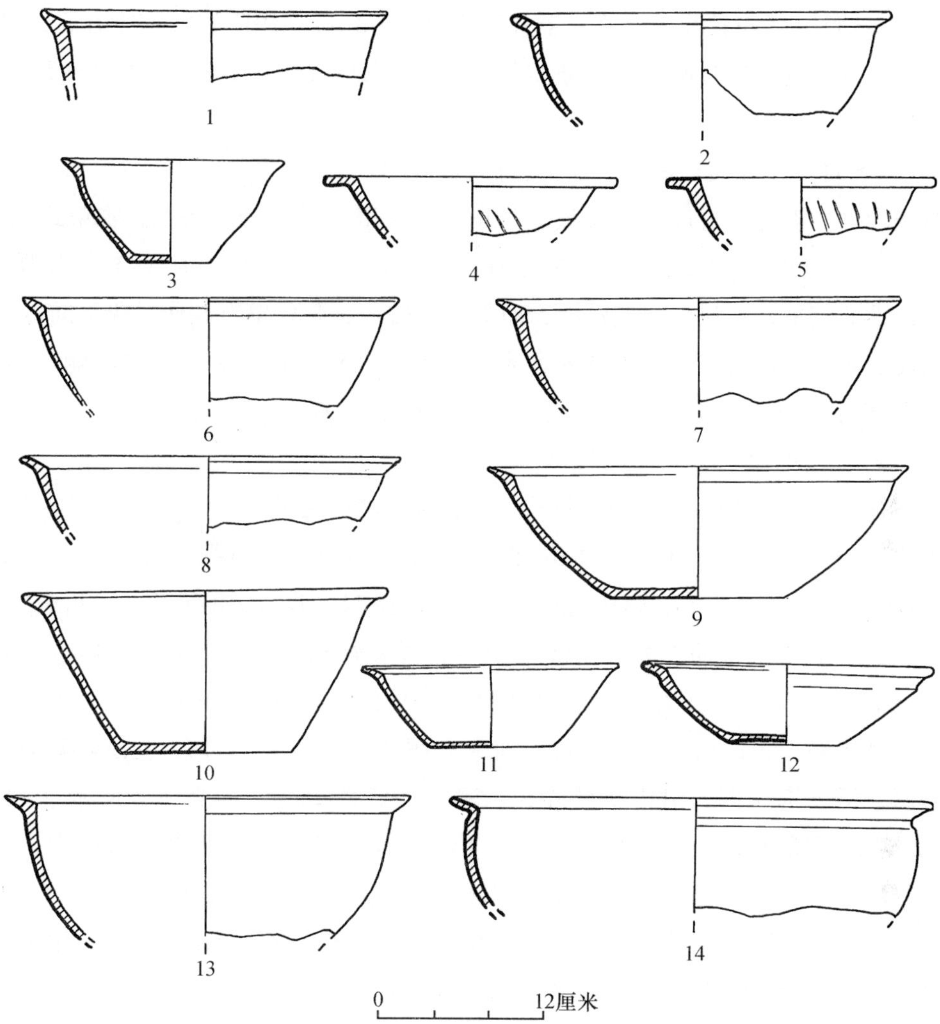

图九四　仰韶文化二期乙类陶盆

1. CⅠ式（H90:8）　2、9、13、14. CⅡ式（G2:14、H65:1、H65:6、H65:5）　3、6~8、10. CⅢ式（H22:12、H6:7、H14:10、H14:11、H89:2）　4. CⅣ式（H2:17）　5、11、12. CⅤ式（H21:10、H21:11、H8:1）

Ⅲ式：15件。弧腹稍浅，略斜直。H22:12，泥质红陶。尖圆唇，沿外无折痕，上腹微微外鼓，下腹斜收微凹，平底。素面。口径16.7、底径6、高7.6厘米（图九四，3；图版一二，3）。H6:7，泥质红陶。尖圆唇，下腹壁甚薄，壁厚仅约0.3厘米。素面。口径27.6、残高8.2厘米（图九四，6）。H14:10，泥质红陶。大敞口，尖圆唇，沿面上端极薄而下端较厚。素面。口径29.6、残高7.6厘米（图九四，7）。H14:11，泥质红褐陶。圆唇，沿下端及腹壁上部甚厚。素面。口径28、残高5.4厘米（图九四，8）。H89:2，泥质红陶。厚圆唇，斜直腹，平底。素面，沿面轮旋痕明显。口径27、底径 12.6、高 12 厘米（图九四，10；图版一二，4）。

Ⅳ式：3 件。弧腹较浅近斜直，器体稍低矮。H2∶17，泥质红陶。厚方唇，沿面宽平，腹外壁有少量制作时留下的斜条状切刮痕。素面。口径 21.8、残高 4.3 厘米（图九四，4）。

Ⅴ式：8 件。浅弧腹近斜直，器体较低矮。H8∶1，泥质灰陶。厚圆唇，沿内面上部有一周浅沟槽，沿外无折痕，略束颈，浅腹斜直，微凹底。器表磨光，唯束颈处素面。口径 21.5、底径 8、高 5.9 厘米（图九四，12；图版一三，1）。H21∶10，泥质红陶。厚方唇，沿面宽平，近口部腹壁较厚，而下腹壁较薄，腹外壁有制作时留下的多道斜条状切刮痕。素面。口径 20、残高 4.4 厘米（图九四，5）。H21∶11，泥质红陶。小方唇，沿内面上部有一周浅沟槽，沿外无折痕，较大平底。素面。口径 19.2、底径 9.5、高 6.1 厘米（图九四，11；彩版一四，6）。

D 型　26 件。小卷沿，沿内有折棱。依腹部差异分五式。

Ⅰ式：1 件。深弧腹近直。H90∶9，泥质红褐陶。厚圆唇，唇下部略起棱，沿下部为制作时翻卷沿而留下的空心，弧腹近直。素面。口径 32、残高 5.8 厘米（图九五，1）。

Ⅱ式：14 件。弧腹向下微收稍浅。G3∶4，泥质红褐陶。直口，扁圆唇。素面。口径 20、残高 5.6 厘米（图九五，2）。G2∶15，泥质红陶。直口，小圆唇，弧腹近直。口沿内面及器表磨光。口径 23.2、残高 4 厘米（图九五，4）。G2∶16，泥质红褐陶。口微敛，圆唇，沿下部微凹，沿内折棱较锐。素面。口径 25.6、残高 7.2 厘米（图九五，6）。G2∶17，泥质红陶。微敛口，厚圆唇，沿内微有折棱。沿内面及器表磨光，腹内壁上部有一周制作时留下的细沟痕。口径 32.6、残高 6.6 厘米（图九五，8）。G3∶3，泥质红褐陶。直口，圆唇，沿内折棱甚微。素面，腹上部有制作时留下的短指甲痕，呈无规律分布。口径 29.6、残高 9.6 厘米（图九五，9）。

Ⅲ式：9 件。弧腹较浅。H6∶8，泥质红褐陶。口微敛，圆唇，沿内微有折棱，微束颈，腹上部略有折痕。沿面及器表磨光。口径 32.2、残高 8.8 厘米（图九五，3）。

Ⅳ式：1 件。浅弧腹。H2∶18，泥质红陶。直口，厚圆唇，沿内无折棱。沿内面及器表磨光，唇上部及沿内面中部以上饰一周黑彩窄带纹。口径 31、残高 3.8 厘米（图九五，5）。

Ⅴ式：1 件。甚浅弧腹。H8∶11，泥质红褐陶。厚圆唇，沿内折棱甚微，沿及上腹部壁甚厚，下腹壁甚薄。沿内面及器表磨光，唇部及沿内面上部饰黑彩窄带纹。口径 31.6、残高 4.4 厘米（图九五，7）。

E 型　181 件。唇外有叠边。依口部特征、叠边宽窄不同分二亚型。

Ea 型　119 件。敛口，唇外叠边较宽而薄，该型器叠边部分有的绘彩。依叠唇下缘及腹部差异分四式。

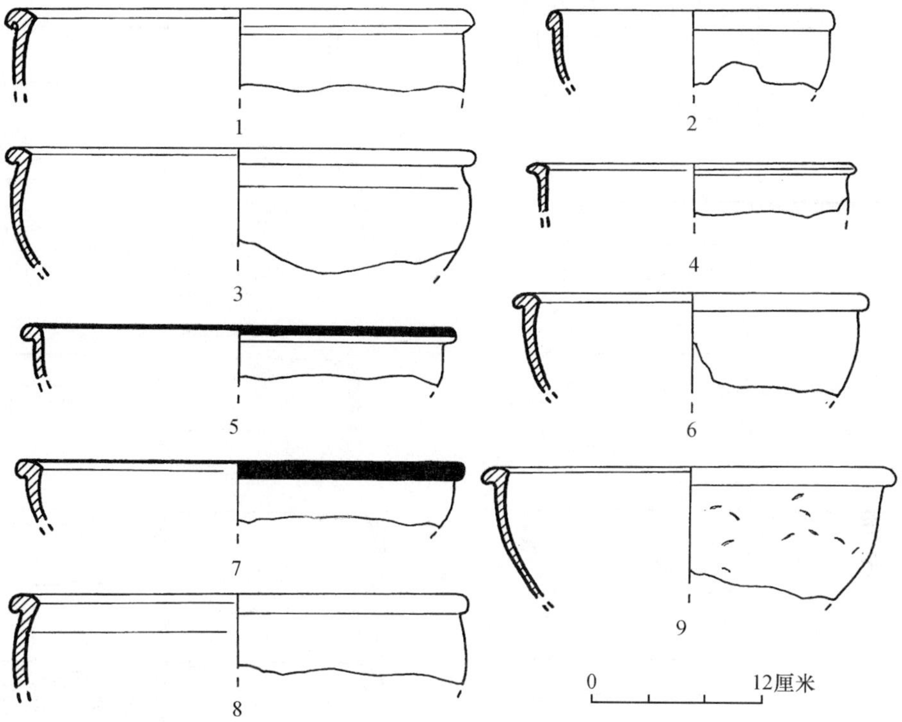

图九五 仰韶文化二期乙类陶盆

1. DⅠ式（H90:9） 2、4、6、8、9. DⅡ式（G3:4、G2:15、G2:16、G2:17、G3:3）
3. DⅢ式（H6:8） 5. DⅣ式（H2:18） 7. DⅤ式（H8:11）

Ⅰ式：63 件。唇外叠边下缘较厚，腹斜直较深。G3:5，泥质红陶。圆唇，叠边较窄厚，中部略下凹，下部折棱明显，略束颈，腹上部微有折痕。素面。口径 28、残高 9.6 厘米（图九六，1）。H84:1，泥质红陶。圆唇，叠边宽而薄。素面。口径 24、残高 7.4 厘米（图九六，2）。G2:18，泥质红陶。斜方唇，叠边下部微有折痕，叠边较宽薄。素面。口径 24、残高 6.8 厘米（图九六，3）。H09:4，泥质红褐陶。内斜方唇，叠边较宽薄，下部折痕明显，腹壁外斜。素面。口径 26、残高 7.2 厘米（图九六，4）。H65:7，泥质红陶。直口，圆唇，叠边较宽。素面。口径 30.6、残高 7.2 厘米（图九六，5）。G3:7，泥质红陶。小圆唇，口微勾敛。器表磨光。口径 31.6、残高 6.2 厘米（图九六，7）。G3:6，泥质红陶。圆唇，叠边中部下凹，下部折棱明显，下缘甚厚，略束颈，腹上部微有折痕。素面。口径 29.6、残高 10.8 厘米（图九六，11）。H49:1，泥质红陶。尖圆唇，叠边甚宽，下部略下垂，斜直腹下收。器表磨光，叠边下部饰一周窄带纹，以上饰垂弧纹及与之相咬的两边为直边、一侧为弧边的三角纹，均黑彩。口径 33.2、残高 14 厘米（图九六，15；彩版一五，1）。

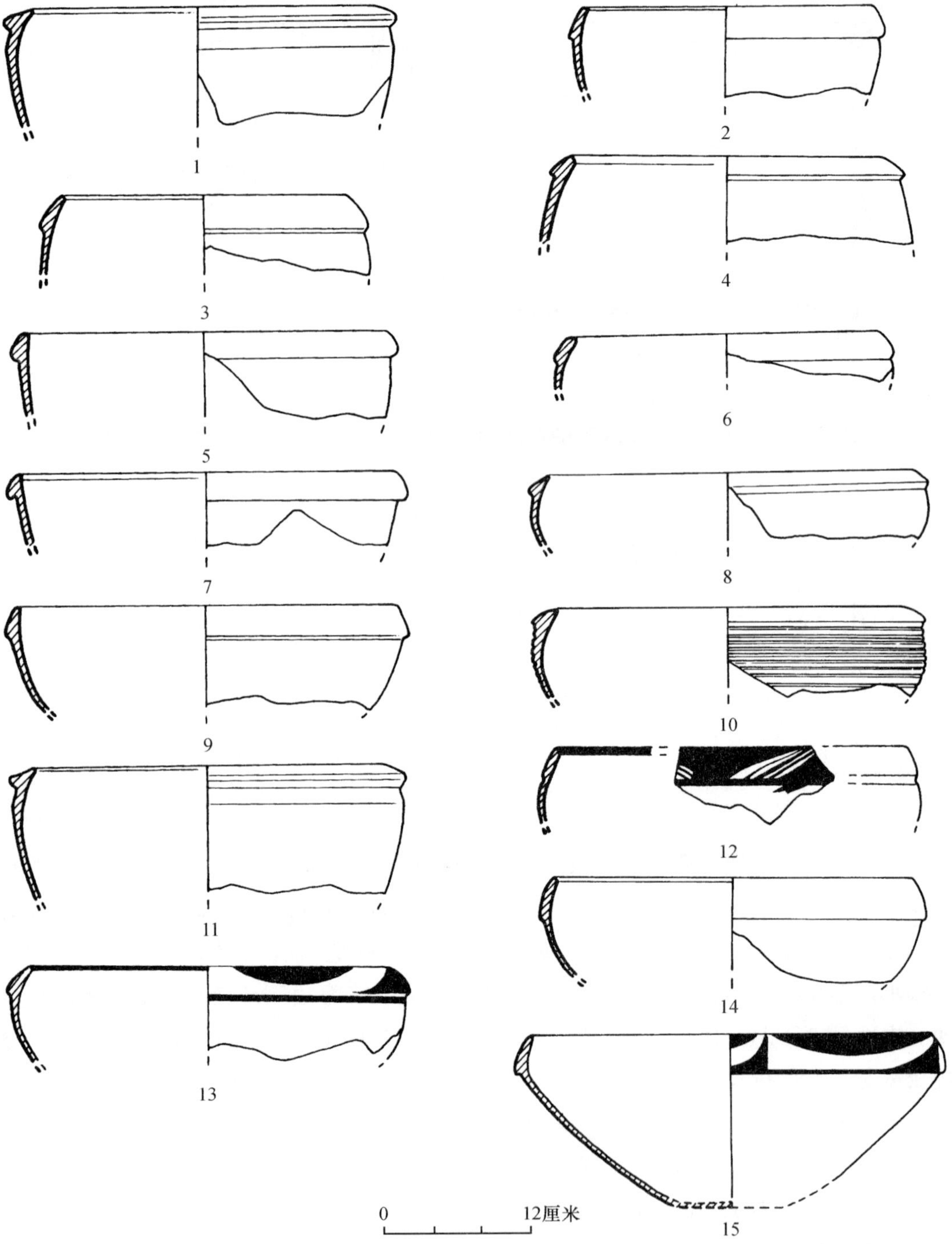

图九六　仰韶文化二期乙类陶盆

1～5、7、11、15. EaⅠ式（G3∶5、H84∶1、G2∶18、H09∶4、H65∶7、G3∶7、G3∶6、H49∶1）　6、8～10. EaⅡ式（H16∶6、H89∶5、H6∶9、H14∶12）　12、13. EaⅢ式（H2∶19、H2∶20）　14. EaⅣ式（H21∶12）

Ⅱ式：46件。唇外叠边下缘稍薄，弧腹稍浅。H16:6，泥质红陶。厚圆唇，叠边较宽。素面。口径25.6、残高4.4厘米（图九六，6）。H89:5，泥质黄陶。尖圆唇，叠边下部略有折棱。素面，内壁有制作时涂抹的一层泥浆。口径30.2、残高5.9厘米（图九六，8）。H6:9，泥质黄陶。敛口近直，圆唇，叠边较宽，中部微下凹，下部略起折棱。器表磨光。口径32、残高8.6厘米（图九六，9）。H14:12，泥质红褐陶。厚圆唇，叠边下缘下垂，口部壁较厚，下腹部壁较薄。腹上部饰数周不甚规整的旋纹。口径29、残高7.6厘米（图九六，10）。

Ⅲ式：3件。唇外叠边下缘较薄，弧腹较浅。H2:19，泥质黄陶。内斜方唇，口沿壁较宽薄，叠边下缘甚薄，叠边以下与腹之间形成一周宽浅沟槽。器表磨光。唇部及叠边下沟槽饰窄带纹，其间饰上下相咬的黑彩弧边三角纹，中空处填以斜直线纹，约呈植物叶脉状。口径约29.4、残高6.4厘米（图九六，12）。H2:20，泥质黄陶。腹壁较薄，内斜窄方唇，叠边下部略有折棱。器表磨光，唇部及叠唇与腹相接处分别饰窄带纹，其间饰垂弧纹及与之相咬的弧边三角纹，均黑彩。口径30.4、残高8厘米（图九六，13）。

Ⅳ式：7件。唇外叠边下缘甚薄，有的仅微微高出腹壁，浅弧腹。H21:12，细泥黄陶。内斜方唇，叠边宽薄。器表磨光，胎壁较薄，器形精致。口径30、残高8.8厘米（图九六，14）。

Eb型 62件。唇外叠边较窄而厚，皆素面。H31:2，泥质红陶。敛口，内斜方唇，唇中部有一周沟槽，叠边下缘略起棱，上腹弧鼓。口径30、残高5.6厘米（图九七，1）。H16:8，泥质红陶。口微敛，圆唇，叠边上部微下凹，微弧腹。口径22、残高4.8厘米（图九七，2）。H25:1，泥质黄陶。敛口，圆唇，浅弧腹。口径31、残高4.1厘米（图九七，3）。H62:10，泥质红陶。敞口，圆唇，浅弧腹较斜直，上腹横置对称的泥条状双鋬，鋬体按窝内有布纹。上腹近口部有清晰的近似浅旋纹的轮旋痕。口径26、残高5.8厘米（图九七，4）。T03⑫:4，泥质红褐陶。敞口，内斜小方唇，斜弧腹略浅，上腹斜置对称的泥条状双鋬。口径28、残高6厘米（图九七，5）。H8:14，泥质红褐陶。近直口，厚圆唇，叠边圆鼓，上腹弧曲，下腹斜直内收。口径25.4、残高9厘米（图九七，6）。G2:19，泥质红褐陶。敞口，圆唇，腹较斜直，平底。口径28、残高10.6厘米（图九七，7）。H8:12，泥质红陶。口微敛，小圆唇，叠边下部有一周浅沟痕，下缘甚厚而锐，上腹弧曲，下腹斜直内收。口径28、残高8.4厘米（图九七，8）。H89:6，泥质红褐陶。敞口，厚圆唇，微弧腹。口径30、残高9.2厘米（图九七，9）。H8:15，泥质红褐陶。敛口，厚圆唇，叠边圆鼓，弧腹，平底，上腹横置对称的泥条形双鋬，鋬体按窝宽浅而显得草率。口径31.6、残高约14厘米（图九七，10）。H8:13，泥质红陶。敛口，内斜方唇，唇下部有一周沟槽，叠边中部略凹，弧腹，平底，上腹横

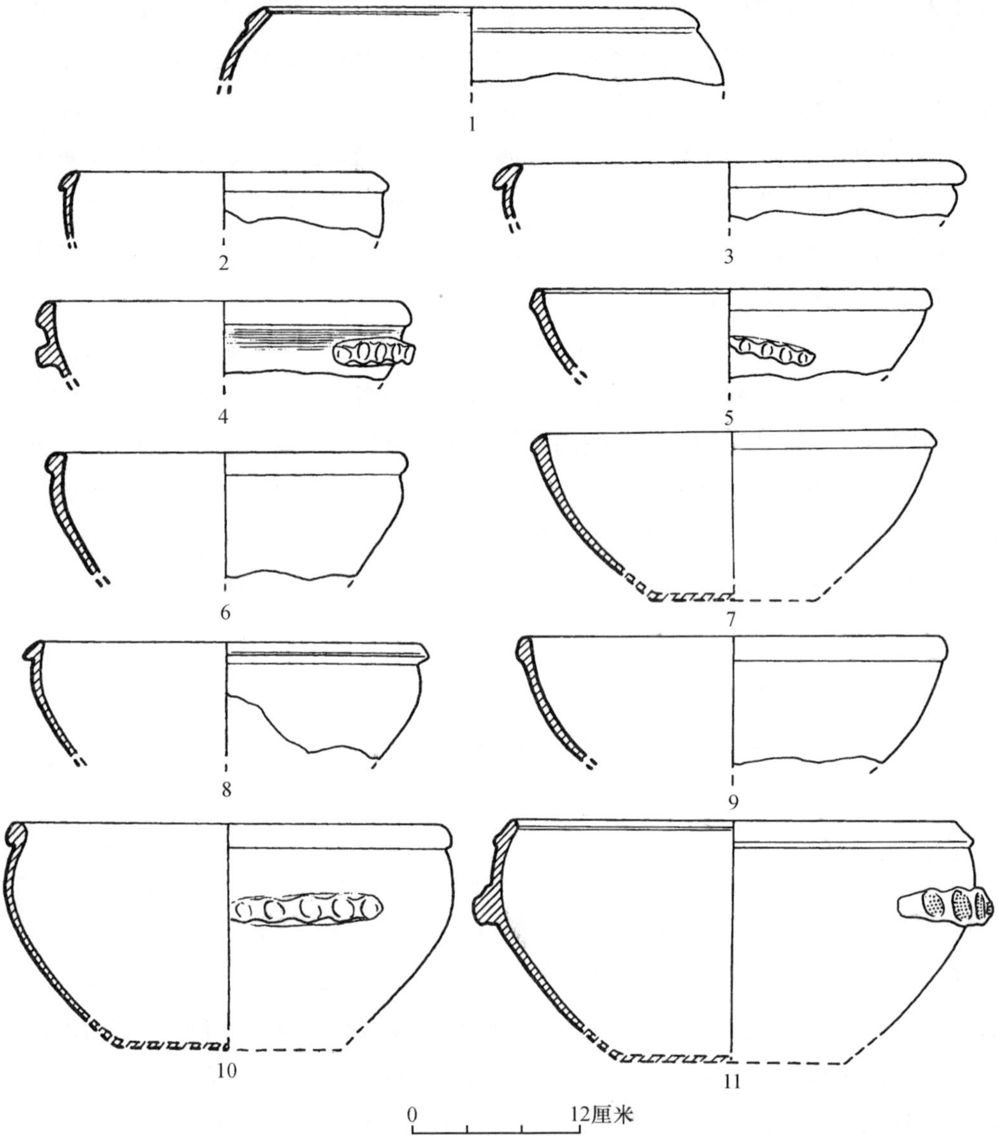

图九七　仰韶文化二期乙类陶盆

1～11. Eb型（H31:2、H16:8、H25:1、H62:10、T03⑫:4、H8:14、G2:19、H8:12、H89:6、H8:15、H8:13）

置对称的泥条状双鋬，鋬体按窝内有布纹。口径32、残高15.6厘米（图九七，11）。

F型　11件。近直口，无沿，厚唇。H84:2，泥质红褐陶。平方唇，唇中部略起一周凸棱，唇外下凹略呈子口状，略弧腹。素面，腹表有制作时留下的切刮痕。口径18.4、残高5.2厘米（图九八，1）。H22:24，泥质红陶。平方唇，唇面中部有一浅凹槽，唇外下部一周浅沟槽，斜直腹下收。素面。腹上部有清晰的轮旋痕。口径27、残高6.4厘米（图九八，2）。H14:13，泥质灰陶。平方唇，唇外缘微斜外鼓，唇面内侧

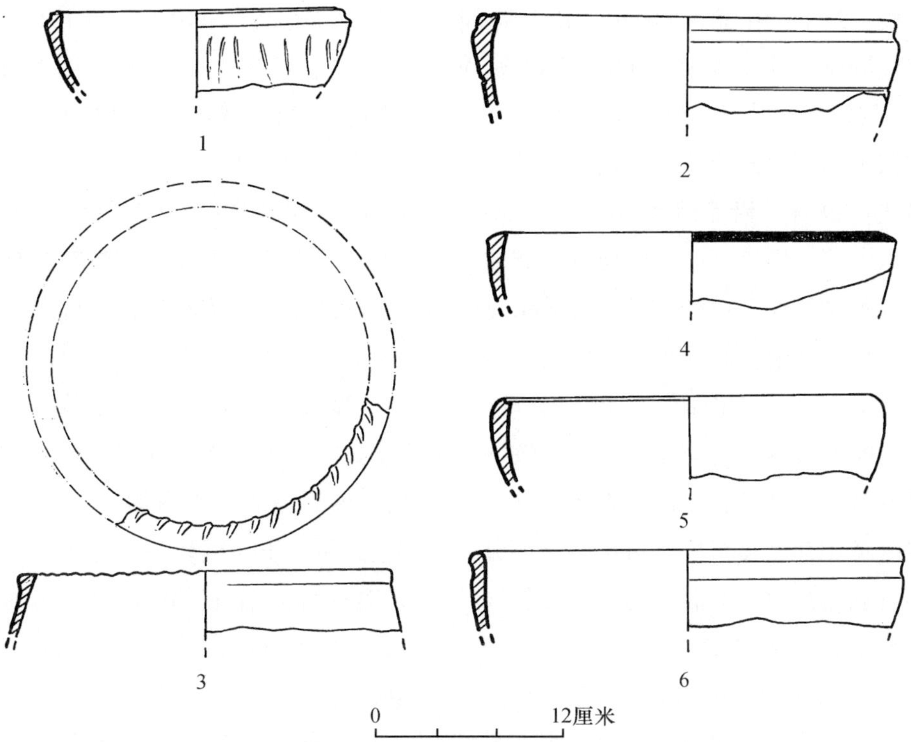

图九八　仰韶文化二期乙类陶盆

1～6. F型（H84∶2、H22∶24、H14∶13、H8∶16、H16∶9、G3∶8）

饰斜点状花边，斜点窝痕内有布纹，腹略斜外张。腹壁磨光。口径24、残高4厘米（图九八，3）。H8∶16，泥质红陶。斜方唇圆钝，唇微外鼓，上腹斜直。器表磨光，唇部饰黑彩窄带纹。口径24、残高5厘米（图九八，4）。H16∶9，泥质红陶。内斜小方唇，唇面有一周细而深的沟槽，唇外微鼓，上腹微弧。素面。口径24、残高5.2厘米（图九八，5）。G3∶8，泥质红陶。圆唇，唇外下部有一周浅凹槽，似束颈状，上腹微弧。素面。口径27.2、残高4.8厘米（图九八，6）。

夹砂罐　644件。数量仅次于盆，为主要炊器。夹砂，其中一部分为夹粗砂，多红褐陶和灰褐陶，少量灰陶和黑陶，器表往往涂抹一层泥浆，纹饰多为线纹或线纹加旋纹。依口沿不同分五型。

A型　483件。折沿。可分二亚型。

Aa型　185件。沿内面斜平，唇部较薄。依沿与腹壁间夹角及腹部等差异分六式。

Ⅰ式：1件。沿面宽且甚斜高，沿与腹间夹角大，腹甚鼓。Z1∶4，红褐陶。尖圆唇，沿面较薄。腹饰印痕较浅的竖向粗线纹或谓绳纹。口径18、残高9.2厘米（图九九，1）。

Ⅱ式：2 件。沿面略矮稍厚，沿与腹间夹角较大，鼓腹。H90∶15，灰褐陶。圆唇，内折棱较清晰。腹饰甚稀疏的小点状线纹。口径 16、残高 4.8 厘米（图九九，2）。H26∶3，灰褐陶。圆唇，沿内折棱较宽，且微微凸起。素面，器内、外壁均有制作时慢轮修整留下的宽浅凹旋痕。口径 20、残高 8 厘米（图九九，3）。

Ⅲ式：79 件。沿面稍矮加厚，沿与腹间夹角稍小，鼓腹渐收。G2∶35，夹粗砂灰褐陶。微斜方唇，唇缘外鼓，唇面有一周浅凹槽，似浅子口状，沿较薄而腹壁甚厚。腹饰左斜线纹加细旋纹。口径 23.6、残高 6.2 厘米（图九九，4）。G2∶36，灰褐陶。微斜方唇，唇面似有凹痕。腹饰细密浅旋纹。口径 28、残高 7.4 厘米（图九九，5）。

Ⅳ式：60 件。沿面较矮，沿与腹间夹角较小，弧鼓腹。H62∶30，红褐陶。微斜方唇，唇面略有凹痕。腹饰左斜线纹，纹饰较密集。口径 23.4、残高 8.2 厘米（图九九，6）。H89∶7，夹粗砂灰褐陶。器形高大，砂粒粗大裸露器表，平方唇，唇中部略显凹痕，沿外壁中部稍显折棱，折棱以上部分有一凹槽，折沿下胎壁较厚，深腹，上腹部微凹，下部斜直内收，平底。通体饰左斜线纹，纹饰较细密，上腹部线纹之上再加饰浅旋纹，近底部为交错线纹。口径 26.4、底径 16.8、上残高 17.6、下残高 24.6、器高约 44.4 厘米（图九九，9）。H62∶12，夹粗砂灰褐陶。微斜方唇，上腹壁较厚，下腹斜直内收，平底。腹饰左斜细密线纹，腹上部线纹之上加饰两周浅旋纹。口径 22.8、底径 11.2、上残高 9.8、下残高 18.6、器高约 29.2 厘米（图九九，11）。

Ⅴ式：27 件。沿面矮，沿与腹间夹角更小，弧腹。H2∶30，灰褐陶。微斜方唇，上腹部微凹。腹饰左斜稀疏线纹，线纹之上加饰窄而深的旋纹。口径 24、残高 8.9 厘米（图九九，7）。H2∶29，红褐陶。斜方唇圆钝。腹饰右斜稀疏线纹，上腹部线纹之上加饰宽浅旋纹。口径 24、残高 10 厘米（图九九，8）。

Ⅵ式：16 件。沿面更矮，沿与腹间夹角与以上诸式相比甚小，腹较鼓。H21∶19，红褐陶。微斜方唇，唇中部略显浅凹痕，沿内折棱凸起。腹饰左斜线纹，纹饰甚细密。口径 26.2、残高 5.6 厘米（图九九，10）。

Ab 型　298 件。内沿面下凹，唇部较厚。依沿面特征，沿与腹间夹角大小等差异分六式。

Ⅰ式：1 件。口部明显内敛，内沿面下凹为一周颇窄深沟槽，沿与腹间夹角甚大，沿面较宽，鼓腹。H57∶2，灰褐陶。内斜方唇，沿上部甚厚而下部较薄。腹饰小斜点状竖线纹。口径 29.4、残高 5.6 厘米（图一〇〇，1）。

Ⅱ式：4 件。敛口，沿内面有深沟槽，沿与腹间夹角大，沿面较宽，腹部圆鼓。H90∶13，灰褐陶。圆唇外鼓，近口部胎壁较厚而向下渐薄，上部弧鼓，下腹斜直内收，

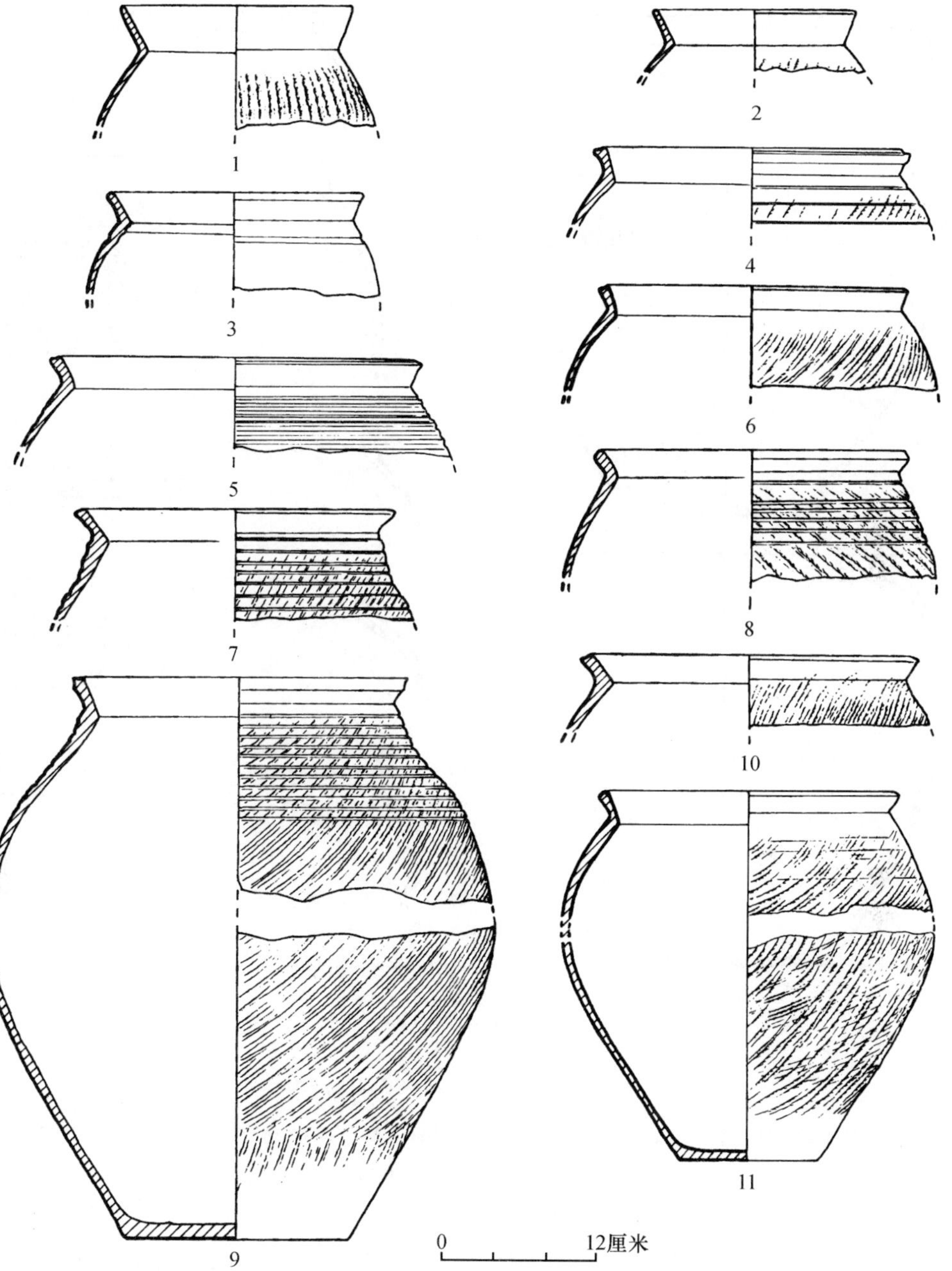

图九九　仰韶文化二期夹砂陶罐

1. AaⅠ式（Z1:4）　2、3. AaⅡ式（H90:15、H26:3）　4、5. AaⅢ式（G2:35、G2:36）　6、9、11. AaⅣ式（H62:30、H89:7、H62:12）　7、8. AaⅤ式（H2:30、H2:29）　10. AaⅥ式（H21:19）

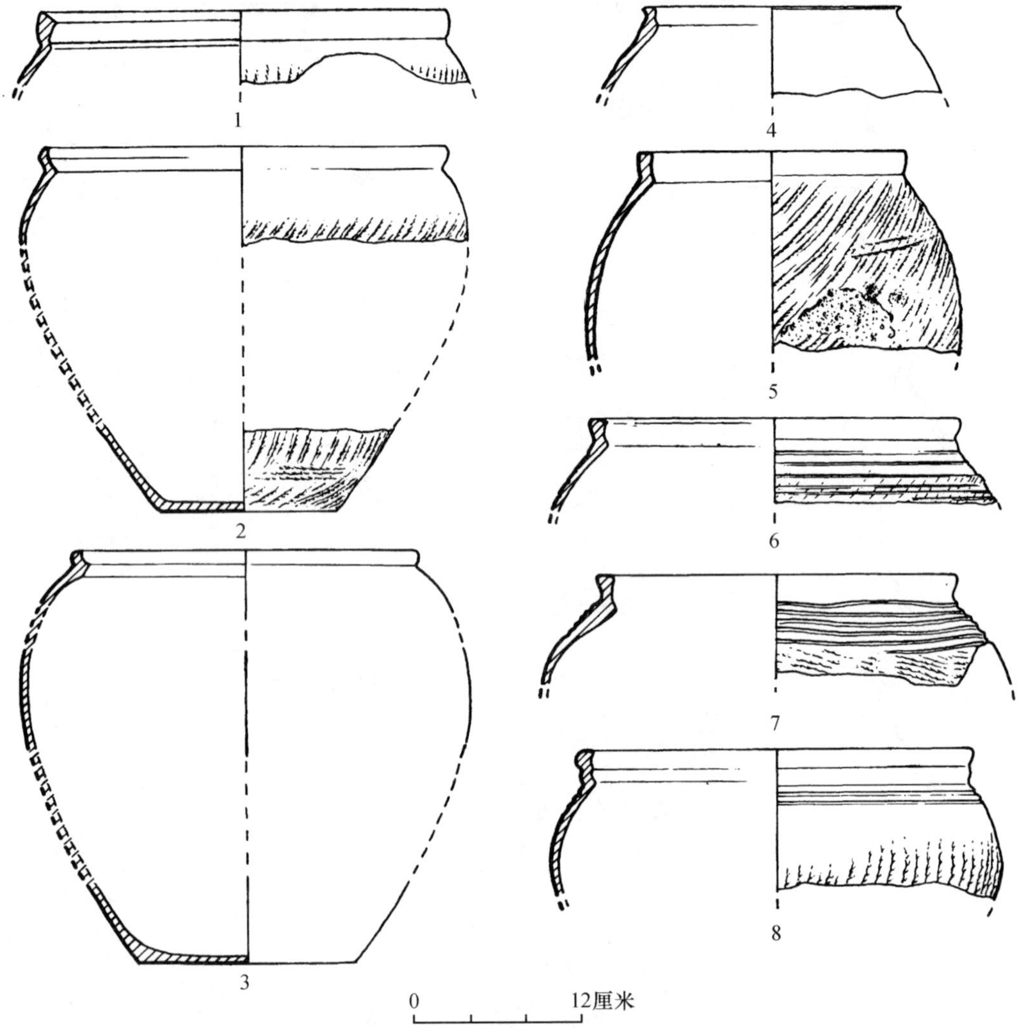

图一〇〇　仰韶文化二期夹砂陶罐

1. AbⅠ式（H57∶2）　2、3. AbⅡ式（H90∶13、H90∶12）　4～8. AbⅢ式（H09∶13、G2∶37、H38∶1、G2∶39、G2∶38）

平底较小。腹饰左斜较粗线纹。口径28、底径12.6、上残高6.8、下残高6.2、器高26厘米（图一〇〇，2）。H90∶12，灰褐陶。圆唇外鼓，沿甚矮，折沿内面下部斜直并又凸起一折棱，近口部胎壁较厚而向下渐薄，下部斜直内收，大平底。素面。口径24.6、底径16、上残高4.6、中残高7.2、下残高6、器高约30厘米（图一〇〇，3）。

Ⅲ式：89件。口微敛或近直，沿内面凹槽稍宽，沿与腹间夹角稍小，鼓腹。H09∶13，红褐陶。直口，平方唇外鼓，腹上部胎较厚。素面。口径18、残高6.2厘米（图一〇〇，4）。G2∶37，红褐陶。直口，平方唇，唇部与腹上部较厚。腹饰左斜的稀疏线纹。中腹局部表层脱落，砂粒裸露，从破碴处清晰可见器表涂抹的一薄层细泥浆，其上饰线纹。口径18.8、残高14.6厘米（图一〇〇，5）。G2∶38，灰褐陶。口近直，圆唇，沿部两度弯曲内凹，腹局部变形下凹而形制不甚规整。颈部饰两周宽浅旋纹，腹中部饰微左斜的较粗疏线纹。口径28、残高10.8厘米（图一〇〇，8）。G2∶39，红褐陶。口微敛近直，宽平方唇，唇中部略下凹，唇部与腹顶部胎壁甚厚。腹顶部饰不规整的窄深旋纹，其下饰右斜的较粗疏线纹。口径26、残高8厘米（图一〇〇，7）。H38∶1，红褐陶。近直口，圆唇，腹上部微凹。腹饰左斜的稀疏线纹，线纹之上加饰较窄深旋纹。口径26、残高6.2厘米（图一〇〇，6）。

Ⅳ式：180件。直口或微侈口，沿内面凹槽多较宽，有的凹槽变细窄位于沿下部近沿折棱处，沿与腹间夹角变小，弧鼓腹。H6∶11，灰褐陶。侈口，小圆唇，沿面甚矮，上部微斜，下部凹槽窄而深，腹顶部胎壁甚厚。腹饰稠密的窄深旋纹。口径24.4、残高8.2厘米（图一〇一，1）。H91∶3，红褐陶。侈口，厚方唇圆钝，沿面较斜，沿内面凹槽宽而深，唇部与腹顶部胎壁较厚。腹饰左斜稀疏线纹，其上加饰窄深旋纹。口径24.8、残高7.8厘米（图一〇一，2）。H89∶9，红褐陶。微侈口，圆唇，沿外上部微有折痕，内面凹槽较窄而深。腹部饰右斜的较细密线纹，腹顶部线纹上加饰窄浅旋纹。口径22.4、残高7厘米（图一〇一，3）。H14∶16，灰褐陶。口微侈近直，微斜方唇，沿中部两面内凹，沿内凹槽宽而深，唇部与腹顶部胎壁甚厚。腹饰右斜稀疏线纹，上腹部线纹之上加饰较宽浅的旋纹。口径25、残高9厘米（图一〇一，5）。H62∶13，灰褐陶。口微侈，微斜平方唇，唇部与腹顶部胎壁甚厚。腹饰右斜细线纹，上腹部线纹稀疏，其上加饰窄而浅的旋纹。口径20、底径12.5、上残高10.8、下残高11.4、器高约31.6厘米（图一〇一，7）。

Ⅴ式：16件。微侈口，沿较矮，沿内面凹槽多宽而浅，沿与腹间夹角更小，弧腹。H3∶4，夹粗砂灰褐陶。微斜方唇，上腹微凹，中腹略鼓，腹上部胎壁较厚。腹饰左斜细密线纹，上腹部线纹之上加饰窄浅旋纹。口径24、残高10.8厘米（图一〇一，8）。H3∶5，灰褐陶。微斜方唇，上腹部微凹，中腹弧鼓，唇部与上腹部胎壁较厚。腹饰左斜的稀疏线纹，线纹之上加饰宽窄深浅不均匀的旋纹。口径24.8、残高7.8厘米（图一〇一，4）。H2∶31，夹粗砂灰褐陶。方唇，唇及腹顶部胎壁较厚，圆弧腹。腹饰左斜的细密线纹，上腹部线纹之上加饰稠密的窄浅旋纹。腹中部附一周泥条状堆纹，堆纹上戳印斜点状深窝痕。口径31、残高14厘米（图一〇一，9）。

Ⅵ式：8件。侈口，矮沿，沿内面凹槽多更宽浅，沿与腹间夹角甚小，鼓腹。H4∶6，红褐陶。小圆唇，沿上部微鼓，下部凹槽较窄、位于沿折棱处，腹上部稍凹，中部鼓腹，沿部及腹顶部胎壁较厚。腹饰右斜稀疏线纹，上腹部线纹之上加饰宽浅旋纹。口径21、残高7.5厘米（图一〇一，6）。

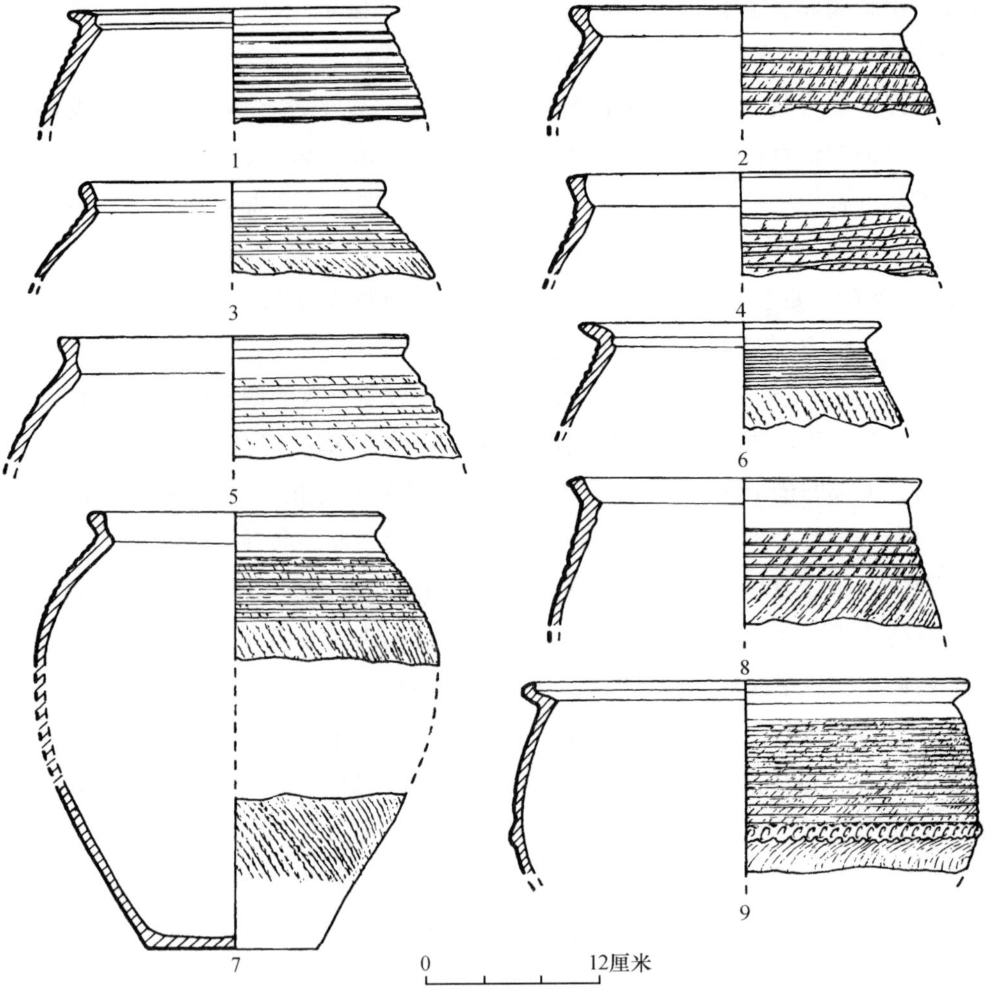

图一〇一　仰韶文化二期夹砂陶罐

1～3、5、7. AbⅣ式（H6:11、H91:3、H89:9、H14:16、H62:13）　4、8、9. AbⅤ式（H3:5、H3:4、H2:31）　6. AbⅥ式（H4:6）

B型　75件。翻沿。依沿与腹壁间夹角大小及腹部差异分四式。

Ⅰ式：11件。沿与腹间夹角较大，鼓腹。G2:40，陶胎中含砂量甚大，砂粒密集，黑陶。小方唇，唇面弧鼓，沿部胎壁较厚。腹饰左斜细密线纹，上腹线纹之上贴附一小圆泥饼。口径24、残高9.6厘米（图一〇二，2）。G2:41，灰褐陶。器形较小，小圆唇，沿内面微鼓。腹中部饰一周薄薄的泥条状附加堆纹，堆纹上戳印斜弧窝痕。口径20、残高8.8厘米（图一〇二，1）。H65:13，灰褐陶。微斜方唇，沿上部微敛，沿下部略凹，腹顶部壁稍厚，下腹壁较薄。素面。口径20、残高6.2厘米（图一〇二，3）。H65:14，夹粗砂红褐陶。圆唇，沿面微弧，腹顶部胎壁较厚。腹部饰密集近竖直的粗

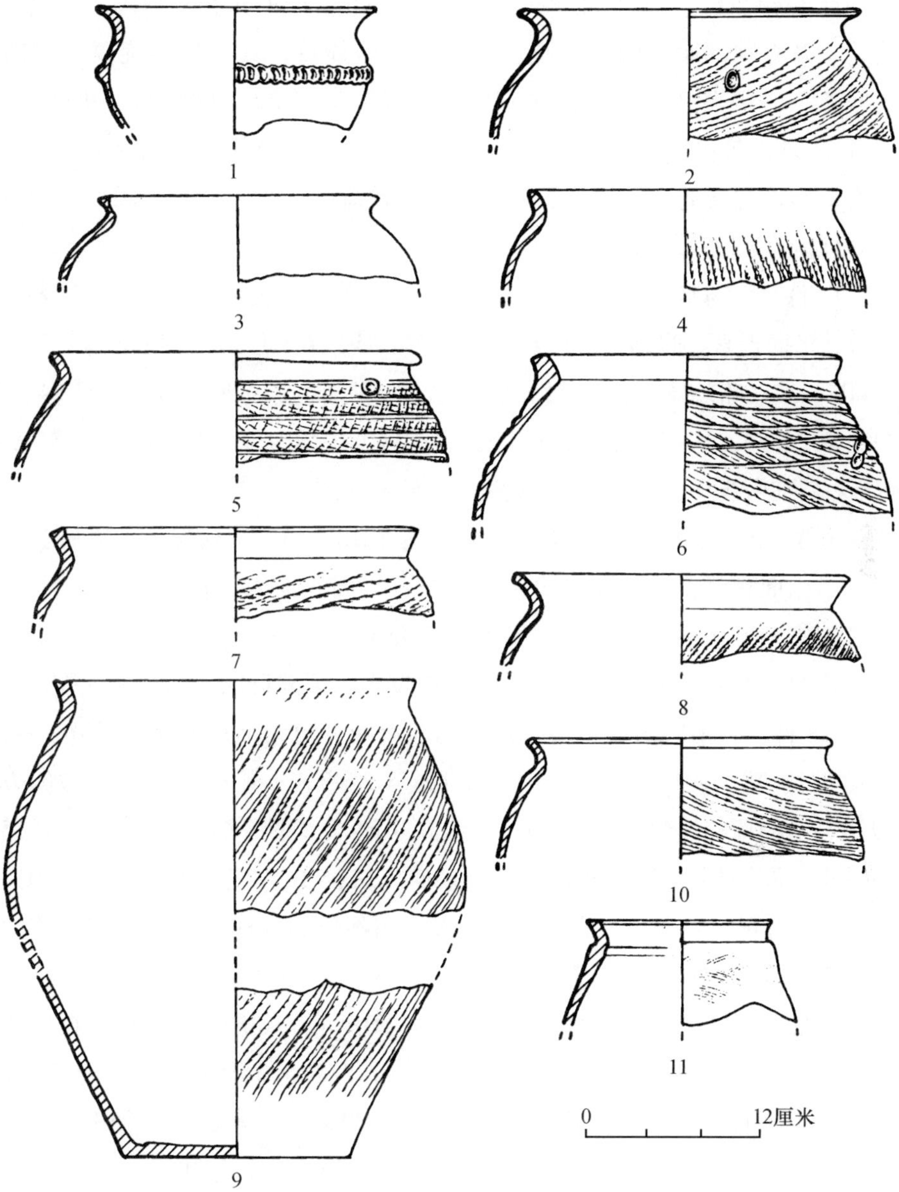

图一〇二　仰韶文化二期夹砂陶罐

1～4. BⅠ式（G2∶41、G2∶40、H65∶13、H65∶14）　5、6、9. BⅡ式（H22∶34、H89∶10、H89∶8）　7、8、10. BⅢ式（T03⑫∶5、H11∶1、H2∶32）　11. BⅣ式（H21∶20）

线纹。口径22、残高7.2厘米（图一〇二，4）。

Ⅱ式：44件。沿与腹间夹角多稍小，腹微鼓。H89∶8，灰褐陶。平方唇，唇面有一周凹槽，沿上部微内敛，沿面较直，中腹较鼓，下腹斜直内收，平底较大。腹饰左斜的细密线纹，卷沿处及上腹部线纹被抹去，遗痕隐约可见。口径26、底径16.5、上残高

16. 8、下残高 12. 4、器高约 34 厘米（图一〇二，9）。H89:10，灰褐陶。微斜方唇，沿面较矮直，沿及腹顶部胎壁较厚。腹饰右斜的稀疏线纹，其上加饰旋纹，纹饰宽浅不匀，显得较草率，再上又贴附带浅按窝的小泥条。口径 22、残高 11. 6 厘米（图一〇二，6）。H22:34，灰褐陶。小圆方唇，沿面近直，口沿局部制作时下压而成为卷沿，唇部亦下耷。腹饰稀疏的交叉线纹，其上再饰宽浅旋纹，颈部贴 3 个圆形小泥饼。口径 25、残高 8 厘米（图一〇二，5）。

Ⅲ式：12 件。沿与腹间夹角多较小，弧腹。T03⑫:5，夹粗砂红褐陶。微斜方唇，唇上缘微内敛，沿面近直。腹饰左斜线纹。口径 25、残高 6. 5 厘米（图一〇二，7）。H11:1，灰褐陶。圆唇，唇约略外鼓，沿面微弧，胎壁较厚。腹饰左斜细密线纹。口径 24、残高 6. 4 厘米（图一〇二，8）。H2:32，灰褐陶。小圆唇，唇上缘微内敛，沿面弧鼓，略束颈，胎壁较薄。腹饰右斜细密线纹。口径 21. 6、残高 8. 6 厘米（图一〇二，10）。

Ⅳ式：8 件。沿与腹间夹角多更小，微弧腹。H21:20，灰褐陶。平方唇，唇外微鼓而内微敛，沿内面稍弧，沿下部内凹，翻沿内有一周浅沟槽，腹上部微凹，中部弧鼓。素面，腹部有细密刷抹痕。口径 13、残高 7. 6 厘米（图一〇二，11）。

C 型　22 件。侈口，卷沿，沿面弧鼓。依腹部、颈部特征不同分二亚型。

Ca 型　18 件。器形较大，鼓腹。依沿与腹壁间夹角大小及腹部差异分三式。

Ⅰ式：7 件。沿与腹间夹角较大，圆鼓腹。G2:43，夹粗砂红褐陶。微斜方唇，短束颈。腹饰右斜的稀疏线纹。口径 16. 4、残高 4 厘米（图一〇三，1）。H65:15，灰褐陶。器形稍小，厚圆唇下耷，器壁较薄。素面。口径 16、残高 5. 2 厘米（图一〇三，3）。G2:42，红褐陶。尖圆唇。腹饰左斜的较粗疏线纹，线纹之上加饰窄深旋纹。口径 18、残高 9. 2 厘米（图一〇三，5）。

Ⅱ式：8 件。沿与腹间夹角稍小，弧鼓腹。H19:1，灰褐陶。圆唇，腹顶部鼓起一棱，器壁较厚。腹饰左斜的密集线纹。口径 20. 4、残高 5. 2 厘米（图一〇三，2）。H18:3，灰褐陶。尖圆唇，微束颈，沿部胎壁甚厚而腹壁较薄。素面。口径 19. 2、残高 5. 4 厘米（图一〇三，7）。H62:14，夹粗砂红褐陶。微斜方唇，短束颈，大平底，口部与腹顶部胎壁较厚。素面，器表涂抹一薄层泥浆。口径 19. 2、上残高 19. 2、下残高 3. 6、器高约 24. 2 厘米（图一〇三，9）。

Ⅲ式：3 件。沿与腹间夹角较小，略弧腹。H21:21，灰褐陶。小圆唇下耷，腹顶部壁较厚。腹部饰左斜的稀疏线纹，其上加饰宽浅旋纹。口径 23. 6、残高 8. 2 厘米（图一〇三，4）。

Cb 型　4 件。器形较小，微弧腹。H8:3，灰褐陶。圆唇下耷，上腹微弧，下腹斜内收，平底，沿部壁厚，腹壁较薄。下腹局部饰微斜细线纹。口径 17. 2、底径 8. 2、高 16. 8 厘米（图一〇三，11；图版一三，3）。G2:44，灰褐陶。小圆唇，器壁较薄。素

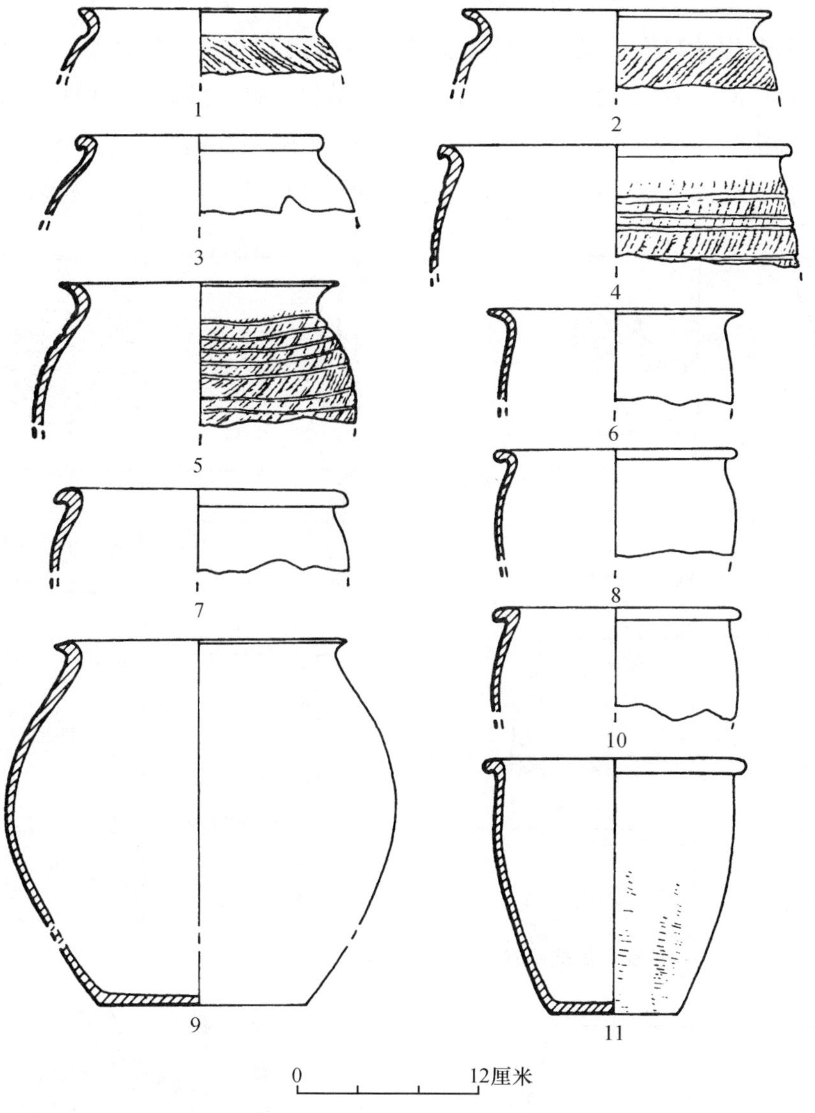

图一〇三　仰韶文化二期夹砂陶罐

1、3、5. CaⅠ式（G2∶43、H65∶15、G2∶42）　2、7、9. CaⅡ式（H19∶1、H18∶3、H62∶14）　4. CaⅢ式（H21∶21）　6、8、10、11. Cb型（G2∶44、H8∶19、H8∶18、H8∶3）

面。口径16.6、残高6.2厘米（图一〇三，6）。H8∶18，灰褐陶。圆唇下耷。沿部壁甚厚而腹壁较薄。素面。口径16.4、残高7.5厘米（图一〇三，10）。H8∶19，灰褐陶。圆唇下耷，微束颈，沿部壁较厚，腹壁较薄。素面。口径16、残高7.2厘米（图一〇三，8）。

D型　59件。矮沿，沿与腹分界不明显，弧腹、微鼓腹或微折腹。H21∶22，灰褐陶。口微侈，平方唇微外凸，略弧腹。腹饰左斜的细密线纹。口径14.8、残高7.6厘米（图一〇四，1）。H8∶20，红褐陶。口微侈近直，方唇稍斜，唇上缘略内敛，略弧腹。腹上部附对称的鸡冠状双鋬，鋬体斜圆形按窝内有布纹。口径17.6、残高9.6厘米（图一〇四，3）。H2∶33，灰褐陶。近直口，微斜方唇，微弧腹。腹饰左斜的细密线纹，其上加饰窄浅草率的旋纹。口径20、残高10.4厘米（图一〇四，5）。H18∶4，红褐陶。口微侈，微斜方唇，微鼓腹。腹饰左斜的稀疏线纹。口、腹部交接处内部接痕清

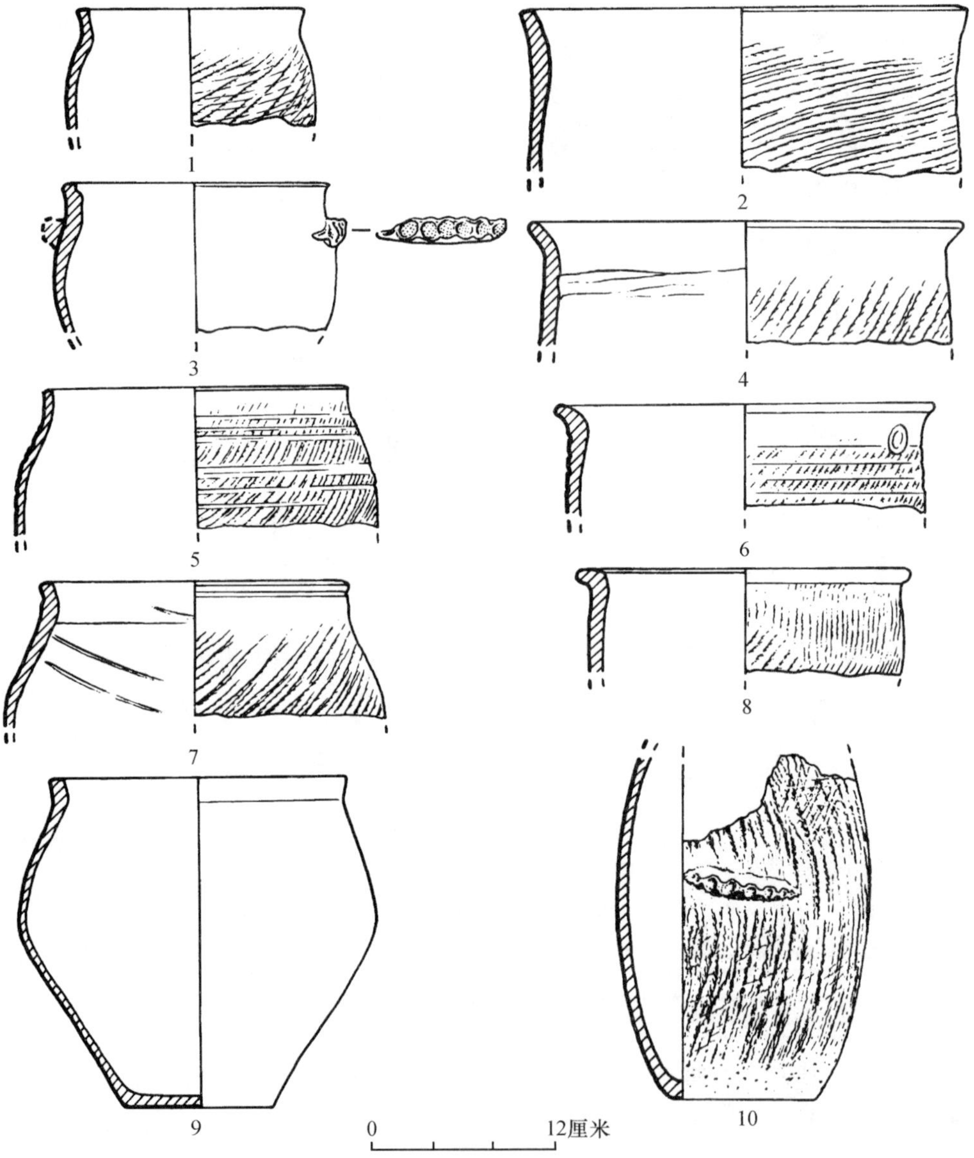

图一〇四　仰韶文化二期夹砂陶罐

1、3、5、7、9. D型（H21∶22、H8∶20、H2∶33、H18∶4、H4∶1）

2、4、6、8. E型（G2∶46、G2∶45、H23∶1、H4∶5）　10. 残器（H16∶11）

晰，并有制作时留下的斜划痕。口径20、残高9.2厘米（图一〇四，7）。H4:1，灰褐陶。口微侈，平方唇圆钝，斜肩，上、下腹近斜直，中腹略显折痕，平底，口部与底部壁较厚，腹壁较薄。素面。口径19.6、底径9.8、高21.6厘米（图一〇四，9；图版一三，4）。

E型　5件。多侈口，筒腹或腹壁近直。G2:46，夹粗砂灰褐陶。口微敞，方唇微斜，唇面中部略显凹痕，器壁较厚。腹饰左斜粗疏线纹。口径29.2、残高10.8厘米（图一〇四，2）。G2:45，红褐陶。侈口，圆唇，筒腹，器壁较厚，腹内壁上部有制作时遗留的接痕。腹饰左斜的较稀疏线纹。口径28、残高7.9厘米（图一〇四，4）。H23:1，夹粗砂红褐陶。窄翻沿，圆唇，腹壁近直较厚。腹饰左斜的细密线纹，线纹之上加饰窄浅旋纹，腹顶部贴附椭圆形小泥饼，饼上有按窝。口径24.4、残高7.2厘米（图一〇四，6）。H4:5，夹粗砂红褐陶。小侈口，圆唇，窄斜平沿，直腹。腹饰稠密绳纹，内壁有制作时留下的右斜刮刻痕。口径21.2、残高6.8厘米（图一〇四，8）。

另有夹砂罐下部残器1件。H16:11，夹粗砂红褐陶，砂粒大而密集。弧腹近直，平底，器壁较厚。腹饰线纹，纹饰重叠、交叉，显得草率散乱，纹痕较深，腹中部附对称横置略斜的鸡冠状双鋬，鋬体带圆形按窝。底径9.6、残高22.1厘米（图一〇四，10；图版一三，2）。

碗　354件。主要食器，数量较多。多泥质或细泥质的红陶、黄陶、少量灰陶、褐陶和黑陶，偶见夹砂红褐陶和红陶。泥质、细泥质者大都饰彩。可分四型。除Aa型和D型外，器形普遍偏小，胎壁较薄，造型规整、精美。

A型　30件。敞口，斜直腹。依器物大小差别分二亚型。

Aa型　19件。大敞口，器形大。H90:10，泥质红陶。尖圆唇。素面，口部有众多使用时留下的细密竖划痕。口径26、残高8.9厘米（图一〇五，1）。H90:11，泥质红陶。尖圆唇，腹较浅。素面。口径20、残高5.6厘米（图一〇五，2）。G2:21，泥质红陶。尖圆唇。器表磨光，腹顶部饰弧边三角纹，中部饰一周窄带纹，中间填四条斜平行线纹，均黑彩。口径约25.5、残高8.9厘米（图一〇五，3）。G2:22，泥质红陶。小平方唇，上部腹壁厚，下部较薄。器表磨光。口径28、残高9.2厘米（图一〇五，6）。H30:1，泥质红陶。尖圆唇，上部腹壁较厚，下部较薄。器表磨光，口部内外壁有一周宽窄不规则的浅黑色条带，系叠烧而致。口径27.5、残高12.6厘米（图一〇五，8）。H65:8，泥质红陶。小圆唇，斜直腹微弧。器表磨光。口径23.7、残高9.7厘米（图一〇五，9）。

Ab型　11件。器形较小。G2:24，泥质红陶。圆唇。器表磨光。口径16.6、残高6.8厘米（图一〇五，4）。G2:23，泥质红陶。尖圆唇。素面。口径14.8、残高6.5厘米（图一〇五，5）。H65:9，泥质黑陶。口微敞，尖圆唇。器表磨光。口径16、残高

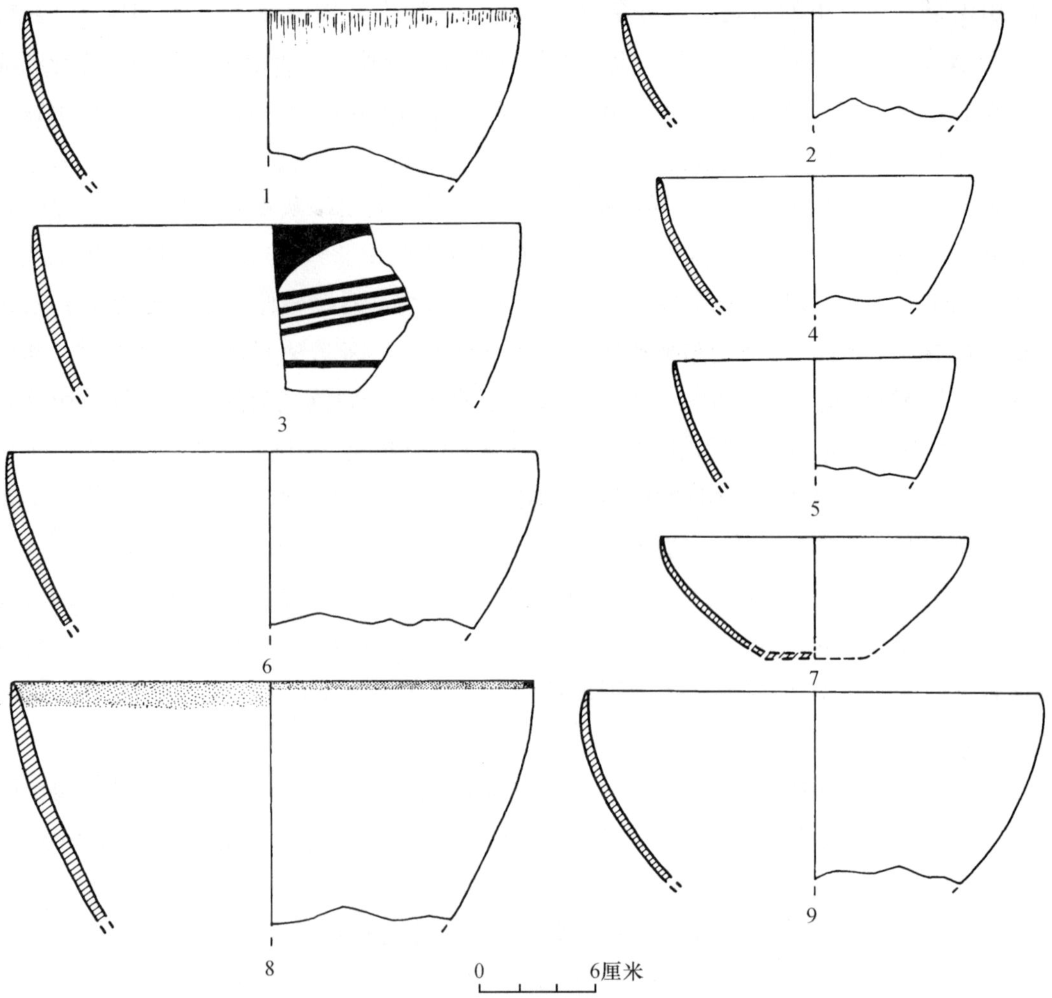

图一〇五　仰韶文化二期陶碗

1～3、6、8、9. Aa 型（H90∶10、H90∶11、G2∶21、G2∶22、H30∶1、H65∶8）

4、5、7. Ab 型（G2∶24、G2∶23、H65∶9）

5.6 厘米（图一〇五，7）。

B 型　156 件。曲腹或折腹，可分二亚型。

Ba 型　58 件。皆折腹，上腹部较矮，下腹较高。依口、腹差异分三式。

Ⅰ式：32 件。敛口，下腹部斜直。H09∶2，泥质红陶。圆唇，上腹微弧，小平底，底中部略内凹。器表磨光，唇部及下腹上部各饰一周窄带纹，其中间为回旋勾连纹加圆点纹和由弧边三角、弧线和圆点组成的近似花瓣纹，均黑彩。口径 16.9、底径 5.6、高 9.4 厘米（图一〇六，1；彩版一五，2）。G2∶25，泥质红陶。圆唇，上腹略弧近直。器表磨光，唇部及下腹上部各饰一周窄带纹，两周窄带纹之间饰凸弧纹，每两层凸弧构成一个单元，单元之间为长条形地子所分割，显得左右对称，均黑彩。口径约13.6、残高5厘米（图一〇六，3）。

Ⅱ式：20件。口微敛或近直，上、下腹均较直。H62:1，泥质黄陶。口微敛，平方唇，上腹略弧，下腹斜直稍内弧，小平底。通体磨光，腹折处饰一周窄带纹，以上为五组构成的彩纹带，每组由垂弧、凸弧和圆点纹、窄弧线组成，均黑彩。整个图案线条宽厚流畅，非常精美。口径16.8、底径6.1、高9.8厘米（图一〇六，2；彩版一五，3）。H91:2，细泥黄陶。口微敛，小平方唇，腹折处壁较厚外鼓。通体磨光，唇部、下腹上部各饰一周窄带纹，窄带纹之间用竖线纹分隔为横、竖长方形相间的方框，横长方形框内绘背三角纹，框子上部两角涂为弧角，均黑彩。口径13.6、残高4.7厘米（图一〇六，4）。H62:4，泥质黄陶。近直口，尖唇，上腹较直，下腹略内凹。器表磨光，腹折处绘一周窄带纹，以上为彩纹带，上部饰一列垂弧纹，与每一垂弧相应有一侧弧纹和一双斜线纹，侧弧和双斜线上端与垂弧相连接，斜线上方有一圆点纹，均黑彩，各种纹样均较瘦窄，据残存部分推测共有四组。整个图案线条流畅，非常精美。口径15.2、残高8.5厘米（图一〇六，6；彩版一五，4）。

Ⅲ式：6件。直口或微敞口，上腹斜直，下腹内凹。H2:4，细泥黄陶。微敞口，尖圆唇。器表磨光，唇部与沿顶部饰一周窄带纹，上腹饰一列纵椭圆形圆点纹，据残存部分推测共有5个圆点纹，均黑彩。口径18、残高8厘米（图一〇六，5；彩版一五，5）。

Bb型　98件。多曲腹，有的为折腹，上腹部较高，下腹较矮。依口、腹部差异分四式。

Ⅰ式：45件。敛口，上、下腹之间转折较缓。G2:4，泥质黄陶。尖圆唇，微折腹，小平底微内凹。磨光，口部下为一列垂弧纹，上腹部为双凸弧纹，下腹上部有一周窄带纹，均黑彩。口径约15.7、底径4.8、高8厘米（图一〇六，7；彩版一五，6）。G2:26，细泥黄陶。口微敛，圆唇，曲腹，上腹略弧，下腹斜直。器表磨光，唇部饰一周窄带纹，沿部饰一列垂弧纹，其下饰三周略斜的平行线纹，并缀以圆点，均黑彩。口径20、残高6.6厘米（图一〇六，8）。G2:27，细泥黄陶。圆唇，曲腹。器表磨光，唇部绘一周窄带纹，腹顶部为一列圆点纹，圆点之间用多条弧线相连，有的圆点距离甚近，之间补一短弧线，有的近口部为垂弧纹，整个纹饰显得草率而杂乱，均黑彩。口径15.8、残高8.4厘米（图一〇六，9）。H39:1，泥质黄陶。口微敛，尖圆唇，微折腹，上腹较直，下腹内凹。器表磨光，上腹近口部绘一列有间隔的垂弧纹，每一垂弧之下为双窄弧线纹，其端部缀以椭圆形圆点纹，双弧线另一端与垂弧相连，均黑色。口径16.2、残高6.2厘米（图一〇六，10）。H09:5，细泥黄陶。尖圆唇，微折腹，上腹微弧，下腹稍内凹，小平底。器表磨光，通饰红彩。口径17.2、残高10厘米（图一〇六，11）。

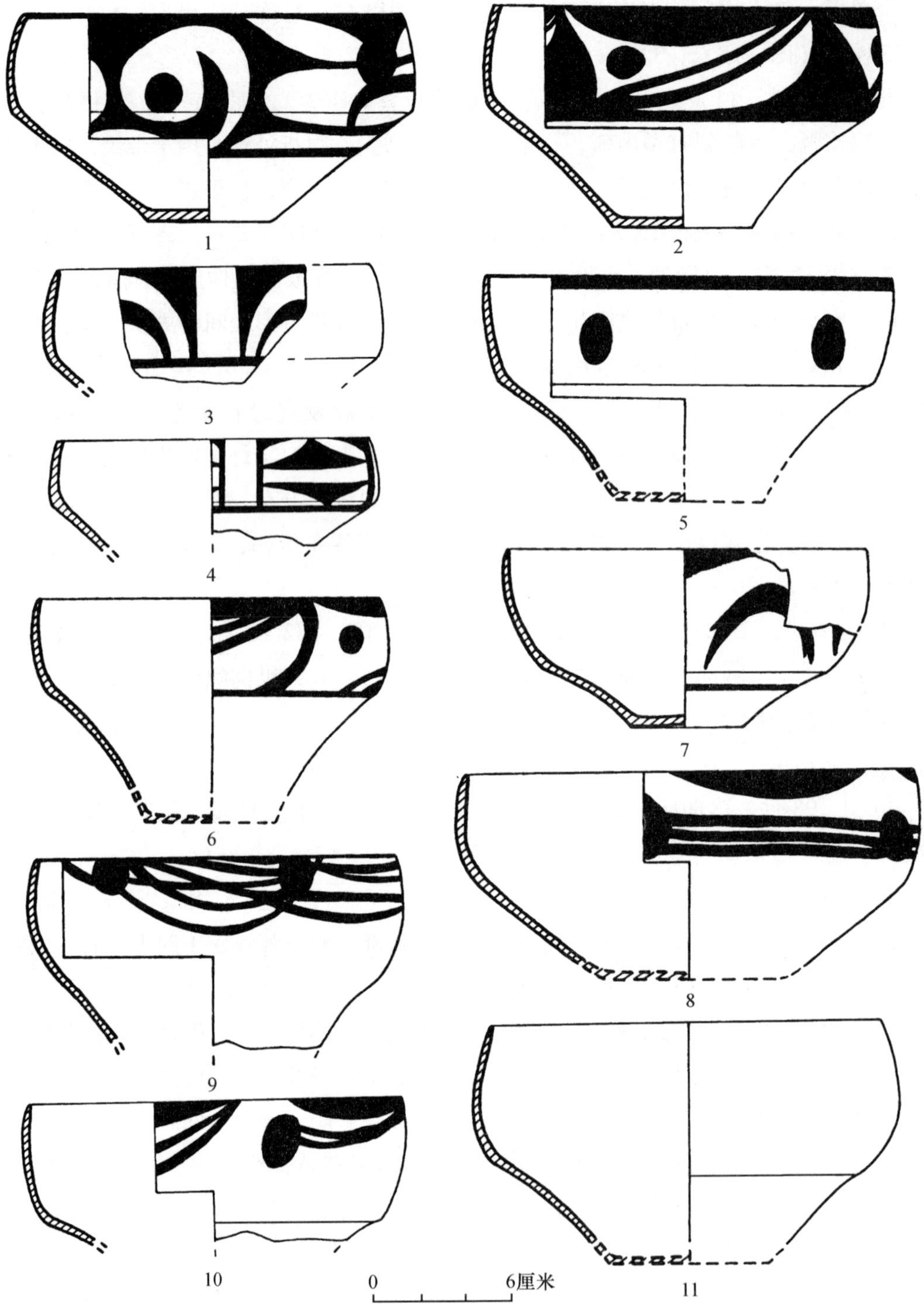

图一〇六　仰韶文化二期陶碗

1、3. BaⅠ式（H09:2、G2:25）　2、4、6. BaⅡ式（H62:1、H91:2、H62:4）　5. BaⅢ式（H2:4）

7～11. BbⅠ式（G2:4、G2:26、G2:27、H39:1、H09:5）

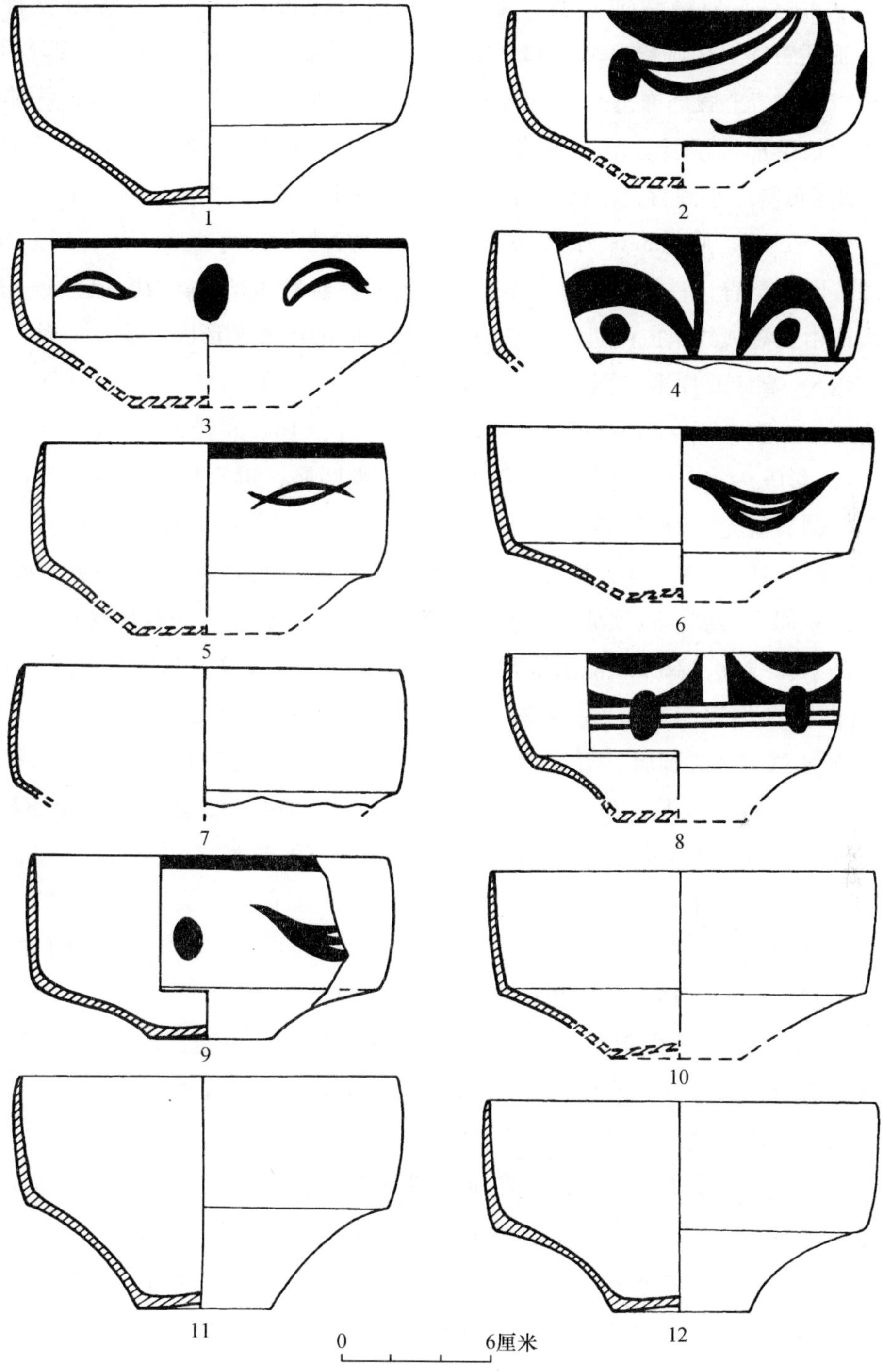

图一〇七　仰韶文化二期陶碗

1～5、7、9、11、12. BbⅡ式（H22∶8、H22∶14、H22∶28、H62∶11、H22∶26、H22∶25、H22∶5、H22∶4、H22∶9）　6. BbⅢ式（H2∶21）　8、10. BbⅣ式（H21∶31、H21∶13）

Ⅱ式：40件。口微敛或近直，上、下腹之间转折较明显，下腹内收较显著。H62∶11，泥质黄陶。尖圆唇，微敛口，折腹，上腹较斜直。器表磨光，唇部与腹折处各饰一周窄带纹，上腹部饰每两层凸弧构成一单元的凸弧纹，凸弧之下加饰一圆点，两单元之间为长条形地子所分割，均褐彩。口径14.8、残高5.5厘米（图一〇七，4）。H22∶4，细泥黄陶。小圆唇，上腹近直，小平底微内凹。器表磨光，通饰红彩。该器精致美观。口径15.6、底径5.6、高9.6厘米（图一〇七，11；彩版一六，1）。H22∶5，细泥黄陶。圆唇，直口，上腹竖直，小平底微内凹。器表磨光，唇与腹顶部饰一周窄带纹，上腹饰由三短弧线组成的近似鸟身的纹样和相间的纵椭圆形圆点纹，均黑彩。口径14.6、底径5、高7.6厘米（图一〇七，9；彩版一六，2）。H22∶8，细泥黄陶。尖圆唇，近直口，上腹微弧，小平底微凹。器表磨光。口径16、底径5.4、高8.1厘米（图一〇七，1；彩版一六，3）。H22∶9，细泥黄陶。尖圆唇，近直口，上腹较竖直，小平底微内凹。器表磨光，通饰红彩。口径15.9、底径5.4、高8.8厘米（图一〇七，12；彩版一六，4）。H22∶14，细泥黄陶。圆唇，口微敛，上腹微弧。器表磨光，唇部及下腹上部各绘一周窄带纹，腹顶部一列垂弧纹，与每一垂弧相应有一侧弧纹和一端缀以椭圆形圆点的双弧线纹，双弧线似流星索状，垂弧纹、双弧线纹、侧弧纹上端均不相连，共有五组图案，均黑彩。口径14.2、残高6厘米（图一〇七，2；彩版一六，5）。H22∶25，泥质红陶。尖圆唇，近直口，上腹竖直。器表磨光，通饰红彩。口径15.6、残高5.6厘米（图一〇七，7）。H22∶26，细泥黄陶。尖圆唇，近直口，上腹较竖直。器表磨光，唇部与腹顶部饰一周窄带纹，上腹部饰中空的横扁“X”形纹，均黑彩。口径13.7、残高6.8厘米（图一〇七，5）。H22∶28，细泥黄陶。尖圆唇，上腹微弧。器表磨光，唇部与腹顶部绘一周窄带纹，以下为一列纵椭圆形圆点纹，间以中白的上弧新月形纹，均黑彩。口径15.7、残高6厘米（图一〇七，3）。

Ⅲ式：8件。直口或微敞口，上、下腹之间折棱明显，下腹甚内收。H2∶21，细泥黄陶。小平方唇，微敞口，上腹斜直。器表磨光，唇部与腹顶部绘一周窄带纹，上腹饰由三条短弧线组成的似鸟身的纹样，均黑彩。口径16、残高6.5厘米（图一〇七，6）。

Ⅳ式：5件。微敞口，上、下腹之间折棱甚明显，下腹内收较甚腹壁呈凹弧状。H21∶31，细泥黄陶。圆唇，直口，上腹较斜直。器表磨光，唇部饰一周窄带纹，腹顶部为一列垂弧纹，垂弧之下为与之相咬的弧边三角纹，其下为三周缀以纵椭圆形圆点的平行线纹，用黑彩绘制。整个图案优美雅致。口径13.6、残高6.2厘米（图一〇七，8）。H21∶13，细泥黄陶。尖圆唇，微敞口，上腹较斜直。器表磨光，通饰红彩。口径15.7、残高6.5厘米（图一〇七，10）。

C型　154件。圆弧腹，有的下腹稍斜直。依器形大小、腹之深浅不同分二亚型。

Ca型　110件。器形较大，腹较深。依口、腹部差异分四式。

Ⅰ式：48 件。敛口或微敛口。G2∶29，泥质黄陶。小圆唇，微敛口。器表磨光，唇部绘一周窄带纹，腹顶部绘垂弧纹，两垂弧相接处填以纵椭圆形圆点纹，圆点之下为双平行线纹，均黑彩。口径约 16、残高 6.2 厘米（图一〇八，1）。G2∶30，泥质黄陶。圆唇，微敛口。器表磨光，唇部饰一周窄带纹，腹上部饰垂弧加双斜线纹，均黑彩。口径约 15.6、残高 7.2 厘米（图一〇八，2）。G2∶31，泥质黄陶。小圆唇，敛口。器表磨光，唇部与下腹上部各绘一周窄带纹，腹顶部一列垂弧纹，与每一垂弧相应上腹部有一侧弧纹和一双斜线纹，侧弧和双斜线上端与垂弧相连接，斜线上方有一纵椭圆形圆点纹，均黑彩。口径约 15.6、残高 6.2 厘米（图一〇八，3）。

Ⅱ式：33 件。近直口。H22∶10，细泥黄陶。尖圆唇，小平底。唇部与腹顶部绘一周窄带纹，腹中部饰四组纹样，每组由两短弧线间以纵椭圆形圆点构成，双短弧线为下弧中白近似新月形或舟形，均黑彩。口径 14.6、底径 5、高 7.3 厘米（图一〇八，6；彩版一六，6）。H22∶11，泥质黑陶。小圆唇，腹顶部有两周沟槽，微内凹底。器表磨光。口径 15.8、底径 6、高 8.1 厘米（图一〇八，4；图版一四，1）。H22∶29，泥质陶，因烧制原因，上部为黄色，下部呈红色。器表磨光，唇部与腹顶部饰一周窄带纹，以下三周平行线纹，再下为一列垂弧纹，均黑彩，两垂弧相接处缀以纵椭圆形圆点纹，据残存部分推测，共有 6 个垂弧纹。口径 18.8、残高 9.2 厘米（图一〇八，7）。H89∶1，细泥黄陶。圆唇，微内凹底。器表磨光，腹顶部绘一列垂弧纹，以下饰与之相咬合的弧边三角纹和一周窄带纹，与垂弧中部相对应处弧边三角和窄带纹之上缀以椭圆形圆点纹，均黑彩。口径 16.4、底径 7.4、高 7.2 厘米（图一〇八，5；彩版一七，1）。

Ⅲ式：14 件。直口。H2∶3，细泥黄陶。小平方唇，近底部腹壁较斜直，小平底。器表磨光，腹顶部绘一列垂弧纹，其下为两周平行线纹，平行线之上、两垂弧相接处下部填以纵椭圆形圆点纹，均黑彩。口径 17.2、底径 5.8、高 9 厘米（图一〇八，10；彩版一七，2）。H2∶5，细泥黄陶。尖圆唇，小平底。器表磨光，腹顶部绘一列垂弧纹，其下为与之相咬的弧边三角纹和一周窄带纹，并加缀纵椭圆形圆点纹，圆点对应垂弧中部，均黑彩。口径 14.4、底径 5.9、高 7.2 厘米（图一〇九，2；彩版一七，3）。H2∶22，细泥黄陶。圆唇，小平底。器表磨光，唇部与腹中部各绘一周窄带纹，腹上端为一列垂弧纹，与每一垂弧相应有一侧弧纹和一双斜弧线纹，侧弧与双斜线上端与垂弧相接，双斜线上方有一圆点纹，均黑彩。口径 16、底径 5、高 8.4 厘米（图一〇八，8）。H2∶23，细泥黄陶。小圆唇，上腹微弧，下腹较斜直。器表磨光，唇部及中腹部各饰一周窄带纹。上腹饰黑彩凸弧纹，每两层凸弧构成一单元，均黑彩。口径约 22、残高 9.2 厘米（图一〇九，1）。H2∶24，细泥黄陶。尖圆唇，平底。素面。口径 15.4、残高 7 厘米（图一〇八，9）。

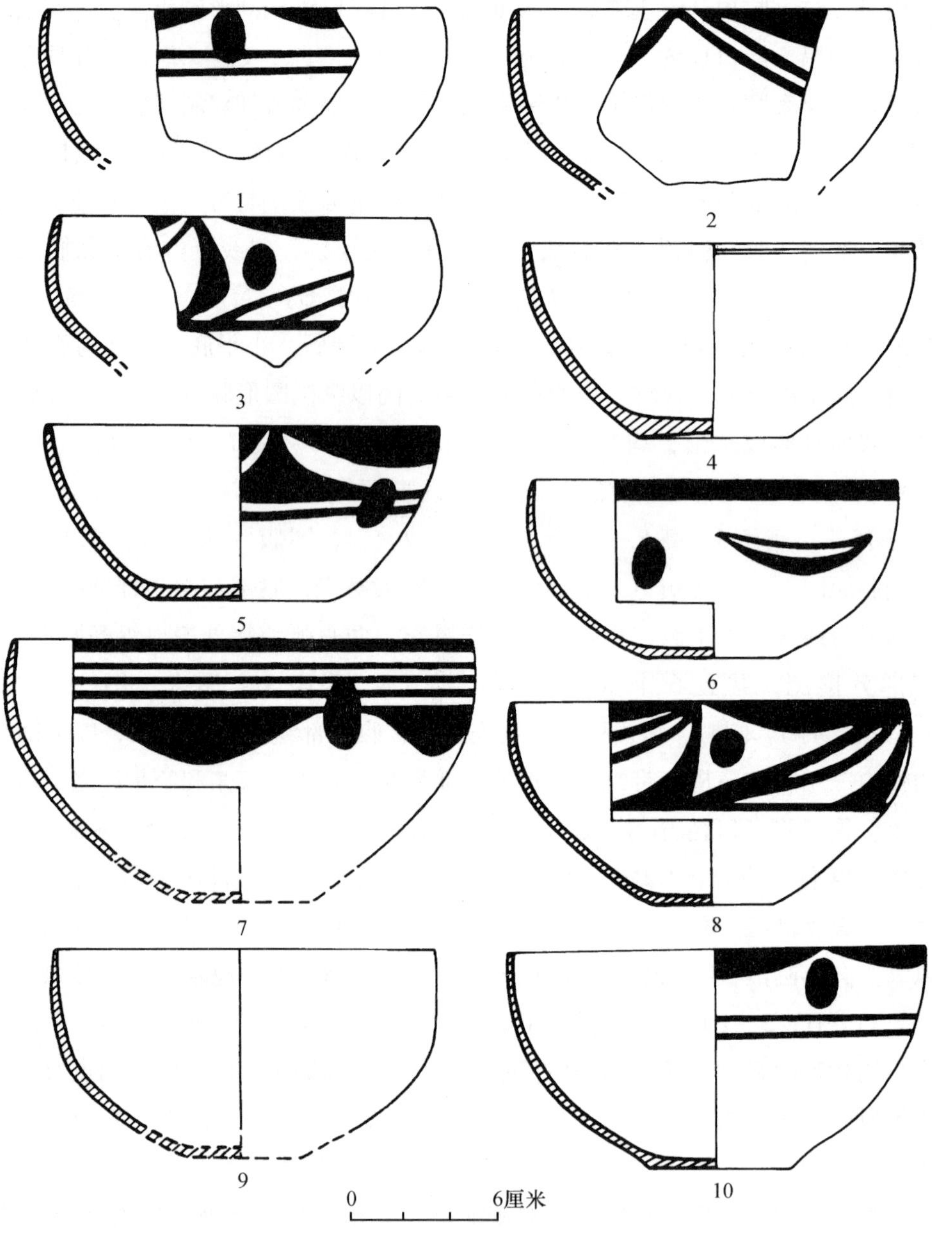

图一〇八　仰韶文化二期陶碗

1～3. CaⅠ式（G2:29、G2:30、G2:31）　4～7. CaⅡ式（H22:11、H89:1、H22:10、H22:29）

8～10. CaⅢ式（H2:22、H2:24、H2:3）

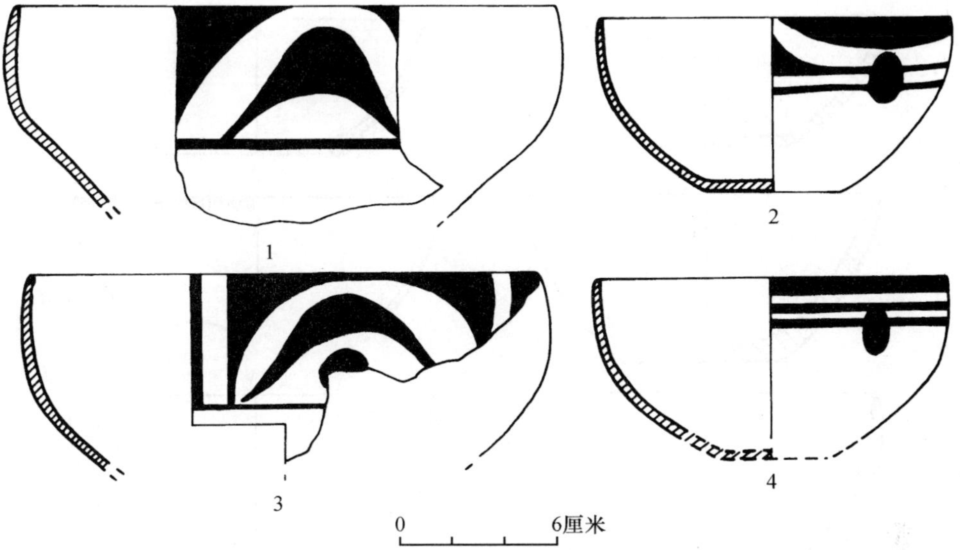

图一〇九　仰韶文化二期陶碗

1、2. CaⅢ式（H2∶23、H2∶5）　3、4. CaⅣ式（H21∶14、H21∶15）

Ⅳ式：15 件。微敞口。H21∶14，细泥黄陶。圆唇，上腹圆弧，下腹稍较斜直下收。器表磨光，唇部与腹中部各绘一周窄带纹，上腹绘一列双层凸弧纹，凸弧下方有一圆点纹，中间有竖长条形地子将凸弧纹分割开，均黑彩。口径 21、残高 8.7 厘米（图一〇九，3）。H21∶15，细泥黄陶。圆唇。器表磨光，唇部与腹顶部饰一周窄带纹，其下饰两周平行线纹，并缀以纵椭圆形圆点纹，均黑彩。口径 14.5、残高 6.8 厘米（图一〇九，4）。

Cb 型　44 件。器形较小，器壁多较厚，且多为敞口。H66∶2，泥质红陶。敞口，小圆唇，浅斜直腹，小平底。素面。口径 12.2、底径 5.5、高 4.4 厘米（图一一〇，1）。H21∶1，细泥红陶。敞口，尖圆唇，厚平底较大。素面。口径 11.9、底径 6.2、高 4.6 厘米（图一一〇，2；图版一四，3）。H62∶5，夹砂红褐陶。敞口，圆唇，小平底，厚壁。素面。口径 11.9、底径 5.2、高 5.6 厘米（图一一〇，3；图版一四，2）。H21∶16，细泥红陶。敞口，小圆唇。器表磨光，唇部与腹顶部饰一周黑彩窄带纹。口径 11.8、残高 4.4 厘米（图一一〇，4）。H18∶1，泥质红陶。敞口，尖圆唇，小平底，厚壁。素面。口径 11.6、底径 7、高 6.2 厘米（图一一〇，5；彩版一七，4）。H2∶25，夹砂红褐陶。直口，圆唇。素面。口径 12、残高 6 厘米（图一一〇，6）。H22∶30，细泥黄陶。微敞口，小圆唇。器表磨光，唇部及腹顶部饰一周窄带纹，上腹饰纵椭圆形圆点纹，均黑彩。口径 12.4、残高 4.6 厘米（图一一〇，7）。H22∶3，细泥黄陶。近直口，小圆唇，小平底微内凹。器表磨光，通饰红彩。口径 12、底径 5.1、高 5.7 厘米

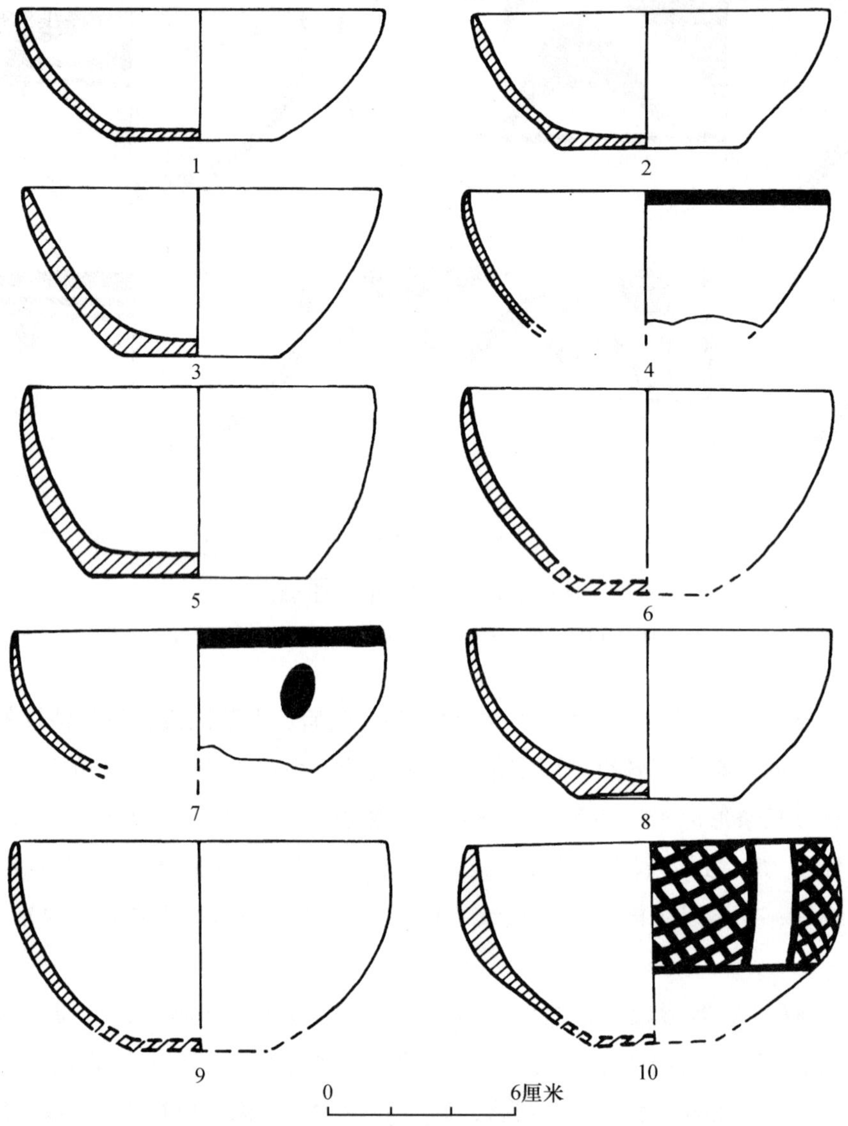

图一一〇　仰韶文化二期陶碗

1～10. Cb型（H66∶2、H21∶1、H62∶5、H21∶16、H18∶1、H2∶25、H22∶30、H22∶3、H14∶14、H4∶4）

（图一一〇，8；彩版一七，5）。H14∶14，泥质红陶。近直口，尖圆唇。素面。口径12.4、残高6.4厘米（图一一〇，9）。H4∶4，泥质黄陶。近直口，小平方唇，上腹胎壁较厚而下部甚薄，小平底。器表磨光，唇部及下腹上部各绘一周窄带纹，上腹绘近正方形网格纹，以长方形地子分隔成若干单元，均黑彩。口径12、残高6厘米（图一一〇，10）。

D型　14件。直口，上腹近竖直较高，下腹缓收。G2∶3，泥质黄陶。小圆唇，较小底微内凹。器表磨光。口径17.2、底径7.4、高9.3厘米（图一一一，1；图版一四，

4）。H2∶26，细泥黄陶。小平方唇，上腹甚竖直。器表磨光，唇饰窄带纹，腹绘三层凸弧纹，其下或为一圆点纹，均黑彩。口径约20.4、残高7.9厘米（图一一一，2）。H2∶27，泥质红陶。尖圆唇。器表磨光，唇部绘一周窄带纹，腹饰至少三层的凸弧纹，由长方形地子分隔成若干单元，均褐彩。口径约18、残高6.4厘米（图一一一，3）。G2∶28，泥质黄陶。小圆唇，直腹。器表磨光，唇部绘窄带纹，腹饰至少双层的凸弧纹，均黑彩。口径约20、残高6.4厘米（图一一一，4）。H22∶31，细泥黄陶。尖圆唇。器表磨光，腹顶饰三周平行线纹，以下饰一列垂弧纹，垂弧之间缀以纵椭圆形圆点纹，均黑彩。口径16、残高8厘米（图一一一，5）。H21∶17，细泥黄陶。尖圆唇。器表磨光，唇部绘窄带纹，腹绘四层凸弧纹，凸弧纹之间以极窄的长条形空白带划分单元，均黑彩。口径20.4、残高12.8厘米（图一一一，6）。

小口瓶　150件。数量众多。大都为泥质红陶，少量红褐陶、灰陶和黄陶，罕见黑陶。形体修长，腹饰线纹、篮纹或篮纹加饰线纹，有的腹部竖置对称的宽扁状桥形耳。

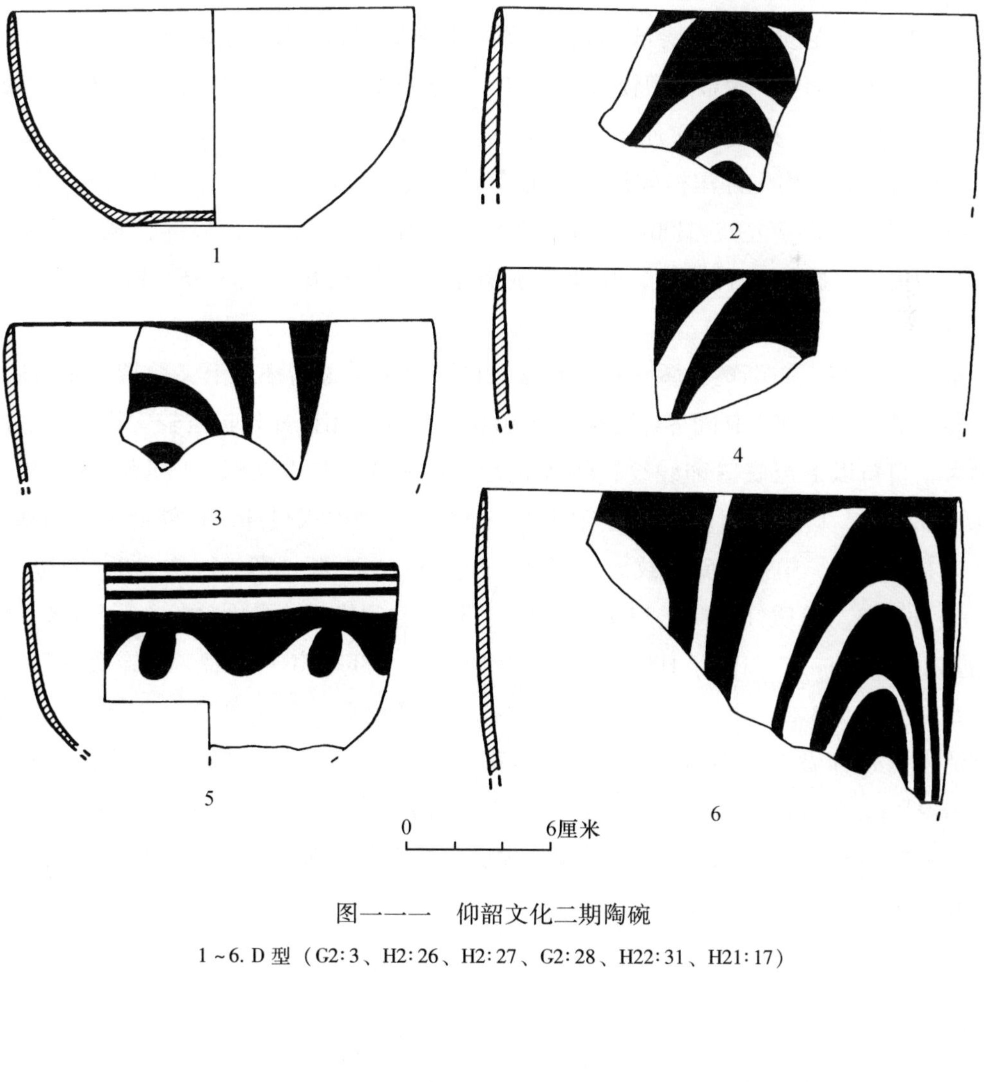

图一一一　仰韶文化二期陶碗

1～6. D型（G2∶3、H2∶26、H2∶27、G2∶28、H22∶31、H21∶17）

皆系泥条盘筑法制成，瓶身做好后，再加接瓶口。底有尖底和平底两种，但完整器较少，其口部又相仿，故难以从器口和器底两方面对照进行型式分析，现依器口不同分三型。

A 型　131 件。环形口，束颈，弧肩，鼓腹。据庙底沟遗址[4]的完整器物瓶 A18b（H338:10）可知该型小口瓶有尖底和平底两种形态，前者鼓腹以下缓收为尖底，器形较高大；后者鼓腹以下急收为大平底，器形较矮小。本型绝大多数应为尖底，平底者甚少，平底的小口瓶更可能属于 B 型，因此小口瓶残底中的尖底与本型的瓶口一起参与到式别分析中，而平底则放在 B 型中介绍。依口、底部差异分六式。

Ⅰ式：1 件。口较高，似一竖置的宽陶环。H57:1，泥质浅黄陶。圆唇，口部斜直略下凹，口、身相接处外折棱较钝，颈甚短微束。腹饰微左斜较粗线纹。口径 4、残高 7.6 厘米（图一一二，1；图版一五，1）。

Ⅱ式：5 件。口较矮，多方唇，口部凸起较高，方唇中部下凹，形成一沟槽，重环口，似一平置陶环之内又竖置一小陶环，颈较短，口、颈相接处外折棱稍锐，底内夹角较小。H26:2，泥质红陶。唇部沟槽较深。口径 6、残高 3.3 厘米（图一一二，2）。H26:1，泥质灰褐陶。唇部沟槽较宽深，口、颈相接处折棱宽厚外圆鼓，内侧面形成宽深的沟槽。口径 5、残高 3.9 厘米（图一一二，3；图版一五，2 右）。G2:6，泥质红陶。方唇微内斜，唇中部沟槽较浅。腹饰交错线纹。口径 6、残高 12.6 厘米（图一一二，4；图版一五，2 左）。H90:1，泥质灰陶。唇部略有浅沟槽，口部较宽，微鼓腹下渐内收为尖底。腹饰左斜线纹，纹饰甚规矩整齐。口径 6、残高 63、器高约 66 厘米（图一一二，7；彩版一八）。

Ⅲ式：46 件。口渐矮，唇变宽，圆唇，口部似一平置陶环之上又叠摞一斜置陶环，形成器口的上、下部，其间界线分明，颈稍长，口、颈相接处外折棱较尖锐，尖底内夹角稍大，自口以下至底遍饰线纹，线纹稍细。H28:1，泥质红陶。口上、下部宽窄近等，下部较厚，口、颈相接处连接痕明显，颈部清晰地嵌入口部，口外部卷包颈部。颈部饰微右斜线纹，腹饰左斜线纹。口径 5、残高 11.6 厘米（图一一二，8；图版一五，3 左）。H09:3，泥质红褐陶。口上部略宽于下部。颈饰微左斜线纹。口径 4.4、残高 6.4 厘米（图一一二，11）。H31:1，泥质灰陶。口上部略窄于下部。颈饰微右斜线纹。口径 5、残高 4 厘米（图一一二，12）。G3:2，泥质红陶。口上部较窄于下部。口部轮旋痕清晰，颈饰微右斜线纹。口径 4、残高 3.5 厘米（图一一二，14；图版一五，3 右）。H92:1，泥质红陶。口上部略宽于下部。颈饰微右斜线纹。口径 5、残高 3.5 厘米（图一一二，15）。H62:9，泥质红褐陶。尖底内壁泥条盘筑痕清晰，外饰右斜线纹。残高 6.6 厘米（图一一三，7）。

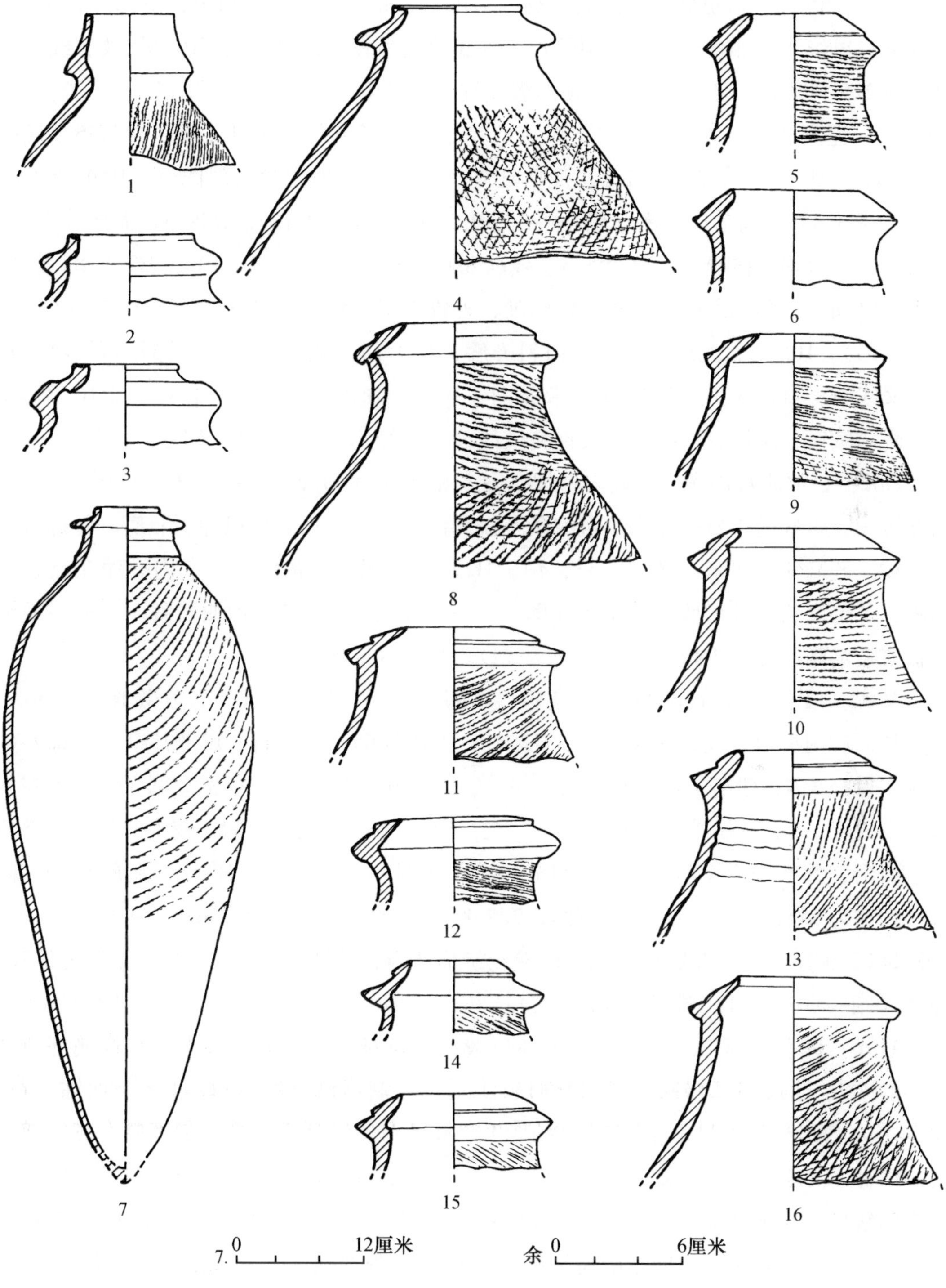

图一一二　仰韶文化二期陶小口瓶

1. AⅠ式（H57∶1）　2～4、7. AⅡ式（H26∶2、H26∶1、G2∶6、H90∶1）　5、6、9、10、13、16. AⅣ式（H62∶8、H22∶17、G1∶2、H88∶3、H22∶18、H89∶3）　8、11、12、14、15. AⅢ式（H28∶1、H09∶3、H31∶1、G3∶2、H92∶1）

Ⅳ式：55 件。口更矮，多圆唇，有的为内斜方唇或尖圆唇，口上、下部“二陶环”之间略有界线，上部宽于下部，颈较长，尖底内夹角较大，自口以下遍饰线纹，线纹更细。H62∶8，泥质红陶。厚圆唇。颈饰横线纹。口径4、残高6.2厘米（图一一二，5）。H22∶17，泥质黄陶。厚圆唇，口上部几近完全覆盖了下部。颈部素面。口径6、残高4.6厘米（图一一二，6）。G1∶2，泥质红陶。尖圆唇。颈饰微右斜线纹，腹饰交叉线纹。口径3.8、残高7.2厘米（图一一二，9；图版一五，4右）。H88∶3，泥质红褐陶。圆唇。颈、腹均饰横线纹。口径5.5、残高8.6厘米（图一一二，10）。H22∶18，泥质红陶。厚圆唇。颈部内壁泥条盘筑痕清晰，外饰左斜线纹。口径5、残高9厘米（图一一二，13）。H89∶3，泥质灰褐陶。内斜方唇，口上部甚宽于下部。颈饰左斜线纹，腹饰交叉线纹。口径5.4、残高10厘米（图一一二，16；图版一五，4左）。H16∶2，泥质红陶。圆唇，颈饰右斜线纹，腹饰交叉线纹。口径4.4、残高10.2厘米（图一一三，1）。H62∶7，泥质灰褐陶。尖底内壁泥条盘筑痕及尖底与腹部交接处泥条起始痕清晰。由此可知，尖底的小口瓶底部盘筑泥条不仅属制陶工艺，而且用以加固瓶底。外饰微右斜线纹。残高9.6厘米（图一一三，4）。H22∶19，泥质红褐陶。尖底内壁泥条盘筑痕清晰，外饰交错线纹。残高7厘米（图一一三，10）。H22∶20，泥质黄陶。尖底内壁泥条盘筑痕清晰，并有手指痕，外饰交叉线纹。残高6.8厘米（图一一三，12）。

Ⅴ式：13 件。矮口，圆唇或尖圆唇，口部“二环”连成一体，形成微斜的单环口，颈更长，底内夹角更大，线纹细密。H2∶11，泥质红陶。尖圆唇，口部甚窄。颈饰左斜线纹。口径4.4、残高3.4厘米（图一一三，5）。H2∶7，泥质红褐陶。圆唇。颈饰左斜线纹。口径5.2、残高4.2厘米（图一一三，6）。H2∶9，泥质红陶。较尖的尖底内壁轮旋痕清晰，外壁饰交叉线纹。残高13.3厘米（图一一三，8）。H3∶1，泥质红陶。圆唇。颈饰左斜线纹。口径4.5、残高7.7厘米（图一一三，9；图版一五，5左）。T03⑫∶1，泥质红陶。厚圆唇。颈部内壁轮旋痕清晰，外饰左斜线纹。口径5、残高7.7厘米（图一一三，11；图版一五，5右）。

Ⅵ式：11 件。矮口，尖圆唇，单环口较窄，长颈，底内夹角甚大，有的底部变成小小的平底。线纹甚细密，有的腹饰横篮纹，有的仅饰线纹，或篮纹之上加饰线纹。H8∶4，本器当是介于Ⅴ式和下述器物F2∶1之间的形态，泥质红陶。尖圆唇。颈饰横线纹。口径4、残高3.7厘米（图一一三，3）。F2∶1，泥质红陶。尖圆唇，口部较窄，颈饰右斜线纹，纹饰特细。口径6、残高6厘米（图一一三，2；图版一五，6）。H21∶2，泥质黄陶。尖底较缓。内壁轮旋痕清晰，外壁饰左斜线纹。残高5.2厘米。H4∶3，泥质红陶。尖底较缓。内壁泥条盘筑后再盘加一泥条，外饰微右斜线纹。残高11厘米（图一一三，13）。H4∶2，泥质红褐陶。尖底圆钝，变成了甚小平底。下部内壁有泥条盘筑痕，外壁饰微右斜线纹。残高5.4厘米（图一一三，14）。

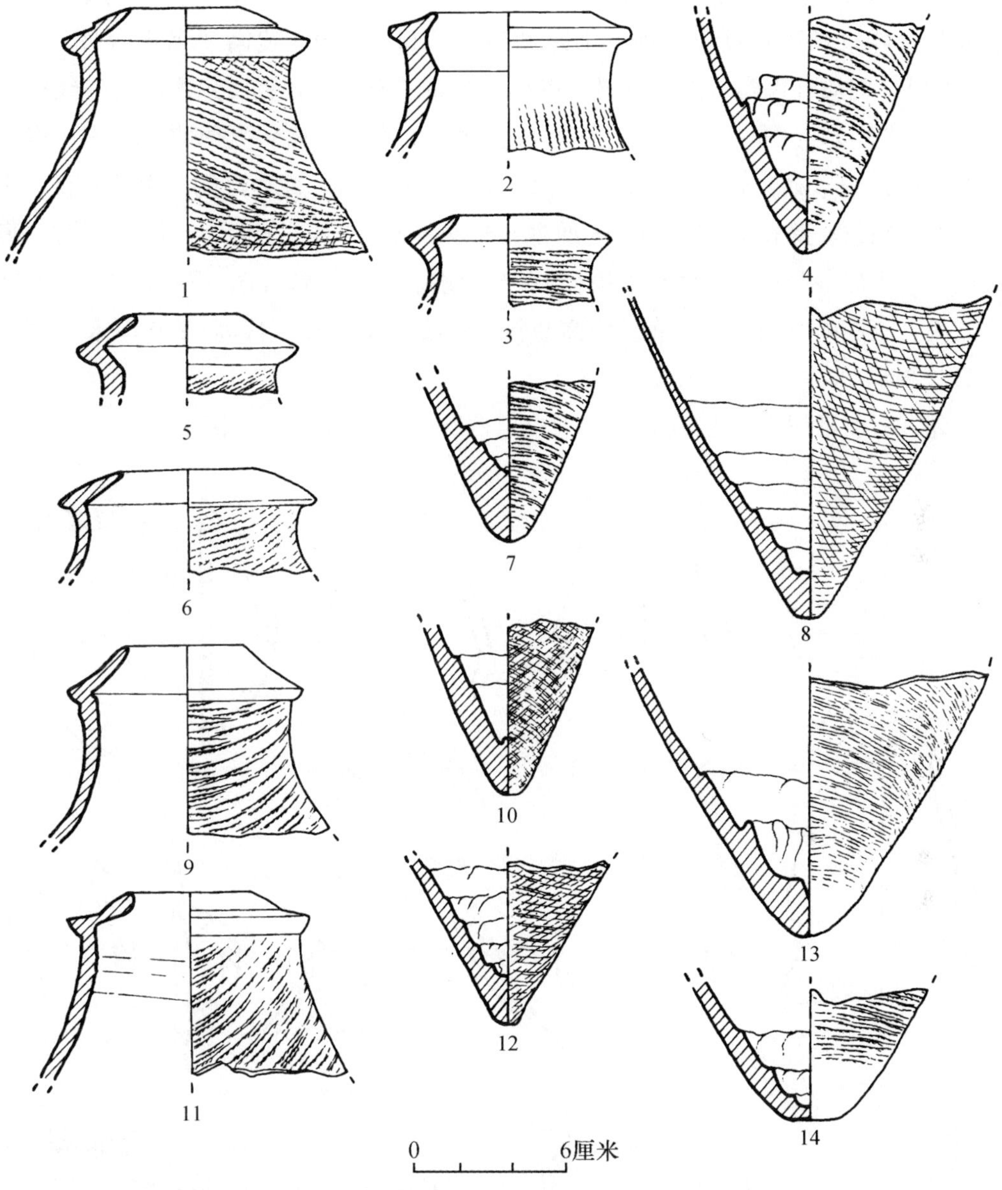

图一一三 仰韶文化二期陶小口瓶

1、4、10、12. AⅣ式（H16:2、H62:7、H22:19、H22:20） 2、3、13、14. AⅥ式（F2:1、H8:4、H4:3、H4:2） 5、6、8、9、11. AⅤ式（H2:11、H2:7、H2:9、H3:1、T03⑫:1） 7. AⅢ式（H62:9）

B型 13件。敛口，口下部外张，近似敛口杯，鼓腹，该型小口瓶皆平底。H2:8，泥质黄陶。尖圆唇微外凸，口上部微内凸，下部外鼓并有微折痕。口径4、残高5.6厘米（图一一四，1）。H16:3，泥质红陶。尖圆唇，口部斜壁微内凹，口下部外有折痕，略束颈。口径4、残高6.2厘米（图一一四，2）。G2:7，泥质红陶。内斜方唇，口部斜直腹，口下部有折棱。口径4、残高6.5厘米（图一一四，3）。H62∶6，泥质红陶。小圆唇外凸，微束颈，斜弧腹。颈下饰左斜线纹。口径3.9、残高9厘米（图一一四，5）。H91∶1，泥质红褐陶。内斜方唇，口部上凹而下鼓，颈较直。颈饰微右斜线纹。口径5、残高8厘米（图一一四，6）。H2∶12，泥质红陶。下腹斜直内收，平底。腹饰右斜线纹。底径11、残高8厘米（图一一四，10）。H22∶21，泥质红陶。腹较斜直。腹饰近平的左斜线纹。底径11.2、残高8厘米（图一一四，11）。H89∶4，泥质红陶。腹下收微内凹，平底。腹饰右斜线纹。底径16.5、残高11.8厘米（图一一五，1）。H65∶3，泥质红陶。下腹斜直内收，平底。腹饰左斜细线纹。底径12、残高12.9厘米（图一一五，2）。

另外，有4件属于A型或B型的近口部器腹残片，不可确定型别。

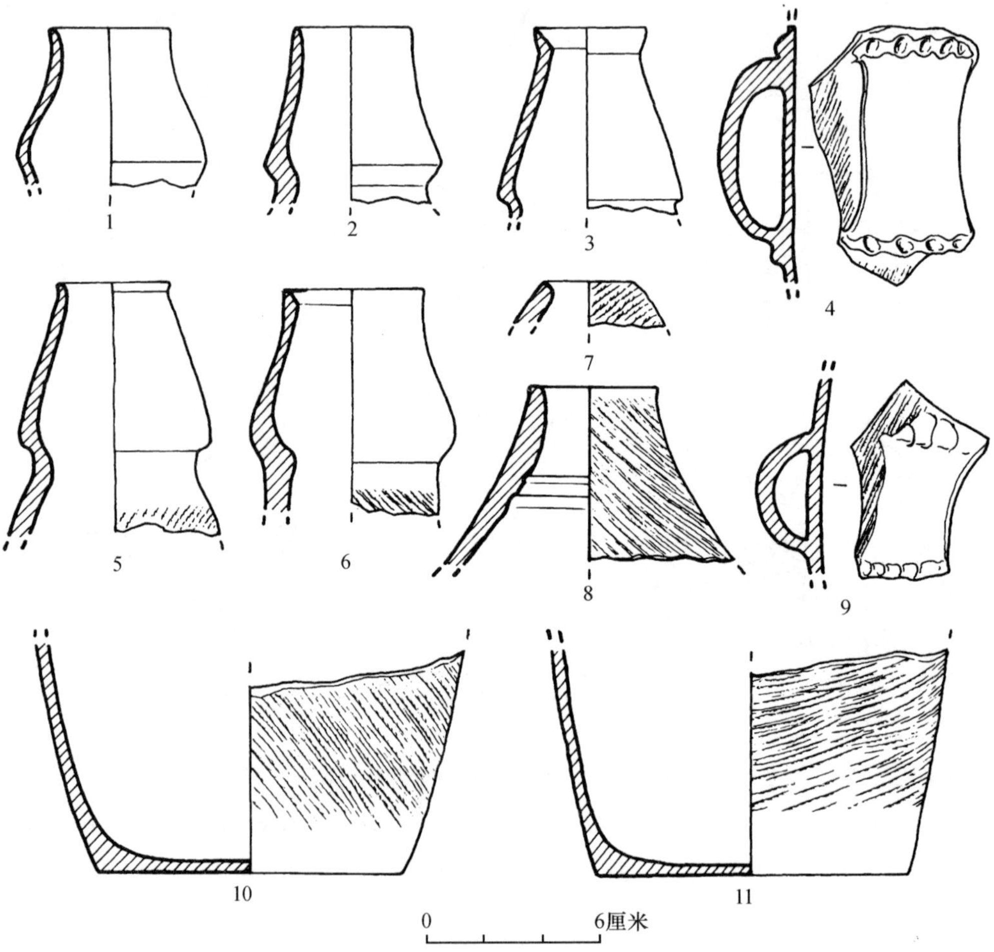

图一一四　仰韶文化二期陶小口瓶

1～3、5、6、10、11. B型（H2∶8、H16∶3、G2∶7、H62∶6、H91∶1、H2∶12、H22∶21）

4、9. 小口瓶耳（H2∶13、H13∶1）　7、8. C型（H2∶10、G2∶5）

C型　2件。敛口，口、腹无界线，口以下渐圆鼓。H2:10，泥质黄陶。内斜方唇。自口部以下外饰左斜线纹。口径3.2、残高1.7厘米（图一一四，7）。G2:5，泥质红褐陶。圆唇。近口部内壁轮旋痕清晰，自口部以下外饰右斜线纹。口径4.4、残高6.2厘米（图一一四，8）。

小口瓶耳　2件。均宽板状桥形。H2:13，泥质红陶。耳、腹相接处上、下各有一条绳切状堆纹，用于加固器耳。瓶腹饰左斜线纹（图一一四，4）。H13:1，泥质红陶。耳、腹相接处有黏接加固痕。瓶腹饰左斜线纹（图一一四，9）。

钵　72件。盛食器，数量较多。陶质有细泥质、泥质和夹砂三种，多红陶和红褐陶，少量灰陶、黑陶和灰褐陶。依陶质及形制不同可分四型。

A型　32件。细泥质或泥质，敛口，弧肩，斜腹，大都为彩陶。依口部差异分三式。

Ⅰ式：20件。口敛较微。H65:11，泥质红陶。尖圆唇。素面。口径22、残高6.9厘米（图一一六，2）。G2:32，泥质黄陶。内斜小方唇。磨光，唇部与肩顶部饰一周黑彩窄带纹。口径约30、残高8.8厘米（图一一六，3）。H65:10，泥质红陶。小圆唇，平底。器表磨光。口径20、残高9.2厘米（图一一六，4）。G2:33，泥质红陶。尖圆唇。器表磨光，唇部及腹顶部饰一周褐彩宽带纹。口径32、残高5.6厘米（图一一六，5）。G2:34，泥质黄陶。圆唇。器表磨光，唇部与肩顶部饰一周窄带纹，以下饰柳叶形弧边三角纹和缀以圆点的斜线纹，均黑彩。口径26.8、残高5.6厘米（图一一六，1）。H92:2，细泥黄陶。尖圆唇，腹甚斜直。器表磨光，唇部与肩顶部饰一周黑彩窄带纹。口径26.8、残高12.8厘米（图一一六，8；彩版一九，1）。

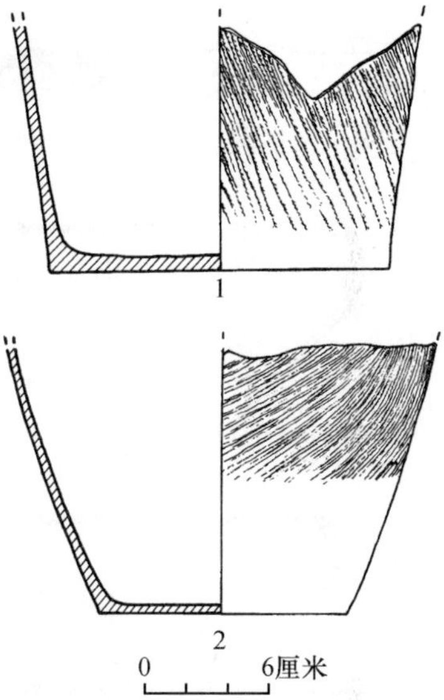

图一一五　仰韶文化二期陶小口瓶
1、2. B型（H89:4、H65:3）

Ⅱ式：11件。口较敛。H13:2，泥质黄陶。内斜小方唇。器表磨光，唇部与肩顶部饰一周黑彩窄带纹。口径24、残高5.4厘米（图一一六，10）。

Ⅲ式：1件。口甚敛。H8:2，细泥红褐陶。内斜小方唇，腹甚斜直，小凹底。器表磨光，唇及肩顶部饰一周黑彩窄带纹。口径29.4、底径9.9、高10.4厘米（图一一六，12；彩版一九，2）。

B型　31件。细泥质或泥质，敛口，鼓肩，弧腹。依口部差异分三式。

Ⅰ式：8件。口敛较微。H31:4，泥质红褐陶。小圆唇。器表磨光。口径23、残高6.6厘米（图一一六，6）。H65:12，泥质红陶。尖圆唇。器表磨光。口径20、残高5.6厘米（图一一六，7）。

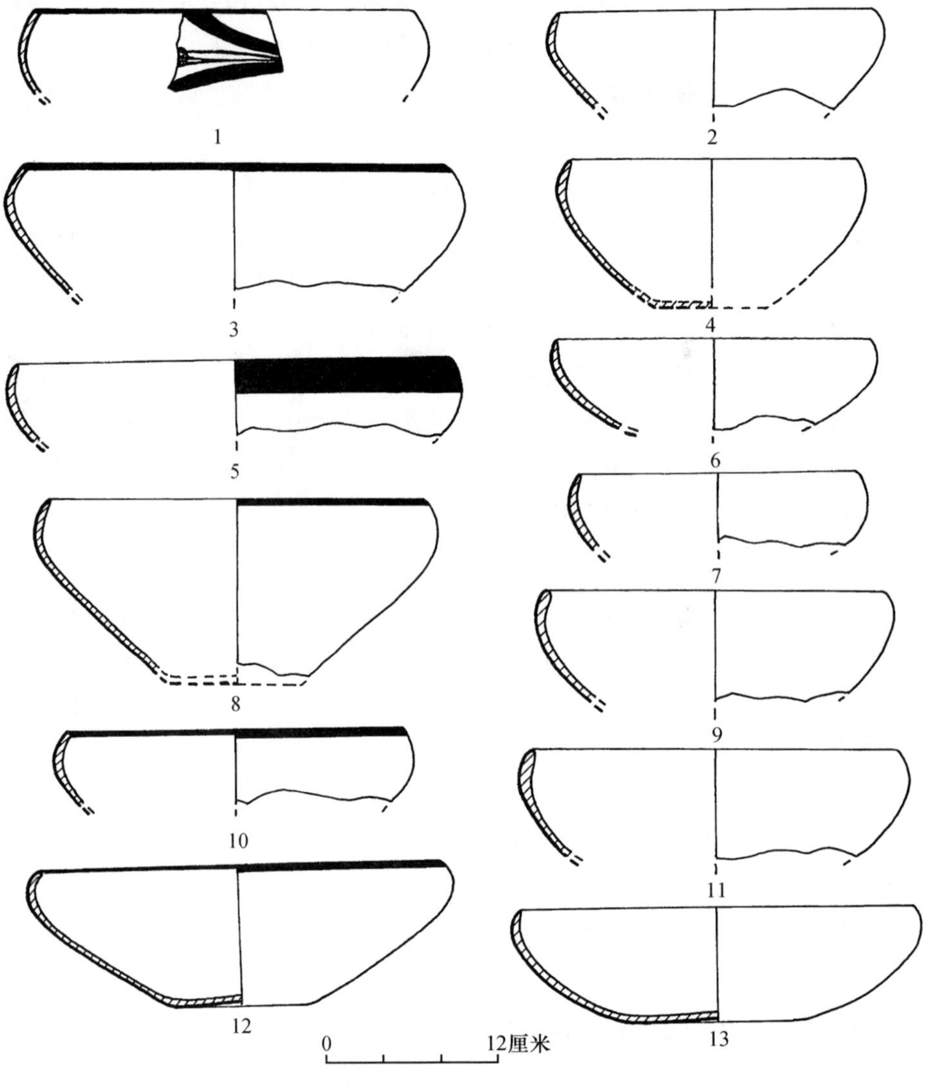

图一一六　仰韶文化二期陶钵

1～5、8. AⅠ式（G2∶34、H65∶11、G2∶32、H65∶10、G2∶33、H92∶2）　6、7. BⅠ式（H31∶4、H65∶12）
9、11、13. BⅡ式（H18∶2、H6∶10、H16∶1）　10. AⅡ式（H13∶2）　12. AⅢ式（H8∶2）

Ⅱ式：16件。口敛明显。H16∶1，泥质红褐陶。尖圆唇，腹较浅，微内凹底。素面。口径27.6、底径12、高8.2厘米（图一一六，13；图版一四，5）。H18∶2，泥质红陶。厚圆唇。素面。口径24、残高7.6厘米（图一一六，9）。H6∶10，泥质红陶。厚圆唇，肩部壁较厚。素面。口径25.4、残高7.6厘米（图一一六，11）。

Ⅲ式：4件。口敛较甚。H3∶3，泥质灰陶。尖圆唇，肩、腹之间略有折痕，器壁较薄。器表磨光发亮，器形精致。口径18、残高7.6厘米（图一一七，1）。H2∶28，细泥

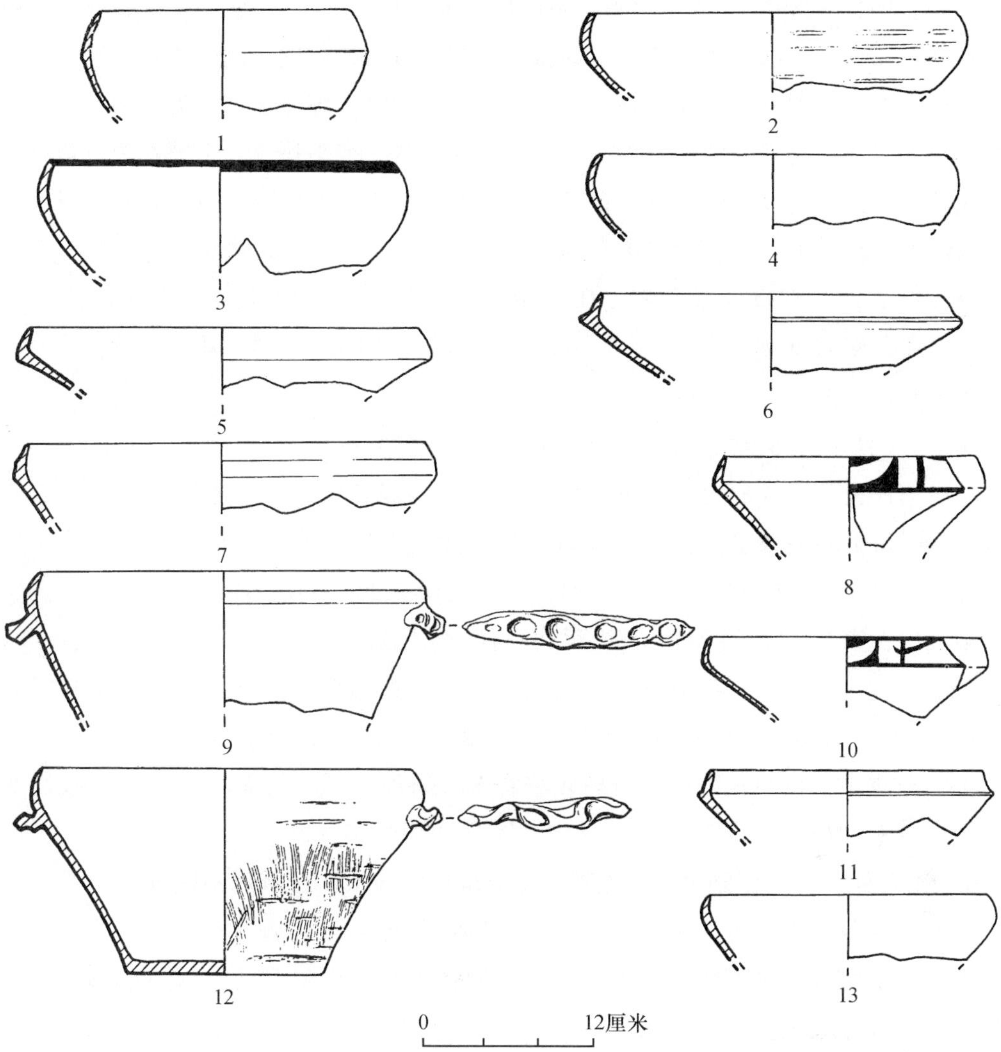

图一一七 仰韶文化二期陶钵

1～3. BⅢ式（H3∶3、H2∶28、H3∶2） 4. BⅣ式（H21∶18） 5、8、10. Ca型（H13∶3、H88∶5、H88∶4） 6、11. Cb型（H16∶10、F2∶2） 7、9、12、13. D型（H22∶33、H22∶32、H22∶6、H14∶15）

黄陶。唇部被切削成平方唇。素面，肩部有制作时留下的众多切刮痕。口径26、残高5.8厘米（图一一七，2）。H3∶2，泥质红褐陶。内斜方唇，肩部壁较厚。器表磨光，唇部及肩顶部饰一周黑彩窄带纹。口径24、残高8.4厘米（图一一七，3）。

Ⅳ式：3件。口甚敛。H21∶18，细泥黄陶。小圆唇。素面。口径24.8、残高5.2厘米（图一一七，4）。

C型 5件。细泥质或泥质，敛口，折肩，斜腹内收。依肩部特征不同分二亚型。

Ca型 3件。肩微折。H13∶3，泥质红褐陶。圆唇。素面。口径28、残高4.8厘米

（图一一七，5）。H88∶5，细泥黄陶。小圆唇。器表磨光，折肩处饰一周窄带纹，肩顶部饰一列垂弧纹，下部弧边三角纹与垂弧纹相咬，弧边三角纹一侧竖置短直线纹，均黑彩。口径约18、残高6.5厘米（图一一七，8）。H88∶4，细泥黄陶。尖圆唇。磨光，唇部与肩顶部以及折肩处分别绘一周窄带纹，肩顶部饰一列垂弧纹，下部弧边三角纹与垂弧纹相咬，弧边三角纹一侧饰竖短直线纹，均黑彩，彩纹较草率，有的有收笔时留下的延伸斜线。口径约19.5、残高5.8厘米（图一一七，10）。

Cb型　2件。折肩处起凸棱。H16∶10，细泥红褐陶。尖圆唇。器表磨光。口径24.8、残高6厘米（图一一七，6）。F2∶2，泥质红褐陶。圆唇。器表磨光。口径20、残高4.8厘米（图一一七，11）。

D型　4件。夹砂陶。H22∶6，红褐陶。尖圆唇，微敛口，窄弧肩，斜腹微内凹，平底。肩下横置较短且窄的薄泥条状双錾，錾体上有斜弧状窝痕，较草率。素面，腹外壁有制作时留下的泥条盘筑痕，中腹以下泥条盘筑痕以上有清晰的纵向刮削痕。口径26、底径14、高14.5厘米（图一一七，12；图版一四，6）。H14∶15，红褐陶。尖圆唇，微敛口，窄鼓肩，斜直腹。素面。口径20、残高4.8厘米（图一一七，13）。H22∶32，红褐陶。敛口，尖圆唇，窄折肩斜直，斜腹微凹，肩下置鸡冠状双錾，錾较长而宽厚，竖点状窝痕较规整。素面。口径26.6、残高10.8厘米（图一一七，9）。H22∶33，红褐陶。敛口，圆唇，折肩较窄斜直，斜腹微凹。素面。口径28、残高5厘米（图一一七，7）。

缸　127件。主要盛器之一，数量较多。器形多较大。依陶质不同分两类。

甲类　69件。夹砂类，大都砂粒粗大，胎壁较厚，红褐陶或灰褐陶。腹表多饰线纹，或上腹线纹顶端饰旋纹，有的线纹之上加饰旋纹，少量素面。依口部形制不同分二型。

A型　56件。多圆唇，唇较厚外鼓，或唇外有叠边，深直腹。又可分二亚型。

Aa型　31件。唇部外鼓，厚而较窄。依口部差异分三式。

Ⅰ式：17件。口微敛。H30∶2，灰褐陶。内斜方唇。素面。口径24、残高6.7厘米（图一一八，1）。G2∶47，灰褐陶。圆唇，腹内上部一周浅凹槽。腹饰左斜的较粗疏线纹。口径28、残高11厘米（图一一八，2）。G2∶48，灰褐陶。唇外鼓较尖。腹饰左斜的较粗疏线纹，近顶部为微斜横线纹。口径30、残高7.5厘米（图一一八，3）。G2∶49，灰褐陶。平方唇，唇部外鼓甚厚。腹饰微斜的较粗疏横线纹，腹顶部附带按窝的圆形小泥饼。口径30、残高7.4厘米（图一一八，4）。

Ⅱ式：9件。直口或近直口。H13∶4，灰褐陶。圆唇。腹饰右斜的较细密绳纹，上腹部绳纹之上加饰较宽浅旋纹。口径33.2、残高11.8厘米（图一一八，5）。H6∶12，红褐陶。圆唇，唇内微敛，唇外鼓部分下缘凸起一棱。腹饰右斜的较细密线纹。口径

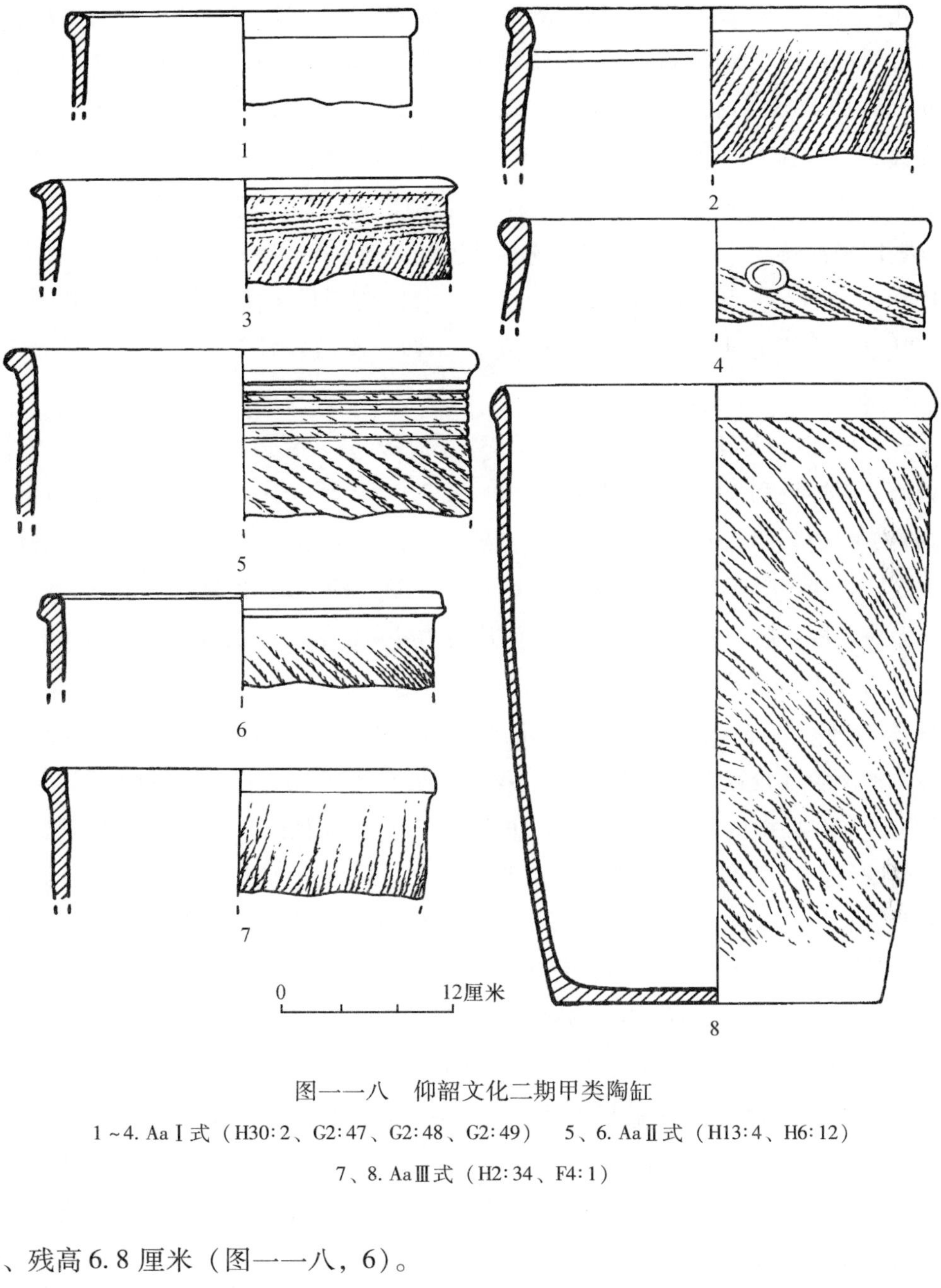

图一一八　仰韶文化二期甲类陶缸

1～4. AaⅠ式（H30:2、G2:47、G2:48、G2:49）　5、6. AaⅡ式（H13:4、H6:12）
7、8. AaⅢ式（H2:34、F4:1）

26.4、残高6.8厘米（图一一八，6）。

Ⅲ式：5件。口微敞。H2:34，红褐陶。平方唇，唇面有一周凹槽。腹饰左斜较稀疏的细线纹。口径26.6、残高9厘米（图一一八，7）。F4:1，红褐陶。尖圆唇，腹斜直下收，平底。腹饰右斜较稀疏的细线纹。口径29.6、底径23.6、高43.2厘米（图一一八，8；彩版一九，3）。

Ab型　25件。唇外有宽而薄的叠边。依口部差异分三式。

Ⅰ式：11 件。口微敛。G2∶50，灰褐陶。微内斜宽方唇，唇面有凹槽，叠边微弧，内壁近口部有一周窄而深的沟槽。腹饰稀疏的较粗线纹。口径 28、残高 7.8 厘米（图一一九，1）。G2∶51，灰褐陶。内斜方唇，唇面略有凹痕，叠边微弧，上腹部微弧。腹顶部饰数周窄深旋纹，以下饰粗竖线纹。口径 30、残高 8.1 厘米（图一一九，2）。H65∶16，红褐陶。微内斜方唇，方唇圆钝，叠边微弧，内壁近口部有一窄深沟槽，腹顶部饰数周窄深旋纹，以下饰稀疏的较粗线纹。口径 28、残高 6.8 厘米（图一一九，3）。H30∶3，灰褐陶。内斜方唇，叠边内、外两面均微凹，内面凹痕较深。腹饰较粗竖线纹，其上加饰每两周或三周为一组的宽平甚浅旋纹。口径 32、残高 8.5 厘米（图一一九，4）。

Ⅱ式：11 件。直口。H62∶16，红褐陶。内斜方唇，叠边甚宽，外微弧而内微凹，胎壁较薄。腹饰较宽浅的旋纹。口径 28、残高 7.9 厘米（图一一九，5）。H6∶14，红褐陶。圆唇，叠边微凹，内壁近口部一周较宽浅沟槽。腹顶部饰数周旋纹，以下饰微左斜的粗线纹。口径 30、残高 8.7 厘米（图一一九，6）。H6∶13，红褐陶。圆唇，叠边宽而甚薄，胎壁甚厚。腹饰右斜的细密线纹，从叠边外可清晰看到腹先饰纹而后再叠边的制作顺序。口径 36、残高 8.7 厘米（图一一九，8）。

Ⅲ式：4 件。口微敞。H3∶7，灰褐陶。微内斜方唇，叠边下部微凹，内壁近口部一周宽浅沟槽。腹饰较宽旋纹。口径 28、残高 7 厘米（图一一九，7）。H8∶22，红褐陶。甚平的平方唇，唇微内敛，叠边竖直，下缘平齐，唇面切痕清晰。腹部与唇外叠边饰左斜的细密线纹。口径 25.6、残高 6.8 厘米（图一一九，9）。H8∶21，红褐陶。微内斜方唇，叠边斜直，内壁近口部一周较宽浅沟槽，微弧腹。上腹饰四周较宽浅旋纹，其下饰微左斜的较细密线纹。口径 37.4、残高 9.6 厘米（图一一九，10）。

B 型　13 件。多平方唇，唇不外鼓或仅微有鼓痕。依腹部不同分二亚型。

Ba 型　8 件。腹部近直。依口部差异分四式。

Ⅰ式：3 件。口微敛，上腹壁明显内收。G2∶52，灰褐陶。平方唇。腹饰微左斜的稀疏较粗横线纹，近口部残存被抹平的线纹痕。口径 28.8、残高 8.7 厘米（图一二〇，1）。G2∶53，灰褐陶。平方唇，唇外微有鼓痕，口部胎壁较厚，下部较薄。素面。口径 28.4、残高 6.8 厘米（图一二〇，2）。

Ⅱ式：2 件。微敛或近直口。H13∶5，红褐陶。平方唇，唇微内敛，直口。腹饰较细密的斜线纹，之上加饰略宽浅旋纹，并贴附斜置的泥条状堆纹，堆纹之上有指窝痕。口径 32、残高 10.8 厘米（图一二〇，3）。H22∶2，红褐陶。微外斜方唇，唇微敛，直口，腹微弧下收，平底，底部外凸一周，似假圈足。口部腹壁较厚，向下较薄。口部以下饰左斜的稀疏粗线纹，近口部线纹之上加饰略粗浅的旋纹，上腹附加斜置的堆纹状双鋬，鋬上有圆形按窝，近底部有制作时留下的浅指窝痕。口径 29.2、底径 22、高 41.8

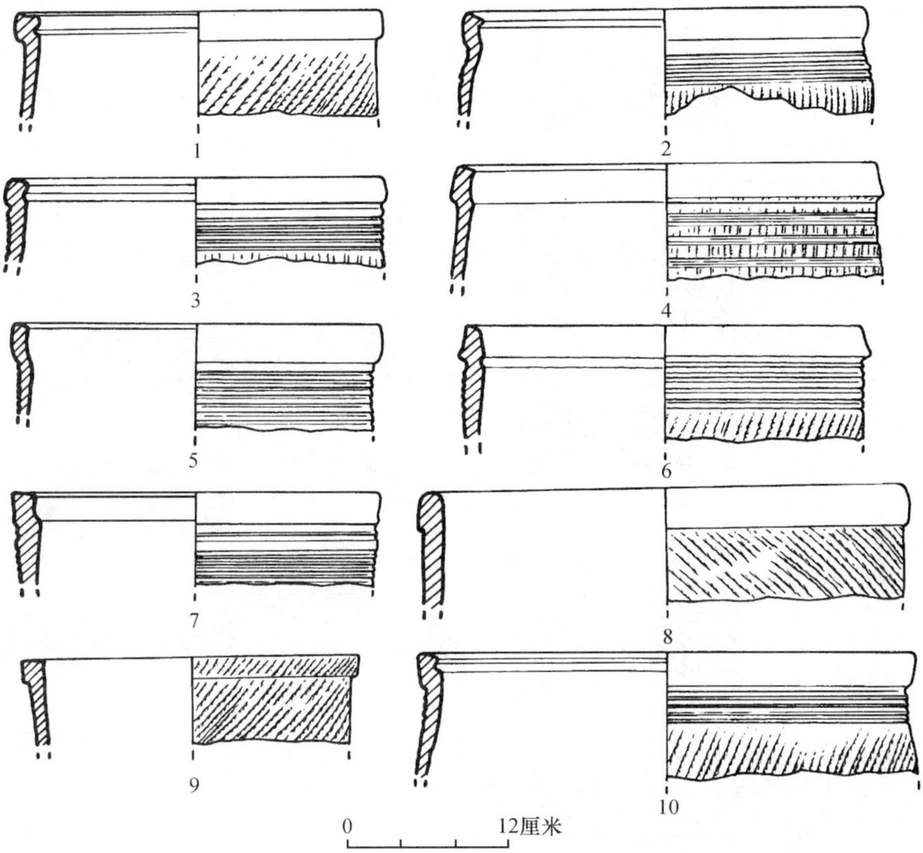

图一一九　仰韶文化二期甲类陶缸

1～4. AbⅠ式（G2∶50、G2∶51、H65∶16、H30∶3）　5、6、8. AbⅡ式（H62∶16、H6∶14、H6∶13）
7、9、10. AbⅢ式（H3∶7、H8∶22、H8∶21）

厘米（图一二〇，11；彩版一九，4）。

Ⅲ式：1件。直口。H3∶8，红褐陶。圆钝的平方唇。素面。口径25、残高6.8厘米（图一二〇，4）。

Ⅳ式：2件。口微敞。H21∶24，红褐陶。微斜方唇，口部甚厚，向下渐薄。腹饰细密的左斜线纹加饰宽浅旋纹。口径32.8、残高6.4厘米（图一二〇，5）。H21∶23，灰褐陶。窄斜方唇。腹饰细密的斜线纹。口径33.2、残高11.2厘米（图一二〇，8）。

Bb型　5件。口甚敛，腹较鼓。G2∶54，灰褐陶。平方唇，唇微鼓。腹饰甚浅而稀疏的右斜线纹，其上加饰略窄深的旋纹。口径20、残高5.2厘米（图一二〇，6）。H88∶6，红褐陶。微斜方唇，唇略外鼓。腹饰粗疏的左斜线纹，加饰较窄深旋纹。口径21、残高5.6厘米（图一二〇，7）。G2∶55，灰褐陶。小圆唇，内壁近口部一周窄深沟槽。腹饰粗疏的左斜线纹。口径27.4、残高4厘米（图一二〇，9）。H89∶11，红褐陶。

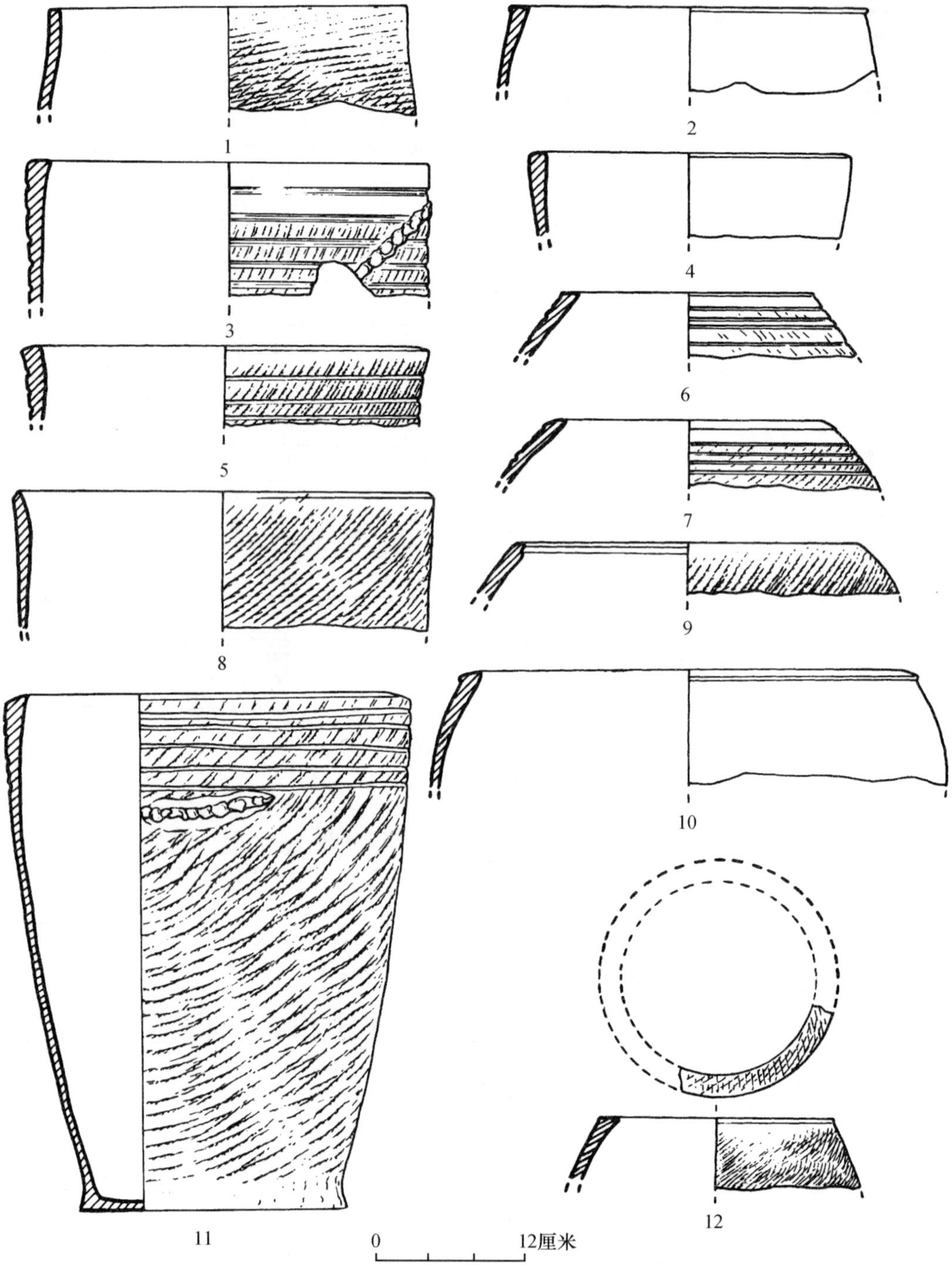

图一二〇　仰韶文化二期甲类陶缸

1、2. BaⅠ式（G2∶52、G2∶53）　3、11. BaⅡ式（H13∶5、H22∶2）　4. BaⅢ式（H3∶8）
5、8. BaⅣ式（H21∶24、H21∶23）　6、7、9、10、12. Bb型（G2∶54、H88∶6、G2∶55、H89∶11、H2∶35）

器形硕大，微斜方唇。素面。口径37.2、残高9.2厘米（图一二〇，10）。H2∶35，灰褐陶。平方唇。腹及唇部饰交错杂乱的细密线纹。口径18.8、残高6厘米（图一二〇，12）。

乙类　58件。泥质类，多红陶，其次为黑陶，一部分为红褐陶、灰褐陶和灰陶。依口部等不同分三型。

A型　47件。敛口，唇外鼓，或唇外有叠边。器形较大，依唇部不同分二亚型。

Aa型　44件。多方唇，唇外鼓或唇外叠边较宽。依肩及腹部差异分三式。

Ⅰ式：20件。肩部弧鼓，腹壁斜收而稍外鼓，肩腹无明显界线。H84∶3，黑陶。内斜窄方唇，唇内敛，唇外叠边近平，中下部微有折痕，下缘作小方唇。器表磨光，叠边表面饰四周旋纹。口径30、残高8.2厘米（图一二一，1）。H09∶6，红陶。内斜窄方唇，唇外叠边下缘较厚起折。素面。口径37、残高26.2厘米（图一二一，12）。G2∶56，黑陶。内斜窄方唇，唇外叠边下缘较厚微有折，近口部胎壁较厚而向下较薄。素面。口径36、残高8.4厘米（图一二一，4）。

Ⅱ式：21件。肩部圆缓，腹壁下部斜收而较直，肩腹约有界线。H16∶12，红陶。圆唇，唇外叠边下缘圆鼓。素面。口径30.4、残高10.4厘米（图一二一，2）。H16∶13，红陶。斜方唇，唇下缘凸起，唇外叠边近平，下缘较厚。肩部饰四周较宽浅的旋纹。口径28、残高8.4厘米（图一二一，3）。H14∶17，红陶。内斜方唇，唇外叠边近平，下缘弧钝。素面。内壁有清晰的泥条盘筑痕，外壁有制作时留下的斜划痕。口径38、残高13厘米（图一二一，6）。H62∶15，红褐陶。尖唇，唇外叠边下缘较弧钝。器表磨光。口径36.2、残高8.5厘米（图一二一，8）。H16∶14，黑陶。厚圆唇，唇外叠边圆鼓，下缘略有折痕。器表磨光。口径41.2、残高9.2厘米（图一二一，10）。

Ⅲ式：4件。曲肩，腹壁斜收微内凹，肩、腹界线明显。H2∶36，黑陶。尖圆唇，唇外叠边甚薄。器表磨光。口径25、残高7.2厘米（图一二一，5）。H2∶37，器形特大，灰陶。圆唇，唇外微鼓，唇内向下斜折，似折沿，肩窄而明显，胎壁普遍较厚。器表磨光，有润腻之感。口径53.5、上残高13、中残高22.2、器高约45.6厘米（图一二一，13）。

Ab型　3件。小圆唇微外鼓，弧腹或鼓腹。G2∶20，红褐陶。溜肩，鼓腹。素面。口径26、残高7.2厘米（图一二一，7）。G2∶57，红褐陶。溜肩，鼓腹，口部胎壁较厚而向下较薄。肩部饰较窄深的旋纹。口径28、残高6.2厘米（图一二一，9）。G2∶58，红陶。小圆唇，溜肩，弧腹。素面。口径28、残高6.5厘米（图一二一，11）。

B型　5件。敛口，无沿，弧腹。方唇或圆唇，唇不外鼓。依口部差异分二式。

Ⅰ式：4件。口微敛。皆出自G2。G2∶59，红褐陶。内斜方唇，内壁顶部有一周制作时将唇下缘卷压而致的窄沟槽，唇部胎壁甚厚而向下甚薄。器表磨光。口径26、残高5.1厘米（图一二二，3）。G2∶60，黑陶。平方唇圆钝，腹微有折痕。器表磨光，

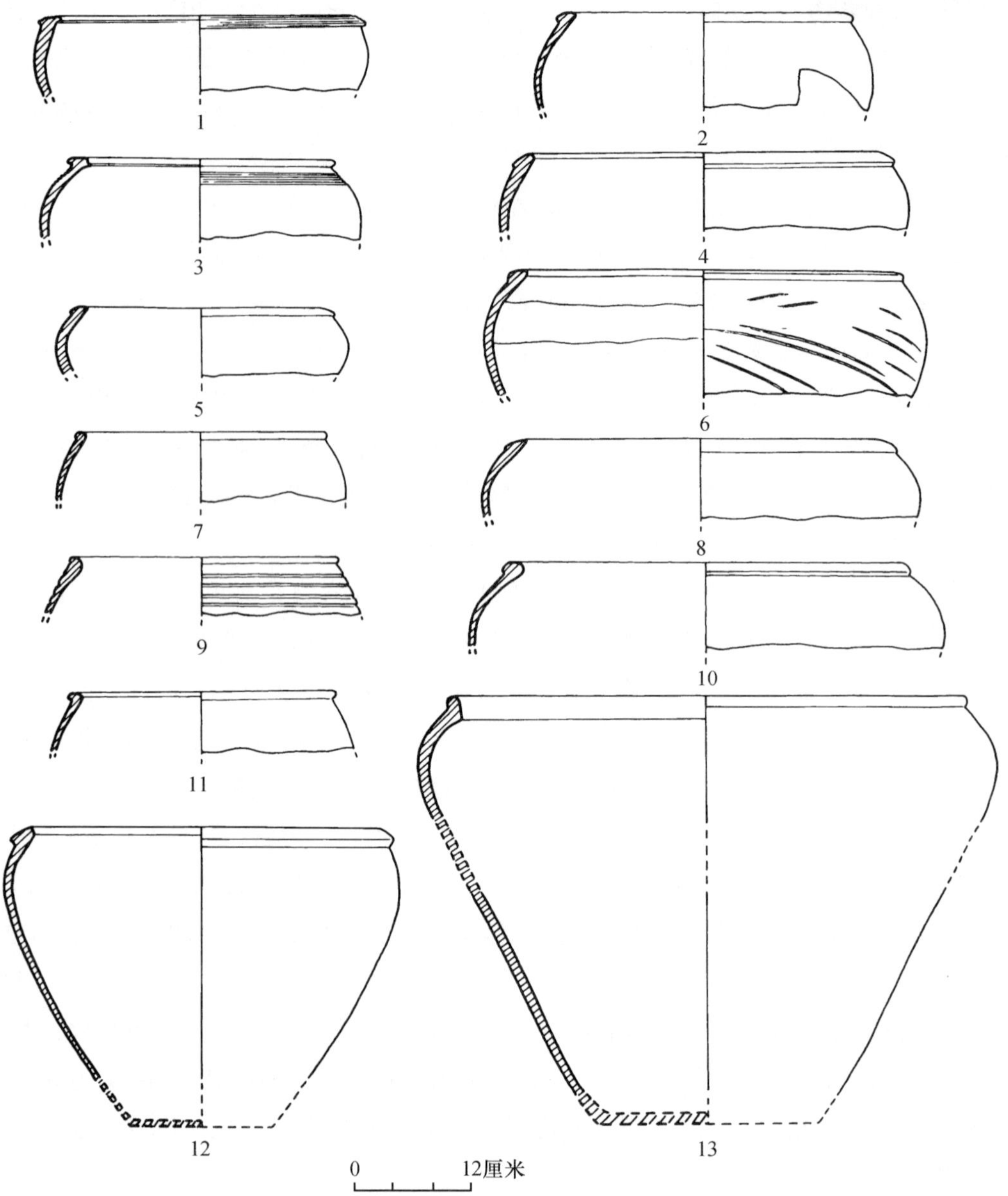

图一二一　仰韶文化二期乙类陶缸

1、4、12. AaⅠ式（H84∶3、G2∶56、H09∶6）　2、3、6、8、10. AaⅡ式（H16∶12、H16∶13、H14∶17、H62∶15、H16∶14）　5、13. AaⅢ式（H2∶36、H2∶37）　7、9、11. Ab型（G2∶20、G2∶57、G2∶58）

但局部较粗糙，器形不甚规整。口径29、残高7.6厘米（图一二二，5）。G2∶61，黑陶。微内斜方唇，唇部圆钝。素面。口径28.4、残高5.2厘米（图一二二，7）。G2∶62，红褐陶。微斜方唇，唇面中部约略下凹。内壁顶部一周窄沟槽，系制作时将唇下缘卷压而致。素面。口径26、残高4.8厘米（图一二二，1）。

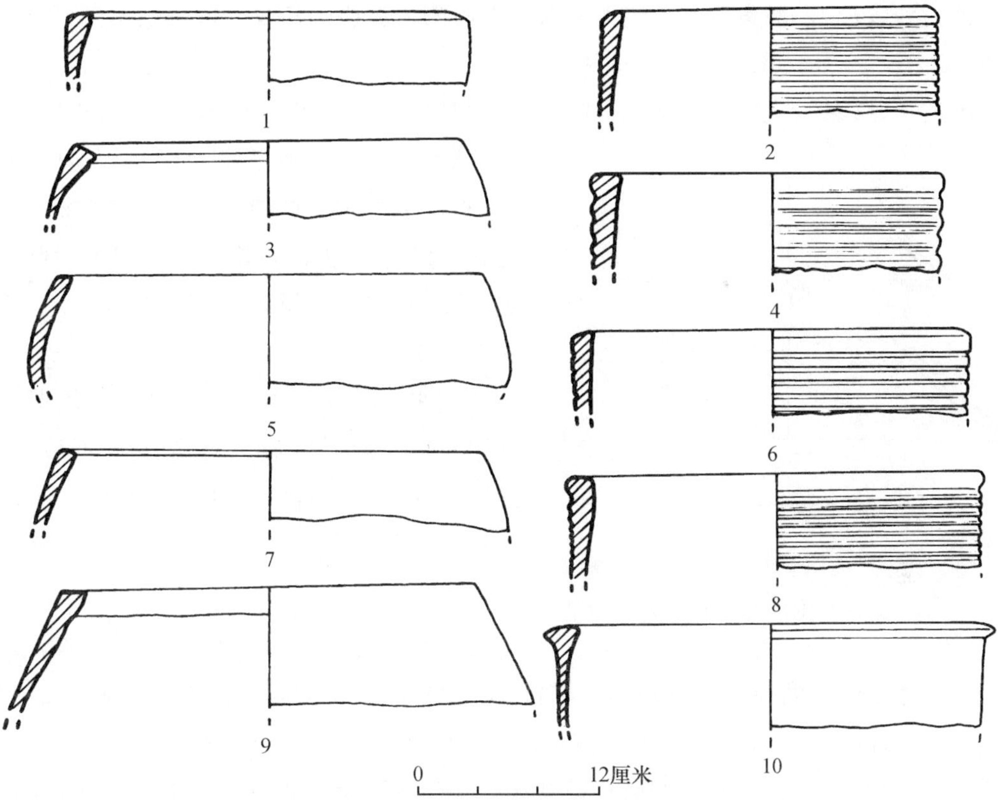

图一二二　仰韶文化二期乙类陶缸

1、3、5、7. BⅠ式（G2:62、G2:59、G2:60、G2:61）　2、4、6、8. C型（H14:18、H4:7、H18:5、G2:63）　9. BⅡ式（H89:23）　10. 其他（H6:15）

Ⅱ式：1件。口敛较甚。H89:23，红褐陶。宽平方唇，斜直肩，口部胎壁较厚而向下渐薄，内壁近口部有制作时留下的接痕。通体磨光。口径28、残高8.2厘米（图一二二，9）。

C型　4件。器形稍小，近直口，腹表饰旋纹。H14:18，红褐陶。斜方唇圆钝，直腹。腹饰细密旋纹。口径21、残高7.2厘米（图一二二，2）。H4:7，黄陶。平方唇圆钝，唇内微敛，斜直腹。腹饰较宽浅旋纹。口径24、残高7厘米（图一二二，4）。H18:5，红陶。斜方唇，斜直腹。腹饰较窄深旋纹。口径25、残高5.8厘米（图一二二，6）。G2:63，黑陶。圆唇，直腹向下稍内收，口部胎壁甚厚，向下渐薄。唇部以下饰较窄深旋纹。口径28.4、残高6.4厘米（图一二二，8）。

其他缸　1件。因无法归入上述乙类各型，暂列作“其他缸”。H6:15，泥质灰褐陶。平方唇，唇面略圆鼓，唇外凸内敛，纵剖面呈“T”字形，壁近直。口部磨光。口径29、残高7厘米（图一二二，10）。

器盖　119件。数量较多。绝大多数为夹砂陶，泥质陶甚少。依陶质不同可分为两大类。

甲类　113件。夹砂类，多红褐陶，较少灰褐陶。皆素面。依形制不同分四型。

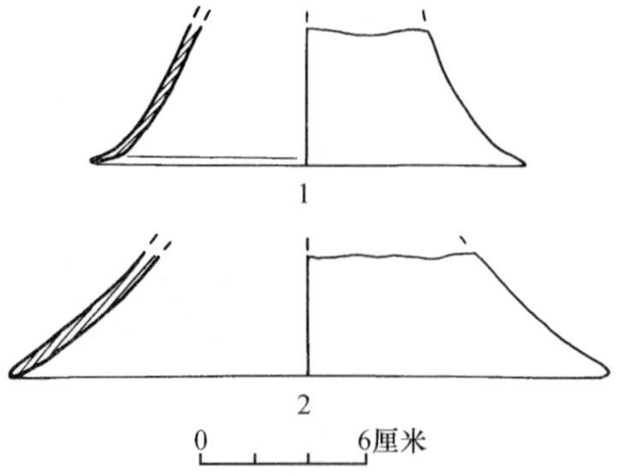

图一二三　仰韶文化二期甲类陶器盖
1、2. A型（H22∶35、H90∶14）

A型　2件。约呈覆盆形，盖斜壁甚高。H22∶35，红褐陶。圆唇，近口部略有折痕。口径16、残高5厘米（图一二三，1）。H90∶14，灰褐陶。圆唇。口径22、残高4.6厘米（图一二三，2）。

B型　96件。约呈覆钵形，多圆唇外鼓或外叠边，罕见方唇与不叠边或不鼓唇者，弧壁，顶部往往有桥形纽。该型器盖有较大和较小两种，但其形制及式别变化一致。分三式。

Ⅰ式：44件。盖肩较浅，顶较矮，壁略弧，盖纽体较厚或纵剖面呈近圆形、椭圆形。H30∶4，灰褐陶。圆唇。口径18、残高3.2厘米（图一二四，1）。G2∶64，红褐陶。圆唇外鼓。口径20、残高3.4厘米（图一二四，2）。H09∶7，灰褐陶。圆唇外鼓甚厚，盖纽纵剖面呈近圆形。上残高5.9、下残高4.1厘米（图一二四，3）。H31∶5，陶胎中砂粒较大，灰褐陶。盖纽纵剖面约呈椭圆形。残高3.3厘米（图一二四，5）。

Ⅱ式：38件。盖肩稍深，顶稍高，壁微鼓，顶部近平，盖纽略扁薄，纽纵剖面约呈弧边矩形。H23∶2，器形较小，灰褐陶。圆钝的平方唇，唇外叠边。口径15.1、残高4.5厘米（图一二四，4）。H22∶37，陶胎中略含小砂粒，灰褐陶。圆唇微外鼓。口径20、下残高4.6、上残高5、器高约10厘米（图一二四，8）。H6∶16，灰褐陶。圆唇外鼓较厚。口径24.4、残高4.1厘米（图一二四，10）。H14∶20，陶胎中砂粒粗大，红褐陶。小方唇，唇外圆鼓，顶下面较平而上面微弧。口径27、残高12厘米（图一二四，11）。

Ⅲ式：14件。肩更深，高顶，鼓壁，平顶，纽扁薄，纵剖面约呈矩形。H2∶39，红褐陶。纽较宽。顶径7、残高5.4厘米（图一二四，6）。H11∶2，红褐陶。小方唇。口径20.6、残高4.9厘米（图一二四，7）。H3∶9，灰褐陶。圆唇外鼓。口径21.4、残高4.6厘米（图一二四，9）。H2∶38，红褐陶。顶部甚平，顶、肩相接处折棱清晰，纽残，从顶部两侧上大下小的长方形残孔可知，纽下部钳入盖顶，周围再行加固。顶径8、残高3.7厘米。

C型　14件。小杯盖，形制甚小，皆为手制，唇大多外鼓，少量不外鼓，弧顶上

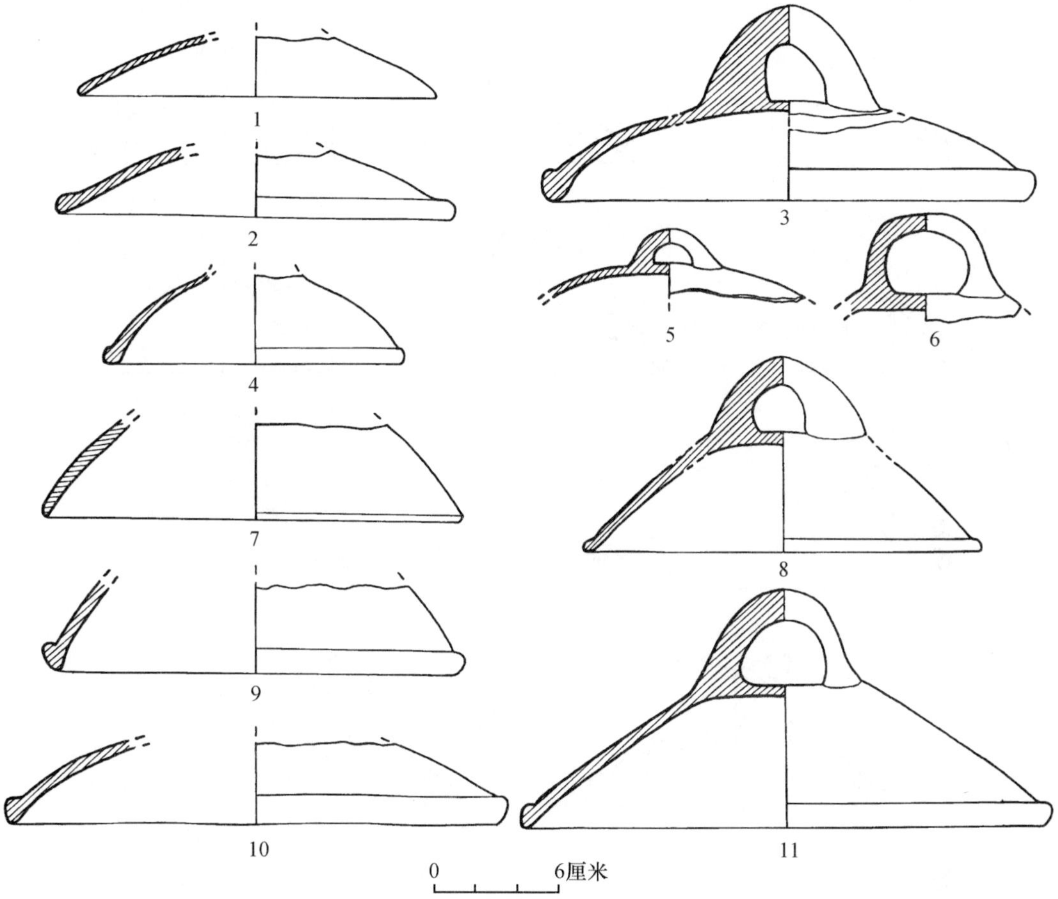

图一二四　仰韶文化二期甲类陶器盖

1～3、5. BⅠ式（H30:4、G2:64、H09:7、H31:5）　4、8、10、11. BⅡ式（H23:2、H22:37、H6:16、H14:20）　6、7、9. BⅢ式（H2:39、H11:2、H3:9）

部置马鞍形、小扁长条形或小尖状纽。可分三式。

Ⅰ式：2件。浅肩，顶较矮。H09:8，灰褐陶。小方唇。口径6.6、残高2厘米（图一二五，1）。

Ⅱ式：10件。肩稍深，顶略高。H88:9，灰褐陶。小圆唇，顶置尖状小纽。口径6、残高3.4厘米（图一二五，2）。H14:5，灰褐陶。圆唇，肩部有清晰的纵向手制捺泥痕。口径6.7、残高4.2厘米（图一二五，4）。H88:8，灰褐陶。圆唇，顶置扁长条形纽。口径7.9、高4.3厘米（图一二五，5）。H14:3，陶胎中砂粗粒大，灰褐陶。平方唇微内敛，壁斜直，顶部有手制留下的较宽纵向捺泥痕。口径6.8、残高3.6厘米（图一二五，6）。H18:7，红褐陶。小圆唇，顶置长条形扁纽，壁较斜直。口径7.8、残高4.2厘米（图一二五，7）。H62:17，红褐陶。圆唇，壁斜直，纽较高。口径7、残

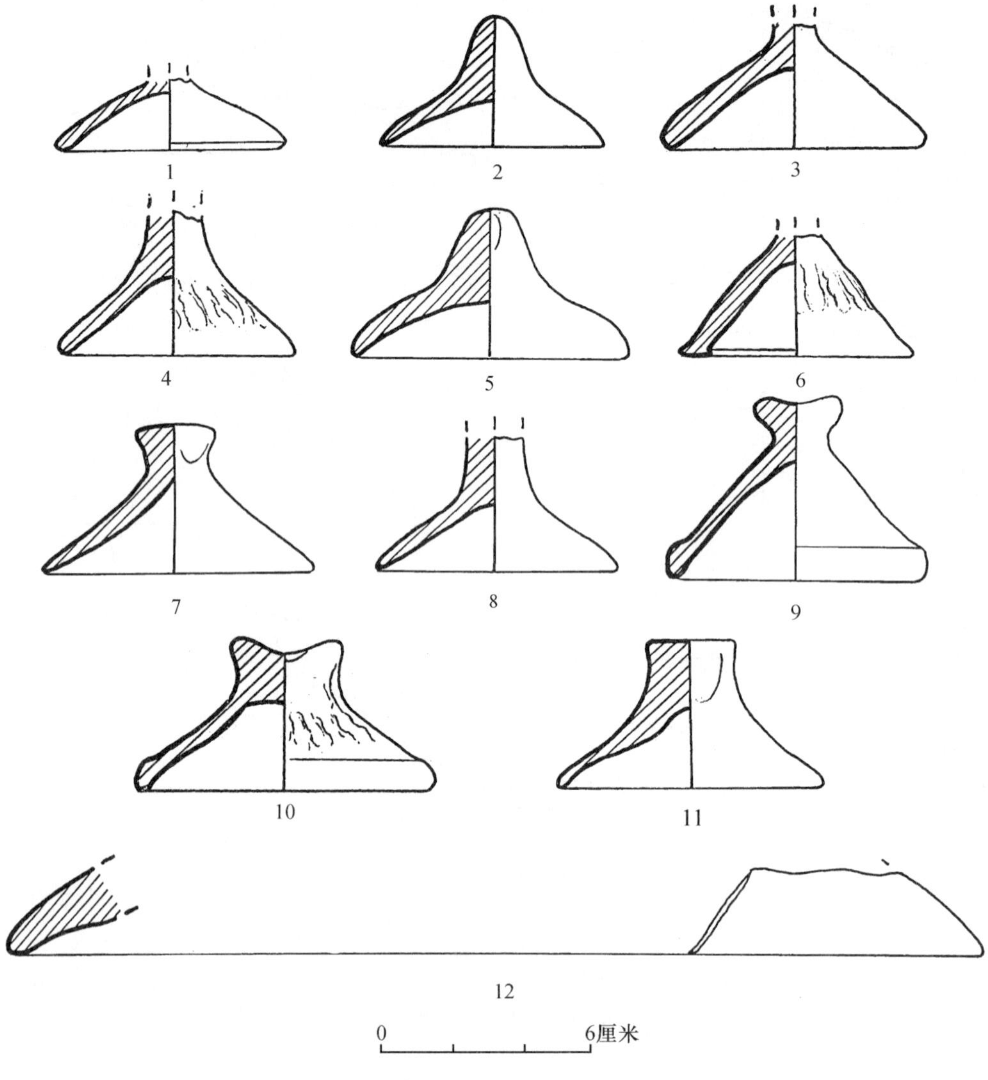

图一二五　仰韶文化二期甲类陶器盖

1. CⅠ式（H09∶8）　2、4～8、10、11. CⅡ式（H88∶9、H14∶5、H88∶8、H14∶3、H18∶7、H62∶17、G1∶1、H18∶6）　3. CⅢ式（H2∶41）　9. CⅣ式（H8∶23）　12. D型（H16∶15）

高3.8厘米（图一二五，8）。G1∶1，红褐陶。圆唇微外鼓，内微敛，肩部手制留下的纵向撮泥痕清晰，顶置马鞍形纽，该器比较精致。口径8、高4厘米（图一二五，10）。H18∶6，红褐陶。小圆唇，顶置长条形小纽。口径7.4、残高4.2厘米（图一二五，11）。

Ⅲ式：1件。肩较深，顶稍高。H2∶41，灰褐陶。圆唇，壁斜直。口径6.6、残高3.3厘米（图一二五，3）。

Ⅳ式：1件。肩更深，顶更高。H8∶23，灰褐陶。圆唇外鼓，斜直壁，顶置马鞍形小纽。口径7.4、残高5.2厘米（图一二五，9）。

D型　1件。H16:15，红褐陶。器形甚大，胎壁甚厚，陶胎中砂粒粗大，圆唇，肩微上斜，疑系作器盖之用。口径约28、残高2.4厘米（图一二五，12）。

乙类　仅6件。泥质类。H09:9，红褐陶。尖圆唇，弧壁较高。器表磨光。口径12、残高6.8厘米（图一二六，1）。G2:92，红陶。残存纽部，约呈菌状，纽顶弧鼓，两侧斜收，空心纽颈下张。器表磨光，纽顶周围斜压长点形指甲状窝痕。纽顶径8、残高3.2厘米（图一二六，2）。H59:1，红陶。器形甚小，圆唇，矮弧肩，肩下部有一周似旋纹状凹槽。器表磨光。口径9、残高2.2厘米（图一二六，3）。H22:36，灰褐陶。尖圆唇，唇外叠边较宽厚，斜肩微下凹。器表磨光。口径20、残高5.1厘米（图一二六，4）。H88:7，黑陶。平方唇，唇外略显鼓痕，肩微弧较高。器表磨光。口径24、残高5.3厘米（图一二六，5）。H6:17，红陶。尖圆唇外鼓，微弧肩较矮。素面。口径24.4、残高4.4厘米（图一二六，6）。

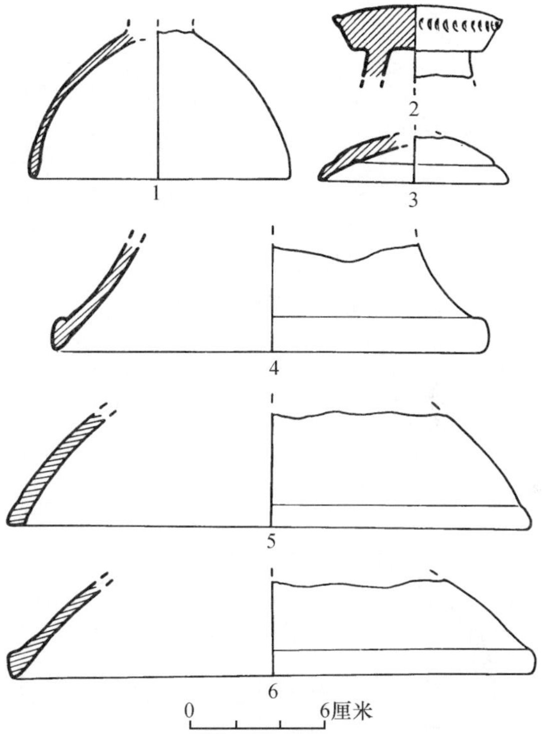

图一二六　仰韶文化二期陶器盖

1～6. 乙类（H09:9、G2:92、H59:1、H22:36、H88:7、H6:17）

瓮　25件。数量较少。分夹砂和泥质两大类。

甲类　5件。夹砂类。皆出自G2，均灰陶，敛口，圆唇外鼓或微外鼓，无领，鼓肩较窄。G2:65，唇微外鼓，肩部微鼓似溜肩。肩饰较粗竖线纹。口径18、残高4厘米（图一二七，1）。G2:66，唇外鼓，肩部圆鼓明显。素面。口径22、残高4.2厘米（图一二七，2）。G2:67，唇微外鼓，溜肩。素面。口径15.4、残高3.2厘米（图一二七，3）。G2:68，唇微外鼓，鼓肩。肩部饰较粗的竖线纹。口径20、残高3.2厘米（图一二七，4）。

乙类　20件。泥质类，大多为磨光黑陶和灰陶，较少红陶。依形制不同分三型。

A型　14件。中口，领甚矮，有的近似于外突的圆唇。依肩、腹部差异分四式。

Ⅰ式：1件。斜肩，弧腹。Z1:6，红陶。方唇微内斜，唇略外鼓，窄肩稍内凹，腹较瘦长。肩、腹之间无界线。素面。口径12、残高9.6厘米（图一二八，1）。

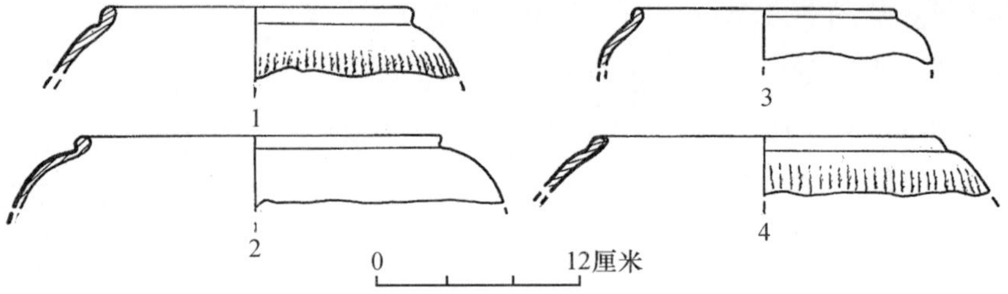

图一二七　仰韶文化二期陶瓮
1～4. 甲类（G2∶65、G2∶66、G2∶67、G2∶68）

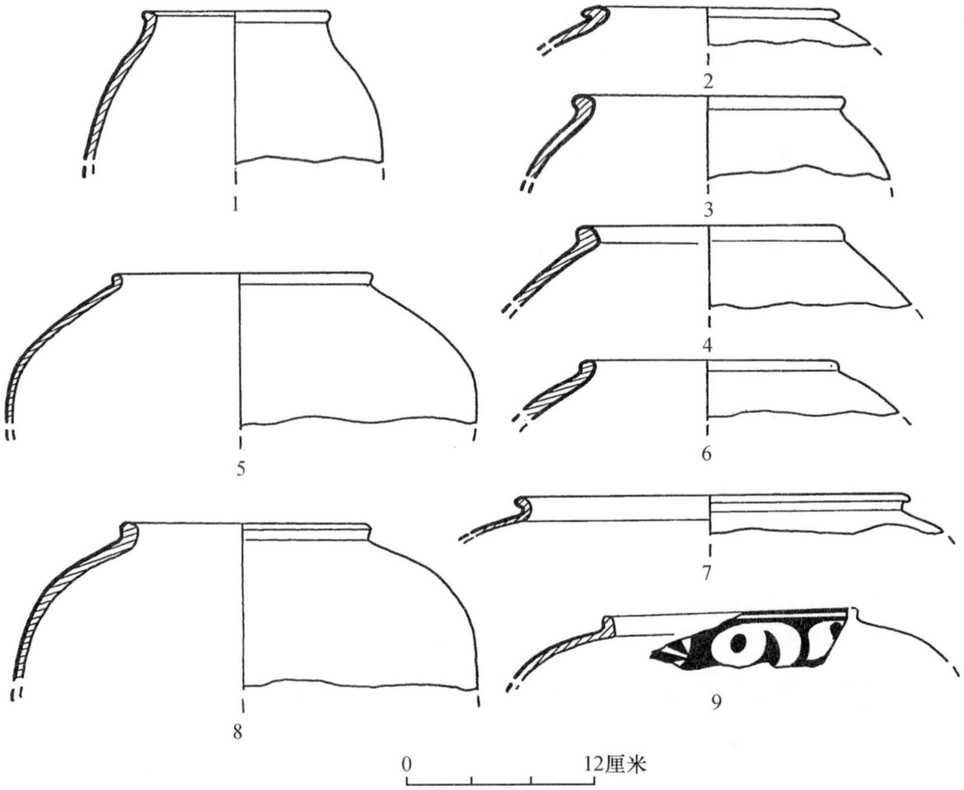

图一二八　仰韶文化二期乙类陶瓮
1. AⅠ式（Z1∶6）　2、3. AⅡ式（H31∶6、G2∶69）　4、5、7. AⅢ式（H6∶18、H14∶21、H22∶38）
6、8、9. AⅣ式（F2∶3、H3∶10、H2∶42）

Ⅱ式：2件。鼓肩，鼓腹。H31∶6，红陶。圆唇，卷领。器表磨光。口径16.4、残高2.4厘米（图一二八，2）。G2∶69，黑陶。圆唇外鼓。器表磨光。口径17.2、残高5厘米（图一二八，3）。

Ⅲ式：5件。肩斜平，鼓腹，肩、腹之间略有分界。H6:18，红褐陶。圆唇微外鼓，领内下部有折痕。器表磨光。口径17.2、残高5.5厘米（图一二八，4）。H14:21，黑陶。圆唇。器表磨光。口径16.4、残高9.8厘米（图一二八，5）。H22:38，黑陶。圆唇外鼓。领上部翻卷，内面下部有折痕。器表磨光。口径25.2、残高2.5厘米（图一二八，7）。

Ⅳ式：6件。肩近平，圆鼓腹。F2:3，黑陶。圆唇。器表磨光。口径约16、残高3.6厘米（图一二八，6）。H3:10，黑陶。圆唇，肩、腹之间分界较明显。器表磨光。口径16、残高10.5厘米（图一二八，8）。H2:42，红陶。平方唇，矮直领内下部起折。器表磨光，唇部与肩、领相接处各饰一周窄带纹，肩部绘弧边三角纹、侧弧纹、圆点纹以及背三角纹构成的图案，均黑彩。口径约16、残高3.9厘米（图一二八，9）。

B型　1件。小口，高领。H09:10，灰陶。圆唇，溜肩。器表磨光。口径12、残高5.2厘米（图一二九，1）。

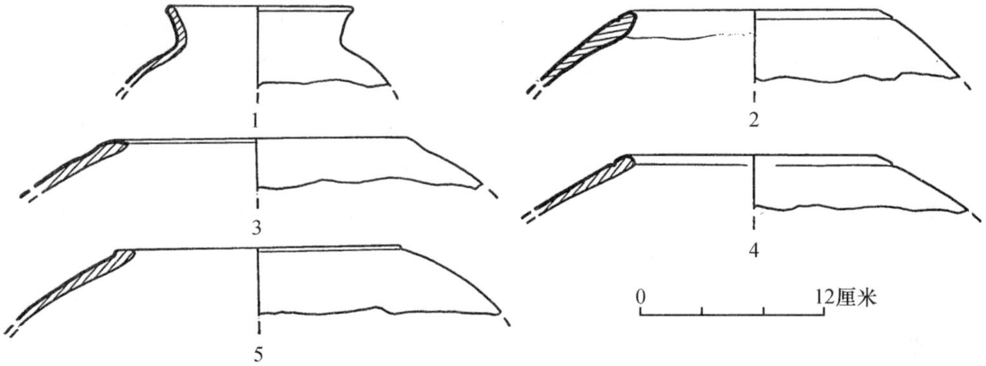

图一二九　仰韶文化二期乙类陶瓮

1. B型（H09:10）　2、3～5. C型（G2:72、G2:70、G2:71、H88:10）

C型　5件。敛口，无领。H88:10，红陶。平方唇，唇约略凸起，肩微鼓。器表磨光。口径18.6、残高4.8厘米（图一二九，5）。G2:70，黑陶。尖圆唇，唇外略显鼓痕，肩部近斜直，鼓腹。器表磨光。口径19、残高3.2厘米（图一二九，3）。G2:71，红陶。圆唇，唇外略高于肩，唇、肩之间一周浅凹槽，肩部较斜直。器表磨光。口径16、残高3.6厘米（图一二九，4）。G2:72，红陶。圆唇，斜直肩。器表磨光，近口部一周细如线状时断时续的旋纹。口径16、残高4.5厘米（图一二九，2）。H22:39，灰陶。器形甚大，内斜方唇，唇部略低于肩部，成为浅母口状，肩较弧，肩、腹之间转折较锐，斜直腹略内凹，小平底。器表磨光。肩中、上部饰众多不甚规则的较窄深旋纹，肩饰两周窄堆纹，其中上部者为剖面三角形的泥条，其上刻出三角形小窝痕，下部者为窄泥条，其上饰斜圆形按窝，使堆纹呈相连的泥饼状，近口部附一对泥突状鋬，鋬体之

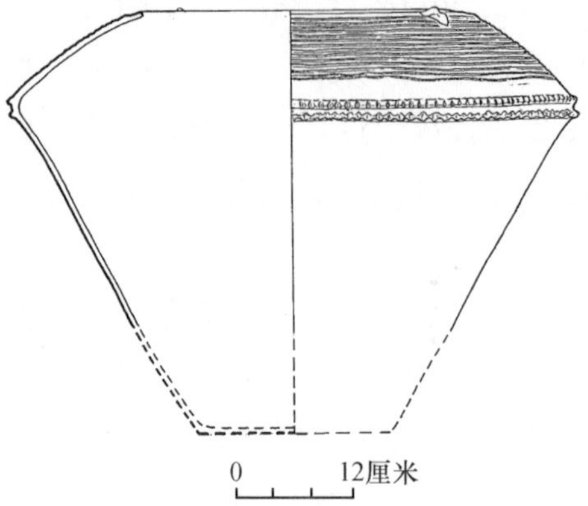

图一三〇　仰韶文化二期乙类陶瓮
C 型（H22∶39）

上施圆形按窝。口径 32、残高 33，器高约 44 厘米（图一三〇）。

釜　36 件。夹砂灰褐陶和红褐陶。其中大多数器物肩以上为红褐色，而底部因火烤而呈灰褐色。矮领（沿），小口，折腹（肩），圜底。从大多釜内壁贴附有水垢判断，该种器当为温水器而非煮食器。依肩、腹、底及器表纹饰差异分三式。

Ⅰ式：17 件。肩微凹或近斜直，肩内折角较锐小，底部较缓，肩部仅饰旋纹，底部素面或饰稀疏线纹，肩部旋纹细而深。H65∶17，红褐陶。内斜方唇，唇面中部有浅凹槽，沿内面内凹，成为一周较窄深的沟槽，肩面微凹。口径 14、残高 5.5 厘米（图一三一，3）。H65∶18，灰褐陶。小平方唇，沿内面微有凹痕，肩面近直，下腹斜直。领、肩部胎壁较薄而下腹部甚厚。底饰交叉的稀疏线纹。口径 12.4、残高 6.4 厘米（图一三一，1）。H65∶19，灰褐陶。内斜方唇，唇面中部下凹，沿内面有窄深沟槽，肩面及下腹均斜直。肩饰细密旋纹，底饰交叉线纹。口径 14、残高 8.2 厘米（图一三一，5）。G2∶73，灰褐陶。平方唇，沿内面微凹，肩面近直。口径 18、残高 4 厘米（图一三一，2）。

Ⅱ式：15 件。肩部较斜直，肩内折角稍大，底部稍尖。肩部多饰线纹加旋纹，旋纹稍宽浅，个别器物肩表仅饰线纹，底部线纹稍密。H6∶19，灰褐陶。斜方唇圆钝，沿内面斜直，肩折处凸起上翘，下腹略弧。沿外有竖点状线纹痕，肩饰竖线纹，底饰交叉线纹，肩、底部线纹细密。口径 15.6、上残高 6.8、下残高 6.4、器高约 15.5 厘米（图一三一，10）。H6∶20，红褐陶。尖圆唇，沿微卷，肩下部一周宽深沟槽。肩饰竖线纹，折肩处约有堆纹痕。口径 14、残高 5.2 厘米（图一三一，4）。H14∶22，红褐陶。圆唇外鼓，沿内面较直，肩折处略向上翘，下腹斜直，胎壁较薄。肩部旋纹之下隐约可见斜线纹，底饰右斜线纹。口径 15、残高 8.5 厘米（图一三一，7）。H14∶23，红褐陶。器形较小，小平方唇圆钝，沿内面略有凹痕，领部壁较薄，肩、底部壁较厚。肩部旋纹之下的线纹极不清晰，下腹上部为竖线纹。口径 11、残高 5.2 厘米（图一三一，8）。H14∶24，红褐陶。圆唇微外鼓，沿内面有浅沟槽。肩部旋纹之下略有斜线纹痕。口径 16.5、残高 3.6 厘米（图一三一，6）。

Ⅲ式：4 件。肩面微上鼓，肩弧折，肩内折角更大，尖圜底，肩部饰线纹加宽浅旋纹，底部为交叉线纹。H2∶2，红褐陶。小方唇微斜，沿内面斜直，肩及下腹微鼓。肩部为斜线纹加饰稀疏的宽旋纹，折肩处一周带斜长窝痕的三角形泥条状附加堆纹，底饰

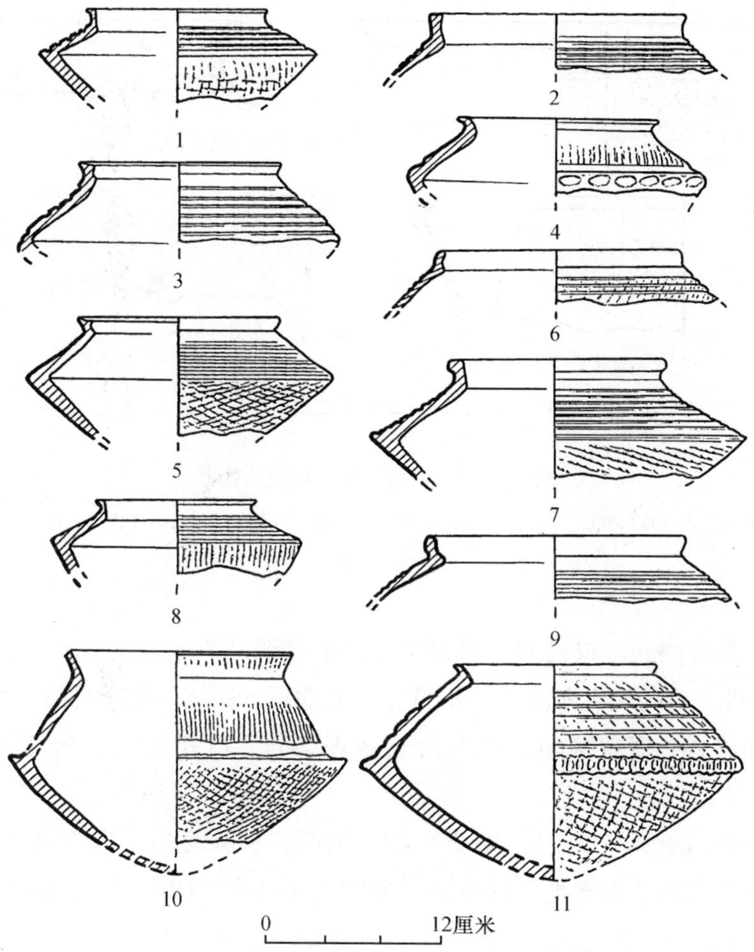

图一三一　仰韶文化二期陶釜

1～3、5. Ⅰ式（H65∶18、G2∶73、H65∶17、H65∶19）　4、6～8、10. Ⅱ式（H6∶20、H14∶24、H14∶22、H14∶23、H6∶19）　9、11. Ⅲ式（H21∶25、H2∶2）

交叉线纹。口径14、残高13.8厘米（图一三一，11；图版一六，1）。H21∶25，灰褐陶。圆唇外鼓，沿内面有宽浅沟槽。口径18、残高4.6厘米（图一三一，9）。

泥质罐　8件。数量少。泥质和细泥质，红陶、灰陶、红褐陶或灰褐陶。依口部不同可分三型。

A型　6件。侈口，微卷沿。依沿与腹壁夹角大小及腹部差异分四式。

Ⅰ式：2件。沿与腹夹角稍较大，鼓腹。G2∶74，泥质红陶。小圆唇，沿内微有折痕，沿面微弧，腹上部略凹，沿壁略厚而腹壁较薄。器表磨光。口径29、残高6.6厘米（图一三二，1）。

Ⅱ式：2件。沿与腹夹角较小，微鼓腹。H6∶21，泥质灰褐陶。尖圆唇，沿内面略

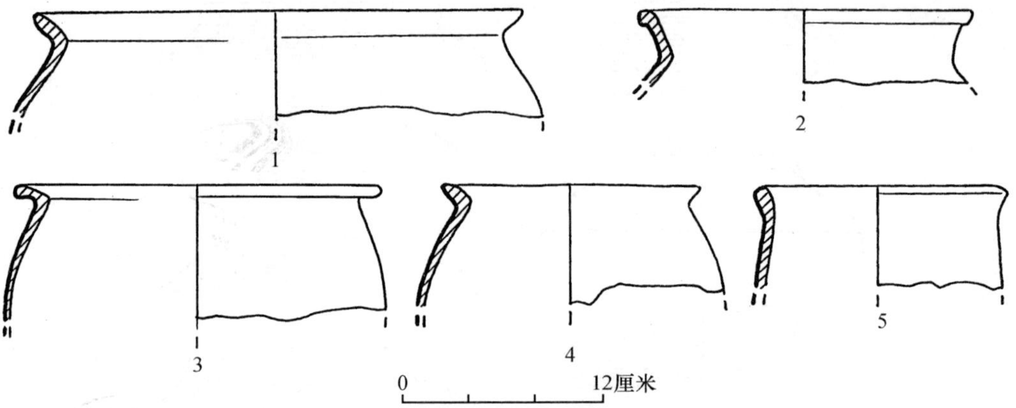

图一三二　仰韶文化二期泥质陶罐

1. AⅠ式（G2∶74）　2. B型（G2∶75）　3. AⅢ式（H8∶25）　4. AⅡ式（H6∶21）
5. C型（G2∶76）

弧。沿内面及器表磨光。口径15、残高7.2厘米（图一三二，4）。

Ⅲ式：2件。沿与腹夹角更小，沿低平，弧腹。H8∶25，泥质灰陶。圆唇，沿内微有折痕，沿面斜直，器壁极薄。沿内面及器表磨光。口径22.2、残高8.2厘米（图一三二，3）。

B型　1件。翻沿。G2∶75，泥质红陶。圆唇，唇外叠边，沿部较高，沿面斜直，鼓腹。沿内面上部及器表磨光。口径20、残高4.4厘米（图一三二，2）。

C型　1件。口微侈近直，无明显沿部。G2∶76，泥质红陶。沿面微弧，近直腹。素面。口径14.4、残高6.2厘米（图一三二，5）。

彩陶罐　16件。细泥质，多红陶，少量红褐陶和黄陶。口沿多饰窄带纹，腹部为花瓣纹或由平行线纹、弧边三角纹构成的图案，基本全为黑彩，个别为褐彩。依口沿不同分二型。

A型　11件。侈口，卷沿，沿较宽而内面上鼓，有的沿内有折痕，鼓腹。H28∶2，红褐陶。圆唇，沿内下部略有折痕。沿内面及器表磨光，唇部及沿内面上部绘一周窄带纹，上腹部饰圆点纹，均黑彩。口径20.6、残高3.6厘米（图一三三，1）。H09∶11，黄陶。圆唇。沿内面及器表磨光，唇部与沿内面上部饰一周褐彩窄带纹。口径约22、残高5.2厘米（图一三三，2）。H88∶11，红陶。小圆唇，沿内下部有明显折痕。沿内面及器表磨光，沿内面及外腹饰红彩作为陶衣，其上再饰黑彩图案，唇部为窄带纹，沿面饰垂弧及与之相咬合的弧边三角纹。口径约16、残高3.2厘米（图一三三，3）。G3∶9，红陶。尖圆唇下垂，沿内下部有折棱。沿面及器表磨光，唇与沿面上部饰一周窄带纹，腹绘由弧边三角纹构成的图案，阴纹当为花瓣纹，均黑彩。口径约24.8、残

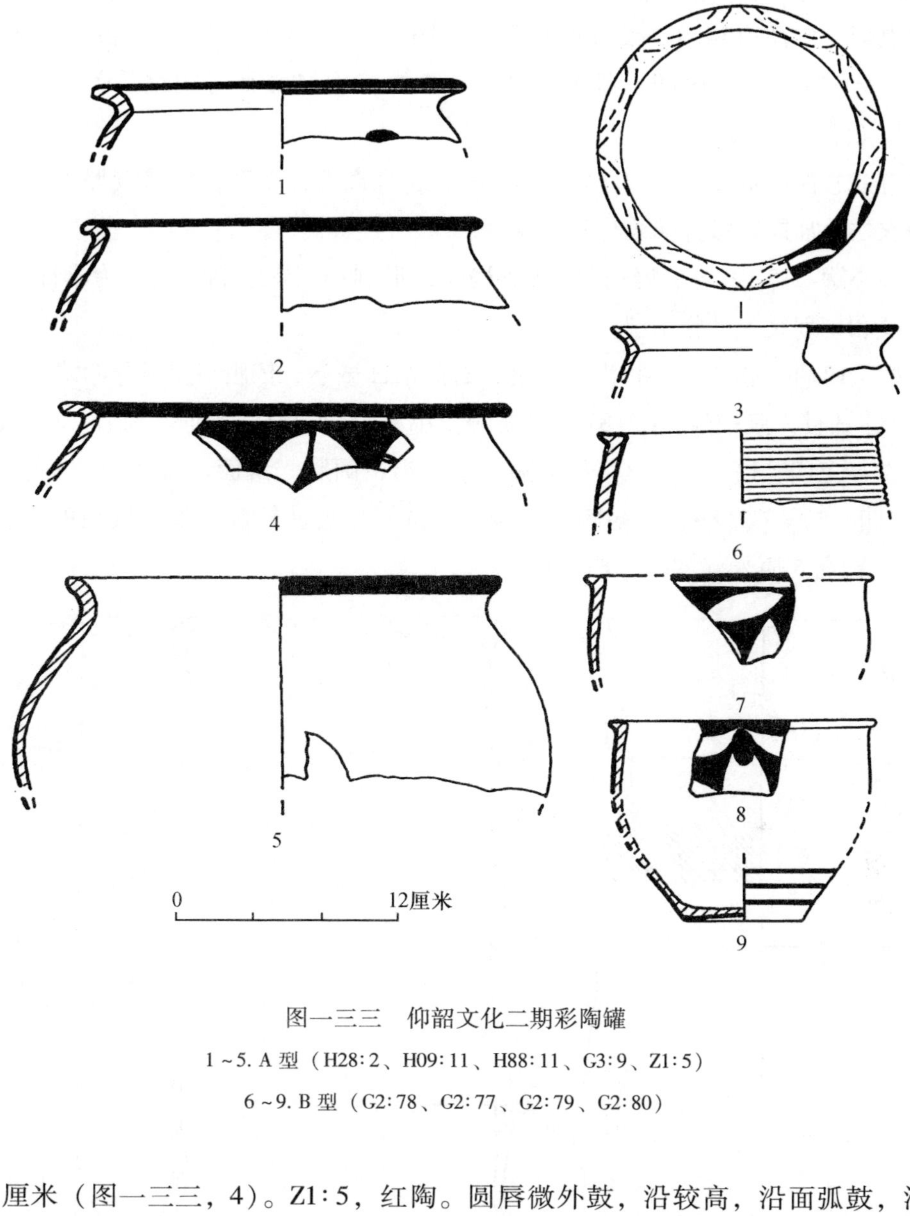

图一三三　仰韶文化二期彩陶罐

1～5. A 型（H28:2、H09:11、H88:11、G3:9、Z1:5）

6～9. B 型（G2:78、G2:77、G2:79、G2:80）

高 4.8 厘米（图一三三，4）。Z1:5，红陶。圆唇微外鼓，沿较高，沿面弧鼓，沿与腹夹角较大，沿壁较厚，腹壁略薄。器表磨光，唇部饰一周黑彩窄带纹。口径 22.6 厘米、残高 11.8 厘米（图一三三，5）。

B 型　5 件。微侈口，平折沿甚窄，弧腹。G2:77，黄陶。小圆唇。沿内面及器表磨光，唇部与沿内面上部绘一周窄带纹，腹绘弧边三角和顶点缀以圆点构成的图案，其阴纹当为花瓣纹，均黑彩。口径 16、残高 5 厘米（图一三三，7）。G2:78，红陶。尖圆唇。唇部与沿面饰一周黑彩窄带纹，腹饰密集的窄深旋纹。口径 16、残高 4.2 厘米（图一三三，6）。G2:79，黄陶。小圆唇，上腹部微弧近直。沿内面及器表磨光，唇部与沿内面上部饰窄带纹，腹绘由弧边三角纹和顶点缀以圆点构成的图案，阴纹当为花瓣纹，均黑彩。口径约14.8、残高4.1厘米（图一三三，8）。G2∶80，黄陶。下腹斜内收，底外部窄平，中部内凹。器表磨光，下腹饰三周黑彩平行线纹。底径6.8、残高3.7厘米（图一三三，9）。

另有残彩陶罐底1件。H18∶16，红陶。近斜直腹，平底，腹壁较厚而底部甚薄。中腹白衣之上加饰黑彩直线纹与斜线纹。

夹砂小罐　13件。夹砂红褐陶和灰褐陶，形制小，皆手制，大多为素面，另有少量饰线纹和刻划纹。可分二型。

A型　12件。侈口，小折沿或翻沿，有的沿面微卷。依腹部差异分四式。

Ⅰ式：3件。腹较鼓。G2∶87，灰褐陶。小翻沿，圆唇。素面。口径12、残高3.1厘米（图一三四，1）。G2∶88，灰褐陶。小折沿，圆唇。素面。口径15、残高5厘米（图一三四，5）。G2∶89，灰褐陶。小翻沿，圆唇，腹鼓较甚。腹饰较粗的左斜线纹。口径10、残高5厘米（图一三四，4）。

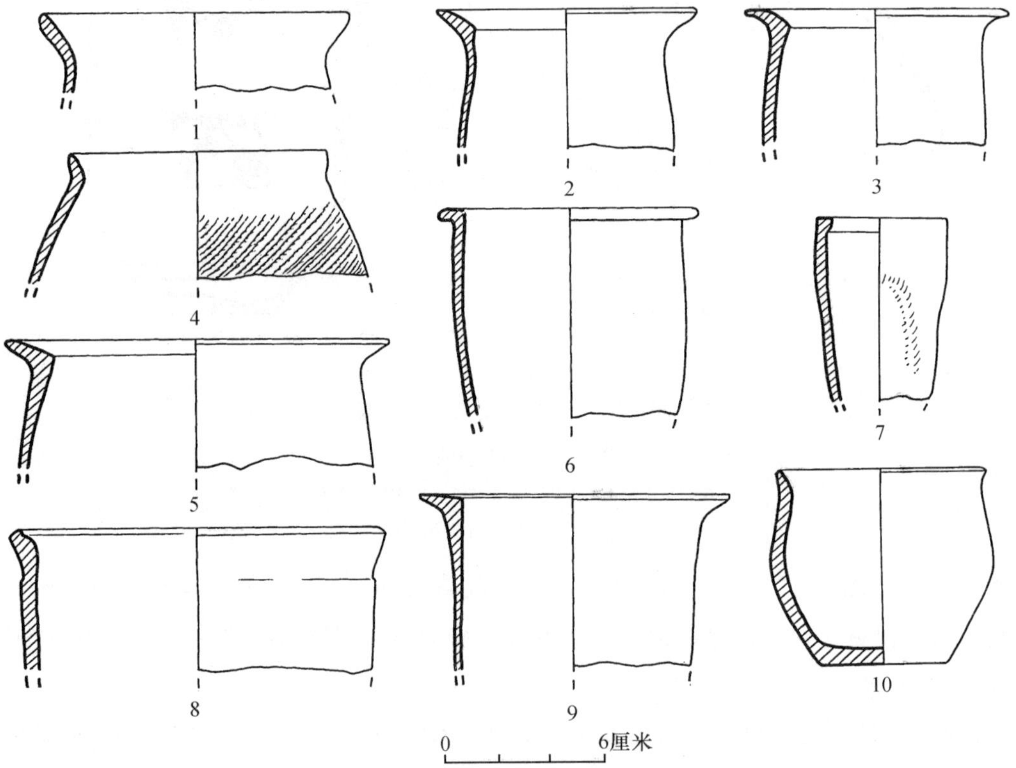

图一三四　仰韶文化二期夹砂陶小罐

1、4、5. AⅠ式（G2∶87、G2∶89、G2∶88）　2、10. AⅡ式（H14∶25、H88∶1）

3、6、8. AⅢ式（H3∶12、H3∶11、H3∶13）　7. B型（H89∶12）　9. AⅣ式（H8∶28）

Ⅱ式：4件。微弧腹。H14:25，红褐陶。小翻沿，圆唇，沿面微鼓，沿内下部略显折痕。素面。口径10、残高5.4厘米（图一三四，2）。H14:26，灰褐陶。小翻沿，小圆唇，沿面微鼓，沿内下部略有折痕。素面。口径10、残高6.9厘米（见图一六〇）。H88:1，红褐陶。小翻沿，外斜小方唇，下腹斜收，平底。素面。口径8、底径5、高7.6厘米（图一三四，10；图版一六，2）。

Ⅲ式：3件。近直腹。H3:11，灰褐陶。小翻沿，圆唇，沿面微卷，微弧腹。素面。口径10、残高8.2厘米（图一三四，6）。H3:12，灰褐陶。小翻沿，圆唇，沿面微卷，沿内下部有折棱。素面。口径10.2、残高5.2厘米（图一三四，3）。H3:13，红褐陶。小翻沿，斜方唇，沿内顶端有一周沟槽，略有颈，胎壁较厚。素面。口径14、残高5.6厘米（图一三四，8）。

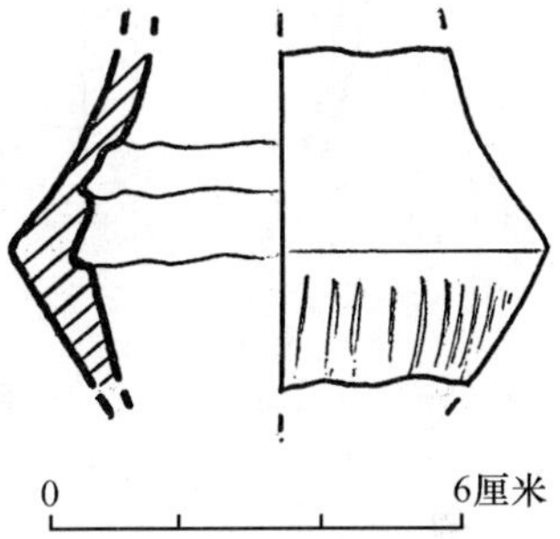

图一三五　仰韶文化二期泥质陶小罐
（H22:40）

Ⅳ式：2件。直腹。H8:28，灰褐陶。宽折沿近平，小圆唇，沿下部胎壁甚厚，腹壁向下较薄。素面。口径12、残高6.8厘米（图一三四，9）。

B型　1件。无沿，近直口。H89:12，灰褐陶。平方唇，腹部近直，下腹微斜内收，手制，表面凸凹不平。腹饰指甲痕刻划纹。口径5、残高7.2厘米（图一三四，7）。

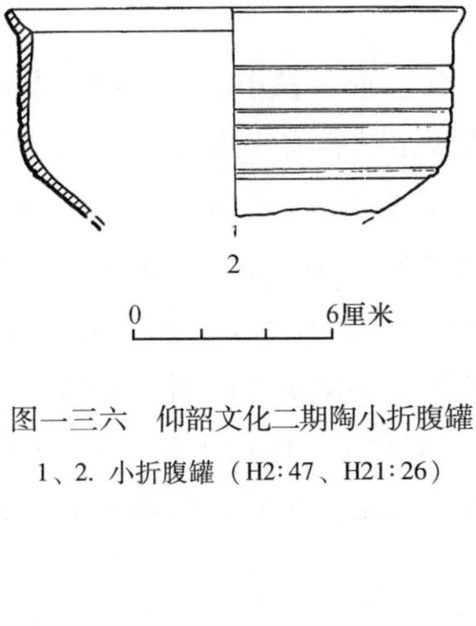

图一三六　仰韶文化二期陶小折腹罐
1、2. 小折腹罐（H2:47、H21:26）

泥质小罐　1件。H22:40，泥质黑陶。口及底部均残，折肩，肩部微凹，下腹斜收，折肩处壁厚。素面，下腹部表面有制作时留下的刮切痕，内壁有清晰的泥条盘筑痕。肩径8、残高5厘米（图一三五）。

小折腹罐　2件。形制相同。小折沿，小方唇圆钝，沿内面微凹，上腹竖直，折腹以下斜直内收。上腹饰多周浅细旋纹，下腹素面。H2:47，泥质红陶。沿较窄。口径11、残高5.8厘米（图一三六，1）。H21:26，夹细砂红褐陶。沿较宽。口径14、残高6.3厘米（图一三六，2）。

小盆　4件。形制较小，皆夹砂陶。H88:2，红褐陶。折沿，尖圆唇，斜腹微弧下收，平底。素面。口径12.5、底径5.6、高8.8厘米（图一三七，4；图版一六，3）。H30:5，灰褐陶。翻沿，小圆唇，弧

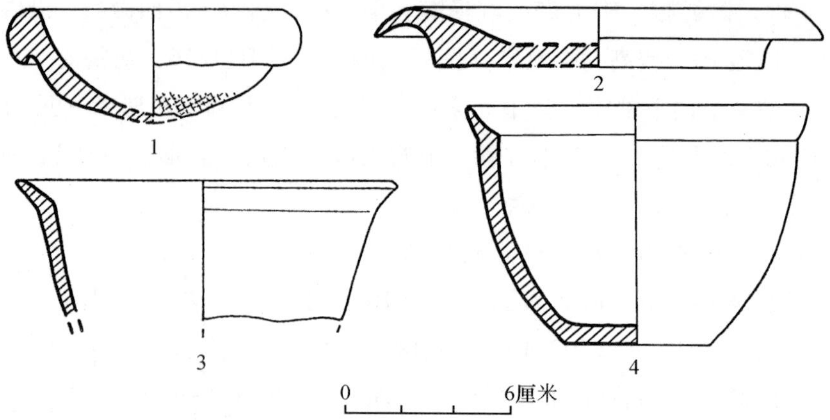

图一三七　仰韶文化二期陶小盆

1～4. 小盆（G2∶90、H28∶3、H30∶5、H88∶2）

腹。口径14、残高5厘米（图一三七，3）。H28∶3，红褐陶。卷沿，小圆唇，沿外下垂，浅斜直腹，平底。素面。口径16.4、底径12、高2.2厘米（图一三七，2）。G2∶90，灰陶。卷沿，厚圆唇下垂，浅弧腹，圜底，器壁甚厚。下腹饰交叉线纹。口径11、残高4厘米（图一三七，1）。

折腹盆　1件。H8∶24，泥质红陶。敞口，圆唇，斜腹下收，腹上部向外有一折棱，使该器约呈子口状。腹表饰一层略泛红褐的白色陶衣，近口部及腹折处各饰一周窄带纹，窄带纹下分别饰似凸弧的水波状纹，凸弧相接处缀以圆点，均黑彩。口径约20、残高5.6厘米（图一三八，1）。

小碟　1件。G2∶91，夹砂灰陶。器形较规整，敞口，尖圆唇，浅斜腹，平底。素面。口径12、底径11、高1.5厘米（图一三八，2）。

带耳杯　1件。H21∶27，夹砂红褐陶。直口内微敛，斜方唇，直腹，近口部向下竖置一桥形耳，耳横剖面约呈一面较平的椭圆形。素面。口径12、残高7.4厘米（图一三八，10）。

小杯　13件。多夹砂红褐陶和灰褐陶，少量泥质红陶。形制较小，皆手制。大多素面，个别饰线纹，有的近底部外侧有一周沟槽，似假圈足状，有手捏而形成的按窝痕。据个别杯内壁呈红色判断，其可能用于盛放彩陶颜料。据整体形制不同分二型。

A型　11件。侈口，腹微弧或近直。G2∶86，夹砂灰褐陶。小折沿，尖圆唇，沿面斜直，斜直腹，平底。素面。器内壁呈红色，推测当为颜料。口径5.2、底径3.4、高5厘米（图一三八，3；图版一六，4）。H14∶1，泥质红陶。小翻沿，圆唇，沿内面微鼓，略弧腹，平底，近底部有手捏形成的小窝痕。素面。口径6、底径3.5、高6.8厘米（图一三八，5；图版一六，5）。H14∶2，夹砂灰褐陶。折沿，尖唇，沿内面下部下

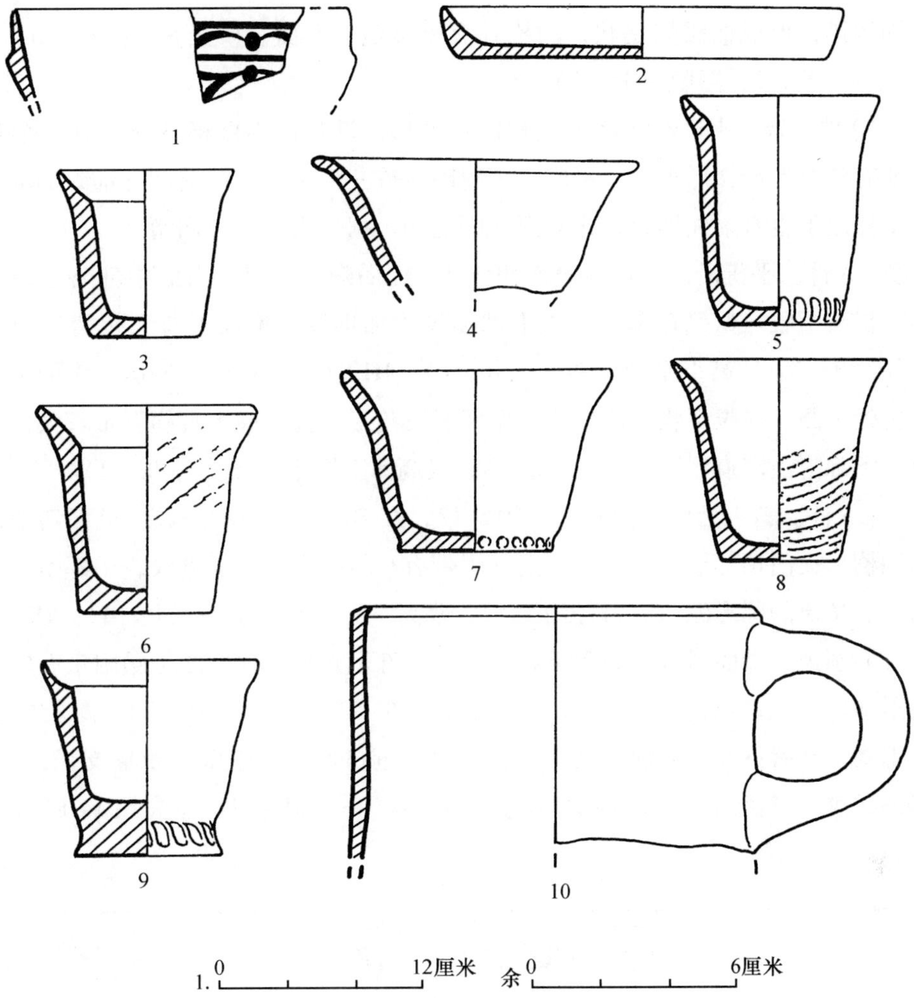

图一三八　仰韶文化二期陶器

1. 折腹盆（H8:24）　2. 小碟（G2:91）　3、5、6、8、9. A型小杯（G2:86、H14:1、H62:3、H14:4、H14:2）　4、7. B型小杯（H6:22、H62:2）　10. 带耳杯（H21:27）

凹较甚，微弧腹，表面凸凹不平，近底部有一周沟槽，形成似假圈足状，沟槽处有手捏形成的按窝痕。素面。口径6.2、底径4.5、高5.8厘米（图一三八，9；图版一六，6）。H14:4，夹砂红褐陶。小翻沿，圆唇，沿内面微鼓，斜直腹，平底。腹饰较细的左斜线纹。口径6.4、底径3.6、高6厘米（图一三八，8；图版一七，1）。H62:3，夹砂红褐陶。小折沿，斜方唇，沿内面微弧，斜直腹，平底。上腹饰稀疏的左斜细线纹。口径6.4、底径、高6.2厘米（图一三八，6；图版一七，2）。

B型　2件。敞口，微弧腹，杯体粗矮。H6:22，夹砂灰褐陶。圆唇外鼓。素面。

口径9.6、残高3.9厘米（图一三八，4）。H62∶2，夹砂灰褐陶。圆唇，平底，腹近底部有一周沟槽，形成似假圈足状，沟槽处有小窝痕。素面。口径8、底径4.5、高5.4厘米（图一三八，7；图版一七，3）。

灶　10件。皆为夹砂红褐陶或灰褐陶。盆形，近口部内壁横置或竖置三个三角形支托，前有长方形或梯形火门，平底，下附圈足或三板足。火门周围常饰附加堆纹，有的内壁支托之下也有附加堆纹，作支撑加固之用。据口沿不同分四型。

A型　3件。平折沿，沿面较宽。H92∶4，红褐陶。圆唇，沿面中部略下凹，折沿处上凸，斜腹下收。据残存部分，腹上部横置附加堆纹，堆纹上有大按窝，当为火门处。口径约35.2、残高4厘米（图一三九，1）。H13∶6，红褐陶。圆唇，沿面中部略下凹，沿折处上凸，斜腹下收，近口部内壁竖置三角形支托，腹上部横置带较大按窝的附加堆纹，下部附浅窝痕泥饼。口径约32.6、残高5.2厘米（图一三九，2）。

B型　5件。斜折沿，沿面稍窄。H18∶12，红褐陶。厚圆唇外鼓，沿面斜平，沿顶端一周沟槽，火门顶部近平，火门之上贴附带有小斜按窝的附加堆纹，中部附加堆纹之上贴附一有按痕的圆形泥饼。口径约31.2、残高4.8厘米（图一三九，4）。H2∶48，红褐陶。方唇圆钝，沿面斜直，斜腹下收。火门顶部呈弧形，火门之上贴附带有较大圆形按窝的附加堆纹。口径约26、残高4.1厘米（图一三九，5）。H6∶23，陶胎中砂粒粗大，红褐陶。圆唇下耷，沿面微鼓，斜腹下收，近口部内壁横置三角形支托，浅圈足。腹饰斜细线纹。口径约26、底径16、上残高4.6、下残高4.2、器高约14厘米（图一三九，6）。

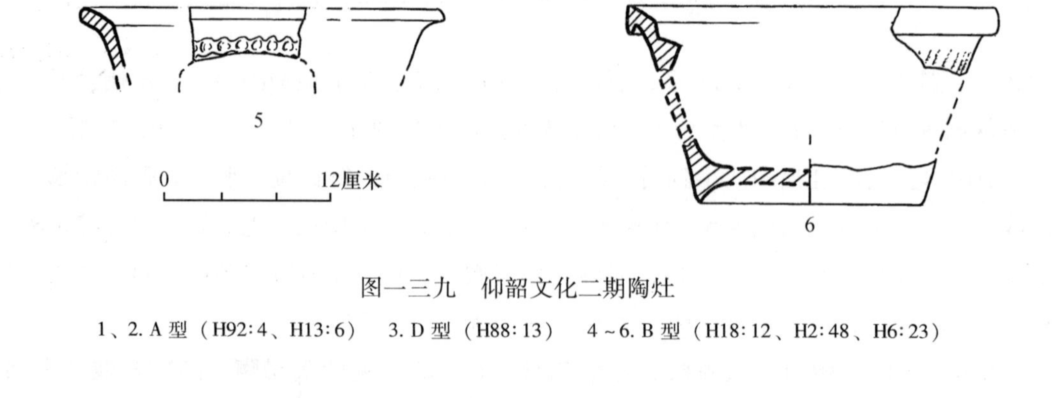

图一三九　仰韶文化二期陶灶

1、2. A型（H92∶4、H13∶6）　3. D型（H88∶13）　4～6. B型（H18∶12、H2∶48、H6∶23）

C型　1件。近直口，平折沿，沿面甚宽。H18∶13，灰褐陶。器形甚大，圆唇，腹近直，沿内平置三角形支托，沿内面有一周带指甲按窝的附加堆纹。腹部饰五周宽浅旋纹。口径约40、残高4厘米。

D型　1件。敛口，沿向内微斜平折。H88∶13，灰褐陶。内外圆唇，沿内面微凹，斜直腹下收。火门外贴附带小按窝的附加堆纹。口径约29.6、残高5.2厘米（图一三九，3）。

器座　6件。依形制等不同分四型。

A型　1件。G2∶95，夹砂灰褐陶。器形较大，斜方唇内外均微鼓，约呈敛口状，浅腹中部微鼓，向下斜收，下部平唇。鼓腹部分饰细密的右斜线纹，近口部线纹之上加饰一周旋纹。上口径28、下口径25.5、高6.1厘米（图一四〇，5）。

B型　2件。皆泥质灰陶，亚腰形，形体较高。H2∶6，上、下均为敞口，皆外斜方唇略外凸，上、下口径近等。素面。上口径18、下口径19、腰径13.6、高14.4厘米（图一四〇，3；图版一七，4）。

C型　2件。器形较小，亚腰形，上部圆唇外凸，向下内收。G1∶3，泥质红陶。上、下均敞口，上口圆唇外鼓较大，向下内收后外张。素面。上口径12、残高4厘米（图一四〇，1）。H62∶19，泥质灰陶。上、下均敞口，上口圆方唇微外鼓。素面。上口径8.5、残高3.3厘米（图一四〇，2）。

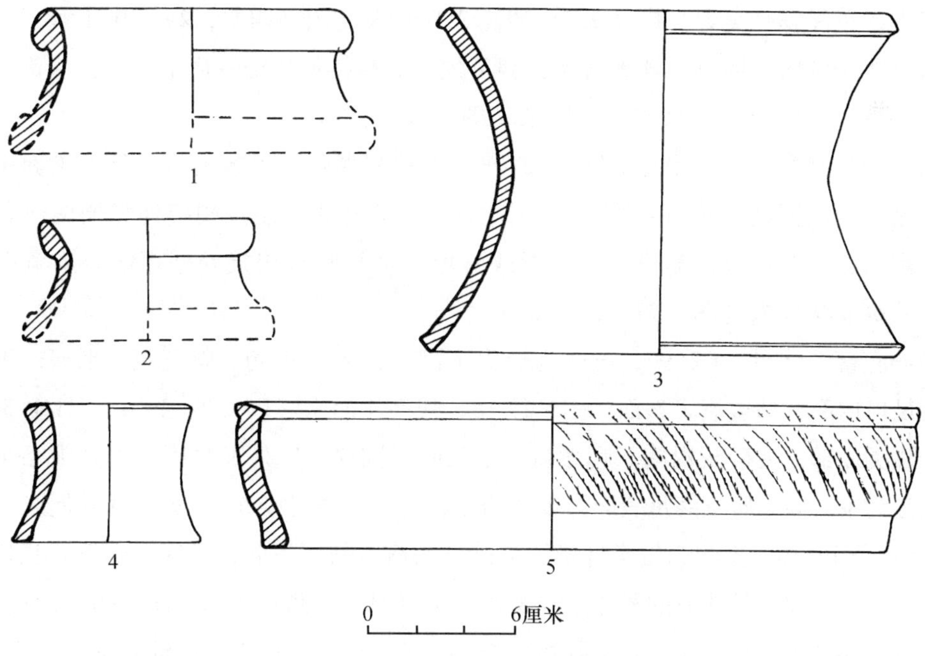

图一四〇　仰韶文化二期陶器座

1、2. C型（G1∶3、H62∶19）　3. B型（H2∶6）　4. D型（H18∶9）　5. A型（G2∶95）

D型　1件。H18:9，夹砂红褐陶。器形不规整，略亚腰形，上、下均微敞口，近平方唇，上口略小于下口。素面。上口径6.6、下口径7.8、高5.7厘米（图一四〇，4）。

甑　6件。无完整器，仅残存底部，推测为罐形或盆形，有三种不同的孔眼。

第一种：2件。夹砂红褐陶，皆出自H65，甑孔为大圆形，推测上接器形为罐形，底部甑孔三或四个。H65:22，腹壁斜直。腹饰较粗的左斜线纹。底径约20、孔径4、残高7.2厘米（图一四一，1）。

第二种：3件。夹砂陶，小圆孔，孔较多。G2:37，灰陶。罐形，腹近斜直，底部圆形孔稍较大，孔自上向下穿。素面。底径约8、孔径1~1.2、残高2.6厘米（图一四一，2）。H88:12，红褐陶。罐形，腹斜直，底部穿孔为圆形，孔小而密集，自下向上穿，孔周围上下均有泥突。素面。底径12、孔径0.3~0.4、残高3.3厘米（图一四一，5）。H22:41，灰褐陶。罐形，底部穿孔为圆形或近椭圆形，孔小而密集，自下向上穿。素面。底径12、孔径0.2~0.4、残高3厘米（图一四一，3）。

第三种：1件。孔呈长方形。H8:29，泥质灰陶。盆形，腹壁较斜，微凹底，底长方形孔朝向中心，孔自下向上穿。素面。底径约13、孔长3.4、宽1、残高3.6厘米（图一四一，4）。

壶　3件。形态各异。H21:28，泥质红陶。直口，圆唇，细长颈，溜肩。素面。口径3、残高8.3厘米（图一四二，1）。G2:94，泥质红陶。直口，斜鼓肩。器表磨光，遍饰红彩，色泽鲜亮美观。口径2.5、残高2.8厘米（图一四二，2）。T6④:1，细泥黄陶。侈口，小圆唇，溜肩。器表磨光，唇及颈、肩相接处各饰一周窄带纹，肩饰菱形网格纹，均黑彩。口径14、残高6.6厘米（图一四二，3）。

鼎　未见鼎身，仅有残足1件。G2:93，夹砂灰褐陶。正装扁足，足外正面中部一周竖沟槽，内面弧鼓，横剖面约呈“凹”字形，足上部与鼎身相接处竖槽两侧各有一圆形按窝。据残存部分，鼎身当为釜形或盆形。足与鼎身相接处外部饰一周宽深的旋纹。足残高8.9厘米（图一四三，3）。

残器底部　多件。G2:96，可能为灶类下部，夹砂灰褐陶。斜直腹，平底，下为圈足，近足口内部有贴边痕。素面。圈足径18、残高4厘米（图一四三，4）。H21:30，疑为某种罐类底部，夹砂灰褐陶。腹微弧向下斜收，圜底，底外又贴附一周宽泥条形成圈足，圈足为平方唇。腹及圈足表面饰较细的左斜线纹。圈足径5.6、残高4.6厘米（图一四三，5）。H16:16，推测为缸类底部，夹砂红褐陶。斜腹下收，平底，底下置长椭圆体足。素面，足下面有带抹痕的稀疏细浅纹。底径约21、残高4厘米（图一四三，6）。

器耳　数件。H18:10，所属器物可能为盆类，泥质红陶。下部素面，上部旋纹，旋纹以下横置长条形鸡冠状耳，耳中部较高，两端略矮。耳椭圆形按窝上有布纹（图一四三，2）。H18:11，泥质红陶。所属器物可能为缸类，上部饰浅细旋纹，下部为细

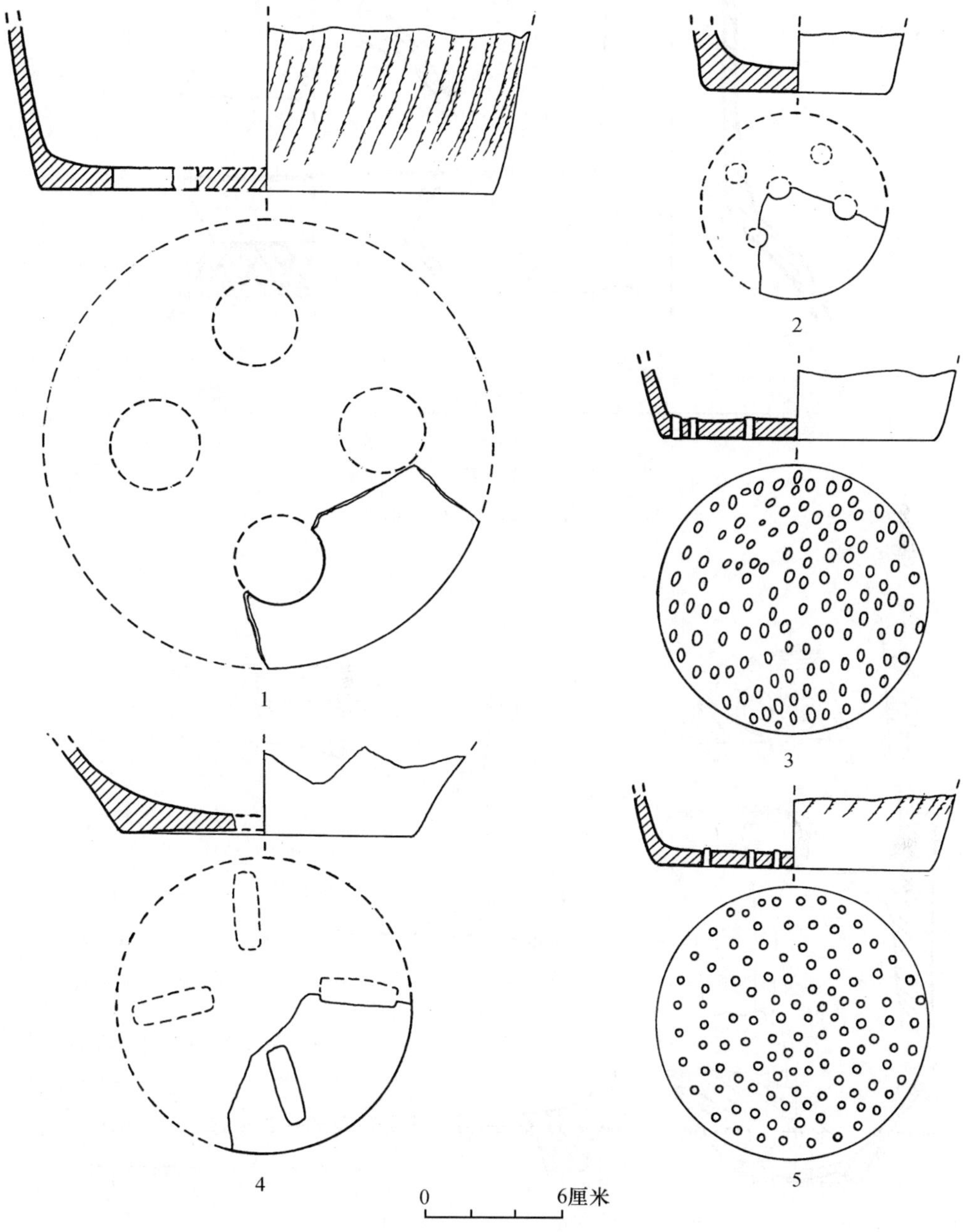

图一四一　仰韶文化二期陶甑

1～5. 甑（H65:22、G2:37、H22:41、H8:29、H88:12）

密左斜线纹，线纹之上附置鸮面泥塑。鸮面上下长2.4、左右宽3.9厘米（图一四三，1）。H14:27，疑为小口瓶之耳，夹砂灰褐陶。宽扁状桥形耳，耳上部左右各一带按痕的圆形小泥饼。残长5.7、宽4.3厘米。

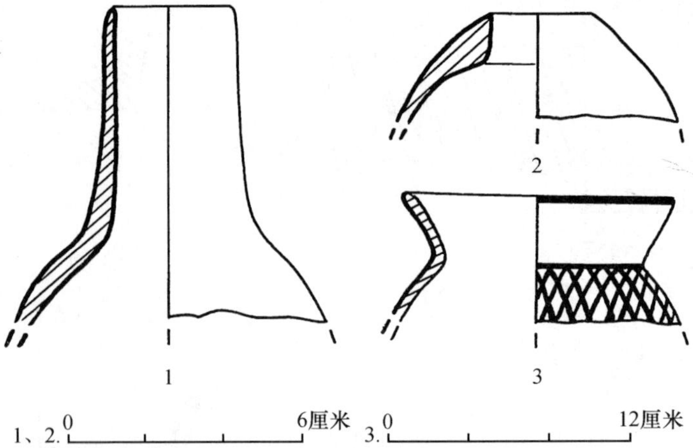

图一四二　仰韶文化二期陶壶

1～3. 壶（H21∶28、G2∶94、T6④∶1）

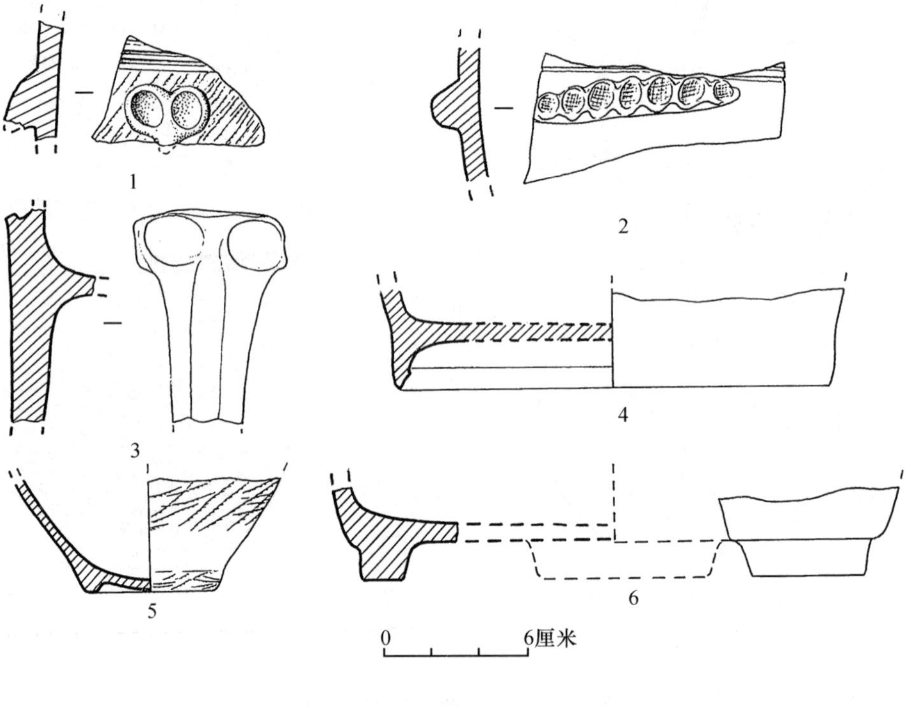

图一四三　仰韶文化二期陶器

1、2. 器耳（H18∶11、H18∶10）　3. 鼎足（G2∶93）　4～6. 残器底部（G2∶96、H21∶30、H16∶16）

接下来介绍彩陶纹饰。由于仰韶文化二期的彩纹复杂多样，是本期的重要特征之一，因此这里专门予以介绍。

本期彩陶虽然占有一定比重，但遗憾的是完整器较少，大多为碎片，有些纹样无法窥其全貌，我们仅据彩纹结合器形分析。有黑色彩纹、褐色彩纹、红色彩纹、白衣彩纹和黄衣彩纹等。

（1）黑色彩纹

数量最多，大都绘于红陶或黄陶器上。

直线纹　最常见的纹饰之一。基本上无单独装饰者，几乎全为绘于器腹以确定绘彩范围或作搭配图案用。

宽带纹　1例（彩陶的统计，由彩纹结合器形进行，其例数一般依器物数，因一些彩陶片上有多种纹样，彩纹间的统计有的有重叠，而一些难以确定器形的，未做统计）。出土于G2，饰于泥质红陶钵的上腹部。

窄带纹　160例。基本上可见于所有彩陶器口沿唇部或腹部。单纯的窄带纹较少，往往与其他彩纹搭配构成图案。由其所饰器物部位差异分四式。

Ⅰ式：7例。见于乙类A型盆和A型彩陶罐唇部，窄带纹略宽。如乙类AⅠ式盆Z1:2（见图八八，1）、Z1:1（见图八八，2）、Z1:3（见图八八，4），乙类AⅡ式盆H90:2（见图八八，3）、H90:3（见图八八，5）、H90:4（见图八八，6），A型彩陶罐Z1:5（见图一三三，5）。

Ⅱ式：96例。见于乙类A型、乙类Ba型盆，A型钵，A型、B型彩陶罐等器口沿。窄带纹所饰之器唇部较薄窄，不仅饰于唇部，并延伸至沿内面顶部甚少部分。如乙类AⅢ式盆G2:1（见图八八，11）、G2:2（见图八八，8）、G2:8（见图八八，10）、G2:9（见图八八，9）、G2:10（见图八八，7），乙类BaⅡ式盆G2:11（见图八九，3）、G2:12（见图八九，5），A型彩陶罐H28:2（见图一三三，1）、H09:11（见图一三三，2），B型彩陶罐G2:77（见图一三三，7）、G2:78（见图一三三，6），AⅠ式钵H92:2（见图一一六，8）、G2:32（见图一一六，3）等。

Ⅲ式：34例。见于乙类A型、乙类Ba型盆，A型钵，Ba型、Bb型、Ca型碗等器，除唇部外，窄带纹蔓延至口沿内面上部。如乙类BaⅢ式盆H22:22（见图九〇，5；彩版一三，4）、H14:8（见图九〇，2），AⅡ式钵H13:2（见图一一六，10），乙类AⅣ式盆H6:1（见图八八，12）、H6:2（见图八八，13）H66:1（见图八八，15）等。

Ⅳ式：23例。见于乙类A型、乙类Ba型盆，Ba型、Ca型、Cb型碗，A型钵等器，窄带纹不甚规整，饰至口沿内面中部以上或钵等的近口部。如乙类AⅤ式盆H8:6（见图八八，18）、H8:7（见图八八，17），乙类BaⅣ式盆H2:1（见图九一，3）、H2:14（见图九一，1）、H3:15（见图九一，5），AⅢ式钵H8:2（见图一一六，12），

BⅢ式钵H3∶2（图一一七，3），Cb型碗H21∶16（见图一一〇，4）等。

垂弧纹　174例。或名垂帐纹，数量甚多，为典型纹饰，广见于乙类Ba型、乙类Bb型、乙类Ea型盆口沿与Bb型、Ca型碗腹。其基本母题为一列垂弧。以附加纹饰等不同分八型。

A型　16例。无附加纹饰，仅一列垂弧纹。饰于乙类Bb型盆口沿上，如乙类BbⅠ式盆H90∶7（见图九二，1），乙类BbⅡ式盆H65∶4（见图九二，5；彩版二〇，1上）等。

B型　61例。垂弧纹下有一列弧边三角纹与之相咬。又可分二亚型。

Ba型　52例。与垂弧纹相咬的弧边三角纹为两边弧边。分三式。

Ⅰ式：32例。即原式，与垂弧纹相咬的弧边三角纹下无附加纹饰。多见于乙类Ba型、乙类Bb型盆口沿，如乙类BaⅡ式盆H09∶1（见图八九，6）、乙类BbⅡ式盆G3∶1（见图九二，2），乙类BbⅣ式盆H2∶16（见图九三，6），该器为较晚器形但绘饰较早彩陶纹饰。

Ⅱ式：14例。弧边三角形纹下加一横线，并缀以圆点，也有在两弧边三角相接的直线上涂饰圆点者。见于Ca型碗腹、乙类Ba型盆口沿等，如CaⅡ式碗H89∶1（见图一〇八，5；图一四四，1），CaⅢ式碗H2∶5（见图一〇九，2），该器为器形较晚然绘饰较早的彩陶纹饰。

Ⅲ式：6例。弧边三角纹中部为长条形地子所分割，形成空白带，并于其下加二横线，缀以圆点，或不加线、缀点。见于乙类Bb型盆口沿、Bb型碗腹等，如乙类BbⅢ式盆H22∶16（见图九二，7），BbⅣ式碗H21∶31（见图一〇七，8；图一四四，2；彩版二〇，2上左）等。

Bb型　9例。与垂弧纹相咬的弧边三角纹为一面弧边。见于乙类Bb型、乙类Ea型盆口沿、Ca型钵腹等。可分二式。

Ⅰ式：5例。即原式，与垂弧纹相咬的仅一列弧边三角纹。如乙类EaⅠ式盆H49∶1（见图九六，15；图一四四，3）。

Ⅱ式：4例。弧边三角纹一侧加一竖线。见于乙类Bb型盆口沿、Ca型钵腹等，如Ca型钵H88∶4（见图一一七，10）、H88∶5（见图一一七，8），乙类BbⅢ式盆H22∶13（见图九二，8）。

C型　20例。上部一列垂弧纹，每一垂弧下饰以向左抛掷的流星索状的纹样。可分三式。

Ⅰ式：11例。仅有垂弧纹加流星索纹，有的流星索两端均与垂弧两侧相接，有的不缀圆点，并有垂弧与流星索弧线甚草率者。见于Ba型、Bb型、Ca型碗腹等，如BbⅠ式碗H39∶1（见图一〇六，10；图一四四，5；彩版二〇，2下左）、G2∶27（见图一〇六，9），CaⅠ式碗 G2:30（见图一〇八，2）、G2:125（见图一四四，4；彩版二〇，2上右）等。

Ⅱ式：6例。垂弧纹下加弧边三角纹，或于流星索根部出一侧弧纹，或在垂弧纹下绘三重弧线纹，根部无圆点。见于Bb型碗腹等，如BbⅡ式碗 H22:14（见图一〇七，2；图一四四，7）、H22:48（图一四四，6；彩版二〇，2中）等。

Ⅲ式：3例。垂弧纹下绘三重弧线纹，顶端缀以圆点纹。见于Bb型碗腹等，如BbⅢ式碗 H2:54（图一四四，8；彩版二〇，2下右）等。

D型　31例。上部一列垂弧纹，与每一垂弧相应又一向左的侧弧纹，在由垂弧纹、侧弧纹及下部直线纹之间形成的地子左上部绘一圆点纹。可分三亚型。

Da型　4例。均出自G2，在由垂弧纹、侧弧纹及下部直线纹之间形成的地子右部也绘一圆点纹。见于A型钵腹等，如AⅠ式钵 G2:120（图一四四，10；彩版二〇，4上左）。

Db型　26例。垂弧纹与侧弧纹之间有一双斜线或弧线纹。该亚型中侧弧有的为弧边三角形，有的则为一弧线。见于Ba型盆口沿、Ba型、Bb型、Ca型碗腹等，如CaⅠ式碗 G2:31（见图一〇八，3；彩版二〇，4下右），CaⅢ式碗 H2:22（见图一〇八，8；图一四四，12；彩版二〇，4下左），BaⅡ式碗 H62:1（见图一〇六，2；图一四四，11）、H62:4（见图一〇六，6），乙类BaⅡ式盆G2:122（图一四四，9；彩版二〇，4上右）等。

Dc型　1例。饰于细泥黄陶BaⅡ式碗 H18:15的上腹部。在由垂弧纹、侧弧纹和下部直线纹构成的地子里除左上角涂一圆点纹外，遍饰长椭圆点纹，有的粗头细尾，形似小鱼，在该图案以下两条平行线纹之间饰辫形纹。此器十分精致美观（图一四四，13；彩版二〇，4中）。

E型　16例。上部一列垂弧纹，于垂弧相接处饰以圆点纹。又分三亚型。

Ea型　9例。即原型，仅有垂弧纹与圆点纹。主要见于Ba型、Bb型盆口沿、Ca型、Cb型碗腹，如CaⅠ式碗 G2:123（图一四四，14；彩版二〇，3下中）。

Eb型　5例。垂弧纹下加两条或三条平行线纹，有的在平行线上缀饰圆点。见于Bb型、Ca型碗腹，如CaⅠ式碗 G2:29（见图一〇八，1；彩版二〇，3下右），CaⅢ式碗 H2:3（见图一〇八，10；图一四四，15）等。

Ec型　2例，均见于H22。垂弧纹以上加饰平行线纹或窄带纹。见于Ca型与D型碗腹，如CaⅡ式碗 H22:29（见图一〇八，7；彩版二〇，3下左），D型碗 H22:31（见图一一一，5；图一四四，16；彩版二〇，3上左）。

F型　22例。上部一列垂弧纹，下部两条或三条平行线纹，并缀以圆点。可分二亚型。

Fa型　20例。两垂弧纹相接处为空白。见于Bb型、Ca型碗腹等，如BbⅠ式碗 G2:26（见图一〇六，8；图一四四，17；彩版二〇，3上右）。

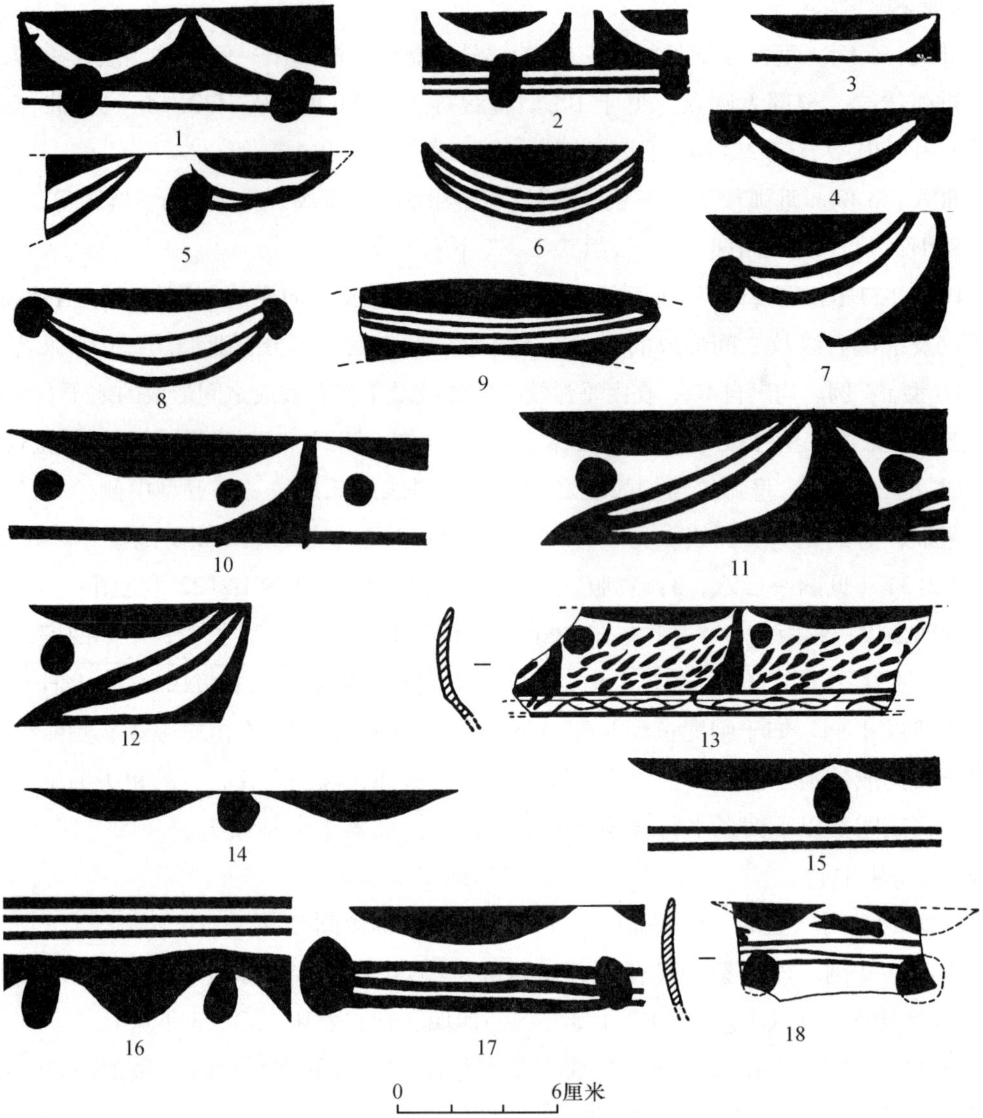

图一四四　仰韶文化二期彩陶图案

1. BaⅡ式垂弧纹（H89∶1）　2. BaⅢ式垂弧纹（H21∶31）　3. BbⅠ式垂弧纹（H49∶1）　4、5. CⅠ式垂弧纹（G2∶125、H39∶1）　6、7. CⅡ式垂弧纹（H22∶48、H22∶14）　8. CⅢ式垂弧纹（H2∶54）　9. Db型垂弧纹（G2∶122）　10. Da型垂弧纹（G2∶120）　11、12. Db型垂弧纹（H62∶1、H2∶22）　13. Dc型垂弧纹（H18∶15）　14. Ea型垂弧纹（G2∶123）　15. Eb型垂弧纹（H2∶3）　16. Ec型垂弧纹（H22∶31）　17. Fa型垂弧纹（G2∶26）　18. Fb型垂弧纹（H22∶47）

Fb 型　2 例，均出于 H22。两垂弧纹相接处饰平置的“X”形纹。见于 Bb 型碗腹，如 BbⅡ式碗 H22:47（图一四四，18；彩版二〇，3 上中）。

G 型　3 例，均出自 G2。垂弧纹相接处饰三或四道短平行线纹，见于 Ba 型、Bb 型盆口沿等。

H 型　5 例。上部一列垂弧纹，下部一列反弧纹与垂弧纹相咬。见于乙类 Bb 型盆口沿，如乙类 BbⅢ式盆 H22:15（见图九三，1）、H22:23（见图九二，6），乙类 BbⅤ式盆 H21:9（见图九三，8）等。

彩纹往往随器形的变化与所绘饰位置的不同而变化，如因乙类 BaⅡ式、乙类 BbⅡ式盆口沿范围较小，而绘于其上的 BaⅠ式垂弧纹仅饰垂弧纹与相咬的弧边三角纹，其后随着器形的变化，CaⅡ式、CaⅢ式、BbⅣ式碗、乙类 BbⅢ式盆等器物腹部饰彩部分面积增大，使得在上述纹饰下部可以加饰横线、缀以圆点，出现 BaⅡ、BaⅢ式垂弧纹。

凸弧纹　数量较多，32 例。由重叠的凸弧纹样构成图案。依形态与构图方式等不同分三型。

A 型　1 例。饰于 BaⅡ式碗 H010:1 腹部，由双层凸弧构成一个单元，单元不相分割，由圆点相缀连（图一四五，1；彩版二〇，1 下左）。

B 型　1 例。饰于 BaⅠ式碗 G2:127 腹部，由单层凸弧构成一个单元，单元互不分割，凸弧下饰一圆点（图一四五，2；彩版二〇，1 下右）。

C 型　30 例。由两层以上凸弧构成一个单元，单元之间为长条形地子所分割，有的在长条形地子内饰以圆点。又分三亚型。

Ca 型　5 例。由两层凸弧构成一单元，凸弧下无圆点。见于 Bb 型、Ca 型碗腹，如 BbⅠ式碗 G2:4（见图一〇六，7），CaⅢ式碗 H2:23（见图一〇九，1；图一四五，3；彩版二〇，5 上左）等。

Cb 型　21 例。由两层凸弧构成一单元，凸弧下有一圆点。见于 Ba 型、Ca 型、Cb 型碗腹，如 BaⅠ式碗 G2:128（图一四五，4；彩版二〇，5 下左）、CaⅣ式碗 H21:14（见图一〇九，3；彩版二〇，5 上右）等。

Cc 型　4 例。由三至四层凸弧构成一个单元，单元之间长方形地子甚窄。仅见于 D 型碗腹，如 D 型碗 G2:28（见图一一一，4）、H2:26（见图一一一，2；彩版二〇，5 下中）、H2:27（见图一一一，3）、H21:17（见图一一一，6；彩版二〇，5 下右）等。

网格纹　数量较少，14 例，由斜置的网格构成图案，长条形地子往往将网格分为长方块。饰于细泥黄陶器物，见于 Bb 型、Cb 型碗腹及壶等，如壶 T6④:1（图一四二，3），Cb 型碗 H4:4（见图一一〇，10；彩版二〇，6 下）、G2:124（图一四五，5；彩版二〇，上左）等。

花瓣纹　数量较少，8 例。以弧边三角纹组合表现出地纹为三出、四出、五出及六出花瓣。主要见于 A 型、B 型彩陶罐、乙类 Bb 型盆、Ba 型碗等器腹，如 A 型彩陶罐 G3∶9（见图一三三，4）、B 型彩陶罐 G2∶77（见图一三三，7）、G2∶79（见图一三三，8），BaⅠ式碗 H09∶2（见图一〇六，1）等。

对三角纹　2 例。其 1 例出自 H22，由相对的两个三角纹构成图案，饰于细泥黄陶 B 型（Ba 或 Bb 亚型）碗腹。另 1 例见于细泥黄陶乙类 BbⅡ式盆 G2∶131 的口沿，处于两组平行弧线纹交汇处下部（图一四五，7）。

背三角纹　可确定的仅见 4 例。3 例饰于细泥黄陶 B 型（Ba 或 Bb 亚型）碗等上腹部，在长方形框子内饰背三角纹，每一长方形框为一单元，其间被长方形地子所分割，如 BaⅡ式碗 H91∶2（见图一〇六，4）。而 BaⅢ式碗 H3∶14 则在背三角纹以下加饰一列“互”字形纹（图一四五，15）。另 1 例饰于乙类 AⅣ式瓮 H2∶42 的肩部，与弧边三角纹、侧弧纹、圆点纹共同构成图案（图一二八，9）。

窗棂纹　仅见 4 例。由众多横或纵加横的短线构成似窗棂状的图案，且被长条形方块所分割。饰于细泥红陶、黄陶 B 型（Ba 或 Bb 亚型）碗腹，如 B 型碗 G2∶130（彩版二一，3 左）。而另 3 例在长条形地子内似另饰彩纹，可能为背三角纹，在窗棂纹以上则加饰一列“互”字形纹。

“互”字形纹　5 例。在两条平行线纹内饰斜“互”字形花纹，分别与背三角纹、窗棂纹、平行线纹一起构成复合纹样。见于细泥黄陶 B 型（Ba 或 Bb 亚型）碗、B 型彩陶罐腹，如 H8∶37（图一四五，11）、H3∶14（图一四五，15）、T5④∶1（图一四五，8）等。

“X”形纹　5 例。由上、下两弧线交叉形成平置的“X”形，分别与窄带纹及 F 型垂弧纹一起构成复合纹饰。见于乙类 BaⅡ式盆、BbⅡ式碗腹、BⅡ式钵肩等，如 BbⅡ式碗 H22∶26（见图一〇七，5）、H22∶47（图一四四，18）等。

新月形纹　4 例。由上弧或下弧的两条弧线构成近似中白的新月形，与纵椭圆形圆点纹相间地分布于碗上腹部，并与饰于唇部及腹顶部的窄带纹一起构成复合图案。见于 Bb 型、Ca 型碗腹，如 BbⅡ式碗 H22∶28（见图一〇七，3），CaⅡ式碗 H22∶10（见图一〇八，6）等。

圆点纹　本期彩陶中，圆点纹为最多的纹样之一，但大都与其他纹饰搭配构成组合纹样，以圆点纹为主者较少，仅 6 例。见于 Ba 型、Ca 型、Cb 型碗、乙类 Ba 型盆等器，呈纵椭圆形饰于上腹部，碗唇部及腹顶部则分别饰窄带纹或窄带纹与平行线纹，盆唇部及沿内面饰窄带纹，如 BaⅢ式碗 H2∶4（见图一〇六，5）、CaⅣ式碗 H21∶15（见图一〇九，4；彩版二〇，6 上右）、Cb 型碗 H22∶30（见图一一〇，7），乙类 BaⅤ式盆 H21∶5（见图九一，9）等。

图一四五　仰韶文化二期彩陶图案

1. A 型凸弧纹（H010:1）　2. B 型凸弧纹（G2:127）　3. Ca 型凸弧纹（H2:23）　4. Cb 型凸弧纹（G2:128）　5. 网格纹（G2:124）　6. 白衣黑彩纹（H65:25）　7. 对三角纹（G2:131）　8、11. “互”字形纹（T5④:1、H8:37）　9. 火焰纹（H59:2）　10. 禾苗状纹（H21:33）　12. 豆荚纹（G2:121）　13. 弧边三角纹（G2:126）　14. 三足动物图案（H21:32）　15. 背三角纹（H3:14）　16. 弧边三角纹、勾叶纹、斜线纹组合（H09:1）　17. 侧面鸟形纹（H22:22）

火焰纹　2例。1例饰于细泥黄陶BbⅡ式碗H22∶49的上腹部，为上细下粗弯曲的弧边三角纹构成似火焰状的纹样。另1例饰于细泥红陶BaⅠ式碗H59∶2的上腹部，器表饰红彩，之上再绘黑彩火焰状纹样（图一四五，9）。

辫形纹　2例。H88出土1例，饰于细泥黄陶乙类BbⅢ式盆腹上部，由曲线连续相交叉构成较粗的辫形纹。另1例H18出土，饰于细泥黄陶BaⅡ式碗H18∶15上腹部，在Dc型垂弧纹之下两条平行线纹之间饰较细而规整的辫形纹（图一四四，13）。

禾苗状纹　1例。见于细泥黄陶乙类B型盆H21∶33的腹部，残存部分为下部一圆点，向上延伸出八条形似禾叶的直线、斜线或弧边三角纹（图一四五，10）。

平行线纹　数量较多，36例。多与其他彩纹，如窄带纹，BaⅢ式、Eb型、Ec型、Fa型、Fb型垂弧纹，由弧边三角纹构成的圆形或椭圆形图案（在此种图案以内），对三角纹，“互”字形纹，辫形纹，窄带纹，水波状纹等构成组合图案，分二至六条平行线等多种，有的中部一或两条直线为虚线，多为直线，也偶有平行的弧线。见于乙类Ba型、乙类Bb型、乙类Ea型盆口沿或腹部，Aa型、Ca型、Cb型碗及B型彩陶罐腹部等部位。依线条宽窄差异分四式。

Ⅰ式：1例。仅见于乙类BaⅠ式盆H90∶6的口沿，线条甚宽，宽达0.7～0.8厘米（见图八九，2）。

Ⅱ件　14例。线条较宽，宽约0.5厘米。如Aa型碗G2∶21（见图一〇五，3）、BbⅠ式碗G2∶26（见图一〇六，8），乙类BbⅡ式盆G2∶131（图一四五，7）等。

Ⅲ式：15例。线条较窄，宽0.35～0.4厘米。如乙类BaⅢ式盆H22∶22（见图九〇，5；图一四五，17），D型碗H22∶31（见图一一一，5）、BaⅡ式碗H18∶15（图一四四，13）等。

Ⅳ式：6例。线条甚窄，宽多在0.3厘米以下。如乙类BaⅤ式盆H21∶7（见图九一，7）、乙类EaⅢ式盆H2∶19（见图九六，12）等。

豆荚纹　2例。1例见于泥质红陶乙类BaⅡ式盆G2∶121的口沿，由上部的凹边三角纹与交错相向的凹边直角三角纹构成似二豆荚（豆芽）形地子，荚中各有一对角斜线，中缀以圆点，惟妙惟肖地表现出一对肥嫩的豆荚，凹边直角三角形纹两侧似有地子分割单元（图一四五，12；彩版二一，2）。另1例出土于H2，图案与上件相近，但残缺不全。

水波状纹　1例。饰于泥质红陶折腹盆H8∶24的腹部，在平行线纹之间绘由圆点缀连的弧线，成为似水波状的纹样（见图一三八，1）。

弧边三角纹、勾叶纹、斜线纹　这三种纹样为仰韶文化二期的典型纹饰，数量众多，它们往往伴生出现，与圆点纹一起构成复合纹样，再配以窄带纹、直线纹、垂弧纹、凸弧纹等使本期彩陶丰富多样。广见于乙类A型、乙类Ba型、乙类Bb型盆，Ba型、Bb型、Ca型、D型碗，A型、B型钵，A型彩陶罐等器物。除与窄带纹等上述纹样相搭配者外，共323例。弧边三角纹还包含有侧弧纹、凹弧纹、连弧纹等。以上纹样往往一起组合为大的图案，如回旋勾连纹，因多为残片，可看出完整构图的不多。仅有如BaⅠ式碗H09:2的回旋勾连纹加圆点纹和由弧边三角纹、弧线纹和圆点纹组成的近似花瓣纹的图案（见图一〇六，1）；乙类BaⅡ式盆H09:1由缀有圆点的斜线分割成腹部共两个单元，主要由中有一圆点和未封闭的圆圈、两对挂钩构成，挂钩中填以圆点，在挂钩之外再加一侧弧纹，侧弧纹与未封闭圆圈两侧分别饰以上、下相反的弧边三角纹构成的回旋勾连纹（见图八九，6；图一四五，16）；乙类BaⅣ式盆H2:1的甚草率的由两个相向的侧弧纹和两个弧边三角纹为主体构成的图案（见图九一，3）；乙类BaⅢ式盆H14:8腹部由弧边三角纹、弧线纹、圆点纹构成的回旋勾连纹（见图九〇，2）；乙类BaⅡ式盆H49:2的连弧纹（见图八九，4；彩版二一，4上左）。另有乙类BaⅢ式盆H16:4图案粗犷草率的弧边三角纹与弧线纹（见图九〇，3）；饰于乙类B型盆G2:126由弧边三角纹与凹弧纹等构成的图案（图一四五，13；彩版二一，3右）；乙类BaⅤ式盆H21:4（见图九一，8；彩版二一，1上左）、H21:6（见图九一，10；彩版二一，1上右）、H21:7（见图九一，7）的弧边三角纹、圆点纹构成椭圆形内饰平行线及三角形纹等纹样等。这些纹样则为各彩陶器所绘整体图案的一个组成部分。据整体纹样和划分图案的斜线的差异，可初步将上述纹样分为三式。

Ⅰ式：187例。纹样较窄瘦，器腹无彩的空白处较宽阔，纹样较规整，完整的图案由缀以圆点的单斜线划分单元。如乙类BaⅡ式盆H09:1、G2:132（彩版二一，4下左）等。

Ⅱ式：108例。纹样较宽肥，器腹无彩的空白处稍窄，有的纹样较草率。从残腹片看，图案之间由缀有圆点的双斜线划分单元。如乙类BaⅢ式盆H6:3（见图九〇，6；彩版二一，4上右）、H14:8（见图九〇，2；彩版二一，4下右）等。

Ⅲ式：28例。纹样宽肥，无彩的空白处更窄，纹样草率，图案之间由缀以圆点的三斜线划分单元。如乙类BaⅣ式盆T03⑫:2（彩版二一，1下左）、乙类BaⅣ式盆H2:14（彩版二一，1下右）、乙类BaⅤ式盆H21:4等。

动物纹　有2种。即侧面鸟形纹与三足动物形象图案。另外，一部分弧边三角纹或者当为正面鸟纹。

侧面鸟形纹　3例。可分两型。

A型　2例。由三向下弧的弧线构成似侧视的鸟形，弧线之间中白，见于Bb型碗腹，分布于碗腹上部，碗唇部及腹顶部饰窄带纹。其一如BbⅡ式碗H22:5，鸟形纹与纵椭圆形圆点纹相间（见图一〇七，9）。另一如BbⅢ式碗H2:21，鸟形纹长8.2厘米（见图一〇七，6）。

B型　1例。见于乙类BaⅢ式盆H22:22腹部，在两条平行线上、下分别相间地绘弧边三角纹。其中上部者为下弧，两弧边弧鼓，因在一下部有两条短线可能代表二腿，推断其应为侧视鸟纹，长6.7～7.2厘米。正对其下方，于平行线上缀饰纵椭圆形圆点纹。下部者两弧边内弧，与上部者不同，据复原，盆腹一周应各有五组（见图九〇，5；图一四五，17）。

三足动物图案　1例。H21∶32，细泥黄陶，为乙类B型盆腹残片，在一弧边三角纹之左饰一似三足的动物形象，其微弧形躯干，左侧已残，右端呈尖状，似寓为首或尾，也或为翼翅，身上部呈小弧边三角形，顶部约略凸出，身下部为中部略粗稍长、两侧较细稍短的三个微斜长的椭圆形纹，似代表足，其亦当为侧面形象。图案残长4.2，右下高2.7厘米（图一四五，14；彩版二一，5）。

（2）褐色彩纹

数量较少，计39例。有窄带纹、宽带纹、垂弧纹、凸弧纹、弧边三角纹与斜线纹、网格纹、圆点纹等。

窄带纹　8例。5例出自G2，2例分别见于H90和H09。饰于钵、碗类口沿。此外，在H62还出土有1例与凸弧纹、圆点纹一起组成的图案。

宽带纹　1例。见于泥质红陶AⅠ式钵G2∶33之上腹部，宽2.3厘米（见图一一六，5）。

垂弧纹　11例。均见于Ca型碗腹。其中3例出自H21，饰于细泥黄陶之上，为与Fa型黑彩垂弧纹相同的纹样，上部一列垂弧纹，下部分别饰缀以圆点的两条平行线纹和三条平行线纹。2例出自H22，见于细泥黄陶之上，也为与Fa型黑彩垂弧纹相同的纹样，上部一列垂弧纹，下部分别饰三条平行线纹和缀以圆点的二条平行线纹。3例出自G2，均饰于细泥红陶CaⅠ式碗上，其2例仅残存垂弧纹，而另1例，即G2∶129，在垂弧纹之下饰五条平行线纹，其中第三、四条为较细的虚线。2例出自H88，均残片，在垂弧纹下加反弧纹。另1例出自H89，由垂弧纹与弧边三角纹组成图案。

凸弧纹　4例。其中1例见于细泥黄陶D型碗H2∶27，为与Cc型黑彩凸弧纹相同的纹样（图一一一，3）。另三例均见于细泥黄陶Bb型碗腹，如BbⅡ式碗H62∶11（见图一〇七，4）等。

弧边三角纹、斜线纹　9例。G2出土5例，2例仅弧边三角纹，另3例为斜线纹。H6出土2例，两种纹样共同出现。均见于细泥黄陶或红陶盆类腹片上。此外，还有见于H14细泥黄陶碗腹片上的弧边三角纹和上文所述H89出土由垂弧纹与弧边三角纹共同组成的各1例图案。

网格纹　4例。分别见于H62、H88、G2出土的细泥黄陶碗腹，与黑彩网格纹相同，被长条形地子所分割。

圆点纹　2例。均出自H62，仅有圆点一种纹样。均见于碗腹。此外，还有1例上述同出于H62与窄带纹、凸弧纹一起及2例上述出于H22由缀以圆点的两周平行线和垂弧纹共同构成的图案。

（3）红色彩纹

13 例。可分为两种。

第一种　9 例。除 1 例见于 Cb 型碗外，余均见于 Bb 型碗。皆细泥黄陶，自唇部以下外壁通体饰红彩，器形精美。如 Bb Ⅰ式碗 H09∶5（见图一〇六，11），Bb Ⅱ式碗 H22∶4（见图一〇七，11）、H22∶9（见图一〇七，12）、H22∶25（见图一〇七，7）、Cb 型碗H22∶3（见图一一〇，8）等。

第二种　4 例。在细泥黄陶或红陶器表红彩之上加饰黑彩，也可谓之红衣黑色彩陶。其 1 例出自 G2，见于 Bb Ⅰ式碗腹，红彩之上加饰与 C 型黑彩垂弧纹相同的纹样。另 1 例见于 A 型彩陶罐 H88∶11，其口沿与腹部饰红彩后于唇部加饰一周黑彩窄带纹，沿面则加饰与 Ba 型黑彩垂弧纹相同的纹样，即垂弧纹下又有一周与之相咬的弧边三角形纹（见图一三三，3）。再 1 例出自 H14，很可能系碗腹，红彩之上加饰弧边三角纹。又有 1 例见于 Ba Ⅰ式碗 H59∶2 的上腹部，器表饰红彩，之上加饰黑彩火焰纹（图一四五，9）。

（4）白衣彩纹

18 例。可分为三种。

第一种　15 例。白衣之上饰黑彩，彩纹有窄带纹、垂弧纹、直线纹、斜线纹、弧线纹、弧边三角纹、平行线纹、圆点纹等纹样，有的为相互组合而成。见于乙类 B 型、乙类 Ea 型盆、彩陶罐等器，如乙类 B 型盆 H65∶25（图一四五，6；彩版二一，6 上左）。另有 H6∶31（彩版二一，6 下右）、G2∶133（彩版二一，6 上右）、H8∶36、H8∶38（彩版二一，6 上中）、H30∶7（彩版二一，5 下中）、H14∶31（彩版二一，6 下左）等。

第二种　2 例。均出自 H8，似为盆类腹片，在白衣之上加饰黑彩弧边三角纹或者窄带纹与红彩平行线纹组成的纹样。如 H8∶35 等。

第三种　1 例。出自 H14，疑为盆类腹片，在白衣之上加饰红彩弧边三角纹与直线纹。

（5）黄衣彩纹

1 例。出自 H30，在细泥红陶乙类 Bb Ⅱ式盆腹部黄衣之上加饰黑彩弧边三角纹。黄衣可能为白衣变色所致。

2. 陶质工具

有陶刀、陶球、陶网坠等。

陶刀　1 件。H30∶6，泥质红陶。利用较大器物残片经磨制后作刀使用。近半月形，单面刃，近顶中部有一对钻穿孔，刃部有一明显崩疤。原陶片上尚留有斜线纹，因被磨而印痕变浅，一端线纹已被磨掉。长 9.3、宽 4.2、厚 0.3、孔径 0.6 厘米（图一四六，1；彩版二二，1）。

陶球　1 件。H18∶14，泥质灰陶。素面。直径 7.2～7.5 厘米（图一四六，2；彩版

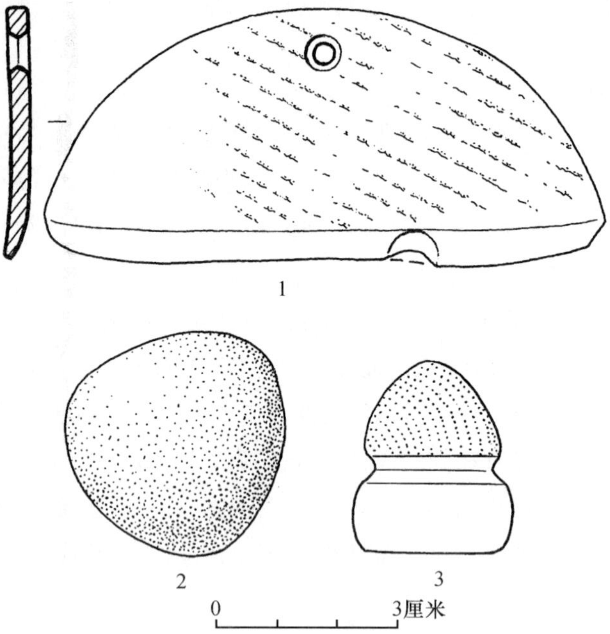

图一四六　仰韶文化二期陶工具

1. 刀（H30:6）　2. 球（H18:14）　3. 网坠（H89:22）

二二，3）。

陶网坠　1件。H89:22，泥质灰陶。圆锥体，中偏下部有一周沟槽，当为系绳之用。器顶部黏有红色残留物。直径2.7、高3.3厘米（图一四六，3；彩版二二，2）。

3. 饰品

仅陶环1种。

陶环　20件。细泥质，绝大多数为灰陶，少量红陶、黑陶，质地细腻，器形精致，磨光陶最常见，其次为饰刻划纹者，少量饰乳钉纹者。依形制不同分二型。

A型　15件。圆形，依纵剖面差异分六亚型。

Aa型　3件。纵剖面呈圆形。H22:45，灰陶。磨光。外径6.8、内径5.5厘米（图一四七，1）。H22:44，灰陶。磨光。外径5.2、内径4.3厘米（图一四七，2）。G2:114，灰陶。环外缘饰斜刻划纹。外径5.2、内径4.2厘米（图一四七，3）。

Ab型　1件。纵剖面呈弧边三角形。H8:30，黑陶。磨光，局部黏有红色残留物。外径5.3、内径3.8厘米（图一四七，4）。

Ac型　1件。纵剖面呈长方形。H8:34，灰陶。外缘微弧，饰斜刻划纹。外径6.2、内径4.8厘米（图一四七，5）。

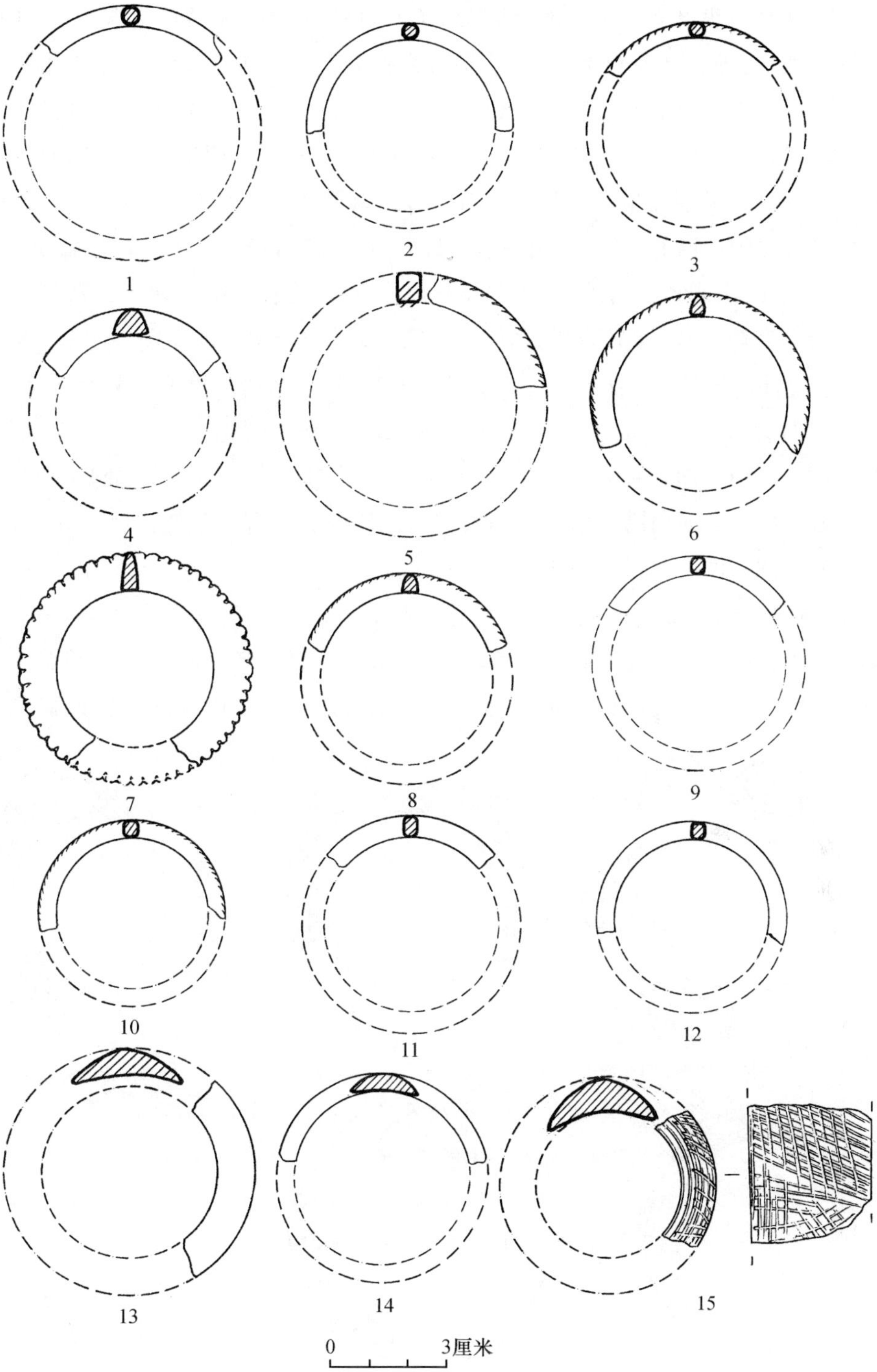

图一四七　仰韶文化二期陶环

1～3. Aa型（H22∶45、H22∶44、G2∶114）　4. Ab型（H8∶30）　5. Ac型（H8∶34）　6～8. Ae型（H8∶31、G2∶112、G2∶116）　9～12. Ad型（G2∶115、G2∶110、H22∶46、H2∶53）　13～15. Af型（G2∶119、H8∶32、H89∶21）

Ad 型　4 件。纵剖面呈直边的椭圆形。G2∶115，灰陶。磨光。外径 5.5、内径 4.4 厘米（图一四七，9）。G2∶110，灰陶。环外饰斜刻划纹。外径 4.5、内径 3.6 厘米（图一四七，10；图版一八，1 左二）。H22∶46，灰陶。磨光。外径 5.6、内径 4.4 厘米（图一四七，11）。H2∶53，灰陶。磨光。外径 4.8、内径 4.5 厘米（图一四七，12）。

Ae 型　3 件。纵剖面呈半椭圆形。H8∶31，灰陶。环外缘饰斜刻划纹。外径 5.6、内径 4.6 厘米（图一四七，6；图版一八，1 左三）。G2∶112，红陶。环较扁薄。外缘饰花边状较深的竖刻划纹（刻槽）。外径 6、内径 3.9 厘米（图一四七，7；图版一八，2）。G2∶116，灰陶。环外缘饰斜刻划纹。外径 5.2、内径 4 厘米（图一四七，8）。

Af 型　3 件。环甚宽。纵剖面呈新月形。G2∶119，灰陶。磨光。外径 5.7、内径 4 厘米（图一四七，13；图版一八，3 右）。H8∶32，灰陶。磨光。外径 5.2、内径 4.1 厘米（图一四七，14；图版一八，4 中）。H89∶21，黑陶。上、下唇中部起一脊棱，形成内外小方唇。环外缘饰交错刻划纹，刻划纹内及环内侧黏有红色残留物。外径 5.6、内径 3.9 厘米（图一四七，15；图版一八，3 左）。

B 型　5 件。六角形。依纵剖面差异分三亚型。

Ba 型　1 件。纵剖面呈半圆形。G2∶113，红陶。环较厚，角突甚大较圆，似乳突状。环外缘围绕每一角突饰椭圆形较宽深的刻划纹，刻划纹内及环内侧遍黏红色残留

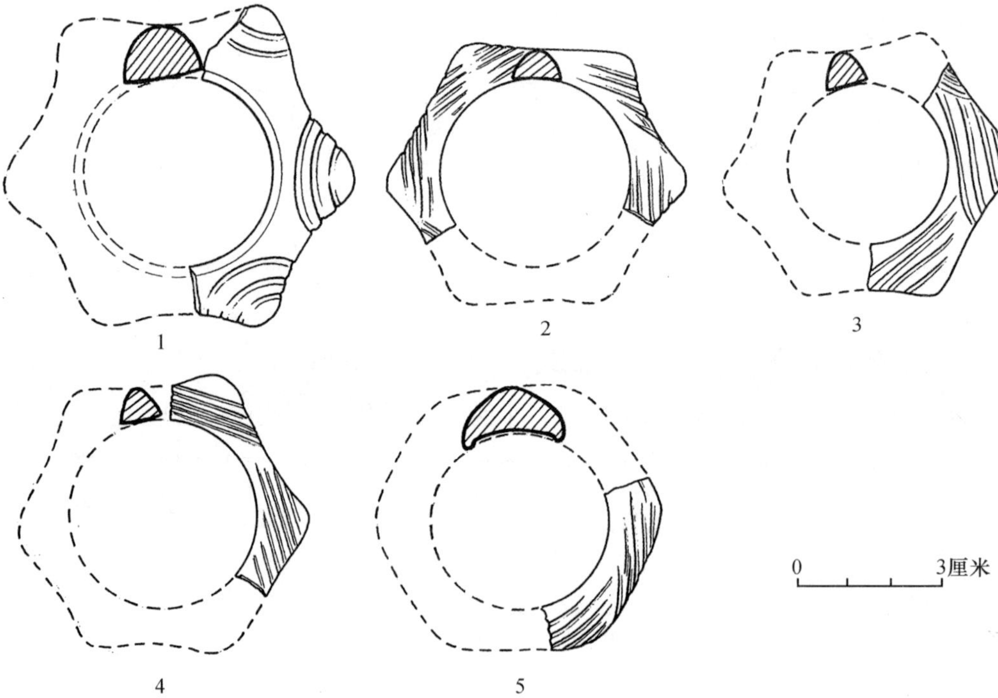

图一四八　仰韶文化二期陶环

1. Ba 型（G2∶113）　2～4. Bb 型（H62∶29、G2∶111、H8∶33）　5. Bc 型（G2∶117）

物。外径7.5、内径4厘米（图一四八，1）。

Bb型 3件。纵剖面呈半椭圆形。H62∶29，灰陶。环外缘中部起一周脊棱，环外角突较薄。角突两侧分饰微弧刻划纹，刻划纹内局部有红色残留物。外径6.3、内径4厘米（图一四八，2；图版一八，1右）。G2∶111，黑陶。角突两侧分饰宽深微弧的刻划纹。外径6.3、内径3.5厘米（图一四八，3；图版一八，4右）。H8∶33，灰陶。环外缘中部起一甚锐脊棱，环外角突较薄。角突两侧分饰较直刻划纹。外径6.4、内径4.2厘米（图一四八，4；图版一八，1左一）。

Bc型 1件。纵剖面呈新月形。G2∶117，灰陶。内侧上、下微内鼓，角突甚小。角突两侧通饰较宽、深微弧刻划纹。外径6.1、内径4厘米（图一四八，5；图版一八，4左）。

二、石　器

均生产工具，共57件。器类有斧、铲、刀、球、磨盘、磨棒、杵、研磨器、环状器、纺轮、石饼、砺石、尖状器、石楔，另有石片和石核等，有的石片也可能曾作工具使用。制作工艺主要为磨制，有的琢、磨兼施，个别采用管钻穿孔技术，有一定数量的打制石器。制作石器的原料种类较多，主要有花岗岩、变质岩、砂岩、火山岩、粉砂岩、页岩、灰岩、白云岩和石英岩等。

石铲 9件。均磨制，有的通体磨光，有的仅局部磨光。可分三型。

A型 5件，其中3件出土于H2。器体较大，平面大体呈长方形或长舌形，宽扁状，磨制精致。H2∶55，黄褐色粉砂岩。整体约圆角长方形，顶部较齐平，两侧弧缓，刃部圆弧，甚窄的两面刃，器身经抛光，两侧有少量细密擦痕，顶部有抛光前就有的数个小崩疤，刃部一角有一崩疤，疑非使用留下，而很可能乃碰撞所致。长21.1、宽14.8、厚1.3厘米（图一四九，7；彩版二三，1左、2左、3）。H2∶56，黄褐色粉砂岩。器形最大，约呈长舌形，刃部圆弧，小两面刃，周边有小崩疤，器身经抛光，抛光时对崩疤也进行了处理，两侧有少量细密擦痕。长26、宽6、厚1.4厘米（图一四九，5；彩版二三，1中、2中、5、6）。H2∶57，紫红色页岩。上部残断，后又经加工，约长方形，顶部较齐平，刃部圆弧，甚窄两面刃，器身包括残断处都经过抛光，两侧有甚少擦痕，一侧刃部有两个小崩疤。长12、宽14.8、厚1.3厘米（图一四九，6；彩版二三，1右、2右、4）。H2∶55、H2∶56、H2∶57三件石铲均出土于H2子母坑下部坑的底部，质地细腻，器形较大，有自然石纹，特别是经抛光处理，十分精致美观，为石铲中的精品，器身有些微擦痕也仅见横向或斜向的而不见竖向者，无明显的使用痕迹，很可能有特殊的用途。H16∶18，青灰色灰岩。边部较齐直，刃部微弧，边部两面均有众多小崩疤，从残断处也有小崩疤判断该器残断后又继续使用。残长 15、残宽 12.3、厚 1.6 厘米（图一四九，1；彩版二二，5 左）。M2∶1，青灰色砂岩。顶及边部稍较薄，一面鼓平，另面微凹，系自然剥落岩面。残长 7.8、残宽 11.8，厚 2.8 厘米（图一四九，2）。

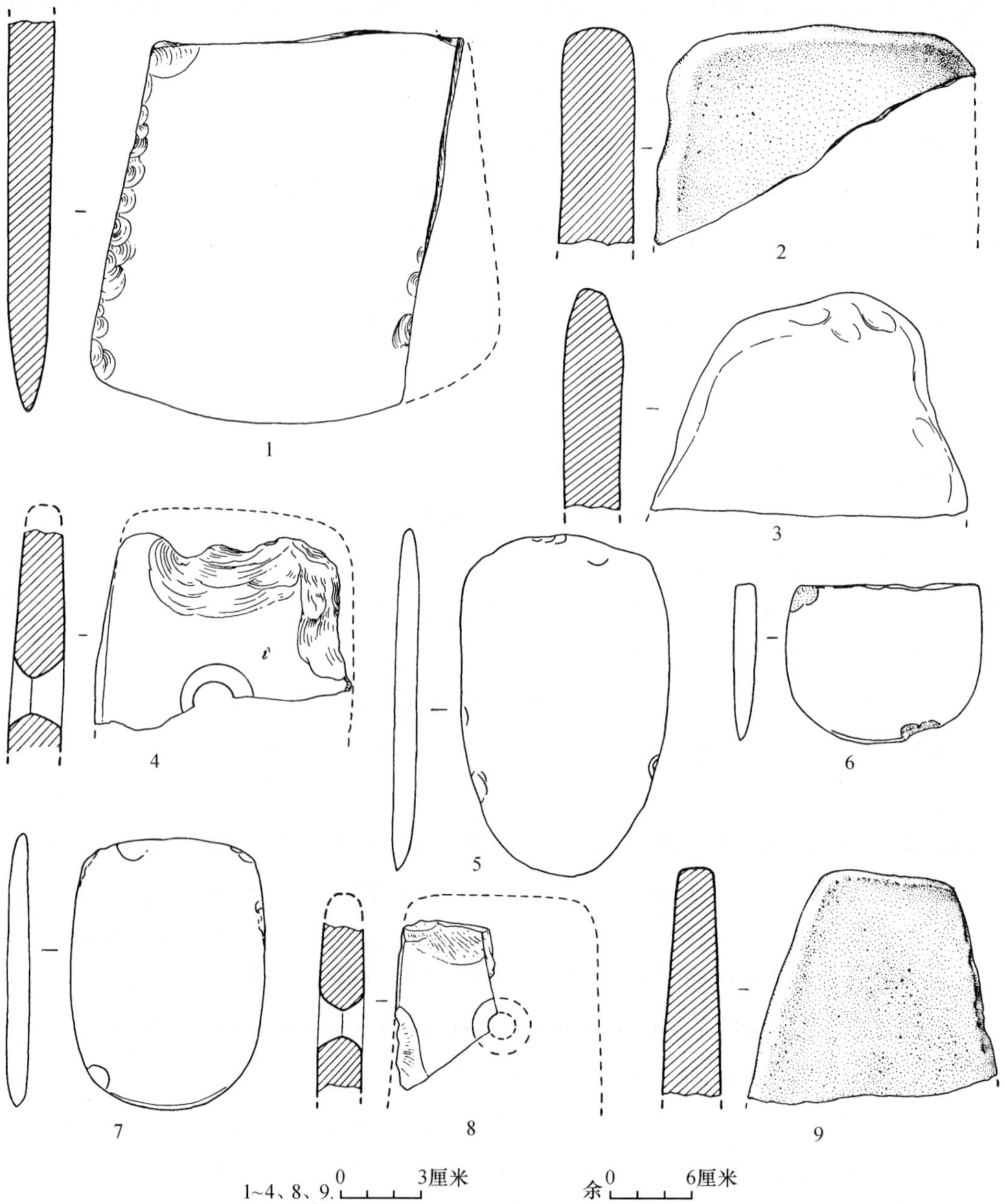

图一四九　仰韶文化二期石铲

1、2、5～7. A 型（H16∶18、M2∶1、H2∶56、H2∶57、H2∶55）

3、9. C 型（H62∶26、H22∶43）　4、8. B 型（H16∶17、H6∶27）

B 型　2 件。器形较小，平面约呈长方形，较厚重，上部皆有钻孔。H16∶17，红褐色砂岩。中部较厚，顶部及边部较薄，顶部及一边部有较大破碴，打磨光滑，上部有一两面对钻而成的圆孔。残长 7.6、残宽 9.8、厚 2 厘米（图一四九，4；彩版二二，5 右）。H6∶27，青灰色变质岩。顶部及边部较直，上部有一两面对钻而形成的圆孔，顶部与边部有崩疤。残长 6.5、残宽 3.9、厚 1.7 厘米（图一四九，8）。

C 型　2 件。器形较小，约呈梯形，利用石片稍经琢、磨而成。H22∶43，灰白色砂岩。两面甚平，顶及边部较齐直，上部较薄而下部稍厚。残长 9.3、宽 9.3、厚 2.1 厘米（图一四九，9）。H62∶26，灰黑色火山岩。顶及边部不规整。残长 8.5、残宽 12、厚 2.2 厘米（图一四九，3）。

石铲形器　1 件。M2∶2，黄白色砂岩。出土时即从中部断裂。整体形状约呈不规则长方形，三边近直，一边圆弧，一面微鼓光滑，另面近平较粗糙，边部较薄，整器似未经琢、磨。长 17.7、残宽 16.2、厚 2.7 厘米（图一五〇）。

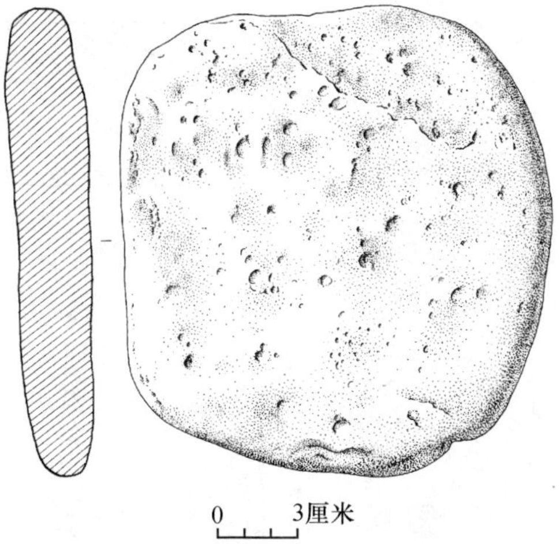

图一五〇　仰韶文化二期石铲形器
（M2∶2）

石磨棒　6 件。利用岩石琢、磨而成，均较短。依纵剖面等不同分二型。

A 型　2 件。纵剖面呈圆形或椭圆形，琢、磨精致，器形较小，便于持握。G2∶108，深灰色砂岩。纵剖面呈椭圆形，一宽面有纵向擦磨痕，两端部有崩疤。长 7.5、剖面长径 6、短径 4.3 厘米（图一五一，1；图版一八，5）。H6∶29，深灰色砂岩。纵剖面约呈圆形，擦磨痕清晰，两端部有小崩疤。长 7.7、剖面直径 5.6 厘米（图一五一，6；图版一八，6）。

B 型　4 件。纵剖面约呈弧边长方形或方形，磨制较粗。H14∶30，黄灰色砂岩。两端弧头，纵剖面呈弧边长方形，器形较小，持握方便。长 10.4、宽 5、厚 3.4 厘米（图一五一，3）。H09∶15，黑红色火山岩。纵剖面呈弧边长方形，两端有破碴。残长 7.8、宽 4.9、厚 3.4 厘米（图一五一，3）。H89∶18，灰黑色火山岩。纵剖面约呈弧边长方形，一面较平，有擦磨痕。残长 8.6、宽 6.8、厚 3.7 厘米（图一五一，2）。H62∶27，青灰色石英岩。纵剖面约呈方形，两面较平，有擦磨痕。残长 13.3、宽 4.2、厚 3.9 厘米（图一五一，4）。

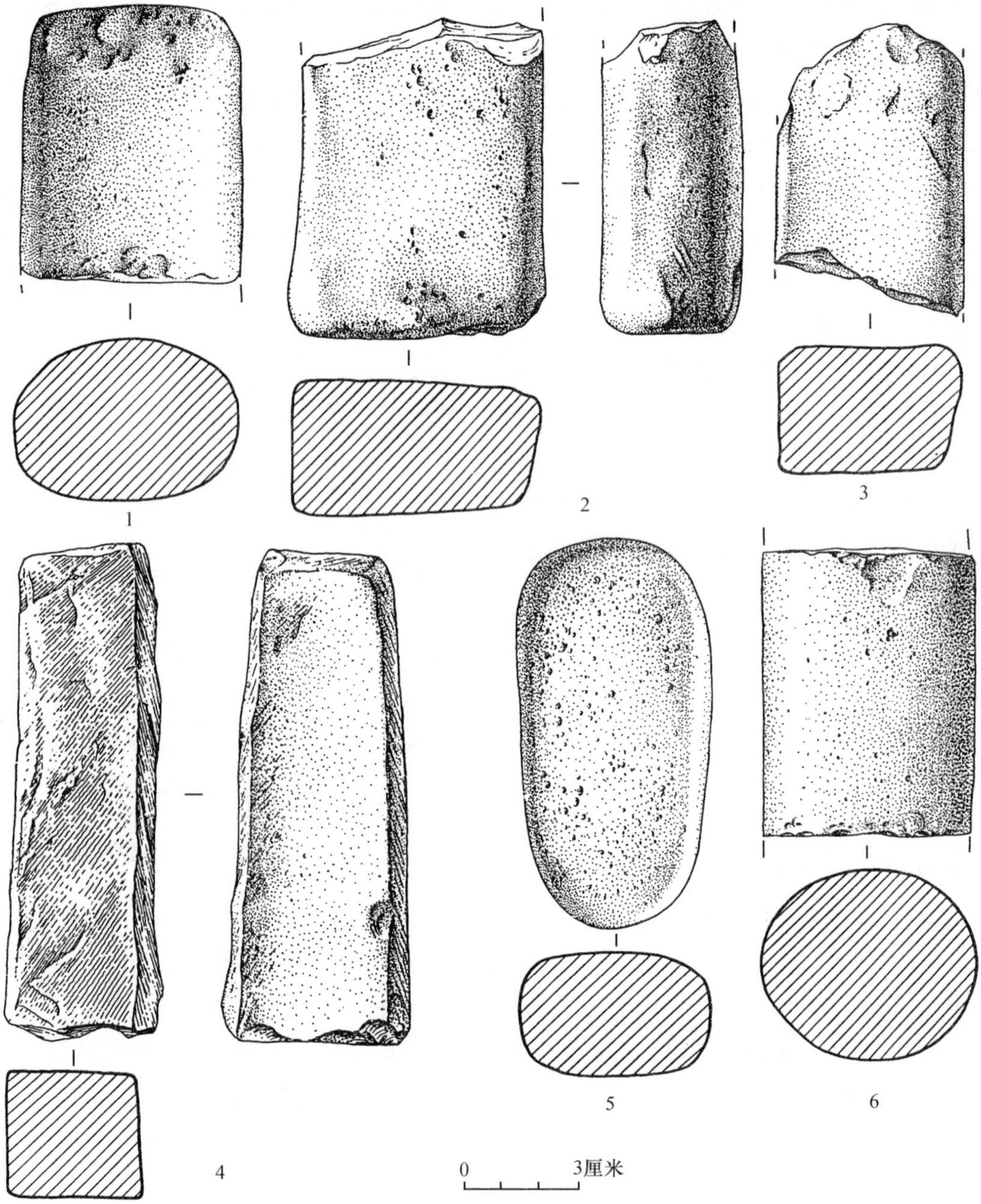

图一五一　仰韶文化二期石磨棒

1、6. A 型（G2∶108、H6∶29）　2～5. B 型（H89∶18、H09∶15、H62∶27、H14∶30）

石磨盘　3件。H10∶1，灰白色石英岩。平面近长方形，一面较平，可见磨痕。长16.4、宽11.4、厚4.1厘米（图一五二，3）。H22∶42，紫褐色砂岩。利用剥落的较薄岩石片制成，平面约呈长方形，两面均较平，并有磨痕。残长12.2、宽14.6、厚2厘米（图一五二，5）。H89∶17，红褐色砂岩。器形较大，平面约呈长方形，两面均较平，有磨痕，周边表层脱落。长37.4、宽19.6、厚6厘米（图一五二，1）。

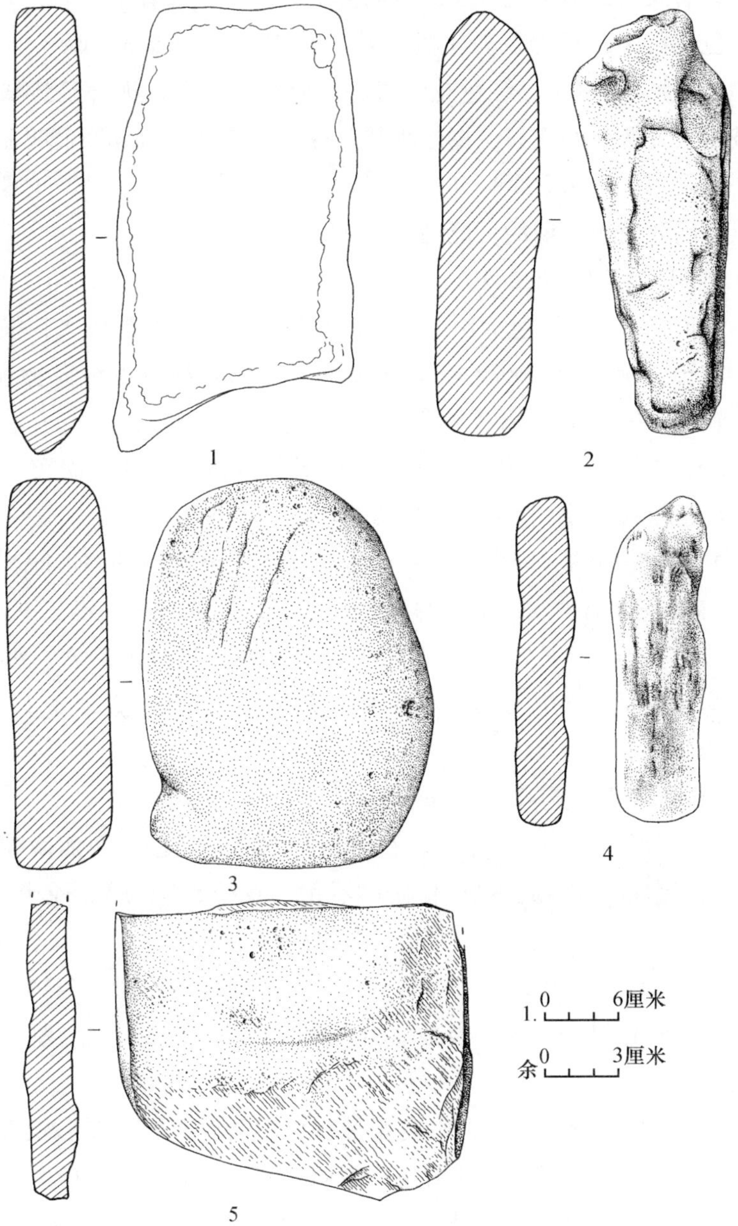

图一五二　仰韶文化二期石器

1、3、5. 磨盘（H89∶17、H10∶1、H22∶42）　2、4. 杵（H62∶25、H6∶26）

石杵　2件。H62∶25，黄灰色石英岩。利用自然石块，长条形，横剖面约呈长方形，一端（细端）有明显使用痕迹。长17.8、宽6.6、厚4.1厘米（图一五二，2）。H6∶26，绿色变质岩。长条形，横剖面约呈弧头长方形，一端有明显擦磨痕，并有红色残留物痕迹。长13.7、宽4、厚2.3厘米（图一五二，4）。

石斧　2件。H6∶28，灰绿色花岗岩。平面约呈梯形，横剖面约呈椭圆形，两面刃，器形较规整，琢、磨兼制，刃部及一面磨痕明显，刃部及顶部有小崩疤，刃部有纵向擦痕，器身遍布红色残留物，刃部及较平处尤显。长10.8、宽5.3、厚3厘米（图一五三，4；图版一九，1）。采∶1，墨绿色花岗岩。平面约长方形，刃部呈弧状略宽，横剖面约呈两面弧鼓的长方形，两面刃，器形规整，琢、磨兼制，刃部磨痕明显，刃部一侧有小崩疤。长19、宽8、厚4.2厘米（图一五三，3；图版二〇，1）。此器在仰韶文化二期遗址区采集，因此属于本期的可能性很大。

石楔　2件。依形制不同分二型。

A型　1件。H62∶28，深绿色火山岩。平面约呈鞋底形，器形较大，横剖面约呈扁椭圆形，下部两面刃，顶部及刃部均有大块崩疤，刃部隐约可见纵向擦痕。长16.3、宽6.7、厚2.7厘米（图一五三，1；图版一九，2）。

B型　H89∶20，红褐色花岗岩。平面呈约梯形，弧顶，下部两面刃，顶部有小崩疤。长7.5、宽7.1、厚2.6厘米（图一五三，5）。

研磨器　2件。研磨面约呈圆形，器身皆带有红色残留物，下部平面与凹陷处尤为明显。H89∶19，红褐色火山岩。纵剖面约呈纵长方形，顶部有小平面，下部平面较大，甚平。直径9.7、高7.9厘米（图一五三，2）。G2∶109，灰白色砂岩。纵剖面约呈梯形，顶部及下部均有平面，其中下部平面甚平，使用痕迹清晰。直径8.7、高6.9厘米（图一五三，6；彩版二二，4）。

石球　9件。形体小者或为弹丸。分四型。

A型　1件。扁圆形。G2∶98，黑褐色石英岩。中部一凸棱，两面微鼓光滑，该器琢、磨较精致，既可作石球投掷，也可作研磨器用。直径8.7、厚5厘米（图一五四，1；图版二〇，3）。

B型　1件。卵圆形。H62∶22，灰黄色砂岩。器形甚规整光滑，与鸡卵酷似，其一侧有一击打小豁，两面有斜向裂纹，当系撞击而致。长径5、短径4、厚3.4厘米（图一五四，2；图版二〇，4）。

C型　4件。圆球形。H62∶23，灰白色与黑褐色相杂，灰岩。器形较大而规整，表面略较粗糙。直径4.1厘米（图一五四，4；图版二〇，5上右）。H62∶24，灰黑色灰岩。器形较大，不甚规整，然表面光滑。直径3.6厘米（图一五四，6；图版二〇，5上左）。H2∶52，黑褐色火山岩。表面光滑，器形甚小，可能系小的河卵石，也可用作弹丸。直径3.1厘米（图一五四，5）。H5∶3，灰褐色火山岩。器形较小，表面粗糙。

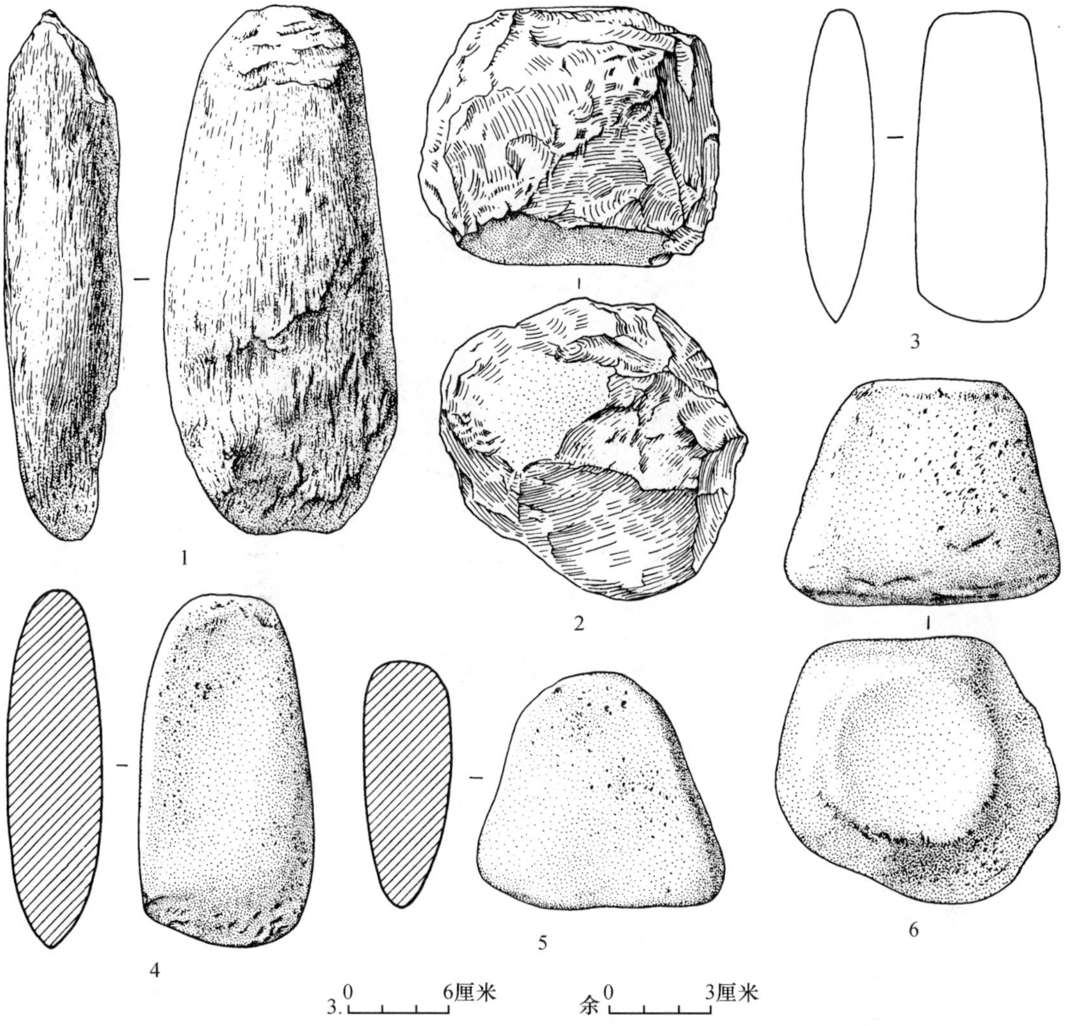

图一五三　仰韶文化二期石器

1. A型楔（H62:28）　2、6. 研磨器（H89:19、G2:109）
3、4. 斧（采:1、H6:28）　5. B型楔（H89:20）

直径3.5厘米（图一五四，3；图版二〇，5下右）。

D型　3件。形制不甚规整，近圆球形。G2:99，黑褐色火山岩。器形甚大，两侧面均有崩疤。最大径8.9厘米（图一五四，7）。G2:105，黑褐色火山岩。器形较小，当系用小河卵石作为石球或弹丸使用。最大径4.5厘米（图一五四，8；图版二〇，5下左）。G2:104，黑褐色火山岩。顶部两侧均有较大崩疤。最大径5.5厘米（图一五四，9）。

石纺轮　1件。H6:24，黑色砂岩。器形规整光滑，圆形，纵剖面为两面略鼓的长方形，中部一对钻圆穿孔，周边有小崩疤。直径7.6、孔径1.4、厚1.3厘米（图一五五，8；图版二〇，2）。

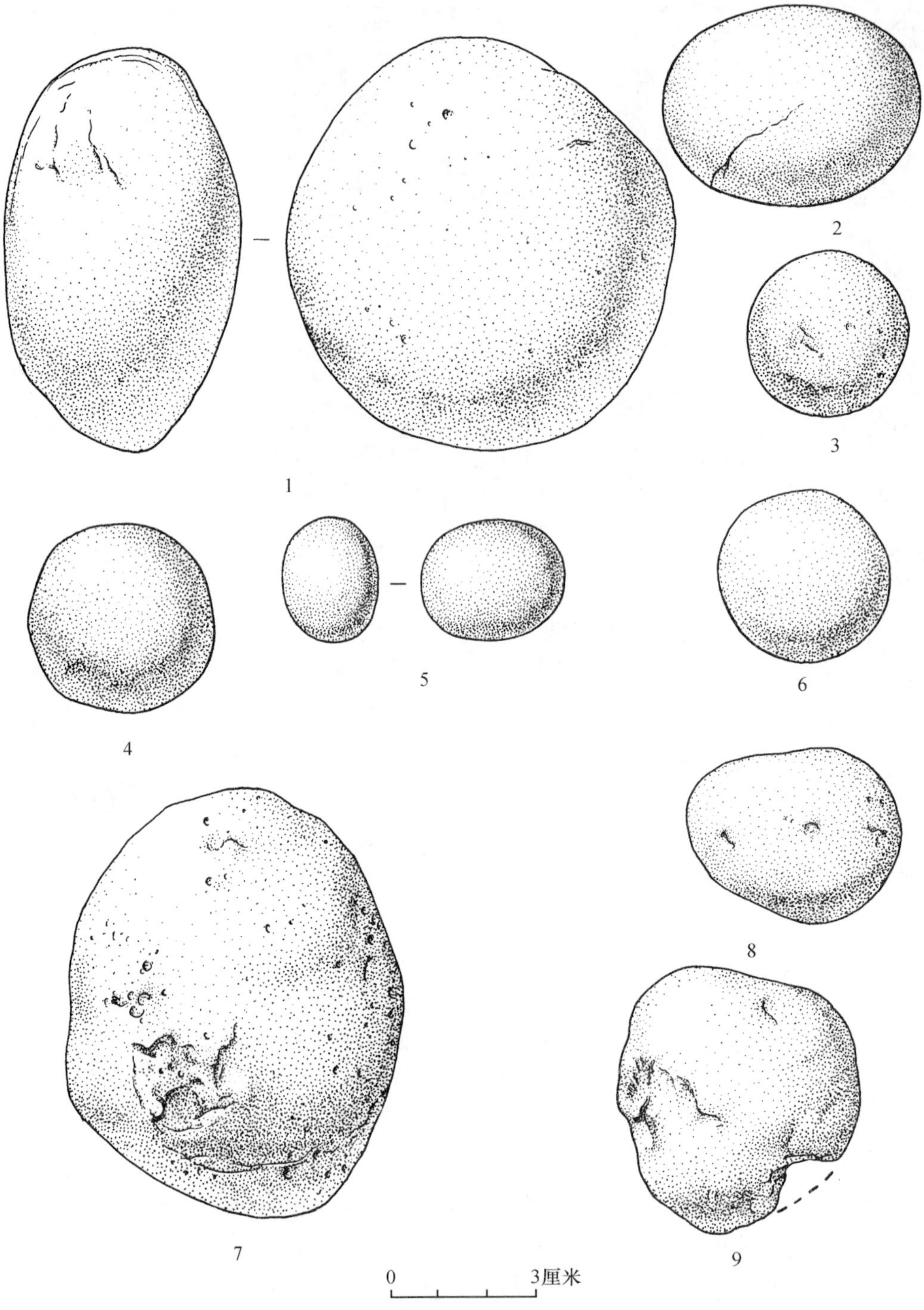

图一五四　仰韶文化二期石球

1. A 型（G2∶98）　2. B 型（H62∶22）　3～6. C 型（H5∶3、H62∶23、H2∶52、H62∶24）

7～9. D 型（G2∶99、G2∶105、G2∶104）

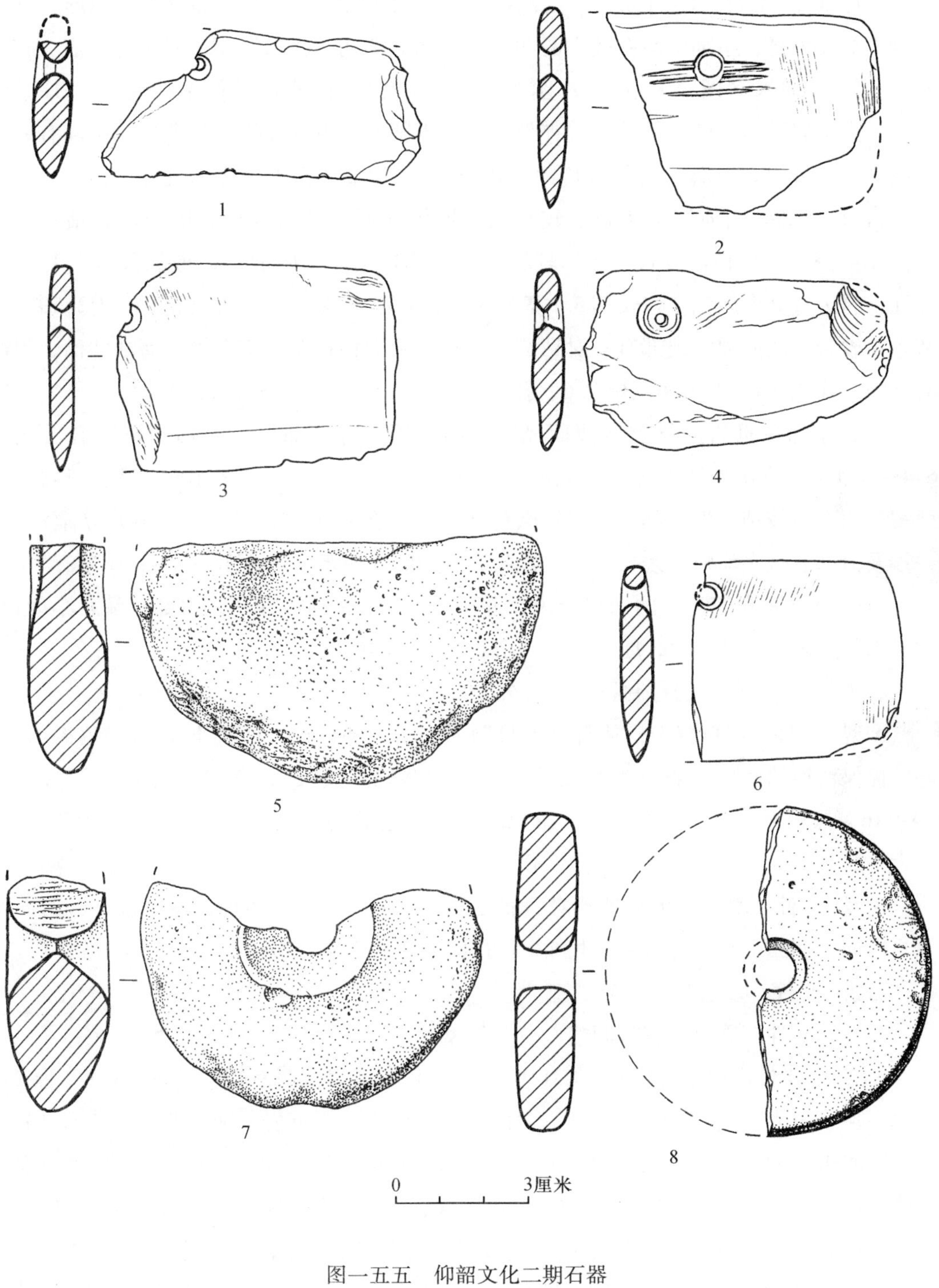

图一五五　仰韶文化二期石器

1～4、6. 刀（H14:28、H2:50、G2:107、G2:106、H2:49）

5、7. 环状器（G2:102、H2:51）　8. 纺轮（H6:24）

石环状器　2件。G2∶102，青白色石英岩。制作较粗糙，残存部分为半圆形，纵剖面为尖头长方形，中部两面有较大的凹痕，或属对穿孔，尚未钻穿，周边有崩疤。直径9.5、厚1.8厘米（图一五五，5；图版二〇，6右）。该器也或作钻帽使用。H2∶51，墨绿色火山岩，琢、磨较精致。残存部分约呈半圆形，纵剖面弧头长方形，中部有一对钻圆穿孔，周边有小崩疤。直径17.9、孔径3.2、厚2.3厘米（图一五五，7）。

石刀　5件。石质好，磨制多较精致，器体甚薄，平面呈长方形，皆有钻孔，均残。H14∶28，灰白色白云岩。制作较粗糙，器体较窄厚，两面刃，近顶部有一对钻圆穿孔，周边有众多崩疤。残长7.3、宽3.3、厚0.90厘米（图一五五，1）。H2∶50，深灰色粉砂岩。两面刃，顶部有一对钻圆形穿孔，两面钻孔左右均有横向磨蚀凹槽，刃部有崩疤。残长6.6、宽4.6、厚0.6、孔径0.85厘米（图一五五，2；图版二一，2左）。G2∶107，墨绿色页岩。器形甚薄而光滑，两面刃，近顶部有一对钻圆形穿孔。残长6.4、宽4.8、厚0.4厘米（图一五五，3；图版二一，1右）。G2∶106，黑色灰岩。微弧刃，两面刃较钝，近顶部有一对钻圆穿孔，圆孔在制作过程中留下的旋形钻痕清晰，一端及刃部有众多崩疤。残长7.1、宽4.2、厚0.75厘米（图一五五，4；图版二一，1左）。H2∶49，黑色灰岩。两面刃锋锐，近顶部有一对钻圆形穿孔，刃部一端有小崩疤。残长4.9、宽4.6、厚0.65厘米（图一五五，6；图版二一，2右）。

石尖状器　4件。均打制石器。可分二型。

A型　3件。器形较小，从石核上打制下来，尖部锋锐。H89∶15，黑褐色火山岩。除一面保留原始面外，余处皆为剥落面，尖部略残。残长7.7厘米（图一五六，1）。H89∶16，黑褐色火山岩。除一面保留原始面外，余处均为剥落面。长7.3厘米（图一五六，2）。

B型　1件。Z1∶7，黄灰色砂岩。器形甚大，平面约呈三角形，器身扁平，两面均系自然面，凹凸不平，有锐尖。长22.5厘米（图一五六，3）。

石饼　9件。多为圆形。分二型。

A型　6件。周边均有打制痕。分二亚型。

Aa型　4件。周边皆打制。G2∶101，红褐色石英岩。两面较平。直径6.6、厚2.6厘米（图一五六，4；图版二一，5）。H14∶29，灰黄色石英岩。两面甚平。直径10.3、厚1.9厘米（图一五六，5；图版二〇，6左）。H62∶20，红褐色石英岩。两面中部均约略下凹。直径4.9、厚2厘米（图一五六，6；图版二一，3）。H62∶21，红褐色石英岩。一面较平，另面斜平。直径6.6、厚2.3厘米（图一五六，7；图版二一，4）。

Ab型　2件。周边部分打制，部分保留自然面。H6∶25，灰褐色砂岩。一面微鼓光滑，另面凹凸不平。直径6.1、厚1.5厘米（图一五六，8；图版二〇，6中）。H65∶23，灰黄色砂岩。一面甚平。直径7.3、厚2.1厘米（图一五六，9）。

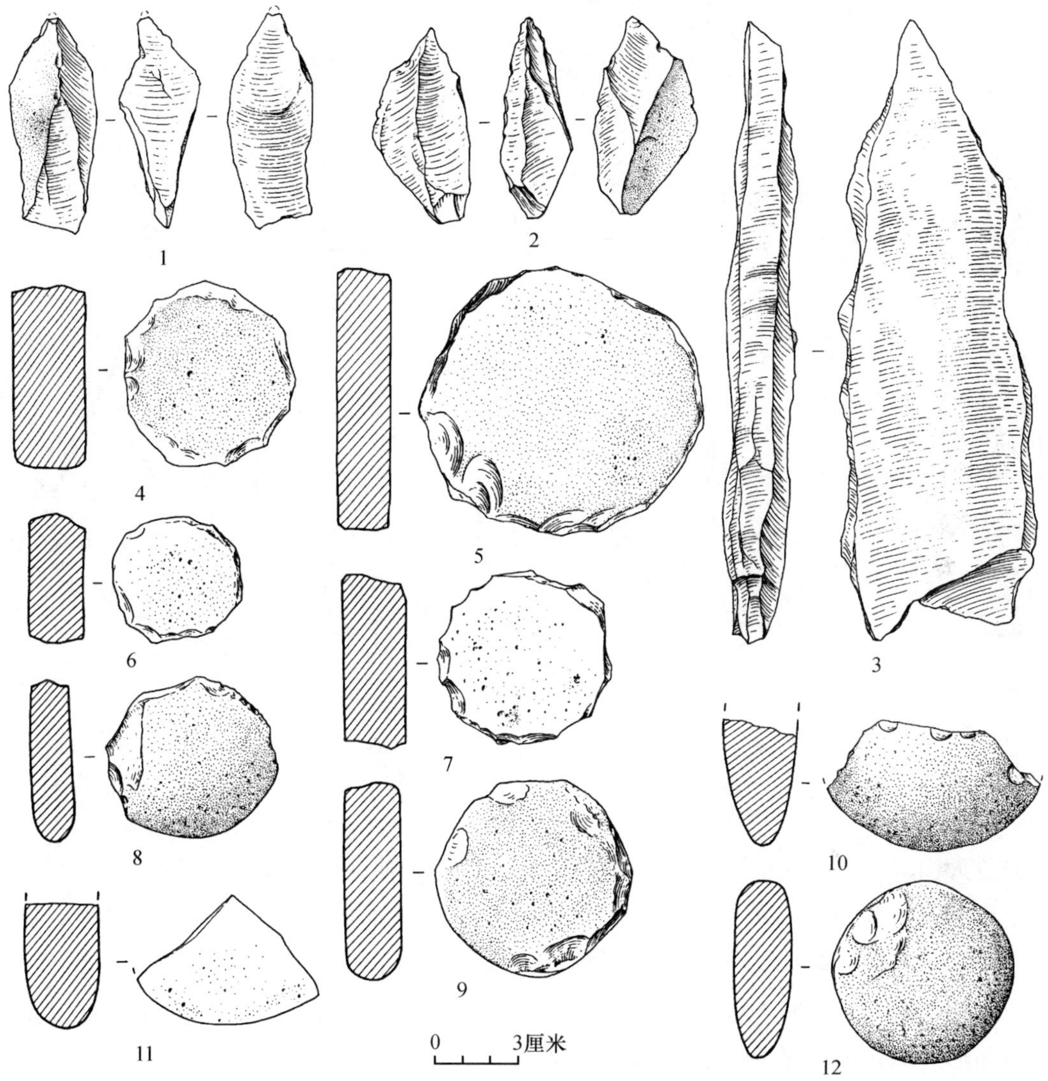

图一五六　仰韶文化二期石器

1、2. A 型尖状器（H89:15、H89:16）　3. B 型尖状器（Z1:7）　4～7. Aa 型石饼（G2:101、H14:29、H62:20、H62:21）　8、9. Ab 型石饼（H6:25、H65:23）　10～12. B 型石饼（H88:14、H65:24、G2:103）

B 型　3 件。周边无打制痕，磨制或利用自然河卵石片。H88:14，黄红色石英岩。器表极光滑，一面微鼓近平，另面较鼓，器表局部有红色残留物，可能曾作研磨器使用。残径 4.5、厚 2.7 厘米（图一五六，10）。H65:24，灰褐色砂岩。残存部分器形规整，两面较平。残径 4.8、厚 7 厘米（图一五六，11）。G2:103，红褐色砂岩。一面微鼓光滑，另面较平，鼓面有磨痕。直径 6.8、厚 2.1 厘米（图一五六，12；图版二一，6）。

石片　数量较多，在石核上打制下来，有的边缘有使用时留下的崩疤。H09:14，

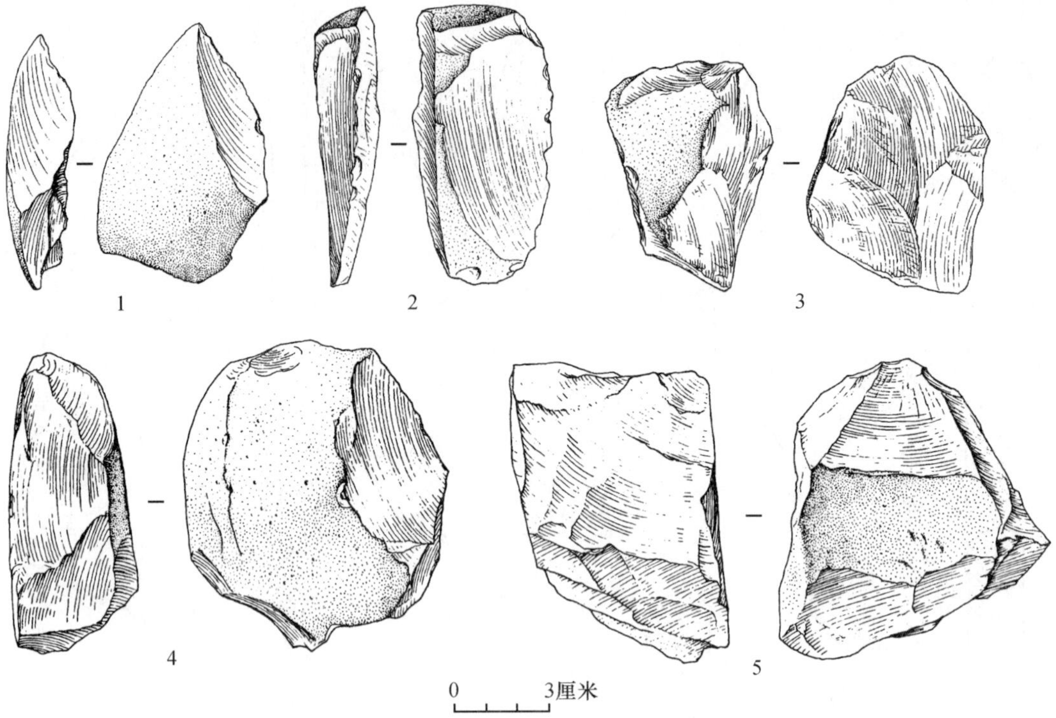

图一五七　仰韶文化二期石器

1、2. 石片（H09∶14、G2∶100）　3～5. 石核（H29∶1、H89∶13、H89∶14）

黑褐色火山岩。平面约呈三角形，刃部较锐，可用作刮削器。长 8.2 厘米（图一五七，1）。G2∶100，黄红色石英岩。平面形状近长方形，刃部锋锐可用作石刀，刃部崩疤小而密集。长 8.9、宽 4.3、厚 2.1 厘米（图一五七，2）。

石核　有明显打制下石片的痕迹。H29∶1，黑色火山岩。石质优良，平面约呈不规则三角形，周边几乎全为打击石片的剥落痕，并可见打击点与放射线等。长 7.7、宽 5.6、厚 5.3 厘米（图一五七，3）。H89∶13，浅红灰色石英岩。平面约呈椭圆形，原为河卵石，周边有打击石片的剥落痕。长径 10.1、短径 8.6、厚 4.1 厘米（图一五七，4）。H89∶14，黑褐色火山岩。石质甚优良，平面约呈三角形，周边密布剥落石片的痕迹，打击点及放射线清晰。长 10.5、宽 8.8、厚 6.4 厘米（图一五七，5）。

三、骨　　器

有工具和饰品，数量甚少，共 4 件。器类有锥、笄、骨饰等。均为利用兽骨磨制而成，有的经过火烧。

骨锥　2 件。H25∶2，利用较粗骨管劈磨，黄灰色。尖部略有磨痕。长 4.5 厘米（图一五八，2）。F2∶4，利用兽骨磨制，除近关节处为黄色外，余处皆黑色，当系烧烤所致。锥身较长，尖部磨痕明显。长 8.1 厘米（图一五八，4；图版一九，3）。

骨笄 1 件。G3∶11，黄褐色。骨质优良，未见骨管孔，磨制精致，光滑，横剖面呈圆形。残长 11.5、直径 0.43 厘米（图一五八，3）。

骨饰 1 件。G2∶118，灰黄色。用较小的骨头磨成，下部切截面较平齐，顶部一侧有一圆形钻孔。长 3.2 厘米（图一五八，1）。

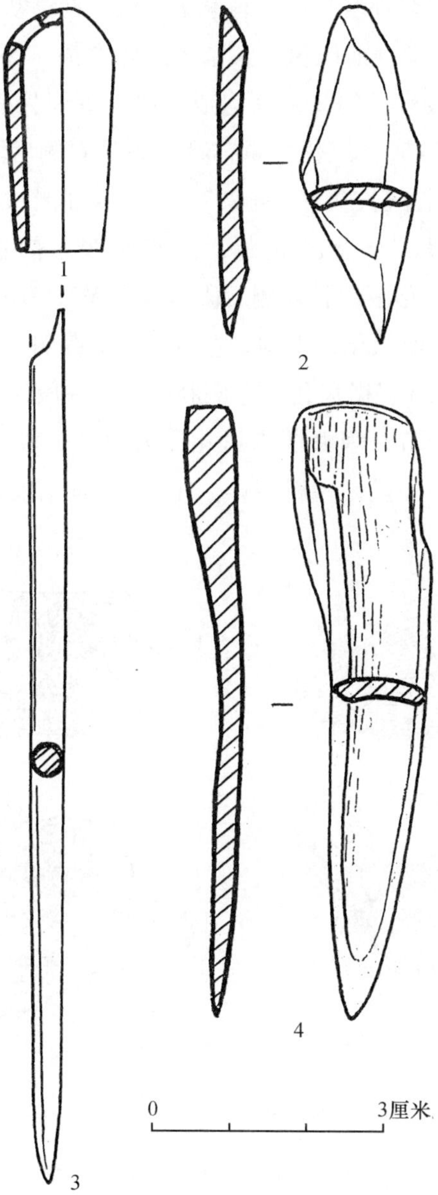

图一五八 仰韶文化二期骨器与骨饰

1. 骨饰（G2∶118） 2、4. 骨锥（H25∶2、F2∶4）
3. 骨笄（G3∶11）

第三节　动、植物遗存

一、动物遗存

动物遗存发现较少，共有骨骼9块。有家猪、兔、食草动物等。

家猪　4块。H14:32，埋藏前已风化，猪下颌骨右侧，保留有M2（残）、M3，M3呈三叶式，牙齿齿脊磨蚀较轻，约2岁，为成年猪。下颌骨残长8.3、宽2.9、高3.6厘米（图一五九，1）。H22:50，风化严重，猪下颌骨右侧后段，保存有M2、M3，M2稍残，M3磨蚀较轻。下颌骨残长9.1、宽2.7、高4.3厘米（图一五九，2）。G2:134，风化较重，猪下颌骨前段，牙齿已脱落，留有齿槽，门齿齿槽2，犬齿齿槽1。G2:135，埋藏前中等风化，猪下颌骨左侧后段，仅存M2，稍残，为未成年猪。

兔　1块。H21:34，未经风化，下颌骨左侧，仅保存M1、M2。

羊（?）　1块。G2:136轻微风化，左侧胫骨远端一段，关节面保存较好。

食草动物　3块。G2:137，埋藏前未风化，为肋骨一段，种属不详。G2:138，埋藏前轻微风化，为长骨骨干一段，种属不详。H14:33风化较轻，为肱骨一段，远端及近端均残。

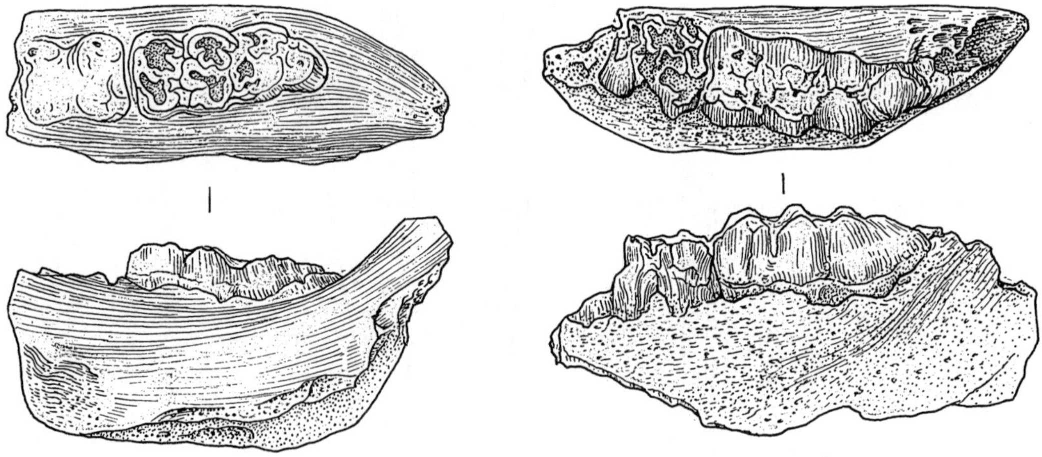

图一五九　仰韶文化二期动物遗存

1、2. 猪下颌骨（H14:32、H22:50）

二、植物遗存

在1997～1998年发掘中，为了获得南交口遗址原始农业及生态环境方面的相关信息，我们曾对部分遗迹单位采集土样，并用自制水桶通过水浮选法对其中所含植物遗存进行了收集，后送中国科学院植物研究所交孔昭宸、刘长江先生鉴定。

经鉴定[5]，在发掘时取样的仰韶文化二期灰坑H21、H25中发现的炭化植物种子有稻（*Oryza sativa*）、粟（*Setaria italica*）等。

由于1997～1998年对遗址发掘是配合高速公路的修建而进行的，发掘区较狭长，有些发掘区的断面处于公路路基以外隔离网以内，这样在发掘时划分的Ⅲ区有十几个探方的南半部就成为路边的断崖得以保留下来。为了更多地获取农作物遗存及满足采集^{14}C测年样品的需要，2007年10月，发掘者将遗址Ⅲ区原发掘区至今仍保留的探方南壁上堆积较好的仰韶文化二期8个灰坑铲刮掉表面后重新清理和取样。样品用水波浮选机进行浮选，筛网为0.2mm，浮选物阴干后送北京大学考古文博学院交秦岭女士进行后期的分选鉴定和统计。

据鉴定[6]，在2007年取样的8个灰坑，即H2、H4、H8、H11、H20、H28、H39、H64中所获的炭化植物种子大致有如下几类：①栽培的谷物，如稻（*Oryza sativa*）、粟（*Setaria italica*）、黍（*Panicum miliaceum*）。②杂草类，又可细分为禾本科杂草和其他杂草，前者包括狗尾草属的狗尾草（*Setaria viridis*）及其他种类（*Setaria cf. verticillata*/ other Setaria spp.）、黍属（*Panicum* sp.）的野生种类、稗属（*Echinochloa* sp.）、牛筋草（*Eleusine indica*）等；后者包括藜科（Chenopodiaceae）、豆科（Leguminosae）等。③少量果实类遗存，如桃/杏属果核残块（cf. *Armeniaca*/ *Amygdalus*）。并有一些无法辨识的植物种子和残体等。

第四节　遗存分期与各期文化特征

一、遗存分期、分段

仰韶文化二期遗存发现于Ⅲ区，在整个Ⅲ区内均有分布，发掘区诸探方内多有遗迹、地层等堆积单位之间的叠压或打破关系。我们依据层位关系并结合器物类型学原理进行文化再分期及分段。经过筛选、简化，可得到如下几组层位关系（有的为间接关系）。

T11：H30→……→H57（H30打破的灰坑等单位包含物较少，故删掉中间环节的

单位，下同）

T13：H88→H90（原层位关系：H88→④→H90）

T2、T4：H2→H11→H13（T2、T4两探方内的第4层土质土色相同，通过T3内的第4层将它们连接了起来，应为同一层堆积，可作为同一单位。其中T2：H2→H11→④，T4：④→H13）

T5：G1→……→H37

T6：H8→……→H16→……→H31

上述层位关系涉及12个遗迹单位，这些单位出土的主要陶器即小口瓶、盆、碗、夹砂罐等第二期文化最典型的四种陶器，主要型式如表八。从表中不难看出，各种器物的型式具有明显的分布规律，即层位靠下的单位出土式别较小的器型，而个别单位两式并存，应为层位较靠上单位中的少量较小式别的器型；H11和H2中同型器物的式别相同，说明是同期段单位之间的打破关系。需要指出的是，H57和H90两者之间并没有直接的层位关系，然而根据陶器型式组合，如H57出土AⅠ式小口瓶、AbⅠ式夹砂罐，而H90出有AⅡ式小口瓶、AbⅡ式夹砂罐，因此它们当处于不同的组别即第1、2组，且代表前后相继的时间段。同样，第5、6组单位之间也无叠压或打破关系，而是依据陶器型式确定了组序。另外也需说明，上列有的层位关系组中单位之间的器型式别有所间隔，但却与层位的早晚并不矛盾。这样我们就可把上列12个单位分成6组。

表八　仰韶文化二期典型单位主要陶器组合表

组别	单位	小口瓶	乙类盆				碗	夹砂罐
			Ba	Bb	D	Ea	Bb	Ab
1	H57	Ⅰ						Ⅰ
2	H90	Ⅱ	Ⅰ	Ⅰ	Ⅰ			Ⅱ
3	H30		Ⅱ	Ⅱ	Ⅱ	Ⅰ	Ⅰ	
	H31	Ⅲ	Ⅱ	Ⅱ		Ⅰ		
	H37	Ⅲ	Ⅱ	Ⅱ	Ⅱ	Ⅰ		Ⅲ
4	H13	Ⅳ	Ⅲ				Ⅱ	Ⅳ
	H16	Ⅳ	Ⅲ	Ⅲ	Ⅲ	Ⅱ		Ⅳ
	H88	Ⅳ	Ⅲ	Ⅲ		Ⅱ	Ⅱ	Ⅳ
	G1	Ⅳ	Ⅲ	Ⅲ		Ⅱ		
5	H11		Ⅳ				Ⅲ	Ⅴ
	H2	Ⅳ、Ⅴ	Ⅳ	Ⅳ	Ⅳ	Ⅲ	Ⅲ	Ⅴ
6	H8	Ⅵ	Ⅴ	Ⅳ、Ⅴ	Ⅴ	Ⅳ	Ⅳ	Ⅵ

根据每组单位的陶器共存关系分析第二期文化的其他堆积单位，就可将出土遗物较丰富的不少单位归入相应的组别，有的则依据桥联法归组。如H26出土的AⅡ式小口瓶、AaⅡ式和AbⅡ式夹砂罐与H90所出一致，可归入第2组；Z1出土乙类AⅠ式盆、AaⅠ式夹砂罐，而H90又出有乙类AⅡ式盆、AbⅡ式夹砂罐，可见Z1与上文言及的H57在逻辑关系上都早于H90，推测二者不会相差太远时间，又由于二者出土物都较少，因而暂将它们作为同一组，即第1组。

这样，就可以将许多单位归入上述各组，同时将彩陶纹样的型式引入各组，从而大大增加了各组的陶器和彩陶纹样共存，形成内涵十分丰富的六组遗存，分别代表前后顺序的六个时间段，即第Ⅰ、Ⅱ、Ⅲ、Ⅳ、Ⅴ、Ⅵ段。

以各段陶器共存分析仰韶文化二期的其他单位，就基本上可将本期有出土陶器型式的单位都归入以上六段。而个别者如F4仅出土1件甲类AaⅢ式缸，查第Ⅴ、Ⅵ段均出土这一型式的缸，该单位虽可初步判断属于第Ⅴ段或者第Ⅵ段，但具体的段别不详。

检验归入各段单位的层位关系均不相悖，表明上述分段（分期）方案是成立的。同时，利用层位关系可把一些出土物较少且无式别器型的单位归入相应的段内。

属于第Ⅰ段的单位有H57、H58、Z1、T1④等。

属于第Ⅱ段的单位有H26、H27、H90等。

属于第Ⅲ段的单位有H5、H25、H28、H30、H31、H33、H37、H38、H39、H49、H59、H65、H84、H92、H09、G2、G3、M2、T17③等。

属于第Ⅳ段的单位有H1、H6、H9、H13、H14、H16、H18、H19、H20、H22、H23、H62、H64、H66、H88、H89、H91、H010、G1等。

属于第Ⅴ段的单位有H2、H3、H11、H12、T03⑫等。

属于第Ⅵ段的单位有H4、H8、H21、F2等。

另外，H10、H15、H17、H24、H29、H34、H35、H36、H40、H60、H63、H08、F1、F3、F4、F5、F9、T2④、T3④、T4④、T5④、T6④、T7④、T13④、T01⑧、T03⑪等单位段别不详。造成这些单位不能归段的原因，除诸单位出土物太少外，与分段较细使层位关系无可用以分段也不无关联。

将各段单位内所有出土器物和彩陶纹样的型式进行汇总，可得到表九、表一〇，此二表覆盖了南交口遗址仰韶文化二期的所有陶容器和彩陶纹样。

分析表九、表一〇，各段都有A型小口瓶，乙类A型盆，Aa型、Ab型夹砂罐，乙类A型瓮（Ⅱ段暂缺），黑彩窄带纹等，这些器物和彩陶纹样是前后承袭的，说明从第Ⅰ段到第Ⅵ段是同一文化类型的不同发展阶段。

由于第Ⅰ、Ⅱ段遗迹简单，层位上都处于遗址第Ⅲ区中北部发掘区最下部，出土物较少，又共同拥有Ⅰ式黑彩窄带纹等，因此可以将两段合并，作为南交口仰韶文化二期遗存的早期，是其初创和文化类型的初步形成期。当然，从AⅠ、AⅡ式小口瓶看二者之间还有一定缺环，当有中间形态，但由两段的Aa型、Ab型夹砂罐、乙类A型盆的形制尚较接近可知，第Ⅰ、Ⅱ段的间隔应当不太大。同时，作为第二期文化典型器之一的小口瓶在本遗址该文化类型早期演化的速度之快也可见一斑。

表九　仰韶文化二期陶器分期、分段表

器形＼期、段			早期		中期		晚期	
			Ⅰ	Ⅱ	Ⅲ	Ⅳ	Ⅴ	Ⅵ
小口瓶		A	Ⅰ	Ⅱ	Ⅱ、Ⅲ	Ⅲ、Ⅳ	Ⅳ、Ⅴ	Ⅴ、Ⅵ
		B			√	√	√	
		C			√		√	
盆	甲类	A			√	√	√	
		B			Ⅰ	Ⅱ	Ⅲ	
		C			√	√		√
		Da			Ⅰ	Ⅱ	Ⅲ	
		Db			√	√	√	√
		E			√	√		√
	乙类	A	Ⅰ	Ⅱ	Ⅱ、Ⅲ	Ⅳ	Ⅴ	Ⅴ
		Ba		Ⅰ	Ⅰ、Ⅱ	Ⅱ、Ⅲ	Ⅳ	Ⅴ
		Bb		Ⅰ	Ⅰ、Ⅱ	Ⅱ、Ⅲ	Ⅳ	Ⅳ、Ⅴ
		C		Ⅰ	Ⅱ	Ⅱ、Ⅲ	Ⅳ	Ⅴ
		D		Ⅰ	Ⅱ	Ⅲ	Ⅳ	Ⅴ
		Ea			Ⅰ	Ⅱ	Ⅲ	Ⅳ
		Eb			√	√	√	√
		F			√	√		√
碗		Aa		√	√			
		Ab			√			
		Ba			Ⅰ	Ⅱ	Ⅲ	Ⅲ
		Bb			Ⅰ	Ⅱ	Ⅲ	Ⅳ
		Ca			Ⅰ	Ⅰ、Ⅱ	Ⅲ	Ⅳ
		Cb			√	√	√	√
		D			√	√	√	√
钵		A			Ⅰ	Ⅱ		Ⅲ
		B			Ⅰ	Ⅱ	Ⅲ	Ⅳ
		Ca				√		
		Cb				√		√
		D				√		

续表

器形 \ 期、段			早期		中期		晚期	
			Ⅰ	Ⅱ	Ⅲ	Ⅳ	Ⅴ	Ⅵ
夹砂罐		Aa	Ⅰ	Ⅱ	Ⅲ	Ⅳ	Ⅴ	Ⅵ
		Ab	Ⅰ	Ⅱ	Ⅲ	Ⅳ	Ⅴ	Ⅵ
		B			Ⅰ	Ⅱ	Ⅲ	Ⅳ
		Ca			Ⅰ	Ⅱ	Ⅲ	Ⅲ
		Cb			√			√
		D			√	√	√	√
		E			√	√	√	√
缸	甲类	Aa			Ⅰ	Ⅱ	Ⅲ	Ⅲ
		Ab			Ⅰ	Ⅱ	Ⅲ	Ⅲ
		Ba			Ⅰ	Ⅱ	Ⅲ	Ⅳ
		Bb			√	√	√	
	乙类	Aa			Ⅰ	Ⅱ	Ⅲ	Ⅲ
		Ab			√			
		B			Ⅰ	Ⅱ		
		C			√	√		√
		其他				√		
器盖	甲类	A		√		√		
		B			Ⅰ	Ⅱ	Ⅲ	Ⅲ
		C			Ⅰ	Ⅱ	Ⅲ	Ⅳ
		D				√		
	乙类				√	√		
器座		A			√			
		B					√	
		C				√		
		D				√		
瓮	甲类				√			
	乙类	A	Ⅰ		Ⅱ	Ⅲ	Ⅳ	Ⅳ
		B			√			
		C			√	√		
泥质罐		A			Ⅰ	Ⅱ		Ⅲ
		B			√			
		C			√			
彩陶罐		A	√		√	√		
		B			√			

续表

期、段 / 器形		早期		中期		晚期	
		Ⅰ	Ⅱ	Ⅲ	Ⅳ	Ⅴ	Ⅵ
灶	A			√	√		
	B				√	√	
	C				√		
	D				√		
夹砂小罐	A			Ⅰ	Ⅱ	Ⅲ	Ⅳ
	B				√		
泥质小罐					√		
小折腹罐						√	√
釜				Ⅰ	Ⅱ	Ⅲ	Ⅲ
折腹盆							√
小盆				√	√		
带耳杯							√
壶				√			√
鼎（足）				√			
小杯	A			√	√		
	B				√		
小碟				√			
甑				√	√		√
残器底				√	√		√
器耳					√		

说明：式别下划线者表示此式在该段为相比较少者；“√”表示有但不可分式。

第Ⅲ、Ⅳ段遗存丰富，分布范围广，第二期文化遗存的大多数器类和彩陶都发现于这两段，两段间的器物形态和彩陶纹样接近，因而可以合并，作为该遗址仰韶文化二期遗存的中期，也是繁荣期。

第Ⅴ、Ⅵ段遗存仍较丰富，分布范围较广，两段不少器物和彩陶纹样的型式相同，因此也可以合并，作为该遗址仰韶文化二期遗存的晚期，是其持续发展期，同时也是逐步衰落期。

表一〇　仰韶文化二期彩陶纹样分期、分段表

彩陶纹样 \ 期、段			早期		中期		晚期	
			Ⅰ	Ⅱ	Ⅲ	Ⅳ	Ⅴ	Ⅵ
黑色彩陶	窄带纹		Ⅰ	Ⅰ	Ⅱ	Ⅲ	Ⅳ	Ⅳ
	直线纹				√	√	√	√
	宽带纹				√			
	垂弧纹	A		√	√			
		Ba			Ⅰ	Ⅱ Ⅲ	Ⅰ Ⅱ Ⅲ	Ⅲ
		Bb			Ⅰ	Ⅱ		
		C			Ⅰ	Ⅱ	Ⅲ	
		Da			√			
		Db			√	√	√	
		Dc				√		
		Ea			√			
		Eb			√		√	
		Ec				√		
		Fa			√			
		Fb				√		
		G			√			
		H				√		√
	凸弧纹	A				√		
		B			√			
		Ca			√		√	
		Cb			√			√
		Cc			√		√	√
	网格纹				√	√		√
	花瓣纹				√			√
	对三角纹				√	√		
	背三角纹					√	√	
	窗棂纹				√			
	“互”字形纹						√	√
	“X”形纹				√	√		
	新月形纹					√	√	
	圆点纹					√	√	√

续表

彩陶纹样＼期、段			早期		中期		晚期	
			Ⅰ	Ⅱ	Ⅲ	Ⅳ	Ⅴ	Ⅵ
黑色彩陶	火焰纹				√	√		
	辫形纹					√		
	禾苗状纹							√
	平行线纹			Ⅰ	Ⅱ	Ⅲ	Ⅳ	Ⅳ
	豆荚纹				√		√	
	水波状纹							√
	弧边三角纹、勾叶纹、斜线纹				Ⅰ	Ⅱ	Ⅲ	Ⅲ
	侧面鸟形纹	A				√	√	
		B				√		
	三足动物图案							√
褐色彩陶	宽带纹				√			
	窄带纹			√	√			
	垂弧纹				√	√		√
	垂弧纹、平行线纹				√	√		√
	凸弧纹					√	√	
	弧线纹				√			
	弧边三角纹				√			
	弧边三角纹、斜线纹				√	√		
	弧边三角纹、垂弧纹					√		
	网格纹				√	√		
	圆点纹					√		
红色彩陶					√	√	√	
白衣彩陶					√	√		√
黄衣彩陶					√			

说明：主要依文字描述中各期段的标本汇总制表，有的期段未标列彩陶纹样但不表示不存在；“√”表示有但不可分式。

二、各期、各段文化特征

现以上述分期、分段作为尺度考察，归纳仰韶文化二期内各期、各段的文化特征，以认识其发展变化规律。

早期：包含第Ⅰ、Ⅱ段。

第Ⅰ段仅见灰坑2座、灶址1座和运用层位关系确定的文化层1层。本段灰坑包括圆形口直壁和长方形口斜壁下收平底坑各1座。灶址从残存部分看为圆形口圜底，因其北部临近断崖已遭破坏，不排除其为一陶窑的可能性。

本段出土器物较少，除1件打制的石尖状器外，余均为陶容器。据仅有的少量陶片统计，泥质（含细泥质，以下除特别说明细泥质者外均同此）陶居绝对优势，在Z1中占66.66%，H57中则占到77.19%，夹砂陶仅占二三成。以泥质红陶、红褐陶为主，二者在H57中占68.42%，红陶颜色略暗，其次为夹砂灰褐陶、红褐陶，少量夹砂黑陶和泥质灰陶、黄陶、灰褐陶。素面和线纹陶居多，另有少量磨光陶和彩陶。线纹较粗，或可称作绳纹。彩陶纹饰仅见黑彩窄带纹。陶器器形有AⅠ式小口瓶，乙类AⅠ式盆，AaⅠ式、AbⅠ式夹砂罐，乙类AⅠ式瓮，A型彩陶罐等。彩陶有Ⅰ式黑彩窄带纹。本段器形普遍偏大，胎壁厚重。A型小口瓶环形口较高，似一竖置的宽陶环。乙类A型盆器形大，口径均明显小于腹径，鼓腹，最大腹径在腹上部。Aa型、Ab型夹砂罐沿面较宽，沿与腹间夹角甚大，腹鼓较甚。乙类A型瓮弧腹较瘦长。A型彩陶罐沿较高，沿与腹间夹角较大。黑彩窄带纹仅见于乙类A型盆口沿唇部，较宽。

第Ⅱ段遗存也较少，仅见灰坑3座。灰坑圆形、近圆形或椭圆形口，斜壁下收平底或弧壁圜底。

本段出土遗物均为陶容器，较第Ⅰ段稍丰富。依H90陶片统计，泥质陶仍居绝对优势，占68.11%，夹砂陶则较少。泥质和夹砂的灰褐陶居多，泥质红褐陶、红陶次之，少量夹砂红褐陶和泥质黄陶、黑陶，包括红陶在内，陶片普遍呈深色调。线纹陶较多，在H90中几乎占此类陶片的一半，其次为素面和磨光陶，少量彩陶。线纹仍较粗。彩陶中黑彩多于褐彩，有窄带纹、平行线纹和垂弧纹等。陶器器形有所增加，有AⅡ式小口瓶，乙类AⅡ式、乙类BaⅠ 式、乙类BbⅠ式、乙类CⅠ式、乙类DⅠ式盆，Aa型碗，AaⅡ式、AbⅡ式夹砂罐，甲类A型器盖等。彩陶纹样有Ⅰ式黑彩窄带纹，Ⅰ式黑彩平行线纹，A型黑彩垂弧纹等。本段器形普遍较大，胎壁较厚。小口瓶口较第Ⅰ段者矮，口部凸起较高，似一平置陶环之内侧又竖置一小陶环，形成重环口，颈较短，底内夹角较小。乙类A型盆口径稍小于腹径，最大腹径偏上腹部，鼓腹；乙类Ba型、乙类Bb型盆沿面上仰；乙类C型、D型盆为深弧腹。Aa型、Ab型夹砂罐沿与腹间夹角大，腹部圆鼓。黑彩窄带纹仍较宽。黑彩平行线纹线条甚宽。黑彩垂弧纹仅一列垂弧，无附加纹饰。

中期：遗存丰富，是仰韶文化二期的繁荣期。包含第Ⅲ、Ⅳ段。

第Ⅲ段遗存较之前两段明显增多，能确定为本段的有文化层、灰坑、灰沟、墓葬等。表明到了本段，南交口仰韶文化二期有了大的发展，进入了遗址的繁荣期。

可确定为本段的灰坑15座，绝大多数为圆形或椭圆形口，罕见方形或长方形口；有直壁平底（或近平底）、斜壁下收平底、斜壁下张平底、弧壁圜底等，这几种壁、底结构的数量基本相当，形制多较规整。引人注目的是本段发现了2座子母坑灰沟2条，均较深。墓葬1座，为二次迁葬墓。

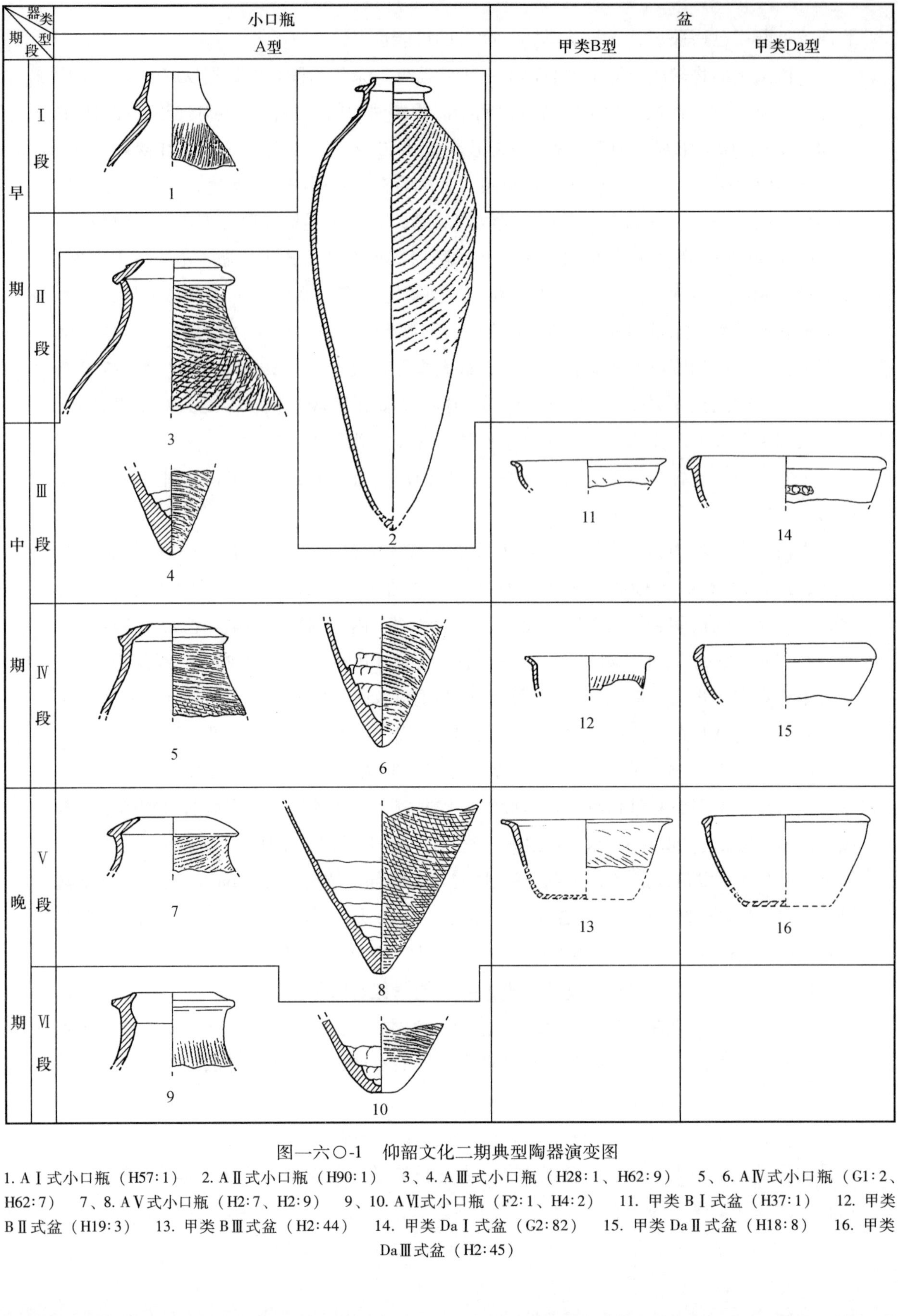

图一六○-1 仰韶文化二期典型陶器演变图

1. AⅠ式小口瓶（H57∶1） 2. AⅡ式小口瓶（H90∶1） 3、4. AⅢ式小口瓶（H28∶1、H62∶9） 5、6. AⅣ式小口瓶（G1∶2、H62∶7） 7、8. AⅤ式小口瓶（H2∶7、H2∶9） 9、10. AⅥ式小口瓶（F2∶1、H4∶2） 11. 甲类BⅠ式盆（H37∶1） 12. 甲类BⅡ式盆（H19∶3） 13. 甲类BⅢ式盆（H2∶44） 14. 甲类DaⅠ式盆（G2∶82） 15. 甲类DaⅡ式盆（H18∶8） 16. 甲类DaⅢ式盆（H2∶45）

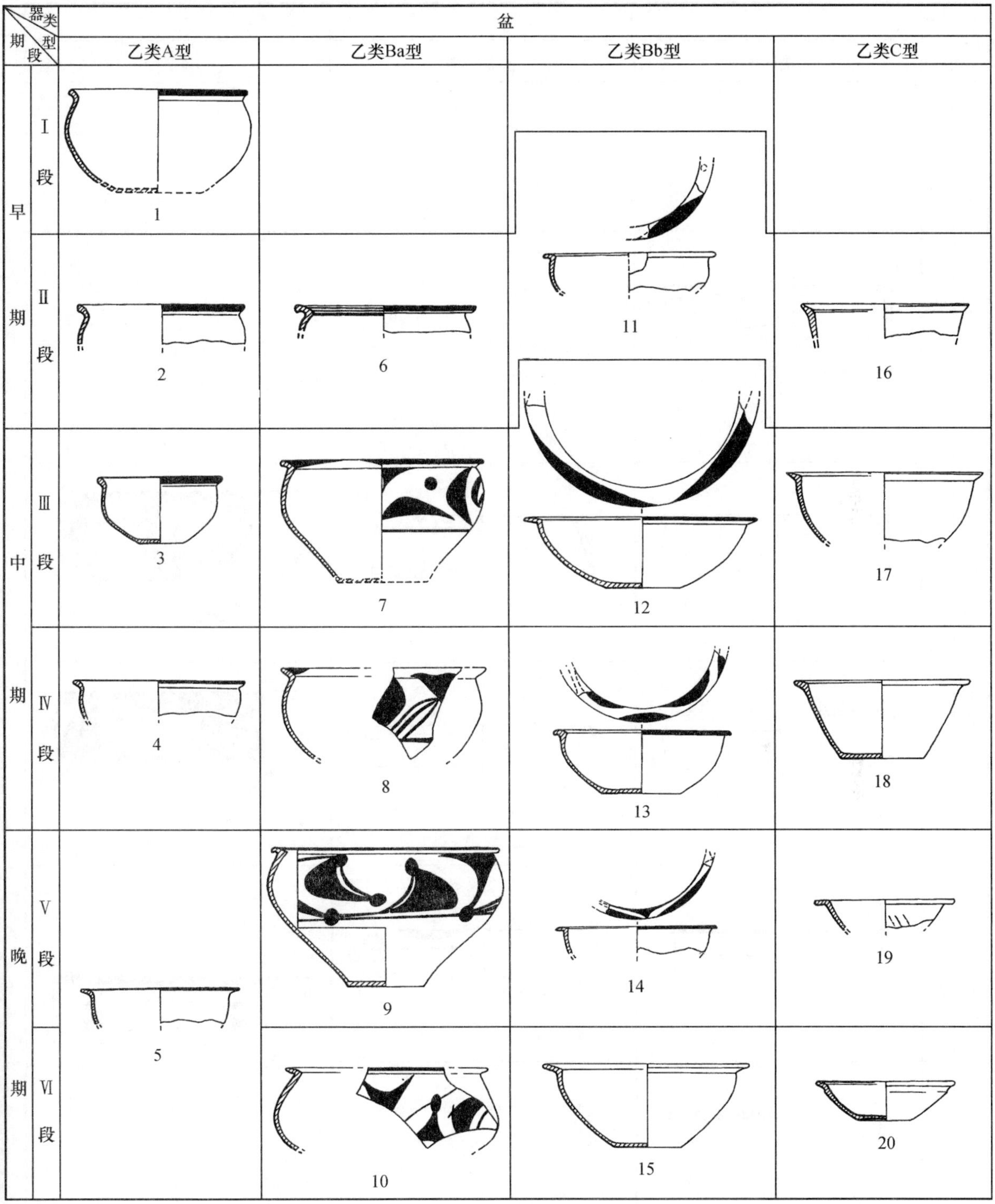

图一六〇-2　仰韶文化二期典型陶器演变图

1. 乙类AⅠ式盆（Z1∶1）　2. 乙类AⅡ式盆（H90∶4）　3. 乙类AⅢ式盆（G2∶1）　4. 乙类AⅣ式盆（H6∶1）　5. 乙类AⅤ式盆（H8∶6）　6. 乙类BaⅠ式盆（H90∶6）　7. 乙类BaⅡ式盆（H49∶2）　8. 乙类BaⅢ式盆（H16∶4）　9. 乙类BaⅣ式盆（H2∶1）　10. 乙类BaⅤ式盆（H21∶6）　11. 乙类BbⅠ式盆（H90∶7）　12. 乙类BbⅡ式盆（H65∶4）　13. 乙类BbⅢ式盆（H22∶23）　14. 乙类BbⅣ式盆（H2∶16）　15. 乙类BbⅤ式盆（H8∶17）　16. 乙类CⅠ式盆（H90∶8）　17. 乙类CⅡ式盆（H65∶6）　18. 乙类CⅢ式盆（H89∶2）　19. 乙类CⅣ式盆（H2∶17）　20. 乙类CⅤ式盆（H8∶1）

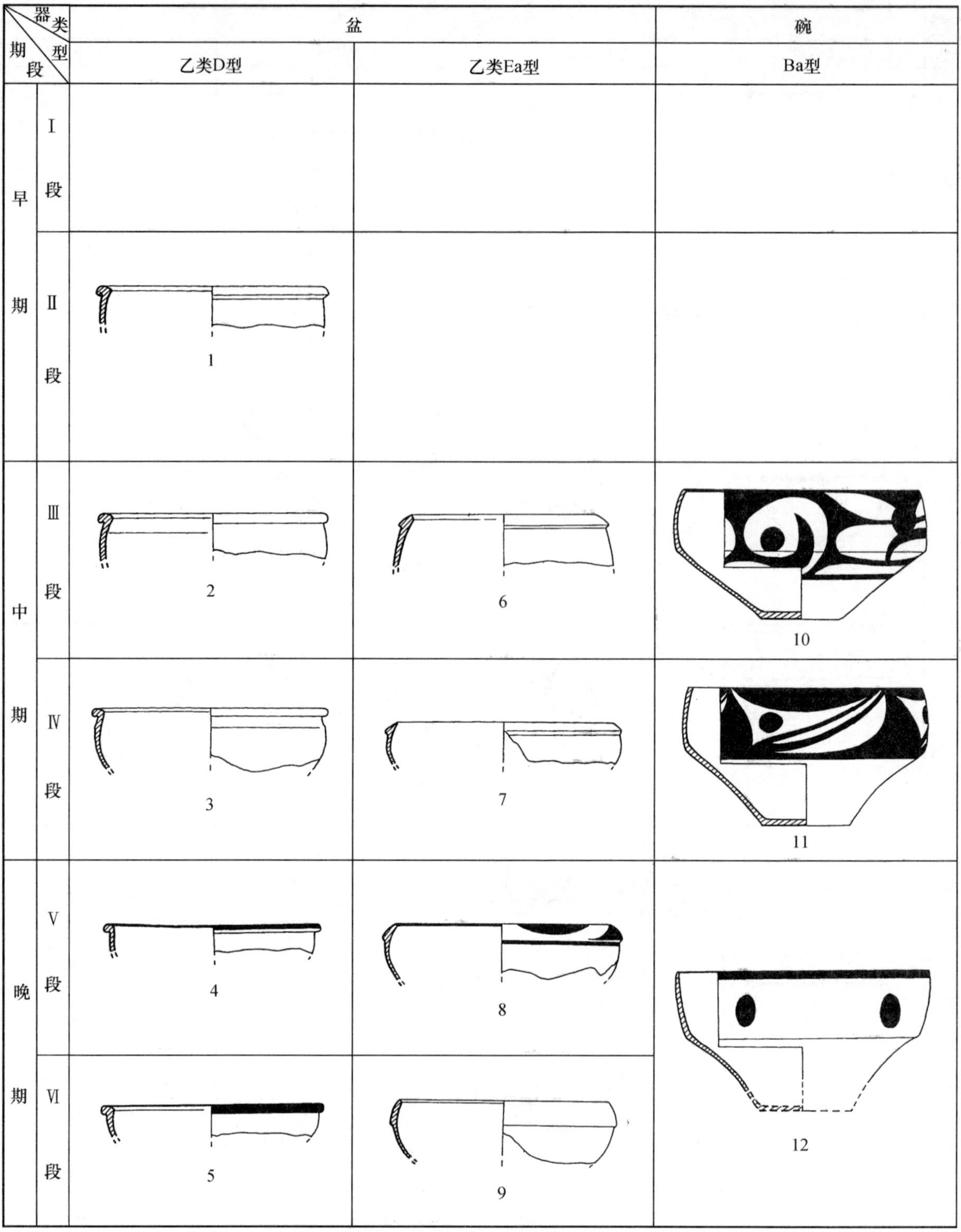

图一六〇-3　仰韶文化二期典型陶器演变图

1. 乙类DⅠ式盆（H90∶9）　2. 乙类DⅡ式盆（G2∶17）　3. 乙类DⅢ式盆（H6∶8）　4. 乙类DⅣ式盆（H2∶18）　5. 乙类DⅤ式盆（H8∶11）　6. 乙类EaⅠ式盆（H09∶4）　7. 乙类EaⅡ式盆（H89∶5）　8. 乙类EaⅢ式盆（H2∶20）　9. 乙类EaⅣ式盆（H21∶12）　10. BaⅠ式碗（H09∶2）　11. BaⅡ式碗（H62∶1）　12. BaⅢ式碗（H2∶4）

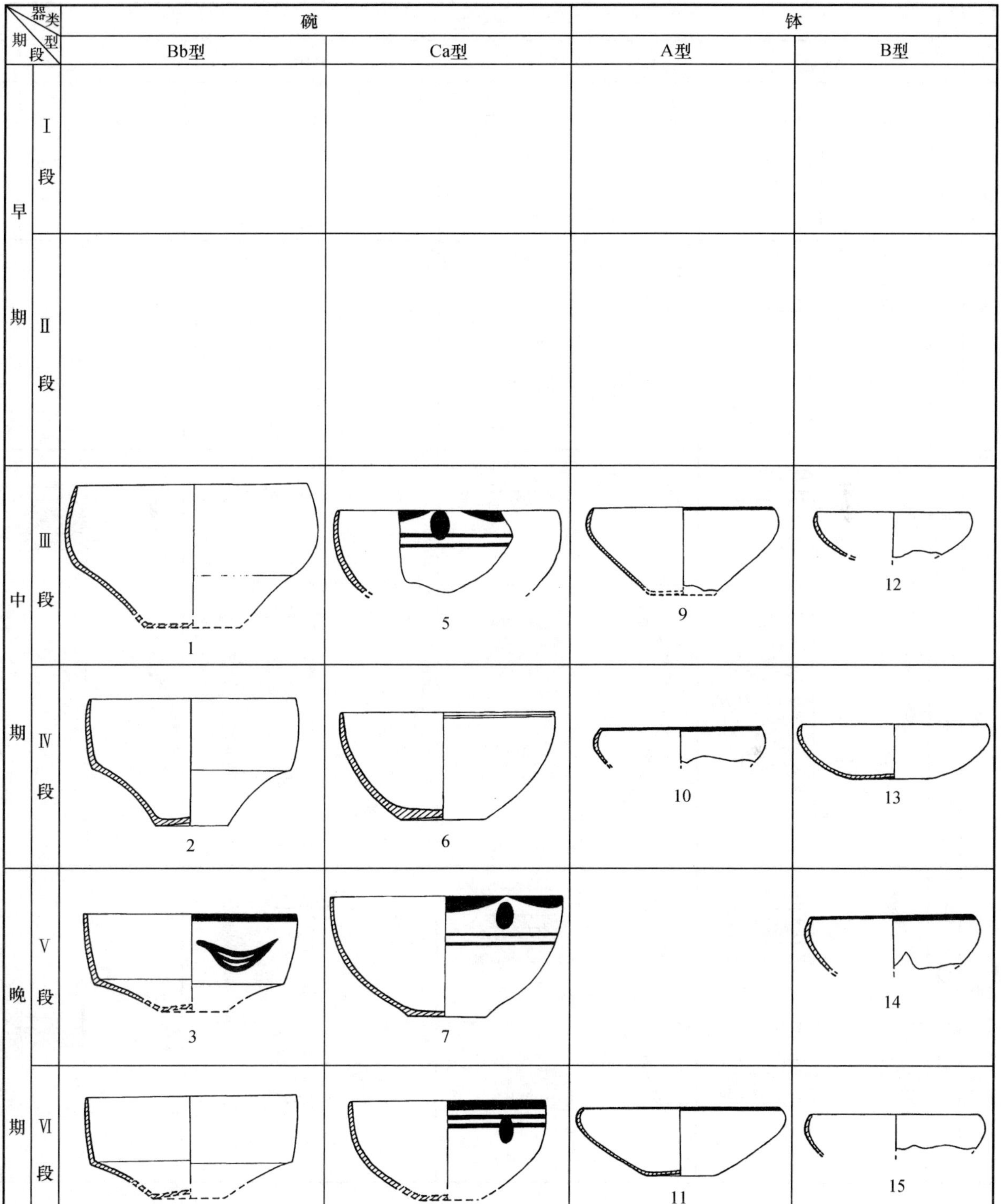

图一六〇-4　仰韶文化二期典型陶器演变图

1. BbⅠ式碗（H09∶5）　2. BbⅡ式碗（H22∶4）　3. BbⅢ式碗（H2∶21）　4. BbⅣ式碗（H21∶13）　5. CaⅠ式碗（G2∶29）　6. CaⅡ式碗（H22∶11）　7. CaⅢ式碗（H2∶3）　8. CaⅣ式碗（H21∶15）　9. AⅠ式钵（H92∶2）　10. AⅡ式钵（H13∶2）　11. AⅢ式钵（H8∶2）　12. BⅠ式钵（H31∶4）　13. BⅡ式钵（H16∶1）　14. BⅢ式钵（H3∶2）　15. BⅣ式钵（H21∶18）

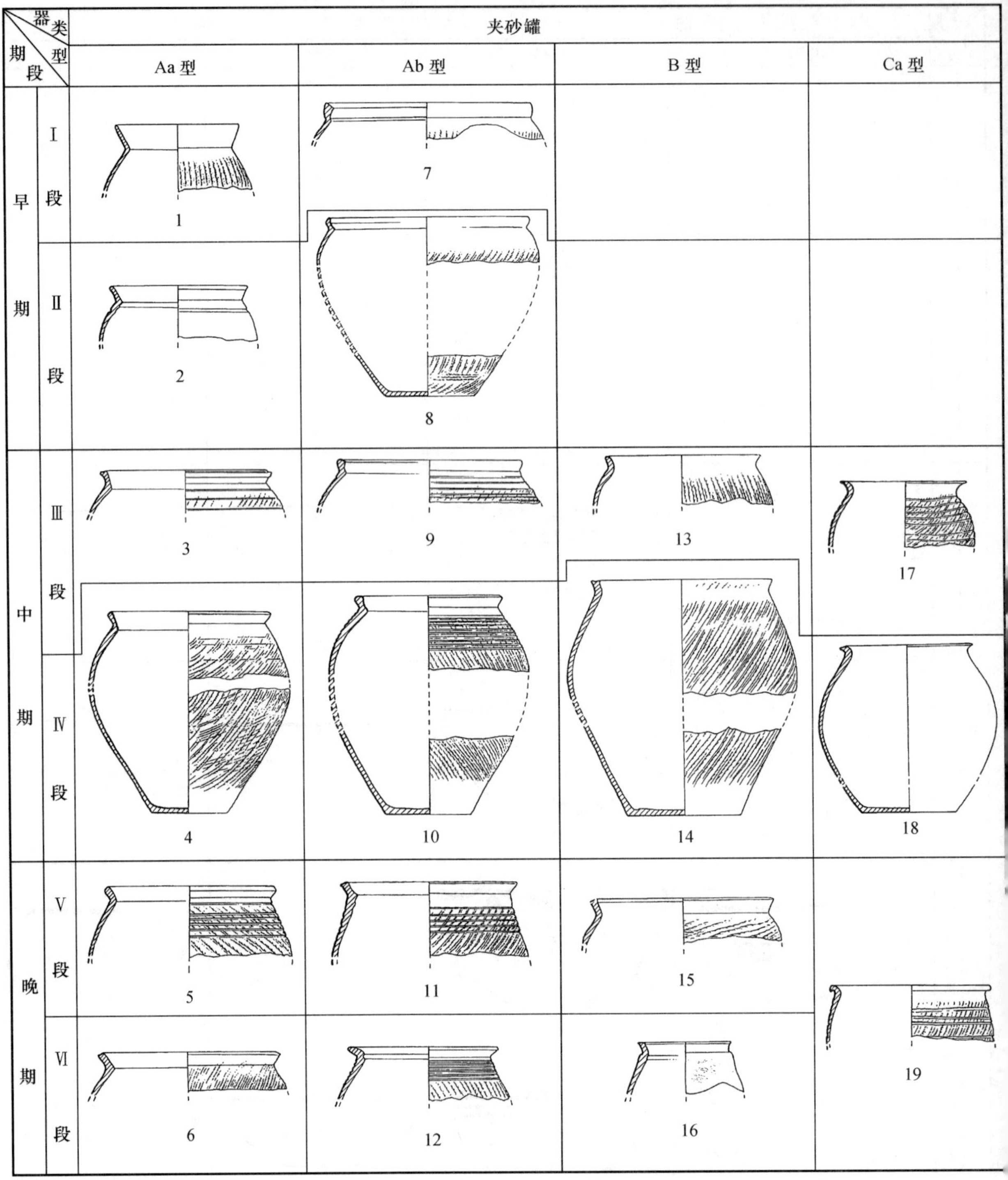

图一六〇-5　仰韶文化二期典型陶器演变图

1. AaⅠ式夹砂罐（Z1:4）　2. AaⅡ式夹砂罐（H26:3）　3. AaⅢ式夹砂罐（G2:35）　4. AaⅣ式夹砂罐（H62:12）　5. AaⅤ式夹砂罐（H2:29）　6. AaⅥ式夹砂罐（H21:19）　7. AbⅠ式夹砂罐（H57:2）　8. AbⅡ式夹砂罐（H90:13）　9. AbⅢ式夹砂罐（H38:1）　10. AbⅣ式夹砂罐（H62:13）　11. AbⅤ式夹砂罐（H3:4）　12. AbⅥ式夹砂罐（H4:6）　13. BⅠ式夹砂罐（H65:14）　14. BⅡ式夹砂罐（H89:8）　15. BⅢ式夹砂罐（T03⑫:5）　16. BⅣ式夹砂罐（H21:20）　17. CaⅠ式夹砂罐（G2:42）　18. CaⅡ式夹砂罐（H62:14）　19. CaⅢ式夹砂罐（H21:21）

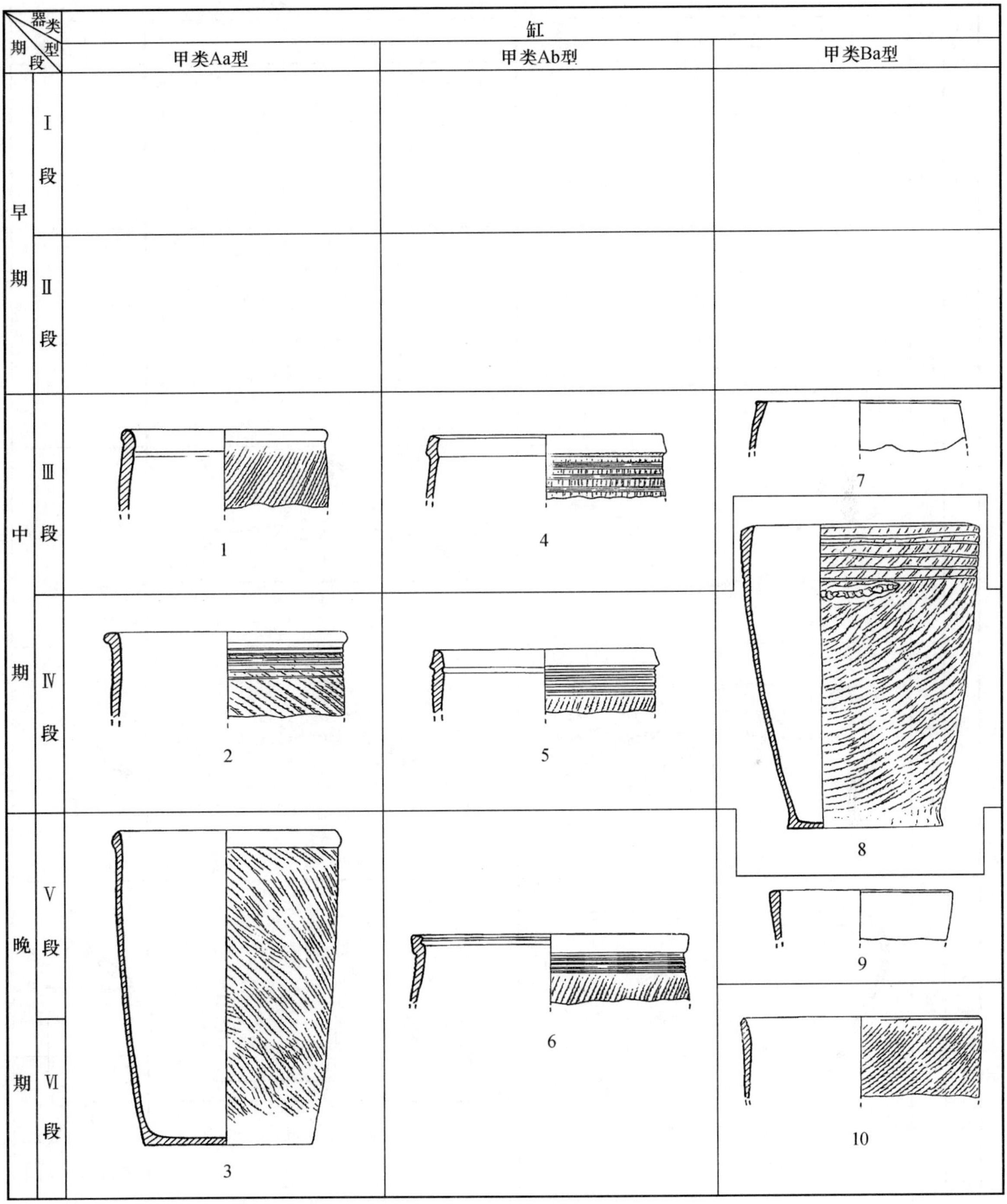

图一六〇-6　仰韶文化二期典型陶器演变图

1. 甲类 AⅠ式缸（G2:47）　2. 甲类 AⅡ式缸（H13:4）　3. 甲类 AⅢ式缸（F4:1）　4. 甲类 AbⅠ式缸（H30:3）　5. 甲类 AbⅡ式缸（H6:14）　6. 甲类 AbⅢ式缸（H8:21）　7. 甲类 BaⅠ式缸（G2:53）　8. 甲类 BaⅡ式缸（H22:2）　9. 甲类 BaⅢ式缸（H3:8）　10. 甲类 BaⅣ式缸（H21:23）

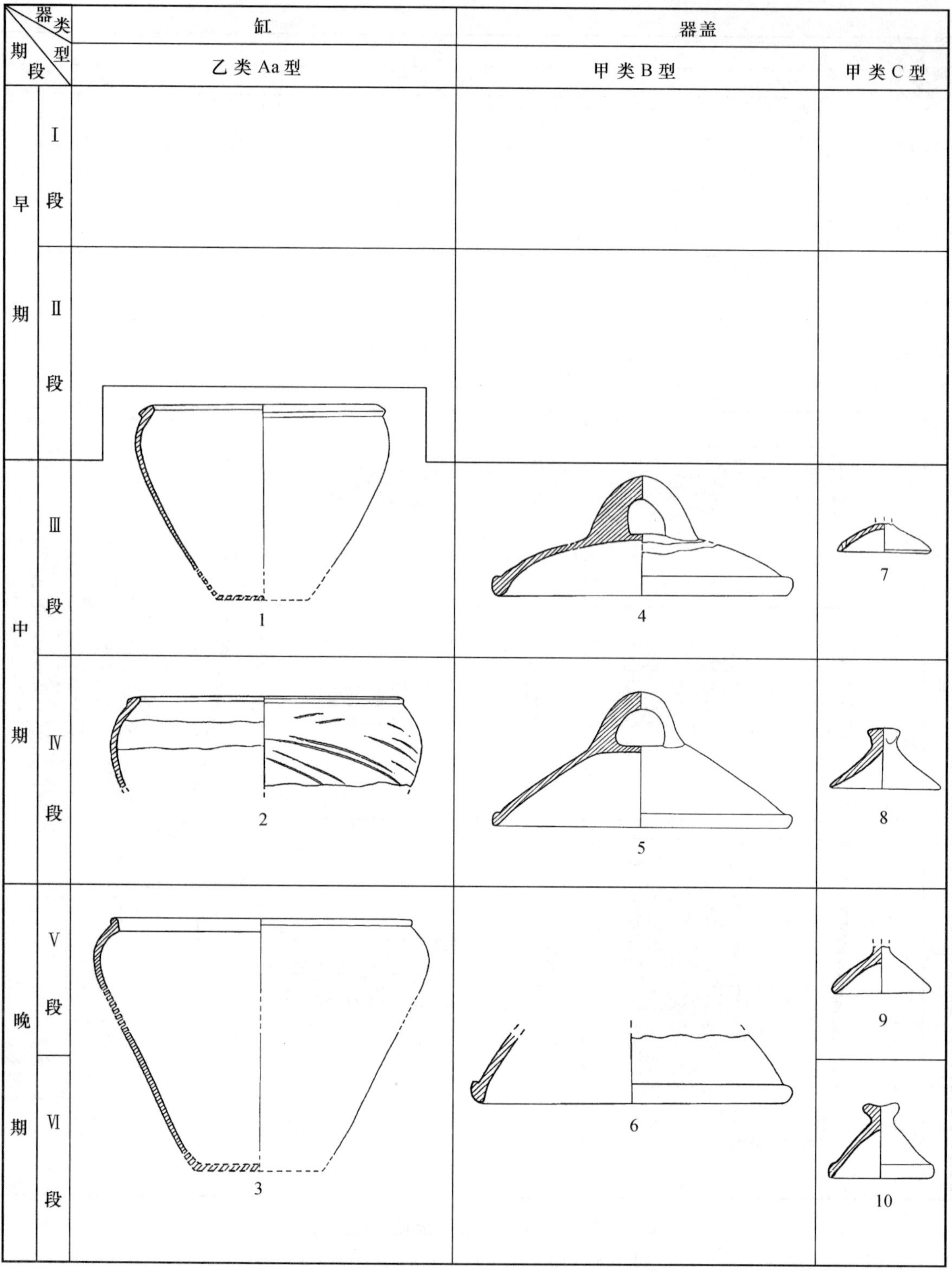

图一六○-7　仰韶文化二期典型陶器演变图

1. 乙类AaⅠ式缸（H09:6）　2. 乙类AaⅡ式缸（H14:17）　3. 乙类AaⅢ式缸（H2:37）　4. 甲类BⅠ式器盖（H09:7）　5. 甲类BⅡ式器盖（H14:20）　6. 甲类BⅢ式器盖（H3:9）　7. 甲类CⅠ式器盖（H09:8）　8. 甲类CⅡ式器盖（H18:7）　9. 甲类CⅢ式器盖（H2:41）　10. 甲类CⅣ式器盖（H8:23）

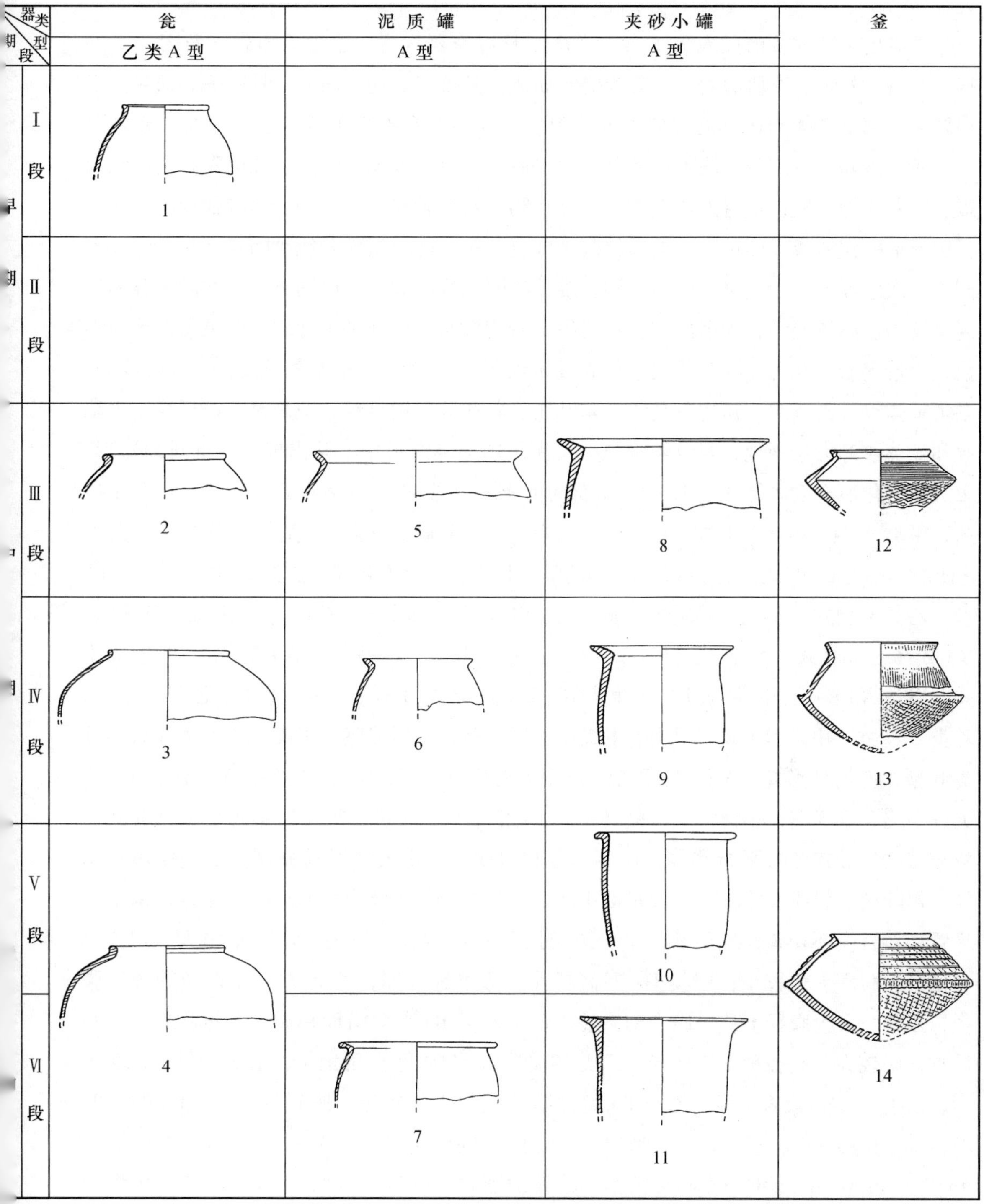

图一六〇-8　仰韶文化二期典型陶器演变图

乙类AⅠ式瓮（Z1:6）　2. 乙类AⅡ式瓮（G2:69）　3. 乙类AⅢ式瓮（H14:21）　4. 乙类AⅣ式瓮（H3:10）　5. AⅠ泥质罐（G2:74）　6. AⅡ式泥质罐（H6:21）　7. AⅢ式泥质罐（H8:25）　8. AⅠ式夹砂小罐（G2:88）　9. AⅡ式夹砂小（H14:26）　10. AⅢ式夹砂小罐（H3:11）　11. AⅣ式夹砂小罐（H8:28）　12. Ⅰ式釜（H65:19）　13. Ⅱ式釜（H6:19）　14. Ⅲ式釜（H2:2）

本段出土遗物较前段大大丰富，生产工具以石器为主，主要有石铲、石刀、石磨棒、石饼、石球、石研磨器，大都为磨制而成。其他工具还有陶刀、骨锥等。饰品为发现较多形制复杂的陶环。陶容器中泥质陶仍占大宗，在不少单位达七成左右，或者更多，而夹砂陶较少。与上段不同的是陶器普遍呈红色，含泥质红陶、红褐陶和夹砂红褐陶，三者相加一般也可占七成左右，夹砂灰陶、灰褐陶和泥质灰陶、黑陶都较少，还有一定数量的泥质或夹砂黄陶，泥质红陶多颜色鲜正。陶片素面和线纹陶最多，二者在不同单位次序互异，少量磨光陶与彩陶，旋纹、附加堆纹和楔点纹陶更少，本段还开始出现篮纹陶。线纹变细，为名副其实的线纹。彩陶数量和纹样种类猛增，以黑彩占绝对多数，少量褐彩，并可见红色彩纹、白衣或黄衣黑色彩纹。纹样除窄带纹、平行线纹外，各类垂弧纹、凸弧纹、弧边三角纹、勾叶纹、斜线纹、网格纹、花瓣纹、窗棂纹、火焰纹和豆荚纹等大量涌现，彩纹绘画规整。前段器形继续沿用，并出现了一批新的器形，第二期文化所有的器形在本段基本上都可见到。主要器形有 AⅢ式、B 型、C 型小口瓶，甲类 A 型、甲类 BⅠ式、甲类 C 型、甲类 DaⅠ式、甲类 Db 型、甲类 E 型、乙类 AⅢ式、乙类 BaⅡ 式、乙类 BbⅡ式、乙类 CⅡ式、乙类 DⅡ式、乙类 EaⅠ式、乙类 Eb 型、乙类 F 型盆，Aa 型、Ab 型、BaⅠ式、BbⅠ式、CaⅠ式、Cb 型、D 型碗，AⅠ式、BⅠ式钵，AaⅢ式、AbⅢ式、BⅠ式、CaⅠ式、Cb 型、D 型、E 型夹砂罐，甲类 AaⅠ式、甲类 AbⅠ式、甲类 BaⅠ式、甲类 Bb 型、乙类 AaⅠ式、乙类 Ab 型、乙类 BⅠ式、乙类 C 型缸，甲类 BⅠ式、甲类 CⅠ式、乙类器盖，A 型器座，甲类、乙类 AⅡ式、乙类 B 型、乙类 C 型瓮，AⅠ式、B 型、C 型泥质罐，A 型、B 型彩陶罐，A 型灶，AⅠ式夹砂小罐，Ⅰ式釜，小盆，壶，鼎（足），A 型小杯，小碟，甑等。彩陶纹饰有Ⅱ式黑彩窄带纹，Ⅱ式黑彩平行线纹，BaⅠ式、BbⅠ式、CⅠ式黑彩垂弧纹，Ⅰ式弧边三角纹、勾叶纹、斜线纹等。器形较早期小巧，胎壁较薄。A 型小口瓶口唇变宽，口部似一平置和斜置陶环相叠，颈稍长，口、颈相接处外折棱较锐，尖底内夹角稍大。甲类 B 型盆沿与腹间夹角较小；甲类 Da 型盆唇外叠边下缘较厚；乙类 A 型盆口径约等于腹径，弧腹，最大腹径下移，腹中部微显折痕；乙类 Ba 型盆沿面稍矮，上腹微鼓，下腹内收，底较大，腹径稍小于口径，乙类 Bb 型盆沿与腹间夹角稍小，沿面稍低；乙类 C 型、乙类 D 型盆弧腹稍浅；乙类 Ea 型盆唇外叠边下缘较厚，腹斜直较深。Ba 型、Bb 型、Ca 型碗敛口或微敛口，Bb 型碗上、下腹之间转折较缓。A 型、B 型钵口敛较微。Aa 型、Ab 型夹砂罐沿与腹间夹角稍小，鼓腹渐收。甲类 Aa 型、甲类 Ab 型、甲类 Ba 型、乙类 B 型缸口均微敛；乙类 Aa 型缸肩部弧鼓，腹壁斜收而稍外鼓。甲类 B 型、甲类 C 型器盖肩较浅，顶较矮。乙类 A 型瓮鼓肩，鼓腹。A 型泥质罐沿与腹夹角略较大，弧鼓腹。A 型夹砂小罐腹较鼓。釜肩微凹或近斜直，肩内折角较锐小，底部较缓。黑彩窄带纹除饰于器物唇部外还延伸至沿内面顶部甚少部分。黑彩平行线纹线条较宽。黑彩垂弧纹，Ba 型者与垂弧相咬的弧边三角纹下无附加纹饰；Bb 型者与垂弧相咬的仅一列弧边三角纹；C 型者仅有垂弧加流星索纹，有的流星索两端均与垂弧两侧相接，有的不缀圆点。弧边三角纹、勾叶纹、斜线纹纹样较窄瘦，完整的图案由缀以圆点的单斜线划分单元。

第Ⅳ段遗存依然较丰富，有灰坑、灰沟等。灰坑 18 座，绝大多数为圆形或椭圆形口；斜壁下张平底坑占明显优势，其中有 1 座子母坑。小型灰沟 1 条，弧头长条形，斜壁下收平底。绝大多数灰坑及灰沟形制规整。

本段生产工具较第Ⅲ段丰富，仍以石器为主，除上段已有者外，还可见到石斧、石楔、石纺轮等器形。陶质工具有陶球和陶网坠。仍有陶环等饰品。陶容器中泥质陶依然多于夹砂陶，但后者在一些单位陶片中所占比例提高到了 40% 上下。红色陶如泥质红陶、红褐陶和夹砂红褐陶仍较多，泥质红陶颜色还较鲜正，但灰褐陶尤其是夹砂灰褐陶明显呈增多趋势，一些单位泥质和夹砂灰褐陶所占比例可达四成以上，泥质灰陶、黑陶和黄陶等仍较少。素面和线纹陶仍最多，但更多单位中线纹陶明显多于素面陶，磨光陶比例有所上升，在 H22、H88 等单位其甚至大大超过了素面陶，篮纹陶仍较少。线纹较细。彩陶纹饰丰富多样，大都为黑彩，仍可见少量褐彩、红彩和白衣黑色彩纹，纹样种类继续增多，除上段已见的纹样外，还出现了背三角纹、新月形纹、辫形纹、侧面鸟形纹等，纹样整齐而流畅。本段陶器基本上是前段器形的发展，只新出现了少量的几种陶器（含器型），如 Ca 型、Cb 型、D 型钵，甲类 D 型器盖，C 型、D 型器座，C 型、D 型灶，B 型夹砂小罐，泥质小罐，B 型小杯等。同时前段曾有的某些器形本段开始不见。器形除上述新增的外，主要有 AⅣ式、B 型小口瓶，甲类 A 型、甲类 BⅡ式、甲类 C 型、甲类 DaⅡ式、甲类 Db 型、甲类 E 型、乙类 AⅣ式、乙类 BaⅢ 式、乙类 BbⅢ式、乙类 CⅢ式、乙类 DⅢ式、乙类 EaⅡ式、乙类 Eb 型、乙类 F 型盆，BaⅡ式、BbⅡ式、CaⅡ式、Cb 型、D 型碗，AⅡ式、BⅡ式钵，AaⅣ式、AbⅣ式、BⅡ式、CaⅡ 式、D 型、E 型夹砂罐，甲类 AaⅡ式、甲类 AbⅡ式、甲类 BaⅡ式、甲类 Bb 型、乙类 AaⅡ式、乙类 BⅡ式、乙类 C 型、乙类其他型缸，甲类 A 型、甲类 BⅡ式、甲类 CⅡ式、甲类 D 型、乙类器盖，乙类 AⅢ式、乙类 C 型瓮，AⅡ式泥质罐，A 型彩陶罐，A 型、B 型灶，AⅡ式夹砂小罐，Ⅱ式釜，小盆，A 型小杯，甑等。彩陶纹饰有Ⅲ式黑彩窄带纹，Ⅲ式黑彩平行线纹，BaⅡ式、BaⅢ式、BbⅡ式、CⅡ式黑彩垂弧纹，Ⅱ式弧边三角纹、勾叶纹、斜线纹等。与上段相同，器形小巧、胎壁较薄，已经定型。A 型小口瓶口更矮，口上、下部“二陶环”之间略有界线，上部宽于下部，颈较长，尖底内夹角较大。甲类 B 型盆沿与腹夹角稍大；甲类 Da 型盆唇部叠边下缘较前段薄；乙类 A 型盆口径稍大于腹径，微弧腹；乙类 Ba 型盆沿面较矮，口径约等于腹径；乙类 Bb 型盆沿与腹间夹角较小，沿面稍平，腹近斜直；乙类 C 型、乙类 D 型盆弧腹较浅；乙类 Ea 型盆唇外叠边下缘稍薄，弧腹稍浅。Ba 型、Bb 型、Ca 型碗口近直，Bb 型碗上、下腹之间转折较明显，下腹内收较显著。A 型、B 型钵口收敛明显。Aa 型、Ab 型夹砂罐沿与腹间夹角较小，弧鼓腹。甲类 Aa 型、甲类 Ab 型、甲类 Ba 型缸直口或近直口；乙类 Aa 型缸肩部圆缓，腹壁下部斜收较直；乙类 B 型缸则口敛较甚。甲类 B 型、甲类 C 型器盖肩稍深，顶略高。乙类 A 型瓮肩斜平，肩、腹之间略有分界。A 型泥质罐沿与腹间夹角较小，微鼓腹。A 型夹砂小罐微弧腹。釜肩部较斜直，肩内折角稍大，底部略尖。黑彩窄带纹除饰于器物唇部外还延伸至口沿内面上部。黑彩平行线纹线条较窄。黑彩垂弧纹，Ba 型者弧边三角纹下加一横线，并缀以圆点，也有的在两弧边三角纹相接的直线上涂饰圆点；或者弧边三角纹中部为长条形地子所分割，形成空白带，并于其下加二横线，缀以圆点，或不加线、缀点；Bb 型者弧边三角纹一侧加一竖线；C 型者垂弧下加弧边三角纹，或于流星索根部出一侧弧，或在垂弧下绘三重弧线，根部无圆点。弧边三角纹、勾叶纹、斜线纹纹样较宽肥，图案之间由缀有圆点的双斜线划分单元。

晚期　遗存仍较丰富，是仰韶文化二期的持续发展期。包含第Ⅴ、Ⅵ段。

第Ⅴ段遗存发现相对较少，仅确定有灰坑 4 座和文化层 1 层。灰坑中 3 座为圆形口，斜壁下张平底，其中 1 座为子母坑，形制十分规整。

本段遗迹虽少，但各单位遗物依然丰富。生产工具仅见石器一种，集中出土于一座灰坑即 H2 内，有石铲、石刀、石球和石环状器。其中 3 件石铲引人注目，它们均发现于子母坑的下部坑之底部，形制规整，制作较精，无明显使用痕迹，不排除其具有初始礼器性质的可能。饰品中陶环发现甚少。陶容器方面，从出土陶片较多的 H2、H3 看，两单位泥质陶与夹砂陶各占优势，如 H2 夹砂陶比例高达 56.89%，而 H3 泥质陶占到 52.07%。夹砂灰褐陶数量上升，在 H2 成为数量最多的陶系，泥质红陶减少，泥质黑陶却增多，其他陶系同上段相比变化不大。素面和线纹陶依然最多，其次为磨光陶，少量篮纹陶等。线纹甚细。彩陶纹饰承自上段，但由于遗存较少，彩陶发现略少，黑彩占绝对优势，还有少量褐色彩陶，纹样流畅而略显草率。本段基本承袭了前段的器形，但也有所增减，新出的陶器（含器型）只有很少的几种，如 B 型器座，小折腹罐等。器形主要有 AⅤ式、B 型、C 型小口瓶，甲类 A 型、甲类 BⅢ式、甲类 DaⅢ式、甲类 Db 型、乙类 AⅤ式、乙类 BaⅣ式、乙类 BbⅣ式、乙类 CⅣ式、乙类 DⅣ式、乙类 EaⅢ式、乙类 Eb 型盆，BaⅢ式、BbⅢ式、CaⅢ式、Cb 型、D 型碗，BⅢ式钵，AaⅤ式、AbⅤ式、BⅢ式、CaⅢ式、D 型、E 型夹砂罐，甲类 AaⅢ式、甲类 AbⅢ式、甲类 BaⅢ式、甲类 Bb 型、乙类 AaⅢ式缸，甲类 BⅢ式、甲类 CⅢ式器盖，乙类 AⅣ式瓮，B 型灶，AⅢ式夹砂小罐，小折腹罐，Ⅲ式釜等。彩陶纹饰有Ⅳ式黑彩窄带纹，Ⅳ式黑彩平行线纹，BaⅡ式、CⅢ式黑彩垂弧纹，Ⅲ式弧边三角纹、勾叶纹、斜线纹等。A 型小口瓶矮口，口部“二环”连成一体，形成微斜的单环口，颈更长，底内夹角更大。甲类 B 型盆沿与腹间夹角较大；甲类 Da 型盆唇外叠边下缘较薄；乙类 A 型盆口径明显大于腹径，腹近直；乙类 Ba 型盆近平沿，腹径略大于口径；乙类 Bb 型盆沿与腹间夹角小，沿面较平；乙类 C 型、乙类 D 型盆浅弧腹；乙类 Ea 型盆唇外叠边下缘较薄，弧腹较浅。Ba 型、Bb 型、Ca 型碗直口或微敞口，Bb 型碗上、下腹之间折棱明显，下腹甚内收。B 型钵口敛较甚。Aa 型、Ab 型夹砂罐沿与腹间夹角更小。甲类 Aa 型、甲类 Ab 型缸口微敞；甲类 B 型缸直口；乙类 Aa 型缸曲肩，腹壁斜收微内凹。甲类 B 型、甲类 C 型器盖肩较深，顶稍高。乙类 A 型瓮肩近平，圆鼓腹。A 型夹砂小罐近直腹。釜肩面微上鼓，肩内折角更大，尖圜底。黑彩窄带纹不甚规整，饰于沿内面中部以上或钵等的近口部。黑彩平行线纹线条甚窄。C 型黑彩垂弧纹垂弧下绘三重弧线，顶端缀以圆点。弧边三角纹、勾叶纹、斜线纹纹样宽肥，图案之间由缀以圆点的三斜线划分单元。

第Ⅵ段遗存发现也较少，明确为此段的仅有灰坑 3 座、房址 1 座。灰坑均圆形口，斜壁下张平底，其一为子母坑。房址为一带门道的半地穴式建筑。

本段遗物也较丰富。生产工具仅有骨锥 1 件，未见石器。有较多饰品陶环。陶容器中泥质陶居多，夹砂陶较少。在有的灰坑中泥质（多细泥质）黄陶占有较高比例。总体上线纹陶多于素面陶。线纹特别细，有的如刀刻的印痕。彩陶较少，黑彩仍最多。陶器很多承袭了前段的器形，有的甚至与第Ⅴ段就是同一型式，这是第Ⅵ段遗存的一大特点。一些器形本段已不见，而新出现有折腹盆和带耳杯等。器形主要有 AⅥ式小口瓶，甲类 C 型、甲类 Db 型、甲类 E 型、乙类 AⅤ式、乙类 BaⅤ式、乙类 BbⅤ式、乙类 CⅤ 式、乙类 DⅤ式、乙类 EaⅣ式、乙类 Eb 型、乙类 Ef 型盆，BaⅢ式、BbⅣ式、CaⅣ式、Cb 型、D 型碗，AⅢ式、BⅣ式、Cb 型钵，AaⅥ式、AbⅥ式、BⅣ式、CaⅢ式、Cb 型、D 型、E 型夹砂罐，甲类 AaⅢ式、甲类 AbⅢ式、甲类 BaⅣ式、乙类 AaⅢ式、乙类 C 型缸，甲类 BⅢ式、甲类 CⅣ式器盖，乙类 AⅣ式瓮，AⅢ式泥质罐，AⅣ式夹砂小罐，小折腹罐，Ⅲ式釜，壶，甑等。而乙类 A 型盆，Ba 型碗，Ca 型夹砂罐，甲类 Aa 型、甲类 Ab 型、乙类 Aa 型缸，甲类 B 型器盖，乙类 A 型瓮，釜等器形与第Ⅴ段相同。彩陶纹饰有Ⅳ式黑彩窄带纹，Ⅳ式黑彩平行线纹，BaⅢ式黑彩垂弧纹，Ⅲ式弧边三角纹、勾叶纹、斜线纹等。A 型小口瓶矮口，单环口较窄，长颈，底内夹角甚大，有的底部变成小小的平底。乙类 Ba 型盆约呈平沿，腹径明显大于口径；乙类 Bb 型盆的沿与腹间夹角甚小，有的器物沿面向外倾斜；乙类 C 型、乙类 D 型盆甚浅弧腹；乙类 Ea 型盆唇外叠边下缘甚薄，浅弧腹。Bb 型、Ca 型碗微敞口，Bb 型碗上、下腹之间折棱甚明显，下腹壁呈凹弧状。A 型、B 型钵口甚敛。Aa 型、Ab 型夹砂罐矮沿，沿与腹间夹角甚小。甲类 Ba 型缸口微敞。甲类 C 型器盖肩甚深，顶更高。A 型夹砂小罐直腹。彩陶纹样特征与上段相比变化不大，但明显草率，呈现出衰落的倾向。

总体上看，以上早、中、晚三期六段之间尽管文化遗存多寡不同，堆积形态不尽一致，器物特征存在一些区别，但无根本差异，早期遗存虽少但仍有一些器物类型与中、晚期一脉相承，而中、晚期可以显示出承递发展的器物更是十分丰富（见图一六〇），除早期第Ⅰ、Ⅱ段之间略有缺环外，其余各期、各段间均前后紧密衔接，它们应当是同一文化类型中的不同发展阶段。

注　释

[1]～[4]　中国科学院考古研究所：《庙底沟与三里桥》，科学出版社，1959年。

[5]　魏兴涛、孔昭宸、刘长江：《三门峡南交口遗址仰韶文化稻作遗存的发现及其意义》，《农业考古》2000年第3期；孔昭宸、刘长江、魏兴涛：《南交口遗址1997年出土仰韶文化中期农作物遗存初步研究》，见本书附录二。

[6]　秦岭：《南交口遗址2007年出土仰韶文化早、中期植物遗存及相关问题探讨》，见本书附录三。

第五章　仰韶文化三期遗存

仰韶文化三期遗存发现较少，系高速公路施工过程中推土暴露出遗迹，考古人员及时发现而做的抢救性清理。发现于I区西北部，未见文化层堆积，仅有灰坑一类遗迹和陶、石器等遗物。

第一节　文化遗迹

灰坑　2座。

H01　位于T35西北，距T35的西北角13米，其上部少部分已遭施工破坏，层位不明。坑口距原地表约70厘米，打破生土。口部圆形，口径100厘米，斜直壁下张，平底，底径260、坑残深130厘米，坑口、壁、底修整得甚规整（图一六一）。坑内填土呈深灰色，土质松软，含大量烧土颗粒及炭屑等。出土物有石器、陶器和动物遗骸等。其中石器为打制的石刀和石片。陶器数量最多，器形有夹砂罐、小口高领瓮、盆、碗、鼎、豆等。

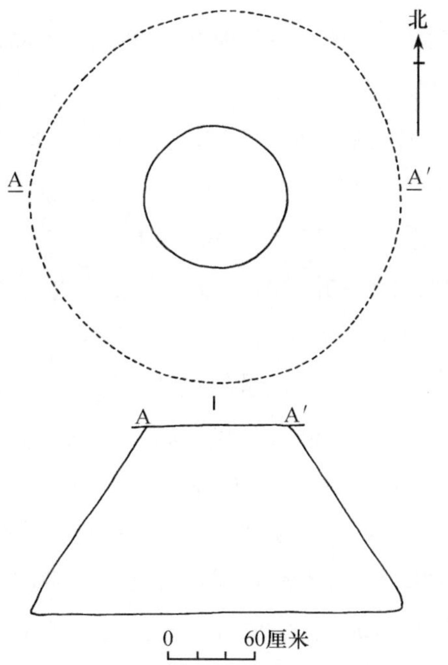

图一六一　仰韶文化三期H01平、剖面图

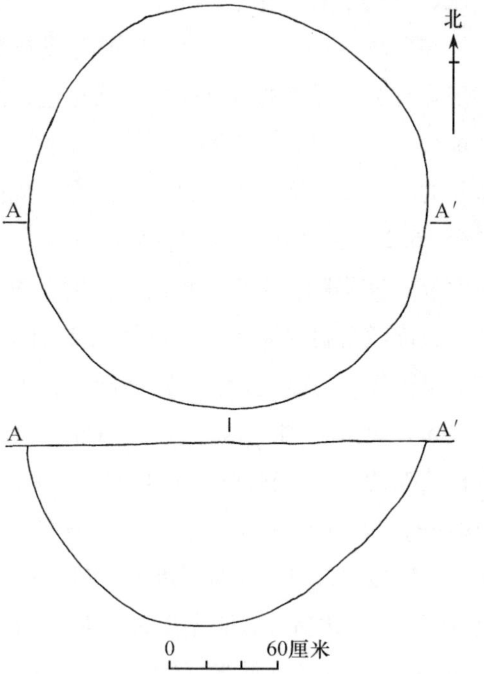

图一六二　仰韶文化三期H02平、剖面图

H02　位于T31西南，距T31西南角11.5米，灰坑上部已被施工破坏，层位不明。坑口距原地表约75厘米，打破生土。口部圆形，口径220厘米，弧壁，圜底，坑残深约100厘米，坑口、壁、底基本规整（图一六二）。坑内填土呈深灰色，土质松软。出土甚少陶片，特征与H01者相同。

第二节　文化遗物

由于H02出土物甚少，这里报告的遗物都出自H01，有陶器和石器等。

一、陶　器

均为容器，共42件。陶质分为夹砂、泥质和夹炭三大类，夹炭者则同时夹砂。夹砂陶略多于泥质陶，夹炭陶仅有数片。陶色分灰、黑、灰黑、灰褐、红褐等五种。以夹砂灰黑陶、灰褐陶和泥质黑陶居多，少量泥质红褐陶、灰陶，罕见夹炭灰褐陶。纹饰简单，以篮纹为主，其次为素面和磨光陶，较少附加堆纹、旋纹和甚细的刻划旋纹，还可见到指甲纹等。从制作工艺来看，大多采用泥条盘筑法制成，再经慢轮修整。夹砂陶一般胎质粗疏，器壁较厚，泥质陶器形较规整。多平底器，少量圈足和三足器，罕见尖底器。器物种类有夹砂罐、泥质罐，小口高领瓮、小口瓮、中口瓮、盆、碗、鼎、小口尖底瓶、小罐、杯、釜、豆等。

夹砂罐　7件。皆夹砂，灰褐陶或灰黑陶，手制，器形粗糙。窄沿，沿部略有折痕，唇部均有宽浅稀疏的斜点或按窝状花边，深直腹，沿与腹之间皆有一周带浅按痕的宽扁附加堆纹。H01:54，灰黑陶。侈口，折沿，方唇，沿内约显折棱，深弧腹，平底。唇部饰微斜的较浅按窝状花边，腹中部也饰一周附加堆纹，腹饰微右斜模糊不清的宽浅横篮纹。口径16.2、底径11、上残高13.4、下残高3、通高约22.4厘米（图一六三，1）。H01:38，灰褐陶。侈口，折沿，方唇，唇下缘外凸，沿内折棱不明显。唇部花边呈斜点状，腹饰微右斜的横篮纹。口径约22.4、残高5.2厘米（图一六三，7）。H01:39，灰褐陶。口微侈，折沿，方唇，沿面斜平，内折棱不明显。唇部花边呈斜点状。口径约22.2、残高3.5厘米（图一六三，9）。H01:40，灰黑陶。侈口，折沿，圆方唇，沿内面斜平，内折棱隐约可见。唇部饰微斜的按窝状花边。口径约28、残高3厘米（图一六三，4）。H01:49，灰褐陶。口微侈，折沿，方唇，沿内面上部斜平，折棱清晰。唇部饰微斜的点状花边。口径约32.4、残高5厘米（图一六三，2）。H01:50，灰黑陶。敞口，折沿，圆方唇，沿内面斜平，内折棱较明显，深直腹。唇部饰浅小的按窝状花边，腹饰微左斜的横篮纹。口径约33.2、残高6.4厘米（图一六三，3）。H01:51，灰褐陶。敞口，翻沿，方唇下缘外凸。唇部为斜点状花边，腹饰微右斜的横篮纹。口径约26.4、残高6.4厘米（图一六三，6）。

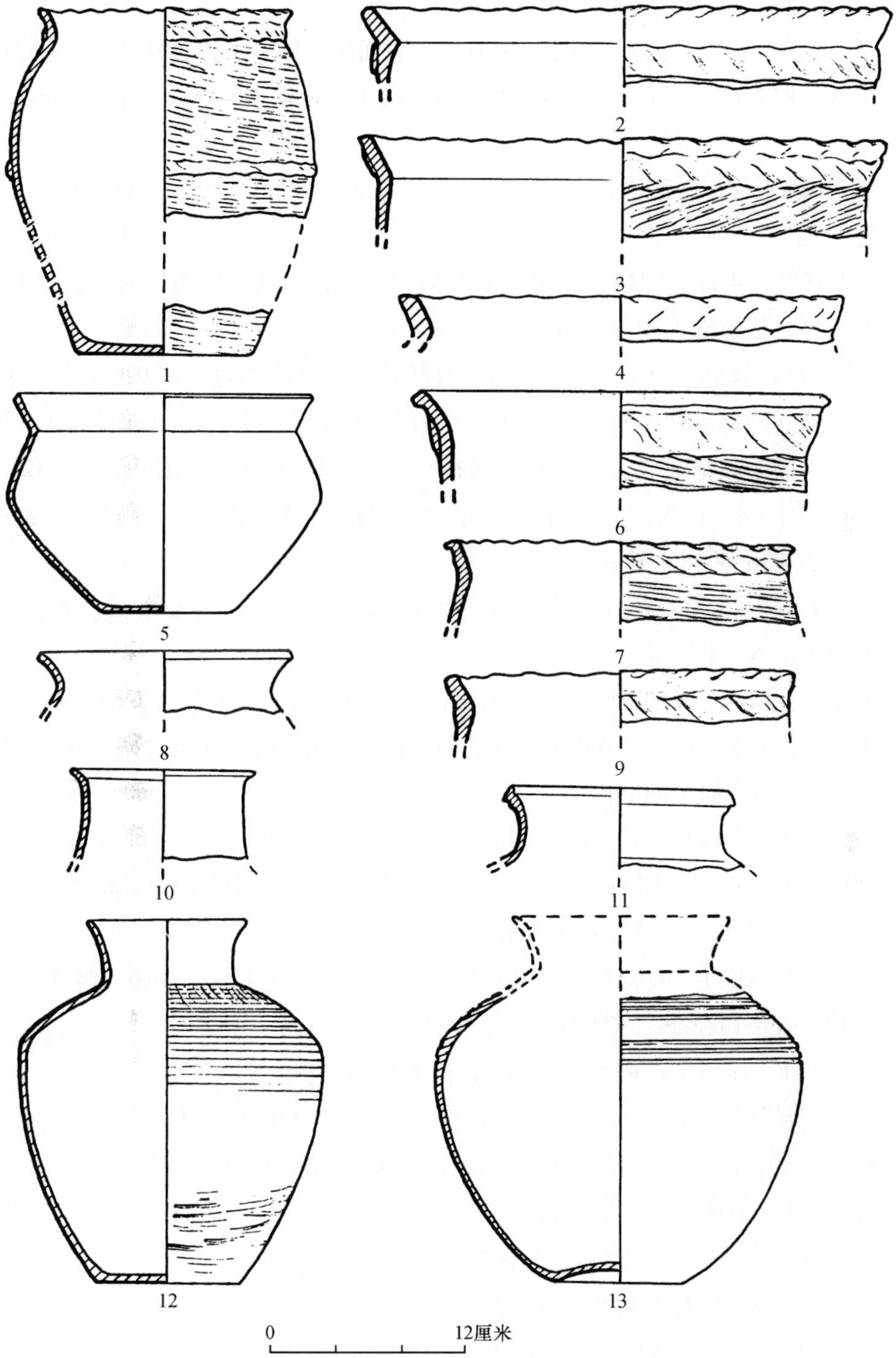

图一六三　仰韶文化三期 H01 出土陶器

1～4、6、7、9. 夹砂罐（H01∶54、H01∶49、H01∶50、H01∶40、H01∶51、H01∶38、H01∶39）　5. A 型泥质罐（H01∶2）　8. B 型泥质罐（H01∶29）　10、12. A 型小口高领瓮（H01∶28、H01∶1）　11. B 型小口高领瓮（H01∶32）　13. 小口高领瓮（H01∶19）

泥质罐　2件。泥质黑陶。依口沿不同分二型。

A型　1件。侈口，折沿，圆唇。H01:2，沿面微下凹，沿内折棱较锐，肩部微折，鼓腹，平底。器表磨光。口径18.4、底径8、高14厘米（图一六三，5；图版二二，1）。

B型　1件。侈口，翻沿，方唇。H01:29，束颈，鼓腹。素面。口径16.2、残高4厘米（图一六三，8）。

小口高领瓮　4件。泥质，红褐陶或黑陶，敞口，高领，溜肩，肩、腹之间微折，平底或微凹底。依唇部不同分二型。

A型　2件。圆唇。H01:1，红褐陶。肩部微鼓，下腹斜直，底甚平。肩、腹相接处及颈部素面，肩部满饰细密的刻划旋纹，肩部上端旋纹之上加饰细斜刻划纹，腹下部有制作时留下的明显刮削痕。口径10、底径9.5、高23.2厘米（图一六三，12；图版二二，3）。H01:28，红褐陶。沿内面上端微凹，成为一周浅凹槽，高直领。素面。口径11.6、残高5.6厘米（图一六三，10）。

B型　1件。宽方唇，唇下缘凸起。H01:32，黑陶。颈稍矮微弧。素面。口径13.5、残高5厘米（图一六三，11）。

另有1件，口残。H01:19，黑陶。肩部微鼓，凹圜底。肩上部与下部分别饰三周一组的两组旋纹，旋纹宽而浅，肩以下素面。底径8.5、残高18.2厘米（图一六三，13）。

盆　4件。依陶质不同分两类。

甲类　2件。夹砂类。依唇部差别分二型。

A型　1件。敞口，小圆唇。H01:37，灰褐陶。沿内上部微下凹，斜壁。腹饰微右斜的横篮纹。口径22.8、残高6.5厘米（图一六四，9）。

B型　1件。敞口，圆唇外凸。H01:27，灰黑陶。斜壁下收，深腹。腹饰印痕浅而模糊的斜横篮纹。口径26、残高10厘米（图一六四，13）。

乙类　2件。泥质类。依器体大小及口沿差别分二型。

A型　1件。器体较大，敞口，宽平折沿，小方唇。H01:31，红褐陶。近直腹。沿面饰八周旋纹，其中最内一周为甚细的刻划旋纹。口径约40、残高4厘米（图一六四，2）。

B型　1件。器体较小，微敞口，窄折沿，方唇圆钝。H01:47，黑陶。沿面鼓起，微斜弧腹。器表磨光。口径33.6、残高3.6厘米（图一六四，4）。

碗　4件。依陶质及形制差别分二型。

A型　2件。夹砂灰褐陶，器体较大。H01:59，器体甚大，敛口，平方唇，斜腹壁微弧。腹饰微右斜的宽浅横篮纹。口径24、残高6厘米（图一六四，11）。H01:48，敞口，内斜方唇，斜直腹。素面。口径17.6、残高2.6厘米。

B型　2件。泥质黑陶，器体较小。敞口，尖圆唇，斜直腹，平底，器表磨光。

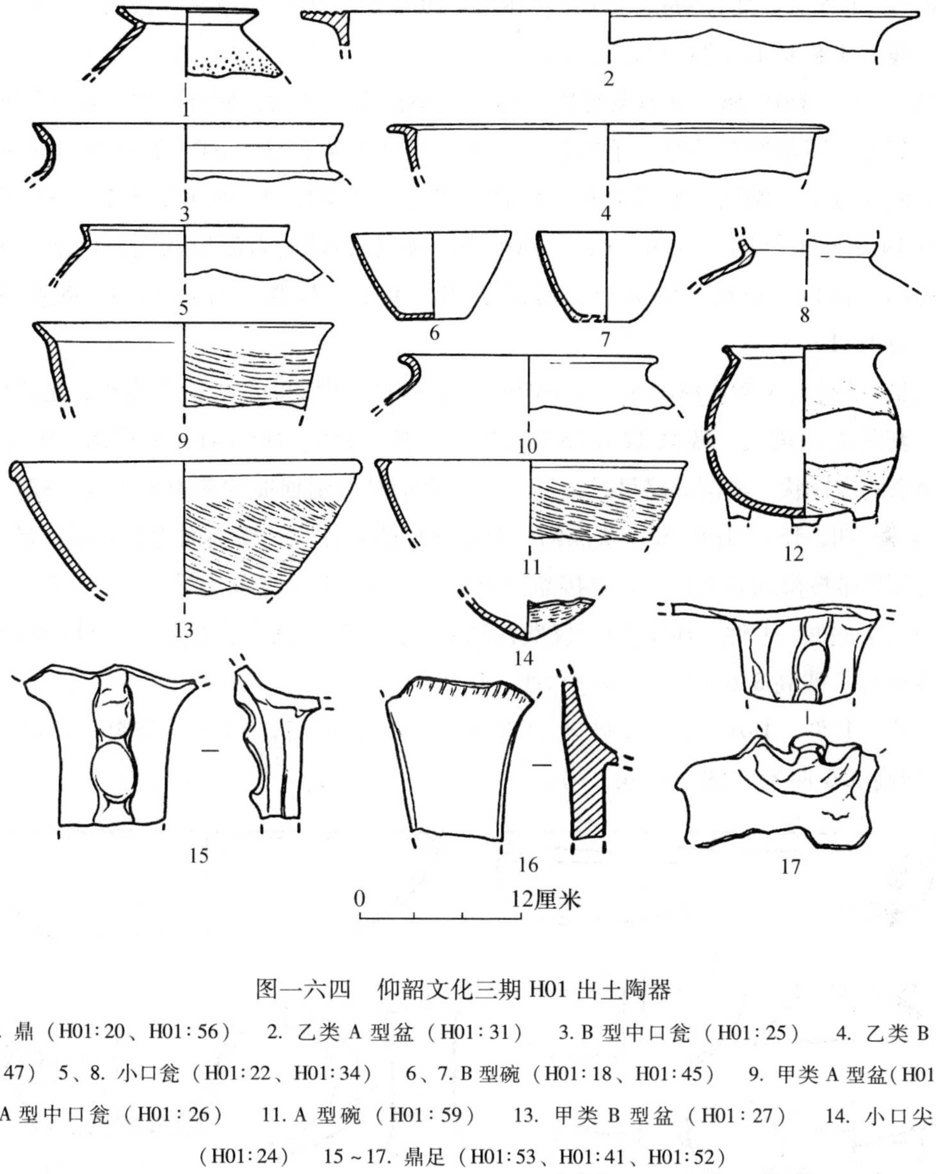

图一六四　仰韶文化三期 H01 出土陶器

1、12. 鼎（H01∶20、H01∶56）　2. 乙类 A 型盆（H01∶31）　3. B 型中口瓮（H01∶25）　4. 乙类 B 型盆（H01∶47）　5、8. 小口瓮（H01∶22、H01∶34）　6、7. B 型碗（H01∶18、H01∶45）　9. 甲类 A 型盆（H01∶37）　10. A 型中口瓮（H01∶26）　11. A 型碗（H01∶59）　13. 甲类 B 型盆（H01∶27）　14. 小口尖底瓶（H01∶24）　15～17. 鼎足（H01∶53、H01∶41、H01∶52）

H01∶18，口径 12、底径 5.3、高 6.8 厘米（图一六四，6）。H01∶45，壁稍弧。口径 10.4、底径 4.5、高 7 厘米（图一六四，7；图版二二，2）。

小口瓮　2 件。泥质灰陶，小口，矮领，溜肩。H01∶22，平唇向内微凸，唇面中部微凹，鼓腹。素面。口径 16、残高 4 厘米（图一六四，5）。H01∶34，领内面微凹，鼓腹。素面。领径 9、残高 3.4 厘米（图一六四，8）。

中口瓮　2 件。依陶质及口部不同分二型。

A 型　1 件。夹砂，侈口，尖圆唇。H01∶26，灰黑陶。矮束领，鼓腹。素面。口径 19.6、残高 4 厘米（图一六四，10）。

B型　1件。泥质，敞口，宽方唇外凸。H01∶25，黑陶。束领，鼓腹。素面。口径23.6、残高4.8厘米（图一六四，3）。

鼎　2件。H01∶56，夹砂灰黑陶。侈口，小折沿，方唇，唇面宽厚，沿面下凹，圆鼓腹，圜底，下部胎壁甚厚。手制特征明显，器壁厚薄不匀。下附约呈圆柱状的较矮三足，外侧面较平。腹饰甚宽浅略有纹痕的横篮纹。口径12.4、上残高5.7、下残高5.2、通高约14.2厘米（图一六四，12）。H01∶20，肩上部以上为泥质灰陶，以下为夹砂夹炭灰褐陶。侈口，折沿，圆方唇，沿面下凹，束颈，鼓腹。口径10.8、残高5厘米（图一六四，1）。

鼎足　3件。夹砂。H01∶53，灰褐陶。宽扁柱状，横剖面呈弧头长方形，足正面竖置一带按窝的附加堆纹。残高12.4厘米（图一六四，15）。H01∶41，灰褐陶。上部较宽，下部稍窄的扁柱状，横剖面略呈长方形，足上部贴附带刻划痕的薄附加堆纹。残高12厘米（图一六四，16）。H01∶52，灰黑陶。上宽下窄的扁柱状，横剖面为长方形，足正面中部贴附竖置带按窝的附加堆纹，上接鼎腹为平底。残高7.6厘米（图一六四，17）。

小口尖底瓶　1件。H01∶24，仅残存底部，夹砂灰褐陶。尖底较钝。外饰印痕甚浅的窄横篮纹。残高3.6厘米（图一六四，14）。

小罐　1件。H01∶33，夹砂灰黑陶。侈口，小折沿，圆唇，鼓腹。素面。口径7.4、残高3.6厘米（图一六五，3）。

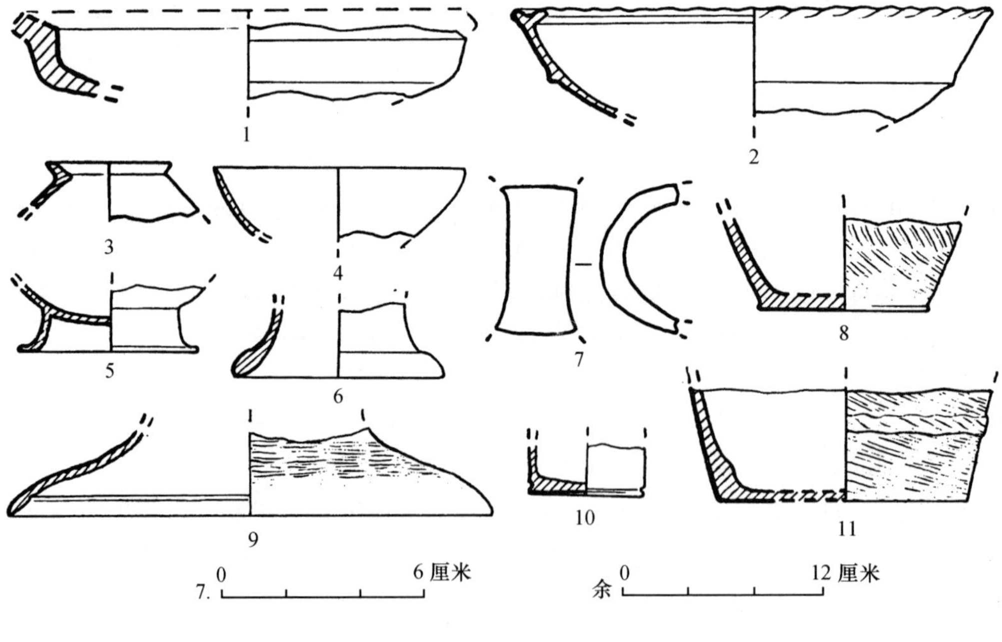

图一六五　仰韶文化三期H01出土陶器

1. 盘（H01∶46）　2. 釜（H01∶55）　3. 小罐（H01∶33）　4、5. 豆（H01∶30、H01∶23）　6. 圈足（H01∶21）　7. 器耳（H01∶35）　8、11. 器底（H01∶44、H01∶43）　9. 器盖（H01∶42）　10. 杯（H01∶36）

盘　1件。H01:46，泥质红褐陶。敞口，折沿，盘壁近直，浅腹，微圜底，腹外有折痕。素面。残盘径26、残高4.2厘米（图一六五，1）。

圈足　1件。H01:21，夹砂灰褐陶。圆唇外凸，呈喇叭状。素面。推测其为豆类圈足。足径12.8、残高4.3厘米（图一六五，6）。

杯　1件。H01:36，泥质黑陶。直壁，平底。器表磨光，腹壁近底部饰一周窄细刻划旋纹。底径7、残高2.7厘米（图一六五，10）。

器盖　1件。H01:42，夹砂灰褐陶。大敞口，圆唇，微弧顶。顶中部饰横篮纹。口径29.4、残高4.9厘米（图一六五，9）。

釜　1件。H01:55，夹砂灰褐陶。敛口，斜竖方唇，唇面中部略带沟槽，似母口，浅弧腹中部一周凸棱。唇外缘饰纽索状花边，腹部素面。口径29.2、残高6.4厘米（图一六五，2）。

豆　2件。泥质。H01:30，黑陶。敞口，圆唇，深盘弧壁。磨光。口径15.2、残高4.1厘米（图一六五，4）。H01:23，灰陶。盘中部下凹较甚，圜底，圈足敞口，圆唇外凸，矮粗柄中部略内收。磨光。足径11.2、残高3.7厘米（图一六五，5）。

器底　2件。夹砂灰褐陶。H01:43，下腹部斜直内收，平底，近底部壁甚厚，底中部壁较薄。腹部饰右斜的横篮纹，下腹部加饰一周薄附加堆纹。底径15、残高6.8厘米（图一六五，11）。H01:44，下腹部斜直内收，平底，近底部微微凸起一棱。腹饰细密右斜篮纹。底径约10、残高5.6厘米（图一六五，8）。

器耳　1件。H01:35，夹砂灰褐陶。宽扁桥形耳，中部略厚，上、下两侧较薄。残长4.5、残高2.1厘米（图一六五，7）。

二、石　　器

仅生产工具，共10件。均为打制石器，有石刀和石片两种器形。

石刀　1件。H01:9，灰白色石英岩。制作粗糙，略有刃部，长椭圆形，中部稍厚，一侧较薄，两端有相对应的两个豁口，并有较大崩疤。长8.6、宽4.7、厚1.2厘米（图一六六，9）。

石片　9件。H01:6，浅红色石英岩。呈不规则方形，上部较薄，有刃，有细小崩疤。长7.8、宽6.3、厚1.6厘米（图一六六，6）。H01:8，灰褐色变质岩。约略呈椭圆形，周边薄锐，有使用时留下的崩疤。长5.7、宽4.2、厚2.2厘米（图一六六，8）。H01:12，黑褐色变质岩。约呈三角形，一面甚平，另面为剥落面，经多次打击成器，上部较锋锐，有使用时留下的崩疤。长6.1、宽4.8、厚2.1厘米（图一六六，10）。H01:4，黄灰褐色石英岩，在较大的河卵石上打制下的石片。约呈半椭圆形，三边均较

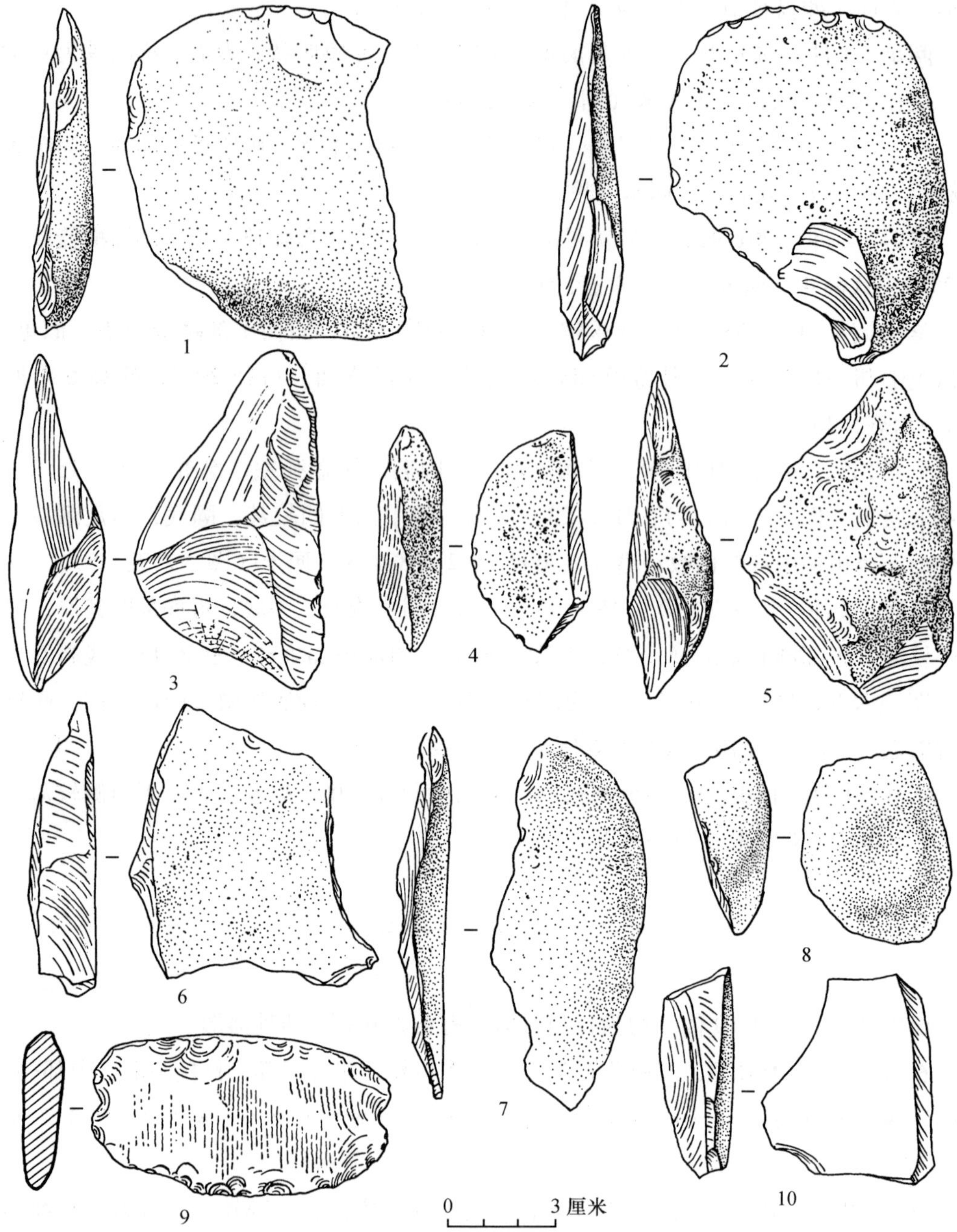

图一六六　仰韶文化三期 H01 出土石器

1～8、10. 石片（H01∶4、H01∶5、H01∶17、H01∶13、H01∶7、H01∶6、H01∶15、H01∶8、H01∶12）

9. 石刀（H01∶9）

薄锐，边缘有使用时留下的崩疤。长 9.4、宽 7.4、厚 1.7 厘米（图一六六，1）。H01∶13，灰白色石英岩，用河卵石打制，器形小巧。约呈“新月”形，边弧锋利，有使用时留下的众多小崩疤。长 6.4、宽 2.6、厚 1.8 厘米（图一六六，4）。H01∶5，灰白色石英岩，系用较大的河卵石打下的石片。约呈残角的椭圆形，除残碴外，周边较薄而锐利，边缘有使用时留下的崩疤。长 10.4、宽 7.7、厚 1.9 厘米（图一六六，2）。H01∶15，黑褐色变质岩，用较大河卵石打下石片，有打击点和隐约可见的放射线。约呈“新月”形，边缘较锋利，有因使用而致的崩疤。长 10.5、宽 3.9、厚 1.5 厘米（图一六六，7）。H01∶17，黑褐色石英岩，用河卵石打下石片加工而成，一面为河卵石自然面，剥落面上有两处隐约可见的放射线。约呈三角形，周边较锐利，有众多使用时留下的崩疤。长 9.8、宽 5.3、厚 2.4 厘米（图一六六，3）。H01∶7，灰褐色变质岩，约呈不规则三角形，周边均薄而锋利，一侧较高，另侧较平，便于用手握持，边缘有小崩疤。长 9.2、宽 6.2、厚 2.4 厘米（图一六六，5）。

第三节　动物遗存

动物遗存发现较少，仅有鹿科动物和兔等骨骼 2 块。

鹿科动物　1 块。H01∶57，埋藏前未风化，胫骨关节一段。残长 6.3 厘米（图一六七）。

兔　1 块。H01∶58，轻微风化，胫骨中部残段。残长 11 厘米。

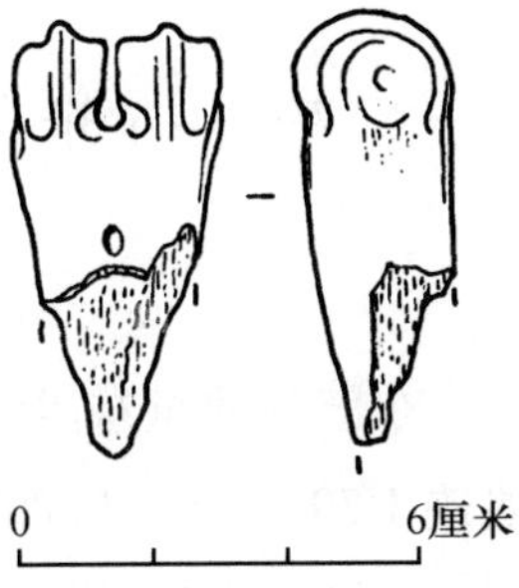

图一六七　仰韶文化三期 H01 出土动物遗存

H01∶57

第六章　二里头文化遗存

二里头文化遗存不甚丰富，主要在Ⅰ区西部和东部的发掘区中发现，另对高速公路施工过程中推土暴露出遗迹进行的抢救性清理中，于Ⅰ区西部发掘区以北、Ⅰ区东部发掘区西南和东北也发掘了本期遗迹3处。本期发现有文化层和灰坑、房址、墓葬等遗迹，出土有陶器、石器等遗物。

据Ⅰ区的发掘结果可知，Ⅰ区西部T31～T36各探方的第3层为本期文化层，厚25～50厘米，红褐色土，土质坚硬。Ⅰ区东部T27、T28的第6层也属此期堆积，厚40～65厘米，灰褐色土，土质较硬。T20的第3层当为T27、T28的第6层延伸而来的同一层堆积，土质、土色相同，只是较薄，厚约25厘米。各方内本期文化层均出土有陶片等遗物，尤以T27第6层出土物丰富，陶器器形复杂。

第一节　文化遗迹

有房址、灰坑和墓葬三类。

一、房　　址

发现1座。

F7　位于T27北部及西扩方内，东部延伸至东隔梁下，未发掘。开口于第6层下，东南部被开口于第5层下的同期遗迹H79打破，口部距地表300厘米，打破生土。地面式建筑，为至少三个房间的连间房，发现有房基坑、墙基、柱洞、居住面及散水等。平面形状为长方形，发掘部分墙基以内东西长824、南北宽316厘米。房址坐南面北，发掘部分有三间，各间均独自在北墙开门，房门方向为0°（图一六八；图版二三，1）。

房基坑约呈长方形，发掘部分东西长865、南北宽420厘米，深25～30厘米。坑内有一层垫土，为纯净的黄褐土，拍打坚实。在中部房间中偏南部垫土层下，有一椭圆形坑，口径50～62厘米，直壁，平底，深45厘米。坑内填坚硬的黄褐色土，下部埋一狗头骨，此坑当为房址的奠基坑。

墙基槽挖穿垫土并打在生土内，均直壁，平底。四周墙基槽宽26～50厘米，深

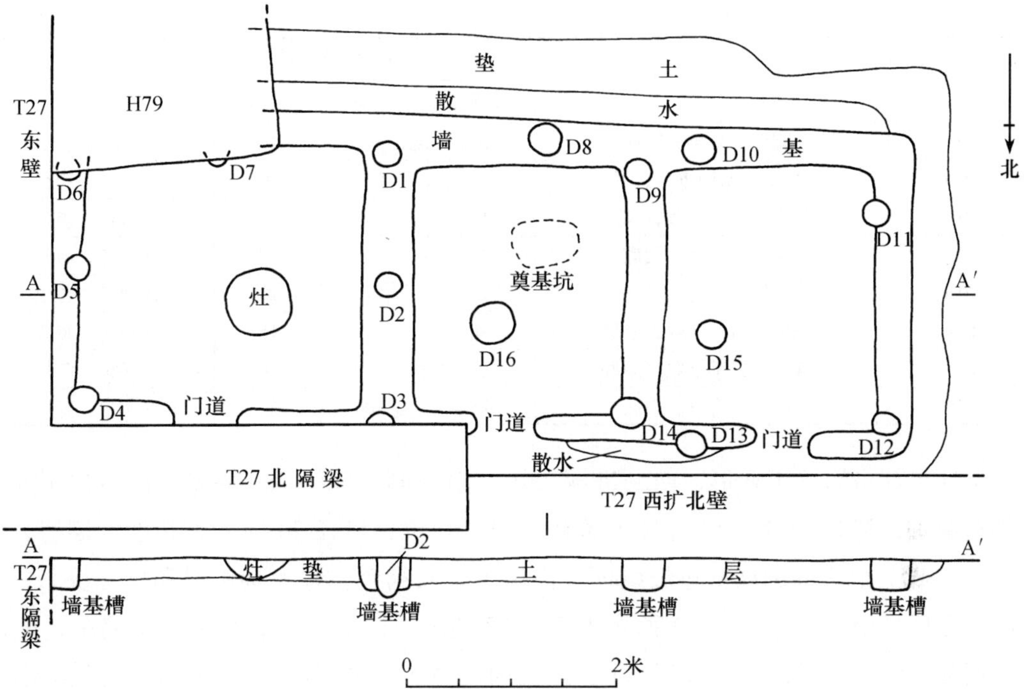

图一六八　二里头文化 F7 平、剖面图

30～36 厘米；室间隔墙基槽宽 30～40 厘米，深 30 厘米。墙基槽内填黄褐色花土，致密坚硬。柱洞共 16 个，大都分布在墙基槽内，约呈等距离排列。仅有 2 个分别在西室东部偏北和中室中东部。柱洞皆圆形，口径 20～42 厘米，大多直壁平底，少量直壁圜底、斜壁下收平底或圜底，深 15～40 厘米。柱洞内填土多呈浅灰色，土质松软，有的含较多烧土颗粒（表一一）。

表一一　二里头文化 F7 柱洞登记表

编号	形状与结构	尺　寸（厘米）			填土
		口径	底径	深度	
D1	圆形，斜壁下收，平底	23	14	30	深灰色，稍硬
D2	圆形，直壁，平底	24	24	28	浅灰色，较硬
D3	圆形，直壁，平底	26	26	26	浅灰色，疏松
D4	圆形，直壁，圜底	25		35	深灰色，疏松
D5	圆形，上部直壁，下部弧壁，平底	22	14	30	深灰色，较硬
D6	圆形，斜壁下收，平底	20	12	40	灰褐色，较硬
D7	圆形，斜壁下收，圜底	20		30	深灰色，疏松
D8	圆形，直壁，平底	26	26	15	浅灰色，疏松

续表

编号	形状与结构	尺寸（厘米）			填土
		口径	底径	深度	
D9	圆形，直壁，平底	26	24	16	浅灰褐色，疏松
D10	圆形，直壁微下收，平底	24	20	20	深灰色，疏松
D11	圆形，斜壁下收，圜底	25		15	浅灰色，疏松
D12	圆形，弧壁，圜底	21		17	灰褐色，疏松
D13	圆形，弧壁，平底	27	19	18	浅灰色，疏松
D14	圆形，斜壁下收，平底	31	22	16	灰褐色，疏松
D15	圆形，斜壁下收，圜底	27		20	浅灰色，疏松
D16	圆形，直壁，平底	42	40	40	浅灰色，较软

房址东部房间近正方形，南北进深250、东西面阔270～280厘米，门道位于北墙中部略偏东，宽60厘米。房内西北部有一圆形灶坑，口径70厘米，弧壁，圜底，深38厘米，壁、底表面为红褐色烧结面，内填土呈灰褐色，含大量灰烬和烧土块。中部房间长方形，南北进深235、东西宽195～205厘米，门道位于北墙中部略偏东，宽52米。西部房间长方形，南北进深256、东西面阔245厘米，门道位于北墙中部稍偏西，宽56厘米。三间房址的表面均为黄褐色平坦光滑的踩踏面，也即居住面。

在三间房的南部墙基外和中、西部两间房门之间墙基外，发现有散水遗存，呈黄褐色，含有少量料姜颗粒，宽25～40、厚5～10厘米。

垫土中出土少量陶片，器形有深腹罐等。

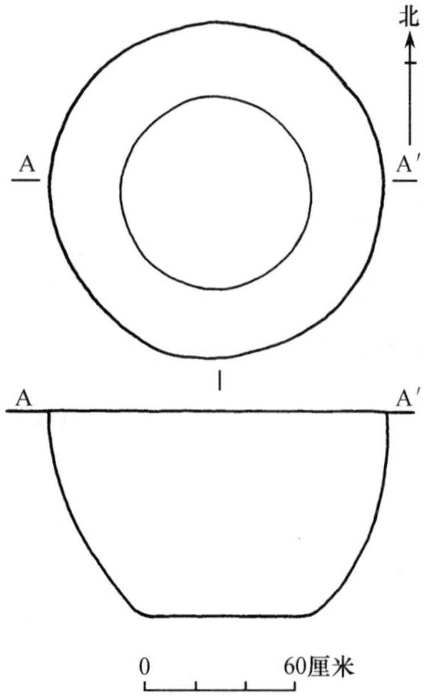

图一六九　二里头文化H07平、剖面图

二、灰　　坑

共发现6座。按口部形状分，圆形者4座，方形或长方形者2座；按壁、底特征分，斜壁下收平底者和弧壁圜底者各2座，弧壁平底者和斜壁下收近平底者各1座。

（1）圆形坑

4座。其中弧壁圜底者2座，弧壁平底者、斜壁下收近平底者各1座。

H07　位于T27西北约25米处，为在高速公路施工过程中推土暴露出随即进行抢救性清理的灰坑，灰坑上部遭破坏，层位不清，口部距地表约130厘米，打破生土。坑口圆形，残径110厘米，弧壁，平底，底径60、坑残深85厘米（图一六九）。坑内填土呈灰褐色，土质较硬，出土有石斧和陶器鋬等。

H73　位于T36东北角，向东、向北分别延伸至东、北隔梁下未发掘。开口于第3层下，口部距地表70厘米，打破H80和生土。坑口圆形，揭示部分为其四分之一，残径270厘米，约斜壁下收，近平底，残底径140、坑深100厘米（图一七〇）。坑内填土呈灰褐色，土质较硬，出土有深腹罐、花边罐等陶器残片。

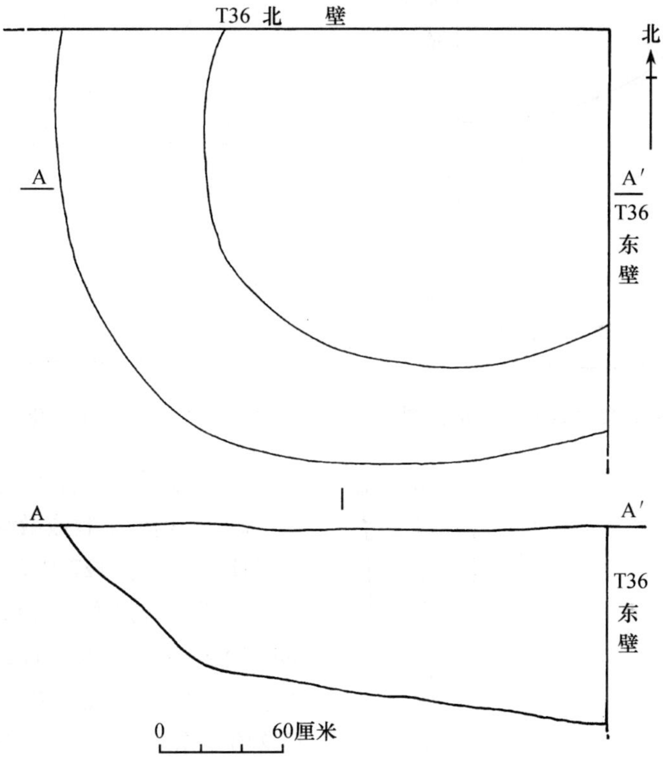

图一七〇　二里头文化H73平、剖面图

H80　位于T36东北角，向东、向北分别延伸至东、北隔梁下未发掘，整个灰坑都被叠压在H73之下，当开口于第3层下，口部距地表170厘米，打破生土。坑口圆形，揭露部分约占四分之一，残径120厘米，弧壁，圜底，残底径100、坑深60厘米（图一七一）。坑内填土呈黄灰色，土质松软，出土少量陶片。主要器形有盆、圆腹罐、花边罐、大口尊、小口瓮等。

H03　位于T35东北角北约8米处，为在高速公路施工过程中推土暴露出随即进行抢救性清理的灰坑，口部已遭破坏，层位不明，距地表约90厘米，打破生土。坑口圆形，残径230厘米，弧壁，圜底，坑残深90厘米（图一七二）。坑内填土呈深灰色，土质松软，出土少量陶片。主要器形有盆、单耳罐、中口瓮等。

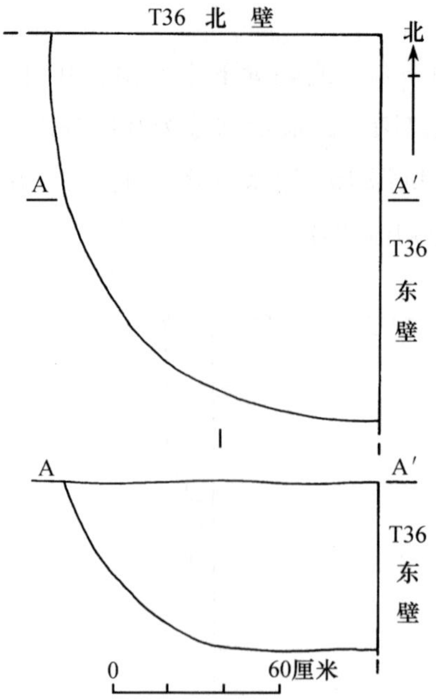

图一七一　二里头文化 H80 平、剖面图

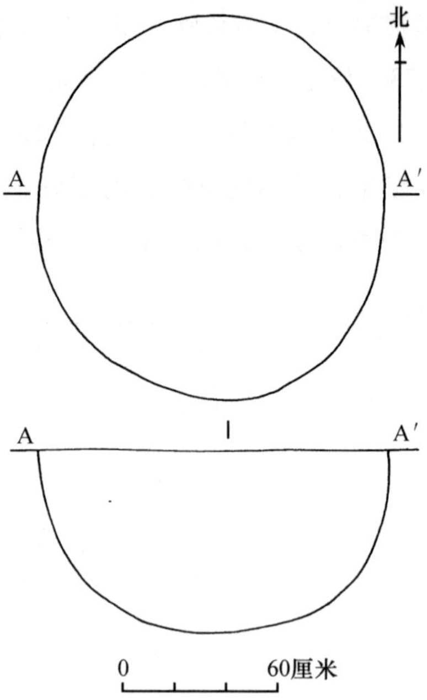

图一七二　二里头文化 H03 平、剖面图

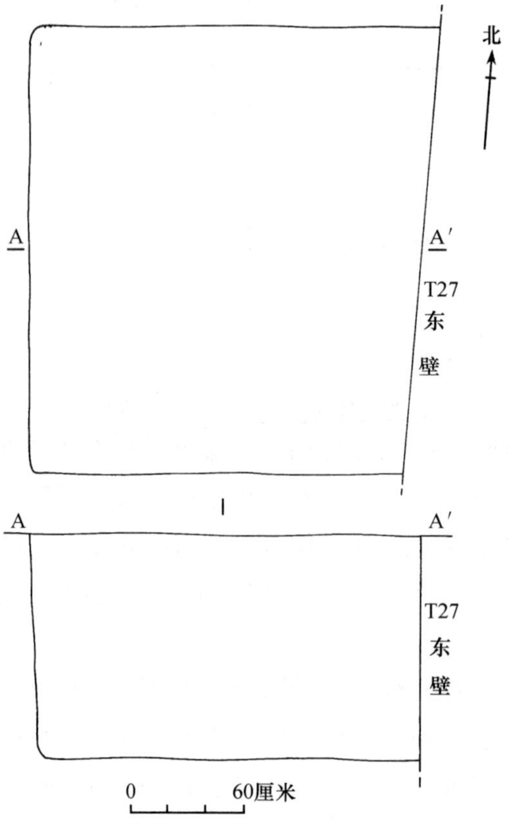

图一七三　二里头文化 H79 平、剖面图

（2）方形或长方形坑

2 座。斜壁下收或微斜壁下收，平底。

H79　位于 T27 中部偏东，向东延伸至东隔梁下未发掘。开口于第 5 层下，口部距地表 300 厘米。打破第 6 层、F7 及生土。坑口方形或长方形，揭露部分南北长 240、东西残宽 220 厘米，微斜壁下收，平底，坑深 120 厘米（图一七三）。坑内填松散的黄灰色土，含灰烬较多，出土较多陶片。主要器形有中口瓮、盆、深腹罐、带鋬罐、花边罐、器盖等。

H06　位于 T27 西北约 20 米处，系在高速公路施工过程中推土暴露出并对之进行抢救性清理的灰坑，坑口遭破坏，层位不明，距地表约 150 厘米，打破生土。坑口长方形，长 170、宽 100 厘米，斜壁下收，平底，底长 162、宽 92、坑残深 30 厘米（图一七四）。坑内填土呈深灰色，土质甚疏松，出土有石块，兽骨和罐、盆类陶器残片。

三、墓　　葬

发现1座。

M10　位于T20西部，系在高速公路施工过程中推土暴露出并对之进行抢救性清理的墓葬，南部已被施工破坏，开口于第3层下，口部距地表122厘米，打破生土。长方形竖穴土坑双人合葬墓，墓口方向100°，南部被施工摧毁，残长200、宽130厘米，直壁，墓底东高西底，东部和北部的底部深度相同，残长200、宽56～130、深20厘米，西部残长180、宽44～70、深38厘米。内葬二人，上部骨骼已被毁，从残存部分看骨架保存较好，葬式均为仰身直肢，头南足北，成年，东部者为女性，西部者为男性。在墓穴西部女性盆骨及股骨以上有随葬品3件，为直壁盆、单耳罐、罍等陶器各1件（图一七五；图版二三，2）。

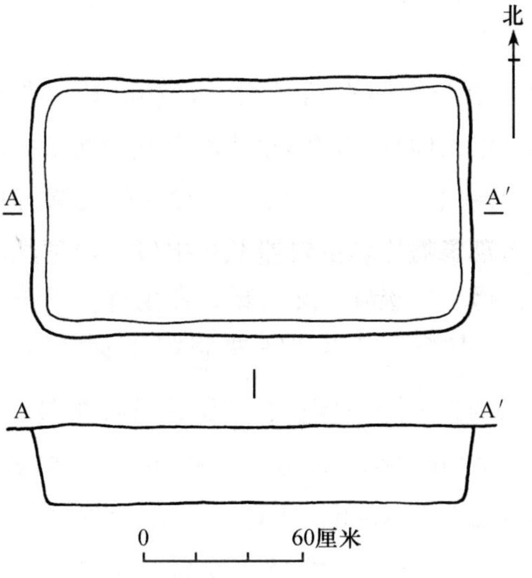

图一七四　二里头文化H06平、剖面图

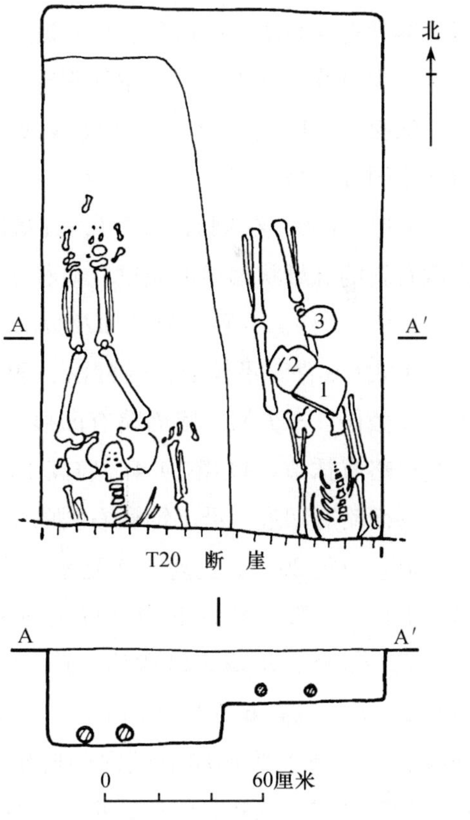

图一七五　二里头文化M10平、剖面图

1. 陶直壁盆　2. 陶罍　3. 陶单耳罐

第二节　文化遗物

有陶器和石器两大类。

一、陶　　器

均为陶容器，共48件。大部分出土于灰坑和文化层中。陶质有夹砂和泥质两类，整体上夹砂陶多于泥质陶。陶色有灰、灰褐、红褐、黑、红五种，多灰陶，其次为灰褐陶和黑陶，少量红褐陶，红陶极其罕见。绝大多数陶器饰绳纹，素面陶较少，另有旋纹、篮纹、附加堆纹等纹饰，常见器鋬和花边装饰。绳纹中多偏粗绳纹，少见细绳纹。附加堆纹呈绳索状，云纹有反“S”形、重“8”字形和多重卷云形三种。陶器普遍采用轮制技术制作，小件器物、器耳、器鋬等为捏塑成型。多平底器和圜底器，少量圈足器。器类有深腹罐、中口瓮、单耳罐、花边罐、大口罐、带鋬罐、圆腹罐、盆、豆、平口瓮、大口尊、器盖等，其中深腹罐、大口尊、盆、中口瓮等最常见。

深腹罐　10件。夹砂，灰陶或灰褐、红褐陶。翻沿，深腹，圜底。腹饰绳纹。据唇部不同分三型。

A型　1件。尖圆唇。F7:1，红褐陶。侈口，沿面较宽，沿中部较厚，微弧腹。腹饰微右斜的麻纰状偏细中绳纹。口径22、残高6.5厘米（图一七六，1）。

B型　8件。方唇。依沿部及腹部差异分二式。

Ⅰ式：6件。沿较窄，微翻沿，腹壁较直，沿与腹间夹角较大。T27⑥:12，灰褐陶。口微侈，窄方唇，唇面略有凹痕，微束颈。沿及腹部饰印痕较浅的杂乱中绳纹，沿下绳纹略有抹痕。口径20.4、残高10厘米（图一七六，5）。T27⑥:13，红褐陶。敞口，唇面略有凹痕。沿下饰微右斜的中绳纹，腹部饰微左斜的麻纰状中绳纹，沿下绳纹有抹痕。口径20.8、残高7.9厘米（图一七六，7）。T27⑥:14，灰陶。侈口，沿内部微有折棱。上腹下部以下饰竖行偏细中绳纹。口径20.2、残高5.2厘米（图一七六，6）。T27⑥:15，灰陶。口微侈。腹饰印痕较深的麻纰状中绳纹，沿下绳纹被抹去。口径23.6、残高6.5厘米（图一七六，2）。T27⑥:16，灰陶。口微侈，唇面略有凹痕，微束颈。腹饰印痕较深的麻纰状粗绳纹。口径20.6、残高4厘米（图一七六，4）。T27⑥:22，灰陶。侈口，束颈。腹饰麻纰状中绳纹。口径18、残高4.6厘米（图一七六，3）。

Ⅱ式：2件。沿较宽，沿翻较甚，沿与腹间夹角较小，腹壁弧鼓。H79:2，灰陶。侈口，束颈。腹饰竖向麻纰状中绳纹。口径23.6、残高5.9厘米（图一七六，9）。

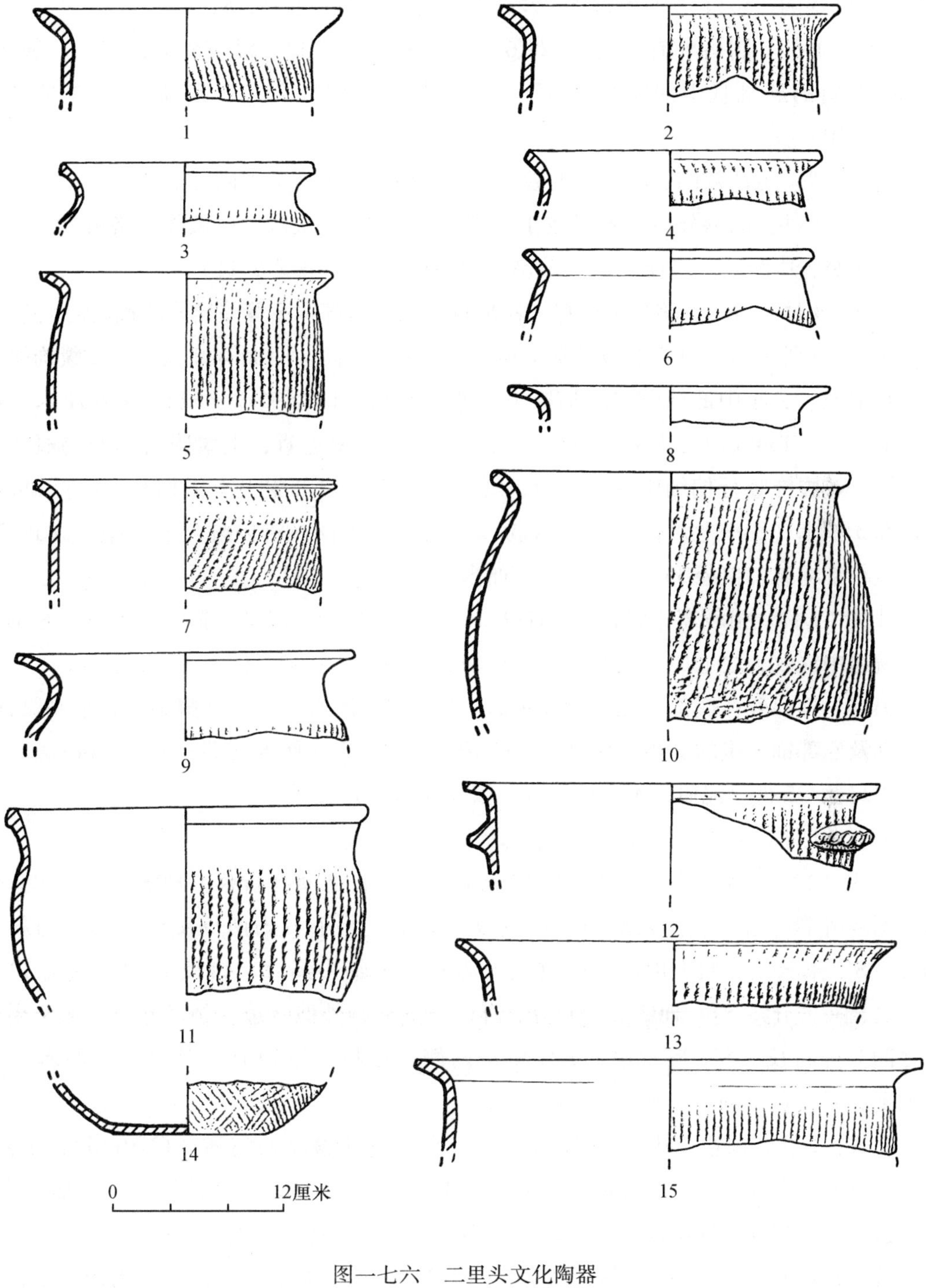

图一七六　二里头文化陶器

1. A型深腹罐（F7:1）　2～7. BⅠ式深腹罐（T27⑥:15、T27⑥:22、T27⑥:16、T27⑥:12、T27⑥:14、T27⑥:13）　8、9. BⅡ式深腹罐（H79:5、H79:2）　10. C型深腹罐（T28⑥:1）　11. A型盆（T27⑥:7）　12、15. BⅠ式盆（T34③:1、T34③:2）　13. BⅡ式盆（H79:4）　14. 盆（H03:2）

H79∶5，红褐陶。侈口。口径22.5、残高2.9厘米（图一七六，8）。

C型　1件。圆唇外有鼓边。T28⑥∶1，灰褐陶。侈口，沿较斜高，束颈，鼓腹。腹饰微左斜的麻纰状中细绳纹，沿下绳纹有抹痕。口径25.2、残高17.2厘米（图一七六，10）。

盆　6件。泥质灰陶、红陶或夹砂灰陶、灰褐陶。依唇部不同分二型。

A型　1件。圆唇外鼓，器形较小。T27⑥∶7，夹砂灰陶。口微侈，略束颈，微弧腹。腹饰竖行中绳纹。口径27.2、残高13.8厘米（图一七六，11）。

B型　4件。方唇，侈口或敞口，器形较大。依沿部宽窄等差异分二式。

Ⅰ式：3件。沿较窄，弧腹较深。H80∶1，夹砂灰陶。唇面有细浅凹槽。腹饰微斜麻纰状中绳纹，腹中部绳纹之上加饰一周宽浅旋纹。口径35.2、残高14.8厘米（图一七七，1）。T34③∶1，夹砂灰褐陶。器形稍小，腹壁近直，上腹附对称的鸡冠状双鋬。沿下及腹饰竖行偏细中绳纹，沿下绳纹有抹痕，腹部鋬上有绳切纹。口径29.2、残高6.3厘米（图一七六，12）。T34③∶2，夹砂灰褐陶。沿内外略有折痕，腹近直。腹饰竖行细绳纹。口径35.6、残高6.4厘米（图一七六，15）。

Ⅱ式：1件。沿较宽，腹较浅。H79∶4，夹砂灰褐陶。侈口，斜腹壁下收。腹饰微左斜偏粗中绳纹，之上加饰旋纹。口径30.4、残高4.7厘米（图一七六，13）。

另有1件，残存底部，无法归属型式。H03∶2，泥质灰陶。下腹斜收，平底微凹。近底部及底部饰成组的交错中绳纹。底径10.2、残高3.5厘米（图一七六，14）。

中口瓮　5件。泥质，黑陶或灰陶。依领部不同分二型。

A型　4件。翻卷领。依卷领及肩部等差异分三式。

Ⅰ式：2件。领近直或微卷，宽肩较平，肩、腹之间有折痕。H03∶1，黑陶。侈口，圆唇外卷，近直领。领部饰一周弦纹，肩部上、下各饰两周旋纹，其间饰斜置的反“S”形云纹，腹上部两周旋纹之下为竖行偏细中绳纹。口径15.4、残高11.6厘米（图一七七，5）。H03∶4，黑陶。直口，宽方唇外似叠边，领微卷。肩部两周旋纹之间为竖行反“S”形云纹，云纹中部两侧有枝杈。口径16、残高5.2厘米（图一七七，4）。

Ⅱ式：1件。领卷较甚，肩稍窄弧，肩、腹之间折棱不甚清晰。T27⑥∶11，黑陶。侈口，宽方唇上缘尖圆下部外略有叠边。肩部上、下各两周较宽浅的旋纹之间饰近似多重的云纹，上腹饰三周旋纹。口径22.4、残高7厘米（图一七七，7）。

Ⅲ式：1件。领宽且卷更甚，溜肩。H79∶1，灰陶。圆唇，唇面有一周浅沟槽，沿外略有叠边痕。肩下部饰两周旋纹。口径18.8、残高6.8厘米（图一七七，9）。

B型　1件。斜直领。H03∶3，灰陶。宽方唇外凸，唇面有一周凹痕。素面。口径22.4、残高4.7厘米（图一七七，10）。

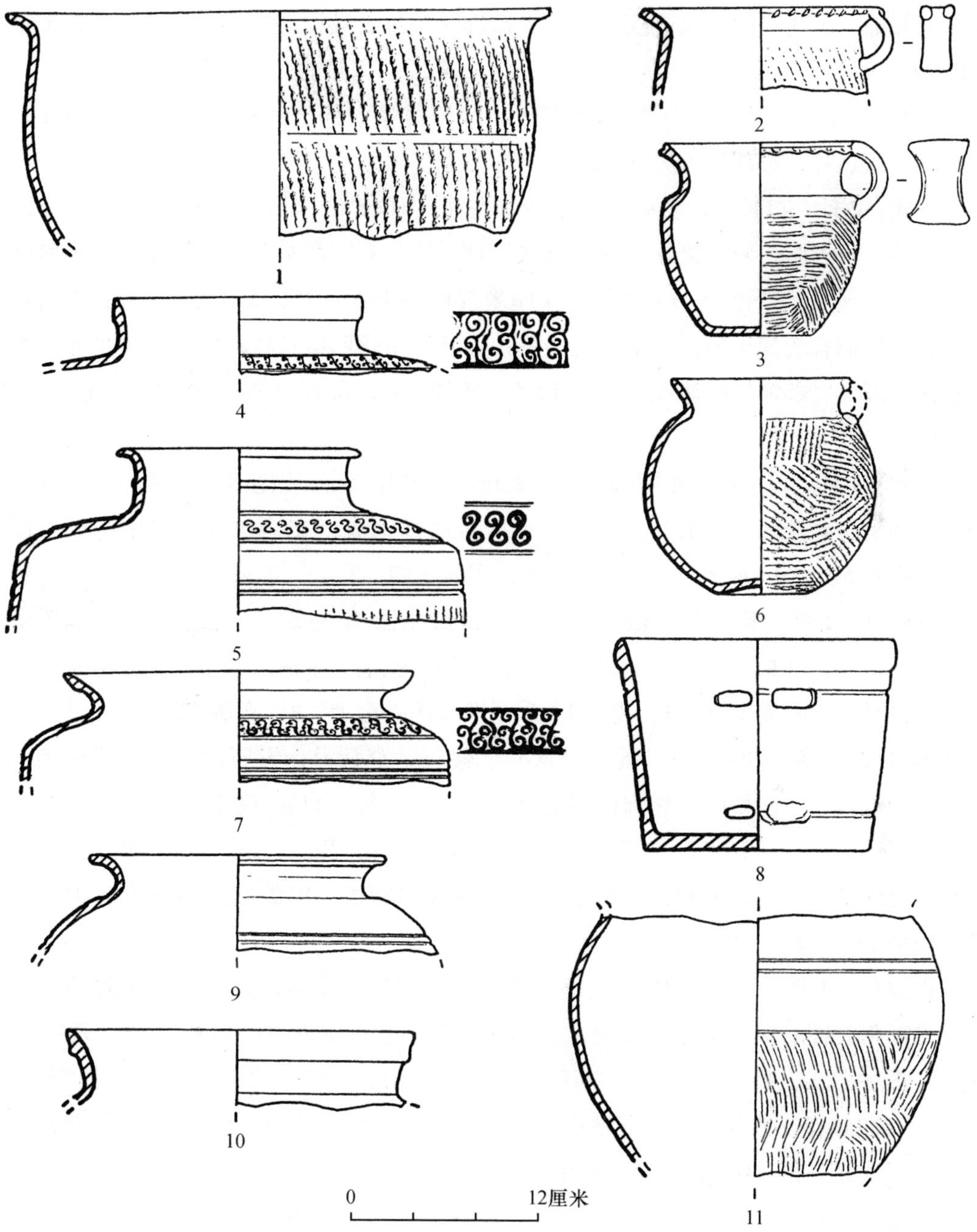

图一七七　二里头文化陶器

1. BⅠ式盆（H80:1）　2、8. Ⅰ式单耳罐（H03:5、M10:3）　4、7. AⅠ式中口瓮（H03:1、H03:4）　3. Ⅱ式单耳罐（T27⑥:31）　5. AⅡ式中口瓮（T27⑥:11）　6. AⅢ式中口瓮（H79:1）　9. B型中口瓮（H03:3）　10. 敛口罐（T27⑥:10）　11. 直壁盆（M10:1）

敛口罐　1件。T27⑥: 10，泥质红陶。口、底部均残，圆鼓腹。腹上部饰两周旋纹，下部饰成组交错的宽浅篮纹，篮纹上端饰一周细旋纹。腹径24.5、残高16.5厘米（图一七七，11）。

单耳罐　3件。夹砂，灰陶或灰褐陶。口与器身上部之间有一竖置桥形小耳。据口、唇、颈、耳、腹部等差异分二式。

Ⅰ式：2件。口较大，方唇，唇下缘饰花边，耳较宽，器高大于腹径。H03: 5，灰陶。翻沿，窄方唇，唇下缘花边为斜点状，耳上部左右贴两个小圆饼形泥突。腹斜饰印痕甚浅的中绳纹。口径15.6、残高5.4厘米（图一七七，2）。M10: 3，灰褐陶。卷沿，宽方唇，唇面有较深沟槽，唇下缘花边呈按点状，束颈明显且较高，弧腹，平底。桥形耳素面，腹及底部饰斜横篮纹。口径12.5、底径6.4、高12.3厘米（图一七七，3；图版二四，1）。

Ⅱ式：1件。口较小，小圆唇，唇缘无花边，器耳窄小，腹径大于器高。T27⑥: 31，灰陶。翻沿，颈较矮，圆鼓腹，凹圜底。腹及底部饰成组交错的麻纰状中绳纹。口径12、底径6.5、高14厘米（图一七七，6；图版二四，2）。

直壁盆　1件。M10: 1，泥质灰陶。微敞口，圆唇略外鼓，斜直腹，腹中部置微斜竖耳，耳已残，耳根部在腹壁上留下约呈长方形的孔痕，平底。腹部上、下分别施一周旋纹。口径17.6、底径14.9、残高13.8厘米（图一七七，8；图版二四，3）。

大口罐　2件。夹砂。T27⑥: 6，灰陶。侈口，窄翻沿，方唇，唇面有浅沟槽，深腹，腹壁近直，平底微凹。腹饰微斜的麻纰状较粗绳纹。口径33.6、高39.5厘米（图一七八，1；图版二四，5）。T27⑥: 9，灰褐陶。侈口，翻沿，圆唇，唇面局部有一浅沟槽，沿内微显折痕，近直腹。腹表饰微右斜较粗绳纹，绳纹之上局部有糊泥。口径32、残高13.2厘米（图一七八，5）。

带鋬罐　3件。夹砂。T27⑥: 17，红褐陶。侈口，卷沿，方唇，唇缘外凸，微束颈，沿部附对称的倒三角形小双鋬，圆弧腹。腹饰竖行中绳纹。口径15.8、残高11.8厘米（图一七八，4）。T27⑥: 8，灰陶。侈口，翻沿，方唇，沿部残存一小泥突状鋬，鼓腹。口径16.5、残高4.2厘米（图一七八，2）。H79: 7，灰褐陶。侈口，沿微翻，圆唇，沿部残存一花边状小鋬。口径15.9、残高3.7厘米（图一七八，3）。

圆腹罐　3件。夹砂。侈口，翻沿，方唇，束颈，圆鼓腹。腹饰麻纰状中绳纹。H80: 3，红褐陶。方唇。腹部竖绳纹稍细浅。口径20、残高5.4厘米（图一七八，6）。T27⑥: 19，灰陶。方唇。颈部饰带抹痕的竖绳纹，腹饰右斜绳纹。口径19.8、残高5.9厘米（图一七八，7）。T27⑥: 23，灰褐陶。方唇较宽。颈部竖绳纹被抹去，腹饰微左斜绳纹，腹部纹饰上端有一周细浅旋纹。口径19、残高6.8厘米（图一七八，8）。

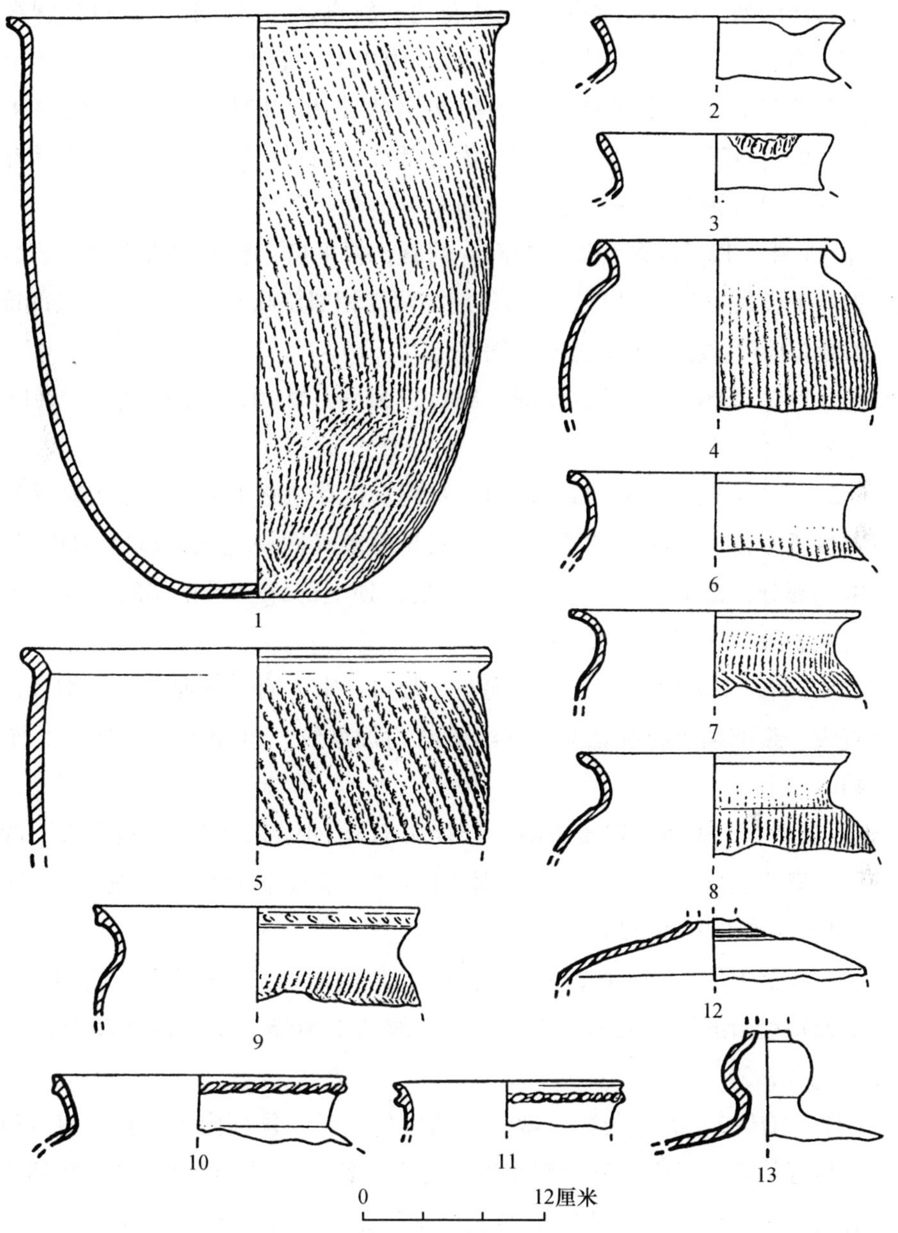

图一七八　二里头文化陶器

1、2. 大口罐（T27⑥:6、T27⑥:9）　2～4. 带鋬罐（T27⑥:8、H79:7、T27⑥:17）　6～8. 圆腹罐（H80:3、T27⑥:19、T27⑥:23）　9～11. 花边罐（T27⑥:20、H79:6、H80:4）　12、13. 器盖（H79:3、T27⑥:24）

花边罐　3件。夹砂，灰陶或灰褐陶。T27⑥: 20，灰褐陶。侈口，翻沿，宽方唇，唇面中部略有浅凹槽，唇下缘加饰斜点状花边，斜直领，微鼓腹。腹斜饰麻纰状中绳纹。口径22、残高6.7厘米（图一七八，9）。H80: 4，灰陶。侈口，折沿，方唇，斜直领，方唇中部凹槽较深，下缘饰较密的斜按窝状花边。口径约19.8、残高4.5厘米（图一七八，10）。H79: 6，灰陶。圆唇，沿上部饰一周附加堆纹，形成绳索状花边。口径约15.2、残高2.8厘米（图一七八，11）。

平口瓮　1件。T27⑥: 26，泥质黑陶。圆唇，斜平肩，腹壁斜直下收，肩、腹间微显折痕，折肩下设桥形耳。肩上、下部分别饰两周相邻旋纹和一周旋纹，腹部饰多周成组旋纹。口径29.4、残高24.2厘米（图一七九，1）。

小口瓮　1件。H80: 2，泥质黑陶。敛口，圆唇，矮领，鼓腹。磨光。口径10.8、残高5.6厘米（图一七九，6）。

器盖　2件。均残，泥质。T27⑥: 24，灰陶。仅存纽之下部，略呈大算珠形，上部细收，下部接弧形盖。素面。纽径6.4、残高8厘米（图一七八，13）。H79: 3，灰陶。仅残存顶部一部分，微弧形顶，下部略有折痕，顶上部饰三周相邻的旋纹。顶最大径21.2、残高4.2厘米（图一七八，12）。

堆纹缸　1件。T27⑥: 21，夹砂灰褐陶。敞口，窄方唇，唇面饰一周细浅沟槽，窄翻沿，斜直腹。腹部细浅绳纹之上加饰绳索状附加堆纹。口径32.4、残高5厘米（图一七九，4）。

大口尊　1件。H80: 5，泥质灰陶。仅存肩部及上腹部，斜肩，斜直腹下收。肩部有一周旋纹，肩、腹之间饰一周绳切状附加堆纹，堆纹下为竖行中绳纹。肩径29.2、残高11.5厘米（图一七九，3）。

此外，有残器1件。T27⑥: 27，可能为大口尊类器物，泥质黑陶。折肩，斜直腹下收。肩以下饰每组由五周构成的两组旋纹，旋纹之下为竖篮纹。肩径25.4、残高25.2厘米（图一七九，5）。

罍　1件。M10: 2，泥质灰陶。敞口，圆唇外凸卷，领部内收，斜平肩，肩、腹之间有折痕，腹近斜直，凹底。领中部及领、肩之间各饰一周弦纹和旋纹，折肩上、下分别饰两周旋纹，腹部旋纹以下及底部饰成组交错的偏粗中绳纹。口径12、底径8、高15.4厘米（图一七九，9；图版二四，4）。

豆　1件。T27⑥: 18，夹砂灰陶。残柄，略呈喇叭形。素面。残高8.2厘米（图一七九，2）。

器底　1件。T27⑥: 25，可能为缸类器底，泥质灰陶。斜腹壁下收，微凹底，厚底较高，似假圈足。腹饰左斜的麻纰状中绳纹，底周围饰细长斜点状花边。底径11.3、残高5.8厘米（图一七九，7）。

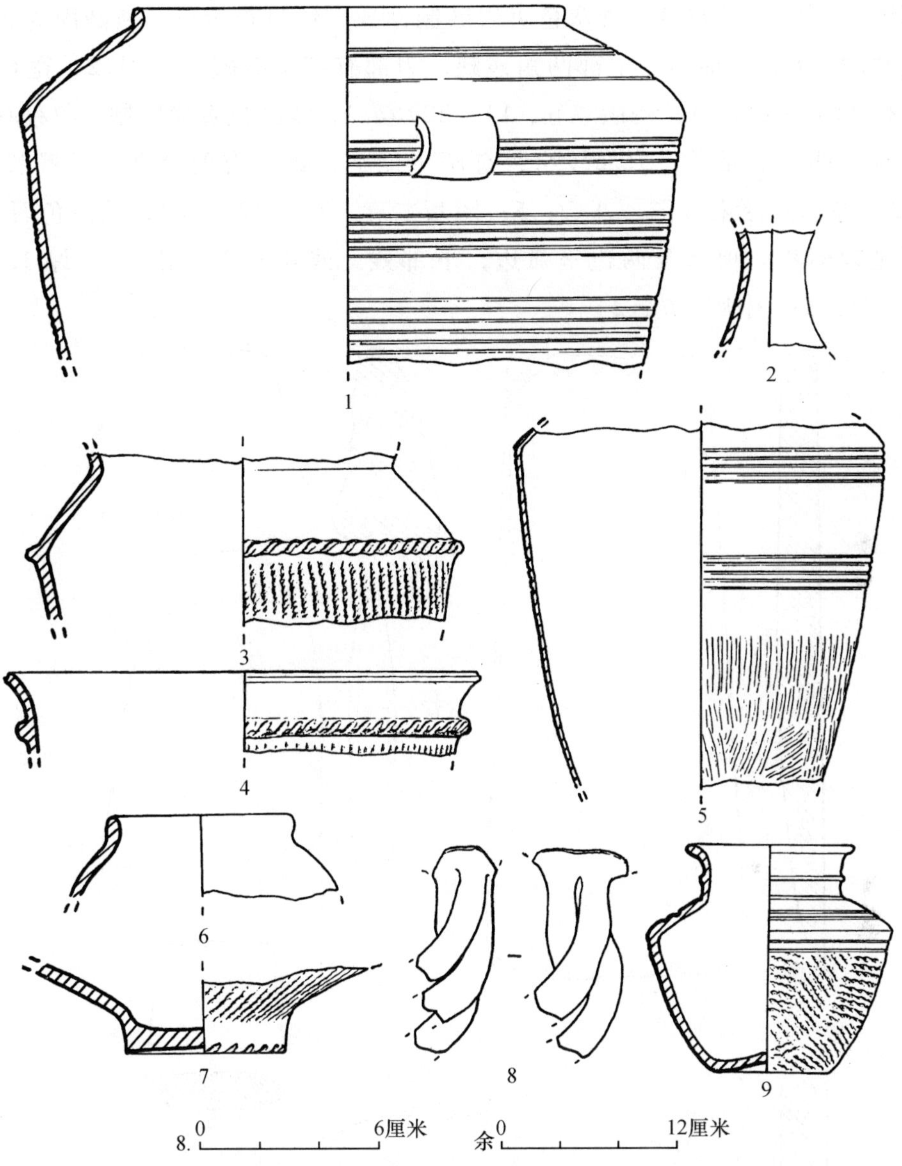

图一七九　二里头文化陶器

1. 平口瓮（T27⑥:26）　2. 豆（T27⑥:18）　3. 大口尊（H80:5）　4. 堆纹缸（T27⑥:21）　5. 残器（T27⑥:27）　6. 小口瓮（H80:2）　7. 器底（T27⑥:25）　8. 器鋬（H07:2）　9. 罍（M10:2）

器鋬　1件。H07:2，泥质灰陶。由三条柱状泥条拧成麻花状。残高7厘米（图一七九，8）。

二、石　　器

仅生产工具，5件。有石铲、石斧和钻孔石器等。

石铲　3 件。T27⑥:1，青灰色页岩磨制而成。约呈长舌形，横剖面为长方形，铲两边磨制方齐，一面刃。上部两角残缺，刃部有细小破碴。长 21.2、宽 8.6、厚 1.4 厘米（图一八〇，1；图版二五，1）。T27⑥:2，浅红色页岩磨制。仅残存下部，器体宽扁，两边呈弧形，刃部较窄，有两个崩疤，铲面有两处孔痕。残长 12.2、宽 16.2、厚 1.6 厘米（图一八〇，5；图版二五，3）。T27⑥:3，浅白色石灰岩磨制，质地较酥松。顶部及两边呈弧边，下部残。残长 9.2、宽 7.4、厚 1.4 厘米（图一八〇，3；图版二五，2）。

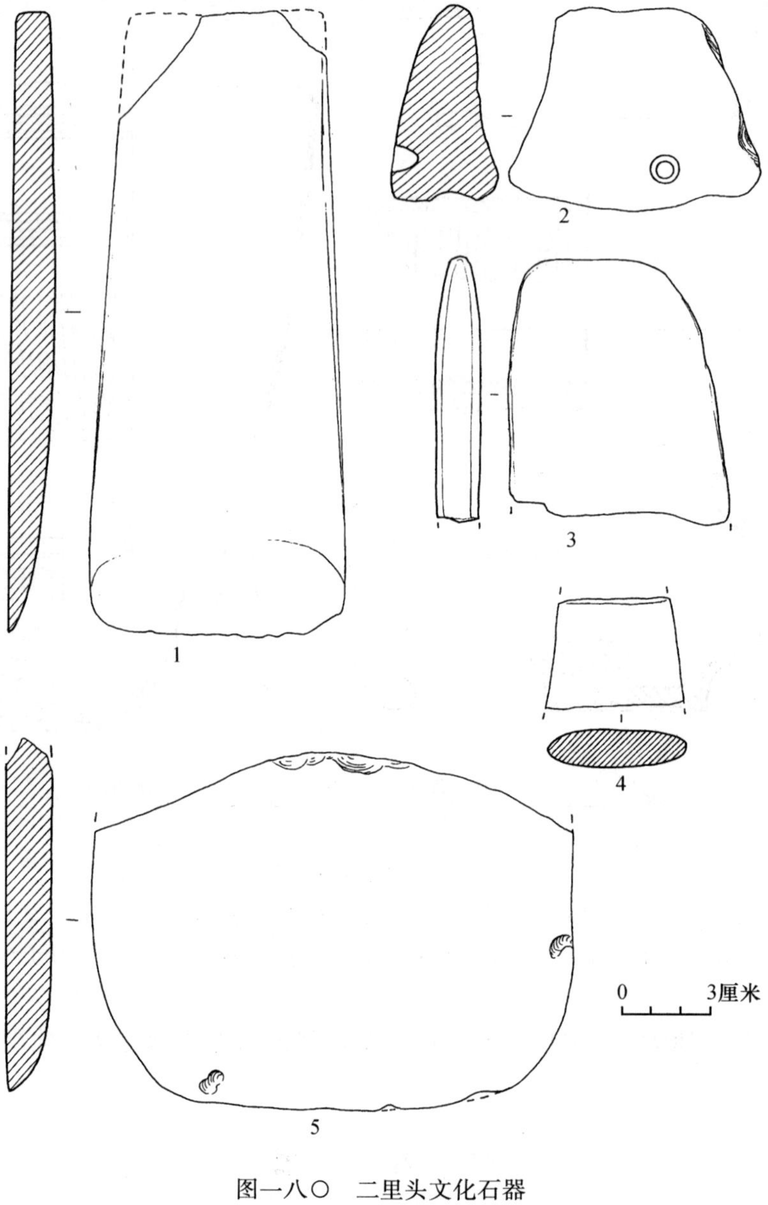

图一八〇　二里头文化石器

1、3、5. 铲（T27⑥:1、T27⑥:3、T27⑥:2）　2. 钻孔石器（T27⑥:4）　4. 斧（H07:1）

石斧　1件。H07:1，墨绿色火山岩磨制。上、下部均残，正面约呈梯形，横剖面呈扁椭圆形。残长3.7、宽4.6、厚1.3厘米（图一八〇，4）。

钻孔石器　1件。T27⑥:4，黑褐色砂岩。无明显刃部，在河卵石一侧较平面上有一个未钻透的圆形小钻孔，可能为钻帽。长6.8、宽8.5、厚3.5、孔径1、孔深0.7厘米（图一八〇，2）。

此外，发现较多残石料，如T28第6层就出土有36块之多。

第三节　遗存分期与各期文化特征

一、遗存分期、分段

二里头文化遗存不太丰富，但仍有一些层位关系为分期提供了依据。如：

T27：H79→⑥→F7

T20：③→M10

由于F7没有出土与T27第6层所出陶器型式可供对比的器物，而T20与T27只相隔20余米，从发掘现场观察确定，T20第3层与T27第6层土质土色完全一致，应当属同一文化层，因此上述层位关系可以合并为：

H79→T27⑥→M10

这组关系中M10和T27第6层都出土有单耳罐，前者为Ⅰ式，后者为Ⅱ式，因而可以把二者看作代表早、晚的两个时间段。T27第6层又出土有BⅠ式深腹罐、AⅡ式中口瓮，H79则出土有BⅡ式深腹罐、AⅢ式中口瓮，所以也可以把H79看作比T27第6层更晚的一个时间段。这样就可以得到M10为第Ⅰ段、T27第6层为第Ⅱ段、H79为第Ⅲ段依次发展的顺序。

依照出土同型式器物为同一时段的原则，H03出土有Ⅰ式单耳罐，与M10相同，遂可归入第Ⅰ段，同时该单位还出土有AⅠ式中口瓮，T27第6层则出土有AⅡ式中口瓮，在逻辑序列上验证也早于第Ⅱ段。H80、H79都出土有B型深腹盆，前者为Ⅰ式，后者为Ⅱ式，可知前者早于后者，又由于前者出土圆腹罐、花边罐的特征与T27第6层所出这两种器物相仿，所以H80归入第Ⅱ段是适宜的。T34第3层因也出有BⅠ式深腹盆，而归入第Ⅱ段。T31～T33及T35、T36的第3层与T34第3层属同一层堆积，故也均可归入第Ⅱ段。又根据T28与T27相距不远，且T28第6层与T27第6层也为同一层堆积，则T28第6层也应归入第Ⅱ段。

这样，就可以把初步二里头文化的单位归入相应的段内：

属于第Ⅰ段的单位有M10、H03等。

属于第Ⅱ段的单位有 H80、T27⑥、T28⑥、T31③、T32③、T33③、T34③、T35③、T36③、T20③等。

属于第Ⅲ段的单位有 H79 等。

F7、H73、H06、H07 等单位因出土物甚少，无据以分段的出土器物，并且缺乏准确归段的层位关系，段别不明。

依据第Ⅰ、Ⅱ段陶器均有一定数量的篮纹，而第Ⅲ段则无等情况，可初步把第Ⅰ、Ⅱ段合并，作为南交口遗址二里头文化的一期，第Ⅲ段为二期。

二、各期、各段文化特征

以上面分期、分段作为尺度考察，南交口二里头文化各期、各段的文化特征是：

一期：包含第Ⅰ、Ⅱ两段。

第Ⅰ段遗存甚少，确定属本段的遗迹仅灰坑和墓葬各 1 座。灰坑为圆形口，弧壁圜底。墓葬为长方形竖穴土坑双人合葬墓。

本段出土物均为陶容器。据 H03 出土的少量陶片统计，泥质陶多于夹砂陶；泥质灰陶和夹砂灰陶最多，次之为泥质黑陶，夹砂红褐陶和灰褐陶较少。多绳纹，并有较多绳纹加饰附加堆纹，少量旋纹、云纹和素面陶，罕见弦纹，据 M10 出土随葬品中有饰篮纹的单耳罐可知，此段还有篮纹。本段仅见 AⅠ式、B 型中口瓮，Ⅰ式单耳罐，罍，直壁盆和难以分辨型别的盆等器形。

第Ⅱ段遗存较丰富，除文化层外，遗迹仅灰坑 1 座。灰坑为圆形口，弧壁圜底。

本段发现的石器有石铲和钻孔石器等。出土陶容器较多，据 T27 第 6 层和 H80 出土的陶片统计，夹砂陶明显多于泥质陶，处于绝对优势；泥质和夹砂灰陶仍较多，其次为夹砂灰褐陶、泥质黑陶和夹砂红褐陶，有少量泥质红陶。纹饰中绳纹占主导地位，并可见绳纹加饰旋纹或附加堆纹，素面陶较少，有一定量的旋纹、篮纹和云纹。器形有 BⅠ式、C 型深腹罐，AⅡ式中口瓮，Ⅱ式单耳罐，A 型、BⅠ式盆，大口罐，带鋬罐，圆腹罐，花边罐，堆纹缸，豆，平口瓮，小口瓮，大口尊，器盖等。

二期：即第Ⅲ段。仅见 H79 一处遗迹，坑口方形，直壁向下微内收，平底，形制规整。出土物仅陶容器，夹砂陶仍占优势，泥质陶较少；泥质黑陶和夹砂灰褐陶成为最多的两种陶系，夹砂灰陶次之，少量泥质灰陶和夹砂红褐陶。纹饰中绳纹居绝对优势，连同少量绳纹加饰附加堆纹可占陶片的八成以上，其次为素面陶，还有较少的旋纹和云纹。器形有 BⅡ式深腹罐，AⅢ式中口瓮，BⅡ式盆，花边罐，带鋬罐，器盖等。

总体来看，南交口二里头文化两期三段之间文化特征根本相同，前后紧密相连，是同一文化的不同发展阶段。

同河南偃师二里头遗址[1]出土陶器相比，南交口二里头文化一期第Ⅰ段的罍M10∶2与前者二里头文化二期的Ⅰ式高领罐ⅤM15∶12相似；一期第Ⅱ段的C型深腹罐T28⑥∶1、BⅠ式盆T34③∶1、平口瓮T27⑥∶26、圆腹罐T27⑥∶23分别与前者二里头文化二期的Ⅱ式卷沿深腹罐ⅣH88∶16、Ⅰ式卷沿盆ⅣM6∶6、Ⅰ式矮领瓮Ⅱ·ⅤH157∶11、Ⅱ式侈口圆腹罐ⅤD2H12∶1相似；二期第Ⅲ段的BⅡ式深腹罐H79∶2、BⅡ式盆H79∶4分别与前者二里头文化三期的Ⅰ式侈口深腹罐ⅣH57∶14、Ⅲ式卷沿盆ⅢH228∶10近同。可见南交口二里头文化一期遗存的年代大致与二里头遗址二里头文化二期相当，第Ⅰ、Ⅱ段或者分别相当于其早、晚段，二期即第Ⅲ段的年代则大致与二里头遗址二里头文化三期相当。

注　释

[1]　中国社会科学院考古研究所：《偃师二里头——1959年～1978年考古发掘报告》，中国大百科全书出版社，1999年。

第七章　东周、汉代墓葬

第一节　东周墓葬

南交口遗址发掘区未见东周文化层和房址、灰坑等遗迹，但清理有东周墓葬。

东周墓葬共发现3座。均为长方形竖穴土坑墓，集中分布在遗址Ⅰ区的T31、T32和T33三个探方中，依次分别编号为M4、M5、M6。

（一）M4

1. 墓葬形制

M4　位于Ⅰ区西部、T31北部偏西，开口于第2层下，墓口距地表60厘米，打破仰韶文化一期堆积和生土。长方形竖穴土坑墓，约东西向，方向110°，墓口长290、宽190厘米，四壁近垂直，下部略内收，平底，底长280、宽174、墓深475厘米。

墓内填灰白色五花土，夹杂有少量红烧土块，土质松软。在清理至距地表约4米深时，发现墓室内中部坍塌，经清理可见塌陷周围明显的木头朽痕，当为木质棺椁腐朽塌落而致。近墓底紧贴墓壁四周有一圈木椁痕，平面近似长方形，长280、宽174、残高100厘米，椁板灰厚约8厘米。在椁室内中部偏北发现有一木棺痕，平面近梯形，东宽西窄，长220、宽68~86、残高76厘米，棺板灰厚约6厘米。

棺内有人骨架一具，头东足西，仰身，双手交叉置于腹上，左股骨交叉放于右股骨上，初步鉴定该墓主为一成年男性。在墓主头骨的左侧清出石圭2件，棺外西南部椁内随葬陶鼎1件、豆2件、壶2件（图一八一）。

2. 随葬器物

7件。有陶器、石器两类。

（1）陶器

5件。均为泥质灰陶。器形有鼎、豆、壶等。

鼎　1件。M4:1，带有盖，盖扁平状，上饰三桥形小纽。鼎身子口微敛，口部两侧设对称的两个竖长方形耳，窄条形穿，上部略外撇，半球形腹，圜底，下附三圆柱状蹄形足。素面。口径21.6、通高18厘米（图一八二，1；图版二六，5）。

豆　2件。器形相似，大小相当，均带盖。盖弧面微隆，上有喇叭形捉手，形似覆盘。豆子口微敛，弧腹，圜底，下有喇叭形底座。素面。M4：2，口径15.2、腹径17.2、底径11.2、通高17.1厘米（图一八二，2；图版二六，1）。M4：3，口径14.4、腹径16.8、底径11.2、通高18.8厘米（图一八二，3；图版二六，2）。

壶　2件。器形相似，大小相当，皆系手制，不甚规整。子口，直颈，弧腹瘦长，平底。素面。M4：4，口径9.6、腹径16.8、底径9、高26.8厘米（图一八二，4；图版二六，3）。M4：5，口径10、腹径16、底径8.8、高26.4厘米（图一八二，5；图版二六，4）。

（2）石器

2件。为圭。

石圭　2件。皆由泥质粉砂岩制成。圭首尖角甚锐，两侧平直。M4：6，近底部微内收。长9、宽1.4、厚0.4厘米（图一八二，6）。M4：7，残长7.4、宽2、厚0.4厘米（图一八二，7）。

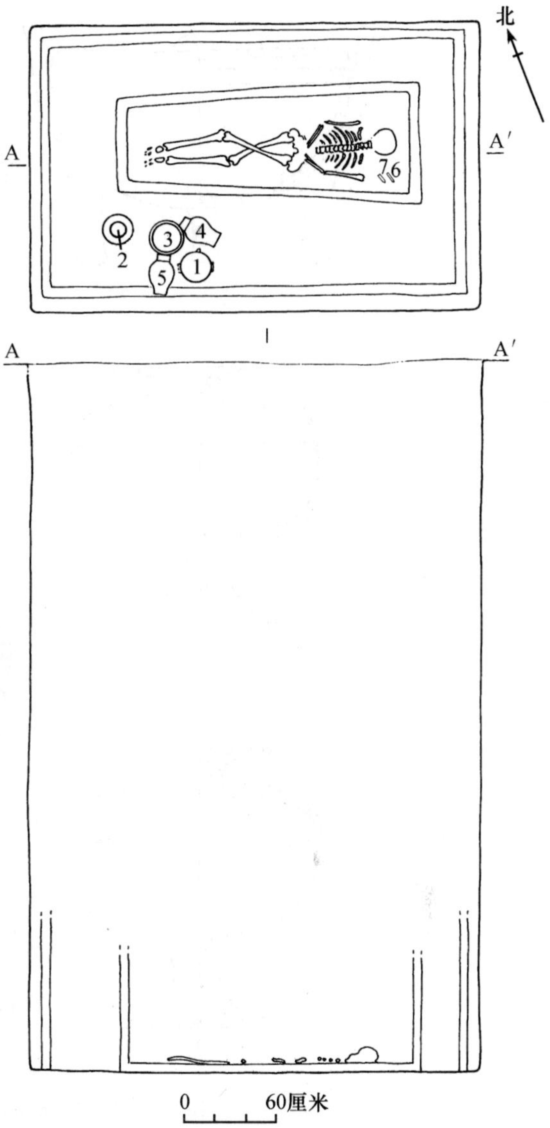

图一八一　东周M4平、剖面图

1. 陶鼎　2、3. 陶豆　4、5. 陶壶　6、7. 石圭

3. 年代推定

M4的墓葬形制和随葬品陶鼎、豆、壶的组合，与《陕县东周秦汉墓》[1]第一部分“东周墓葬”中的第二组墓葬特征相同，后者年代被定在战国早期。随葬陶器中陶鼎M4：1与《上马墓地》[2]Ⅱ式鼎M2159：6、《洛阳中州路（西工段）》[3]ⅢB式鼎相同；陶豆M4：2、M4：3和陶壶M4：4、M4：5分别与《洛阳中州路（西工段）》Ⅱ式豆和ⅠB式壶相近。《上马墓地》小型晋墓M2159等的时代被定为属春秋晚期至战国初期，《洛阳中州路（西工段）》ⅢB式鼎、Ⅱ式豆、ⅠB式壶组合的时代被定为战国初期。可见，M4的年代当在战国早期。

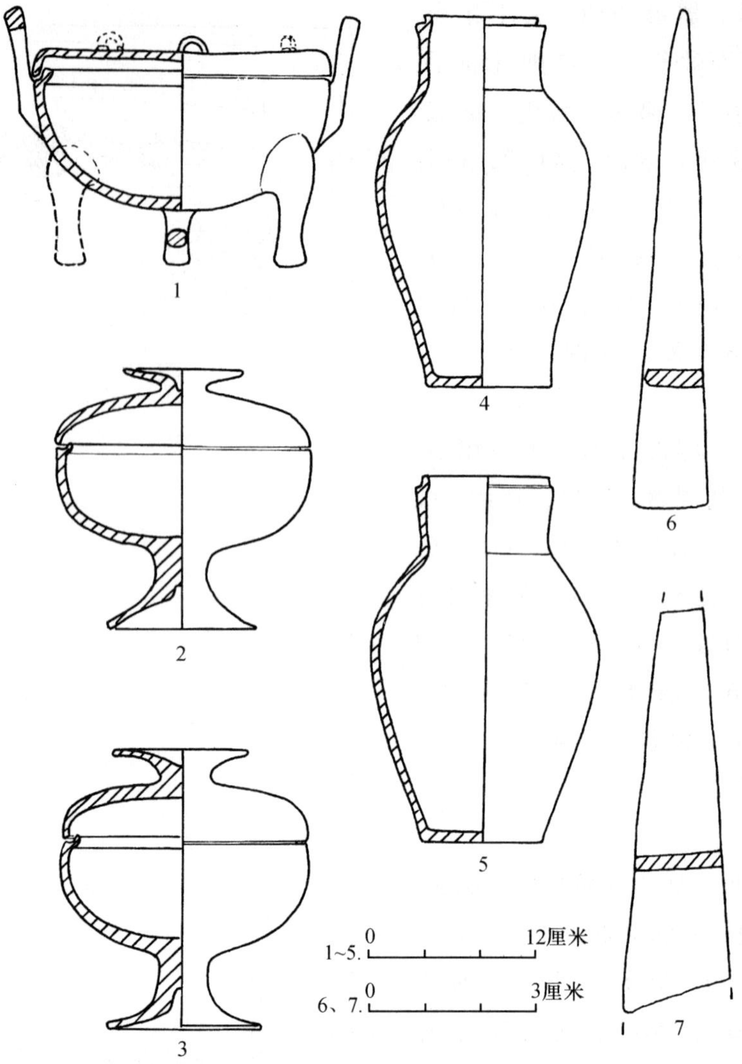

图一八二　东周 M4 出土陶器与石器

1. 陶鼎（M4∶1）　2、3. 陶豆（M4∶2、M4∶3）　4、5. 陶壶（M4∶4、M4∶5）　6、7. 石圭（M4∶6、M4∶7）

（二）M5

1. 墓葬形制

M5　位于Ⅰ区西部、T32 南部及南扩方内，开口于第 2 层下，口部距地表 80 厘米，打破仰韶文化一期堆积和生土。长方形竖穴土坑墓，正东西向，方向 270°。墓口长 330、宽 190 厘米，四壁陡直，底部平坦，口、底大小相当，墓深 450 厘米。

墓内填灰白色五花土，土质松软。在距地表 460 厘米深时，墓室内略偏东处发现有一长方形木椁朽痕，长 260、宽 160、残高 70 厘米，椁板灰厚 6 厘米。在椁室内中部发现有一木棺痕，平面近梯形，西宽东窄，长190、宽66～76、残高52厘米，棺板灰厚4厘米。

棺内有人骨架一具，头西足东，面向右，仰身直肢，左手放于腹上，身体整体稍向右倾斜，初步鉴定该墓主为一成年女性。在墓主头部上方清理出骨簪1件，腰部下有石圭2件，棺外北侧棺、椁之间放置陶壶2件、陶豆2件，东北角有陶鼎1件（图一八三）。

2. 随葬器物

8件。有陶器、石器、骨器三类。

（1）陶器

5件。均为泥质灰陶。器形有鼎、豆、壶等。

鼎　1件。M5∶7，带有盖，盖弧顶。鼎身鬲形，子口微敛，圆角长方形附耳上部略外撇，深腹，近平底，下附三蹄形矮实足。鼎身饰绳纹，被二周旋痕间断，盖素面。口径15.2、通高16厘米（图一八四，1；图版二七，5）。

豆　2件。器形相似，大小相当，均有盖。盖弧顶，上有喇叭形捉手，形似覆盘。豆身子口微敛，半球形腹，圜底，下有喇叭形底座。素面。M5∶3，口径16.8、腹径18.4、底径11.6、通高20.8厘米（图一八四，2；图版二七，1）。M5∶4，口径16.8、腹径18.4、底径11.2、通高21.4厘米（图一八四，3；图版二七，2）。

壶　2件。器形相似，大小相当。均侈口，束颈，微弧腹，平底，器形瘦长。素面。M5∶5，口径12.3、腹径13.2、底径9、高24厘米（图一八四，4；图版二七，3）。M5∶6，口径12.4、腹径13.6、底径8.8、高23.6厘米（图一八四，5；图版二七，4）。

（2）石器

2件。为圭。

石圭　2件。均大理石质，尖角在20°左右，一侧平直，一侧微弧，近底略内收。M5∶2，长18.8、底宽2.5、厚0.4厘米（图一八四，6）。M5∶8，残长12.2、底宽2.6、厚0.4厘米（图一八四，7）。

（3）骨器

1件。为簪。

簪　1件。M5∶1，长条形，横剖面呈圆形，顶端磨细作柄。长18.5、直径0.8厘米（图一八四，8）。

3. 年代推定

M5的墓葬形制和随葬品陶鼎、豆、壶的组合，与《陕县东周秦汉墓》[4]第一部分“东周墓葬”第二组墓葬的特征相同，后者的年代被定在战国早期。随葬品中陶鼎M5∶7与《陕县东周秦汉墓》Ⅰ型鬲形鼎相同；陶豆M5∶3、M5∶4与《陕县东周秦汉墓》Ⅱ型陶豆、《洛阳中州路（西工段）》[5]Ⅱ式豆相同；陶壶M5∶5、M5∶6与《中国考

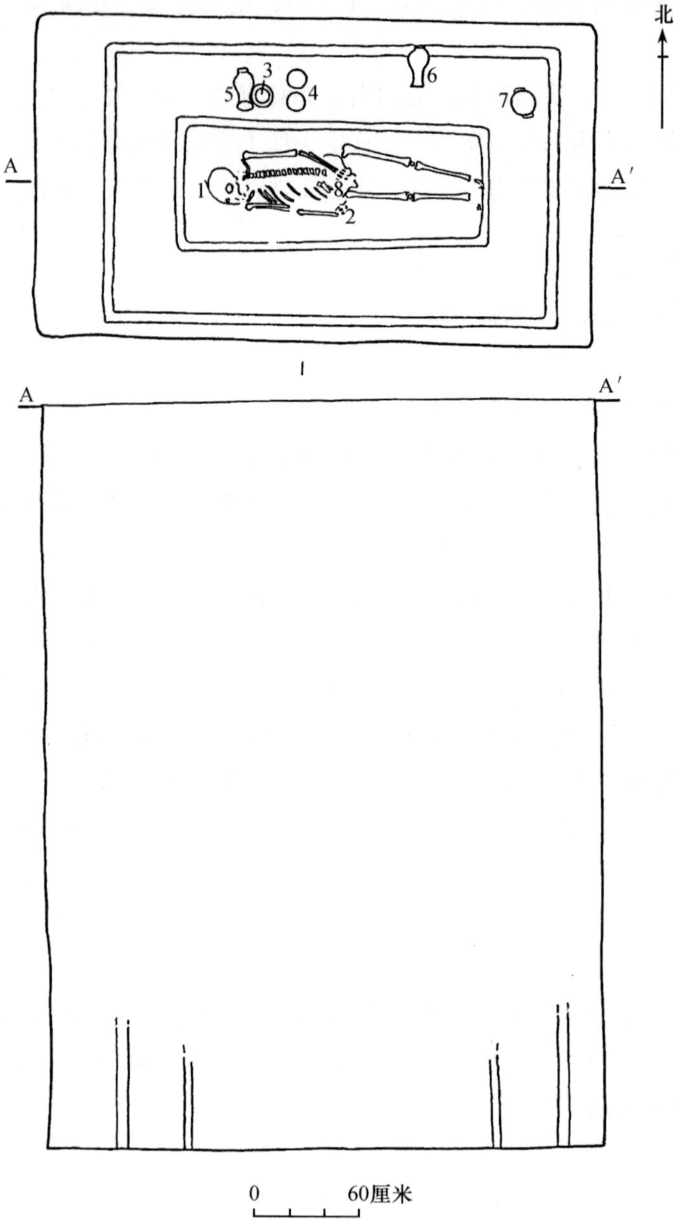

图一八三　东周 M5 平、剖面图

1. 骨簪　2、8. 石圭　3、4. 陶豆　5、6. 陶壶　7. 陶鼎

古学·两周卷》[6]中原地区战国中期的陶壶相似；《陕县东周秦汉墓》出土Ⅰ型鬲形鼎的典型墓葬 M2529，分期中为第三组墓葬，年代被定在战国中期；同书中Ⅱ型陶豆的时代也属战国中期。综上可知，M5 的年代当为战国早期偏晚或战国中期。

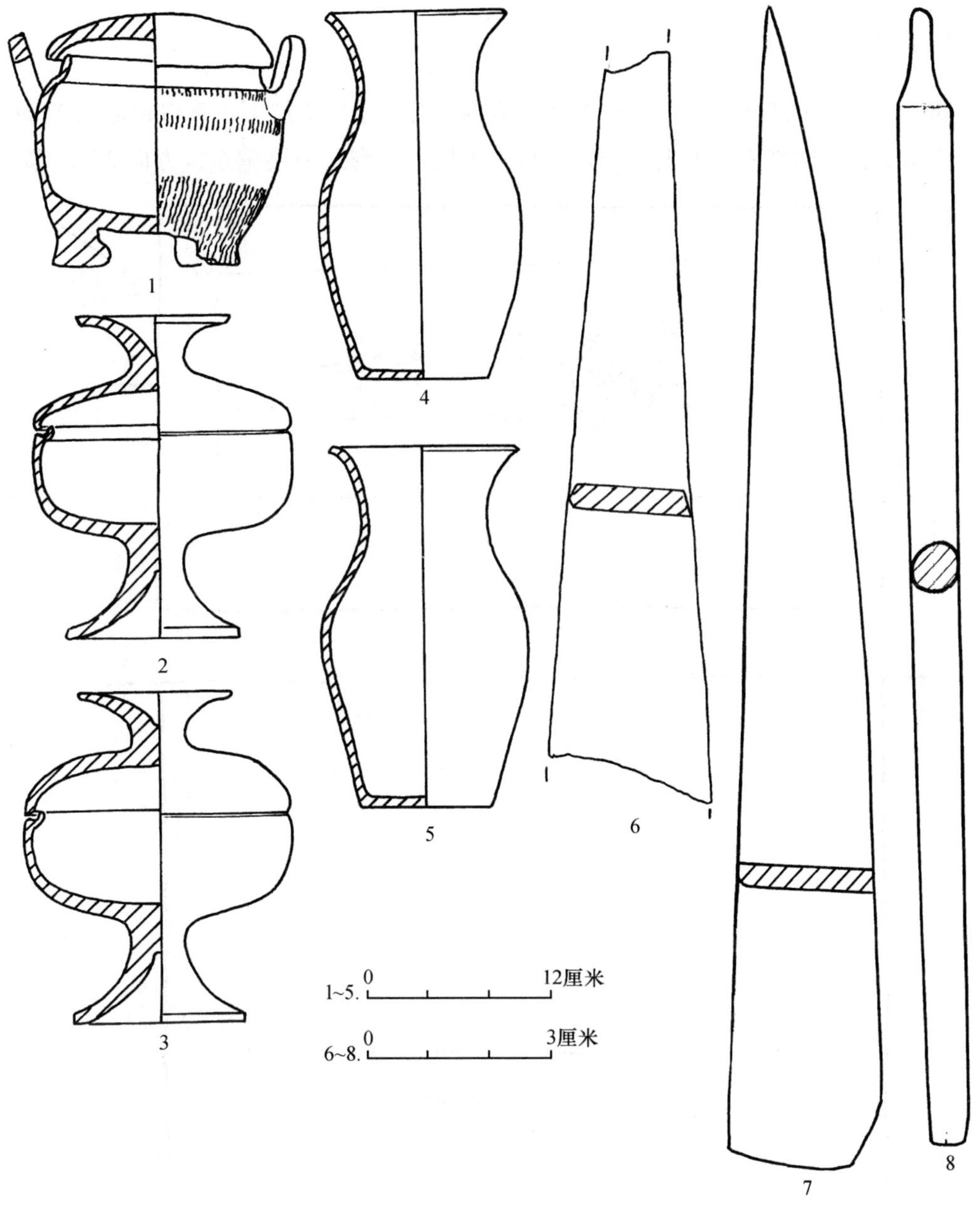

图一八四　东周 M5 出土陶器、石器与骨器

1. 陶鼎（M5:7）　2、3. 陶豆（M5:3、M5:4）　4、5. 陶壶（M5:5、M5:6）
6、7. 石圭（M5:2、M5:8）　8. 骨簪（M5:1）

（三）M6

1. 墓葬形制

M6 位于Ⅰ区西部、T33 西部及西扩方内，开口于第 2 层下，墓口距地表 21 厘米，打破仰韶文化一期堆积和生土。长方形竖穴土坑墓，南北向略偏东，方向 35°。墓口长

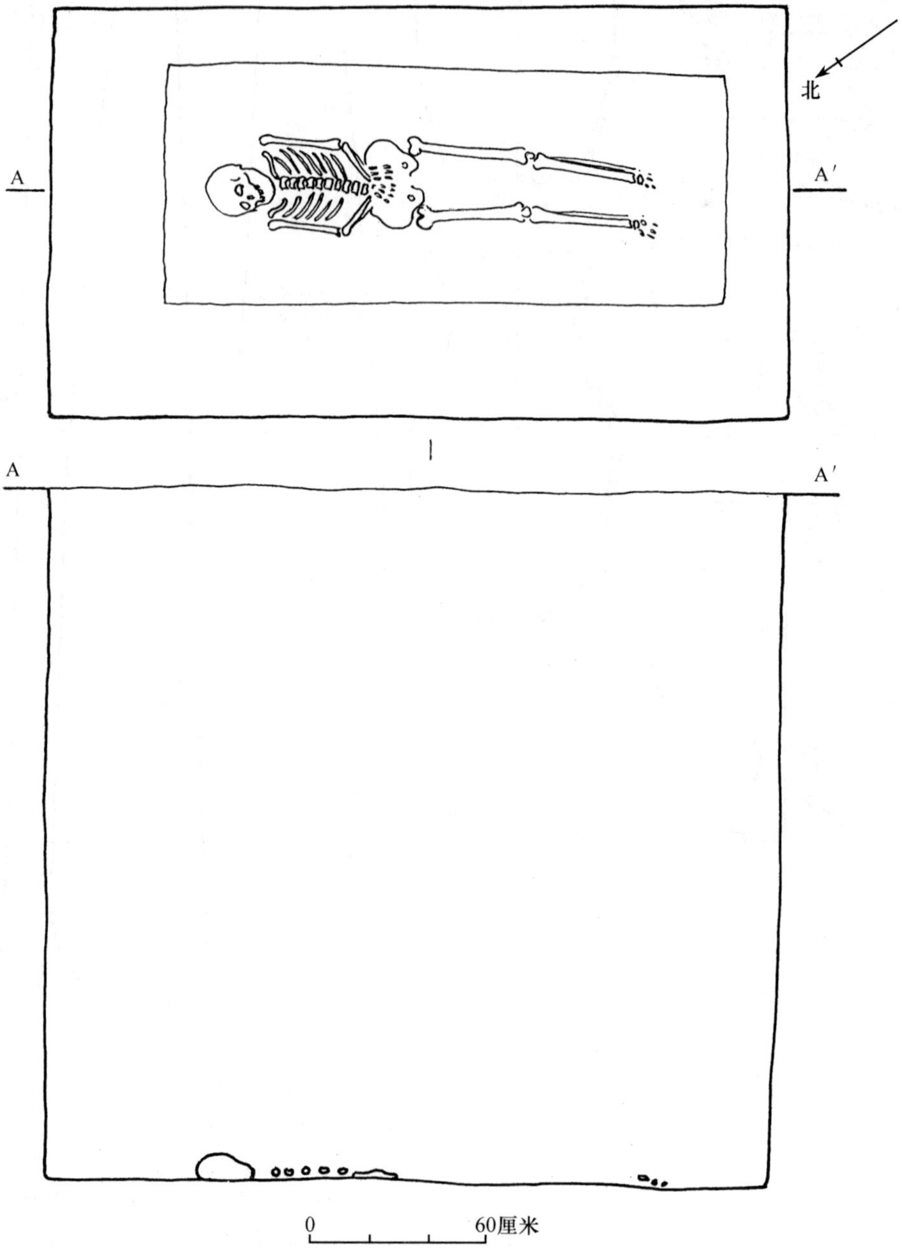

图一八五　东周 M6 平、剖面图

230、宽142厘米，四壁陡直，底部平坦，口、底大小相当，墓深230厘米。

墓内填灰白色五花土，土质松软，清理至墓底时，发现有棺木灰痕，为单棺，在墓底中部略偏东放置，平面呈梯形，北宽南窄，长200、宽60～80厘米。

棺内有人骨架一具，头北足南，面向右，仰身直肢，双手交叉置于腹上，初步鉴定墓主为成年男性。无随葬品（图一八五）。

2. 年代推定

根据M6的墓葬形制、葬具、葬式及开口层位，结合M4、M5、M6的分布等情况推测，M6的年代很可能与M4、M5接近，即约为战国早期。

第二节　汉代墓葬

在南交口遗址还发现有汉代遗存，汉代文化层在遗址Ⅰ、Ⅱ、Ⅲ区均有分布，除Ⅰ区西部外，Ⅱ区、Ⅲ区西部与东部发掘区一般都有两层汉代文化层，合计厚度40～150厘米，在Ⅰ区东部更有厚度共达260厘米的三层汉代层，表明汉代人在南交口遗址一带曾有频繁的活动。但发掘区内未见房址等遗迹。汉代层中一般都包含有砖块和板瓦、筒瓦残片等。在Ⅲ区东部T13③层汉代层中还发现1件铜带钩T13③:1，深绿色。器身短小，呈水禽（鹅）形，回首作钩，腹下有一圆纽。通长3.6厘米（图一八六）。

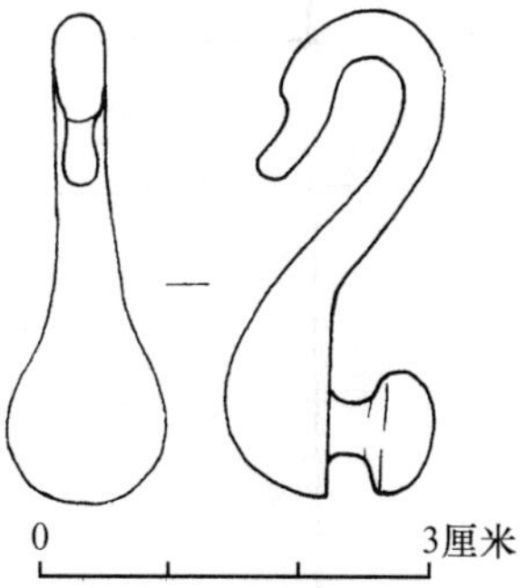

图一八六　汉代铜带钩
（T13③:1）

发掘的南交口汉代遗存中的最重要部分则为汉代墓葬。共发现11座。形制可分为长方形竖穴土坑墓、土洞墓和砖室墓三种。

现依形制分别介绍：

一、长方形竖穴土坑墓

3座。即M11、M14、M15，皆分布在汉代墓葬M17残存封土冢的西侧，系在钻探或发掘M17过程中发现，三座墓约呈东西向排列。

（一）M11

1. 墓葬形制

M11　位于Ⅱ区南部、M17封土冢西北、M14的东北侧，是在钻探M17的过程中发现的。墓葬开口于耕土层下，距M17残存封土甚近，原来当叠压于M17封土之下，墓口距地表20厘米，打破生土。墓口长方形，方向185°，长200、宽70厘米，四壁陡直，墓底平坦，墓深109厘米。墓室内填灰褐色五花土，土质松软。底部有人骨架一具，保存较差，头南足北，仰身直肢，左手放于腹部，初步鉴定为一女性，年龄在45～50岁之间。无葬具。人骨头顶部置有铜镜1件（图一八七）。

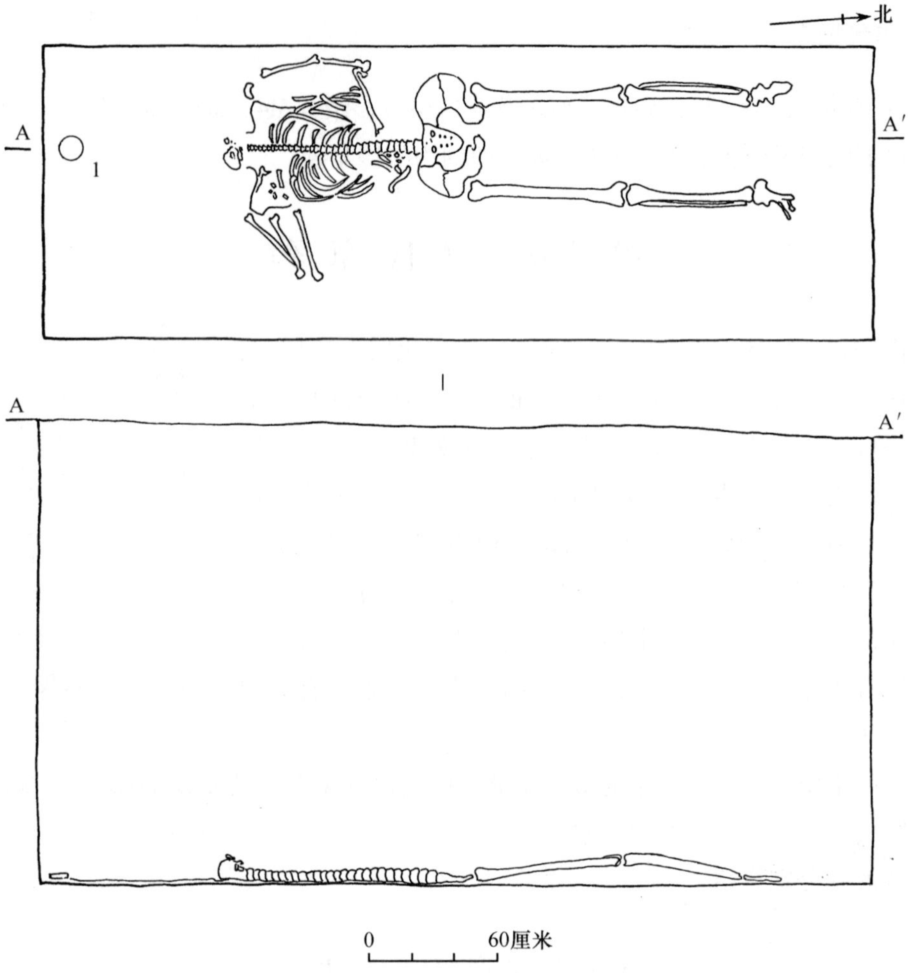

图一八七　汉代M11平、剖面图

1. 铜镜

2. 随葬器物

1件。为铜镜。

铜镜　1件。M11∶1，圆形，圆纽，圆纽座，宽素沿。座外一周凸弦纹，其外两周短斜线纹之间有铭文："内而清而明而昭而日而月而不而泄而。"直径 11 厘米。

3. 年代推定

M11 出土铜镜 M11∶1 与《中国铜镜图典》[7]西汉晚期的昭明镜相似，与《三门峡向阳汉墓》[8]第三期西汉末至东汉初的铜镜 M137∶5 非常相像，初步推测该墓的年代为西汉末年。

（二）M14

1. 墓葬形制

M14　位于Ⅱ区南部、M17 土冢西部、M11 与 M15 之间，是在发掘 M17 时发现的。墓葬开口于耕土和 M17 封土冢的西部残存封土之下，距地表 35 厘米，打破生土。墓口长方形，方向 182°，长 230、宽 100 厘米，四壁向下略内收，墓底平坦，长 210、宽 80、墓深 120 厘米。墓室内填灰褐色五花土，土质松软。底部有人骨架一具，保存较好，头向南，面向上，仰身直肢，初步鉴定为一男性，年龄在 35 ~ 40 岁之间。无葬具。无随葬品（图一八八）。

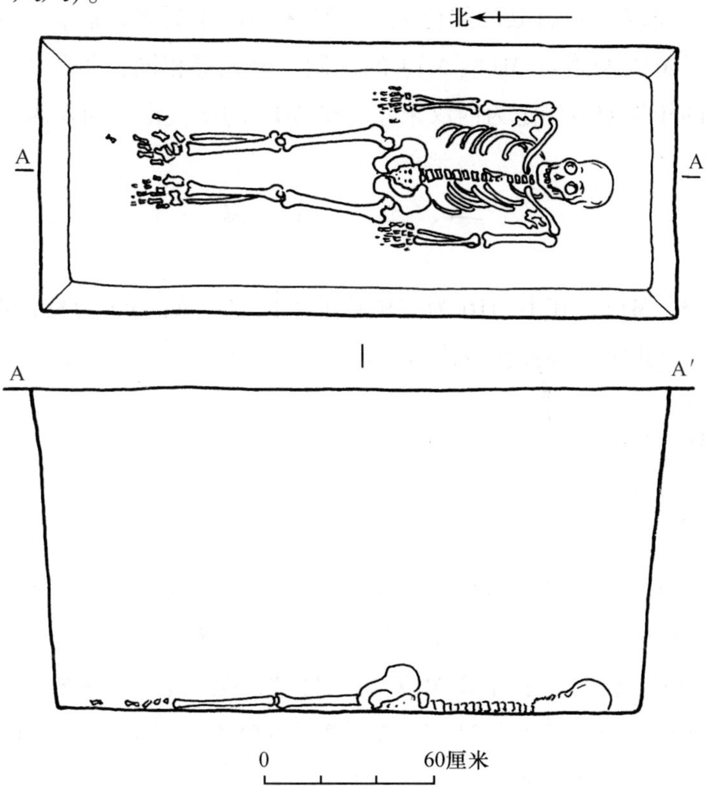

图一八八　汉代 M14 平、剖面图

2. 年代推定

根据 M14 被 M17 封土冢叠压的层位关系，前者不晚于后者，后者的年代为东汉后期（详后）；又依据 M14 与附近的 M11、M15 的形制、葬式等相同，年代应相去不远，如上文所述，M11 的年代约为西汉末年，则 M14 的年代也当约为西汉末年。

（三）M15

1. 墓葬形制

M15　位于Ⅱ区南部、M17 封土冢以西、M14 的西侧，是在清理 M17 残存封土冢时发现的。开口于耕土层下，距地表 30 厘米，北部被 M17 墓道打破，打破生土。墓口长方形，方向 8°，残长 130、宽 80 厘米，四壁陡直，底部平坦，墓深 118 厘米。墓室内填灰褐色五花土，土质松软。底部有人骨架一具，胸部以上被扰，仰身直肢，双手放于腹部，初步鉴定为一成年男性。无葬具。无随葬品（图一八九）。

2. 年代推定

根据 M15 被 M17 墓道打破的层位关系，前者不晚于后者，后者的年代为东汉后期（详后）；又根据 M15 与附近 M11、M14 的形制、葬式等相同，年代也应相去不远，以上我们把 M11 的年代初步确定为西汉末年，则 M15 的年代也当约在西汉末年。

二、土　洞　墓

2 座。即 M3、M16，其中 M16 为方坑墓道平顶洞室墓，M3 为长条形斜坡墓道拱顶洞室墓。皆分布于Ⅱ区，两者相距约 20 米。

（一）M16

1. 墓葬形制

M16　位于Ⅱ区南部、M17 封土冢的西侧。由长方形竖井墓道、平顶土洞室两部分组成，墓道与墓室相比，为“大墓道，小墓室”，方向 8°。

墓道开口于耕土层下，南部被 M17 墓道打破，距地表 30 厘米，打破生土。长方形，南北残长 182 ~210、东西宽 218 厘米，墓道壁竖直，底部平坦，深 230 厘米。墓道内填灰褐色五花土，土质松软。

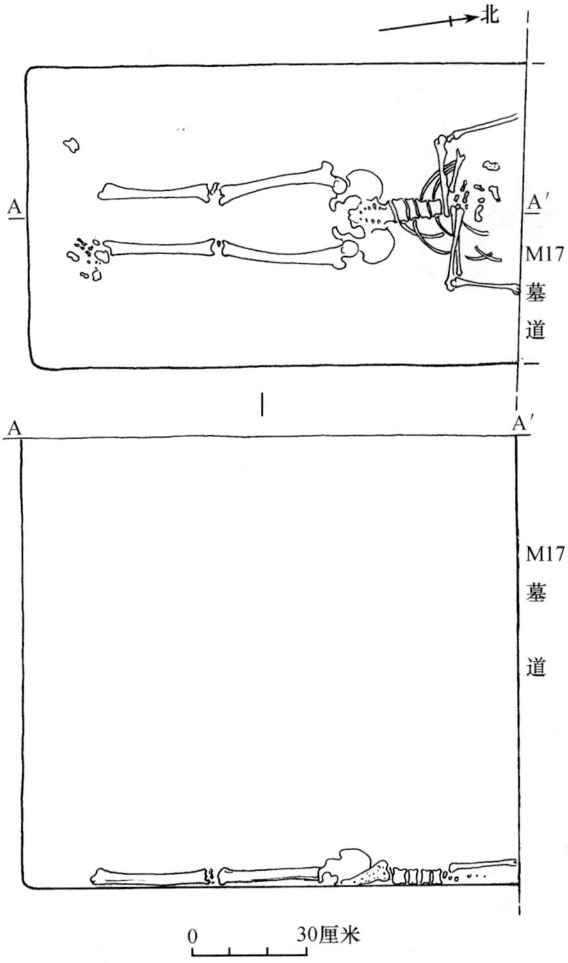

图一八九　汉代 M15 平、剖面图

墓室位于墓道底部的南端，为平顶土洞室，平面为长方形，残长 200、宽 140、高 130 厘米，内进满淤土，土色花杂，土质细密干硬。墓室底部正中有人骨架一具，头向北，面向右，侧身，下肢弯曲，初步鉴定为一男性，年龄在 40～45 岁之间。人骨周围有棺木朽痕，可看出平面为长方形，长 185、宽 60～66、残高 70 厘米。在墓室前部发现有随葬器物，有的在人骨之上，推测原来器物大多放置在墓室前部棺木的两侧及其上部，棺木朽后，其上器物落于骨架之上，铜镜置于人头部的左上方，在人头骨的右上方随葬有疑为猪骨的动物骨骼（图一九〇；图版二八，1）。

2. 随葬器物

7 件。有陶器、铜器两类。

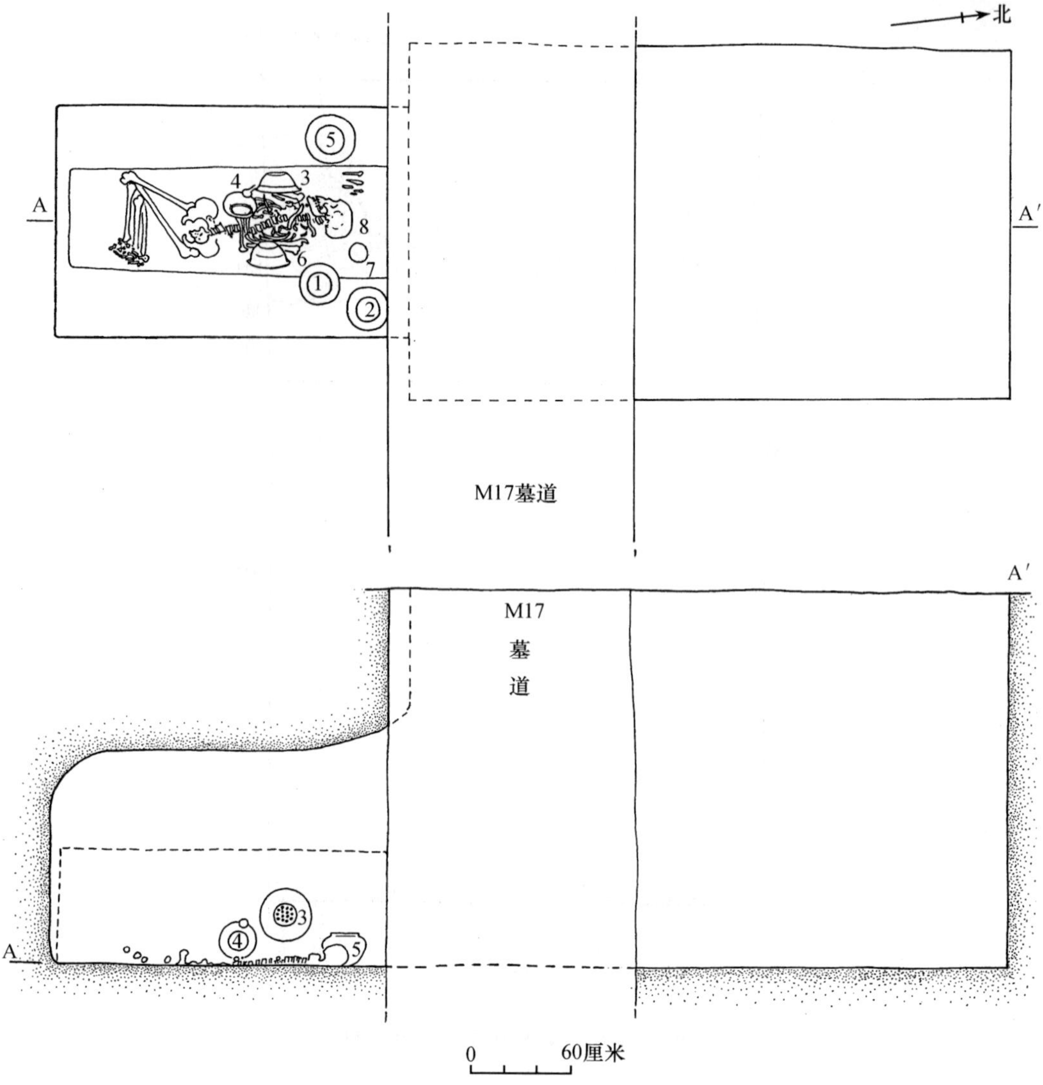

图一九〇　汉代 M16 平、剖面图

1. 陶罐　2. 陶缶　3. 陶甑　4. 陶鼎　5. 陶瓿　6. 陶盆　7. 铜镜　8. 动物骨骼

（1）陶器

6 件。均为泥质灰陶。器形有鼎、缶、瓿、罐、盆、甑。

鼎　1 件。M16∶4，子口内敛，扁鼓腹，腹中部略起折棱，平底微凹，下附三蹄形足。腹部饰三周旋纹，腹中部折棱下饰浅绳纹。口径 11.2、腹径 21.6、高 14.2 厘米（图一九一，1；图版二八，2）。

缶　1 件。M16∶2，小侈口，平折沿，方唇，束颈，广肩，鼓腹，平底。肩、腹部饰绳纹，被四周宽旋痕间断。口径 11.2、腹径 29.6、底径 16.4、高 31.2 厘米（图一九一，6；图版二八，3）。

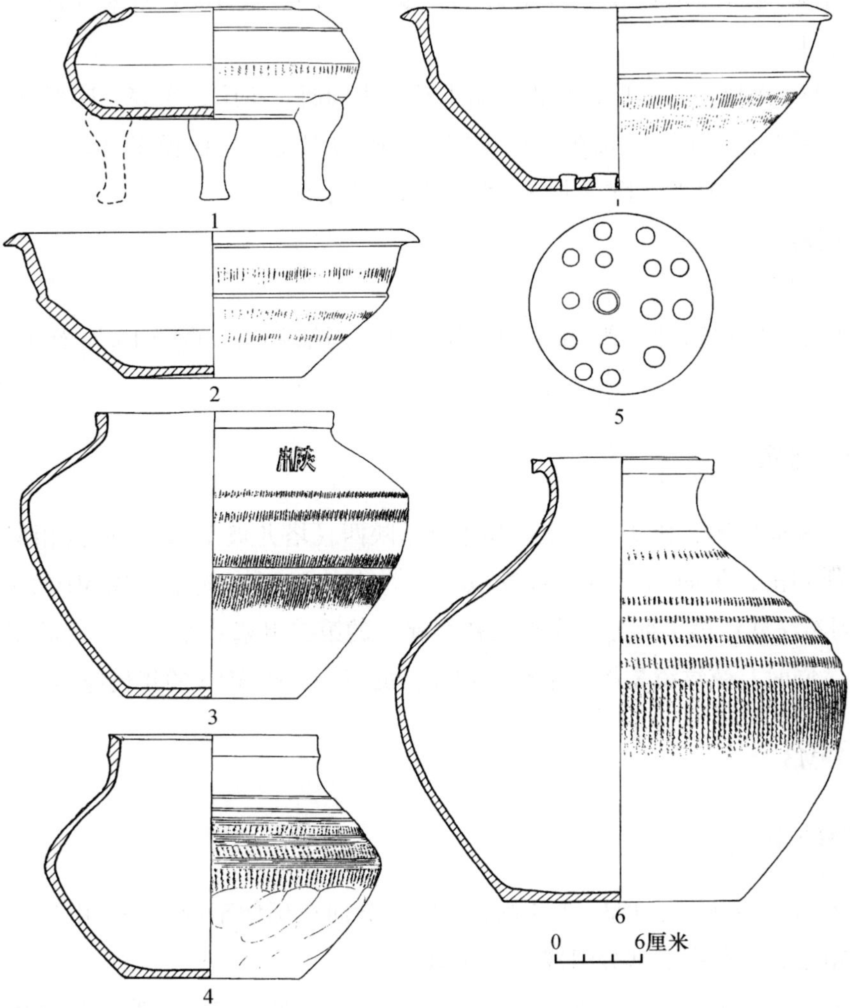

图一九一　汉代M16出土陶器

1. 鼎（M16:4）　2. 盆（M16:6）　3. 瓿（M16:5）　4. 罐（M16:1）　5. 甑（M16:3）　6. 缶（M16:2）

瓿　1件。M16:5，直口，方唇，短领，斜折肩，微弧腹，平底。肩上有一方形“陕市”阴文戳记。腹上部饰绳纹，上有两周旋痕、下有一周旋纹将绳纹间断。口径11.6、腹径21、底径12.5、高16.8厘米（图一九一，3；图版二九，1、2）。

罐　1件。M16:1，直口，尖圆唇，短领，领上部有一周凸棱，斜肩微鼓，弧腹，平底。肩上部饰两周旋纹，肩下部及腹上部饰浅绳纹，被两周旋痕间断，下腹部有制作时留下的斜刮切痕。口径14.8、腹径23.6、底径12.3、高17.6厘米（图一九一，4；图版二九，3）。

盆　1件。M16:6，侈口，平折沿略下垂，尖圆唇，折腹，平底微凹。腹部有隐约可见被旋痕间断的细绳纹。口径 25.4、底径 17.4、高 10.7 厘米（图一九一，2；图版二九，4）。

甑　1 件。M16∶3，侈口，平折沿略下垂，尖圆唇，折腹，平底，底部有 15 个自下往上钻的圆形箅孔。下腹部饰被一周宽旋纹间断的细绳纹。口径 27.6、底径 14.4、高 13、孔径 1.5～2.2 厘米（图一九一，5；图版二九，5、6）。

（2）铜器

1 件。为镜。

镜　1 件。M16∶7，圆形，桥形纽。纽外饰三周细弦纹。直径 13 厘米（图版三〇，6）。

3. 年代推定

M16 的墓葬形制、葬式和出土器物组合与陕西《塔儿坡秦墓》[9]颇为相似，但组合中出现了瓿和缶，缶即《陕县东周秦汉墓》[10]中的Ⅳ型 1 式罐，故 M16 的年代应与《陕县东周秦汉墓》第二部分“秦至汉初墓葬”的第二组墓葬相当，后者的年代被定为西汉初年。同时，弦纹镜是战国末至汉初流行的镜型，故 M16 的年代应定为西汉初年。

（二）M3

1. 墓葬形制

M3　位于Ⅱ区中部、T23、T24 内，墓室部分向东延伸至探方外。由长条形斜坡墓道、拱顶甬道、土洞室三部分组成，方向 280°。

墓道开口于第 2 层下，距地表 30 厘米，平面近梯形，前宽后窄，长 700、宽 80～90 厘米，直壁，底部斜坡，壁、底规整，底斜长 734、墓道深 90～330 厘米，内填灰褐色五花土，土质松软。

墓门开在墓道东壁下底部，顶呈拱形，甬道长 50、宽 90、高 130 厘米。

墓室位于甬道的东端，土洞，顶呈拱形，平面近似长方形，长 360、宽 170～180、高 170 厘米。墓室内积满淤土。在墓室北部发现有木棺灰痕，平面近似长方形，长 260、宽 65、残高 50 厘米。棺灰之上有人骨架一具，保存较差，仅存头骨，头向西。身下部位铺有较多铜钱，头骨上方清理出铜镜 2 件。其他随葬器物大多放置在棺的西南部（图一九二）。

2. 随葬器物

有陶器、铜器、铁器、木漆器以及铜钱等。

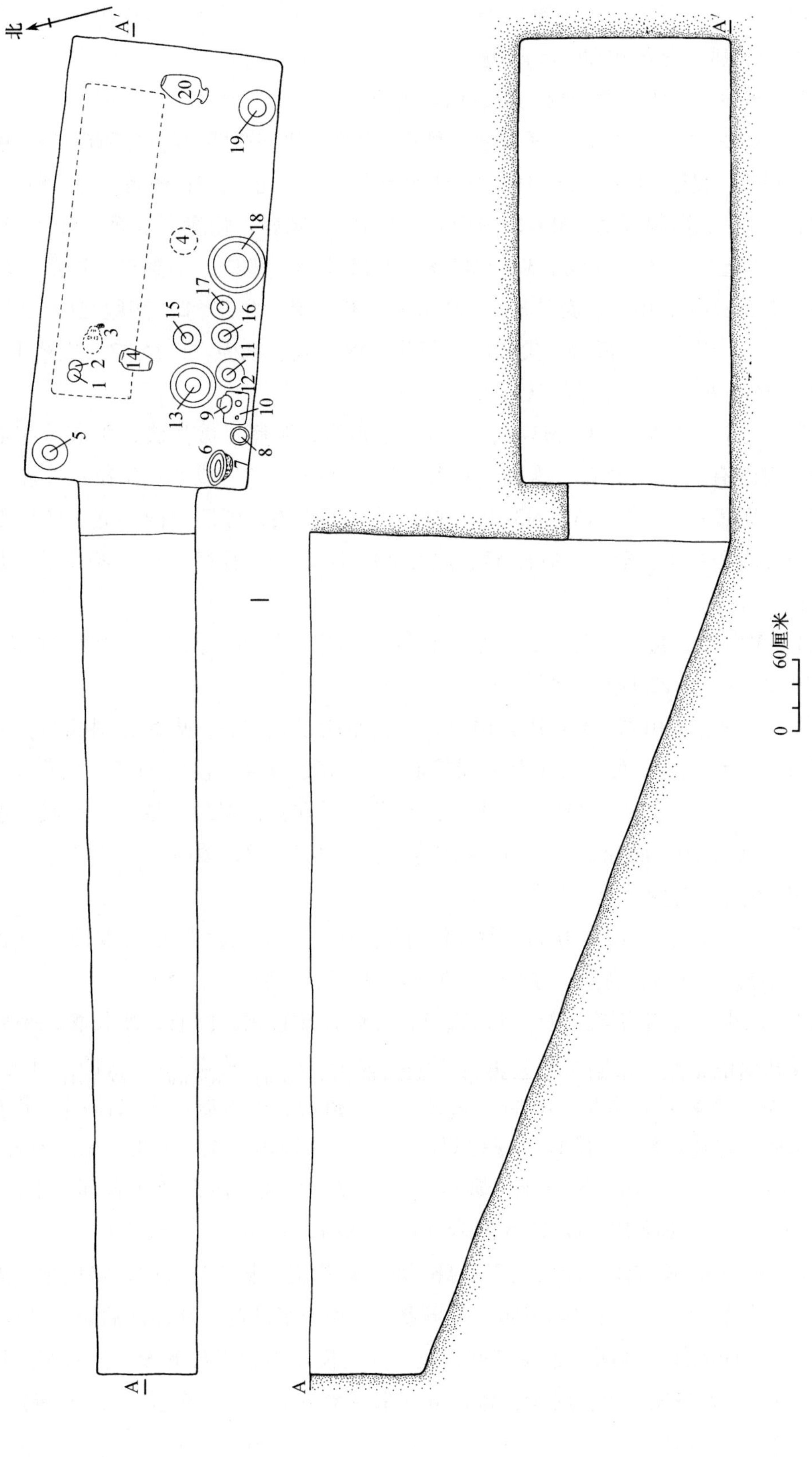

图一九二 汉代M3平、剖面图

1、2. 铜镜 3. 铜钱 4.木漆盒 5、11. 陶瓿 6、8、13. 陶盆 7. 铁釜 9、18. 陶甑 10. 陶灶 12. 陶瓶 14~17. 陶仓 19、20. 陶坛

（1）陶器

15 件。均为泥质，分灰陶和红陶两类。

泥质灰陶　9 件。有瓿、盆、甑、瓶、坛等器形。

瓿　1 件。M3∶5，小口，方唇，矮直领，圆肩，鼓腹，平底微凹。肩腹部有三周指甲痕纹饰。口径 15.2、腹径 29.6、底径 16、高 24.4 厘米（图一九三，3；图版三〇，5）。

盆　3 件。大小、形制有别。M3∶6，侈口，平折沿，圆唇，弧腹。素面。口径 33、底径 16、高 13.8 厘米（图一九四，3）。M3∶8，器形较小，侈口，平翻沿，圆唇，浅弧腹，平底。素面。口径 16.4、底径 8.5、高 4.4 厘米（图一九五，2；图版三〇，1）。M3∶13，器形较大，侈口，平折沿，尖圆唇，弧腹，内凹底。素面。口径 37、底径 16、高 16.5 厘米（图一九五，4；图版三〇，2）。

甑　2 件。大小、形制不同。M3∶9，侈口，平折沿，圆唇，微弧腹，平底，底部中心有一个、周围有六个小穿孔。素面。口径 15.5、底径 7.2、高 8、孔径 0.6 厘米（图一九五，3；图版三〇，3、4）。M3∶18，口微敛，平折沿，弧腹，内凹底，底中部有四个、周围有六个穿孔。素面。口径 47、底径 20、高 23.6、孔径 1.6 厘米（图一九四，5；图版三一，1、2）。

瓶　1 件。M3∶12，侈口，翻沿，圆唇，细颈，圆肩，鼓腹，大平底微凹。素面。口径 16、底径 20.8、高 22 厘米（图一九三，4；图版三一，3）。

坛　2 件。形制不尽相同。M3∶19，侈口，外斜平折沿，方唇，束颈，斜弧肩，鼓腹，腹下部斜收，平底。素面，领部有多周轮旋痕。口径 14.4、腹径 31.2、底径 12、高 36.4 厘米（图一九三，1）。M3∶20，侈口，卷沿，圆方唇，束颈，鼓腹，平底。素面。口径 16.8、腹径 26、底径 12、高 37.4 厘米（图一九三，2；图版三一，4）。

泥质红陶　6 件。有瓿、仓、灶等器形。

瓿　1 件。M3∶11，直口，方唇，矮领，斜平肩，鼓腹，微凹底。素面。口径 10.4、腹径 20、底径 11.2、高 15.2 厘米（图一九四，7；图版三一，5）。

仓　4 件。大小、形制雷同。M3∶14，直口，方唇，矮直领，圆肩，瘦长腹，平底微凹，最大径在肩部。素面。口径 11、肩径 19.2、底径 11.2、高 27 厘米（图一九五，5；图版三一，6）。M3∶15，直口，方唇，矮直领，斜折肩，瘦长腹，平底微凹，最大径在肩部。素面。口径 8.8、肩径 16、底径 11.5、高 24.4 厘米（图一九五，6；图版三二，1）。M3∶16，直口，方唇，矮直领，圆肩，瘦长腹，平底，最大径在肩部。素面。口径 9.5、肩径 19.2、底径 10、高 24.5 厘米（图一九四，6；图版三二，2）。

灶　1 件。M3∶10，长方体，灶面大于灶身，前出遮烟檐，长方形火门，略拱顶，火门左侧模印一人作烧火状，火门右侧模印一壶形器，烟囱方形凸起，灶面前后设二灶口，形同敛口釜，与灶面同体。灶面周边模印网格纹，其内模印图案不甚清晰，似有案、耳杯、碟、鱼、鸭等。灶身长 25.2、宽 20、高 11.6 厘米（图一九五，1；图版三二，3、4）。

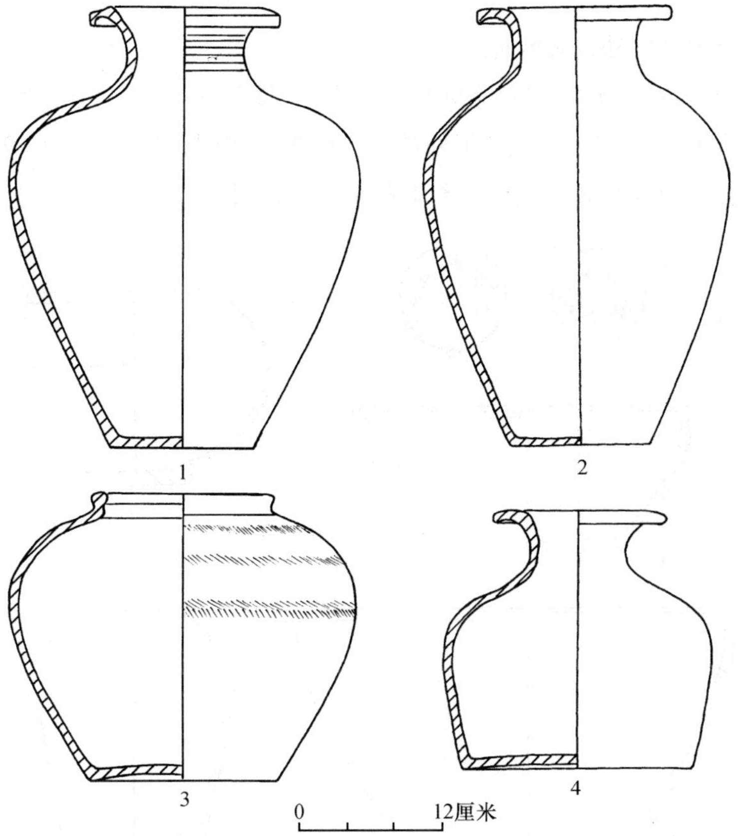

图一九三　汉代 M3 出土陶器

1、2. 坛（M3:19、M3:20）　3. 瓿（M3:5）　4. 瓶（M3:12）

（2）铜器

2 件。均为镜。

镜　2 件。M3:1，圆形，圆纽，并蒂连珠纹纽座。座外有八个内向连弧纹带，素缘。直径 9 厘米（图一九六，2；图版三二，5）。M3:2，圆形，圆纽，蝙蝠形四叶纽座。四叶间各一字铭，合为"长宜高官"，篆体字形作刀锋和蚊脚状，其外有八个内向连弧纹，凹面圈带外素宽平缘。直径 11.6 厘米（图一九六，1；图版三二，6）。

（3）铁器

1 件。为釜。

釜　1 件。M3:7，敛口，平沿，方唇，矮直领，鼓腹，假圈足底。口径 16.2、腹径 25.8、底径 9.7、高 18 厘米（图一九四，4）。

（4）木漆器

1 件。为盒。

盒　1 件。M3:4，因腐朽严重，见风即碎，现场观察为圆形，口径约 20 厘米。

（5）铜钱

397 枚。有五铢钱和货泉两种。

五铢钱　395 枚。“五”字两笔缓曲不宽放，“铢”字“金”旁三角头较大，“朱”旁头圆折而两笔微向外侈，下笔圆折外放。直径 2. 55 厘米（图一九四，2）。

货泉　2 枚。面穿有廓。直径 2. 3 厘米（图一九四，1）。

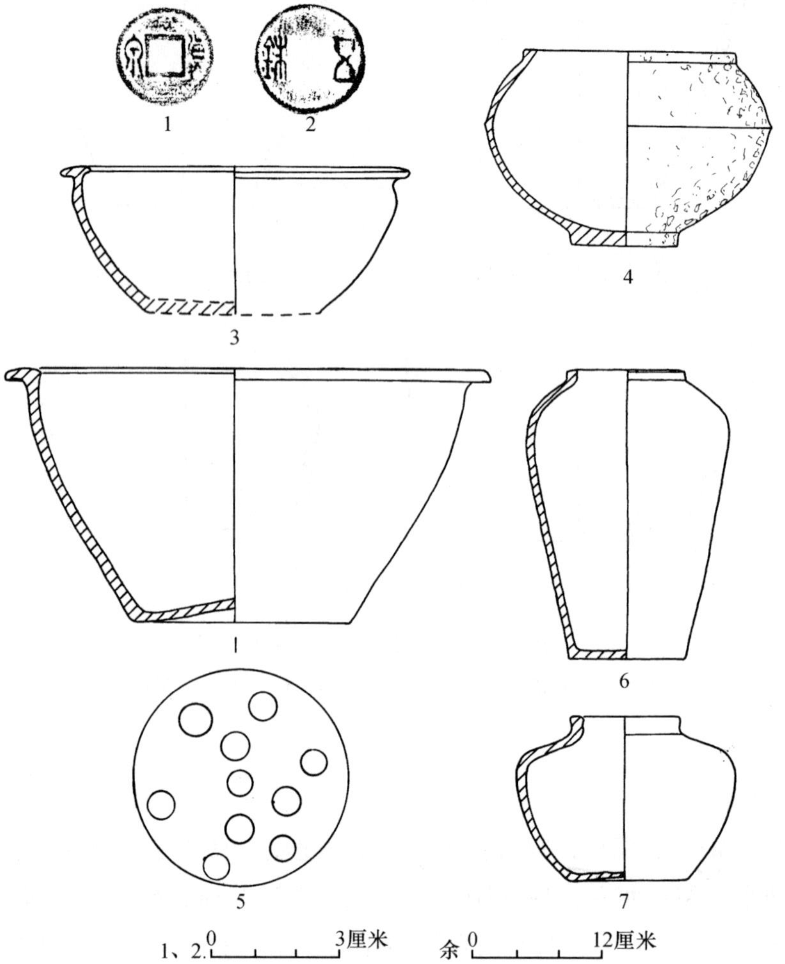

图一九四　汉代 M3 出土陶器、铁器与铜钱

1、2. 铜钱　3. 陶盆（M3:6）　4. 铁釜（M3:7）　5. 陶甑（M3:18）　6. 陶仓（M3:16）　7. 陶瓿（M3:11）

3. 年代推定

M3 的墓葬形制与《洛阳烧沟汉墓》[11] Ⅳ型抛物线顶土圹墓 M147 形制相同，也与《河南陕县刘家渠汉墓》[12] M108 相同。陶瓿 M3:11 与《洛阳烧沟汉墓》Ⅱ型 1 式瓮相似；陶仓与《洛阳烧沟汉墓》Ⅲ型仓、《河南陕县刘家渠汉墓》Ⅳ型仓相仿；陶坛 M3:19、铜

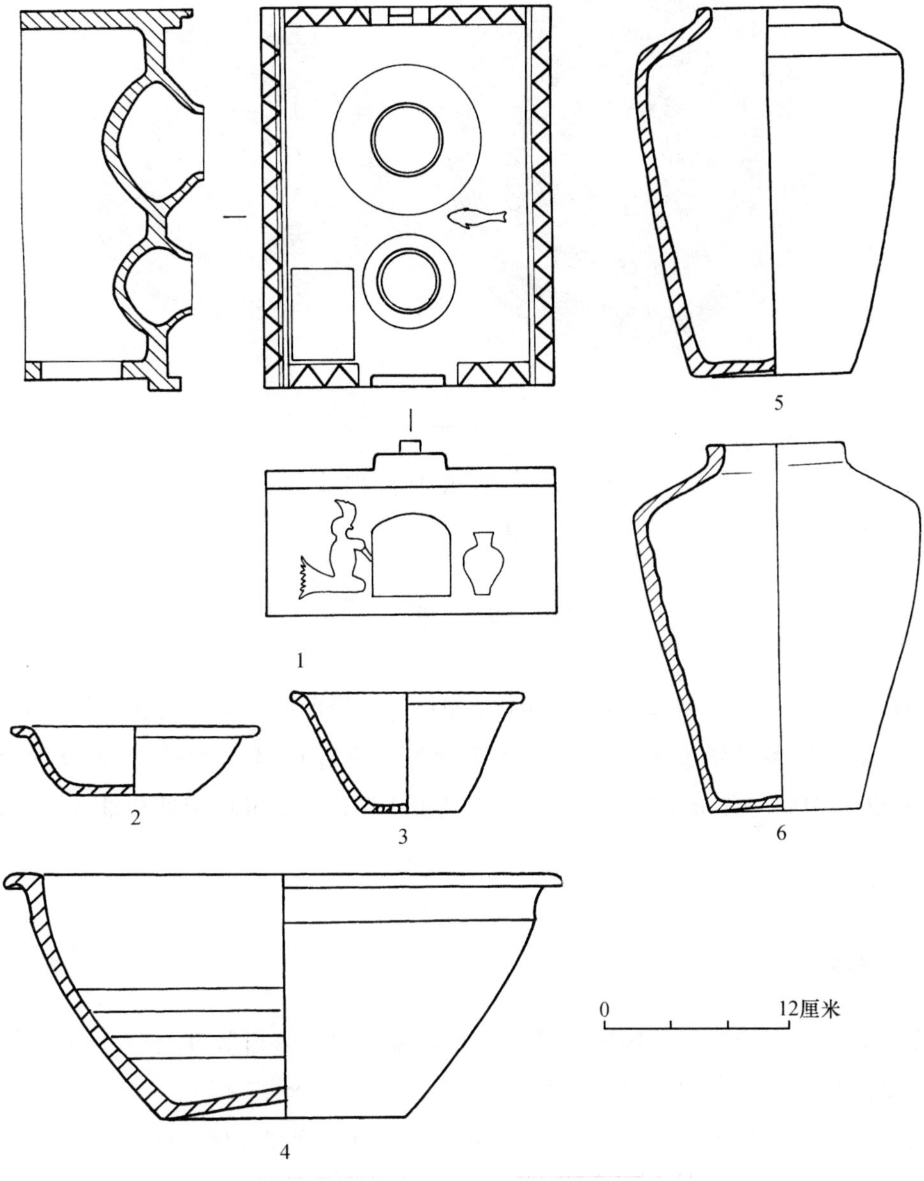

图一九五　汉代 M3 出土陶器

1. 灶（M3∶10）　2、4. 盆（M3∶8、M3∶13）　3. 甑（M3∶9）　5、6. 仓（M3∶14、M3∶15）

镜 M3∶1 分别与《河南陕县刘家渠汉墓》坛 M9∶1、Ⅱ B 式镜 M11∶45 相同；铜镜M3∶2 与《洛阳烧沟汉墓》Ⅷ型 2 式东汉晚期的铜镜相同；五铢铜钱与《洛阳烧沟汉墓》第Ⅳ型钱相同。《洛阳烧沟汉墓》M147、《河南陕县刘家渠汉墓》M108 和上述相关器物的时代都被定为东汉晚期，故 M3 的年代也应为东汉晚期。

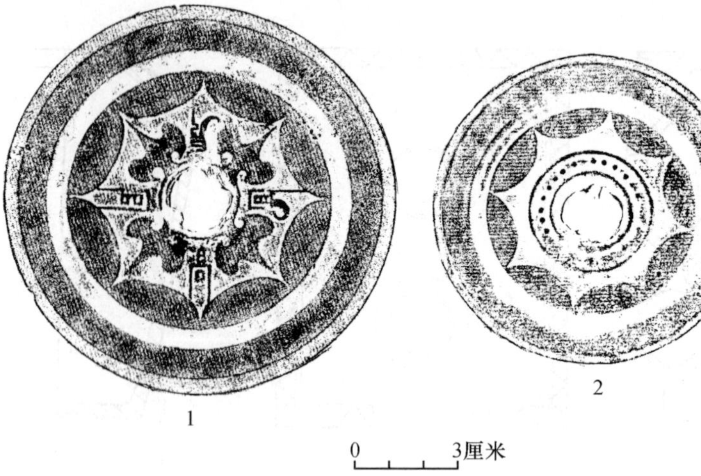

图一九六　汉代 M3 出土铜镜
1、2. 铜镜（M3∶2、M3∶1）

三、砖　室　墓

6 座。即 M1、M9、M12、M13、M17、M18。墓葬形制又可分为长方形竖井墓道拱顶砖券室墓和长条形斜坡墓道砖券多室墓两种，前者有 M1、M9，后者分别为 M12、M13、M17 和 M18。分布于南交口村西，在遗址Ⅰ区以南、Ⅱ区南部和Ⅲ区中南部。

（一）M1

1. 墓葬形制

M1　位于Ⅲ区中北部发掘区西部、T1 西南部。由长方形竖井墓道、拱顶砖券室两部分组成，方向 90°。

墓道开口于第 3 层下，口部距地表 110 厘米，打破仰韶文化二期堆积及生土。墓道长方形，长 280、宽 110 厘米，四壁规整平直，底部平坦，深 620 厘米，内填灰褐色五花土，质地松软。南北两壁有上下的脚窝两行，距墓道东壁 65 厘米，脚窝上尖下平，近似等腰三角形，下宽 20～24、高 18～22、进深 12 厘米，脚窝间距 58 厘米，最下的脚窝距底部 70 厘米。

墓室位于墓道底部西端。墓门为拱形顶，高 188 厘米，宽度同墓道。墓门由长条形青砖即青条砖垒堵，封堵方法是在墓道内紧贴墓门自下而上叠砌，底部 10 层用顺向侧立砖斜倾丁砌呈“人”字纹，其上 7 层用横向平卧砖错缝叠砌。

墓室为砖券拱顶洞室结构，底平面近长方形，长 390、宽 200、高 170 厘米。南壁、西壁和北壁用单砖顺向侧立筑起，南、北两壁高70厘米，其上为单砖并列券顶，共11排券砖，底部顺向直缝平铺一层青条砖，墓门与墓室用砖的规格均约为长36、宽18、厚7厘米。墓室内积满淤土。墓底部发现有两具人骨架，位于墓室的后部，周围有木棺痕，南北并排放置。南部棺及人骨架因进水漂浮已散乱，只能判断出头朝西，性别、年龄不详。随葬有铜镜1件，靠棺东部置陶壶1件。北部棺平面近似长方形，长200、宽70厘米。人骨头朝东，仰身直肢，下肢错位稍乱，性别、年龄不详。人骨头顶部清理出铁剑1件、铁刀1件，人骨南侧清出铁剑1件、铜带钩1件、铜钱数枚，其他随葬器物皆放置在墓室前部，大多位于北部棺的上方，多残破，有陶壶1件、小壶2件、耳杯2件（图一九七）。

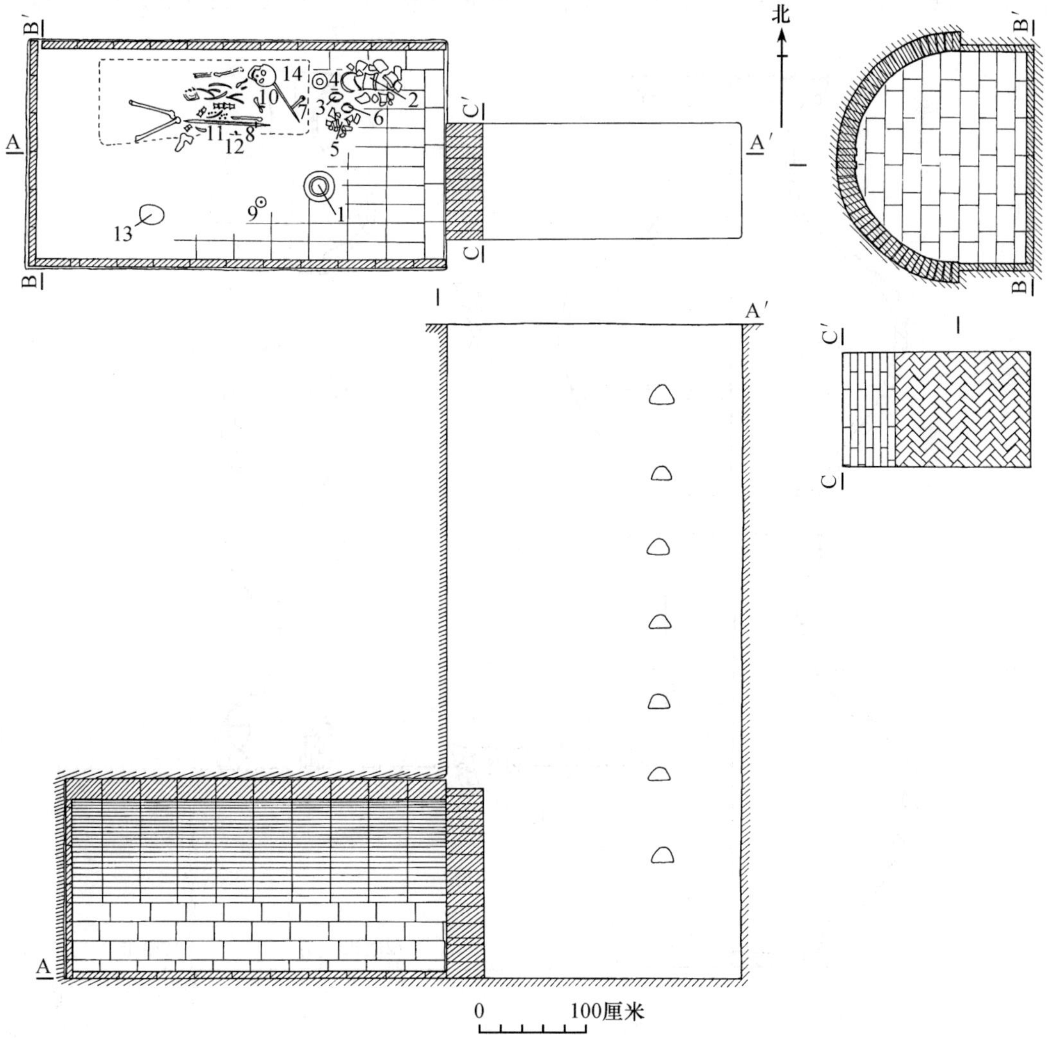

图一九七　汉代M1平、剖面图

1、2. 陶壶　3、6. 陶耳杯　4、5. 陶小壶　7. 铁刀　8、10. 铁剑　9. 铜镜　11. 铜带钩　12. 铜钱　13、14. 人骨

2. 随葬器物

有陶器、铁器、铜器和铜钱等。

(1) 陶器

6件。皆为泥质红陶外施黄绿釉，即红胎绿釉陶。器形有壶、小壶和耳杯。

壶　2件。大小、形制相近。M1∶1，盘口，方唇，束颈，圆鼓腹，假圈足底。肩、腹部饰三组双旋纹，腹两侧对称贴附两个模印铺首衔环。口径18.6、腹径36.2、底径18.4、高36.8厘米（图一九八，1；图版三三，1）。M1∶2，盘口，方唇，束颈，圆鼓腹，假圈足底，假圈足上有一周凸棱。肩、腹部饰三组双旋纹，腹两侧对称贴附两个模印铺首衔环。口径17.6、腹径31.2、底径17.6、高36.8厘米（图一九八，2；图版三三，2）。

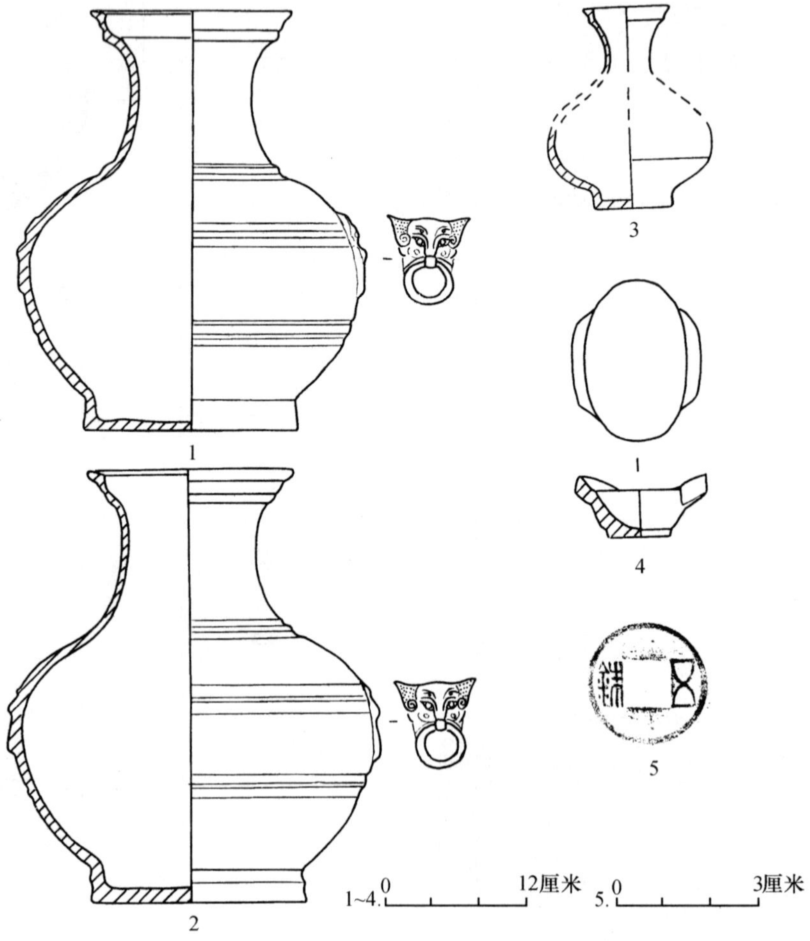

图一九八　汉代M1出土陶器与铜钱

1、2. 陶壶（M1∶1、M1∶2）　3. 陶小壶（M1∶4）　4. 陶耳杯（M1∶3）　5. 铜钱

小壶　2件。大小、形制相同。M1∶4，小盘口，方唇，束颈，圆鼓腹，假圈足底。肩、腹部饰三组双旋纹。口径4.8、腹径13.6、底径7.2、高约14.8厘米（图一九八，3）。

耳杯　2件。大小、形制相同。M1∶3，椭圆形杯身，两侧有对称的新月形、微上翘双耳，椭圆形假圈足底。口径4.4～6.6、底径2～3.6、高2.2厘米（图一九八，4；图版三三，3）。

（2）铁器

3件。为剑和刀。

剑　2件。大小、形制相同。M1∶8，剑身修长，两面微起脊，扁茎，铜格断面呈扁菱形。剑格用绿松石镶嵌装饰。通长108、身长99、宽3.1厘米（图一九九，1）。

刀　1件。M1∶7，因锈蚀严重残碎，环首直背，单面刃，刀前部曲斜成尖。通长22、宽1.8厘米。

（3）铜器

2件。为镜和带钩。

镜　1件。M1∶9，圆形，圆纽，圆纽座。纽座外一周有八个内向连弧纹，弧顶与纽座由短线弦纹相连，四个单弦纹与四组三弦纹相间分布。连弧纹外有两周短斜线纹夹一周铭文带，铭文为“见日之光，天下大明”，每字之间相互间交错饰有涡纹和斜格“田”字纹，素宽沿。直径8.6厘米（图一九九，3；图版三三，4）。

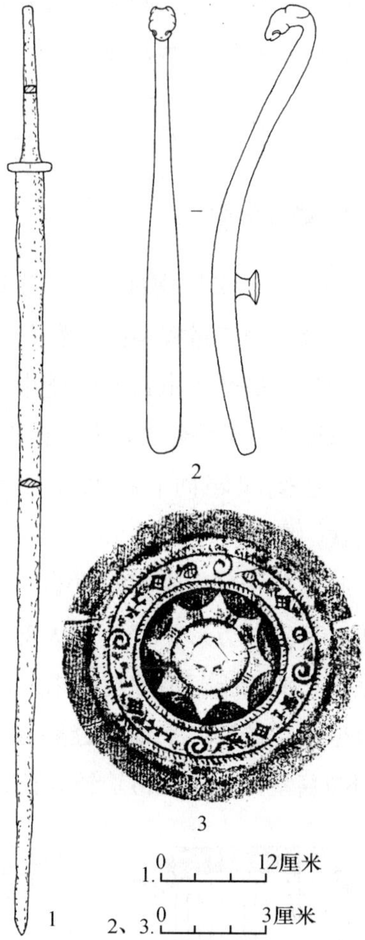

图一九九　汉代M1出土铜器与铁器
1. 铁剑（M1∶8）　2. 铜带钩（M1∶11）
3. 铜镜（M1∶9）

带钩　1件。M1∶11，琵琶形身，一端趋细弯曲作兽首钩，腹下有一圆纽。背饰错银“S”形纹。长12.3厘米（图一九九，2）。

（4）铜钱

9枚。均为五铢钱。

五铢钱　9枚。特征相同。“五”字交笔曲缓，“铢”字“金”旁三角头，四点较长，“朱”旁头方折，下笔圆折。直径2.6、穿宽1厘米（图一九八，5）。

3. 年代推定

M1的墓葬形制与《洛阳烧沟汉墓》[13]Ⅱ型1式墓葬形制相同。出土器物组合与《三门峡向阳汉墓》[14]第三期者相同，属夫妻合葬墓；陶壶M1∶1与五铢钱分别与《三门峡向阳汉墓》Ⅱ式陶壶、《洛阳烧沟汉墓》Ⅱ型五铢钱相同，应属同一时期。后二者的年代被定在西汉末，则 M1 的年代也应为西汉末年。

（二）M9

1. 墓葬形制

M9　位于Ⅱ区南部、M17 土冢的北部偏西，南距 M17 约 13 米，北距 T22 约 20 米，在高速公路施工过程中推土暴露出来，被考古人员及时发现而做了抢救性发掘清理。墓葬已遭严重破坏，由长方形竖井墓道、拱顶砖券墓室两部分组成，方向 88°。

墓道开口于耕土之下的垫土层下，距地表约 55 厘米，打破生土。墓道长方形，长 255、宽 140 厘米，四壁向下略内收，平底，底长 247、宽 126、深 220 厘米。墓道内填五花土，土质松软。

墓室位于墓道底部的西端。墓门高 170 厘米，门外用青条砖横向平卧叠砌封堵，略外拱。墓室长方形，其西南大部分已被破坏，只残留少部分，残长 162、宽 126 厘米。墓室内积满淤土，清理至底未发现人骨及随葬品。底部顺向直缝平铺一层青条砖，南北两直壁用单砖顺向平铺错缝叠砌 15 层，其上为拱顶，采用并列券法，残高 120 厘米，墓门与墓室用砖的规格均约为长 36、宽 17、厚 8 厘米（图二〇〇）。

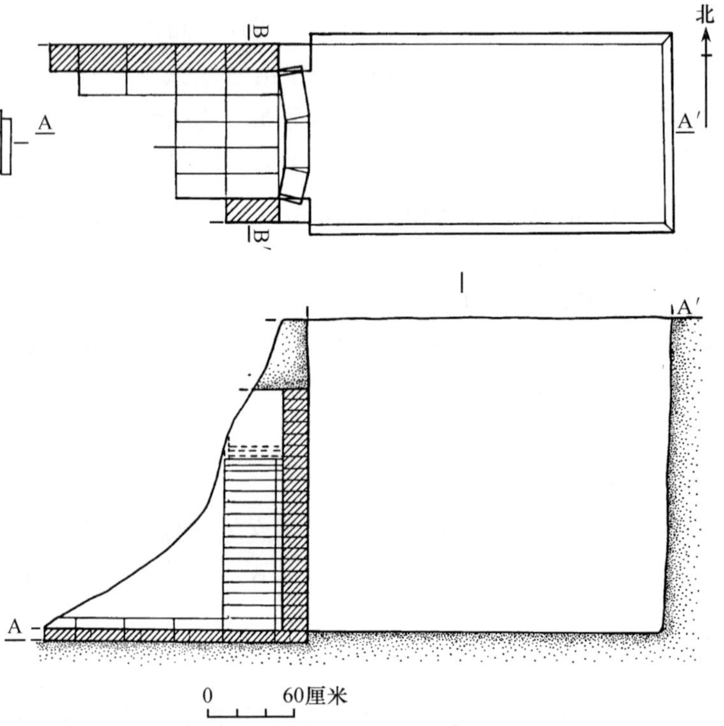

图二〇〇　汉代 M9 平、剖面图

2. 年代推定

该墓葬的形制、砖墓室的砌券方法及墓门的封堵方法与《洛阳烧沟汉墓》[15] Ⅱ型 1 式墓葬相同，后者的年代被定为西汉晚期，则 M9 的年代也当属西汉晚期。

（三）M12

1. 墓葬形制

M12　位于Ⅰ区南、南交口村西机砖厂取土区的东部，是机砖厂取土中暴露出来，被考古人员及时发现并进行了抢救性清理的墓葬。由长条形斜坡墓道、拱顶砖券甬道、墓室、耳室等四部分组成，方向 105°。

墓道部分因砖厂取土已被破坏殆尽，其层位、形状等已不详，只能从残存少许墓道的底部情况判断墓道也应为斜坡状，宽 194 厘米。

甬道位于墓室的东端，门外部用砖封堵，底部一层为顺向侧立并排砖，其上为平铺错缝砖。甬道为砖券拱顶结构，长 260、宽 194、高 211 厘米。底部呈斜坡状，东高西低，券顶也与之平行，南北两壁随斜坡起砌 17 层，然后开始起券，券顶呈拱形，采用并列券法，共 7 排券砖，每排券砖 29 块。甬道底平铺直排连缝砖一层，共 7 排，每排 8 块砖。砖均为青条砖。

墓室为砖券拱顶洞室，券顶距地表 600 厘米。平面为东西向长方形，长 735、宽 385、高 290 厘米。墓室四壁用青条砖平铺错缝叠砌，南北两壁 17 层以上开始用子母砖并列双重起券，子母砖的规格为长 34、宽 26、厚 6 厘米。墓室西部有一棺床，长方形，宽与墓室宽度相同，长 280 厘米，高于墓室底面 30 厘米。墓底平铺一层直排连缝青条砖，棺床上青条砖平铺呈“人”字纹三层砖，以下为垫土。清理时发现券顶东部有一盗洞，墓室内进满淤土。

耳室开在墓室南壁东部，为砖券拱顶洞室，平面呈南北向长方形，长 320、宽 180、高 200 厘米。壁砖平卧错缝叠砌，东西两侧壁 10 层以上双重起券，顶呈拱形，底部平铺一层直排连缝砖，砖均为青条砖。墓门、甬道、墓室与耳室所用青条砖的规格约为长 35、宽 18、厚 10 厘米或长 36、宽 18、厚 7 厘米。

因该墓被盗扰，室内棺床上未发现葬具，人骨腐朽残碎，散落于淤土中，随葬器物几乎被洗劫一空，只在甬道西南部发现陶仓 1 件，墓室的东北角清理出陶瓿 2 件（图二〇一）。

2. 随葬器物

3 件。均陶器，皆为泥质红陶，外施黄绿釉。器形有瓿和仓。

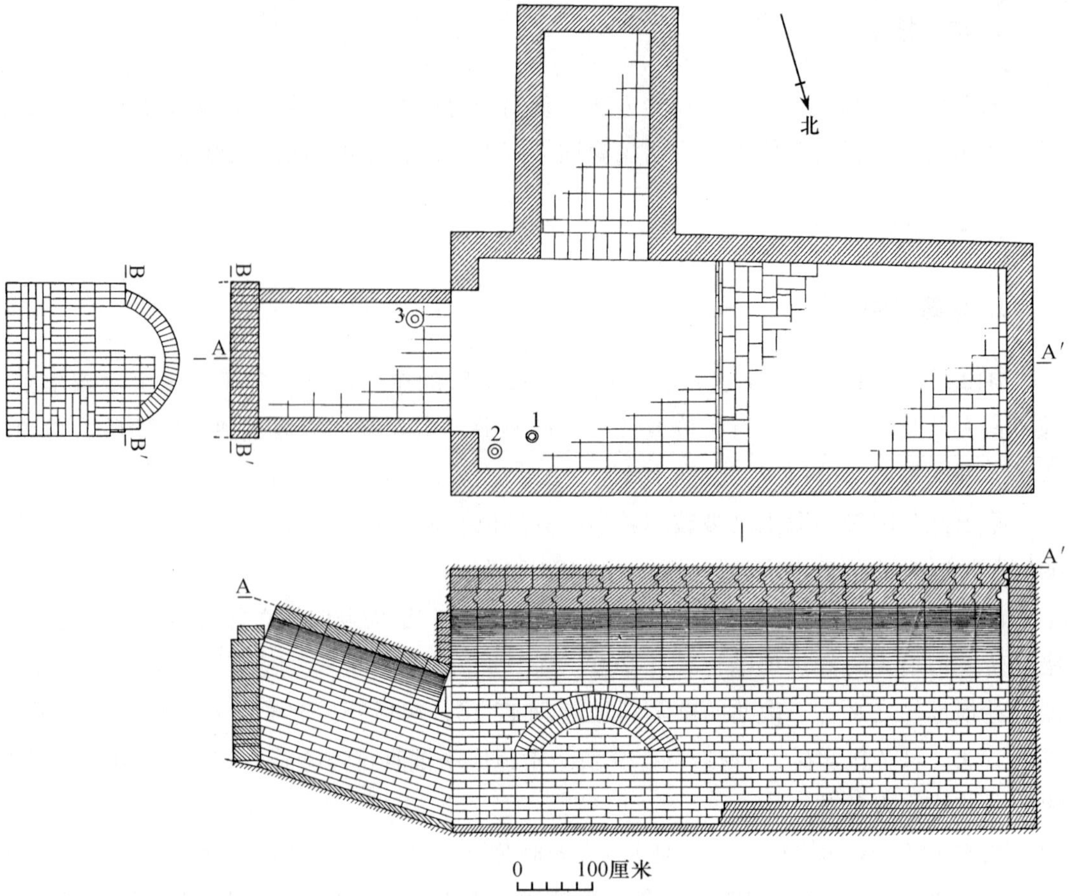

图二〇一　汉代 M12 平、剖面图

1、2. 陶瓿　3. 陶仓

瓿　2 件。形制略异。M12∶1，近直口，方唇，矮领，斜弧肩，鼓腹，微凹底。肩、腹部之间有一周旋纹。口径 9.5、腹径 15.5、底径 10、高 12.5 厘米（图二〇二，2；图版三四，1）。M12∶2，器形宽矮，小卷沿，矮束颈，斜肩，肩、腹部有折棱，鼓腹，微凹底。下腹部有一周宽浅旋纹。口径 9、腹径 20、底径 11、高 11 厘米（图二〇二，3；图版三四，2）。

仓　1 件。M12∶3，小直口，方唇，矮领，斜肩外出檐，形似房顶，圆筒形腹，下部略细，平底，下附三模印熊状足。腹上、中部各饰一组双旋纹。口径 8.8、肩径 21、底径 14.7、通高 36 厘米（图二〇二，1；图版三四，3）。

3. 年代推定

M12 的墓葬形制与《河南陕县刘家渠汉墓》[16] Ⅲ型 A 式长方形弧顶墓 M19、M38

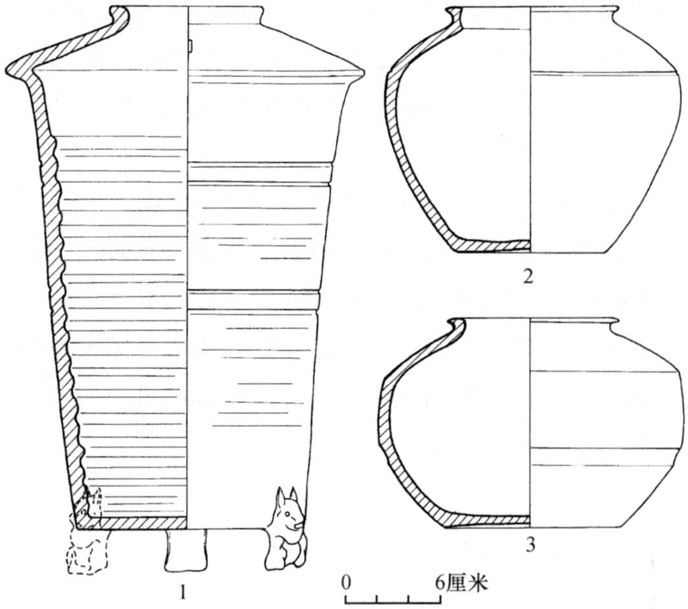

图二〇二 汉代 M12 出土陶器

1. 仓（M12∶3） 2、3. 瓿（M12∶1、M12∶2）

相近，均有棺床，且都在墓室的后半部分设置。陶瓿 M12∶2、M12∶3 与后者Ⅲ型方唇罐相似；陶仓 M12∶1 也与其Ⅲ型陶仓相同，又与《三门峡向阳汉墓》[17]第三期西汉末至东汉初的 BⅢ式釉陶仓 M28∶18 相似。《河南陕县刘家渠汉墓》M19、M38 的时代被定在东汉前期，故 M12 的年代也应为东汉前期。

（四）M13

1. 墓葬形制

M13 位于南交口村西机砖厂东部，东南侧即是 M12，也是机砖厂取土暴露出来，被考古人员及时发现并进行了抢救性清理的墓葬。由长条形斜坡墓道、拱顶砖券甬道、墓室、耳室四部分组成，方向 90°。

墓道位于墓室的东部，从剖面上可以看出开口于耕土层下，长度不详，宽 110 厘米，底部为斜坡，东高西低。

墓门位于墓道西壁的底部，用青条砖垒堵，底部用 6 块砖并排顺向平铺，其上为并排顺向侧立砖稍倾斜垒砌。

甬道较短小，用青条砖券砌，顶部已遭破坏，平面呈长方形，长 68、宽 110、残高 66 厘米。

墓室为东西向拱顶砖券洞室，因砖厂取土墓室上部和券顶已遭破坏，墓室下部残留 84 厘米高，距地表深约 600 厘米。平面呈长方形，长 664、宽 230 厘米。四壁用顺向平卧砖错缝叠砌，室底斜铺一层平卧砖，均为青条砖。墓室内积满淤土，由于曾遭早年盗劫，未发现葬具和人骨。

耳室开在墓室南壁东段，由甬道和砖券洞室两部分组成。甬道门东距墓室东壁 80 厘米，顶呈拱形，平面呈长方形，长 74、宽 104、残高 92 厘米。耳室平面呈长方形，长 280、宽 180、残高 92 厘米。四壁用顺向平卧青条砖错缝叠砌，室底斜铺一层平卧砖，耳室底高于墓室底一砖厚。墓门、甬道、墓室与耳室所用青条砖的规格均约为长 36、宽 18、厚 8 厘米。耳室内也积满淤土。在其底中部清理出随葬品陶灶 1 件，陶器盖 2 件（图二〇三）。

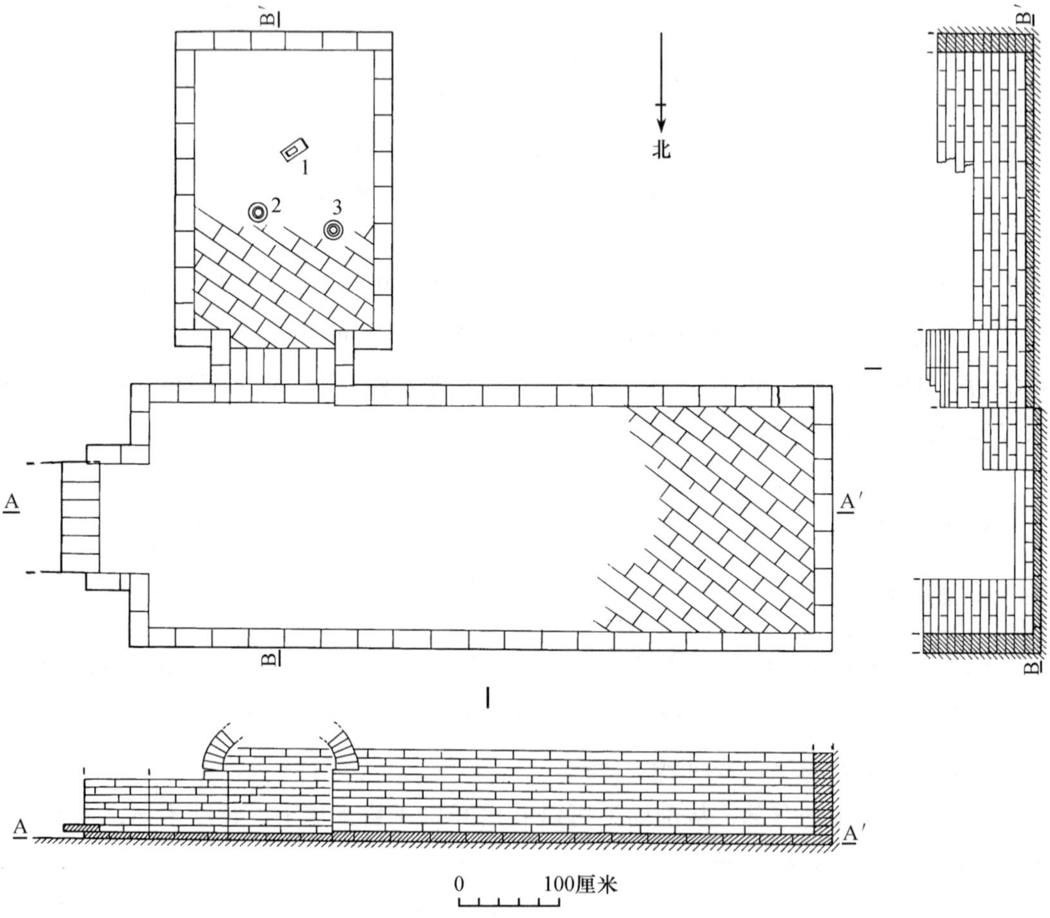

图二〇三　汉代 M13 平、剖面图

1. 陶灶　2、3. 陶器盖

2. 随葬器物

3件。均陶器，皆为泥质红陶，外施黄绿釉。器形有灶和器盖。

灶　1件。M13:1，长方形框架式，仅有2灶眼，前灶眼为长方形，后灶眼为圆形，下附四个对称的锥状足，锥足两侧的上端各有一道横梁，以加固灶足。灶台长18、宽6.5～7.5、高6厘米（图二〇四，3）。

器盖　2件。大小不一。M13:2，应为一鼎盖。圆盖上隆作弧面，方唇。盖顶有模印纹饰，中心模印双鱼交叉作十字形，其间为展翅飞鸟，外饰一周弦纹，上有三乳钉，边缘一周锯齿纹，缘内一周卷云纹。口径16厘米（图二〇四，1；图版三四，4）。M13:3，应为一樽盖。圆盖上隆作弧面，子母口，平方唇。盖顶有模印纹饰，中心模印环纽，其外为一周水波纹，边缘一周锯齿纹，缘内一周卷云纹。口径20.2厘米（图二〇四，2）。

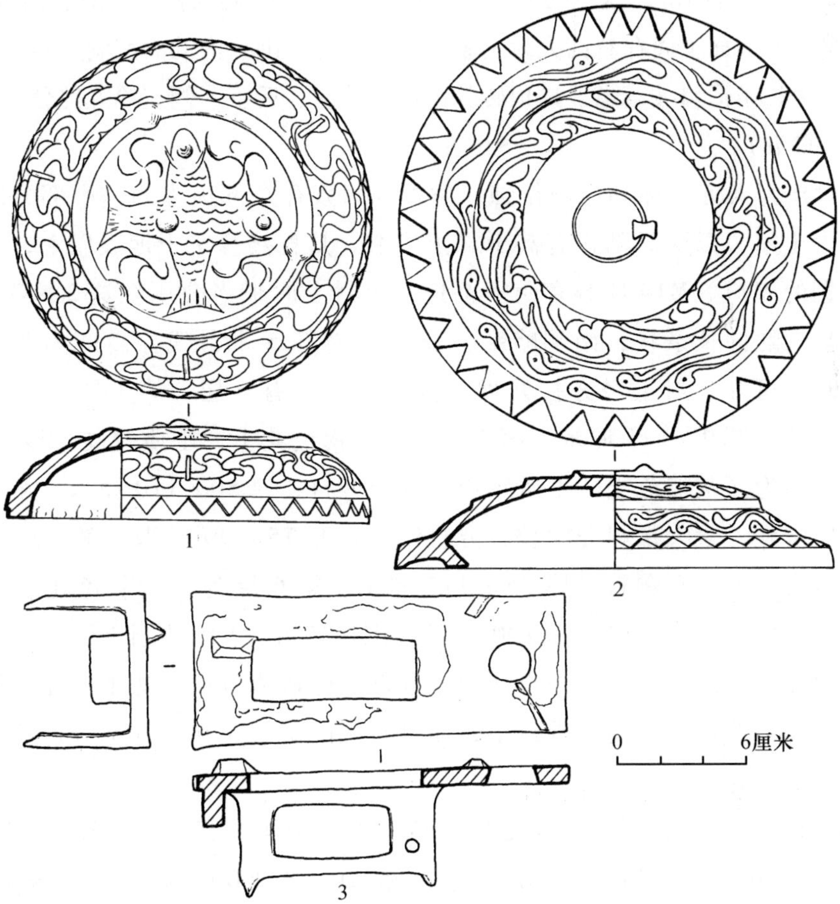

图二〇四　汉代M13出土陶器

1、2. 器盖（M13:2、M13:3）　3. 灶（M13:1）

3. 年代推定

该墓与 M12 相距较近，很可能属同一时期的一个家族的墓葬。M13 的墓葬形制与《河南陕县刘家渠汉墓》[18] Ⅲ型 A 式长方形弧顶墓 M19、M38 相近。器盖 M13∶2 与《陕县东周秦汉墓》[19]第三部分“西汉中期至东汉晚期墓葬”中的 M3117∶5 Ⅱ型陶鼎盖相同，也与《三门峡向阳汉墓》[20]西汉末至东汉初 M28∶22 陶鼎盖相同。后二者的年代被定为东汉前期，故 M13 的年代也应属东汉前期。

（五）M17

1. 墓葬形制

M17　位于Ⅱ区南部，这里的地势南高北低，东、西两侧各有一条南北向的自然冲沟。该墓是一座地面上尚存有高大封土冢、四周环绕以围墓沟的大型洞室砖券墓葬，地面以下部分由长条形斜坡墓道、拱顶砖券甬道、前室、后室、侧室等五部分组成，方向 295°（图二〇五）。

墓上封土因人为破坏和风雨侵蚀，发掘前只残存东部边缘的一小部分即凸显于地表的高大土冢，以西局部也有甚少封土残留。其直接修筑于地表以上，由钻探发现、经发掘的 M11、M14 距残存封土甚近，故封土原来当叠压在这 2 座墓葬之上。现存部分呈南北向长条状，南端略窄，长 15、宽 5.5 米，残存高度为 5.5 米。经铲刮西侧断面可知，封土经夯打处理，自上至下共有 6 层。第 1 层为深黄褐色花土，土质较硬，厚 9～125 厘米。第 2 层为浅黄褐色花土，土质较硬，厚 100～105 厘米。第 3 层为深灰褐色土，土质较松，略经夯打，厚 50～110 厘米。第 4 层浅灰褐色，土质坚硬，含大量料姜颗粒，夯打结实，厚 75～90 厘米。第 5 层为浅黄褐色花土，含大量料姜石颗粒，厚 75～115 厘米。第 6 层为深黄灰色花土，土质较硬，含少量汉代残砖块，厚 50～100 厘米（图版三五，1）。从土冢剖面可以看出，封土层次中部高，南北边略低，自西向东渐低，分析原堆积方法很可能是先从墓葬中部开始垫起，然后逐层向周围封垫，而且封土的中心应在残存部分以西。土冢的原范围和高度不详。

围墓沟开口于耕土层下，距地表 10～35 厘米。围沟上宽下窄，斜壁下收，平底。四面宽度不尽相同，西面和南面口宽 220、底宽 120、深 200 厘米，东面口宽 275、底宽 165、深 170 厘米，北面口宽 250、底宽 150、深 150 厘米。围沟内积满浅灰色淤土。平面呈东西向长方形，环绕在墓葬和封土的四周，口部规整，东南角和西南角为直角，保存完好，西北角和东北角则为圆角，因地势较低，疑系雨水冲刷浸泡所致，含围沟长

44.8、宽24.7米，占地面积1105平方米。

墓道开口于耕土层下，距地表深15～30厘米，打破M15、M16及生土。平面呈长条状“凸”字形，长1750厘米。其中西部长1320、口宽150厘米，东部长430、口宽190厘米。东部在100厘米深处南、东、北三壁均内收20厘米，形成台阶，其下部与西部墓道口同宽。除西端外，墓道在175～220厘米深时，南、东、北三壁又均内收20厘米，形成第二层台阶，墓道的西部仅260厘米未内收，东部大部分墓道的宽度内收为110厘米。底呈斜坡状，墓道深60～760厘米。墓道内填灰褐色五花土，土质松软（图版三五，2）。

墓门位于墓道东端的底部，墓门底部距地表760厘米。砖砌结构，顶因盗扰塌陷，高度不详，宽104厘米。墓门用与墓内其他部位所用大致相同的青条砖在墓道内横向双砖平卧错缝砌起封堵，封门砖墙与墓门之间有30厘米的间距，内层砖墙残存高度91厘米，外层砖墙残存高度42厘米。

甬道平面呈长方形，长120、宽110厘米，四壁用青条砖单砖顺向错缝叠砌，残高70厘米，从保留的土壁看其高度为140厘米，底部平铺一层“人”字纹砖（图版三六，1）。

墓室包括前室、后室、侧室等，券顶因盗扰而塌陷，仅残留有墓室下部（图版三六，2）。

前室呈南北向横长方形，长612、宽284厘米，南北两端、残高266厘米，顶呈南北向拱形，已塌陷，底部平铺一层“人”字纹砖，砖为青条砖。甬道位于其西壁正中。

后室位于前室的东部稍偏南，在前室的东壁上开有南北并列两门，两门中间是一个方形砖柱，边长37厘米，残高56厘米，北门宽94厘米，南门宽98厘米。后室平面呈东西向长方形，长350、宽230厘米，北、东、南三壁用青条砖单砖顺向错缝叠砌，残高20～80厘米，顶呈拱形，残高220厘米。底部平坦无砖。

侧室位于前室南，门道开在前室的南壁正中，长37、宽92厘米，高度不详。侧室平面呈长方形，长240、宽162厘米，从残存部分可以看出顶高170厘米。东、南、西三壁用青条砖单砖顺向错缝叠砌，底部平铺一层直缝砖。南壁120厘米高处伸出一排直插砖，可能是摆放物品之用（图版三七，1）。

前室西壁甬道南侧有一假耳室门，双层青条砖券顶，高175、宽100厘米（图版三七，2）。墓门、甬道、墓室、假耳室所用青条砖的规格约为长37、宽18、厚7厘米或长33、宽17、厚6厘米。

在墓室底部墓壁砖以下发现有5个小土坑，均打破生土，分别位于后室东北角、前室东南角、后室门中间立柱下、墓门甬道东南角、前室东北角。圆形，口径22～28厘米，斜壁下收，平底，底径18～19、深20厘米。这种小圆坑古代称为坎，每个小坑内竖立埋置1个陶瓶，共5个陶瓶，陶瓶上朱绘北斗七星图案并有朱书文字，当为镇墓瓶（或解注瓶、解谪瓶）。

由于该墓有高大土冢凸现于地表，十分明显，故成为历代盗墓者易于寻得的目标，墓室以上发现的多个盗洞，表明其曾遭多次被盗。墓室券顶都已坍塌，室内扰乱严重。人骨残碎不全且四处散落，混于墓室积土中，墓室底部仅见有盆骨、股骨、肋骨等少量骨骸。后室墓底的南部发现有一长方形木棺灰痕，长214、宽82厘米。侧室墓底的中部也隐约可见有棺木朽痕，长约150、宽约100厘米，形状不完整。从这两处棺木朽痕推测，墓内当葬有两人。

因被多次盗扰，墓内随葬品摆放的位置已不清楚，墓室底部仅发现有铁刀、陶勺、陶羊圈、陶灯等很少器物。为了全面收集相关信息，我们在发掘中取出了全部墓砖，结果在墓砖上发现有刻划的文字和符号。而在墓室底部铺砖下发现的5个小坑内发现的5个陶镇墓瓶也未曾被扰动过（图二〇六）。

2. 随葬器物

该墓虽遭多次盗掘，大部分文物被洗劫缺失，但劫后残余仍有不少随葬器物，经整理拼合计有75件。有陶器、铜器、铁器、石器、玉器、铅器、骨器、木器等。

（1）陶器

48件。均为泥质，其中红胎外施黄绿釉陶（简称红胎绿釉陶）16件，灰陶25件，红陶7件。器形有院落、羊圈、瓿、壶、博山炉盖、釜、豆形灯、兽首柄、支架、人俑、鹅、勺、瓢、盘、案、耳杯、镇墓瓶等。

院落　1件。M17∶64，红胎绿釉陶。平面呈纵长方形，四周起墙，前面设过堂屋顶，屋顶为硬山式，前坡较宽而后坡稍窄，两坡均瓦垄，脊及两侧垄较宽粗，另三面墙体为平方面。前墙中部偏左开横长方形院门，门坎略高于院内地面，门左侧底部有上呈圆形下呈梯形的排水孔，院门四周刻横线为双道的“工”字形划纹，排水孔依其外轮廓刻直线及曲线划纹。院内右前部为纵长方形高阁房，下部开两个倒梯形通地山门，前面设自右向左上斜置的楼梯，与梯顶相接为凸出的长方形门前围栏，与栏杆相对应为一长方形小门，门已残，房顶作硬山式，前、后坡宽度相等，两坡瓦垄，前墙左、右两侧纵划纹内刻大菱形方格纹，下部两小门之间有短横划纹相连，楼梯上有斜直刻划纹，房上部门两侧当有纵划纹，门前围栏前面中部刻双横划纹，两侧纵划纹以外刻施小菱形方格纹。院内右后部亦为横长方形高阁房，与其前者之长、宽、高度及房顶形制相仿，在前墙左侧下部开纵长方形门，门槛高于院内地面，前墙右上部开小正方形窗，门与窗四周亦刻横线为重道的“工”字形划纹。院门内右侧竖置一旗杆状物，小圆形算珠状底座，中插置一横剖面呈三角形的杆，杆顶为弧头。院内正中伏卧一犬，前腿直伸，后腿曲卧向前，双耳竖起，面部略有双眼，犬首向左微斜，躯体粗壮，臀部肥圆，短尾上翘，昂首作警觉之状，形象生动。院内前部左侧为一磨，磨小圆唇，上部下凹，中间有纵隔，隔两侧为圆形磨孔，磨身作窄直壁扁圆形，下接三小柱状足，磨一侧设方形排水装置，正对于院门左侧之排水孔。院内左侧中偏后部横置一灶，灶门朝向右侧，灶面作长方形，前侧直壁，后端下部外张，拱形火门通地，小长方形遮烟檐向上直立，灶面前、后分设一小一大火眼，小火眼上单置一釜，大火眼釜上再置一未穿孔的甑（或为盆），甑为小圆唇，平折沿，斜弧腹，沿面后侧有支钉痕，灶后部设自下而上三度内收变细的矮小烟囱。灶前方为一井，井身作圆唇，宽平沿，圆筒形，浅腹，平底，桥形井架立于井沿之上，井架顶部为扁伞形井亭，亭身两面刻两个对称的三角纹。井架一旁置一汲水瓶，小平方唇，束颈，微鼓腹，平底。井右侧近院中央为一盆，小圆唇，平折沿，斜腹，平底。院门内右前部阁房之左前方为三只家禽，禽首朝向阁房，其中前两只体较小，当为鸡，翘尾低首，作啄食状，后者体较肥大，因头部已残，故难以确定种属，或为看护正在啄食中的幼子之母鸡，或为鸭、鹅类，在右侧院墙中部亦卧一鸡，当为戏飞其上。院内右前部阁房右前方立一人，纵长头，以指甲状划纹刻出口、双眼及发顶，粗颈，上肢展开，手臂已残，身似着袍，向下渐粗大。因于右侧有家禽，正在厮食，故其当为看护家禽者或仆俑。也正缘于此，加之院内右侧阁房下部开倒梯形通地小门，该阁房下层当为畜舍。整观此院落，内容丰富，房屋、家禽、人物、用具，设施齐全，具有浓烈的生活气息，除人俑及其他局部不宜直接观看到之处外，大都涂彩釉，较为美观。院落宽 28.7、进深 38.4、通高 26.4 厘米（图二〇七，6；彩版二四，3~5）。

羊圈　1 件。M17:4，红胎绿釉陶。平面约呈方形，四周起墙，前墙偏左开一竖长方形门，约略有门坎，门四周刻横线为双道的“工”字形划纹。院后部起硬山屋顶，后坡略宽于前坡，两坡瓦垄，脊及两侧垄粗厚，屋顶宽于圈墙。圈内伏卧四只羊，其中三只纵卧于圈内后部，头朝向前方，另一只横卧于前部，头左尾右勾首仰望于后部同伴。四只皆前肢直伸，后腿弯曲，体肥身壮，臀部尤肥，耳、角、蹄缝、背、尾清晰，面部均有类似笼辔的刻划。四只羊均前大部施釉而后部尚为泥素胎。该圈内基本全为卧羊占据，一幅畜业兴旺的景象。羊圈宽 21.8、进深 20.6、通高 13.8 厘米（图二〇七，3；彩版二四，1、2）。

瓿　1 件。M17:65，红胎绿釉陶。口部变形俯视约呈椭圆形，小直口，平方唇，矮领微束，溜肩，圆鼓腹，平底。口部甚厚而下部略薄，通体施釉。肩、腹相接处釉下饰两周宽浅旋纹，肩上饰一条带左斜绳纹，因纹饰上涂有釉，纹样漫漶不清。唇部有火烧痕和众多的聚釉点，故知该器是倒置施釉。口径 17.7~19、底径 16.8、高 28.2 厘米（图二〇八，1；图版三八，5）。

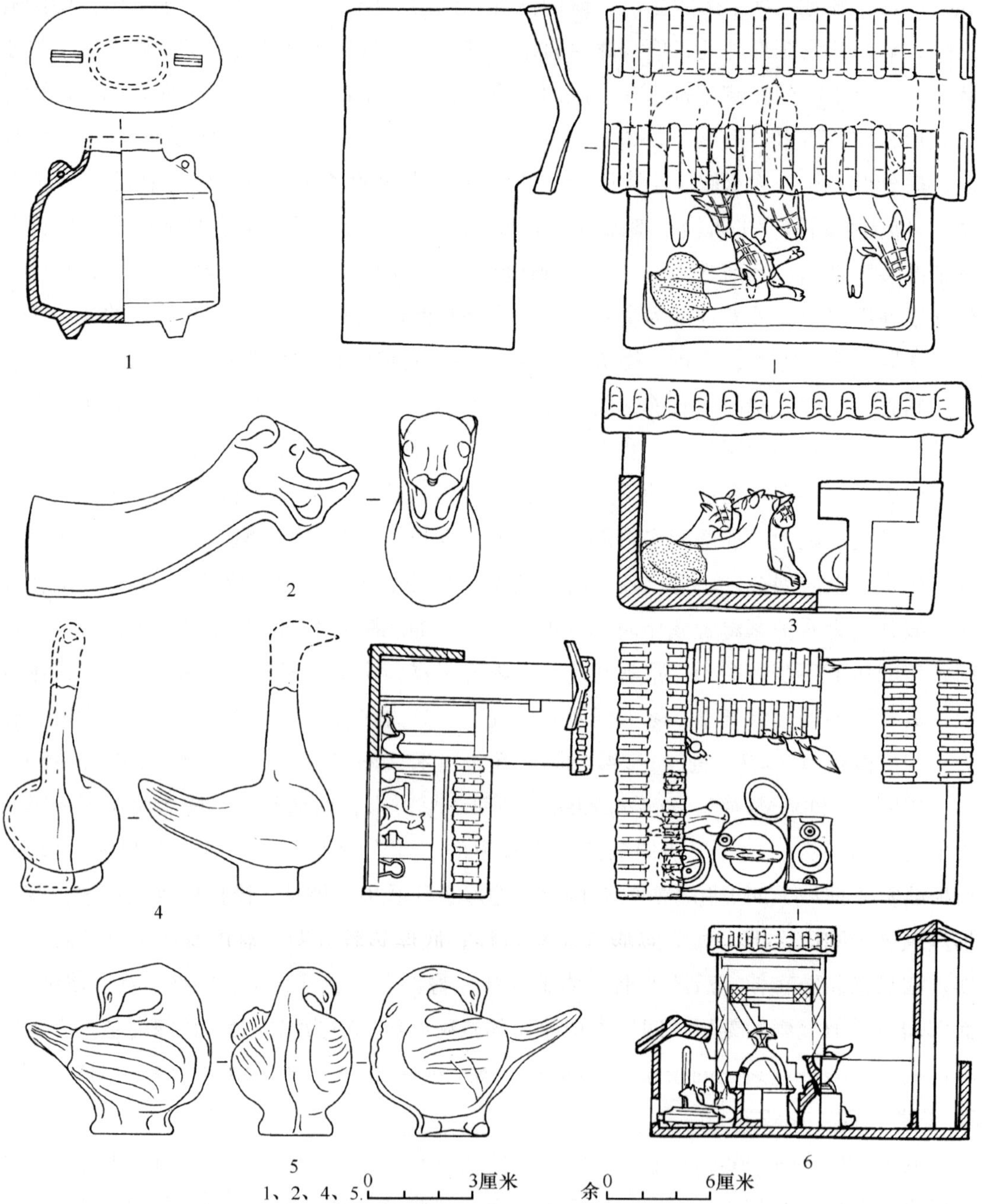

图二〇七　汉代 M17 出土陶器

1. 扁壶（M17∶69）　2. 兽首柄（M17∶13）　3. 羊圈（M17∶4）　4、5. 鹅（M17∶18、M17∶19）
6. 院落（M17∶64）

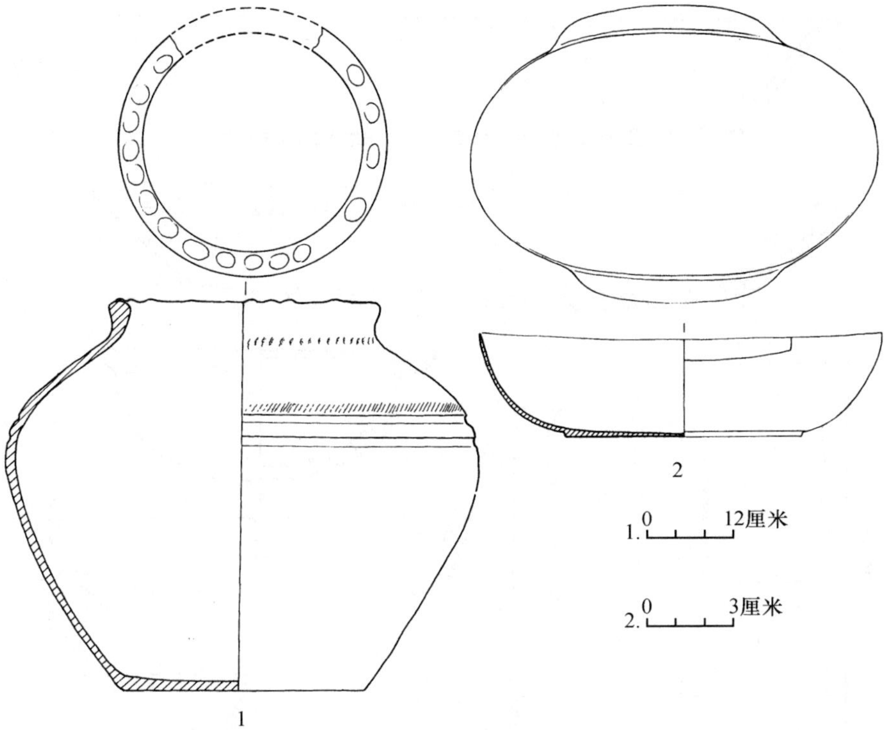

图二〇八　汉代M17出土陶器
1. 瓿（M17:65）　2. 耳杯（M17:53）

壶　1件。M17:66，残口，红胎绿釉陶。盘口，束颈。口径16.2、残高3.2厘米（图二〇九，5）。

豆形灯　3件。红胎绿釉陶。形制相仿，器身矮小，浅盘，粗柄中空，束腰，圈足形座。M17:68，器形较大，盘腹外略有折痕，底座边较分明。盘内及柄以上施釉，座上仅有数块滴釉。口径8、底径6.7、高7.3厘米（图版三八，3）。M17:5，器形较M17:68稍小，盘腹外折痕较清晰，底座厚高。盘内及柄以上施釉，座上仅有数块滴釉。口径7、底径6.6、高6.4厘米（图二〇九，7；图版三八，4）。M17:11，器形最小，盘腹外无折棱，柄较矮。盘内及外壁通体施釉。口径6、底径6.6、高6.2厘米（图二〇九，6；图版三八，2）。

釜　1件。M17:12，红胎绿釉陶。敞口，斜折沿，圆唇，沿面微凹，弧腹，圜底。器身内外通体施釉，腹部釉下饰一周宽旋纹。口径13、高6.4厘米（图二〇九，4；图版四一，2）。

支架　1件。M17:15，红胎绿釉陶。平面为长方形框，两侧较高，前、后端略低，侧面的中空呈长方形，上部横撑呈圆形。该器上部施釉均匀而下部有露胎现象。长9、

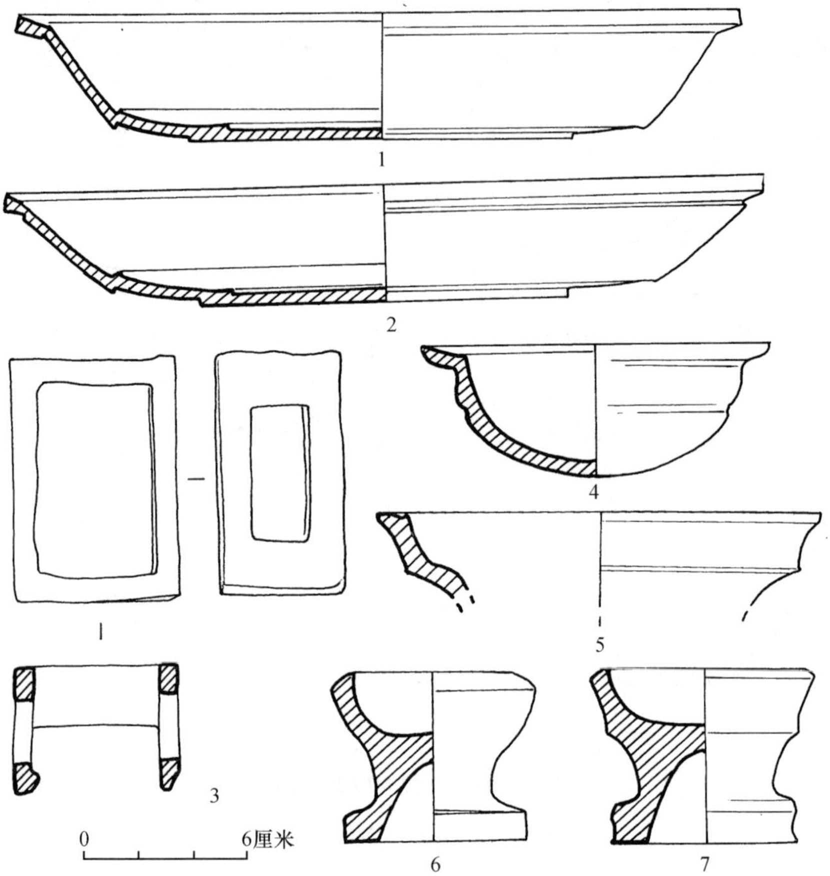

图二〇九　汉代 M17 出土陶器

1、2. 盘（M17∶62、M17∶63）　3. 支架（M17∶15）　4. 釜（M17∶12）　5. 壶（M17∶66）　6、7. 豆形灯（M17∶11、M17∶5）

宽6、高4.6厘米（图二〇九，3；图版三九，3）。该器很可能属院落M17∶64内的支架，但由于出土时与院落分离，又无法黏合于院落上，这里暂单独编号介绍。

鹅　2件。红胎绿釉陶。造型逼真，形象生动。M17∶18，身躯浑圆，仰颈，作鸣叫状，颈上部与头部已残，弧形尾窄而较厚，翅、尾刻划清晰，下为椭圆形圈足。此件当为公鹅。残高5.7厘米（图二〇七，4）。M17∶19，身躯较M17∶18者宽厚肥胖，曲颈后勾，啄部伸入张开一缝的左翅内，眼、冠缝隐约可见，齐尾薄而甚宽，翅、尾刻划明显，下为圆形圈足座。该件当为母鹅。高5厘米（图二〇七，5）。

扁壶　1件。M17∶69，红陶。口部残失，直颈，肩上有二鼻，折肩，扁腹，直壁，平底，下接两个矮板足。折肩处饰一周旋纹。腹径3.1～5.5、残高5.3厘米（图二〇七，1）。

兽首柄　1件。M17:13，红胎绿釉陶。模制，残存颈、首部分，圆形弧长颈，前细后粗，兽首上昂，张嘴凸目，双耳竖立。残长9.7厘米（图二〇七，2）。

盘　10件。其中灰陶4件，红陶6件。敞口，窄斜折沿，有的沿下一周沟槽，浅腹斜壁内折，平底或微内凹底。

灰陶盘：4件，3件器形较大，1件略小。M17:54，略小，沿下一周沟槽，平底，器内壁涂有朱砂。口径21.9、底径11.2、高3.5厘米（图二一〇，1；图版四〇，1）。M17:61，器形较大，沿下一周沟槽，平底。口径27.9、底径13.6、高4.5厘米（图二一〇，7；图版四〇，4）。M17:62，器形较大，平底。口径27.1、底径14、高4.6厘米（图二〇九，1；图版四〇，5）。M17:63，器形较大，沿下一周沟槽，底微内凹。口径27.9、底径13.2、高4.3厘米（图二〇九，2；图版四〇，6）。

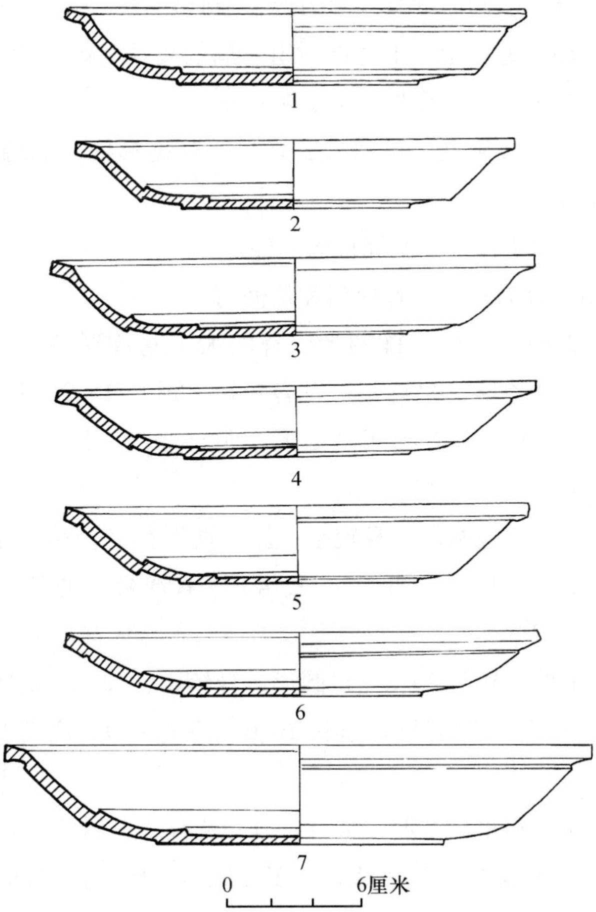

图二一〇　汉代M17出土陶盘

1~7. 盘（M17:54、M17:55、M17:56、M17:58、M17:59、M17:60、M17:61）

红陶盘：6 件，器形较小。M17:55，折沿下沟槽甚浅，成为一周轮旋痕，平底。口径 22.1、底径 10.5、高 3.2 厘米（图二一〇，2）。M17:56，底微内凹。口径 22.5、底径 10.4、高 3.7 厘米（图二一〇，3；图版四〇，2）。M17:58，平底。口径 22.4、底径 10.4、高 3.3 厘米（图二一〇，4）。M17:59，沿下一周沟槽，平底。口径 22、底径 11.2、高 3.6 厘米（图二一〇，5；图版四〇，3）。M17:60，沿下一周沟槽，平底。口径 22.4，底径 11.1、高 3 厘米（图二一〇，6；图版四一，1）。

案　3 件。形制相同，大小相当，一件略残。均灰陶，长方形，四周有矮边栏。素面，涂有朱砂。M17:39，长 70.7、宽 44.8、高 1.8 厘米（图版三九，1）。M17:40，长 68.5、宽 45.2、高 1.7 厘米（图二一二，1；图版三九，2）。M17:41，残长 21.5、宽 45、高 1.85 厘米（图二一二，4）。

樽　1 件。M17:48，灰陶。器身作圆筒形，圆唇外鼓，平底，下附三熊足。腹两侧附对称的两个铺首衔环，上、中、下各饰一组三周的旋纹，内壁涂有朱砂。口径 23.5、通高 17.1 厘米（图二一二，6；图版三九，4）。

魁　1 件。M17:42，浅灰陶。器身残，敞口，叶梗形柄，柄端涂朱砂。残长 17.2 厘米（图二一一，6）。

勺　5 件。其中灰陶 4 件，红胎绿釉陶 1 件。

灰陶勺依其形制可分为短柄龙首形勺和长柄勺。

短柄龙首形勺：2 件。勺口近椭圆形，身较大，龙首形柄，龙首上涂有朱砂痕。M17:44，柄横剖面约呈菱形，龙首张口，唇较短。通长 15.2、身宽 9.5、高 14 厘米（图二一一，2）。M17:46，柄横剖面呈菱形，龙首张口，唇较长。通长 16.5、身宽 9.8、高 12.6 厘米（图二一一，1）。

长柄勺：2 件。勺口长椭圆形，身较小，长叶梗形柄，柄端涂施朱砂。M17:3，通长 18.4、身宽 6.4、高 11 厘米（图二一一，4）。M17:45，通长 16.7、身宽 6.4、高 12.6 厘米（图二一一，3）。

红胎绿釉陶勺：1 件。M17:20，勺口圆形，身较小，圜底，内底略平，圜底外有一绿釉小乳钉，短柄，柄首作鸭嘴形。通长 10.6、身宽 6.9、高 7.6 厘米（图二一一，5）。

瓢　2 件。均灰陶。圆角长方形，敞口，口外宽叠边，斜弧腹较深，假圈足状平底座。M17:70，器内、外壁涂施一层黑漆，但多已脱落，腹一侧微凹，底一侧中部凸起，与之相对应的腹侧中部有残断痕，应为一柄缺失。口长 21、宽 15.6、底长 11.9、宽 9.8、高 9.4 厘米。M17:71，器形较小，腹一侧无凹痕，另一侧与底部残器内壁遍涂朱砂。口长约 14.5、宽 12.1、底长 13.9、宽 10.8、高 6.6 厘米。上述二器均残，然皆可初步修复，经测量实验，M17:70 恰为 M17:71 容量的 3 倍。

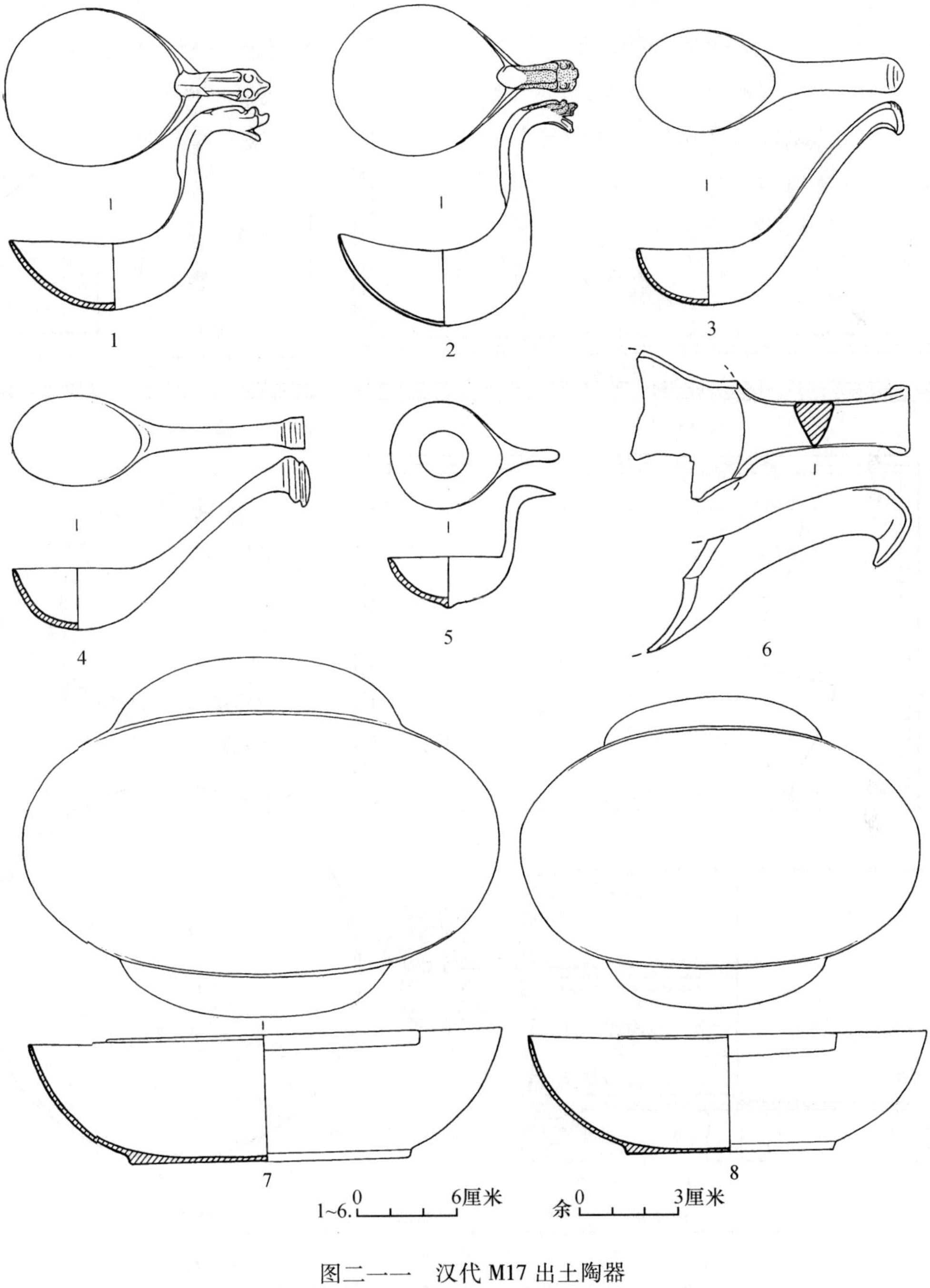

图二一一　汉代 M17 出土陶器

1～5. 勺（M17:46、M17:44、M17:45、M17:3、M17:20）　6. 魁（M17:42）　7、8. 耳杯（M17:50、M17:49）

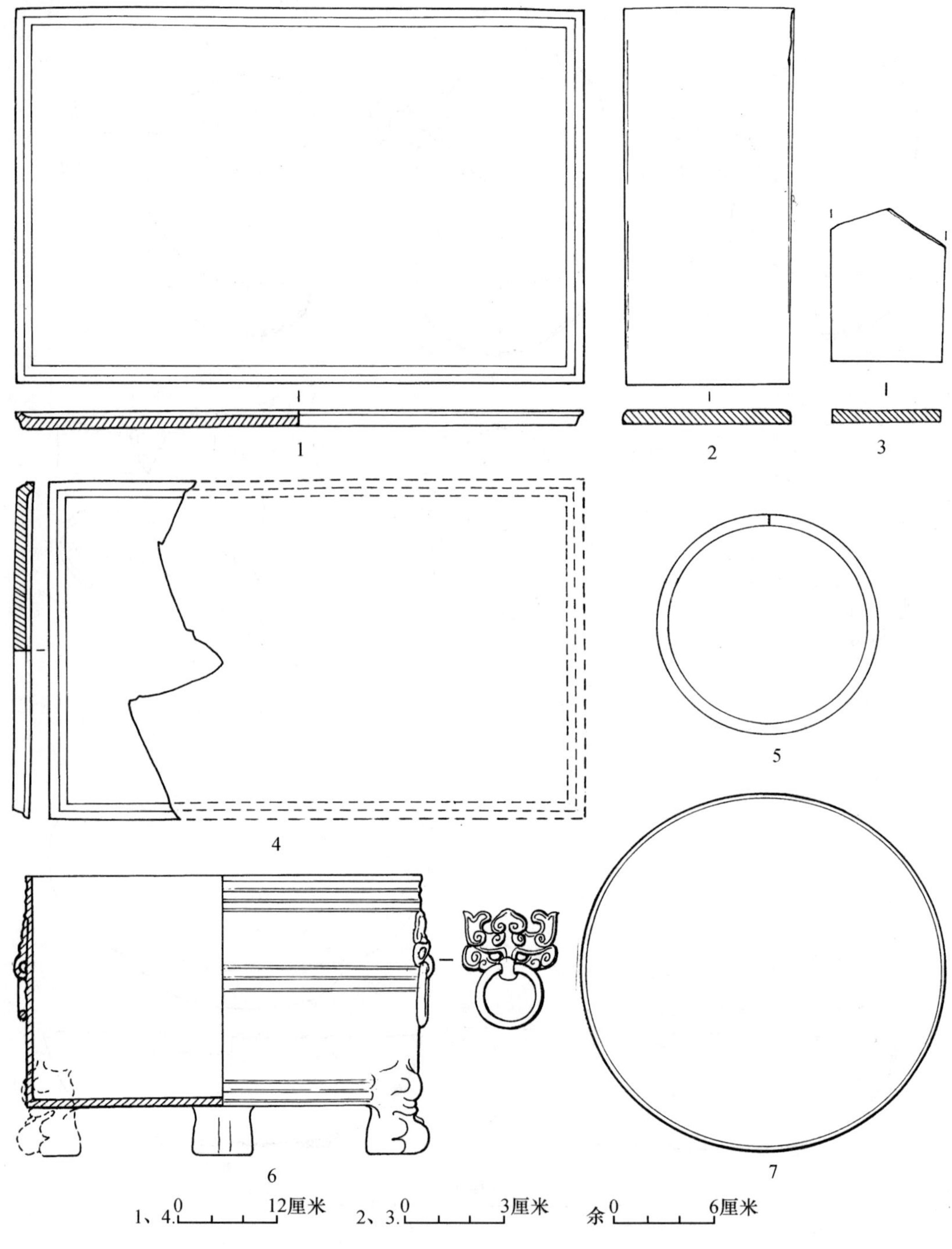

图二一二　汉代M17出土陶器、石器与铜器

1、4. 陶案（M17∶40、M17∶41）　2、3. 石砚（M17∶37、M17∶38）　5. 铜环形饰（M17∶73）　6. 陶樽（M17∶48）　7. 铜扣（M17∶14）

耳杯　5件。其中灰陶3件，红陶2件。椭圆形口，弧腹，假圈足底，两侧有新月状对称双耳。胎壁较薄，器形精致，内壁均涂朱砂，其中红陶者内、外壁涂有一层黑漆，但多已脱落。

灰陶杯：3件。其中2件器形略大，1件较小。M17:49，器形较小。口径7.4～12.5、底径3.5～6.5、高3.8厘米（图二一一，8）。M17:50，器形较大。口径8.4～14.8、底径3.1～8.7、高4厘米（图二一一，7）。M17:51，大小与M17:50相同。

红陶杯：2件。大小相当。M17:53，口径8.3～14.5、底径3.6～8.4、高3.8厘米（图二〇八，2）。

镇墓瓶（或称解注瓶、解谪瓶）[21]　5件。灰陶，形制相同，大小相当。侈口，平折沿，束颈，斜肩，圆筒形腹，平底。瓶内装有矿物质。器腹上有朱书陶文，为自右至左竖行隶书。文前绘有北斗七星图案，斗身在上，斗柄在下，勺口朝外，七星间有连线（彩版二五，1）。

M17:6，出土于后室东北角墓壁下的圆形小土坑内，坑口径24、底径18、深20厘米。瓶口径8.2、腹径10.6、高15.6厘米（彩版二五，2）。瓶内装盛蓝色矿物，呈细小颗粒状，无光泽，结构疏松，有细小孔洞（彩版二五，3）。器腹朱书5行28字（图二一三，1），录文为：

东方甲乙神青

龙曾青九两

制中央令母守

子祸不起从今

日始如律令

M17:7，出土于前室东南角墓壁下的圆形小土坑内，坑口径22、底径18、深20厘米。瓶口径8.4、腹径11.2、高15.6厘米（彩版二五，4）。瓶内装盛鲜红色矿物，呈块状，表面光滑，有金刚光泽（彩版二五，5）。器腹朱书6行28字（图二一三，2），录文为：

南方丙丁神朱

爵（雀）丹沙七两

制西方令母

守子祸不起

从今日始如律

令

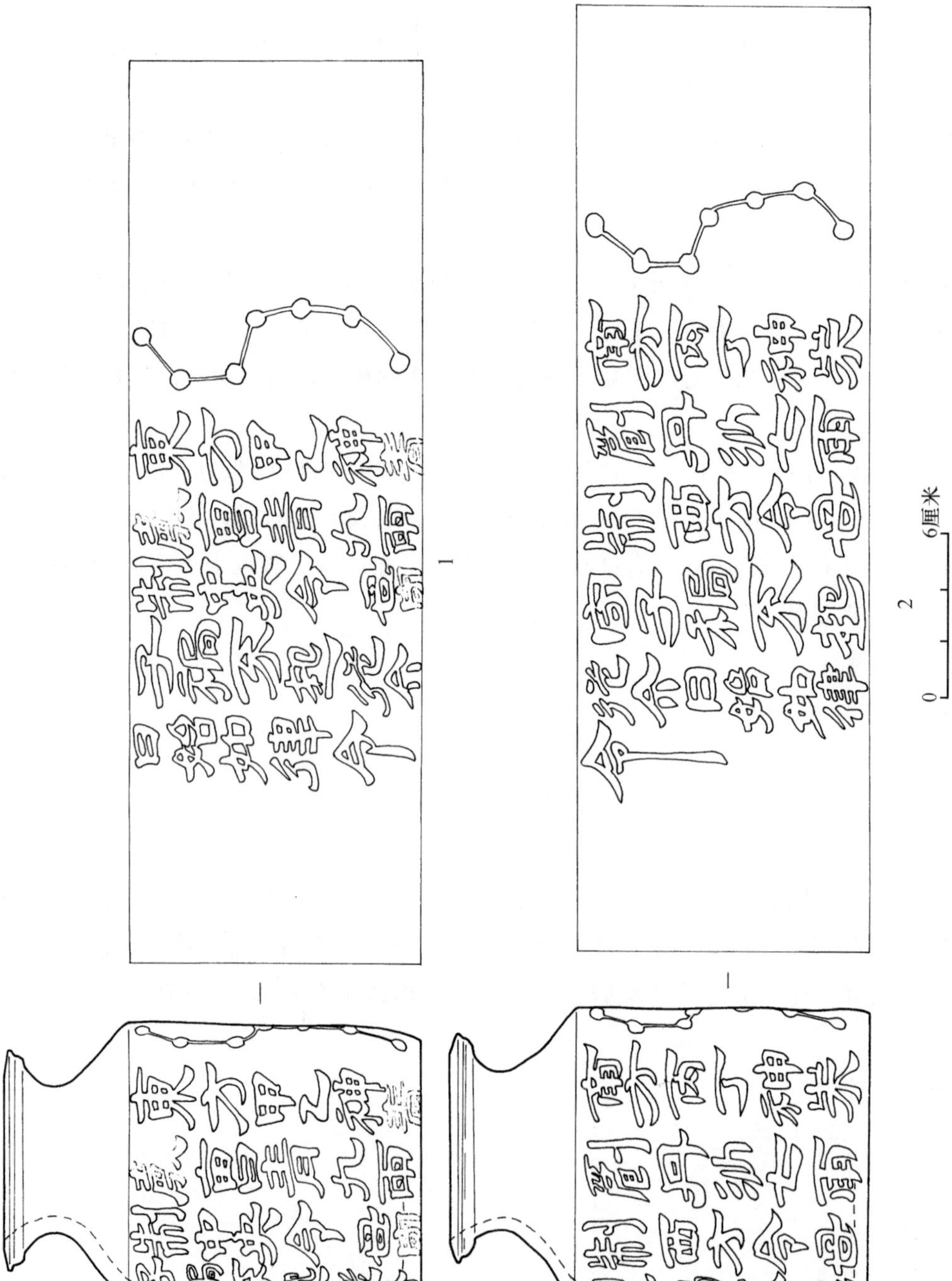

图二一三　汉代M17出土陶镇墓瓶

1、2.（M17:6、M17:7）

M17∶8，出土于后室门中间甬道立柱下的圆形小土坑内，坑口径28、底径18、深20厘米。瓶口径7.8、腹径11、高15.8厘米（彩版二六，1）。瓶内装盛相混合的两种矿物，其一蓝色，呈细小颗粒状，无光泽，结构疏松，有细小孔洞；另一鲜红色，呈块状，表面光滑，有金刚光泽（彩版二六，2）。器腹朱书6行28字（图二一四，1），录文为：

中央戊己神如

陈雄黄女（七）

两制北方令

母制子祸不

起从今日始

如律令

M17∶9，出土于墓门甬道东南角墓壁下的圆形小土坑内，坑口径26、底径19、深20厘米。瓶口径7.8、腹径11、高15.1厘米（彩版二六，3）。瓶内装盛白色矿物，呈块状，表面被风化，大部分呈褐色（彩版二六，4）。器腹朱书5行25字（图二一四，2），录文为：

西方庚辛神

白虎礜石八两

祸不起令母

制子从今日

始如律令

M17∶10，出土于前室东北角墓壁下的圆形小土坑内，坑口径24、底径18、深20厘米。瓶口径7.4、腹径11.8、高15.4厘米（彩版二六，5）。瓶内装盛黑色矿物，呈块状，表面有少量孔洞，有金属光泽（彩版二六，6），器腹朱书5行25字（图二一五），录文为：

北方壬癸慈石

六两制南方

令母守子祸

不起从今日始

如律令

以上陶瓶M17∶6、M17∶8、M17∶9恰处或接近于正东西向，而M17∶7、M17∶8、M17∶10处于M17前室东壁下南北一线上。

博山炉盖　1件。M17∶67，红胎绿釉陶。圆锥状，盖如山峰突起，下部平方唇，除尖顶外，有四层山峦，每层有上、下间错排列的四个山峰，山峰纵向沟痕清晰，山峰

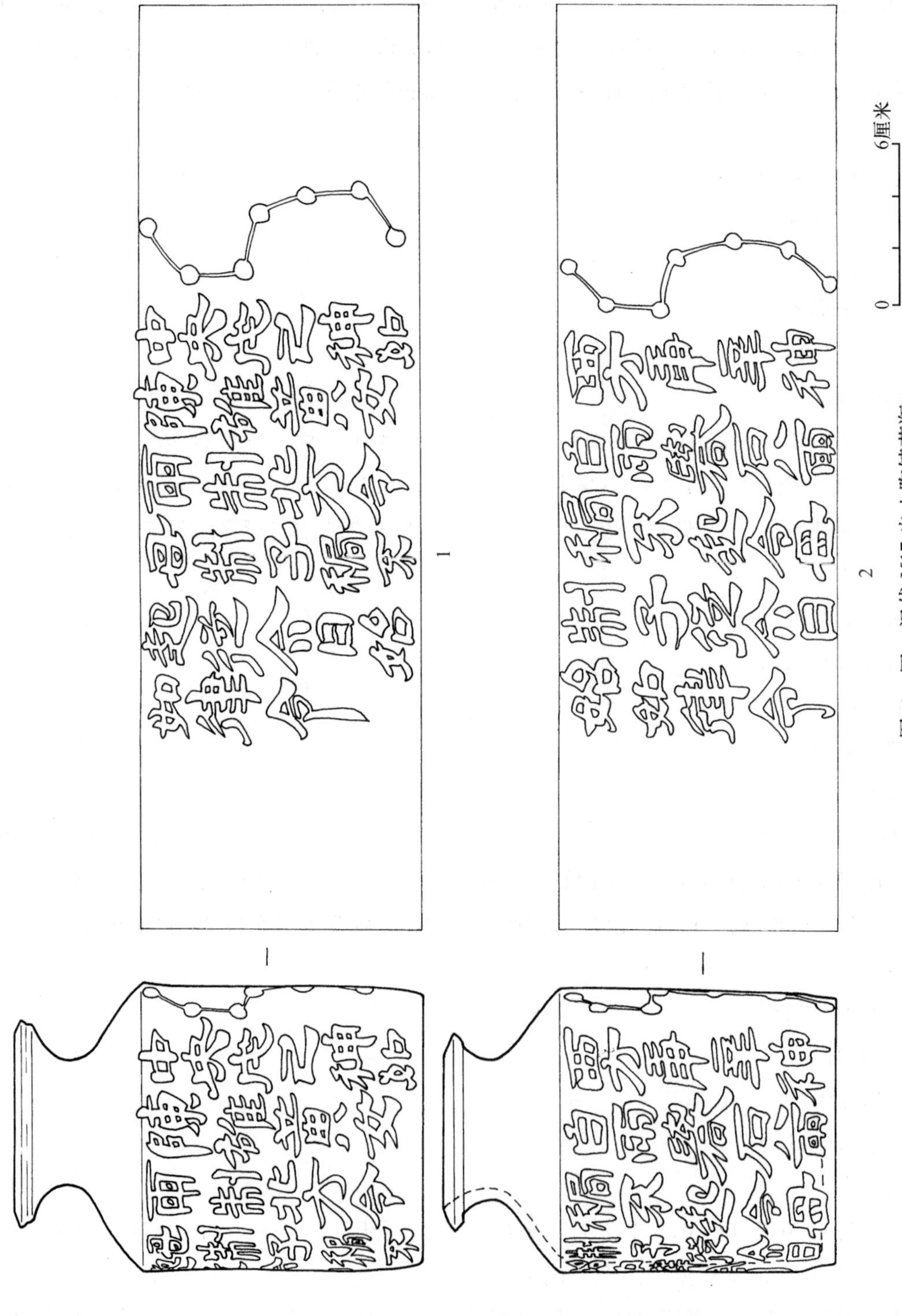

图二一四　汉代 M17 出土陶镇墓瓶
1、2.（M17:8、M17:9）

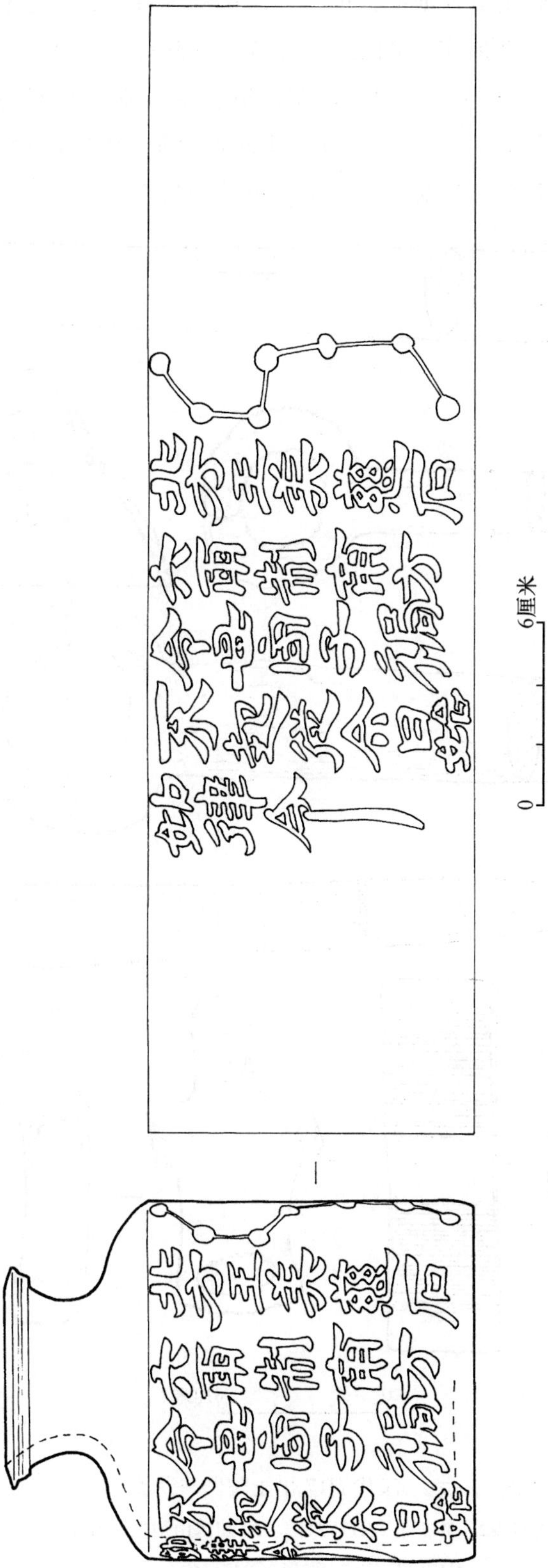

图二一五　汉代 M17 出土陶镇墓瓶
M17:10

以下雕刻呈椭圆形、逗点形或不规则形，最下一层山峰内皆空，有小长孔，盖下部有小圆形镂孔。口径 10.8、高 7.7 厘米（图二一六，3；图版三八，1）。

人俑　1 件。M17∶16，红胎绿釉陶。捏制，纵长头，刻有双眼与口，粗颈，横扁身，手臂已残。高 5.6 厘米（图二一六，7）。此俑很可能为院落内的人俑，但由于出土时与院落分离，又无法黏合于院落上，这里暂单独编号介绍。

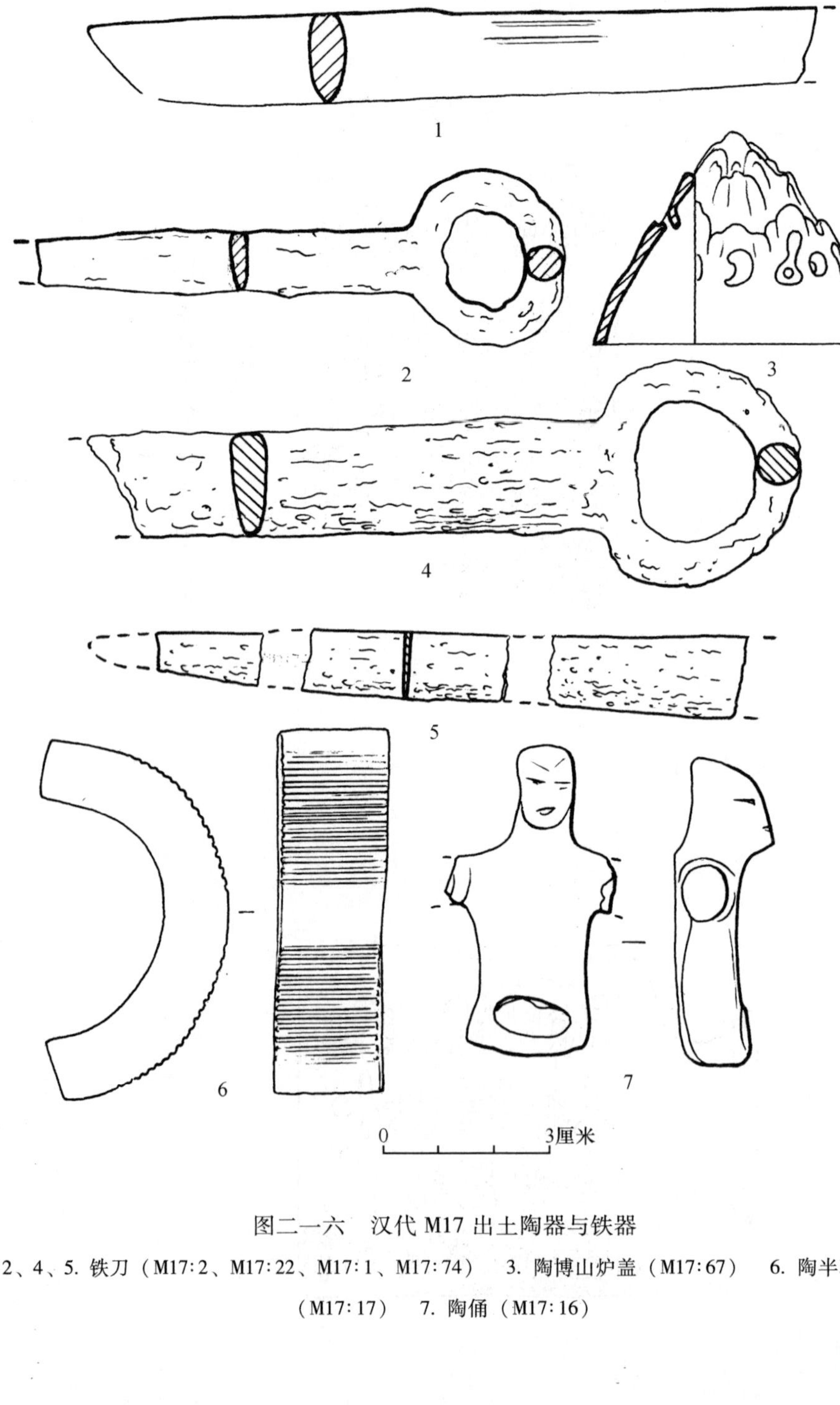

图二一六　汉代 M17 出土陶器与铁器

1、2、4、5. 铁刀（M17∶2、M17∶22、M17∶1、M17∶74）　3. 陶博山炉盖（M17∶67）　6. 陶半环形附件（M17∶17）　7. 陶俑（M17∶16）

半环形附件　1件。M17:17，红胎绿釉陶。中部残，桥形，齐边，两端斜直，除两端外，中部侧面刻多道横向沟槽。长6.7、宽1.2、厚2厘米（图二一六，6）。

（2）铜器

16件。从发掘时墓室积土多已染成绿色判断，该墓原来当有较多铜器随葬。但大件器物已被盗贼洗劫一空，清理发现的器形主要是车马饰和漆木盒饰件。

车马饰主要有軎、环、衡末饰、盖弓帽等。

軎　2件。圆筒形，末端略有收分，中腰有一周宽扁凸棱，其上又有一周窄而厚的凸棱，銎中有朽木。长1.5、口径1.3厘米。M17:29，壁近直（图二一七，9）。M 17:30，中腰略内收（图二一七，8）。

衡末饰　1件。M17:31，圆筒形，体稍瘦长，末端有收分，器上有凸棱三周，銎内有朽木。长1.8、口径0.7厘米（图二一七，3）。

帽饰　1件。M17:76，扁长方形顶，顶下接銎，一侧较厚，另一侧较薄，自銎内向外伸出扁木。帽长1.7、宽1、厚0.4~0.6、器残长3.1厘米（图二一七，11）。

小圆环　1件。M17:24，横剖面呈圆形。外径1.3、内径0.7厘米（图二一七，10）。

盖弓帽　5件。形制相同，大小相近。圆筒形，扁球状顶，中空成銎，中段往上挑起一钩，銎中犹存朽木。4件大小完全相同，M17:32，长3.4厘米（图二一七，5）。另1件稍小，M17:35，长3厘米（图二一七，4）。

漆木盒饰件主要为口沿镶边扣、箍、环形饰等。均已残断，甚薄，厚不足半毫米，表面鎏金。

扣　2件。形制相同，均为圆形漆木器的口沿部装饰。M17:14，尚有朽木残存于凹槽内，朽木表面贴有一层布，布外髹黑漆。外径21.8、内径21.4、宽1.1厘米（图二一二，7）。M17:27，外径18.6、内径18.2、宽1厘米。

箍　1件。M17:72，圆形环带。直径18.6、宽1厘米。

环形饰　1件。M17:73，薄圆外径13.8、内径11. 8厘米（图二一二，5）。

另外有纽扣2件。内凹外凸，下有半圆形纽系。表面饰雄狮头像。M17:25，高1.85厘米（图二一七，2）。M17:26，出土时尚系在皮质扣眼里，并缀于皮衣残片上，由此可知墓主下葬时当身着铜扣皮衣。高1.8厘米（图二一七，1）。

（3）铁器

5件。均残，锈蚀严重。器形有刀、钩。

刀　4件。有刀柄和刀身，但互不相配。

刀柄均为环首扁直条，柄上有朽木痕。M17:1，残长13、宽2.1厘米（图二一六，4）。M17:22，残长9.7、宽2.2厘米（图二一六，2）。

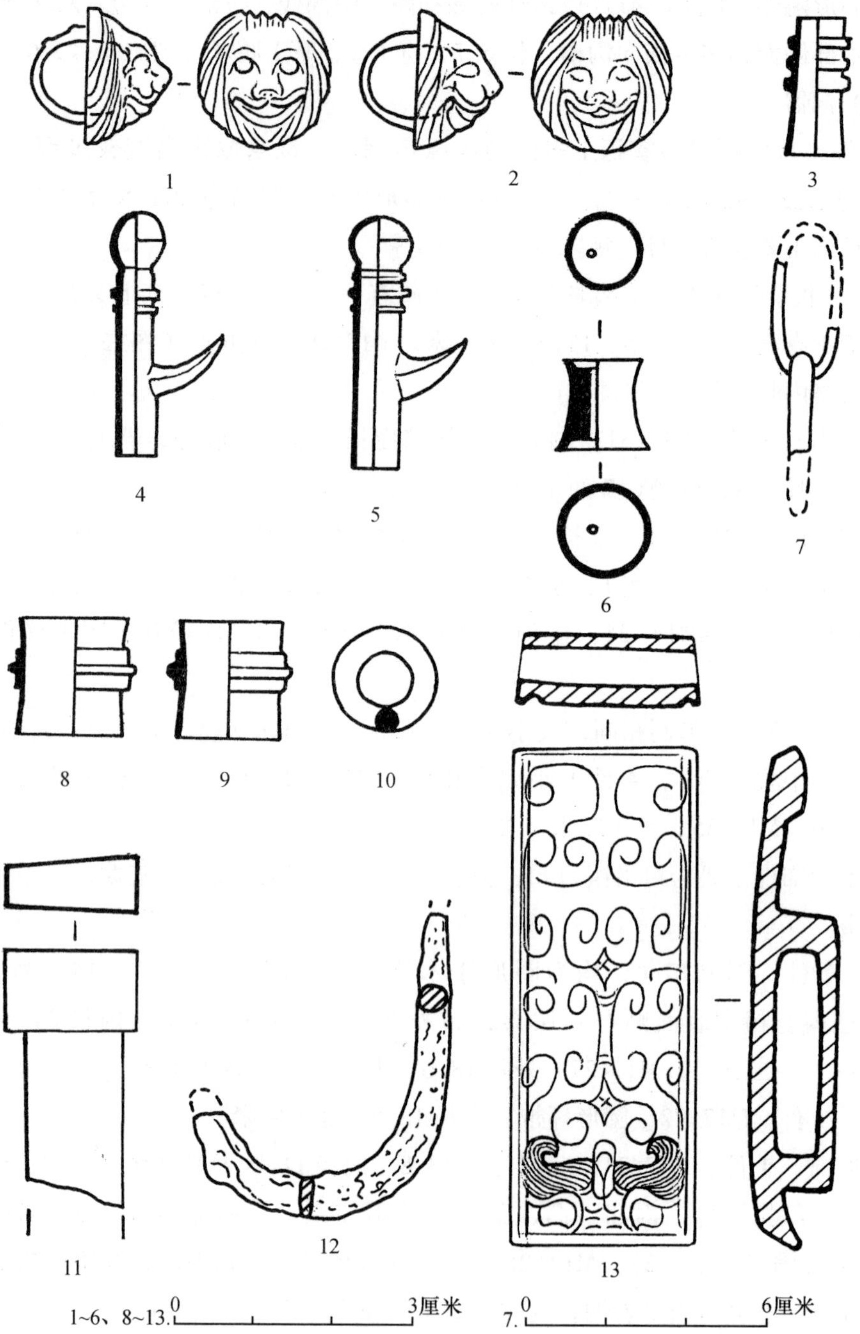

图二一七　汉代M17出土铜器、铁器、铅器、玉器与骨器

1、2. 铜纽扣（M17:26、M17:25）　3. 铜衡末饰（M17:31）　4、5. 铜盖弓帽（M17:35、M17:32）　6. 骨耳瑱（M17:47）　7. 铅衔链（M17:75）　8、9. 铜軎（M17:30、M17:29）　10. 铜小圆环（M17:24）　11. 铜帽饰（M17:76）　12. 铁钩（M17:23）　13. 玉璏（M17:43）

刀身均作直背单面刃，尖部略曲。M17∶2，刀身与鞘朽成一体，鞘为木胎，外髹黑漆，表面有两道红色窄平行线纹。残长 13.4、宽 1.5 厘米（图二一六，1）。M17∶74，刀身轻薄，前部较窄，应为小刀削。残长 10.9、宽 1.1～1.5 厘米（图二一六，5）。

钩　1 件。M17∶23，钩上部横剖面呈圆形，钩部纵剖面呈长方形。残长 4.3、宽 3.2 厘米（图二一七，12）。

（4）石器

2 件。均为砚。

砚　2 件。形制相似，均作长方形扁平体，由细砂岩磨制而成，砚面光滑，其上遗留有墨痕。一件较大，一件略小。M17∶37，长 11.6、宽 4.9～5.2、厚 0.4 厘米（图二一二，2；图版四一，6）。M17∶38，残长 4.6、宽 3.4～3.5、厚 0.4 厘米（图二一二，3）。

（5）玉器

1 件。为璏。

璏　1 件。M17∶43，青白色，玉质精良。平面呈长方形，中部较平，两端微弧，上、下斜方唇，下唇内突，齐边，下部有长方形孔。上面两侧各刻一道凹槽，其间刻卧虎纹和卷云纹。刀工熟练，图案优美，线条流畅。长 6.2、宽 2.3、厚 1.05 厘米（图二一七，13；彩版二七）。

（6）铅器

1 件。为衔链。

衔链　1 件。M17∶75，为车马饰，仅存两个圆角长方形环，两环相扣，环内面扁平，外面圆鼓。残长 4.8 厘米（图二一七，7）。

（7）骨器

1 件。为耳瑱。

耳瑱　1 件。M17∶47，黑色，表面有小裂纹，束腰圆柱形，一端大一端略小，近中心穿一小圆孔，器形小而甚精致。小端径 1、大端径 1.2、高 1.2 厘米（图二一七，6）。

（8）木器

1 件。为器盖。残存小弧顶的一部分。

3. 墓砖

墓砖作为 M17 砖砌墓室的修筑材料，在上文墓室结构部分已初作叙述，由于在该墓葬的发掘中我们揭取了全部墓砖，关于墓砖还有一些考古信息，在这里进行专门介绍。

该墓所用均为长条形青砖，模制，底部有利于制作时取砖块的细砂。细分之，据完整者又可分为颜色、大小不尽相同的两种。

第一种：浅灰色，较大，长 36.3～36.6、宽 17.5～18、厚 7～7.2 厘米。

第二种：深灰色，或谓黑灰色，较小，长32～33.2、宽17.2～17.5、厚5.5～6.2厘米。

墓砖均为素面。对发掘时存留的全部墓砖逐一清理观察，发现一些砖的表面或底面有刻划文字、刻划鱼纹、树枝印痕、指窝痕、指甲痕、刻印痕等。

刻字砖　4块。所用刻写工具不一，字痕深浅有别。M17∶77，属第二种砖，于砖表中部刻写隶体“丗”（卅）字，用较粗工具刻写，字迹工整清晰，笔画较粗，印痕较深（图版四一，3）。M17∶78，属第二种砖，于砖表中部刻写竖行“八十”二字，也或为一字，书体、字迹、笔画、字痕与M17∶77者相同（图版四一，4）。M17∶79，属第二种砖，残，于砖表右侧刻写竖行隶体“此積”二字，字迹较清晰，笔画甚细，字痕较浅。M17∶80，属第一种砖，残，于砖表中略偏左下部刻写一字，用甚细工具刻写，字之下部为一隶体“贝”字，其上一横画，横画之左似有一竖道，其中“贝”字及横画较清晰，整字或为“贞”字，笔画甚细，字痕较浅，该字之右即残缺，是否有字不得而知，其左上部为用手指刻划的横向弧曲划痕。

刻图画砖　2块。均为第一种砖，用甚细工具刻划出鱼的形象。M17∶82，砖底面黏带细砂被切刮平，于中部一侧横刻一较小的鱼形象，以菱形网格代表鱼鳞，上部、下部各刻三条斜线表示鱼鳍，鱼尾以斜线刻成喇叭状，鱼眼则以一长横点表示（图版四一，5）。M17∶83，残，于砖表近中部横刻一较大的鱼形象，后半部已残，其表示方式与上例相同，唯鱼眼用一竖点刻成。

树枝印痕砖　1块。M17∶84，属第一种砖，于砖表一端印有一带枝杈的树枝痕。

指窝痕砖　15块。其中第一种砖11块，第二种砖4块。均于砖表摁有指窝痕，似无固定方位，多以食指、中指、无名指与小指印按于上，印痕较深，较大而浅的母指印痕在下，有的有2～3组，窝痕5～16个。

指甲痕砖　6块。于第一种砖表面用手指甲掐印横行、竖行、弯曲或横、竖行兼有的带有指窝的指甲痕，印痕10～30个。

刻印痕砖　2块。M17∶88，残，于第二种砖表中偏一端，用小圆柱形工具施按由小长条形相连构成的印痕。M17∶89，残，于第一种砖表一端用斜三角形工具刻成由方向一致一端深一端浅的小长三角形相连构成的印痕。

4. 年代推定

M17的墓葬形制与《洛阳烧沟汉墓》[22]第五型（前堂横列墓）第二式、《河南陕县刘家渠汉墓》[23]第Ⅲ型D式（横前室“丁”字形墓）相同，后二者的年代被定为东汉后期。该墓出土的釉陶瓿M17∶65、豆形灯M17∶5、陶瓶M17∶10分别与《河南陕县刘家渠汉墓》东汉后期的Ⅴ型方唇罐M3∶64及M158∶1、Ⅱ型豆灯M88∶7、陶瓶M158∶21相同。故M17的年代也应为东汉后期。

（六）M18

1. 墓葬形制

M18位于Ⅲ区中部偏南、南交口村西四组打麦场，为因雨塌陷成为一凹坑被考古人员发现而进行了抢救性发掘的墓葬。由长条形斜坡墓道、拱顶砖券甬道、主室、侧室、耳室五部分组成，方向85°。

墓道朝东，开口于耕土层（现麦场表土）下，距地表30厘米，打破仰韶文化二期堆积及生土。平面为长条形，长640、宽100厘米，底呈斜坡状，深170～450厘米。内填灰褐色五花土，土质松软。

墓门位于墓道底部西端，顶呈拱形，高140、宽120厘米，用青条砖叠砌垒堵。

甬道顶用两排并列青条砖券呈拱形，平面近似长方形，长70、宽120、高140厘米。

主室顶部已塌陷，残存四壁，平面为长方形，长500、宽250厘米，四壁用平卧青条砖叠砌，残存高度230厘米。室底前部240厘米用平卧砖铺成“人”字纹，后部260厘米为土台棺床，高出砖铺底12厘米。

侧室并列于墓室的南部，被一近代墓打破，顶部已塌陷，在主室南壁西部有一拱顶甬道相连通，甬道平面长方形，长55、宽120、高126厘米。侧室平面长方形，长450、宽200、残高195厘米，四壁用青条砖单侧立砖错缝砌起，底部平铺一层直缝砖。

耳室门开在墓室北壁西部，与侧室门相对，甬道顶呈拱形，高126厘米，平面为长方形，长38、宽116厘米。耳室四壁用青条砖单侧立砖错缝砌起，顶为平砖横券，平面为长方形，长210、宽135、顶高155厘米，底部平铺一层直缝砖。墓门、甬道、墓室、耳室所用青条砖的规格均约为长38、宽19、厚7厘米。

发掘时发现墓室曾遭盗扰，墓室积土中发现有零星人骨。在主室底部的东北角清理出陶带厕猪舍1件、陶灶2件、陶猪1件、陶井1件、石臼1件、铜钱36枚，在侧室底部发现有铜镜1件、铜钱12枚（图二一八）。

2. 随葬器物

有陶器、铜器、石器以及铜钱等。

（1）陶器

5件。均为泥质灰陶。器形有带厕猪舍、灶、猪、井等。

带厕猪舍　1件。M18∶1，残破，已黏合。平面呈长方形，左侧、后侧为起伏式的高墙，左前角、右后角为架台式厕所，右前角呈斜坡状三级台阶，其上为平台，向后、向左皆通向厕所门，右后角厕所上有两面坡式悬山顶，猪舍位于厕所架台下的左后方，

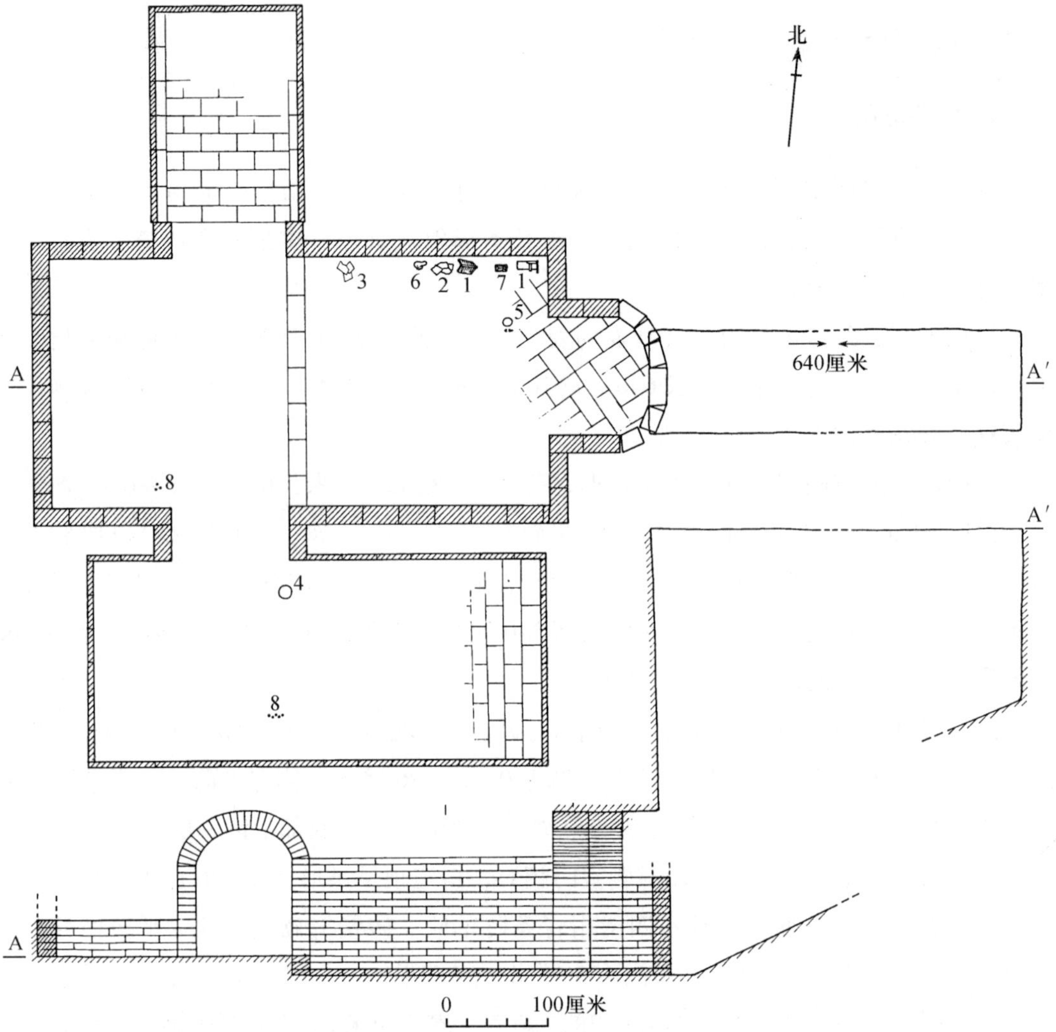

图二一八　汉代 M18 平、剖面图

1. 陶带厕猪舍　2、3. 陶灶　4. 铜镜　5. 石臼　6. 陶猪　7. 陶井　8. 铜钱

平底，厕所下有二猪舍门，猪舍内有三椭圆形孔。长 35、宽 23.8、高 22.8 厘米（图二一九，1）。

灶　2 件。形制不同。M18∶2，灶体前方后圆，火门开在方头灶壁中部，灶面大于灶身，前部出有遮烟檐，方形火门不通地，灶台上有二釜、烟囱。灶面周围模印有案、刀、钩、瓢、勺、鱼等，周边饰网格纹。灶长 33、宽 24.4、高 12 厘米（图二一九，7；图版四二，1）。M18∶3，长方体，灶面不伸出灶身外，火门为拱顶不通地，上有直立遮烟檐，灶面设前二小、后一大三个火眼，无釜，后有一小圆孔作出烟洞。长 35、宽 23.6、高 12.6 厘米（图二一九，6）。

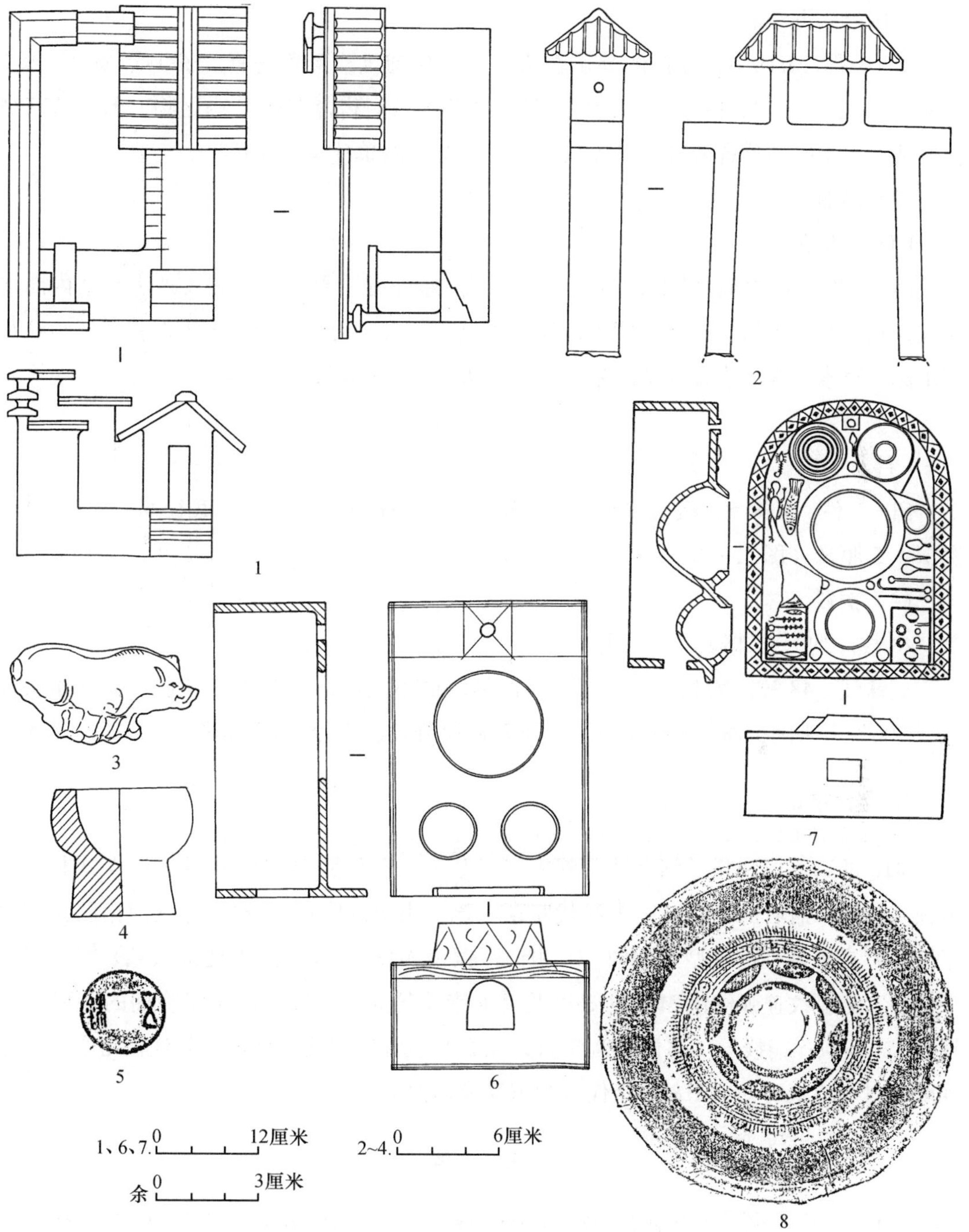

图二一九 汉代M18出土陶器、石器、铜器与铜钱

1. 陶带厕猪舍（M18∶1） 2. 陶井（M18∶7） 3. 陶猪（M18∶6） 4. 石臼（M18∶5） 5. 铜钱 6、7. 陶灶（M18∶3、M18∶2） 8. 铜镜（M18∶4）

井　1件。M18:7，井架上有亭，顶作四阿式，下部残失。残高20.1、宽16、厚6厘米（图二一九，2）。

猪　1件。M18:6，母猪侧卧正在为五只仔猪哺乳，形象逼真。长11、宽9、厚2厘米（图二一九，3；图版四二，2）。推测此猪为带厕猪舍M18:1内之物，但因该墓被盗散乱，出土时与猪舍分离，又无法黏合于一起，故单独编号介绍。

（2）铜器

1件。为镜。

镜　1件。M18:4，圆形，圆纽，圆纽座。座外有一周弦纹，弦纹外为八个内向连弧纹，其外与一周短斜线纹之间饰八组云雷纹，云雷纹为圆圈纹与上下对称的三角纹相间组成。宽素平缘。直径9.9厘米（图二一九，8；图版四二，3）。

（3）石器

1件。为臼。

臼　1件。M18:5，敞口，平唇，弧壁，下部圆柱形。口径8、底径6、高7.6、臼窝深4.5厘米（图二一九，4）。

（4）铜钱

48枚。均为五铢钱。

五铢钱　48枚。均相同，“五”字两笔缓曲不宽放，“铢”字“金”旁三角头较大，“朱”旁头圆折而两笔微向外侈，下笔圆折外放。直径2.55厘米（图二一九，5）。

3. 年代推定

M18的墓葬形制与《河南陕县刘家渠汉墓》[24]第Ⅲ型斜坡墓道洞室墓A式长方形弧顶墓相同，后者的年代被定为汉代晚期。该墓出土的陶灶M18:2与《河南陕县刘家渠汉墓》东汉晚期的Ⅲ型灶M88:21相似；铜镜M18:7与《洛阳烧沟汉墓》[25]东汉晚期的Ⅷ型云雷纹连弧纹镜M1029:3以及《河南陕县刘家渠汉墓》东汉晚期的Ⅱ型A式镜M8:20相似；铜钱与《洛阳烧沟汉墓》第Ⅳ型五铢钱相同，后者的年代被定在汉灵帝和献帝时。综上可知，M18的年代应为东汉晚期偏早。

注　释

［1］［4］［10］［19］　中国社会科学院考古研究所：《陕县东周秦汉墓》，科学出版社，1994年。

［2］　山西省考古研究所：《上马墓地》，文物出版社，1994年。

［3］［5］　中国科学院考古研究所：《洛阳中州路（西工段）》，科学出版社，1959年。

［6］　中国社会科学院考古研究所：《中国考古学·两周卷》，中国社会科学出版社，2004年。

［7］　孔祥星：《中国铜镜图典》，文物出版社，1992年。

[8][14][17][20]　三门峡市文物考古研究所：《三门峡向阳汉墓》，北京燕山出版社，2007年。

[9]　咸阳市文物考古研究所：《塔儿坡秦墓》，三秦出版社，1998年。

[11][13][15][22][25]　洛阳区考古发掘队：《洛阳烧沟汉墓》，科学出版社，1959年。

[12][16][18][23][24]　黄河水库考古队：《河南陕县刘家渠汉墓》，《考古学报》1965年第1期。

[21]　或谓罐，但河南西部一带以前出土的类似器物自铭为“瓶”（参河南省博物馆：《灵宝张湾汉墓》，《文物》1975年第11期）。以往也发现有装有石块的陶瓶，自释其作用为“安冢莫（墓），利子孙”（参唐金裕《汉初平四年王氏朱书陶瓶》，《文物》1980年第1期），故M17出土的陶瓶可称为镇墓瓶。同时，据瓶腹朱书文内容知其具有解注作用，因此又可称为解注瓶或解谪瓶。

第八章　结　　语

一、仰韶文化各期基本文化特征与文化类型

1. 仰韶文化一期

仰韶文化一期遗存是南交口遗址中较丰富的遗存。分布于遗址的中、西部即Ⅰ区、Ⅱ区，在Ⅰ区西部发现有2层文化层，其他部位不见。发现1座房址，系半地穴式建筑。灰坑常见圆形或椭圆形口，较少长方形和不规则形口，多斜壁平底或弧壁圜底，直壁平底者略少，有数座局部斜壁下张平底坑。另外，还发现2座墓葬，皆单人竖穴土坑墓，一次葬，无葬具，无随葬品。

遗物主要为陶容器，以泥质红陶和夹砂红褐陶、灰褐陶为大宗。多素面，纹饰则习见绳纹和旋纹，彩陶较少，多黑彩，仅有直边长三角、斜线、直线、窄带、宽带、平行线等较简单的纹样，有一定数量的红顶陶。基本器物组合为宽沿罐、窄沿罐、无沿罐、敛口罐、筒腹罐、钵、碗、小口尖底瓶、盆、缸、瓮、器盖、器座等，其中窄沿罐、杯形口小口尖底瓶、红顶钵和直边长三角彩陶纹样等为本期陶器最典型的特征。出土的少量石器均为打制的石核或石料。骨器则仅见骨环。

以往在豫西、晋南地区发现的文化面貌与南交口仰韶文化一期相同或相近的遗存主要有河南三门峡（原陕县）三里桥“仰韶文化”[1]、山西芮城东庄村“仰韶文化”[2]、垣曲古城东关“仰韶文化二期”[3]等。南交口仰韶一期的筒形罐H69∶4及T32⑤∶6、AⅠ式碗T33⑤∶1、AⅠ式钵T35⑤∶1、AⅠ式宽沿罐T34⑤∶1分别与三里桥遗址仰韶文化D2筒形罐Y301∶02、A1a式钵H310∶05、A1b式碗H304∶03、D1b式罐Y301∶01等相仿；南交口仰韶一期的乙类Ⅰ式小钵H72∶8、AⅢ式钵H72∶4分别与东庄村仰韶文化Ⅰ、Ⅱ式碗Y203∶1、F204∶3∶4相若；南交口仰韶一期Ⅱ式小口尖底瓶H44∶3、H78∶18、AⅢ式窄沿罐H78∶12、AIV式碗T35④∶2、AⅢ式钵H43∶2、A型器盖H78∶23分别与东关仰韶文化二期Ⅰ式尖底瓶ⅢH1004∶4、尖底瓶底ⅢH1004∶18、AⅢ式窄沿弧腹罐ⅢH1004∶22、AⅡ式大口圜底钵ⅢH1004∶47、AI式大口圜底钵ⅢH1004∶2、Ⅱ式双鋬盆ⅢH1004∶3等相似。从而表明，这些遗存当属于同一考古学文化，即属于仰韶文化的早期阶段。当然，南交口仰韶一期缺少东庄村、东关二期沿甚宽的宽沿罐而窄

沿罐多见等，表明与后二者相比它也具有一定的自身特征。

同时，南交口仰韶文化一期中的一些器物，如杯形口小口尖底瓶、敛口罐、筒形罐和钵、盆、缸等类器中的某些器形可以在陕西西安半坡[4]、临潼姜寨[5]、华县元君庙[6]等处仰韶文化半坡类型遗存中找到近似的器形；直边三角纹彩陶纹样也与半坡类型遗址者风格近似，因此它们当大体处于同一时期。但是，它们之间更有着明显的区别，半坡类型中的许多典型特点，如尖底罐、蒜头壶、葫芦瓶、带耳罐、象生性鱼纹、人面纹、波折纹、刻划符号以及盆等内壁饰彩的现象等在南交口遗址未见，南交口仰韶一期中的基本器类如小卷沿盆、窄沿罐、无沿罐等为前者所不见或少见；即使是它们共有的器物，形制也不大相同，如南交口的宽沿罐口沿明显较窄，小口尖底瓶形体较长等。可见，二者文化面貌有着较大的差异，南交口仰韶一期遗存当属于半坡类型之外的另一类型。

关于豫西、晋南地区这种文化遗存的名称，尽管有学者把三里桥仰韶遗存称为三里桥类型[7]，但由于三里桥遗址发掘报告[8]所发表的材料甚少，仅发表的10余件陶器半数以上具有庙底沟类型的特征[9]而当不属于半坡类型阶段，因此与发掘材料太少的古城东关二期一样不大适于用以命名。严文明先生指出，东庄村仰韶遗存至少可分为两期，第一期应是与半坡早期大体同时且具有地方色彩的遗存，可称为东庄类型[10]。这样，南交口仰韶一期遗存当属于仰韶文化东庄类型，是迄今所见该类型遗存最丰富、文化特征分明清晰的遗址。

2. 仰韶文化二期

仰韶文化二期遗存是南交口遗址发现最丰富的遗存，分布于遗址Ⅲ区。由于地形复杂，本期文化层发现较少、分布不连续且堆积较薄。但遗迹则较多。其中房址6座，有长方形和圆形地面建筑、圆形半地穴式建筑三种形式。发现灰坑57座，以圆形口居多，少量椭圆形、方形或长方形口，常见斜壁或弧壁下张平底，其次为斜壁下收平底、弧壁圜底和直壁平底等，其中有数座子母坑，结构别致，引人注目。发现灰沟3条，有2条为小型或较小型沟，1条大型沟。发现墓葬1座，在仅3平方米稍多的范围内埋葬24个个体。仰韶时期的多人二次合葬墓在豫西三门峡地区尚属首次发现。除1件石铲形器可能系有意放入者外，无随葬品。这与渭河流域仰韶早期偏晚阶段流行的多人二次葬不仅年代不同，而且与后者墓葬内往往有较多随葬品的现象形成鲜明对比。除房址内灶坑外，还发现灶址1座，很可能是一处露天灶坑，也或属于陶窑的一部分，这在同时期遗存中是罕见的。

遗物中陶容器占绝大多数，以泥质或细泥质的红陶、黄陶和夹砂红褐或灰褐陶居主导地位。多素面，较少磨光陶。纹饰以线纹居多，彩陶次之，有少量旋纹、附加堆纹等。彩陶较一期明显增多，有黑彩、褐彩、红彩、白衣彩陶和黄衣彩陶等数种，黑色彩陶最多，以直线、斜线、圆点、弧边三角纹为典型特征，常见垂弧纹、凸弧纹、花瓣纹、回旋勾连纹、连弧纹，动物纹样有少量侧面鸟形纹、三足动物图案等。器类以盆、夹砂罐、碗、小口瓶、钵、缸、瓮、器盖等为基本组合。另有多种形制的陶环和少量陶刀、陶网坠、陶球等。出土的石器以磨制为主，有的琢、磨兼施，有的采用管钻技术，少量为打制，代表性器类有铲、刀、球、斧、研磨器和石饼等。骨器仅见锥、笄、骨饰等很少的几件。

上述仰韶二期遗迹与遗物特征与河南三门峡庙底沟“仰韶文化”[11]、渑池仰韶村“第一期”[12]、山西夏县西阴村“西阴文化”[13]、芮城西王村“仰韶早期”[14]等遗址的同期文化基本相同，尤其是许多陶器和石器都能在庙底沟遗址仰韶文化中找到形制相同的标本。尽管南交口遗址与庙底沟遗址之间也存在着诸如前者缺乏后者的较大型房址及彩陶相对略少等差异，但是由于两遗址面积不同，后者面积达24万平方米，仰韶遗存基本分布于整个遗址，前者第二期遗存分布面积仅约8万平方米，从而表明这些差异很可能是由于两遗址分属不同的聚落等级所造成的。二者同属于青龙涧河流域，其间也仅距约12公里，可见它们的文化性质当完全一致，即应属于仰韶文化庙底沟类型，也即豫、陕、晋交界一带的仰韶文化的中期遗存。

但是，与庙底沟、西阴村等遗址相比，南交口有更早的庙底沟类型遗存。如分别以Z1、H57和H26、H90为代表的仰韶二期的早期第Ⅰ、Ⅱ段年代较早，其中第Ⅰ段表现尤其明显。如第Ⅰ段口部似竖置一宽陶环的小口瓶，口径明显小于腹径、唇部饰一周黑彩窄带纹的盆，以及沿面宽且甚斜高、腹甚鼓的夹砂罐等器形无不显示出更早的特征，后两种器物的形制甚至与南交口仰韶文化一期第Ⅲ段的同类器都相差不远。从第Ⅰ、Ⅱ段小口瓶的口部特征尚有一些差别看，两段之间似应存在一定缺环，但上述夹砂罐、盆等器物的形制则比较接近，这正是把第Ⅰ、Ⅱ段同归于仰韶二期早期阶段的原因所在。它们又与该遗址第Ⅲ段及其以后各段一脉相传，是同一文化类型的不同发展阶段，早于传统认识上的庙底沟类型，当属庙底沟类型的早期。如果把庙底沟遗址仰韶文化一期等看作成熟的庙底沟类型，则南交口仰韶文化二期中的早期当是这一类型初步形成或成长时期的遗存。

仰韶中期是南交口遗址大发展的时期。这时期也是陕、晋、豫交界一带史前文化发展的一个顶峰阶段，庙底沟类型的遗址数量猛增，遗址规模普遍扩大，社会人口数量增加，文化获得了极大的发展，对周边文化产生了空前广泛的影响。

3. 仰韶文化三期

仰韶文化三期遗存发现甚少，仅见2座灰坑，均圆形口，斜壁下张平底和圜底者各

1座，形制较规整，尤其是前者壁、底整治得十分光滑，当曾作窖穴使用。

本期出土的较多打制石片格外引人注目，却不见磨制石器。陶容器中夹砂陶超过了泥质陶，夹炭陶仅见陶鼎一种器形。陶器普遍呈现深色格调，如灰、灰褐、灰黑、黑色等，仰韶文化一、二期中一直占主导地位的红陶已难以见到，而陶色仅微微泛红的红褐陶只见于泥质陶，且只占约一成稍强。上述两期甚流行的绳纹和线纹踪影全无，却有较多宽浅古朴的横篮纹和宽扁附加堆纹，窄深如刀刻的刻划旋纹也引人关注，流行用附加堆纹加厚口沿的作法。基本不见仰韶一、二期中常见的钵、缸等器形，却有较多腹饰篮纹和附加堆纹的夹砂罐和鼎，并可见底甚钝大的尖底瓶。

以往在豫、陕、晋交界一带发现的与南交口仰韶三期相近的遗存主要有河南三门峡庙底沟“第二期文化”[15]中的A群[16]、陕西华县泉护“二期文化”[17]、山西夏县东下冯“龙山早期”[18]、芮城西王村“龙山文化”[19]、灵宝涧口“第二期早段”[20]等。泉护“二期文化”、东下冯“龙山早期”、涧口“第二期早段”尖底瓶底内夹角尚较锐小，钵（与南交口H01碗为同一种器类）口较敞，有较多绳纹等显示出更早的特征。而南交口小罐H01:33、小口尖底瓶底H01:24、夹砂罐H01:54分别与西王村“龙山文化”Ⅲ式罐H18:2:24、尖底瓶底H18:2:2、Ⅰ式罐H18:2:29相似，可见南交口三期与西王村“龙山文化”的年代接近。既然“西王村龙山文化早于庙底沟二期文化”[21]，南交口又不见庙底沟二期文化的典型器斝、釜灶和腹部有更多泥条状附加堆纹的罐，则南交口仰韶三期与上述其他遗存一样当属仰韶文化晚期的较晚阶段。这一阶段又被称作“西王村三期”，实际上是仰韶文化的末期。由该期遗存中小口尖底瓶底内夹角更大、已不见绳纹和彩陶等可知其年代应当更晚，是仰韶文化末期中偏晚、甚至属于最晚阶段的遗存。从其夹砂罐、鼎已接近庙底沟二期文化早期同类器的特征来看，二者当相距不远，已几乎前后相接了。

由于本期文化的典型器鼎等与泰沂地区大汶口文化同类器的特征具有根本的一致性（这种器物在豫、陕、晋交界地区始见于仰韶末期），可见，在仰韶文化末期，东方文化系统已影响至该地区。从而表明，其他文化系统的渗透和冲击，是导致长达2000年左右的仰韶文化结束并演变为新文化的重要因素之一。

虽然南交口仰韶三期遗存发现较少，但特征鲜明，其内涵较西王村“龙山文化”者丰富，它的发现，使豫、陕、晋交界地区仰韶文化末期的发展脉络及其向庙底沟二期文化逐步发展转化的过程更加清晰。

在南交口遗址发掘期间，我们利用发掘间隙对交口附近的古文化遗址进行了调查，除也发现有仰韶中期的遗存外，还发现有仰韶晚期及龙山、二里头时期的遗存[22]。综合这些遗存的年代关系，连同南交口遗址发掘所获可见，仰韶至二里头文化的序列几乎完整，尤其是仰韶文化自早期经中期至晚期、末期基本无缺环，从而为较完整地认识三门峡一带的仰韶文化提供了基础。伴随着仰韶时代走向结束，豫、陕、晋交界地区正在迎接新的时代——龙山时代的到来。

二、仰韶文化一、二期之间的关系

南交口仰韶文化一、二期遗存之间尽管缺乏直接的层位关系，然而通过对比可以发现，两者间具有非常密切的亲缘关系。

遗迹方面，南交口仰韶一期所见房址为半地穴式，仰韶二期半地穴式和地面式房址并存，后者当是在继承前者的基础上又有所发展的。仰韶一期、二期灰坑多圆形或椭圆形口，而前者椭圆口坑比例更大，实际上是圆形者因口部形状不规整而呈现的形态；灰坑结构种类相近，与一期即有的多座局部斜壁下张坑相对应，二期的斜壁或弧壁下张平底坑发展成为大宗，而且出现形制特殊、十分规整的子母坑。虽然一、二期发现的墓葬分别为单人葬和多人二次葬，存在较大差别，但由于南交口仰韶一期之时豫西、晋南地区其他遗址也见有多人二次葬，二期的葬式显然不是凭空出现，而应是一期阶段这种葬俗的传承。

遗物方面，因受发掘面积等局限，南交口仰韶一期发现的生产工具甚少，然而豫西、晋南地区的同时期石器等并不罕见，仰韶二期除了器类更丰富、形制更规整等外并无根本不同，其间的差异当是由石器制作技术的进步造成的。

仰韶一、二期之间的关系集中体现在陶容器上。如两期均以泥质红陶和夹砂红褐或灰褐陶为大宗，多素面，有一定数量的彩陶，均以黑彩为主。至于二期纹饰中多线纹，与一期多绳纹的情况有别，是因为线纹由绳纹变细逐步发展而成的；而二期繁缛多样的彩陶纹饰，直线、斜线、圆点、弧边三角纹等典型特征实际上在一期已初露端倪，一期第Ⅲ段时，彩陶结构已比较复杂，纹样线条与再早之时的往往为劲直者有别，已朝柔顺方向发展，这正符合一、二期彩陶发展演变的总规律。一、二期之间的器类虽有差异，但整体而言是二期种类更丰富，形制更多样，这是文化发展繁荣的结果。

通过比较，南交口仰韶一、二期器物类、型（含亚型，下同）之间能够对应的相似或相近器物标本可列为表一二。需要说明的是，表一二中所列多是一期的最晚阶段即Ⅲ段与二期的早期第Ⅰ或第Ⅱ段器物间的对应关系，但因这些阶段出土器物不全，有的则用了更早或更晚的器物；能够对应的有些是整个一种器物类或型，我们只选列其中1件；有些是器类、型之间大致具有对应关系，但缺乏典型标本，为了说明它们之间的发展演变关系，也标列出来；有的一器类、型甚至是一件器物可以对应多类、型器物，是由于后者器物有所分化，或者正相反、是器物特征汇聚的结果，当然也与器物类、型划分更细有关；也有器物类型可与多种器物类型相对应的，因已有器物与其对应，其他的则不全部列出。

分析表一二，并结合南交口仰韶一、二期所有的出土器物类型，不难发现：

(1) 仰韶一、二期之间绝大多数器物的类、型可以对应，显示出承袭演变关系，例如一期的乙类Aa型盆（如乙类AaⅢ式T33④:2）与二期的乙类D型盆（如乙类DⅠ式H90:9）相对应等。

(2) 仰韶二期器物在一期的基础上分化，呈现出分化发展关系。如一、二期之间的各型碗均可对应，只是一期的B型碗与二期三个亚型（Ba型、Bb型、Ca型）的碗都可对应，显然是分化发展的结果，当然也与二期碗的类型划分更细不无关联。

(3) 仰韶二期器物与一期相比似乎有所退化，多种器型集合成一种器型，呈现出汇聚发展关系。例如一期的A型钵（如AⅤ式T32④:1）、乙类小钵（如乙类Ⅱ式H78:7）均可与二期B型钵（如BⅠ式H31:4和H65:12）相对应等。

(4) 仰韶一、二期器物之间的泥质器形和夹砂器形相互转化，具有转化发展的关系。例如一期缸（如H55:15）与二期乙类Aa型缸（如乙类AaⅠ式H09:6）相对应，由一期夹砂陶转化到二期的泥质器上；一期缸（如H55:14）与二期甲类Aa型缸（如甲类AaⅠ式G2:49）相对应，由一期泥质陶转化到二期的夹砂器上。再如一期无夹砂类翻沿盆，有泥质类翻沿盆（乙类C型），到二期夹砂和泥质类均有翻沿盆，即甲类B型和乙类A型盆；一期无夹砂类直口盆，却有泥质类直口盆（乙类C型），到二期夹砂和泥质陶中均有直口盆，即甲类E型和乙类F型盆。

(5) 仰韶一期中的一些器形，在二期中不再出现，显示出淘汰的情况。这又分两种情形：一是一期的一些器类在二期中不见，如一期的敛口罐、筒形罐、直口罐在二期中已不复出现；二是一期的同一器类中一些器型转化发展了，而另一些则被淘汰，例如一期的窄沿罐中A型（如AⅢ式窄沿罐H75:5）转化为二期的Ca型夹砂罐（如CaⅠ式H65:15），B型却未能找到在二期中明显可以与之对应的器型。

(6) 仰韶二期中也出现了不少新的器类或器型，与一期之间显示出创新发展关系。这些新的文化因素，有的是仰韶二期在发展过程中的变异和自我创制，有的则可能是周临地区其他文化或类型影响的结果。新出的器类如灶、泥质小罐、小折腹罐、折腹盆、带耳杯等；新出的器型如C型小口瓶，乙类Ea型、乙类Eb型盆，Ca型、Cb型钵，D型、E型夹砂罐，甲类Ab型、甲类Ba型、甲类Bb型、乙类B型、乙类其他缸，甲类A型、甲类D型器盖，乙类B型、乙类C型瓮，B型、C型泥质罐，B型彩陶罐，B型夹砂小罐；一、二两期都有，但器型间难以对应，也即出现了新器型的有器座（如A型、B型、C型、D型）等。

同时，仰韶一、二期器物之间有些很难用一种发展关系阐明，而应是上述多种关系综合作用的结果。文化发展演变过程的纷繁复杂于此可见一斑。当然，上述（5）、（6）两种情形的出现也可能与该遗址发掘面积较小、受材料局限有关。

南交口仰韶一期出土器物类、型或亚型（含罐底）41 种（表二），表一二涉及 28 种，占 68%；仰韶二期出土器物类、型或亚型（含残器底、器耳）83 种（表八），表一二涉及 42 种，占 51%。同时，表一二中未涉及的均是这两期中数量较少的器物。如果按表一二中所列器物的类、型或亚型所代表的器物数量，仰韶一期涉及 462 件，占该期器物总数 524 件的 88%；仰韶二期涉及 2240 件，占该期器物总数 2645 件的 85%。由此可知，不管表一二中所涉及的器物类、型或亚型，还是其代表的器物数量，在两期遗存中都占多数。

表一二　南交口仰韶文化一、二期陶器发展演变对应表

仰韶文化一期	仰韶文化二期
甲类 AⅠ式盆（H68:5）	甲类 Db 型盆（G2:83）
甲类 AⅡ式盆（T35④:5）	甲类 DaⅠ式盆（G2:82）
甲类 AⅡ式盆（T32④:5）	甲类 C 型盆（H65:20）
甲类 Ba 型盆（H43:19）	甲类 A 型盆（H62:18）
甲类 Bb 型盆（H04:4）	甲类 A 型盆（G2:81）
乙类 AaⅢ式盆（T33④:2）	乙类 DⅠ式盆（H90:9）
乙类 AaⅢ式盆（H75:8）	乙类 BbⅠ式盆（H90:7）
乙类 AbⅢ式盆（H78:13）	乙类 BaⅠ式盆（H90:5）
乙类 BⅡ式盆（T32④:3）	乙类 CⅡ式盆（H65:5）
乙类 CⅢ式盆（H78:10）	乙类 AⅠ式盆（Z1:3）
乙类 D 型盆（H75:10）	乙类 F 型盆（G3:8）
甲类小盆（H46:6）	小盆（H88:2）
AⅢ式宽沿罐（T33④:1）	AaⅠ式夹砂罐（Z1:4）
B 型宽沿罐（H50:1）	AbⅠ式夹砂罐（H57:2）
B 型宽沿罐（H55:4）	BⅠ式夹砂罐（H65:14）
AⅢ式窄沿罐（H75:5）	CaⅠ式夹砂罐（H65:15）
Ⅲ式无沿罐（H78:9）	甲类瓮（G2:67）
A 型小罐（H04:2）	AⅠ式夹砂小罐（G2:88）
B 型小罐（H87:5）	Cb 型夹砂罐（G2:44）
B 型小罐（H74:4）	泥质小罐（H22:40）
缸（H55:14）	甲类 AaⅠ式缸（G2:49）
缸（H55:15）	乙类 AaⅠ式缸（H09:6）
缸（H78:14）	乙类 Ab 型缸（G2:20）

续表

仰韶文化一期	仰韶文化二期
缸（H55∶13）	乙类C型缸（G2∶63）
小杯（H55∶18）	A型小杯（G2∶86）
AⅣ式碗（T35④∶2）	Aa型碗（G2∶22）
AⅣ式碗（H74∶2）	Ab型碗（G2∶23）
B型碗（H43∶11）	BaⅠ式碗（G2∶25）
	BbⅠ式碗（H09∶5）
	CaⅠ式碗（G2∶30）
B型碗（H44∶2）	D型碗（G2∶3）
小碗（H67∶2）	Cb型碗（H22∶3）
AⅤ式钵（T32④∶1）	BⅠ式钵（H31∶4）
BⅠ式钵（H43∶1）	D型钵（H22∶6）
BⅢ式钵（H87∶3）	AⅠ式钵（G2∶32）
乙类Ⅱ式小钵（H78∶7）	BⅠ式钵（H65∶12）
Ⅱ式小口尖底瓶（H44∶3）	AⅠ式小口瓶（H57∶1）
平底瓶（H78∶22）	B型小口瓶（H65∶3）
瓮（H43∶31）	乙类AⅠ式瓮（Z1∶6）
瓮（H81∶10）	AⅠ式泥质罐（G2∶74）
BⅢ式泥质罐（T35④∶4）	A型彩陶罐（H09∶11）
A型器盖（H78∶23）	乙类器盖（H09∶9）
B型器盖（H67∶3）	甲类BⅠ式器盖（H30∶4）
B型器盖（T35④∶7）	甲类CⅠ式器盖（H09∶8）

同样，从典型器物来说，无论仰韶一期的盆、钵、碗、小口尖底瓶、器盖、各种罐，还是仰韶二期的盆、碗、夹砂罐、钵、小口瓶、器盖等的大部分均能与另一期器物进行对应。由于两期遗存在南交口分处异域，上述对应的相似或相近器物便可以排除是一期遗物混入二期的可能性。当然，两期内也有一些各自存在而不能与另一期对应的类、型或亚型器物，除了主要是由于文化因素的淘汰与创新之外，也可能是材料较少所致，而同时也许与南交口仰韶一、二期之间尚存在一定缺环有关，它们连同陶质、陶色、纹饰以及其他器物形制特征的差别，成为区分两期遗存的依据。

可见，南交口仰韶文化一、二期之间当存在着根本的渊源与传承关系，仰韶文化二期主体上是在继承仰韶文化一期的基础上发展起来的。从仰韶二期较早阶段有些器物如钵等逐渐减少，而有些器物如盆、缸逐步增多，也可以清楚地看到仰韶一、二期之间的承袭与发展演变现象。仰韶二期器物类、型更加丰富多样，呈现出大发展的繁荣景象，或者是文化在发展中的创新，或者是吸收其他文化或类型的若干因素而致，但改变不了其主源乃承自仰韶一期的事实。

当然，从有些能够对应的相似或相近器物在南交口仰韶文化一、二期之间尚有某些差别看，两期之间还存在一定的缺环。实际上，豫西、晋西南地区已发现有可以填补这些缺环的遗存。

通过对比发现，晋西南芮城东庄村遗址[23]有相当于南交口仰韶文化一期但更晚的遗存。东庄村 H113 出土有陶尖底瓶、敛口罐等器物，其中尖底瓶 H113:1:7 与南交口仰韶一期第Ⅲ段小口尖底瓶（如Ⅱ式 H44:3）形制接近，但杯形口腹部更弧，瓶腹更瘦长，尖底更锐尖；Ⅰ式敛口罐与南交口仰韶一期的无沿罐为同一种器型，这种器物在南交口的演变规律是腹部由弧变鼓，东庄村Ⅰ式敛口罐 H113:1:4 较南交口仰韶一期第Ⅲ段无沿罐（如Ⅲ式 H78:9）腹部更鼓。以上两种器物均显示了更晚的特征，是知东庄村 H113 等当属于南交口仰韶一期阶段稍晚的遗存。用同样方法可以确定近年调查试掘的河南三门峡南家庄遗址[24]仰韶灰坑 H13 等也是相当于南交口仰韶一期但略晚于第Ⅲ段的遗存。同时，东庄村和南家庄也都发现有相当于南交口仰韶二期较早阶段的遗存。如南家庄 H14 小口瓶 H14:16 的口部形态介于南交口仰韶二期小口瓶 AⅠ式（即 H57:1）和 AⅡ式（如 H90:1）之间，更接近于后者，表明该坑处于略早于仰韶二期第Ⅱ段的年代位置上，从伴出的其他器物特征也可得出同样的认识。然而该坑出土器物丰富，有陶盆、碗、瓮、夹砂罐、缸等诸多器形，在明确了它的时间位置后，便可以把这些器物丰富到这一时段的陶器共存中，从而改变了南交口仰韶二期较早阶段遗存较少、陶器简单的状况。同样，也可判定东庄村 T108:4、H116、H117 等乃处于南交口仰韶二期第Ⅰ段到第Ⅱ段的时间区间内。另外，在河南三门峡三里桥[25]、灵宝双庙[26]等遗址也发现有南交口仰韶一期稍晚或二期较早阶段的器物。综合豫西、晋南一带上述时段的遗存，其间基本无缺环，由南交口仰韶文化一期到二期是一种循序发展、逐步演变的过程。

上文我们已经依据各期的基本文化特征判定南交口仰韶文化一期属东庄类型，二期属庙底沟类型。这样，就为仰韶文化东庄类型找出了发展去向，也为仰韶文化庙底沟类型找到了根本渊源。

庙底沟类型是仰韶文化中最主要的类型之一，关于其渊源等是中原新石器时代考古研究中长期争论、聚讼已久的问题。从南交口仰韶文化一、二期之间的关系分析入手，我们得出了庙底沟类型主要渊源于东庄类型的初步认识。可见，庙底沟类型最早形成于豫西、晋西南地区，这里正是日后十分强大的仰韶文化这支重要类型的策源地。

三、仰韶文化各期聚落形态的初步考察

在南交口遗址发掘中虽然我们着意在遗址的不同部位开方发掘，以全面了解遗存的

分布和聚落的整体变迁，如在遗址各区均进行发掘，在基建区以外Ⅲ区南部的黄土台塬边坡上也做了发掘清理，但由于受配合工程建设项目发掘性质和地形的局限，本次发掘无法大面积连片进行，只能选择遗存较丰富之处开挖，这在第Ⅲ区表现得尤为明显，如Ⅲ区中部偏北沿断崖边缘的发掘区呈狭长状。显而易见，这种发掘不利于揭示遗迹之间的关系和开展聚落形态研究，但这是由发掘性质等因素所决定的。当然，聚落考古研究是多方面和多层次的，这里对根据我们开展地貌调查所揭示的地理位置和地形与聚落的关系、遗存的分布所体现的各时期聚落的规模、作为构成聚落重要因素的房址和灰坑（窖穴）等遗迹的形态特点进行归纳，并对能够观察到的聚落内布局等进行初步的分析。

1. 仰韶文化一期

南交口仰韶文化一期遗存分布于东青龙涧河南岸的二级阶地上，遗址的中西部，即Ⅰ、Ⅱ两区，呈东西狭长状。从地貌学方面观察，仰韶时期Ⅰ、Ⅱ两区之间的冲沟当尚未形成，这里很可能也是仰韶早期的遗址分布区。如加上冲沟部分，本期遗址区东西长约320米，南北宽80～165米。再如果将本期遗存看作一个整体，即一个聚落，则本期遗址的面积也即聚落的总面积，约4.5万平方米。

结合我们地貌调查发现同时期的三门峡三里桥遗址、南家庄遗址等也处于河流的二级阶地[27]看，仰韶早期阶段，由于生产力水平较为低下，且受水源等的限制，人类活动范围较小，主要围绕二级阶地进行。这时期三门峡一带的遗址数量较少，聚落规模较小，人口数量也较少。

据发掘所见本期聚落中的房址系半地穴式，斜坡门道，外有柱洞，房内有灶。灰坑多圆形或椭圆形，斜壁平底与弧壁圜底者最常见，直壁平底坑也较多，有数座局部斜壁下张平底坑大且深，形制特殊，有的坑带有斜坡式门道以方便出入，有的带有脚窝，显然曾作为窖穴使用。聚落内发现的墓葬为单人一次葬。

以第三章划分的段作为尺度进行考察，则仰韶一期各段的聚落情况为：

第Ⅰ段遗存分布于Ⅰ区西部，仅有一层文化层，推测同时段的房屋、灰坑等应不会相距太远。即便如此，此段聚落的面积也当不大，仅存于遗址西端一带，最大不过1万平方米。

第Ⅱ段在Ⅱ区发现的灰坑不多，无明显的分布规律，只可看出集中于Ⅱ区的西北部。Ⅰ区西部本段灰坑主要分布于发掘区的中南部，在这些灰坑以北发现有很可能属于此段的一座房址F8，半地穴式，因其出土陶片太少，不足据以分段，但由打破它的H74属第Ⅱ段判断，F8只能属于第Ⅰ或第Ⅱ段，再据第Ⅰ段尚未发现遗迹推测，F8属于第Ⅱ段的可能性更大。如果是这样，则Ⅰ区西部发掘区的局部聚落布局大概是：西北部有一门道朝东的房屋，房屋东南是数座灰坑（窖穴）。此发掘区的西北部还发现2座墓葬，由于无随葬品和可供利用的层位关系，故其期别难定，如属于第Ⅱ段，则说明该时段此发掘区北部或以北一带为墓葬区，以南为居住区。

本段Ⅰ区西部和Ⅱ区遗存之间距离较远。如果Ⅰ、Ⅱ区之间本段遗存连片分布，加上冲沟面积，这时段的聚落总面积则为4万~4.5万平方米，聚落的中心应主要在Ⅰ区中西部。

第Ⅲ段Ⅱ区的灰坑仍主要分布于发掘区的西北部。Ⅰ区西部灰坑则在发掘区的中南部略显集中，在西北部也有分布。如上文所说，如果本期发现的2座墓葬属于此段，则可说明这时很可能存在此发掘区北为墓葬区，南为居住区的大致布局。Ⅰ区东部仅有个别灰坑发现。

与第Ⅱ段有所不同的是，第Ⅲ段遗存可确定在Ⅰ区西部、东部和Ⅱ区均有分布，虽然聚落格局仍不甚清晰，但Ⅰ、Ⅱ区之间本段遗存已连续分布，如加上冲沟部分，此时段的南交口聚落面积约可达4.5万平方米。

2. 仰韶文化二期

仰韶文化二期遗存分布于东青龙涧河南岸的二级阶地及其南部黄土台塬中下部的边坡上，遗址的东部，即Ⅲ区，约呈南部为弧头的长方形。虽然该区东部偏北有宽近30米的南北向冲沟，但从沟东、西两侧断面上暴露有文化层、灰坑和灰沟堆积判断，现今冲沟当系后期形成，这里也应是仰韶时期的遗址区。如果将本期遗存作为一个整体，一个聚落，则本期聚落跨度东西约280米，南北约320米，总面积约8万平方米。

仰韶二期与仰韶一期遗存分布于遗址的不同部位，两期的聚落也不重合。与后者明显不同的是，仰韶二期聚落除坐落于二级阶地上外，还向南延伸至黄土台塬边坡上，上下高差达近70米。

从总体上看，东青龙涧河南岸第5~7层梯田上遗址中部的文化遗存丰富，为本期聚落的中心区，以南由于地势较陡峭、以北地势较低而均遗存稀薄，当是聚落的边缘区。这种由中心向南北两侧，而不是向四周遗存渐趋稀少的聚落布局是与当地的地貌环境密切相关的。

本期聚落北临河，在其东部有一条灰沟G3，虽然未对该沟作详细解剖，但从发掘部分看该沟东北部沟壁较缓，人为加工的特征不太明显，而恰处于聚落边缘的特殊位置，与豫西地区同时期其他聚落往往环壕位于聚落周边的情况无异，则该沟为聚落东部围沟的可能性自然也不可完全排除。遗址南部或中南部与西部因未进行详细勘探是否有围沟尚不得而知。

若将仰韶二期遗存作为一个聚落，则其与附近同时期的三门峡杨家沟、卢家店等聚落[28]面积接近，比位于其西约12公里面积达24万平方米的庙底沟聚落[29]规模明显偏小，似处于较低一级的聚落级别上。

本期除有圆形半地穴式房址外，还见长方形和圆形地面式建筑。半地穴式房址规模不大但形制规整，左右对称，有门道、柱洞、灶坑等设施。与仰韶一期的很大不同是，此时出现了平地起建的房址，并且圆形和长方形者均有发现，表明本期聚落内房屋形式的多样化。灰坑以圆形口居多，椭圆形口者次之，习见斜壁或弧壁下张平底结构，不少坑容积较大，坑口及壁、底规整，曾作窖穴使用，而其中的多座子母坑更是该期聚落中具有鲜明特色的上好窖穴，是黄土地带先民充分利用自然条件服务于生活的智慧结晶。本期窖穴较之上期的明显差异在于其形制更规整，营修得更加讲究。本期聚落内还有小型灰沟，其西北部和东部还有自然冲沟。发现的墓葬为一座多人二次合葬墓，这种葬式流行于仰韶早期偏晚，本期者显然是先前风俗的孑遗。本期聚落内还有怀疑为露天的灶坑等。

以第四章划分的期段作为尺度进行考察，则仰韶文化二期内早、中、晚期各段的聚落情况为：

早期，是仰韶文化二期聚落的初建期，聚落规模有限。

第Ⅰ段遗存我们仅知道，发现的灰坑与灶址、文化层东西相距40多米，分布于Ⅲ区的中部偏北，均处于东青龙涧河南岸二级阶地上。Ⅲ区的其他发掘部位未发现，以西以北地势较低，遗存稀少，其南即为非工程占地区，因此以南附近区域未行开挖，即使如此，第Ⅰ段遗存的分布范围相当有限则是可以肯定的，其时聚落的面积当不会很大。

第Ⅱ段遗存也发现较少，分布于Ⅲ区中部偏北发掘区的偏东部，也处于二级阶地上。与第Ⅰ段相同，本段聚落当不会太大。灰坑中有2座处于同一部位且存在打破关系，与另1座相距达20余米，布局不清。

中期，是仰韶二期聚落最兴盛的时期，聚落规模涵盖遗址Ⅲ区的全部。

第Ⅲ段遗存丰富，从其分布可反映出这时的南交口聚落规模急剧扩大，覆盖了仰韶二期的全部遗址区，分布于Ⅲ区西北部、中部偏北的二级阶地上和Ⅲ区南部台塬边坡上。Ⅲ区南端与该区西北部或北部二级阶地前缘南北宽约320米的跨度内垂向高差约达70米，聚落面积也达到了约8万平方米。主要发现于Ⅲ区中部偏北发掘区的灰坑分布在东西近70米的范围内，中部和东部较集中，附近当有房址，因出土物甚少、段别不详的F1正处于中部较集中灰坑附近，或许它们属于同一组遗迹。尤其是在F1以北不足1米处与之相对应有1座本时期的多人二次合葬墓，墓葬周邻又有多座灰坑，从而表明此时或许还没有专辟的墓地，墓葬仍尚与居址相混杂。同时我们还看到，此时聚落西北部有一条小沟G2，东部边缘则有一条南北长达30余米，宽10米以上的较大灰沟G3，虽然二者都可能原属于自然冲沟后被人们的生活废弃物填满，但东部灰沟形制较大，又处于聚落边缘，显然尤其重要。

第Ⅳ段遗存依然丰富，分布于Ⅲ区的中部偏北和北部，向南已至少延伸至二级阶地与台塬边坡的相交地带。这表明此段聚落面积与前段相差不多，仍然较大。灰坑主要发现于Ⅲ区中部偏北发掘区，大致分为三组，每组都有3～6座灰坑，组与组之间相距10余米，每组内灰坑则较集中分布，且存在打破关系。结合其他各段灰坑之间也存在一些打破关系可知，古代人们在一定时期内有在某处长期活动的习惯。

晚期，是仰韶二期聚落的稳定发展期。聚落规模大体上仍为整个遗址第Ⅲ区。

第Ⅴ段遗存较少，多见于Ⅲ区中部偏北，从T03也发现有本段地层看向南也分布至台塬边坡上，但整体范围似乎比中期要小。灰坑发现于Ⅲ区中部偏北发掘区的偏西部，也较集中地分布，且存在一些打破关系。

第Ⅵ段遗存发现也较少，但有可能在垂向高度上分布至最高的Ⅲ区南部边缘。属于本段的H4与H8处于Ⅲ区中部偏北发掘区的偏西部，相距约7米，附近未发现可明确属本段的其他遗迹。而处于Ⅲ区中部偏北发掘区偏东部的F2和H21相距较近，层位相同，后者椭圆口斜壁下张应是储物的窖穴，处于前者门道的左前侧，不排除二者属于同一组建筑的可能性。

从以上分析，我们可以看到仰韶文化二期自早期经中期到晚期，聚落经历了由初建到规模逐步扩大和持续发展的过程。

3. 仰韶文化三期

本期遗存仅见于遗址Ⅰ区的西部一隅，在Ⅰ区东部和西部发掘区均未发现，显然，此时期聚落的面积不大，估计当不超过0.5万平方米。聚落内有形制甚规整的圆形斜壁下张平底状窖穴等。

四、仰韶文化各期环境、农业状况的讨论

三门峡地区全新世环境研究基本处于空白状态，而邻近的洛阳盆地和渭河流域开展的全新世环境研究较多。这里我们参照邻近地区的全新世环境研究成果来说明三门峡一带仰韶时期的环境变化。

同时，在南交口仰韶文化遗存中，我们获得了一些与环境、农业相关的信息，这里一并做初步探讨。

1. 仰韶文化一期

本期即仰韶文化早期阶段。据研究[30]，渭河流域的植被先后为以十字花科为主的中生草原和以松、蒿、藜为主的森林草原，其间气候虽可能有过冷暖波动，但总的状况

是温和半湿润，水热条件好于现代。而据夏正楷先生等的研究[31]，洛阳盆地本期较早时期气候总体尚较寒冷干燥，此后随着气候环境开始变暖，进入了全新世大暖期的最盛期。近年，我们在进行文物普查时在同属三门峡地区的灵宝市坪村南的黄土层中发现了夹有仰韶文化早期陶片的湖沼相沉积[32]，该湖沼相沉积东西长达数公里，表明本期该区内已经有湖沼分布，当时气候应比较温湿。

2007年10月，我们再次调查南交口仰韶文化一期所在的遗址Ⅰ区，对断崖上发现的2座灰坑经铲刮断面后取土样进行了浮选，在灰坑07SNH01中发现有多粒完整和破碎的炭化稻米。这些稻米整体粒形饱满，根据长、宽测量数据和比值判断似应属粳稻[33]。据该坑内采集出土物看，其年代约相当于该遗址仰韶文化一期第Ⅱ段或稍晚，对出土稻、粟粒的^{14}C测年为距今约6000年[34]。这是黄河流域首次发现仰韶早期阶段水稻遗存的重要实例。水稻具有明显喜温湿的特性，本期水稻籽实的发现，表明在仰韶早期黄河中游三门峡一带的环境已较温暖湿润了。较温暖湿润的环境为仰韶文化的发展提供了适宜的生态气候条件。

本期农业状况可以从发现的植物遗存中得到了解。

对2007年通过浮选收集的南交口仰韶文化一期2座灰坑内的农作物遗存，经鉴定其以粟、黍为主，并有较多的稻米。以往在南交口仰韶文化二期灰坑中发现有水稻籽实，表明三门峡一带仰韶中期曾有水稻种植。同一遗址仰韶早期稻作遗存的发现与确认，使人们认识到黄河中游一带开始栽培水稻的时间更提前到仰韶早期。考虑到陕西临潼姜寨[35]、甘肃秦安大地湾[36]等遗址同时期发现的是粟类即粟或黍等旱地作物，本遗址的发现也以粟、黍较多见，表明这时期三门峡一带的农作物品种很可能仍以旱地作物为主，但水稻作物也已成为重要的组成部分。仰韶早期的人们因地制宜，在距水源较远的黄土台塬、边坡或阶地上种植粟、黍，而在适宜的滨水湿地上栽培水稻，宜粟则粟，宜稻则稻，这里早在仰韶早期就已形成既种粟又种稻的稻粟混作农业经济。

本期稻作遗存的发现及稻作农业的发展具有重要意义。该遗址是迄今我国所见最早出现完整稻、粟、黍组合的地点，稳定的稻、粟、黍共存关系显示出这一时期已有了稳定的植物类食物资源[37]。水稻的种植改变了单一种植粟、黍等旱地作物的局面，表明早在仰韶早期，豫、陕、晋交界地带农作物品种就朝多样化方向发展中迈出了重要的一步，这时期先民们就开始由种植旱地作物的单一种植模式转变为施行旱地和水田作物多品种的种植模式。多品种的种植模式被认为是种植制度先进性的体现，它不但可以提高农业生产的收获量，而且能够降低单一作物种植的危险系数，是农业经济大发展的标志[38]，尤其是旱、水作物并存，是人们进一步充分利用自然条件服务于生活的实证。农业的发展为社会、文化的发展提供了条件，为日后仰韶文化中期庙底沟类型在豫西晋南一带的兴起奠定了基础。

2. 仰韶文化二期

本期即仰韶文化中期阶段。据对渭河流域的研究显示[39]，仰韶文化中、晚期大部分时间内的植被是以栎等阔叶树为主的森林草原，气温上升到全新世以来的最高点。而据对洛阳盆地的研究可知[40]，这一时期属于全新世大暖期的最盛期，总体气候温暖湿润。尤其是这一时期的前段出现了很多喜暖树种，是全新世以来气候最好的时期。孢粉组合虽仍以蒿属、禾本科和藜科为主，但乔木花粉的含量和种类都已经较多，出现了胡桃属、枫杨属、漆树属、桑科等比较喜暖的树种。

考古材料所反映的环境变化及本期环境特征，突出地表现在以下方面：

第一，包括三门峡、灵宝一带在内的豫、陕、晋交界地区仰韶中期庙底沟类型与仰韶早期相比，遗址数量猛增，遗址面积明显扩大，文化极大繁荣，史前文化的发展进入一个顶峰阶段。这应当是与比较优越的气候条件分不开的。

第二，就南交口遗址来说，仰韶文化一期聚落位于遗址西部的二级阶地上，而仰韶文化二期聚落明显扩大，除坐落于遗址东部二级阶地上外，还向南延伸至地势较陡峭的黄土台塬边坡上，上下高差约达 70 米。站在遗址Ⅲ区下部向南望去，本期聚落的南部已到了如同是半山腰上，即使在“人口爆炸”的今天看来，那里由于坡陡路险，并不适于人们居住，而本期半地穴和地面式房址在那里却均有发现。分析其原因，除了到仰韶中期之时，在仰韶早期的基础上，文化持续发展，人口有了大幅度增长，人们活动范围进一步扩大，使聚落不得不有较大规模扩展这一因素以外，主要应是这一时期气候较好的体现。黄土质地疏松，通透性好，具有干硬湿软的特点，比较优越的水热条件为开荒播种提供了便利。人们垦耕等活动的主要场所，已不局限于二级阶地上，而是延伸到了黄土台塬边坡乃至台塬顶上。原聚落附近相对和缓的黄土台塬边坡地带自然也成为这时期聚落扩展的主要方向。同时，或许也正是由于此时期雨水较多，河水经常泛滥，为了摆脱潮湿给生活带来的不便，人们便选择黄土高坡来营建居所。据调查，距离南交口仅 3.5 公里的卢家店仰韶中期聚落[41]等也主要处于二级阶地和黄土台塬的边坡上。人们在垂向上往更高的黄土台塬拓展是三门峡一带这一时期聚落发展的普遍现象。

第三，水稻遗存的发现，反映出本期为温暖湿润的气候。1997 年南交口遗址的发掘，在仰韶中期（即南交口仰韶文化二期）灰坑 H21、H25 中就发现了炭化的稻米籽实[42]。2007 年 10 月我们对遗址Ⅲ区原发掘区至今仍保留的部分探方南壁上堆积较好的 8 座灰坑铲刮掉表面后重新取土样予以浮选，结果在 H11、H39、H64 等单位中也发现了完整和破碎的炭化稻米[43]。这些单位涉及该遗址仰韶文化二期的中期第Ⅲ、Ⅳ段和晚期第Ⅴ、Ⅵ段，表明本期种植水稻延续年代长久，而非某一短暂时段的事情。同时，在这些遗迹中还发现有炭化粟、黍等籽实。水稻的种植是景观环境与气候的指示器，反映出这时期三门峡一带有较大的水域或湿地，当时为持续温暖湿润的理想气候。

豫、陕、晋交界及其周邻一带处于黄土高原地区，黄土具有喜湿的特点，水分充足则易于垦耕，并十分有利于植物的生长，全新世大暖期最盛期温暖湿润的气候为宽广的黄土地的开发提供了便利条件，为仰韶文化中期的繁荣兴盛提供了最适宜的生态环境。

仰韶文化二期的农业状况可以从出土的生产工具、动物骨骼以及浮选发现的植物遗存来认识。

本期发现的石质工具中以与农业生产相关者为主导，主要有石斧（2 件，其中 1 件为发掘品，另 1 件系采集品）、石铲（9 件）、石刀（5 件）、石磨棒（6 件）、石磨盘（3 件）等，其中又以翻土用的铲、收割谷物用的刀以及脱壳加工用的磨盘、磨棒为主，而主要用以砍伐的斧则很少，表明当时的农业生产更重视翻地播种、中耕和谷物的收获、加工，伐树开荒已非主导性行为了。此外还发现有较多的石球（9 件）等通常被认为是狩猎的工具。从这些发现可知这一时期人们过着以农业为主，兼及狩猎（应当还有采集）的生活。

同时，本期出土少量动物遗骸，经鉴定有家猪等。在 2000 年和 2001 年对同一时期河南灵宝西坡遗址居住区的发掘中出土有大量动物遗骸，其中家猪骨骼约占可鉴定动物标本总数的 84%，家猪被认为是人们肉食消费的主要对象[44]。比较二者，即使因南交口与西坡之间存在着聚落等级的差别，两者家畜饲养的规模与水平未必相同，但可以肯定的是，这里也有家猪饲养。而家畜饲养是以农业的发展为前提的。

本期浮选发现的农作物遗存仍以粟、黍居多，而水稻见于除文化遗存总体发现就甚少的早期第Ⅰ、Ⅱ段以外的所有期段，表明水稻与粟、黍一样也是这时期主要的农作物品种。反过来我们再看生产工具，无论是石铲、石刀，还是石磨棒和磨盘，它们都不仅可用于旱地粟类作物的收割与脱壳，而且也能够进行稻米的收获及加工。可见水稻种植与旱地耕作同样是这时期重要的农业生产门类。

本期农作物遗存的发现，还为人们研究仰韶中期的农业经济区域提供了条件。

传统认识认为，新石器时代黄河流域农业生产乃以粟、黍为代表的旱作农业。河南郑州大河村[45]、洛阳西高崖[46]、渑池仰韶[47]等遗址都曾有仰韶中期稻米印痕发现的报道，但由于未经科学鉴定而没有引起人们的充分重视。早在 1997 年我们发掘南交口遗址时，在仰韶中期（即南交口仰韶文化二期）灰坑中就浮选发现了水稻籽实，并经过了细致的鉴定[48]。约同时，在陕西华县泉护村遗址发掘中也发现有仰韶中期的炭化稻米[49]，从而使稻作遗存在空间分布上已由郑州、洛阳、三门峡至关中地区连点成线，这使人们逐步认识到仰韶中期在约北纬 35°一线黄河以南的广大黄淮地区，在平原或山前河谷临水地带都可能有水稻生长。稻谷属高产作物，产量远远高于粟、黍，人们会利用这一优点在有水源的地方较广泛地种植水稻。2007 年南交口仰韶中期粟、黍与水稻遗存的更多发现，再次表明上述地区并非单一的旱作农业，而是水、旱作物并存的稻、粟混作区。

本期水田作物与旱地作物遗存的同时发现，同样也是农作物品种多样化的结果，是种植制度先进性的体现，是农业大发展的重要标志。这种稻、粟、黍的稳定组合，表明这一时期人们有着稳定的植物类食物资源，经营着以农业为主的生业方式。仰韶文化中期庙底沟类型的兴起、繁荣和强盛是与深厚的农业经济基础密不可分的。

3. 仰韶文化三期

本期即仰韶文化晚期后段，或谓仰韶文化末期。据对洛阳盆地的研究可知[50]，仰韶晚期气候总体比较寒冷干旱，孢粉组合以蒿属、禾本科和藜科为主，此外有一定量的菊科、豆科、毛茛科和唐松草属花粉，乔木花粉也很少。

南交口仰韶文化三期遗存发现甚少，也未见与环境及农作物有关的材料。但由三门峡一带同时期遗址较少、聚落规模多不太大等方面，可以看到文化明显的衰落，这应与此期气候变干恶化及农业生产发展的减缓不无关联。

五、关于二里头文化遗存

1. 基本文化特征

南交口遗址二里头文化遗存分布在Ⅰ区，此区普遍有一层文化层，东部厚而西部、东部边缘较薄。遗迹中有房址 1 座，为长方形连间地面式建筑。灰坑 6 座，圆形或长方形口，斜壁下收平底、弧壁圜底等结构。墓葬 1 座，长方形竖穴土坑双人合葬墓，无葬具，随葬品为 3 件陶器。

发现的陶器均为陶容器。以夹砂或泥质灰陶居多，流行绳纹和附加堆纹。基本器物组合为深腹罐、中口瓮、单耳罐、花边罐、带鋬罐、圆腹罐、盆、豆、大口尊等。仅见石铲、石斧和钻孔石器等数件石器。

通过对比可知，南交口二里头文化遗存与同为豫西三门峡地区的渑池郑窑[51]、陕县西崖村[52]和七里铺[53]遗址的同期遗存近同，其器类及形制与伊洛地区典型二里头文化也具有强烈的共性，因此其文化性质当属于二里头文化，是豫西地区的夏文化遗存。但是该处二里头文化遗存却不见陶器内壁施麻点的作风并缺乏觚、杯、爵、斝、瓦足皿、平底盆、四系罐等伊洛地区二里头文化的习见器形，除可能由于发现遗存较少外，也应当与具有一定的地方性特点有关。

2. 聚落形态初步考察

南交口二里头文化遗存在遗址Ⅰ区东、西部发掘区均有分布，覆盖了Ⅰ区全部，而东部的Ⅱ区则未见该期遗存，此文化时期的聚落规模应与Ⅰ区的面积相当，即约3.5万平方米，是二里头文化中较小型的聚落。

本期在遗址Ⅰ区西部发现遗存较少，值得重视的是在Ⅰ区东部发掘区发现了一座至少有3个房间的连间房（F7），规模较大，建造考究，各间分别开门，房门向北，而当地南部为黄土塬坡，北为东青龙涧河，总体地势为南高北低，这座房屋的修建显然考虑了这种地形。

由于F7仅出土1件A型陶深腹罐，确切的期段难以判定，但其不晚于一期第Ⅱ段却可以肯定，如属于第Ⅰ段，便与M10为同一时段。若如此，则存在此时Ⅰ区偏东部为居住区（或生活区），东部边缘为墓葬区的聚落布局的可能性。

六、关于东周、汉代墓葬

（一）东周墓葬

东周墓葬发现3座，即M4、M5、M6，分布在相邻的三个探方内，距离较近，开口层位一致，墓葬形制相同，随葬器物相似，时代上也大致处于同一时期，即约为战国早期，至迟到战国中期。

M4、M5葬具均一椁一棺，随葬品为一鼎、二豆、二壶，这是战国时期平民墓所常见的形式，推测二墓主人的身份当为平民。M6虽没有随葬品，但从墓葬形制和葬具、葬式分析，墓主也应是平民。

（二）汉代墓葬

1. 墓葬的年代与形制特征

本次发掘11座汉代墓葬，年代主要有西汉初年1座（M16）、西汉晚期1座（M9）、西汉末期4座（M1、M11、M14、M15）、东汉前期2座（M12、M13）、东汉后期3座（M3、M17、M18）。

墓葬的方向，除3座（M11、M14、M15）南北向长方形竖穴土坑墓外，其余8座皆为洞室墓，其中坐南朝北的1座（M16），坐西朝东的5座（M1、M9、M12、M13、M18），坐东朝西的2座（M3、M17）。

虽然本次发掘是配合基本建设进行的抢救性考古发掘，发掘的墓葬数量较少，主要限于基建占地区，墓葬分布在东西长330米，南北宽185米的较大区域内，但对这批汉墓的方向与年代之间的关系经分析仍可初见端倪。其总体规律是南北向的墓葬早于东西向的墓葬，坐西朝东的墓葬早于坐东朝西的墓葬。洞室墓的演变关系，一是墓道由长方形竖井向长条形斜坡式变化，墓道由宽变窄、由短变长；二是甬道由无到有，并出现砖券甬道，墓门的封堵方法由平砖直立封堵变为外拱砖弧形叠砌封堵；三是墓室的面积由小到大，墓室的数量也由少到多，宽度由窄于墓道变为宽于墓道，高度也不断增加，墓室顶部由平顶向拱顶发展，并出现砖券墓室，墓室由单室向前后室、多室发展，券法由并列券向横券变化，墓室底部由平底逐渐演化为后高前低或后部出现棺床、后室及侧室往往高于前室。

2. 出土器物

这批汉代墓葬的随葬器物组合是，西汉初年墓主要有灰陶鼎、缶、盆、罐、瓿、甑和铜镜等生活类器皿；西汉晚期墓因被盗、破坏严重而无出土物；西汉末年墓有绿釉陶壶、小壶、耳杯，铁剑、刀和铜镜等；东汉前期墓虽被盗但仍出土有绿釉陶瓿、壶、仓、灶等生活类明器和鼎盖、樽盖等奠器；东汉晚期墓主要有灰陶或釉陶院落、瓿、壶、仓、灶、盆、甑、釜、博山炉、豆形灯、瓢、勺等生活类明器，羊圈、猪圈、鸡、鹅等家畜类明器和案、耳杯、盘、樽等奠器，及陶镇墓瓶、铜镜、铜车马饰、铁刀、剑、釜、石臼、骨耳瑱、玉剑璏等。这些墓葬的时代分期序列虽然不全，但总体上还是可以看出随着时间的发展，器物的种类、数量在不断增加，生活类实用灰陶器皿逐渐为灰陶或釉陶明器所代替，明器也由简单的日常生活类衍生出家畜类、祭奠器等，铜镜由早期的较轻薄型逐步演变为厚重型，铁质刀、剑在后期普遍出现，并可见铅质马衔，反映出冶炼技术的成熟应用和铁器时代的大发展。

各类陶器器形的演变也和随葬器物组合一样，虽没有完整的演化序列，但总体上仍可看出其早晚之间的演进规律。如缶由宽矮变为瘦高，方唇演化为圆唇，宽平肩变为瘦鼓腹，口沿由窄折沿变为宽卷沿，肩腹部的绳纹逐步消失并变为素面磨光。瓿由实用器变为明器，器形缩小，出现釉陶、红陶，方唇变为圆唇，肩部的折棱消失。盆、甑由斜直口平折沿方唇变为敞口外卷沿圆唇，折腹变为圆弧腹。仓由出檐变为直筒形，方唇变为圆唇。壶由粗颈盘口变为细颈近斜直口，圆鼓腹变为扁尖鼓腹，假圈足越来越高。铜镜由卷边弦纹镜发展为宽厚缘连弧纹镜。

这些汉代墓葬，从墓葬形制结合随葬器物情况判断，既有地主阶层的墓葬（如M12、M13、M17、M18等），也有平民的墓葬（如M11、M14、M15等）。由于跨度较长，分布较稀疏，有些墓葬当分属于不同的家族，如M12与M13时代相同、距离较近，很可能属同一时期同一家族的墓葬。

三门峡地处黄河中游，两汉时期位处长安、洛阳两京之间，是连接二者交通的必经之路，也是两地区文化相互影响的重要纽带。本次发掘的墓葬虽然数量不多，范围也基本限于高速公路线路占地区南交口村西的一段，但仍然反映出了一定的社会文化现象：西汉至东汉早期的墓葬，从墓葬形制到随葬品的风格近西安而远洛阳，东汉后期渐与洛阳相同。以汉代陶仓为例，关中地区出土的都是出檐仓，洛阳一带则往往为直筒形仓，南交口所见东汉前期为出檐仓（如M12∶3），而东汉晚期则为直筒形（如M3∶14、M3∶15、M3∶16）。这种现象是与当时的社会风气、思想文化分不开的。西汉建都长安，是全国政治、经济、文化的中心，思想意识、文化观念主导社会的潮流，三门峡地区的墓葬近西安而远洛阳是风气使然。东汉迁都洛阳，政治、经济、文化中心东移，社会由王莽时期的动荡渐趋稳定，社会风气、思想观念也随之改变，三门峡一带墓葬所反映的习俗也渐趋与洛阳相同。同时，关中出土汉代灶的后部均为尖头（或圆头）形，洛阳为长方体灶，而从南交口东汉晚期墓中既出土长方体灶（如M3∶10、M18∶3），又有前方后圆体灶（如M18∶2）等还可以看到，这里的汉墓正如其地理位置一样，也具有两地区文化相融合的特征。

3. M17

南交口汉墓中尤为重要的是M17，该墓形制较大，地面上墓室顶部除残存有少部分土冢外，周围还有长方形环壕，推测原土冢应覆盖在墓室或整个墓葬上方，并且比较高大，是迄今豫西三门峡地区已发掘形制最大的墓葬。长方形环壕式围墓沟是秦墓常有的形制，东汉时期墓葬发现有围墓沟者确属罕见，这或为本地秦文化思想的一种延续。该墓虽然被盗，但出土器物数量仍然较多，种类也较丰富，盗洞填土中发现了大量铜绿色土锈，分析原来应该有不少大件铜器，然而却被盗，说明墓主身份应较高。该墓以南与其南北对应、间隔约50米处也有一座带高大墓冢的墓葬，它们当属于同一家族，即同为当地一大家族的墓葬。

发掘时我们清理了围墓沟及墓道内的全部积土，还揭取了砖砌墓室的全部墓砖，从而为更全面了解该墓葬的信息提供了基础。我们不仅发现有刻纹与刻字砖，而且更为重要的是，在铺地砖下的圆形小土坑内发现有带朱书文的镇墓陶瓶。类似陶瓶以往大都发现于墓室内。以前往往在清理完墓室之时即告完工，这些发现告诉我们，对于发掘的每处遗迹，任何部位都应不见“生土”决不罢休，否则就可能遗漏珍贵文物或重要考古信息。

在发现的砖面有刻文、印痕的墓砖中，除文字、鱼纹当具有一定的意义外，其余各种印痕或具有其他特定含义，或是制作时制砖工人的随意刻印尚不得而知。该墓墓砖文字字体较工整，表明有的制砖工人尚有一定的文化基础。而 M17∶77、M17∶78 两例墓砖所写内容很可能是统计砖数之用，余者有的为残砖，含义不详。

M17 发现的镇墓瓶或称解注瓶、解谪瓶，按东、南、中、西、北“五行”方位埋置，每个瓶上朱绘有北斗七星图案，并有朱书方位文字、神祇名称、五种矿物神药名称、驱邪避祸等内容，瓶内装有矿物质，这在以往的汉墓考古报告中尚不多见。

阴阳五行思想是汉代思想的支柱，陶瓶上朱书文所体现的正是阴阳五行思想，也是道教所具有的基本思想，北斗图案当系神符，其具有解注功能是从汉代一直到唐代长期存在的传统观念，可见五个陶瓶在当时人们的心目中有着安冢、镇墓、解注的作用。这些陶瓶所具有的解注作用与早期道教天师道“分离人鬼，杀鬼生人，避免疾病流行”的核心相吻合，天师道也被认为最初是在以西安、洛阳为中心的附近地区创立起来的[54]，三门峡恰处于汉代长安、洛阳两京之间，这里的发现为上述认识增添了实证。

陶瓶中所盛之“曾青”、“丹沙（砂）”、“雄黄”、“礜石”、“慈（磁）石”五种矿物即古代文献记载之“五石”。经分析，只有丹砂、磁石与陶瓶朱书文所言名称相符，其余皆不相符。从而表明，“五石”在汉墓中的放置并不严格，仅具象征意义。

以往在河南与陕西之间，也曾发现镇墓（或称解注、解谪）瓶，或书“雄黄”、或书“丹砂”、或书“礜石”，但往往未见“五石”俱全者，而且尚有不少汉墓出土四瓶、五瓶而未见朱书、墨书者（也许原有朱书、墨书已脱落），由于未见文字或记录不全，其用途不详。通过南交口 M17 的发现，可以证实以往发现的这类陶瓶均为同一性质，也具有同样的用途，即均为镇墓除殃、保佑生人和解注之用，是早期道教仪式的一种物化形式。再者，南交口陶瓶无论其发现地域还是所具有的解注作用，无不与天师道紧密相关，这为研究早期道教的形成与发展提供了宝贵的实物资料。

注　释

[1][8][11][15][25][29]　中国科学院考古研究所等：《庙底沟与三里桥》，科学出版社，1959 年。

[2][14][19][23]　中国科学院考古研究所山西工作队：《山西芮城东庄村和西王村遗址的发掘》，《考古学报》1973 年第 1 期。

[3]　中国历史博物馆考古部等：《垣曲古城东关》，科学出版社，2001 年。

[4]　中国科学院考古研究所等：《西安半坡》，文物出版社，1963 年。

[5][35]　西安半坡博物馆等：《姜寨》（上、下），文物出版社，1988 年。

[6]　北京大学历史系考古教研室：《元君庙仰韶墓地》，文物出版社，1983 年。

[7]　河南省文物研究所：《河南考古四十年》，河南人民出版社，1994 年。

[9]　原文认为是接近于庙底沟类型的因素，见张忠培、严文明：《三里桥仰韶遗存的文化性质与

年代》，《考古》1964 年第 6 期。

[10] 严文明：《略论仰韶文化的起源和发展阶段》，《仰韶文化研究》，文物出版社，1989 年。

[12] 河南省文物研究所等:《渑池仰韶村 1980～1981 年发掘报告》，《史前研究》1985 年第 3 期。

[13] 山西省考古研究所：《西阴村史前遗存第二次发掘》，《三晋考古》第二辑，山西人民出版社，1996 年。

[16] 卜工：《庙底沟二期文化的几个问题》，《文物》1990 年第 2 期。

[17] 北京大学考古学系：《华县泉护村》，科学出版社，2003 年。

[18] 中国社会科学院考古研究所等：《山西夏县东下冯龙山文化遗址》，《考古学报》1983 年第 1 期。

[20] 河南省文物研究所：《河南灵宝涧口遗址发掘报告》，《华夏考古》1989 年第 4 期；卜工：《庙底沟二期文化的几个问题》，《文物》1990 年第 2 期。

[21] 张忠培：《试论东庄村与西王村遗存的文化性质》，《考古》1979 年第 1 期。

[22][28][41] 河南省文物考古研究所：《三门峡市交口一带考古调查报告》，见本书附录一。

[24] 河南省文物考古研究所：《河南三门峡南家庄遗址调查与试掘》，《华夏考古》2007 年第 4 期。

[26] 河南省文物考古研究所、灵宝市文物保护管理所 2007 年调查资料。

[27] 2007 年 4 月我们邀请北京大学环境学院夏正楷教授、张小虎博士对南交口一带进行环境考古调查，同时考察了三门峡三里桥遗址、南家庄遗址的地貌。

[30][39] 西北大学文博学院考古专业：《案板遗址新石器时代遗存研究》，见《扶风案板遗址发掘报告》，科学出版社，2000 年。

[31][40][50] 孙雄伟、夏正楷：《河南洛阳寺河南剖面中全新世以来的孢粉分析及环境变化》，《北京大学学报（自然科学版）》第 41 卷第 2 期，2005 年。

[32] 2006 年冬河南省文物考古研究所魏兴涛在与灵宝市文物保护管理所合作进行的文物普查中发现了该湖相沉积。2007 年 4 月，我们邀请北京大学环境学院夏正楷教授、张小虎博士进行了考察确认。

[33][37][43] 秦岭：《三门峡南交口遗址 2007 年出土仰韶文化早、中期农作物遗存及相关问题探讨》，见本书附录四。

[34] 吴小红、魏兴涛：《三门峡南交口遗址^{14}C 年代的测定与相关遗存的年代》，见本书附录二。

[36] 刘长江、孔昭宸、朗树德：《大地湾遗址农业植物遗存与人类生存的环境探讨》，《中原文物》2004 年第 4 期。

[38] 赵志军、方燕明：《登封王城岗浮选结果及分析》，《华夏考古》2007 年第 2 期。

[42] 魏兴涛、孔昭宸、刘长江：《三门峡南交口遗址仰韶文化稻作遗存的发现及其意义》，《农业考古》2000 年第 3 期；孔昭宸、刘长江、魏兴涛：《南交口遗址 1997 年出土仰韶文化中期农作物遗存初步研究》，见本书附录二。

[44] 马萧林：《灵宝西坡遗址家猪的年龄结构及相关问题》，《华夏考古》2007 年第 1 期。

[45] 严文明：《中国稻作农业的起源》，《农业考古》，1982 年第 1、2 期。

[46] 洛阳博物馆：《洛阳西高崖出土的稻谷》，《史前研究》1981 年第 1、2 期。

[47]　黄其煦：《关于仰韶遗址出土的稻谷》，《史前研究》1986 年第 1、2 期。

[48]　魏兴涛、孔昭宸、刘长江：《三门峡南交口遗址仰韶文化稻作遗存的发现及其意义》，《农业考古》2000 年第 3 期。

[49]　韩伟：《远望集 · 前言》，陕西人民美术出版社，1998 年。

[51]　河南省文物研究所、渑池县文化馆：《渑池县郑窑遗址发掘报告》，《华夏考古》1987 年第 2 期。

[52]　河南省文物研究所：《陕县西崖村遗址的发掘》，《华夏考古》1989 年第 1 期。

[53]　黄河水库考古队河南分队：《河南陕县七里铺商代遗址的发掘》，《考古学报》1961 年第 1 期。

[54]　张勋燎、白彬：《中国道教考古》，线装书局，2006 年。

附　　表

附表一　南交口遗址房址登记表

文化	编号	所在探方	层位			建筑形式	开口形状	门道方向	结构及尺寸(厘米)								出土遗物	段别	备注
			层下	上	下				口部	底部	门道	灶坑	自深	居住面	柱洞	填土			
仰韶文化一期	F8	T35	④	M8 H74	生土	半地穴式	圆形	82°	残径235		半椭圆形,长90,宽60,斜坡状	圆形,直径37,深3~4	60		3个,圆形,口径22~26,直壁或斜壁下收,平底或圜底,深15~18	浅灰色,较疏松	少量陶片	不详	向西延伸至T35西壁外未发掘
仰韶文化二期	F1	T6	④	H5	生土	地面式	圆形	不详	残径425		发掘部分未发现	发掘部分未发现		灰褐色,平坦坚硬	发掘部分未发现	垫土分二层,均灰褐色,较坚硬	少量陶片	不详	向西分布至T6内,向南延伸至T6、T7南壁外未发掘
仰韶文化二期	F2	T13	③		④ H89	半地穴式	圆形	0°	口径240	底径238	略半椭圆形,长110,宽60~114,斜坡状,底有踩踏面	无	52	平坦	8个,圆形,口径14~26,直壁或斜壁下收,多平底,深10~12	深灰色,疏松	小口瓶AⅥ2,盆乙BaⅤ3、乙BbⅤ2,乙CⅤ,碗CaⅣ2,钵BⅣ、Cb,夹砂罐AbⅥ,缸乙AaⅢ,瓮乙AⅣ;骨锥	Ⅵ	

续表

文化	编号	所在探方	层位			建筑形式	开口形状	门道方向	结构及尺寸(厘米)								出土遗物	段别	备注
			层下	上	下				口部	底部	门道	灶坑	自深	居住面	柱洞	填土			
仰韶文化二期	F3	T01	⑦		F4⑧生土	半地穴式	圆形	0°	口径320	底径345	略半椭圆形,四层台阶,长100,宽90~100	略椭圆形,残径70~80,弧壁,圜底,深18	210	平坦,光滑	1个,圆形,口径20,直壁,圜底,深21	黄褐色,疏松	少量陶片	不详	南部延伸至T01南壁外未发掘
	F4	T01	⑧	F3	生土	地面式	长方形	不详	东西长400以上,南北残宽70~105		发掘部分未发现	椭圆形,口径76~100厘米,斜壁,平底,深5	35~50	已被破坏	发掘部分未发现	垫土分三层,分别呈浅灰色、灰褐色和黄褐色,较坚硬	缸甲AaⅢ	不详	北部被断崖破坏,向东、向西分别延伸至T01东壁、西壁外未发掘
	F5	T03	⑫		H60生土	地面式	长方形	不详	东西长390,南北宽136		发掘部分未发现	椭圆形,口径90~100,弧壁,圜底,深30		红褐色,平整光滑,有烧烤痕,厚2~4	墙基内4个,圆形,口径17~20,弧壁,圜底,深13~16;房内3个,圆形,口径20~32,直壁或斜壁下收,近平底或圜底,深10~30	垫土一层,浅灰色,较坚硬	少量陶片	不详	南部与东部分别延伸至T03南壁与东壁外未发掘

续表

文化	编号	所在探方	层位			建筑形式	开口形状	门道方向	结构及尺寸(厘米)								出土遗物	段别	备注
			层下	上	下				口部	底部	门道	灶坑	自深	居住面	柱洞	填土			
仰韶文化二期	F9	T04	②		H6	半地穴式	圆形	180°	口径180	底径150	略半椭圆形,长92,宽48~114,斜坡状,底有踩踏面	椭圆形,口径24~32斜壁,近平底,深10	74	黄褐色,平坦,坚硬,厚10~15	8个,圆形,口径14~18,直壁或斜壁下收,平底或圜底,深14~18	浅灰色,疏松	少量陶片	不详	
二里头文化	F7	T27	⑥	H79	生土	地面式连间房	长方形	0°	东西长824,南北宽316		东间门道宽60,中间门道宽52,西间门道宽56	圆形,口径70,弧壁、圜底,深38		黄褐色踩踏面,平坦光滑	16个,圆形,口径20~42,多直壁平底,深15~40		深腹罐A	不详	北部和东部延伸至T27北、东隔梁下未发掘;至少三间的连间房,有奠基坑、散水等

说明:①一座房址跨2个探方以上的,只登记其中的一个;②深指房址口部至底部的距离,底不平者取最深值;③遗物栏中未注明质地者为陶器,阿拉伯数字表示件数,未注明者为1件。

附表二　仰韶文化一期遗迹登记表

编号	所在探方	层位			形状与结构	口径（厘米）	深（厘米）	出土遗物	段别	备注
		层下	上	下						
H41	T23	②		H42	圆形，直壁，平底	105	50	少量陶片	不详	
H42	T23	②	H41	H46	圆形，弧壁，圜底	146	25	少量陶片	不详	
H43	T21	②	H46	生土	椭圆形，有门道，北壁与西壁斜直下收，南部斜壁下张，平底	220～290	140	钵AⅡ7、AⅢ3、BⅠ3，小钵甲2、乙Ⅰ2，碗AⅡ3、AⅢ、B3，窄沿罐AⅡ17，无沿罐Ⅱ2，宽沿罐AⅡ3，小罐B，盆甲Ba、乙AaⅡ4、乙AbⅡ2，小口尖底瓶Ⅰ5，瓮，缸3，敛口罐4；骨环	Ⅱ	
H44	T23	②		H46	方形，直壁，平底	148×145	70	小钵乙Ⅱ，碗B，无沿罐Ⅱ2，宽沿罐AⅢ，泥质罐BⅢ，盆乙AaⅢ，小口尖底瓶Ⅱ2	Ⅲ	
H45	T24	②		H54	椭圆形，直壁，平底	125～155	60	钵AⅢ、AⅣ，盆乙AaⅢ2	Ⅲ	
H46	T23	②	H42 H44	H43	椭圆形，斜壁下收，平底	残120～265	130	钵AⅡ，小钵乙Ⅰ3，窄沿罐AⅡ2、BⅡ，宽沿罐AⅡ，盆乙AaⅡ、乙AbⅡ2，小盆甲、乙A，器盖A，小口尖底瓶Ⅰ4	Ⅱ	
H47	T23	②		生土	圆形，弧壁，圜底	65	26	少量陶片	不详	
H48	T23	②		生土	椭圆形，斜壁下收，平底	128～140	45	碗AⅣ，窄沿罐AⅢ、BⅢ，盆乙CⅢ	Ⅲ	
H50	T24	②		H54 H52	圆形，斜壁下收，平底	残200	55	碗AⅣ，宽沿罐B3，小罐A，器盖B	Ⅲ	北部与东部分别延伸至T24北隔梁与东隔梁下未发掘
H51	T24	②		生土	圆形，斜壁下收，近平底，下部一直径25厘米圆坑	100	54	甚少陶片	不详	西北部延伸至T23北隔梁下未发掘

续表

编号	所在探方	层位			形状与结构	口径（厘米）	深（厘米）	出土遗物	段别	备注
		层下	上	下						
H52	T24	②	H50	生土	圆形，弧壁，圜底	残100	35	少量陶片	不详	东部延伸至T24东隔梁下未发掘
H53	T23	②		生土	圆形，弧壁，圜底	155	30	少量陶片	不详	西部延伸至T23西壁外未发掘
H54	T24	②	H45 H50	生土	圆形，斜壁下收，平底	250	65	钵AⅢ4、BⅡ2，窄沿罐AⅡ3，宽沿罐B3，小罐B，盆乙AaⅡ，敛口罐	Ⅱ	北部延伸到T24北隔梁下未发掘
H55	T25	②		生土	椭圆形，东部斜壁下收，呈坡状，西侧斜壁下张，平底	220～340	105	钵AⅡ2、AⅢ9、BⅡ3，碗AⅡ4、AⅢ6，窄沿罐AⅡ12，宽沿罐AⅡ、B2，盆乙AaⅡ3、乙AbⅡ5，小盆乙A2、乙B、甲2，缸3，小口尖底瓶Ⅰ，敛口罐，筒形罐，小杯	Ⅱ	位于T25与T26的南部扩方内
H56	T25	②		生土	圆形，弧壁，圜底	残100	40	少量陶片	不详	位于T25与T26南扩方的西南角，向西、向南延伸至T25南扩方外未发掘
H67	T32	④		H81 H86	长方形，弧壁，圜底	残200×400	100	钵BⅢ，小碗，盆乙AaⅢ2，器盖B	Ⅲ	西部、东部分别延伸至T31、T32二方的东隔梁下未发掘

续表

编号	所在探方	层位			形状与结构	口径（厘米）	深（厘米）	出土遗物	段别	备注
		层下	上	下						
H68	T31	④	H81	H71 H72	椭圆形，斜壁下收，平底	残100～290	90	钵AⅡ、BⅠ，碗AⅢ2，窄沿罐BⅡ，盆甲AⅠ、甲Ba2、乙AaⅡ3、乙CⅡ	Ⅱ	T31东、北隔梁、T33东、北隔梁及T34北隔梁下压部分未发掘
H69	T32	④		H81	椭圆形，斜壁下收，平底	残140～217	34	碗AⅢ2，泥质罐AⅡ，盆乙BⅠ，筒形罐	Ⅱ	向西延伸至T31东隔梁下未发掘
H70	T32	④		H81	圆形，直壁，平底	250	26	钵AⅣ6，碗AⅣ2，小碗，宽沿罐AⅢ，小罐A	Ⅲ	向北延伸到T32北隔梁下及T34探方内，T32北隔梁下压部分未发掘
H71	T31	④	H68	⑤	圆形，直壁，平底	残122	130	少量陶片	不详	向北延伸到T31北隔梁下，向西延伸到T31西壁外未发掘
H72	T31	④	H68	⑤	椭圆形，南部直壁，北部斜壁稍内收，西部斜壁下张，平底	残230～454	140	小口尖底瓶Ⅰ2，钵AⅡ3、AⅢ7、BⅠ2、BⅡ3，小钵乙Ⅰ5，碗AⅠ2、AⅡ11、AⅢ2，窄沿罐AⅡ2、BⅡ，无沿罐Ⅱ3，宽沿罐AⅡ8，小罐A，泥质罐AⅡ2、BⅡ，盆甲AⅠ、乙AaⅡ5、乙AbⅡ3、乙CⅠ，小盆乙B，器盖B	Ⅱ	北部延伸到T33内，东部延伸至T31、T33东隔梁下未发掘

续表

编号	所在探方	层位			形状与结构	口径（厘米）	深（厘米）	出土遗物	段别	备注
		层下	上	下						
H74	T35	④		F8	椭圆形，弧壁，圜底	残274～320	80	钵AⅡ4、BⅠ2，小钵乙Ⅰ，碗AⅡ2、AⅢ10，窄沿罐AⅡ12、BⅡ2，无沿罐Ⅱ，宽沿罐AⅡ，小罐B，盆乙AaⅡ，小口尖底瓶Ⅰ；石核多件	Ⅱ	向南延伸至T33内及其北隔梁下，向西延伸至T35西壁外未发掘
H75	T32	④		H81	椭圆形，斜壁下收，平底	残205～262	75	钵AⅣ6、BⅢ2，碗AⅢ、AⅣ5、B，窄沿罐AⅢ3、BⅢ4，无沿罐Ⅲ，宽沿罐AⅢ，直口罐，盆甲AⅡ、乙AaⅢ3、乙AbⅢ2、乙D	Ⅲ	北部与东部分别延伸至T32北隔梁与东隔梁下未发掘
H78	T27	⑥		生土	椭圆形，有门道，一侧斜壁下收，余处上部近直壁，下部外张，平底	残240～320	175	钵AⅣ6、BⅢ，小钵乙Ⅱ2，碗AⅣ7，窄沿罐AⅢ7，无沿罐Ⅲ，宽沿罐AⅢ2，小罐B，盆乙AaⅢ、乙AbⅢ、乙CⅢ，小口尖底瓶Ⅰ、Ⅱ4，缸2，器盖A，平底瓶，鼎	Ⅲ	向东延伸至T27东隔梁下未发掘
H81	T32	④	H70 H75 H67 H69	H68	椭圆形，斜壁下收，平底	残300～770	56	钵AⅢ5，碗AⅡ、AⅢ2，宽沿罐AⅡ3，泥质罐AⅡ2，小罐B，盆乙AaⅡ、乙AbⅡ，瓮，小碗	Ⅱ	T31东隔梁及T32北隔梁下压部分未发掘
H82	T28	⑥		生土	约长方形，直壁，平底	残180×残80	66	少量陶片	不详	向东延伸至T28东隔梁下未发掘

续表

编号	所在探方	层位			形状与结构	口径（厘米）	深（厘米）	出土遗物	段别	备注
		层下	上	下						
H86	T32	④	H67	⑤	圆形，斜壁下收，近平底	残310	85	少量陶片	不详	向东、向南分别延伸至T32东隔梁下和南扩方外未发掘
H87	T35	④		M7 M8	圆形，直壁，平底	175	280	钵AⅣ2、BⅢ，碗AⅣ3，窄沿罐AⅢ，无沿罐Ⅲ，宽沿罐AⅢ4，小罐B，盆乙AaⅢ2，器盖B2	Ⅲ	
H04		不明		生土	圆形，弧壁，圜底	230	90	钵AⅣ2，窄沿罐AⅢ，无沿罐Ⅲ2，宽沿罐AⅢ2，小罐A，盆甲Bb、乙AaⅢ2，器盖B	Ⅲ	
H05		不明		生土	圆形，弧壁，圜底	180	86	钵AⅡ，小钵乙Ⅰ，碗AⅡ5，窄沿罐AⅡ7、BⅡ2，无沿罐Ⅱ4，宽沿罐AⅡ4，器盖B	Ⅱ	
M7	T35	④	H87	⑤	长方形竖穴土坑，单人葬，仰身屈肢，无葬具	240×42	30	无随葬品	不详	
M8	T35	④	H87	F8 ⑤	长方形竖穴土坑，单人葬，仰身屈肢，无葬具	198×65	23	无随葬品	不详	

说明：①一处灰坑跨2个以上探方的，只登记其中一个；②口径栏中圆形注直径，椭圆形注短径~长径，方形或长方形注长×宽；③深指遗迹口部至底部的距离，底不平者取最深值；④遗物栏中未注明质地者为陶器，阿拉伯数字表示件数，未注明者为1件，难以辨明型式的只登记器类，难以辨明亚型的只登记型，难以辨明式的只登记亚型或型或类；⑤房址登记另见附表一。

附表三　仰韶文化一期Ⅰ段T31⑤～T36⑤层陶片统计表

纹饰 \ 陶质陶色		夹砂				泥质（含细泥质）					合计	百分比（%）	
		灰	灰褐	红褐	黑	灰	红褐	红	黑	黄			
素面		32	41	108	76	105	33	327		27	749	81.41	
磨光						1	2	19		1	23	2.5	
旋纹		1				2		2	3		8	0.87	
绳纹		1	7	7	2	13	14	72		4	120	13.04	
彩陶	黑彩三角纹＋直线纹＋斜线纹							1			1	0.11	2.18
	黑彩三角纹＋斜线纹						1	4		1	6	0.65	
	黑彩三角纹							3			3	0.33	
	黑彩平行线纹							5			5	0.54	
	黑彩窄带纹＋三角纹＋平行线纹							2			2	0.22	
	褐彩三角纹							1			1	0.11	
	褐彩窄带纹							1			1	0.11	
	褐彩三角纹＋圆圈纹＋圆点纹							1			1	0.11	
合计		34	48	115	78	121	50	438	3	33	920	100	
百分比（%）		3.7	5.22	12.5	8.48	13.15	5.43	47.61	0.33	3.59	100.01		
		29.9				70.11							
器形	盆						1	4			5	17.24	
	泥质罐						1	2			3	10.34	
	小碗		1								1	3.45	
	小杯						1				1	3.45	
	碗							3			3	10.34	
	器座							2			2	6.9	
	小口尖底瓶							1			1	3.45	
	窄沿罐		1	3							4	13.79	
	无沿罐			1							1	3.45	
	宽沿罐		1	3							4	13.79	
	筒形罐		1								1	3.45	
	钵							2			2	6.9	
	罐底		1								1	3.45	
合计			5	7			3	14			29	100	
百分比（%）			17.24	24.14			10.34	48.28			100		
		41.38				58.62							

附表四 仰韶文化一期Ⅱ段 H43 陶片统计表

纹饰 \ 陶质陶色		夹砂				泥质			细泥质		合计	百分比（%）
		灰褐	红褐	黑	黄	灰	红褐	红	黑	黄		
素面		31	24	128	10	23	91	158	14	30	509	53.58
磨光						3	25	134	17	14	193	20.32
旋纹		5	2	90		1	2	11		4	115	12.11
绳纹			12	1	5	5	19	48	2	34	126	13.26
锥刺纹							4	3			7	0.74
合计		36	38	219	15	32	141	354	33	82	950	100.01
百分比（%）		3.79	4	23.05	1.58	3.37	14.84	37.26	3.47	8.63	99.99	
		32.42				55.47			12.1			
器形	钵						2	11			13	19.12
	小钵	1	1					2			4	5.88
	碗						1	6			7	10.29
	窄沿罐	10	7								17	25
	无沿罐	2									2	2.94
	宽沿罐	2	1								3	4.41
	盆	1					1	2	1	2	7	10.29
	瓮									1	1	1.47
	缸		1					1		1	3	4.41
	小口尖底瓶							2		3	5	7.35
	敛口罐							3		1	4	5.88
	小罐	1									1	1.47
	罐底	1									1	1.47
合计		18	10				4	27	1	8	68	99.98
百分比（%）		26.47	14.71				5.88	39.71	1.47	11.76	100	
		41.18				45.59			13.23			

附表五 仰韶文化一期Ⅱ段 H46 陶片统计表

纹饰 \ 陶质陶色	夹砂				泥质			细泥质		合计	百分比（%）
	灰	灰褐	红褐	黑	灰	红褐	红	黑	黄		
素面	8	35	25	25	3	35	112		37	280	66.99
磨光					2	16	18	3	2	41	9.81
旋纹		1		2		1	5			9	2.15
绳纹		20	7		3	10	28	2	18	88	21.05

续表

陶质陶色/纹饰		夹砂				泥质			细泥质		合计	百分比（%）
		灰	灰褐	红褐	黑	灰	红褐	红	黑	黄		
合计		8	56	32	27	8	62	163	5	57	418	100
百分比（%）		1.91	13.4	7.66	6.46	1.91	14.83	39	1.2	13.64	100.01	
		29.43				55.74			14.84			
器形	窄沿罐		1	2							3	16.67
	宽沿罐		1								1	5.56
	盆							3			3	16.67
	小口尖底瓶							2		2	4	22.22
	小钵							2	1		3	16.67
	钵						1				1	5.56
	小盆		1					1			2	11.11
	器盖							1			1	5.56
合计			3	2			1	9	1	2	18	100.02
百分比（%）			16.67	11.11			5.56	50	5.56	11.11	100.01	
		27.78				55.56			16.67			

附表六　仰韶文化一期Ⅱ段H54陶片统计表

陶质陶色/纹饰		夹砂				泥质			细泥质		合计	百分比（%）
		灰	灰褐	红褐	黑	灰	红褐	红	黑	黄		
素面		2	6	7	8		2	26	3	3	57	46.72
磨光					1	3	1	36			41	33.61
绳纹		1	5	6	2					1	15	12.3
旋纹				6				2			8	6.56
锥刺纹								1			1	0.82
合计		3	11	19	11	3	3	65	3	4	122	100.01
百分比（%）		2.46	9.02	15.57	9.02	2.46	2.46	53.28	2.46	3.28	100.01	
		36.07				58.2			5.74			
器形	钵						1	5			6	40
	盆							1			1	6.67
	敛口罐							1			1	6.67
	窄沿罐			3							3	20
	宽沿罐			3							3	20
	小罐			1							1	6.67
合计				7			1	7			15	100.01
百分比（%）				46.67			6.67	46.67			100.01	
		46.67				53.34						

附表七　仰韶文化一期Ⅱ段 H55 陶片统计表

<table>
<tr><th colspan="2" rowspan="2">陶质陶色
纹饰</th><th colspan="4">夹砂</th><th colspan="3">泥质</th><th colspan="2">细泥质</th><th rowspan="2">合计</th><th rowspan="2">百分比（%）</th></tr>
<tr><th>灰</th><th>灰褐</th><th>红褐</th><th>黑</th><th>灰</th><th>红褐</th><th>红</th><th>黑</th><th>黄</th></tr>
<tr><td colspan="2">素面</td><td></td><td>33</td><td>31</td><td>17</td><td>13</td><td>6</td><td>70</td><td></td><td>3</td><td>173</td><td>36.97</td></tr>
<tr><td colspan="2">磨光</td><td></td><td></td><td></td><td></td><td>12</td><td>14</td><td>117</td><td></td><td>1</td><td>144</td><td>30.77</td></tr>
<tr><td colspan="2">旋纹</td><td></td><td>29</td><td>3</td><td>7</td><td></td><td></td><td>2</td><td></td><td></td><td>41</td><td>8.76</td></tr>
<tr><td colspan="2">绳纹</td><td>14</td><td>4</td><td></td><td>27</td><td></td><td>1</td><td>59</td><td></td><td>1</td><td>106</td><td>22.65</td></tr>
<tr><td colspan="2">附加堆纹</td><td></td><td></td><td>1</td><td></td><td></td><td></td><td></td><td></td><td></td><td>1</td><td>0.21</td></tr>
<tr><td colspan="2">锥刺纹</td><td></td><td></td><td></td><td></td><td></td><td></td><td></td><td>1</td><td>2</td><td>3</td><td>0.64</td></tr>
<tr><td colspan="2">合计</td><td>14</td><td>66</td><td>35</td><td>51</td><td>25</td><td>21</td><td>248</td><td>1</td><td>7</td><td>468</td><td>100</td></tr>
<tr><td colspan="2" rowspan="2">百分比（%）</td><td>2.99</td><td>14.1</td><td>7.48</td><td>10.9</td><td>5.34</td><td>4.49</td><td>52.99</td><td>0.21</td><td>1.5</td><td rowspan="2">100</td><td rowspan="2"></td></tr>
<tr><td colspan="4">35.47</td><td colspan="3">62.82</td><td colspan="2">1.71</td></tr>
<tr><td rowspan="11">器形</td><td>钵</td><td></td><td></td><td></td><td></td><td></td><td></td><td>14</td><td></td><td></td><td>14</td><td>23.73</td></tr>
<tr><td>碗</td><td></td><td></td><td></td><td></td><td></td><td></td><td>10</td><td></td><td></td><td>10</td><td>16.95</td></tr>
<tr><td>盆</td><td></td><td></td><td></td><td></td><td></td><td>1</td><td>5</td><td>1</td><td>1</td><td>8</td><td>13.56</td></tr>
<tr><td>小盆</td><td></td><td></td><td>2</td><td></td><td></td><td></td><td>2</td><td></td><td>1</td><td>5</td><td>8.47</td></tr>
<tr><td>缸</td><td></td><td>1</td><td></td><td></td><td></td><td>1</td><td>1</td><td></td><td></td><td>3</td><td>5.08</td></tr>
<tr><td>敛口罐</td><td></td><td></td><td></td><td></td><td></td><td></td><td></td><td></td><td>1</td><td>1</td><td>1.69</td></tr>
<tr><td>小口尖底瓶</td><td></td><td></td><td></td><td></td><td></td><td></td><td>1</td><td></td><td></td><td>1</td><td>1.69</td></tr>
<tr><td>窄沿罐</td><td></td><td>10</td><td>2</td><td></td><td></td><td></td><td></td><td></td><td></td><td>12</td><td>20.34</td></tr>
<tr><td>宽沿罐</td><td></td><td>2</td><td>1</td><td></td><td></td><td></td><td></td><td></td><td></td><td>3</td><td>5.08</td></tr>
<tr><td>筒形罐</td><td></td><td>1</td><td></td><td></td><td></td><td></td><td></td><td></td><td></td><td>1</td><td>1.69</td></tr>
<tr><td>小杯</td><td></td><td>1</td><td></td><td></td><td></td><td></td><td></td><td></td><td></td><td>1</td><td>1.69</td></tr>
<tr><td colspan="2">合计</td><td></td><td>15</td><td>5</td><td></td><td></td><td>2</td><td>33</td><td>1</td><td>3</td><td>59</td><td>99.97</td></tr>
<tr><td colspan="2" rowspan="2">百分比（%）</td><td></td><td>25.42</td><td>8.47</td><td></td><td></td><td>3.39</td><td>55.93</td><td>1.69</td><td>5.08</td><td rowspan="2">99.98</td><td rowspan="2"></td></tr>
<tr><td colspan="4">33.89</td><td colspan="3">59.32</td><td colspan="2">6.77</td></tr>
</table>

附表八　仰韶文化一期Ⅱ段H68陶片统计表

纹饰＼陶质陶色		夹砂					泥质			细泥质		合计	百分比（%）	
		灰	灰褐	红褐	黑	黄	灰	红褐	红	黑	黄			
素面		7	12	34	16	2	9	20	79		8	187	76.64	
磨光							5	1	14	1		21	8.61	
旋纹			1						2			3	1.23	
绳纹		3	2		7			7	10			29	11.89	
彩陶	黑彩窄带纹＋三角纹＋斜线纹							1				1	0.41	1.64
	褐彩三角纹										2	2	0.82	
	褐彩三角纹＋斜线纹								1			1	0.41	
合计		10	15	34	23	2	14	29	106	1	10	244	100.01	
百分比（%）		4.1	6.15	13.93	9.43	0.82	5.74	11.89	43.44	0.41	4.1	100.01		
		34.43					61.07			4.51				
器形	钵								2			2	16.67	
	碗							2				2	16.67	
	盆		2	1				3	1			7	58.33	
	窄沿罐		1									1	8.33	
合计			3	1				5	3			12	100	
百分比（%）			25	8.33				41.67	25			100		
		33.33					66.67							

附表九　仰韶文化一期Ⅱ段H72陶片统计表

纹饰＼陶质陶色		夹砂					泥质			细泥质		合计	百分比（%）	
		灰	灰褐	红褐	黑	黄	灰	红褐	红	黑	黄			
素面			44	22	84	3	10	30	52		12	257	76.04	
磨光		2	3		7		2	2	11	1	5	33	9.76	
旋纹									2		1	3	0.89	
绳纹				2				14	8		4	28	8.28	
彩陶	黑彩三角纹								3			3	0.89	5.03
	黑彩三角纹＋斜线纹								4			4	1.18	
	黑彩窄带纹								3			3	0.89	
	褐彩三角纹＋斜线纹										4	4	1.18	
	褐彩宽带纹								2			2	0.59	
	褐彩三角纹										1	1	0.3	

续表

纹饰＼陶质陶色		夹砂					泥质			细泥质		合计	百分比（%）
		灰	灰褐	红褐	黑	黄	灰	红褐	红	黑	黄		
合计		2	47	24	91	3	12	46	85	1	27	338	100
百分比（%）		0.59	13.91	7.1	26.92	0.89	3.55	13.61	25.15	0.3	7.99	100.01	
		49.41					42.31			8.29			
器形	碗							5	10			15	22.39
	钵							1	12		2	15	22.39
	小钵							1	4			5	7.46
	盆			1					7		2	10	14.93
	小口尖底瓶								2			2	2.99
	泥质罐							2	1			3	4.48
	小罐		1									1	1.49
	无沿罐		3									3	4.48
	窄沿罐		3									3	4.48
	宽沿罐		7	1								8	11.94
	小盆										1	1	1.49
	器盖		1									1	1.49
合计			15	2				9	36		5	67	100.01
百分比（%）			22.39	2.99				13.43	53.73		7.46	100	
		25.38					67.16			7.46			

附表一〇　仰韶文化一期Ⅱ段H74陶片统计表

纹饰＼陶质陶色	夹砂				泥质			细泥质		合计	百分比（%）
	灰	灰褐	红褐	黑	灰	红褐	红	黑	黄		
素面		21	24	35	36	22	173	6	6	323	76.18
磨光					4	6	27			37	8.73
旋纹							2			2	0.47
绳纹	1	1	2	3		24	31			62	14.62
合计	1	22	26	38	40	52	233	6	6	424	100
百分比（%）	0.24	5.19	6.13	8.96	9.43	12.26	54.95	1.42	1.42	100	
	20.52				76.64			2.84			

续表

纹饰＼陶质陶色		夹砂				泥质			细泥质		合计	百分比（%）
		灰	灰褐	红褐	黑	灰	红褐	红	黑	黄		
器形	碗						5	7			12	31.58
	钵						1	4		1	6	15.79
	窄沿罐		10	4							14	36.84
	小罐		1								1	2.63
	宽沿罐		1								1	2.63
	无沿罐			1							1	2.63
	小钵							1			1	2.63
	小口尖底瓶							1			1	2.63
	盆							1			1	2.63
合计			12	5			6	14		1	38	99.99
百分比（%）			31.58	13.16			15.79	36.84		2.63	100	
		44.74				52.63			2.63			

附表一一　仰韶文化一期Ⅱ段H81陶片统计表

纹饰＼陶质陶色		夹砂					泥质（含细泥质）					合计	百分比（%）	
		灰	灰褐	红褐	黑	黄	灰	红褐	红	黑	黄			
素面		3	3	60	42		17	17	79		4	225	62.85	
磨光				2	3		11	11	41	4	3	75	20.95	
绳纹		1	3	4	1	5		5	24		3	46	12.85	
附加堆纹				1								1	0.28	
彩陶	黑彩窄带纹								1			1	0.28	3.08
	黑彩三角纹								5			5	1.4	
	黑彩三角纹+斜线纹										1	1	0.28	
	黑彩平行线纹								1			1	0.28	
	褐彩三角纹+斜线纹								1			1	0.28	
	褐彩三角纹								2			2	0.56	
合计		4	6	67	46	5	28	33	154	4	11	358	100.01	
百分比（%）		1.12	1.68	18.72	12.85	1.4	7.82	9.22	43.02	1.12	3.07	100.02		
		35.77					64.25							

续表

纹饰 \ 陶质陶色		夹砂					泥质（含细泥质）					合计	百分比（%）
		灰	灰褐	红褐	黑	黄	灰	红褐	红	黑	黄		
器形	盆								2			2	11.11
	钵								5			5	27.78
	碗								2		1	3	16.67
	宽沿罐		3									3	16.67
	泥质罐								2			2	11.11
	小罐		1									1	5.56
	小碗								1			1	5.56
	瓮								1			1	5.56
	合计		4						13		1	18	100.02
	百分比（%）		22.22						72.22		5.56	100	
		22.22					77.78						

附表一二　仰韶文化一期Ⅲ段 H50 陶片统计表

纹饰 \ 陶质陶色		夹砂				泥质			细泥质	合计	百分比（%）
		灰	灰褐	红褐	黑	灰	红褐	红	黄		
素面		10	5	31	31	13	4	78	27	199	78.04
磨光								5		5	1.96
旋纹		8	14	15	4		3	3	1	48	18.82
绳纹									2	2	0.78
锥刺纹			1							1	0.39
合计		18	20	46	35	13	7	86	30	255	99.99
百分比（%）		7.06	7.84	18.04	13.73	5.1	2.75	33.73	11.76	100.01	
		46.67				41.58			11.76		
器形	宽沿罐		2	1						3	50
	小罐		1							1	16.67
	器盖		1							1	16.67
	碗							1		1	16.67
合计			4	1				1		6	100.01
百分比（%）			66.67	16.67				16.67		100.01	
		83.34				16.67					

附表一三　仰韶文化一期Ⅲ段H70陶片统计表

纹饰＼陶质陶色		夹砂			泥质			细泥质		合计	百分比（%）	
		灰褐	红褐	黑	灰	红褐	红	黑	黄			
素面		6	14	18	10	8	25		4	85	73.91	
磨光						1			3	4	3.48	
绳纹					2	4	8	1	1	16	13.91	
锥刺纹		1								1	0.87	
彩陶	褐彩窄带纹				2					2	1.74	7.83
	褐彩三角纹＋斜线纹						2			2	1.74	
	黑彩窄带纹						1			1	0.87	
	黑彩三角纹						2			2	1.74	
	黑彩三角纹＋斜线纹								2	2	1.74	
合计		7	14	18	14	13	38	1	10	115	100	
百分比（%）		6.09	12.17	15.65	12.17	11.3	33.04	0.87	8.7	99.99		
		33.91			56.51			9.57				
器形	碗						1		1	2	18.18	
	小碗		1							1	9.09	
	宽沿罐	1								1	9.09	
	小罐	1								1	9.09	
	钵						2		4	6	54.55	
合计		2	1				3		5	11	100	
百分比（%）		18.18	9.09				27.27		45.45	99.99		
		27.27			27.27			45.45				

附表一四　仰韶文化一期Ⅲ段H78陶片统计表

纹饰＼陶质陶色		夹砂					泥质（含细泥质）					合计	百分比（%）	
		灰	灰褐	红褐	黑	黄	灰	红褐	红	黑	黄			
素面		11	139	138	139	1	53	63	412	14	30	1000	64.43	
磨光			1		2		37	14	127	6	27	214	13.79	
旋纹			5	4				2	22		1	34	2.19	
绳纹		1	39	50	34		2	41	100	2	24	293	18.88	
附加堆纹			1									1	0.06	
小乳钉纹				1								1	0.06	
彩陶	褐彩窄带纹＋斜线纹								1			1	0.06	0.57
	褐彩三角纹								3			3	0.19	
	黑彩三角纹								3			3	0.19	
	黑彩三角纹＋斜线纹								2			2	0.13	

续表

纹饰 \ 陶质陶色		夹砂 灰	夹砂 灰褐	夹砂 红褐	夹砂 黑	夹砂 黄	泥质（含细泥质） 灰	泥质（含细泥质） 红褐	泥质（含细泥质） 红	泥质（含细泥质） 黑	泥质（含细泥质） 黄	合计	百分比（%）
合计		12	185	193	175	1	92	120	670	22	82	1552	99.98
百分比（%）		0.77	11.92	12.44	11.28	0.06	5.93	7.73	43.17	1.42	5.28	100	
		36.47					63.53						
器形	小口尖底瓶							2	3			5	12.5
器形	碗							4	3			7	17.5
器形	钵							1	5		1	7	17.5
器形	小钵								2			2	5
器形	宽沿罐		2									2	5
器形	窄沿罐		5	2								7	17.5
器形	无沿罐			1								1	2.5
器形	小罐		1									1	2.5
器形	鼎			1								1	2.5
器形	器盖								1			1	2.5
器形	盆								3			3	7.5
器形	缸			1					1			2	5
器形	平底瓶								1			1	2.5
合计			8	5				7	19		1	40	100
百分比（%）			20	12.5				17.5	47.5		2.5	100	
		32.5					67.5						

附表一五　仰韶文化一期Ⅲ段 H87 陶片统计表

纹饰 \ 陶质陶色	夹砂 灰	夹砂 灰褐	夹砂 红褐	夹砂 黑	泥质 灰	泥质 红褐	泥质 红	细泥质 黑	细泥质 黄	合计	百分比（%）
素面	30	50	14	94	8	35	80	12	2	325	86.21
磨光					2	3	13	7		25	6.63
绳纹				1	10	5	7		2	25	6.63
黑彩三角纹+窄带纹							2			2	0.53
合计	30	50	14	95	20	43	102	19	4	377	100
百分比（%）	7.96	13.26	3.71	25.2	5.31	11.41	27.06	5.04	1.06	100.01	
	50.13				43.78			6.1			

续表

陶质陶色 / 纹饰		夹砂				泥质			细泥质		合计	百分比（%）
		灰	灰褐	红褐	黑	灰	红褐	红	黑	黄		
器形	无沿罐		1								1	5.88
	宽沿罐		3	1							4	23.53
	小罐		1								1	5.88
	器盖		2								2	11.76
	盆						1		1		2	11.76
	窄沿罐		1								1	5.88
	钵						1	2			3	17.65
	碗						1	2			3	17.65
合计			8	1			3	4	1		17	99.99
百分比（%）			47.06	5.88			17.65	23.53	5.88		100	
		52.94				41.18			5.88			

附表一六　仰韶文化一期Ⅲ段T31④～T36④层陶片统计表

陶质陶色 / 纹饰		夹砂					泥质			细泥质		合计	百分比（%）	
		灰	灰褐	红褐	黑	黄	灰	红褐	红	黑	黄			
素面		25	63	143	96	3	77	102	364	3	10	886	82.88	
磨光		2					3		24	3	11	43	4.02	
绳纹		3	1	8			11	13	89	2	7	134	12.54	
黑彩	三角纹								4			4	0.37	0.55
	窄带纹										1	1	0.09	
	凸边纹								1			1	0.09	
合计		30	64	151	96	3	91	115	482	8	29	1069	99.99	
百分比（%）		2.81	5.99	14.13	8.98	0.28	8.51	10.76	45.09	0.75	2.71	100.01		
		32.19					64.36			3.46				
器形	筒形罐		1									1	3.23	
	盆		1	1				1	7			10	32.26	
	泥质罐								1			1	3.23	
	小盆								1			1	3.23	
	钵								3			3	9.68	
	碗							2	4			6	19.35	
	宽沿罐		1	1								2	6.45	
	窄沿罐		2	2								4	12.9	
	小口尖底瓶								1			1	3.23	
	器盖		1									1	3.23	
	小罐		1									1	3.23	
合计			7	4				3	17			31	100.02	
百分比（%）			22.58	12.9				9.68	54.84			100		
		35.48					64.52							

附表一七　仰韶文化二期遗迹登记表

编号	所在探方	层位			形状与结构	口径（厘米）	深（厘米）	出土遗物	段别	备注
		层下	上	下						
H1	T16	①		生土	椭圆形，斜壁下张，平底	残85～190	60	小口瓶AⅣ，夹砂罐AaⅣ4、AbⅣ4、BⅡ	Ⅳ	向西延伸至T16西壁外未发掘
H2	T2	③		H11④	子母坑，上部圆形，斜壁下张，平底；下部圆形，弧壁下张，平底	100	340	釜Ⅲ，瓮乙AⅣ，器座B2，灶B，小口瓶AⅣ、AⅤ3、B、C，盆甲A、甲BⅢ、甲DaⅢ、甲Db、乙BaⅣ4、乙BbⅣ3、乙CⅣ2、乙DⅣ、乙EaⅢ3，碗BaⅢ3、BbⅢ3、CaⅢ9、Cb2、D3，钵BⅢ2，夹砂罐AaⅤ15、AbⅤ4、BⅢ7、D，缸甲AaⅢ2、甲Bb、乙AaⅢ2，器盖甲BⅢ3、甲CⅢ，小折腹罐；石铲A3，石刀2，石环形器，石球C	Ⅴ	向南延伸至T2南壁外未发掘
H3	T3	③		H11④	圆形，弧壁下张，平底	120	205	小口瓶AⅤ7，盆乙BaⅣ5、乙BbⅣ4、乙CⅣ、乙Eb，碗BaⅢ、BbⅢ2、CaⅢ2，钵BⅢ2，夹砂罐AaⅤ9、AbⅤ8、BⅢ、E，缸甲AaⅢ、甲AbⅢ、甲BaⅢ、乙AaⅢ，器盖甲BⅢ3，瓮乙AⅣ2，夹砂小罐AⅢ3	Ⅴ	
H4	T4	④		生土	子母坑，上部坑较深，圆形，近直壁，向下弧壁外张，平底；下部浅穴，圆形，斜壁下张，平底	118	280	小口瓶AⅥ3，盆乙BaⅤ、乙CⅤ、乙EaⅣ3、乙Eb，碗Cb，夹砂罐AaⅥ5、AbⅥ2、D、E，缸乙C，釜Ⅲ，瓮乙AⅣ2	Ⅵ	向南延伸至T4南壁外未发掘
H5	T6	④		F1	子母坑，圆形，近直壁，平底，北部稍斜壁下张并深于底部其他部分，形成子坑	140	85	盆甲Db2，釜Ⅰ；石球C	Ⅲ	向南延伸至T6、T7南壁外未发掘

续表

编号	所在探方	层位			形状与结构	口径（厘米）	深（厘米）	出土遗物	段别	备注
		层下	上	下						
H6	T04	②	F9	生土	形状不详，北部弧壁，近平底	残长1000，残宽400～1000	280	小口瓶AⅣ7、B2，盆乙AⅣ4、乙BaⅡ3、乙BaⅢ60、乙BbⅢ45、乙CⅢ6、乙DⅢ4、乙EaⅡ29、乙Eb12，碗BaⅡ3、BbⅡ7、CaⅡ4、Cb2，钵AⅡ2、BⅡ3，夹砂罐AaⅣ19、AbⅣ67、BⅡ14、CaⅡ2，缸甲AaⅡ4、甲AbⅡ3、乙其他，器盖甲BⅡ6、甲CⅡ、乙，釜Ⅱ4，瓮乙AⅢ，泥质罐AⅡ，小杯B，灶B；石饼Ab，石斧，石纺轮，石磨棒A，石杵，石铲B	Ⅳ	四面分别延伸至T04四壁外未发掘
H8	T6	③		H16④	圆形，斜壁下张，斜平底	232	140	夹砂小罐AⅣ2，甑，小口瓶AⅥ4、AⅤ2，盆甲C、甲Db、甲E、乙AⅤ5、乙BaⅤ4、乙BbⅣ、乙BbⅤ5、乙CⅤ3、乙DⅤ、乙EaⅣ2、乙Eb6、乙F，碗BbⅣ2、CaⅣ3、Cb，钵AⅢ、BⅣ，夹砂罐AaⅥ4、AbⅥ3、CaⅢ、Cb3、D，缸甲AaⅢ、甲AbⅢ3，器盖甲BⅢ6、甲CⅣ，釜Ⅲ，泥质罐AⅢ2，折腹盆，环Ab、Ac、Ae、Af、Bb	Ⅵ	向南延伸至T5、T6南壁外未发掘
H9	T1	③		H14④	圆形，斜壁下张，平底	125	65	小口瓶AⅣ，盆甲BⅡ2、乙BaⅢ2、乙BbⅢ，碗BaⅡ2、BbⅡ、CaⅡ3、Cb2，钵AⅡ、BⅡ2，夹砂罐AaⅣ7、AbⅣ、BⅡ、CaⅡ，釜Ⅱ	Ⅳ	向南延伸至T1南壁外未发掘
H10	T1	③		Z1④	圆形，直壁，平底	125	65	石磨盘	不详	向北延伸至T1北隔梁下未发掘

续表

编号	所在探方	层位			形状与结构	口径（厘米）	深（厘米）	出土遗物	段别	备注
		层下	上	下						
H11	T2	③	H2 H3	④	圆形，弧壁下张，平底	100	200	盆乙 AⅤ、乙 BaⅣ，碗 BbⅢ2，夹砂罐 AaⅤ2、AbⅤ2、BⅢ3、CaⅢ，器盖甲 BⅢ，小口瓶 B	Ⅴ	向南延伸至 T2、T3 南壁外未发掘
H12	T3	③		H17 ④	椭圆形，斜壁下收，近平底	残 100 ~ 190	100	碗 BbⅢ、CaⅢ3	Ⅴ	向东、向北延伸至 T3 东、北隔梁下未发掘
H13	T4	④		生土	子母坑，上部圆形，直壁，平底；下部圆形，斜壁下张，平底	84	180	小口瓶 AⅣ4，盆乙 BaⅢ2、乙 CⅢ、乙 Eb，碗 BaⅡ3、BbⅡ2、CaⅡ2，钵 AⅡ、Ca，夹砂罐 AaⅣ2、AbⅣ2、BⅡ3，缸甲 AaⅡ、甲 AbⅡ2、甲 BaⅡ，器盖甲 BⅡ2，釜Ⅱ，灶 A	Ⅳ	向南延伸至 T4 南壁外未发掘
H14	T1	③	H9	④	圆形，斜壁下张，平底	100	183	小口瓶 AⅢ2、AⅣ4，盆乙 AⅣ、乙 BaⅡ3、乙 BaⅢ15、乙 BbⅡ2、乙 BbⅢ12、乙 CⅡ、乙 CⅢ3、乙 DⅢ、乙 EaⅡ4、乙 Eb2、乙 F，碗 BaⅡ2、BbⅡ2、CaⅡ2、Cb2，钵 AⅡ2、BⅡ2、D，夹砂罐 AaⅣ4、AbⅣ27、BⅡ5，缸甲 AaⅡ、甲 AbⅡ、乙 AaⅡ6、乙 C，器盖甲 BⅡ6、甲 CⅡ2，釜Ⅱ7，瓮乙 AⅢ，泥质罐 AⅡ，夹砂小罐 AⅡ2，小杯 A3，灶 B2；石饼 Aa，石磨棒 B，石刀	Ⅳ	
H15	T3	③		H17、④	圆形，弧壁，圜底	残 75	60	少量陶片	不详	向北、向西延伸至 T3 北隔梁和 T2 东隔梁下未发掘

续表

编号	所在探方	层位			形状与结构	口径（厘米）	深（厘米）	出土遗物	段别	备注
		层下	上	下						
H16	T6	④		H18	圆形，斜壁下张，平底	140	120	小口瓶AⅣ5、B，盆甲Db、乙BaⅢ2、乙BbⅢ2、乙DⅢ、乙EaⅡ，钵BⅡ、Cb，夹砂罐AbⅣ3、BⅡ2、CaⅡ，缸甲AbⅡ、乙AaⅡ3，器盖甲BⅡ4、甲D，灶A；石铲A、B	Ⅳ	
H17	T3	③	H12 H15	④	圆形，弧壁，圜底	残140	52	少量陶片	不详	向北延伸至T3北隔梁下未发掘
H18	T6	④	H16	H19 H23	圆形，一侧斜壁下张，一侧斜壁下收，近平底	280	115	小口瓶AⅣ3，盆甲DaⅡ、乙BaⅡ3、乙BaⅢ6、乙BbⅢ4、乙DⅢ2、乙Eb2、乙F，碗BaⅡ、BbⅡ、CaⅡ3、Cb2，钵BⅡ，夹砂罐AaⅣ5、AbⅣ21、BⅡ4、CaⅡ2、D，缸甲AaⅡ、乙AaⅡ5、乙C，器盖甲BⅡ5、甲CⅡ2，釜Ⅱ，彩陶罐A2，器座D，灶B、C；石球	Ⅳ	向北延伸至T6北隔梁下未发掘
H19	T6	④	H18	生土	圆形，斜壁下收，平底	275	33	小口瓶AⅣ，盆甲BⅡ、乙BaⅢ、乙DⅢ、乙EaⅡ、乙Eb3，碗BaⅡ、Cb，夹砂罐AbⅣ4、CaⅡ	Ⅳ	向北延伸至T5东隔梁北部及T6北隔梁下未发掘
H20	T7	④		生土	圆形，斜壁下张，平底	100	155	盆乙BaⅢ，碗CaⅠ，夹砂罐AbⅣ、BⅡ	Ⅳ	向南延伸至T7南壁外未发掘
H21	T12	③		H22	椭圆形，斜壁下张，平底	残90～315	60	小口瓶AⅥ2，盆乙AⅤ、乙BaⅤ7、乙BbⅤ8、乙CⅤ3、乙EaⅣ2、乙Eb，碗BaⅢ2、BbⅣ3、CaⅣ10、Cb2、D2，钵BⅣ，夹砂罐AaⅥ7、AbⅥ2、BⅣ8、CaⅢ、D，缸甲BaⅣ2，器盖甲BⅢ，釜Ⅲ，壶，小折腹罐，带耳杯	Ⅵ	向东、向北延伸至T12东、北隔梁下未发掘

续表

编号	所在探方	层位			形状与结构	口径（厘米）	深（厘米）	出土遗物	段别	备注
		层下	上	下						
H22	T12	③	H21	生土	圆形，斜壁下张，平底	残235	100	小口瓶A或B、AⅣ6，盆甲E、乙BaⅡ2、乙BaⅢ10、乙BbⅢ5、乙CⅢ2、乙F，碗BaⅡ3、BbⅡ19、CaⅡ9、Cb4、D2，钵AⅡ4、BⅡ5、D3，夹砂罐AaⅣ3、AbⅣ3、BⅡ3，缸甲AaⅡ、甲BaⅡ、乙AaⅡ4，器盖甲A、甲BⅡ2、乙，瓮乙AⅢ、乙C，泥质小罐，甑，环Aa2、Ad；石铲C，石磨盘	Ⅳ	向东、向北延伸至T12东、北隔梁下未发掘
H23	T6	④	H18	H31 H24	椭圆形，直壁，近平底	残190～250	60	小口瓶AⅣ，盆甲DaⅡ，夹砂罐AbⅣ、E，器盖甲BⅡ	Ⅳ	向北延伸至T6北隔梁下未发掘
H24	T6	④	H23	生土	圆形，斜壁下张，平底	残40	50	少量陶片	不详	向东、向北延伸至T6东、北隔梁下未发掘
H25	T8	③		生土	圆形，斜壁下收，平底	190	110	盆乙BaⅡ3、乙Eb，碗BaⅠ、BbⅠ；骨锥	Ⅲ	
H26	T9	③		H27	近圆形，一侧直壁，一侧斜壁下张，近平底	126	46	小口瓶AⅡ2，夹砂罐AaⅡ、AbⅡ	Ⅱ	向北延伸至T9北隔梁下未发掘
H27	T9	③	H26	生土	圆形，弧壁，圜底	残60	20	少量陶片	Ⅱ	向东延伸至T9东隔梁下未发掘
H28	T10	③		生土	圆形，斜壁下收，平底	残285	20	小口瓶AⅢ，夹砂罐AaⅢ、AbⅢ，彩陶罐A，小盆	Ⅲ	向西、向南延伸至T10西壁、南壁外未发掘
H29	T10	③		生土	圆形，斜壁下张，平底	残80	60	少量陶片	不详	向东延伸至T10东隔梁下未发掘
H30	T11	③		H40 H38	椭圆形，斜壁下收，平底	215～342	80	盆乙BaⅡ5、乙BbⅡ、乙DⅡ、乙EaⅠ4，碗Aa2、BbⅠ，缸甲AaⅠ、甲AbⅠ，器盖甲BⅠ3，小盆，刀	Ⅲ	

续表

编号	所在探方	层位			形状与结构	口径（厘米）	深（厘米）	出土遗物	段别	备注
		层下	上	下						
H31	T6	④	H23		圆形，直壁，平底	120	60	小口瓶AⅢ，盆甲E、乙BaⅡ、乙BbⅡ3、乙EaⅠ2、乙Eb、乙F，钵BⅠ，器盖甲BⅠ2，釜Ⅰ2，瓮乙AⅡ，彩陶罐A	Ⅲ	
H33	T5	④	G1	H34	圆形，斜壁下收，平底	80	60	盆乙AⅢ、乙BaⅡ	Ⅲ	
H34	T5	④	H33		圆形，弧壁，圜底	70	50	少量陶片	不详	
H35	T5	④	G1	H37	长方形，斜壁下收，平底	150×残85	50	少量陶片	不详	
H36	T5	④	G1	H37	圆形，弧壁，近圜底	残230	43	少量陶片	不详	向北延伸至T5北隔梁下未发掘
H37	T5	④	G1 H35 H36	生土	子母坑，上部圆形，斜壁下张，平底；下部圆形，直壁，平底	148	215	盆甲BⅠ、乙BaⅡ2、乙BbⅡ、乙DⅡ、乙EaⅠ，夹砂罐AbⅢ3、BⅠ，小口瓶AⅢ2	Ⅲ	向北延伸至T5北隔梁下未发掘
H38	T11	③	H30	H39	方形，斜壁下收，平底	残120×140	80	盆乙CⅡ，夹砂罐AbⅢ2	Ⅲ	
H39	T11	③	H38	生土	圆形，弧壁，圜底	残390	110	盆乙BaⅡ2、乙BbⅡ，碗Aa、BbⅠ、D，夹砂罐AbⅢ2、BⅠ，缸乙AaⅠ、釜Ⅰ	Ⅲ	向南延伸至T11南壁外未发掘
H40	T11	③	H30	H57	椭圆形，斜壁下收，平底	残90～155	30	少量陶片	不详	向北延伸至T11北隔梁下未发掘
H49	T17	③	G2	H84	椭圆形，斜壁下张，平底	残196～240	40	小口瓶AⅢ，盆乙BaⅡ、乙BbⅡ、乙EaⅠ，碗Aa	Ⅲ	
H57	T11	③	H40	H58	圆形，直壁，底部不详	残145	40以上	小口瓶AⅠ、夹砂罐AbⅠ	Ⅰ	向北延伸至T11北隔梁下未发掘；未清理到底

续表

编号	所在探方	层位			形状与结构	口径（厘米）	深（厘米）	出土遗物	段别	备注
		层下	上	下						
H58	T11	③	H57	生土	长方形，斜壁下收，平底，带有台阶	残45×200	45	少量陶片	Ⅰ	向北延伸至T11北隔梁下未发掘
H59	T02	③		生土	圆形，斜壁下张，平底	240	110	盆乙BaⅡ3、乙BbⅡ，碗BaⅠ、BbⅠ，器盖乙，釜Ⅰ	Ⅲ	北部被断崖破坏
H60	T03	⑫	F5	生土	圆形，弧壁，圜底	375	60	少量陶片	不详	
H62	T1	③		生土	圆形，斜壁下张，平底	120	100	小口瓶AⅣ4、B2，盆甲A、乙BaⅢ3、乙BbⅢ4、乙CⅢ、乙EaⅡ4、乙Eb，碗BaⅡ3、BbⅡ3、CaⅡ2、Cb2，夹砂罐AaⅣ3、AbⅣ8、BⅡ3、CaⅡ，器盖甲BⅡ2、甲CⅡ2，缸甲AbⅡ、乙AaⅡ，小杯A、B，器座C；石饼Aa2，石球B、C2，石楔A，石磨棒B，石铲C，石杵	Ⅳ	
H63	T1	③		H66	椭圆形，斜壁下收，平底	180～225	10	少量陶片	不详	
H64	T1	③		生土	圆形，直壁，近平底	200	35	小口瓶AⅢ，盆乙BaⅢ2、乙EaⅡ，碗BbⅡ、CaⅡ2	Ⅳ	向南延伸至T1南壁外未发掘
H65	T1	③		生土	圆形，直壁，近平底	290	125	盆甲BⅠ2、甲C2、甲Db、甲E2、乙BaⅡ5、乙BbⅡ4、乙CⅡ5、乙EaⅠ2、乙Eb，碗Aa4、Ab4、BbⅠ2、CaⅠ2、Cb3，钵AⅠ3、BⅠ，夹砂罐AbⅢ4、BⅠ7、CaⅠ3，小口瓶A或B，缸甲AbⅠ，釜Ⅰ4，甑2，器盖甲BⅠ3；石饼Ab、B	Ⅲ	北部被断崖破坏
H66	T1	③	H63	生土	圆形，斜壁下张，平底	130	120	盆乙AⅣ、乙BaⅢ3、乙BbⅢ2、乙EaⅡ2、乙Eb，夹砂罐AaⅣ、AbⅣ2，碗Cb	Ⅳ	
H84	T17	③	G2 H49	生土	长方形，直壁，平底	残103×残170	70	盆乙BbⅡ2、乙EaⅠ2、乙F，缸乙AaⅠ	Ⅲ	向北延伸至T17北隔梁下未发掘

续表

编号	所在探方	层位			形状与结构	口径（厘米）	深（厘米）	出土遗物	段别	备注
		层下	上	下						
H88	T13	③		④	圆形，直壁，平底	268	128	小口瓶AⅣ8，盆乙BaⅢ16、乙BbⅢ19、乙Eb2，碗BbⅡ2、CaⅡ2，钵BⅡ、Ca2，夹砂罐AaⅣ4、AbⅣ16、BⅡ2，缸甲AaⅡ、甲AbⅡ2、乙AaⅡ，器盖甲BⅡ7、甲CⅡ2、乙，瓮乙C，彩陶罐A，夹砂小罐AⅡ，灶D，小盆，甑；石饼B	Ⅳ	向南延伸至T13南壁及东扩方南壁外未发掘
H89	T13	④	F2	生土	近长方形，直壁，平底，有台阶	残206×410	150	小口瓶A或B、AⅣ6，盆乙BaⅡ3、乙BaⅢ13、乙BbⅡ2、乙BbⅢ11、乙CⅢ2、乙EaⅡ2，碗BbⅡ2、CaⅡ4、Cb2，夹砂罐AaⅣ8、AbⅣ18、BⅡ5，缸甲Bb2、乙AaⅡ、乙BⅡ，器盖甲BⅡ2，瓮乙AⅢ2，夹砂小罐B；石核2，石尖状器A2，石磨盘，石磨棒B，研磨器，石楔B	Ⅳ	向北、向西延伸至T13北隔梁和T12东隔梁下未发掘
H90	T13	④		生土	椭圆形，斜壁下收，平底	残185～230	50	小口瓶AⅡ，盆乙AⅡ4、乙BaⅠ2、乙BbⅠ、乙CⅠ、乙DⅠ，碗Aa2，夹砂罐AaⅡ、AbⅡ3，器盖甲A	Ⅱ	向东延伸至T13东扩方东壁外未发掘
H91	T4	④		生土	椭圆形，斜壁下收，平底	残105～260	80	小口瓶B，盆乙BaⅢ2、乙BbⅢ，碗BaⅡ，钵AⅡ、BⅡ，夹砂罐AbⅣ3，器盖甲BⅡ，釜Ⅱ	Ⅳ	北部被断崖破坏
H92	T4	④		生土	椭圆形，直壁，近平底	100～160	46	小口瓶AⅢ、B，器盖甲BⅠ，灶A，钵AⅠ	Ⅲ	
H08		不明		生土	圆形，斜壁下张，平底	204	80	少量陶片	不详	
H09		不明		生土	椭圆形，弧壁，圜底	206～340	44	小口瓶AⅢ，盆甲C、乙BaⅡ2、乙BbⅡ、乙CⅡ、乙EaⅠ，碗BaⅠ、BbⅠ，夹砂罐AaⅢ、AbⅢ2，缸甲AaⅠ、乙AaⅠ2，器盖甲BⅠ2、甲CⅠ、乙，瓮乙B，彩陶罐A；石片，石磨棒B	Ⅲ	

续表

编号	所在探方	层位			形状与结构	口径（厘米）	深（厘米）	出土遗物	段别	备注
		层下	上	下						
H010		不明		生土	椭圆形，斜壁下收，平底	115～155	60	碗BaⅡ	Ⅳ	
G1	T5	④		H33 H34 H35 H36 H37	弧头长条形，斜壁下收，平底	残330×95	60	小口瓶AⅣ3，盆甲BⅡ、甲C、乙BaⅢ、乙BbⅢ、乙EaⅡ2，器盖甲CⅡ，夹砂小罐AⅡ，器座C	Ⅳ	向北延伸进T5北隔梁下未发掘
G2	T17	③		H49 H84	长条形，南端弧鼓，略斜壁下收，圜底	残1925×900	980	小口瓶AⅡ2、AⅢ32、B4、C，盆甲A2、甲C、甲DaⅠ、甲Db2、甲E2、乙AⅡ5、乙AⅢ15、乙BaⅠ10、乙BaⅡ124、乙BbⅠ14、乙BbⅡ140、乙CⅡ42、乙DⅡ8、乙EaⅠ46、乙Eb25、乙F4，碗Aa7、Ab6、BaⅠ26、BbⅠ36、CaⅠ45、Cb16、D6，钵AⅠ16、BⅠ6，夹砂罐AaⅢ77、AbⅢ65、CaⅠ4、Cb、D54、E2，缸甲AaⅠ15、甲AbⅠ8、甲BaⅠ3、甲Bb2、乙AaⅠ16、乙Ab3、乙BⅠ4、乙C，器盖甲BⅠ31、甲CⅠ、乙，釜Ⅰ8，瓮甲5、乙AⅡ、乙C3，泥质罐AⅠ2、B、C，彩陶罐B4，夹砂小罐AⅠ3，小盆，壶，鼎足，小杯A7，小碟，器座A，甑，环Aa、Ad2、Ae2、Af、Ba、Bb、Bc；石刀2，石球A、D2，石研磨器，石磨棒A，石饼Aa、B，石环状器，石片；骨饰	Ⅲ	北部被断崖破坏，T17东隔梁下及T17、T18之间部分未发掘
G3	T14	④		生土	长条形，底部斜坡状	残长3000，残宽1000	约400	小口瓶AⅢ4，盆甲Db、乙BaⅡ7、乙BbⅡ5、乙DⅡ3、乙EaⅠ4、乙F，碗Aa2、Ab、BaⅠ、BbⅠ2、Cb，夹砂罐AbⅢ9、BⅠ，器盖甲BⅠ2，彩陶罐A2；骨笄	Ⅲ	南部、东部、北部分别延伸至T14的南壁外及东隔梁、北隔梁下未发掘

续表

编号	所在探方	层位			形状与结构	口径（厘米）	深（厘米）	出土遗物	段别	备注
		层下	上	下						
Z1	T1	③	H10	④	圆形或椭圆形，弧壁，圜底	95	26	小口瓶A或B，盆乙AⅠ3，夹砂罐AaⅠ，瓮乙AⅠ，彩陶罐A；石尖状器B	Ⅰ	向北延伸至T1北隔梁下未发掘
M2	T7	④		生土	弧角长方形，直壁平底浅穴。内葬24具人骨，均二次葬	206×180	50	夹砂罐AbⅢ、BⅠ，缸甲AbⅠ，彩陶罐A2；石铲形器，石铲A	Ⅲ	

说明：①一处遗迹跨2个以上探方的，只登记其中一个；②口径栏中圆形注直径，椭圆形注短径~长径，方形或长方形注边长×边长；③深指灰坑口部至底部的距离，底不平者取最深值；④遗物栏中未注明质地者为陶器，阿拉伯数字表示件数，未注明者为1件，难以辨明型式的只登记器类，难以辨明亚型的只登记型，难以辨明式的只登记亚型或型或类；⑤房址登记另见附表一。

附表一八　仰韶文化二期Ⅰ段H57陶片统计表

纹饰＼陶质陶色	夹砂		泥质（含细泥质）				合计	百分比（%）
	灰褐	黑	红	红褐	黄	灰		
素面	8	3	21	2	1	2	37	64.91
磨光			4	1			5	8.77
线纹	1	1	8	3	1	1	15	26.32
合计	9	4	33	6	2	3	57	100
百分比（%）	15.79	7.02	57.89	10.53	3.51	5.26	100	
	22.81		77.19					

附表一九　仰韶文化二期Ⅰ段Z1陶片统计表

纹饰＼陶质陶色	夹砂		泥质（含细泥质）			合计	百分比（%）
	灰褐	红褐	红	红褐	灰褐		
素面	2		1	3	1	7	17.95
磨光			2			2	5.13
线纹	5	6	2	13		26	66.67
黑彩窄带纹			3	1		4	10.26
合计	7	6	8	17	1	39	100.01
百分比（%）	17.95	15.38	20.51	43.59	2.56	99.99	
	33.33		66.66				

续表

纹饰＼陶质陶色		夹砂		泥质（含细泥质）			合计	百分比（%）
		灰褐	红褐	红	红褐	灰褐		
器形	盆			2	1		3	42.86
	彩陶罐			1			1	14.29
	瓮			1			1	14.29
	小口瓶				1		1	14.29
	夹砂罐		1				1	14.29
合计			1	4	2		7	100.02
百分比（%）			14.29	57.14	28.57		100	
		14.29		85.71				

附表二〇　仰韶文化二期Ⅱ段H90陶片统计表

纹饰＼陶质陶色		夹砂		泥质（含细泥质）					合计	百分比（%）	
		红褐	灰褐	红	红褐	黄	灰	黑			
素面			8	1	4	1	1		15	21.74	
磨光				6	5		3	1	15	21.74	
线纹		4	10				18		32	46.38	
彩陶	黑彩窄带纹				4				4	5.8	10.15
	黑彩平行线纹					1			1	1.45	
	黑彩垂弧纹			1					1	1.45	
	褐彩窄带纹					1			1	1.45	
合计		4	18	8	13	3	22	1	69	100.01	
百分比（%）		5.8	26.09	11.59	18.84	4.35	31.88	1.45	100		
		31.89		68.11							
器形	盆			3	3	2	1		9	52.94	
	碗			2					2	11.76	
	夹砂罐	1	3						4	23.53	
	小口瓶						1		1	5.88	
	器盖		1						1	5.88	
合计		1	4	5	3	2	2		17	99.99	
百分比（%）		5.88	23.53	29.41	17.65	11.76	11.76		99.99		
		29.41		70.58							

附表二一　仰韶文化二期Ⅲ段 H30 陶片统计表

纹饰＼陶质陶色		夹砂				泥质（含细泥质）					合计	百分比（%）	
		灰	灰褐	红褐	黑	红	红褐	黄	灰	黑			
素面			4	24	3	65	13	11	17	7	144	45.86	
磨光						3	10	2			15	4.78	
线纹		18	19		21	32	22	10	8		130	41.4	
线纹+旋纹				1				1			2	0.64	
附加堆纹						1					1	0.32	
彩陶	黑彩弧边三角纹					9	1				10	3.18	7.01
	黑彩窄带纹					7	1				8	2.55	
	黑彩平行线纹					1	1				2	0.64	
	白衣黑彩弧边三角纹+平行线纹					1					1	0.32	
	黄衣黑彩弧边三角纹					1					1	0.32	
合计		18	23	25	24	120	48	24	25	7	314	100.01	
百分比（%）		5.73	7.32	7.96	7.64	38.22	15.29	7.64	7.96	2.23	99.99		
		28.65				71.34							
器形	盆					8	3				11	55	
	碗					3					3	15	
	缸		2								2	10	
	器盖		3								3	15	
	小盆		1								1	5	
合计			6			11	3				20	100	
百分比（%）			30			55	15				100		
		30				70							

附表二二　仰韶文化二期Ⅲ段 H65 陶片统计表

纹饰＼陶质陶色	夹砂				泥质（含细泥质）					合计	百分比（%）
	灰	灰褐	红褐	黑	红	红褐	黄	灰	黑		
素面	7	53	17	7	80	9	19	14		206	47.14
磨光				1	35				11	47	10.76
线纹	7	26	4	11	70	18	11	13	1	161	36.84
旋纹	3	2	5		1					11	2.52

续表

<table>
<tr><th colspan="2" rowspan="2">陶质陶色
纹饰</th><th colspan="4">夹砂</th><th colspan="5">泥质（含细泥质）</th><th rowspan="2">合计</th><th colspan="2" rowspan="2">百分比（%）</th></tr>
<tr><th>灰</th><th>灰褐</th><th>红褐</th><th>黑</th><th>红</th><th>红褐</th><th>黄</th><th>灰</th><th>黑</th></tr>
<tr><td colspan="2">线纹+旋纹</td><td></td><td>5</td><td>2</td><td></td><td></td><td></td><td></td><td></td><td></td><td>7</td><td colspan="2">1.6</td></tr>
<tr><td colspan="2">附加堆纹</td><td></td><td></td><td></td><td></td><td></td><td></td><td></td><td>1</td><td></td><td>1</td><td colspan="2">0.23</td></tr>
<tr><td rowspan="2">彩陶</td><td>黑彩窄带纹+垂弧纹</td><td></td><td></td><td></td><td></td><td>2</td><td></td><td></td><td></td><td></td><td>2</td><td>0.46</td><td rowspan="2">0.92</td></tr>
<tr><td>白衣黑彩弧边三角纹+斜线纹+圆点纹</td><td></td><td></td><td></td><td></td><td>2</td><td></td><td></td><td></td><td></td><td>2</td><td>0.46</td></tr>
<tr><td colspan="2">合计</td><td>17</td><td>86</td><td>28</td><td>19</td><td>190</td><td>27</td><td>30</td><td>28</td><td>12</td><td>437</td><td colspan="2">100.01</td></tr>
<tr><td colspan="2" rowspan="2">百分比（%）</td><td>3.89</td><td>19.68</td><td>6.41</td><td>4.35</td><td>43.48</td><td>6.18</td><td>6.86</td><td>6.41</td><td>2.75</td><td rowspan="2">100.01</td><td colspan="2" rowspan="2"></td></tr>
<tr><td colspan="4">34.33</td><td colspan="5">65.68</td></tr>
<tr><td rowspan="9">器形</td><td>小口瓶</td><td></td><td></td><td></td><td></td><td>1</td><td></td><td></td><td></td><td></td><td>1</td><td colspan="2">1.47</td></tr>
<tr><td>盆</td><td></td><td>2</td><td>5</td><td></td><td>9</td><td>5</td><td></td><td>3</td><td></td><td>24</td><td colspan="2">35.29</td></tr>
<tr><td>碗</td><td></td><td></td><td></td><td></td><td>12</td><td>2</td><td></td><td></td><td>1</td><td>15</td><td colspan="2">22.06</td></tr>
<tr><td>钵</td><td></td><td></td><td></td><td></td><td>4</td><td></td><td></td><td></td><td></td><td>4</td><td colspan="2">5.88</td></tr>
<tr><td>夹砂罐</td><td></td><td>10</td><td>4</td><td></td><td></td><td></td><td></td><td></td><td></td><td>14</td><td colspan="2">20.59</td></tr>
<tr><td>缸</td><td></td><td></td><td>1</td><td></td><td></td><td></td><td></td><td></td><td></td><td>1</td><td colspan="2">1.47</td></tr>
<tr><td>器盖</td><td></td><td>3</td><td></td><td></td><td></td><td></td><td></td><td></td><td></td><td>3</td><td colspan="2">4.41</td></tr>
<tr><td>釜</td><td></td><td>2</td><td>2</td><td></td><td></td><td></td><td></td><td></td><td></td><td>4</td><td colspan="2">5.88</td></tr>
<tr><td>甑</td><td></td><td></td><td>2</td><td></td><td></td><td></td><td></td><td></td><td></td><td>2</td><td colspan="2">2.94</td></tr>
<tr><td colspan="2">合计</td><td></td><td>17</td><td>14</td><td></td><td>26</td><td>7</td><td></td><td>3</td><td>1</td><td>68</td><td colspan="2">99.99</td></tr>
<tr><td colspan="2" rowspan="2">百分比（%）</td><td></td><td>25</td><td>20.59</td><td></td><td>38.24</td><td>10.29</td><td></td><td>4.41</td><td>1.47</td><td rowspan="2">100</td><td colspan="2" rowspan="2"></td></tr>
<tr><td colspan="4">45.59</td><td colspan="5">54.41</td></tr>
</table>

附表二三　仰韶文化二期Ⅲ段 G2 陶片统计表

陶质陶色 纹饰	夹砂					泥质（含细泥质）					合计	百分比（%）
	灰	灰褐	红褐	黑	黄	红	红褐	黄	灰	黑		
素面	105	101	451	295		756	592	352	296	124	3072	35.5
磨光	1		2			236	102	201	182	356	1080	12.48
线纹	102	170	514	104	96	1215		372	112	126	2811	32.49
旋纹	13	77	96	73	82	30		6	4		381	4.4

续表

纹饰＼陶质陶色		夹砂					泥质（含细泥质）					合计	百分比（%）
		灰	灰褐	红褐	黑	黄	红	红褐	黄	灰	黑		
附加堆纹		64	10	36	3		5	4	2	3	9	136	1.57
楔点纹		74	86	198	46							404	4.67
彩陶							296	123	350			769	8.89
合计		359	444	1297	521	178	2538	821	1283	597	615	8653	100
百分比（%）		4.15	5.13	14.99	6.02	2.06	29.33	9.5	14.83	6.9	7.11	100.02	
		32.35					67.67						
器形	小口瓶						29	6		4		39	4
	盆	2	5	1			203	71	103	22	34	441	45.28
	碗						54		88			142	14.58
	钵						8	3	11			22	2.26
	夹砂罐	61	95	46	1							203	20.84
	缸	8	20				8	5.39			11	52	5.34
	器盖	11	15	6			1					33	3.39
	釜	4	4									8	0.82
	瓮	5					2				2	9	0.92
	泥质罐						4					4	0.41
	彩陶罐						1		3			4	0.41
	夹砂小罐		3									3	0.31
	小盆	1										1	0.1
	小碟	1										1	0.1
	小杯	5	2									7	0.72
	鼎足		1									1	0.1
	壶						1					1	0.1
	器座		1									1	0.1
	残器底部		1									1	0.1
	甑	1										1	0.1
合计		99	147	53	1		311	85	205	26	47	974	99.98
百分比（%）		10.16	15.09	5.44	0.1		31.93	8.73	21.05	2.67	4.83	100	
		30.79					69.21						

附表二四　仰韶文化二期Ⅲ段G2彩陶片统计表

纹饰 \ 陶质陶色		泥质	细泥质		合计	百分比（%）	
		红	红	黄			
黑彩	弧边三角纹	157	47	122	326	42.39	97.13
	宽带纹	1			1	0.13	
	回旋勾连纹	2			2	0.26	
	窄带纹	46	38	75	159	20.68	
	斜线纹	51	14	61	126	16.38	
	平行线纹	9	2	7	18	2.34	
	圆点纹	2	1	16	19	2.47	
	网格纹	2		6	8	1.04	
	对三角纹			1	1	0.13	
	窗棂纹	1		1	2	0.26	
	“互”字形纹	1		1	2	0.26	
	勾叶纹	1			1	0.13	
	豆荚纹	1			1	0.13	
	垂弧纹	6	20	34	60	7.8	
	凸弧纹	5		7	12	1.56	
	花瓣纹			6	6	0.78	
	旋纹+窄带纹	1			1	0.13	
	线纹+窄带纹		1		1	0.13	
	窄带纹+弧边三角纹+斜线纹+圆点纹	1			1	0.13	
红彩	通体红彩+黑彩垂弧纹			1	1	0.13	0.13
白衣黑彩	弧边三角纹	2		1	3	0.39	0.52
	平行线纹	1			1	0.13	
褐彩	弧边三角纹	1		1	2	0.26	2.21
	宽带纹	1			1	0.13	
	窄带纹	2		3	5	0.65	
	斜线纹	2		1	3	0.39	
	网格纹			1	1	0.13	
	垂弧纹			2	2	0.26	
	垂弧纹+平行线纹			1	1	0.13	
	凸弧纹			2	2	0.26	
合计		296	123	350	769	99.99	
百分比（%）		38.49	15.99	45.51	99.99		
			61.5				

附表二五　仰韶文化二期Ⅲ段 G3 陶片统计表

纹饰＼陶质陶色		夹砂				泥质（含细泥质）					合计	百分比（%）	
		灰	灰褐	红褐	黑	红	红褐	黄	灰	黑			
素面		2	44	18	34	86	43	1	1		229	35.02	
磨光			1	1		34	23	13	4	3	79	12.08	
线纹			29	13	32	124	76	7	11	2	294	44.95	
旋纹		3	17	6	9	4					39	5.96	
附加堆纹						7		1			8	1.22	
黑彩	垂弧纹+弧边三角纹							2			2	0.31	0.77
	窄带纹+花瓣纹					2					2	0.31	
	勾叶纹					1					1	0.15	
合计		5	91	38	75	258	142	24	16	5	654	100	
百分比（%）		0.76	13.91	5.81	11.47	39.45	21.71	3.67	2.45	0.76	99.99		
		31.95				68.04							
器形	小口瓶					4					4	8.7	
	盆		1			13	6	1			21	45.65	
	碗					5		2			7	15.22	
	夹砂罐		4	6							10	21.74	
	器盖		2								2	4.35	
	彩陶罐					2					2	4.35	
合计			7	6		24	6	3			46	100.01	
百分比（%）			15.22	13.04		52.17	13.04	6.52			99.99		
		28.26				71.73							

附表二六　仰韶文化二期Ⅲ段 M2 陶片统计表

纹饰＼陶质陶色	夹砂				泥质（含细泥质）					合计	百分比（%）
	灰	灰褐	红褐	黑	红	红褐	黄	灰	黑		
素面		4	3	6	6		3	3	1	26	37.14
磨光					4		1	1		6	8.57
线纹	1	2		3	16	5	1	6		34	48.57
旋纹		2				1				3	4.29
附加堆纹						1				1	1.43
合计	1	8	3	9	26	7	5	10	1	70	100
百分比（%）	1.43	11.43	4.29	12.86	37.14	10	7.14	14.29	1.43	100.01	
	30.01				70						

续表

纹饰＼陶质陶色		夹砂				泥质（含细泥质）					合计	百分比（%）
		灰	灰褐	红褐	黑	红	红褐	黄	灰	黑		
器形	夹砂罐			2							2	40
	缸		1								1	20
	彩陶罐					2					2	40
合计			1	2		2					5	100
百分比（%）			20	40		40					100	
		60				40						

附表二七　仰韶文化二期Ⅳ段H13陶片统计表

纹饰＼陶质陶色		夹砂				泥质（含细泥质）						合计	百分比（%）
		灰	灰褐	红褐	黑	红	红褐	黄	灰褐	灰	黑		
素面		6	9	4	54		47	12	18	16		166	38.43
磨光							6		4		8	18	4.17
线纹		4	10	7	70	97	12	17	14	5		236	54.63
线纹＋旋纹			3	2								5	1.16
附加堆纹			3	2								5	1.16
黑彩窄带纹								2				2	0.46
合计		10	25	15	124	97	65	31	36	21	8	432	100.01
百分比（%）		2.31	5.79	3.47	28.7	22.45	15.05	7.18	8.33	4.86	1.85	99.99	
		40.27				59.72							
器形	小口瓶					2	2					4	12.5
	盆					2	2					4	12.5
	碗						1	6				7	21.88
	钵						1	1				2	6.25
	夹砂罐		4	3								7	21.88
	缸		1	3								4	12.5
	器盖		1	1								2	6.25
	釜			1								1	3.13
	灶			1								1	3.13
合计			6	9		4	6	7				32	100.02
百分比（%）			18.75	28.13		12.5	18.75	21.88				100.01	
		46.88				53.13							

附表二八　仰韶文化二期Ⅳ段 H14 陶片统计表

纹饰＼陶质陶色		夹砂				泥质（含细泥质）					合计	百分比（%）	
		灰	灰褐	红褐	黑	红	红褐	黄	灰	黑			
素面		9	110	28		81	35		11	3	277	20.86	
磨光						159	17		40	44	260	19.58	
线纹		15	312	18	21	183	59		29	39	676	50.9	
旋纹		8	20	4		5				1	38	2.86	
线纹＋旋纹			13								13	0.98	
附加堆纹			2				1				3	0.23	
楔点纹							1				1	0.08	
彩陶	黑彩窄带纹					27		2			29	2.18	4.54
	黑彩弧边三角纹					12					12	0.9	
	黑彩窄带纹＋弧边三角纹					6					6	0.45	
	黑彩圆点纹＋弧边三角纹					3					3	0.23	
	黑彩斜线纹					2					2	0.15	
	黑彩窄带纹＋圆点纹					2					2	0.15	
	黑彩窄带纹＋弧线纹＋圆点纹							1			1	0.08	
	黑彩窗棂纹							1			1	0.08	
	褐彩弧边三角纹							1			1	0.08	
	白衣黑彩窄带纹					1					1	0.08	
	白衣黑彩圆点纹					1					1	0.08	
	白衣红彩弧边三角纹＋直线纹					1					1	0.08	
合计		32	457	50	21	483	113	5	80	87	1328	100.03	
百分比（%）		2.41	34.41	3.77	1.58	36.37	8.51	0.38	6.02	6.55	100		
		42.17				57.83							
器形	小口瓶					3	3				6	4.47	
	盆					22	11	2	7	3	45	33.58	
	碗					5	1	2			8	5.97	
	钵			1		2	1			1	5	3.73	
	夹砂罐		11	25							36	26.87	
	缸		1	1		3	3		1		9	6.72	
	器盖	2	1	5							8	5.97	
	釜		2	5							7	5.22	
	瓮									1	1	0.75	
	泥质罐								1		1	0.75	
	夹砂小罐		1	1							2	1.49	
	小杯		1	1		1					3	2.24	
	器耳		1								1	0.75	
	灶			2							2	1.49	
合计		2	18	41		36	19	4	9	5	134	100	
百分比（%）		1.49	13.43	30.6		26.87	14.18	2.99	6.72	3.73	100.01		
		45.52				54.49							

附表二九　仰韶文化二期Ⅳ段 H16 陶片统计表

纹饰 \ 陶质陶色		夹砂			泥质（含细泥质）					合计	百分比（%）
		灰褐	红褐	黑	红	红褐	黄	灰	黑		
素面		29	4	5	39	15	2	6		100	51.81
磨光					7			2	4	13	6.74
线纹		22	3	1	35	2	3	4		70	36.27
旋纹		2	3		1					6	3.11
附加堆纹					1					1	0.52
篮纹			1							1	0.52
黑彩弧边三角纹＋弧线纹					2					2	1.04
合计		53	11	6	85	17	5	12	4	193	100.01
百分比（%）		27.46	5.7	3.11	44.04	8.81	2.59	6.22	2.07	100	
		36.27			63.73						
器形	小口瓶				4	2				6	18.75
	盆	1			4	1		1		7	21.88
	钵					2				2	6.25
	夹砂罐	2	4							6	18.75
	缸	1			2				1	4	12.5
	器盖	3	2							5	15.63
	残器底部		1							1	3.13
	灶		1							1	3.13
合计		7	8		10	5		1	1	32	100.02
百分比（%）		21.88	25		31.25	15.63		3.13	3.13	100.02	
		46.88			53.14						

附表三〇　仰韶文化二期Ⅳ段 H18 陶片统计表

纹饰 \ 陶质陶色		夹砂				泥质（含细泥质）					合计	百分比（%）	
		灰	灰褐	红褐	黑	红	红褐	黄	灰	黑			
素面		2	62	9		104	6	7	23	25	238	40.82	
磨光						30	19	1	3	21	74	12.69	
线纹			65	10	16	81	36	21	7		236	40.48	
旋纹				20		4			1		25	4.29	
附加堆纹			2	1			1				4	0.69	
彩陶	黑彩垂弧纹＋平行线纹＋辫形纹							1			1	0.17	1.02
	黑彩垂弧纹							3			3	0.51	
	白衣黑彩直线纹＋斜线纹					2					2	0.34	

续表

纹饰＼陶质陶色		夹砂				泥质（含细泥质）					合计	百分比（%）
		灰	灰褐	红褐	黑	红	红褐	黄	灰	黑		
合计		2	129	40	16	221	62	33	34	46	583	99.99
百分比（%）		0.34	22.13	6.86	2.74	37.91	10.63	5.66	5.83	7.89	99.99	
		32.07				67.92						
器形	小口瓶					2	1				3	3.53
	盆			1		11	3		4		19	22.35
	碗					5		1	1		7	8.24
	钵					1					1	1.18
	夹砂罐		16	17							33	38.82
	缸			1		1	1			4	7	8.24
	器盖		3	4							7	8.24
	釜			1							1	1.18
	彩陶罐					1	1				2	2.35
	器座			1							1	1.18
	器耳					2					2	2.35
	灶		1	1							2	2.35
合计			20	26		23	6	1	5	4	85	100.01
百分比（%）			23.53	30.59		27.06	7.06	1.18	5.88	4.71	100.01	
		54.12				45.89						

附表三一　仰韶文化二期Ⅳ段H22陶片统计表

纹饰＼陶质陶色	夹砂		泥质						细泥质				合计	百分比（%）
	灰褐	红褐	红	红褐	黄	灰	灰褐	黑	红	红褐	黄	灰		
素面	20	38	24			9	1						92	11.76
磨光			24	14	10	3	8	35	52	55	50	3	254	32.48
线纹	32	66	29	102	75								304	38.87
旋纹			1										1	0.13
附加堆纹			1		1								2	0.26
篮纹			2										2	0.26
线纹+旋纹+附加堆纹	1	8											9	1.15
线纹+旋纹	8	14											22	2.81
彩陶									9		87		96	12.28
合计	61	126	81	116	86	12	9	35	61	55	137	3	782	100

续表

纹饰 \ 陶质陶色		夹砂		泥质						细泥质				合计	百分比（%）
		灰褐	红褐	红	红褐	黄	灰	灰褐	黑	红	红褐	黄	灰		
百分比（%）		7.8	16.11	10.36	14.83	11	1.53	1.15	4.48	7.8	7.03	17.52	0.38	99.99	
		23.91		43.35						32.73					
器形	泥质小罐								1					1	1
	碗			2					1			33	1	37	37
	盆		1	6		2			3		1	8		21	21
	钵		3							4	1	4		12	12
	缸		2				1		3					6	6
	小口瓶			4	1	2								7	7
	夹砂罐	8	1											9	9
	器盖	2	1					1						4	4
	瓮						1		1					2	2
	甑	1												1	1
合计		11	8	12	1	4	2	1	9	4	2	45	1	100	100
百分比（%）		11	8	12	1	4	2	1	9	4	2	45	1	100	
		19		29						52					

附表三二　仰韶文化二期Ⅳ段 H22 彩陶片统计表

纹饰 \ 陶质陶色		细泥质		合计	百分比（%）	
		红	黄			
黑彩	垂弧纹		3	3	3.06	73.44
	弧边三角纹		6	6	6.12	
	窄带纹 + 二条平行线纹 + 垂弧纹		6	6	6.12	
	窄带纹 + 三条平行线纹 + 垂弧纹 + 圆点纹	1	4	5	5.1	
	窄带纹 + 新月形纹 + 圆点纹		5	5	5.1	
	垂弧纹 + 三条平行线纹		8	8	8.16	
	对三角纹		1	1	1.02	
	凸弧纹 + 圆点纹		1	1	1.02	
	垂弧纹 + 三条平行线纹 + 圆点纹		3	3	3.06	
	垂弧纹 + 三条平行线纹 + 圆点纹 + “X”形纹		3	3	3.06	
	垂弧纹 + 弧边三角纹 + 二条平行线纹 + 圆点纹		3	3	3.06	
	垂弧纹 + 侧弧纹 + 流星索纹 + 圆点纹	1	3	4	4.08	
	三条平行线纹		2	2	2.04	
	二条平行线纹 + 垂弧纹 + 圆点纹		1	1	1.02	
	垂弧纹 + 反弧纹		2	2	2.04	
	窄带纹	2	4	6	6.12	

续表

纹饰 \ 陶质陶色		细泥质 红	细泥质 黄	合计	百分比（%）	
黑彩	窄带纹＋弧边三角纹		2	2	2.04	73.44
	窄带纹＋“X”形纹		2	2	2.04	
	窄带纹＋圆点纹	2	2	4	4.08	
	侧面鸟形纹		2	2	2.04	
	凸弧纹	2		2	2.04	
	火焰纹	1		1	1.02	
褐彩	垂弧纹＋三条平行线纹		1	1	1.02	2.04
	垂弧纹＋二条平行线纹＋圆点纹		1	1	1.02	
红彩	通体红彩纹		24	24	24.49	24.49
合计		9	89	98	99.97	
百分比（%）		9.18	90.82	100		

附表三三　仰韶文化二期Ⅳ段 H62 陶片统计表

纹饰 \ 陶质陶色		夹砂				泥质（含细泥质）						合计	百分比（%）
		灰	灰褐	红褐	黑	红	红褐	黄	灰褐	灰	黑		
素面		10	54	13		80	9	6	9	12		193	29.69
磨光						46		4	11	9	8	78	12
线纹		3	129	14		88	10	7	30	5		286	44
旋纹		3	35	2	4	5						49	7.54
附加堆纹			2									2	0.31
彩陶						28		13		1		42	6.46
合计		16	220	29	4	247	19	30	50	27	8	650	100
百分比（%）		2.46	33.85	4.46	0.62	38	2.92	4.62	7.69	4.15	1.23	100	
		41.39				58.61							
器形	小口瓶					2	1		3			6	11.11
	盆			1		6	3		4			14	25.93
	碗			1		3	2	4				10	18.52
	夹砂罐		4	11								15	27.78
	器盖		1	3								4	7.41
	小杯		1	1								2	3.7
	缸			1			1					2	3.7
	器座									1		1	1.85
合计			6	18		11	7	4	7	1		54	100
百分比（%）			11.11	33.33		20.37	12.96	7.41	12.96	1.85		99.99	
		44.44				55.55							

附表三四　仰韶文化二期Ⅳ段 H62 彩陶片统计表

纹饰＼陶质陶色		泥质（含细泥质）			合计	百分比（%）	
		红	黄	灰			
黑彩	窄带纹	14	2		16	38.1	83.32
	弧边三角纹	4	1		5	11.9	
	窄带纹＋弧边三角纹	2			2	4.76	
	直线纹	2			2	4.76	
	勾叶纹	3		1	4	9.52	
	圆点纹	1			1	2.38	
	圆点纹＋弧边三角纹	1	1		2	4.76	
	弧线纹＋圆点纹		1		1	2.38	
	垂弧纹		2		2	4.76	
褐彩	圆点纹		2		2	4.76	11.9
	圆点纹＋凸弧纹＋窄带纹		1		1	2.38	
	网格纹		2		2	4.76	
白衣黑彩	窄带纹	1			1	2.38	2.38
白衣褐彩	弧边三角纹		1		1	2.38	2.38
合计		28	13	1	42	99.98	
百分比（%）		66.67	30.95	2.38	100		

附表三五　仰韶文化二期Ⅳ段 H88 陶片统计表

纹饰＼陶质陶色	夹砂			泥质						细泥质				合计	百分比（%）
	灰	灰褐	红褐	红	红褐	黄	灰	灰褐	黑	红	黄	灰	黑		
素面	2	89	74	19	17		5							206	19.09
磨光				99	10	11	28	11	53	29	17	6	13	277	25.67
线纹		73	92	184	10	42		68						469	43.47
旋纹		5	2					2						9	0.83
线纹＋旋纹		19	18	2										39	3.61
旋纹＋附加堆纹			1	1										2	0.19
线纹＋篮纹				6	4									10	0.93
线纹＋附加堆纹		3												3	0.28
线纹＋旋纹＋附加堆纹		1	1											2	0.19
附加堆纹		1												1	0.09
按窝				1										1	0.09
篮纹				1										1	0.09
彩陶				6						13	40			59	5.47
合计	2	191	188	319	41	53	33	81	53	42	57	6	13	1079	100

续表

	纹饰 \ 陶质陶色	夹砂			泥质						细泥质				合计	百分比（%）
		灰	灰褐	红褐	红	红褐	黄	灰	灰褐	黑	红	黄	灰	黑		
百分比（%）		0.19	17.7	17.42	29.56	3.8	4.91	3.06	7.51	4.91	3.89	5.28	0.56	1.2	99.99	
		35.31			53.75						10.93					
器形	灶		1												1	1.06
	甑			1											1	1.06
	小盆			1											1	1.06
	彩陶罐				1										1	1.06
	碗				1							3			4	4.26
	小口瓶				5	1	1		1						8	8.51
	瓮				1										1	1.06
	盆		1		11	5	5	1	1	4	4	5			37	39.36
	缸		1	2						1					4	4.26
	钵										1	2			3	3.19
	器盖		5	4						1					10	10.64
	夹砂罐		12	10											22	23.4
	夹砂小罐			1											1	1.06
合计			20	19	19	6	6	1	2	6	5	10			94	99.98
百分比（%）			21.28	20.21	20.21	6.38	6.38	1.06	2.13	6.38	5.32	10.64			99.99	
		41.49			42.54						15.96					

附表三六　仰韶文化二期Ⅳ段 H88 彩陶片统计表

	纹饰 \ 陶质陶色	泥质	细泥质		合计	百分比（%）	
		红	红	黄			
黑彩	斜线纹		6	3	9	15.25	86.41
	窄带纹		4	9	13	22.03	
	窄带纹＋圆点纹			2	2	3.39	
	直线纹＋弧边三角纹			1	1	1.69	
	垂弧纹＋反弧纹			2	2	3.39	
	垂弧纹＋弧边三角纹	3	2	2	7	11.86	
	弧边三角纹＋圆点纹			4	4	6.78	
	圆点纹			3	3	5.08	
	直线纹	3		1	4	6.78	
	三条平行线纹			2	2	3.39	
	辫形纹			1	1	1.69	
	网格纹			2	2	3.39	
	回旋勾连纹		1		1	1.69	

续表

纹饰＼陶质陶色		泥质	细泥质		合计	百分比（%）	
		红	红	黄			
褐彩	弧线纹			1	1	1.69	6.77
	垂弧纹＋反弧纹			2	2	3.39	
	网格纹			1	1	1.69	
红彩	通体红彩纹＋黑彩窄带纹＋黑彩垂弧纹			4	4	6.78	6.78
合计		6	13	40	59	99.96	
百分比（%）		10.17	22.03	67.8	100		
		10.17	88.83				

附表三七　仰韶文化二期Ⅳ段 H89 陶片统计表

纹饰＼陶质陶色	夹砂		泥质						细泥质				合计	百分比（%）
	灰褐	红褐	红	红褐	黄	灰	灰褐	黑	红	黄	灰	黑		
素面	21	25	74	3	7	7	6	4					147	13.85
磨光			26	4	6	3	6	16	7	18	15	32	133	12.54
线纹	316	58	226	30			44			7			681	64.18
旋纹	2	13											15	1.41
附加堆纹	1												1	0.09
线纹＋旋纹	28	6											34	3.2
旋纹＋附加堆纹	2												2	0.19
线纹＋篮纹		1											1	0.09
线纹＋附加堆纹	2												2	0.19
刻划纹	1												1	0.09
篮纹	1												1	0.09
彩陶									33	10			43	4.05
合计	374	103	326	37	13	10	56	20	40	35	15	32	1061	99.97
百分比（%）	35.25	9.71	30.73	3.49	1.23	0.94	5.28	1.89	3.77	3.3	1.41	3.02	100.02	
	44.96		43.56						11.5					

续表

纹饰＼陶质陶色		夹砂		泥质						细泥质				合计	百分比（%）
		灰褐	红褐	红	红褐	黄	灰	灰褐	黑	红	黄	灰	黑		
器形	夹砂罐	15	16											31	35.23
	夹砂小罐	1												1	1.4
	小口瓶			2	2	2		1						7	7.95
	盆			12	5	6		2	3		5			33	37.50
	碗			2		1					5			8	9.09
	缸		2		1				1					4	4.55
	器盖	2												2	2.27
	瓮			2										2	2.27
合计		18	18	18	8	9		3	4		10			88	100
百分比（%）		20.45	20.45	20.45	9.09	10.23		3.41	4.55		11.36			99.99	
		40.9		47.73						11.36					

附表三八　仰韶文化二期Ⅳ段H89彩陶片统计表

纹饰＼陶质陶色		细泥质		合计	百分比（%）	
		红	黄			
黑彩	弧边三角纹	16	3	19	44.19	95.36
	回旋勾连纹	1		1	2.33	
	弧线纹	6	2	8	18.6	
	窄带纹	5	2	7	16.28	
	四条平行线纹	4		4	9.3	
	网格纹		1	1	2.33	
	垂弧纹＋弧边三角纹＋窄带纹＋圆点纹	1		1	2.33	
褐彩	窄带纹		1	1	2.33	4.66
	垂弧纹＋弧边三角纹		1	1	2.33	
合计		33	10	43	100.02	
百分比（%）		76.74	23.26	100		

附表三九　仰韶文化二期V段H2陶片统计表

纹饰＼陶质陶色		夹砂		泥质						细泥质		合计	百分比（%）
		灰褐	红褐	红	红褐	黄	灰褐	灰	黑	红	黄		
素面		62	37	22		2		5				128	11.24
磨光					49		7	1	56	21	41	175	15.36
线纹		303	206	116	58	72		2				757	66.46
旋纹				1					2			3	0.26
线纹+篮纹				3	2	3						8	0.7
线纹+旋纹		14	17									31	2.72
线纹+附加堆纹		3	3									6	0.53
附加堆纹			3									3	0.26
彩陶				3	3	7				1	14	28	2.46
合计		382	266	145	112	84	7	8	58	22	55	1139	99.99
百分比（%）		33.54	23.35	12.73	9.83	7.37	0.61	0.7	5.09	1.93	4.83	99.98	
		56.89		36.33						6.76			
器形	碗		1	2			2		1		14	20	22.99
	瓮			1								1	1.15
	钵										2	2	2.3
	盆	1	3	2	1	5	2		3			17	19.54
	缸	1	2					1	1			5	5.75
	小口瓶			3	1	2						6	6.89
	小折腹罐			1								1	1.15
	灶		1									1	1.15
	夹砂罐	15	12									27	31.03
	器盖	1	3									4	4.59
	釜		1									1	1.15
	器座							2				2	2.3
合计		18	23	9	2	7	4	3	5		16	87	99.99
百分比（%）		20.69	26.44	10.34	2.3	8.05	4.59	3.45	5.75		18.39	100	
		47.13		34.48						18.39			

附表四〇　仰韶文化二期Ⅴ段H2彩陶片统计表

纹饰＼陶质陶色		泥质			细泥质		合计	百分比（%）	
		红	红褐	黄	红	黄			
黑彩	凸弧纹					2	2	7.14	92.83
	凸弧纹＋长条形地子＋圆点纹					1	1	3.57	
	垂弧纹＋弧边三角形纹			2			2	7.14	
	垂弧纹＋侧弧纹＋双斜线纹＋圆点纹					3	3	10.71	
	豆荚纹			1			1	3.57	
	垂弧纹＋三条平行线纹					1	1	3.57	
	三条平行线纹		2			1	3	10.71	
	窄带纹			2		3	5	17.86	
	窄带纹＋新月形纹					1	1	3.57	
	弧边三角纹＋圆点纹		1	2			3	10.71	
	侧面鸟形纹					1		3.57	
	垂弧纹	1					1	3.57	
	窄带纹＋流星索纹	1					1	3.57	
	弧边三角纹＋侧弧纹＋圆点纹＋背三角纹				1		1	3.57	
褐彩	凸弧纹	1					1	3.57	3.57
红彩	通体红彩纹					1	1	3.57	3.57
合计		3	3	7	1	14	28	99.97	
百分比（%）		10.71	10.71	25	3.57	50	99.99		
		46.42			53.57				

附表四一　仰韶文化二期Ⅴ段H3陶片统计表

纹饰＼陶质陶色		夹砂				泥质（含细泥质）					合计	百分比（%）	
		灰	灰褐	红褐	黑	红	红褐	黄	灰	黑			
素面		43	100	30	93	91	30		23	40	450	56.46	
磨光						35	10	1	2	3	51	6.4	
线纹			72	15	18	102	39	10	21		277	34.76	
旋纹			10			3		1			14	1.76	
附加堆纹			1								1	0.13	
黑彩	窄带纹＋侧弧纹＋圆点纹					1					1	0.13	0.51
	背三角纹＋“互”字形纹					1					1	0.13	
	窄带纹						2				2	0.25	

续表

纹饰＼陶质陶色		夹砂				泥质（含细泥质）					合计	百分比（%）
		灰	灰褐	红褐	黑	红	红褐	黄	灰	黑		
合计		43	183	45	111	233	81	12	46	43	797	100.02
百分比（%）		5.4	22.96	5.65	13.93	29.23	10.16	1.51	5.77	5.4	100.01	
		47.94				52.07						
器形	小口瓶					4	3				7	12.5
	盆					5	3		2	1	11	19.64
	碗						2	3			5	8.93
	钵						1		1		2	3.57
	夹砂罐		11	8							19	33.93
	缸		1	1			1		1		4	7.14
	器盖		3								3	5.36
	瓮									2	2	3.57
	夹砂小罐		2	1							3	5.36
合计			17	10		9	10	3	4	3	56	100
百分比（%）			30.36	17.86		16.07	17.86	5.36	7.14	5.36	100.01	
		48.22				51.79						

附表四二　仰韶文化二期Ⅵ段 H4 陶片统计表

纹饰＼陶质陶色		夹砂				泥质（含细泥质）						合计	百分比（%）	
		灰	灰褐	红褐	黑	红	红褐	黄	灰	灰褐	黑			
素面			25	13	4	16		28	8			94	37.15	
磨光						13	7	2		5	6	33	13.04	
线纹		5	23	13	13	27	21	11				113	44.66	
旋纹			2					2				4	1.58	
附加堆纹				1								1	0.4	
黑彩	窄带纹					1		1				2	0.79	3.17
	弧边三角纹					1		1				2	0.79	
	弧边三角纹+圆点纹							2				2	0.79	
	网格纹					1						1	0.4	
	平行线纹							1				1	0.4	
合计		5	50	27	17	59	28	48	8	5	6	253	100	
百分比（%）		1.98	19.76	10.67	6.72	23.32	11.07	18.97	3.16	1.98	2.37	100		
		39.13				60.87								

续表

纹饰＼陶质陶色		夹砂				泥质（含细泥质）						合计	百分比（%）
		灰	灰褐	红褐	黑	红	红褐	黄	灰	灰褐	黑		
器形	小口瓶					2	1					3	13.04
	盆					1	2				3	6	26.09
	碗							1				1	4.35
	夹砂罐		5	4								9	39.13
	缸							1				1	4.35
	釜			1								1	4.35
	瓮										2	2	8.7
合计			5	5		3	3	2			5	23	100.01
百分比（%）			21.74	21.74		13.04	13.04	8.7			21.74	100	
		43.48				56.52							

附表四三　仰韶文化二期Ⅵ段H8陶片统计表

器形＼陶质陶色	夹砂			泥质（含细泥质）					合计	百分比（%）
	灰褐	红褐	黑	红	红褐	黄	灰	黑		
小口瓶				1	5				6	8
盆	1	2		6	9	1	8	4	31	41.33
碗				2	4				6	8
钵				1	1				2	2.67
夹砂罐	7	2	3						12	16
缸		4							4	5.33
器盖	4	3							7	9.33
折腹盆				1					1	1.33
釜	1								1	1.33
泥质罐							2		2	2.67
夹砂小罐	2								2	2.67
甑							1		1	1.33
合计	15	11	3	11	19	1	11	4	75	99.99
百分比（%）	20	14.67	4	14.67	25.33	1.33	14.67	5.33	100	
	38.67			61.33						

附表四四　仰韶文化二期Ⅵ段 H21 陶片统计表

纹饰 \ 陶质陶色		夹砂			泥质				细泥质		合计	百分比（%）
		灰褐	红褐	黑	黄	红	红褐	灰	红	黄		
素面		17	3		2	13					35	7.37
磨光		7		12		14	11	5	41	49	139	29.26
线纹		14	11		121	52	10				208	43.79
旋纹						1					1	0.21
线纹 + 篮纹					1	6	2				9	1.89
线纹 + 旋纹		6	14								20	4.21
篮纹						1					1	0.21
彩陶						7			12	43	62	13.05
合计		44	28	12	124	94	23	5	53	92	475	99.99
百分比（%）		9.26	5.89	2.53	26.11	19.79	4.84	1.05	11.16	19.37	100	
		17.68			51.79				30.53			
器形	碗								5	14	19	26.39
	钵									1	1	1.39
	盆				4	9			3	6	22	30.55
	缸		2								2	2.78
	夹砂罐	10	9								19	26.39
	带耳杯		1								1	1.39
	器盖	1									1	1.39
	壶					1					1	1.39
	小口瓶				1		1				2	2.78
	小折腹罐		1								1	1.39
	釜	1									1	1.39
	残器底部	1	1								2	2.78
合计		13	14		5	10	1		8	21	72	100.01
百分比（%）		18.06	19.44		6.94	13.89	1.39		11.11	29.17	100	
		37.5			22.22				40.28			

附表四五　仰韶文化二期Ⅵ段 H21 彩陶片统计表

纹饰 \ 陶质陶色		泥质	细泥质		合计	百分比（%）	
		红	红	黄			
黑彩	窄带纹	3	2	5	10	16.13	95.13
	窄带纹+圆点纹		1	1	2	3.23	
	三条平行线纹+圆点纹			1	1	1.61	
	垂弧纹			2	2	3.23	
	垂弧纹+反弧纹		1	2	3	4.84	
	垂弧纹+侧弧纹+流星索纹			1	1	1.61	
	凸弧纹			4	4	6.45	
	斜线纹			4	4	6.45	
	斜平行线纹			1	1	1.61	
	弧边三角纹	4	2	5	11	17.74	
	直线纹		6	4	10	16.13	
	花瓣纹			5	5	8.04	
	三条平行线纹+侧弧纹+圆点纹			1	1	1.61	
	禾苗状纹			1	1	1.61	
	三足动物图案			1	1	1.61	
	网格纹			2	2	3.23	
褐彩	垂弧纹+三条平行线纹			1	1	1.61	4.84
	垂弧纹+二条平行线纹			2	2	3.23	
合计		7	12	43	62	99.97	
百分比（%）		11.29	19.35	69.35	99.99		
			88.7				

附表四六　仰韶文化三期 H01 陶片统计表

纹饰 \ 陶质陶色	夹砂		夹炭	泥质			合计	百分比（%）
	灰黑	灰褐	灰褐	红褐	灰	黑		
素面	35	28	3	16	11	15	108	29.83
磨光					3	52	55	15.19
旋纹					2	18	20	5.52
附加堆纹	3	5					8	2.21
篮纹	69	40		6	5	5	125	34.53
旋纹+指甲纹						1	1	0.28
篮纹+附加堆纹	9	17					26	7.18
刻划旋纹				19			19	5.25
合计	116	90	3	41	21	91	362	99.99

续表

纹饰＼陶质陶色		夹砂		夹炭	泥质			合计	百分比（%）
		灰黑	灰褐	灰褐	红褐	灰	黑		
百分比（%）		32.04	24.86	0.83	11.33	5.8	25.14	100	
		56.9		0.83	42.27				
器形	泥质罐						2	2	4.76
	小口瓮					2		2	4.76
	小口高领瓮				2		2	4	9.52
	豆					1	1	2	4.76
	杯						1	1	2.38
	盆	1	1		1		1	4	9.52
	中口瓮	1					1	2	4.76
	碗		2				2	4	9.52
	鼎	1		1				2	4.76
	鼎足	1	2					3	7.14
	小罐	1						1	2.38
	夹砂罐	3	4					7	16.67
	釜		1					1	2.38
	盘				1			1	2.38
	器盖		1					1	2.38
	小口尖底瓶		1					1	2.38
	圈足		1					1	2.38
	器底		2					2	4.76
	器耳		1					1	2.38
合计		8	16	1	4	3	10	42	99.97
百分比（%）		19.05	38.1	2.38	9.52	7.14	23.81	100	
		57.15		2.38	40.47				

附表四七　二里头文化遗迹登记表

编号	所在探方	层位			形状与结构	口径（厘米）	深（厘米）	出土遗物	段别	备注
		层下	上	下						
H73	T36	③		H80 生土	圆形，斜壁，下收，近平底	残270	100	少量陶片	不详	北部、东部分别伸至T36的北、东隔梁下未发掘
H79	T27	⑤		⑥ F7 生土	方形，直壁向下微内收，平底	240×残220	120	中口瓮AⅢ，盆BⅡ，深腹罐BⅡ2，花边罐，带鋬罐，器盖	Ⅲ	东部延伸至T27的东隔梁下未发掘

续表

编号	所在探方	层位			形状与结构	口径（厘米）	深（厘米）	出土遗物	段别	备注
		层下	上	下						
H80	T36	③	H37	⑤生土	圆形，弧壁，圜底	残120	60	盆BⅠ，圆腹罐，花边罐，小口瓮，大口尊	Ⅱ	北部、东部分别延伸至T36的北、东隔梁下未发掘
H03		不详		生土	圆形，弧壁下收，圜底	残230	90	中口瓮AⅠ2，B，单耳罐Ⅰ，盆A或B	Ⅰ	
H06				生土	长方形，斜直壁向下微内收，平底	170×100	30	少量陶片	不详	
H07				生土	圆形，弧壁下收，圜底	110	85	少量陶片；石斧	不详	
M10	T20	③		生土	长方形，土坑竖穴，墓底东高西低，双人合葬，俱仰身直肢，无葬具	残130×200	38	直壁盆Ⅰ，单耳罐，罍	Ⅰ	南部被破坏

说明：①口径栏中圆形注直径，长方形注长×宽；②深指灰坑口部至底部的距离，底不平者取最深值；③遗物栏中未注明质地者为陶器，阿拉伯数字表示件数，未注明者为1件。

附表四八　二里头文化H03陶片统计表

纹饰＼陶质陶色		夹砂			泥质		合计	百分比（%）
		灰	灰褐	红褐	灰	黑		
素面					2	1	3	8.11
旋纹					1	3	4	10.81
绳纹		7	2	3	8		20	54.05
绳纹+附加堆纹		2				4	6	16.22
弦纹						1	1	2.7
云纹					1	2	3	8.11
合计		9	2	3	12	11	37	100
百分比（%）		24.32	5.41	8.11	32.43	29.73	100	
		37.84			62.16			
器形	中口瓮				1	2	3	60
	盆				1		1	20
	单耳罐	1					1	20
合计		1			2	2	5	100
百分比（%）		20			40	40	100	
		20			80			

附表四九　二里头文化 H80 陶片统计表

纹饰 \ 陶质陶色		夹砂			泥质		合计	百分比（%）
		灰	红褐	灰褐	灰	黑		
素面		3	3		3		9	18.75
磨光						2	2	4.17
绳纹		8	13	4	3	2	30	62.5
绳纹+旋纹		4					4	8.33
绳纹+附加堆纹			3				3	6.25
合计		15	19	4	6	4	48	100
百分比（%）		31.25	39.58	8.33	12.5	8.33	99.99	
		79.16			20.83			
器形	盆	1					1	20
	大口尊				1		1	20
	圆腹罐		1				1	20
	花边罐	1					1	20
	小口瓮					1	1	20
合计		2	1		1	1	5	100
百分比（%）		40	20		20	20	100	
		60			40			

附表五〇　二里头文化 T27⑥层陶片统计表

纹饰 \ 陶质陶色		夹砂			泥质			合计	百分比（%）
		灰	红褐	灰褐	灰	黑	红		
素面		7			26			33	10.68
旋纹					6	18	4	28	9.06
绳纹		82	36	46	8	6	2	180	58.25
绳纹+附加堆纹		14		11		6		31	10.03
篮纹				4	2	18	3	27	8.74
云纹						9		9	2.91
按窝					1			1	0.32
合计		103	36	61	43	57	9	309	99.99
百分比（%）		33.33	11.65	19.74	13.92	18.45	2.91	100	
		64.72			35.28				
器形	盆	1						1	4.35
	深腹罐	4	1	1				6	26.09
	带鋬罐	1	1					2	8.7
	器盖				1			1	4.35
	中口瓮					1		1	4.35

续表

纹饰＼陶质陶色		夹砂 灰	夹砂 红褐	夹砂 灰褐	泥质 灰	泥质 黑	泥质 红	合计	百分比（%）
器形	豆	1						1	4.35
	单耳罐	1						1	4.35
	平口瓮					1		1	4.35
	圆腹罐	1		1				2	8.7
	花边罐			1				1	4.35
	大口罐	1		1				2	8.7
	堆纹缸			1				1	4.35
	敛口罐						1	1	4.35
	残器					1		1	4.35
	器底				1			1	4.35
合计		10	2	5	2	3	1	23	100.04
百分比（%）		43.48	8.7	21.74	8.7	13.04	4.35	100.01	
		73.92			26.09				

附表五一　二里头文化H79陶片统计表

纹饰＼陶质陶色		夹砂 灰	夹砂 红褐	夹砂 灰褐	泥质 灰	泥质 黑	合计	百分比（%）
素面		3		2		13	18	11.54
旋纹		2			2	3	7	4.49
绳纹		17	9	45	7	38	116	74.36
绳纹＋附加堆纹		4	1	3	4		12	7.69
云纹						3	3	1.92
合计		26	10	50	13	57	156	100
百分比（%）		16.67	6.41	32.05	8.33	36.54	100	
		55.13			44.87			
器形	深腹罐	1	1				2	28.57
	花边罐	1					1	14.29
	中口瓮	1					1	14.29
	器盖				1		1	14.29
	带鋬罐			1			1	14.29
	盆			1			1	14.29
合计		3	1	2	1		7	100.02
百分比（%）		42.86	14.29	28.57	14.29		100.01	
		85.72			14.29			

附表五二　东周墓葬登记表

墓号	方向	墓葬形制	墓口尺寸及深度 长×宽－深（厘米）	葬具 长×宽×高×厚（厘米）	人骨				随葬品	年代	备注
					数量（具）	葬式	性别	年龄			
M4	110°	长方形竖穴土坑	290×190－475	椁：280×174×残100×8； 棺：220×（68～86）×残76×6	1	仰身，双手交叉置于腹上，左股骨交叉放于右股骨上	男	成年	鼎，豆2，壶2；石圭2	战国早期	
M5	270°	长方形竖穴土坑	330×190－450	椁：260×160×残70×6； 棺：190×（66～76）×残52×4	1	仰身直肢，左手放于腹上，身体稍向右倾	女	成年	鼎，豆2，壶2；石圭2；骨簪	战国早期偏晚或中期	
M6	35°	长方形竖穴土坑	230×142－230	棺：200×（60～80）×？×？	1	仰身直肢，双手交叉放于腹上	男	成年	无	战国早期	据层位等判断年代

说明：①墓口尺寸及深度栏中，深表示墓底到墓口距离；②随葬品栏中未注明质地者为陶器，阿拉伯数字表示件数，未注明者为1件。

附表五三　汉代墓葬登记表

墓号	方向	墓葬形制	墓道 长×宽–深（厘米）	甬道 长×宽–高（厘米）	墓室 长×宽–高（厘米）	葬具 长×宽×高×厚（厘米）	人骨 数量（具）	人骨 葬式	人骨 性别	人骨 年龄	随葬品	年代	其他
M1	90°	长方形竖井墓道，拱顶砖券墓室	280×110–620	无	390×200–170	北部棺：200×70×？×?；南部棺：散乱	2	北部墓主：仰身直肢，下身错位稍乱；南部墓主：散乱	不详	不详	壶2，小壶2，耳杯2；铁剑2，铁刀；铜镜，铜带钩，铜五铢钱9	西汉末年	
M3	280°	长条形斜坡墓道，拱顶土洞室	700×（80～90）–(90～330）	50×90–130	360×（170～180）–170	棺：260×65×残50×?	1	不详	不详	不详	瓿2，盆3，甑2，瓶，仓4，灶，坛2；铜镜2，铜五铢钱395，铜货泉2；铁釜；木漆盒	东汉晚期	
M9	88°	长方形竖井墓道，拱顶砖券墓室	255×140–220	无	残162×126–170	未发现	未发现	不详	不详	不详	无	西汉晚期	
M11	185°	长方形竖穴土坑	无	无	200×70–109	无	1	仰身直肢，左手放于腹上	女	45～50岁	铜镜	西汉末年	
M12	105°	长条形斜坡墓道，拱顶砖券甬道、墓室、耳室	？×194–？	260×194–211	735×385–290	未发现	不详	不详	不详	不详	瓿2，仓	东汉前期	耳室：长320、宽180、高200厘米

续表

墓号	方向	墓葬形制	墓道 长×宽－深（厘米）	甬道 长×宽－高（厘米）	墓室 长×宽－高（厘米）	葬具 长×宽×高×厚（厘米）	人骨				随葬品	年代	其他
							数量（具）	葬式	性别	年龄			
M13	90°	长条形斜坡墓道，拱顶砖券甬道、墓室、耳室	？×110－？	68×110－残66	664×230－残84	未发现	不详	不详	不详	不详	灶，器盖2	东汉前期	耳室：长280、宽180、残高92厘米
M14	182°	长方形竖穴土坑	无	无	230×100－120	无	1	仰身直肢	男	35～40岁	无	西汉末年	
M15	8°	长方形竖穴土坑	无	无	残130×80－118	无	1	仰身直肢，双手放于腹上	男	成年	无	西汉末年	
M16	8°	长方形竖井墓道，平顶土洞墓室	残（182～210）×218－230	无	残200×140－130	棺：185×（60～66）×70×？	1	侧身曲肢	男	40～45岁	鼎，缶，瓿，罐，盆、甑；铜镜	西汉初年	

续表

墓号	方向	墓葬形制	墓道 长×宽-深（厘米）	甬道 长×宽-高（厘米）	墓室 长×宽-高（厘米）	葬具 长×宽×高×厚（厘米）	人骨 数量（具）	葬式	性别	年龄	随葬品	年代	其他
M17	295°	封土冢，围墓沟，长条形斜坡墓道，拱顶砖券甬道、前室、后室、侧室	1750×（150~190）-（60~760）	70×104-残70	前室：612×284-残266；后室：350×203-残220；侧室：260×162-170	后室棺：214×82×？×？；侧室棺：150×100×？×？	2	不详	不详	不详	院落，羊圈，瓿，壶，豆形灯3，釜，支架，人俑，鹅2，兽首柄，半环形附件，博山炉盖，案3，樽，魁，勺5，瓢2，耳杯5，盘10，扁壶，镇墓瓶5；铜軎2，铜衡末饰，铜帽饰，铜盖弓帽5，铜小圆环，铜箍，铜扣2，铜环形饰，铜纽扣2；铁刀4，铁钩；石砚2；玉璏；铅衔链；骨耳瑱；木器盖	东汉后期	残存封土冢：长15、宽5.5、高5.5米；围墓沟范围：长44.8、宽24.7米
M18	85°	长条形斜坡墓道，拱顶砖券甬道、主室、侧室、耳室	640×100-（170~450）	70×120-140	主室：500×250-残230；侧室：450×200-残195	未发现	不详零碎	不详	不详	不详	带厕猪舍，灶2，井，猪；石臼；铜镜，铜五铢钱48	东汉晚期偏早	耳室：长210、宽135、高155厘米

说明：①墓室栏中长方形竖穴土坑墓指墓口长、宽与墓底到墓口距离；②随葬品栏中未注明质地者为陶器，阿拉伯数字表示件数，未注明者为1件。

附录一　三门峡市交口一带考古调查报告

河南省文物考古研究所

在南交口遗址发掘期间，我们发现河南三门峡市湖滨区交口一带还有多处古文化遗址。为了进一步了解这一带古遗址的分布和古文化面貌，1998 年夏，我们利用阴雨天等发掘的间隙，陆续对南交口附近的数处遗址进行了初步的考古调查，调查的遗址有北梁遗址、朱家沟遗址、卢家店遗址、大交口遗址、小交口遗址、卢家店南遗址等（图一）。为了获取古代农作物遗存以及^{14}C测年样本，2007 年 10 月 10 日我们调查了南交口遗址。2008 年 4 月 12、13 日，我们又复查了上述遗址，观察了遗址地貌位置，并用 GPS 手持机（机型为 Garmin Legend）测定了各遗址的地理坐标。现将调查所获附录于南交口报告之后，供学术界参考。

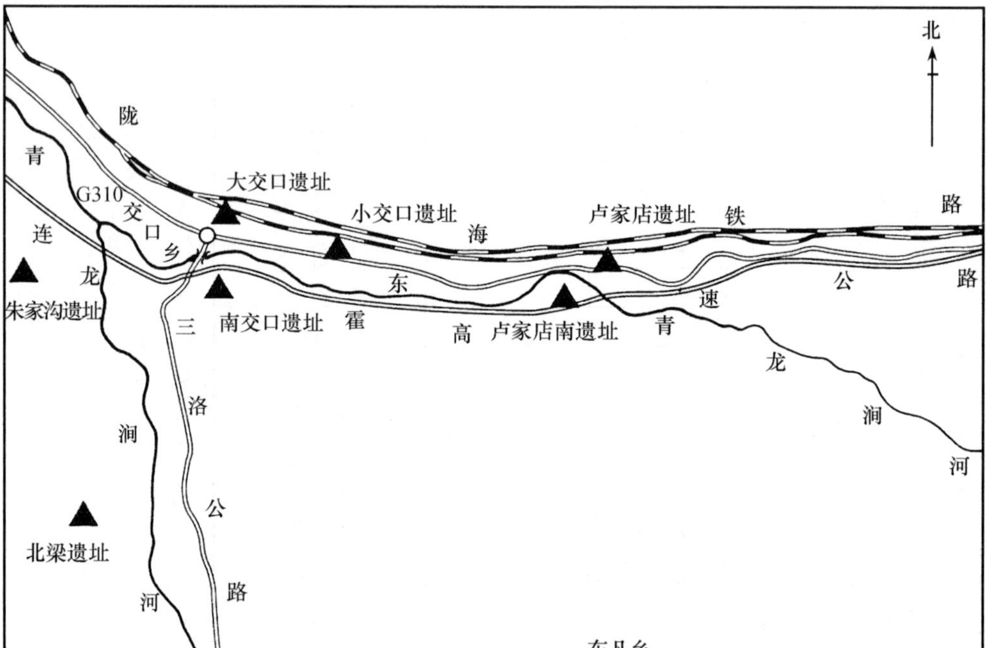

图一　三门峡市交口一带遗址分布示意图

一、南交口遗址（07SN）

遗址的相关情况在本书前面已做了较详细的介绍。1997年，对该遗址发掘的仰韶文化二期（即仰韶中期）灰坑取土样浮选，经鉴定有炭化的水稻籽粒，为了更多地获取古代农作物遗存和^{14}C测年样本，我们于2007年10月10日对遗址Ⅲ区中部偏北发掘区至今保留的探方南壁堆积较好的8座灰坑铲掉表层后重新取土样予以浮选，又获得了较多植物遗存。此外我们还对主要为仰韶文化一期（即仰韶早期）的遗址Ⅰ区进行了调查。但Ⅰ区原发掘区在修建连（云港）霍（尔果斯）高速公路施工中已被毁掉，高速公路的南侧遗址剖面已被加固硬化，我们只得另找断面，发现的遗迹仅有灰坑，清理出少量陶片。

（一）文化遗迹

灰坑较多，重点调查了其中的2座。

07SNH01　位于Ⅰ区中部、东青龙涧河南岸第4层梯田上，西南距1997年Ⅰ区西部发掘区约90米。这里现存一高速公路施工形成的东西向朝南的小断崖，断崖高约200厘米，该灰坑处于断崖的中东部，坑口距地表约100厘米。为一较大型坑，口部形状不详，口径约240厘米，弧壁，约平底，坑深150厘米。坑内填土呈灰褐色，土质松软，含灰屑及烧土颗粒较多，我们清理了少部分坑内堆积，出土有少量陶片。

07SNH02　位于Ⅰ区东北部、东青龙涧河南岸第2层梯田的断崖上，西南距07SNH01约60米。断崖东西向，高约170厘米，该灰坑处于断崖的东部，坑口距地表约70厘米。口部形状不详，口径约160厘米，斜壁下收，近平底，坑深约70厘米。坑内填土呈红褐色，土质较硬，内含大量红烧土颗粒，我们清理了的少量坑内堆积，仅出土甚少碎小陶片。

（二）文化遗物

均发现于07SNH01，出土物仅陶容器残片，器形有钵、窄沿罐等。

钵　4件。泥质红陶。敛口，尖圆唇，鼓肩，圆弧腹。07SNH01∶1，残片上有一个两面对钻的小孔。器表磨光。口径28.8、残高5.7厘米（图二，5）。07SNH01∶2，器表磨光。口径30、残高5.3厘米（图二，2）。07SNH01∶3，素面。口径23、残高4.4厘米（图二，1）。07SNH01∶4，器表磨光。口径25、残高6.2厘米（图二，3）。

窄沿罐　2件。夹砂红褐陶。07SNH01∶5，窄折沿，圆方唇，鼓腹。腹饰旋纹。口径约30、残高3.8厘米（图二，4）。07SNH01∶6，略似卷沿，唇面约呈三角形，唇上、下面均略有凹痕，沿面有一周较深沟槽，沿面外缘略高于内缘，鼓腹。腹饰斜绳纹。口径28.2、残高6厘米（图二，6）。

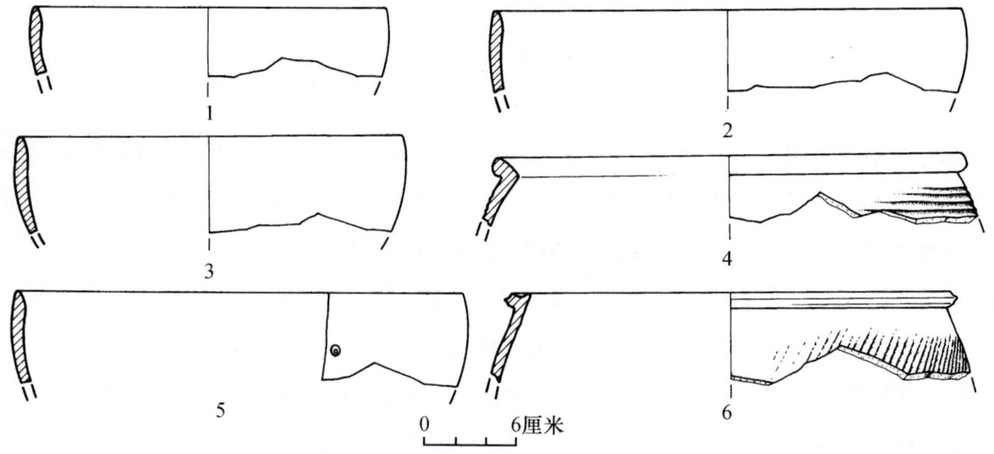

图二　南交口遗址07SNH01出土陶器

1～3、5. 钵（07SNH01:3、07SNH01:2、07SNH01:4、07SNH01:1）　4、6. 窄沿罐（07SNH01:5、07SNH01:6）

二、北梁遗址（98SB）

位于三门峡市交口乡北梁村北，东至北梁村通往杨家沟村的道路上，西至北梁村通向村北农田的生产路一带，北达北梁砖厂，南到北梁村村舍。遗址处于青龙涧河西岸的二级阶地上，拔河高度15～20米，遗址西北部用GPS手持机测得地理坐标为东经111°15.788′，北纬30°41.744′，海拔498米±6米。遗址南北残长约250米，东西宽约200米，现存总面积约5万平方米（彩版二八，1）。

遗址文化堆积厚100～150厘米。遗迹比较集中地分布在杨家沟至北梁道路西侧第二层断崖上，发现9个南北排列似有序的直壁平底灰坑，口径280～300厘米，坑深130～250厘米，这些灰坑开口于同一层位，坑口距地表约150厘米。坑内堆积大都为质地疏松的深灰色土，内含遗物甚少。

采集的遗物仅陶容器残片一类。以泥质红陶为主，夹砂红褐或灰褐陶次之，泥质灰陶、黑陶甚少，有一定数量的细泥黄陶。多素面陶，较少磨光陶。纹饰以线纹居多，其次为彩陶，少量旋纹等。彩陶主要为泥质、细泥质的红陶、黄陶上施黑彩，有圆点纹、垂弧纹、窄带纹、弧边三角纹、直线纹、斜线纹等。器形有泥质盆、夹砂罐、钵、小口瓶、缸等。

泥质盆　8件。泥质或细泥质，红陶或黄陶。依形制不同分三型。

A型　6件。侈口，折沿。98SB:01，泥质红陶。圆唇，沿内折棱明显，弧腹。沿内面及器表磨光，唇饰窄带纹，上腹饰弧边三角纹，均黑彩。口径约24、残高5.8厘米（图三，13）。98SB:02，细泥黄陶。厚圆方唇，沿内折棱明显，弧腹。沿内面及器表磨光，唇饰窄带纹，颈饰直线纹，上腹部饰圆点纹，均黑彩。口径32、残高6.2厘米（图三，1）。98SB:03，细泥黄陶。圆唇，沿内折棱明显，弧腹。沿内面及器表磨光，唇饰窄带纹，上腹饰弧边三角纹，均黑彩。口径约24.5、残高3.6厘米（图三，6）。98SB:04，细泥黄陶。尖圆唇，沿内折棱较明显，弧腹。沿内面及器表磨光，唇部饰黑彩窄带纹。口径约28、残高5.8厘米（图三，7）。98SB:05，泥质

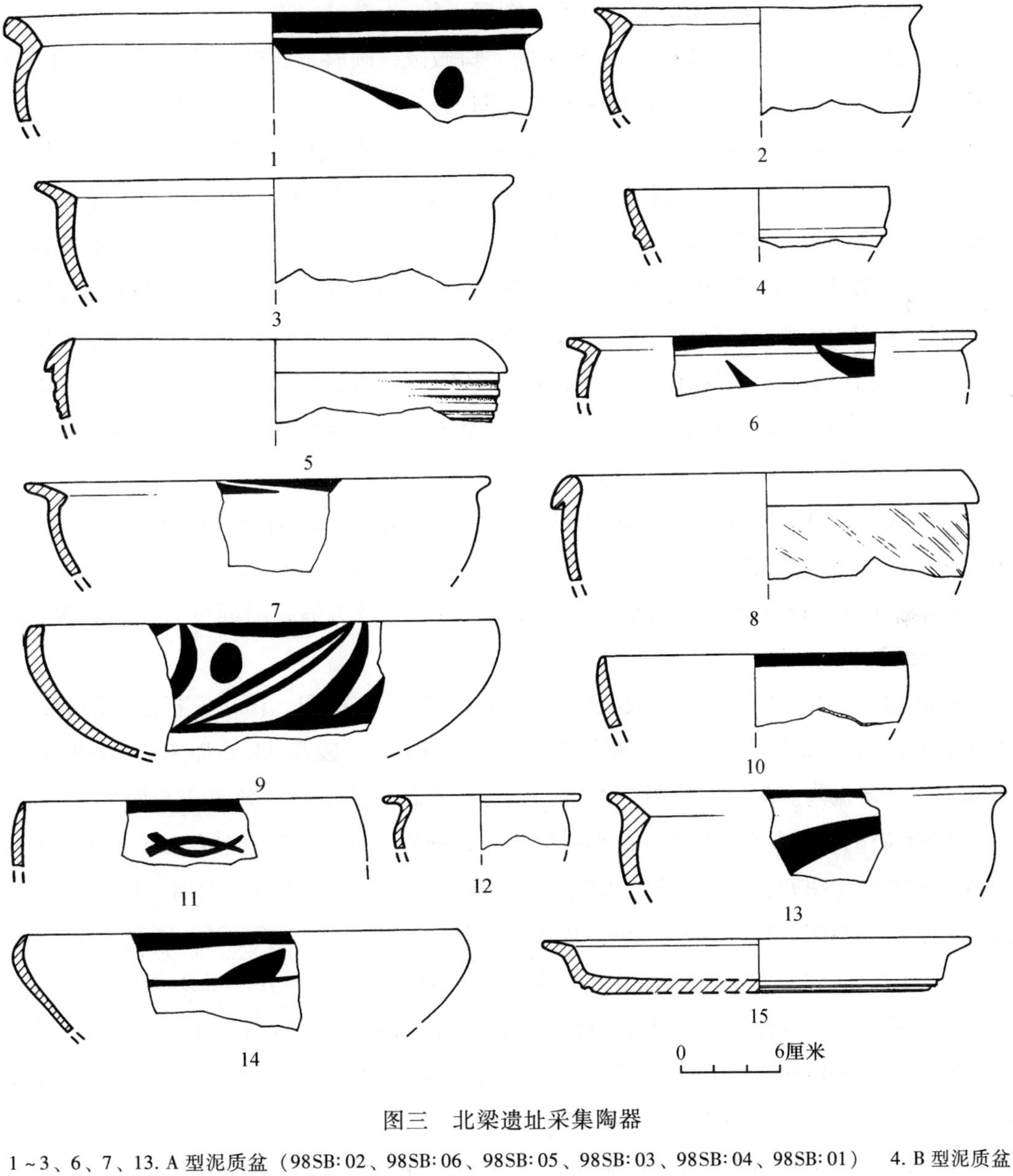

图三　北梁遗址采集陶器

1～3、6、7、13. A型泥质盆（98SB:02、98SB:06、98SB:05、98SB:03、98SB:04、98SB:01）　4. B型泥质盆（98SB:07）　5. C型泥质盆（98SB:08）　8. 夹砂盆（98SB:015）　9～11、14. 钵（98SB:09、98SB:011、98SB:012、98SB:010）　12. 小盆（98SB:023）　15. 浅腹盆（98SB:013）

红陶。圆唇，弧腹。素面。口径28.5、残高6.6厘米（图三，3）。98SB:06，泥质黄陶。尖唇，鼓腹。沿内面及器表磨光。口径20、残高6.5厘米（图三，2）。

B型　1件。敞口。98SB:07，泥质红陶。平方唇，斜直腹下收。腹中部有一周凸棱。口径16、残高3.6厘米（图三，4）。

C型　1件。敛口，唇外有叠边。98SB:08，泥质红陶。尖圆唇，唇外宽叠边，弧腹。腹饰旋纹。口径24、残高4.8厘米（图三，5）。

夹砂盆　1件。98SB:015，夹砂红褐陶。口微敛，圆唇，唇外有叠边，微弧腹。腹饰稀疏的斜线纹。口径24、残高6.4厘米（图三，8）。

钵　4件。98SB:09，泥质红陶。敛口，方唇，浅弧腹。磨光，肩、腹部饰由黑彩垂弧纹、侧弧纹、双斜线纹、圆点纹构成的图案。口径约28、残高8厘米（图三，9）。98SB:010，细泥黄陶。敛口，尖唇，鼓肩，斜腹。磨光，肩上部饰窄带纹，上腹饰直线和直边三角纹，均黑彩。口径约26、残高5.9厘米（图三，14）。98SB:011，泥质红陶。约直口，尖圆唇，微弧腹。磨光，肩上部饰黑彩窄带纹。口径18、残高4.4厘米（图三，10）。98SB:012，泥质黄陶。约直口，尖圆唇，弧肩。磨光，肩上部饰一周窄带纹，上腹部饰平置的“X”形纹，均黑彩。口径约20、残高4厘米（图三，11）。

浅腹盆　1件。98SB:013，泥质红陶。侈口，宽折沿，圆唇，浅斜腹，大平底。腹、底相接处饰两周旋纹。口径26、底径20、高3.2厘米（图三，15）。

小盆　1件。98SB:023，泥质红陶。侈口，卷沿，圆方唇，沿面平直，微鼓腹。素面。口径12、残高3.2厘米（图三，12）。

夹砂罐　7件。夹砂，灰褐或红褐陶。98SB:014，灰褐陶。侈口，折沿，圆唇，沿内面斜平，沿外面弧鼓，鼓腹。腹饰斜线纹。口径24、残高11.2厘米（图四，1）。98SB:017，灰褐陶。侈口，折沿，方唇，鼓腹。素面。口径16、残高3.6厘米（图四，2）。98SB:018，灰褐陶。微侈口，小折沿近直，圆唇，鼓腹。腹饰斜线纹。口径20.5、残高3.2厘米（图四，3）。98SB:020，灰褐陶。直口，圆唇外凸。素面。口径18、残高2.4厘米（图四，5）。98SB:026，灰褐陶。侈口，微折沿，厚方唇，唇面略有凹痕，沿内面下凹，鼓腹。素面。口径24、残高3.2厘米（图四，4）。98SB:027，红褐陶。近直口，折沿，方唇外凸，沿内面下凹，鼓腹。腹饰横线纹。口径24、残高5.6厘米（图四，7）。98SB:028，红褐陶。侈口，折沿，方唇，鼓腹。腹饰竖线纹，其上加饰旋纹。口径22、残高7.6厘米（图四，6）。

缸　2件。98SB:021，夹砂红褐陶。微侈口，卷沿，尖唇，唇下缘下耷，斜直腹。素面。口径26、残高5.2厘米（图四，8）。98SB:022，泥质灰陶。敛口，斜方唇，唇外有宽薄叠边，近直腹。上腹饰细密旋纹。口径24、残高3.2厘米（图四，9）。

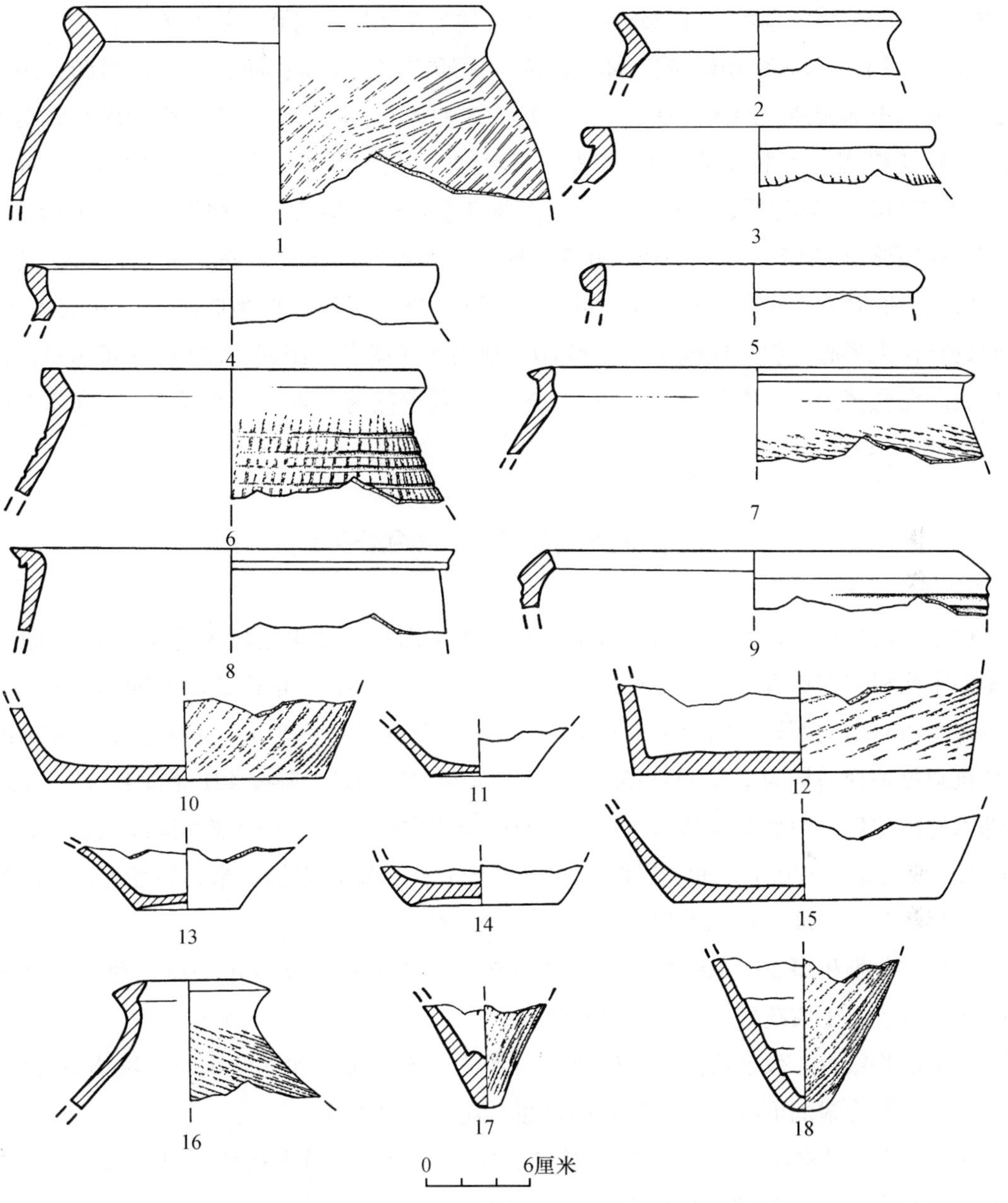

图四　北梁遗址采集陶器

1～7. 夹砂罐（98SB:014、98SB:017、98SB:018、98SB:026、98SB:020、98SB:028、98SB:027）　8、9. 缸（98SB:021、98SB:022）　10～15. 器底（98SB:024、98SB:016、98SB:032、98SB:025、98SB:033、98SB:019）　16～18. 小口瓶（98SB:029、98SB:030、98SB:031）

小口瓶　3件。98SB:029，泥质黄陶。微斜单环口，唇内有一周沟槽，束颈，弧腹。腹饰甚细的斜线纹。口径5.6、残高7.4厘米（图四，16）。98SB:030，残底。泥质红陶。底尖较锐。外壁饰交叉线纹。残高6.4厘米（图四，17）。98SB:031，残底。

泥质红陶。底尖角度稍大。外壁饰细斜线纹。残高9.2厘米（图四，18）。

器底　5件。98SB∶016，碗、钵类器底。泥质红陶。下腹内收，小平底微凹，底部周边壁厚，中部较薄。磨光。底径6、残高2.8厘米（图四，11）。98SB∶019，罐类器底。夹砂红褐陶。下腹斜直微弧，平底。素面。底径15.6、残高4.8厘米（图四，15）。98SB∶024，罐类器底。夹砂灰陶。下腹斜直内收，平底。腹饰斜线纹。底径16、残高4.6厘米（图四，10）。98SB∶025，碗、钵类器底。细泥黄陶。下腹内凹，微凹底。磨光。底径6、残高3.6厘米（图四，13）。98SB∶032，缸类器底。夹砂灰褐陶。下腹近直，大平底。腹饰横线纹。底径20、残高5.2厘米（图四，12）。98SB∶033，盆类器底。泥质黄陶。下腹斜直，凹底。底较厚，腹壁甚薄。素面。底径9、残高2.4厘米（图四，14）。

三、朱家沟遗址（98SZ）

位于三门峡市交口乡朱家沟村东南，北至朱家沟村通往朱王村的道路，南为农田，西至朱家沟村东部村舍，东至朱家沟村与朱王村之间有砖瓦厂的南北向大冲沟。遗址处于青龙涧河自南向西转弯的南岸二级阶地上，拔河高度20～25米，遗址西北部用GPS手持机测得地理坐标为东经111°15.343′，北纬34°43.051′，海拔481米±11米。遗址西部因村民建房、中部及东部因雨水冲刷而遭受严重破坏，遗址中部冲沟以东东西长约150米，南北宽约120米，冲沟以西东西长约100米，南北宽约80米，另加上冲沟中间局部保存部分，遗址现存总面积近3万平方米（彩版二八，2）。

遗址文化堆积厚50～100厘米。在遗址东部梯田断面上暴露出一层二里头文化堆积，灰褐色土，土质疏松。未见明显遗迹。

采集遗物较少，仅数块陶容器残片。有泥质红陶、黑陶和夹砂灰陶。纹饰有线纹、绳纹、绳纹加饰附加堆纹等。器形有小口瓶、盆、大口尊等。

盆　1件。98SZ∶01，泥质红陶。侈口，折沿，圆唇，沿内折棱明显，弧腹。沿内面及器表磨光。口径28.2、残高5厘米（图五，1）。

钵　1件。98SZ∶02，泥质红陶。敛口，圆唇，鼓肩，弧腹。磨光。口径26、残高4厘米（图五，2）。

小口瓶　1件。98SZ∶03，残底。泥质红陶。底尖角度较小。外壁饰交叉线纹。残高3.6厘米（图五，4）。

大口尊　1件。98SZ∶04，泥质黑陶。敞口，圆方唇。磨光。口径31、残高2.8厘米（图五，3）。

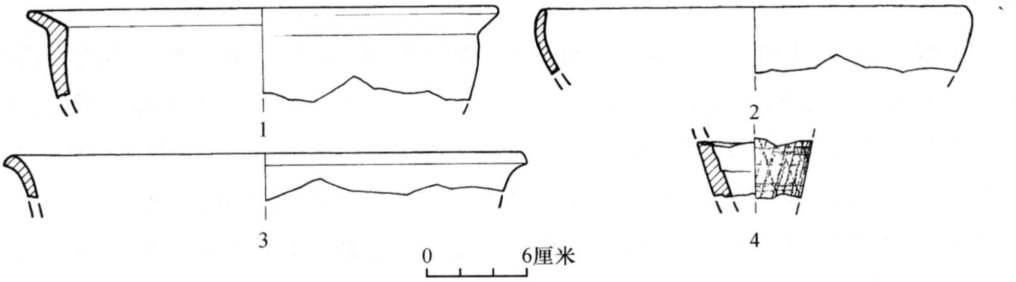

图五　朱家沟遗址采集陶器

1. 盆（98SZ:01）　2. 钵（98SZ:02）　3. 大口尊（98SZ:04）　4. 小口瓶（98SZ:03）

四、卢家店遗址（98SL）

位于三门峡市交口乡卢家店村北，南近310国道，北达陇海铁路南线（此处有南、北两股铁道线，最宽处相距近200米）一带，东到马家店村西南，西到卢家店村北，青龙涧河支流东青龙涧河（又称山口河）及其支流的交汇处东南的小山形台塬上也有小面积分布。遗址北高南低，主要处于东青龙涧河北岸的黄土台塬边坡上，向南延伸至狭窄的二级阶地上少部分，拔河高度20～45米，遗址东部用GPS手持机测得地理坐标为东经111°18.764′，北纬34°42.764′，海拔522米±5米。雨水侵蚀形成的冲沟、东西向从遗址中部一带穿过的陇海铁路，以及当地居民修窑洞对遗址都造成了很大的破坏（彩版二九，1）。

遗址分布不甚规则，东西长约300米，南北宽150～250米，总面积约6万平方米。在卢家店村偏北至铁路之间，文化层厚120～200厘米，断面上暴露出形状不同的灰坑等遗迹，遗物也较丰富。而分布于马家店东南山口河及其支流夹角处的遗存，文化层甚薄，厚不足100厘米，遗物较少。

此次调查所获遗物主要为陶片，石器仅见1件石刀。

1. 陶器

采集的陶片均为陶容器残片，分泥质和夹砂两大类。以泥质红陶为主，夹砂红褐或灰褐陶次之，少量夹砂红陶和泥质灰陶、黑陶，有一定数量的细泥黄陶。多素面陶，有少量磨光陶，器表光亮。纹饰以线纹为大宗，主要见于小口瓶、夹砂罐等器类，篮纹和旋纹少见，篮纹多见于泥质红陶或灰陶器上，而旋纹则常见于夹砂罐、釜、灶等器，多加饰于线纹之上。彩陶较多，主要是红陶饰黑彩，并有一定量的黄陶黑彩和白衣黑彩，彩纹有垂弧纹、窄带纹、弧边三角纹、直线纹与斜线纹等。主要器形有盆、钵、夹砂罐、小口瓶、瓮、缸等。

盆　10 件。可分二型。

A 型　4 件。侈口，多折沿。98SL∶05，泥质黑陶。折沿，厚圆唇，弧腹。沿内面及器表磨光。口径 34、残高 5.2 厘米（图六，1）。98SL∶06，泥质灰陶。折沿，厚圆唇，弧腹。素面。口径 32.5、残高 4.8 厘米（图六，3）。98SL∶07，泥质红陶。折沿，尖圆唇，沿内折棱明显，弧腹。素面。口径 30.8、残高 5.4 厘米（图六，5）。98SL∶08，泥质灰陶。翻沿，尖唇，鼓腹。素面。口径 28、残高 3.4 厘米（图六，2）。

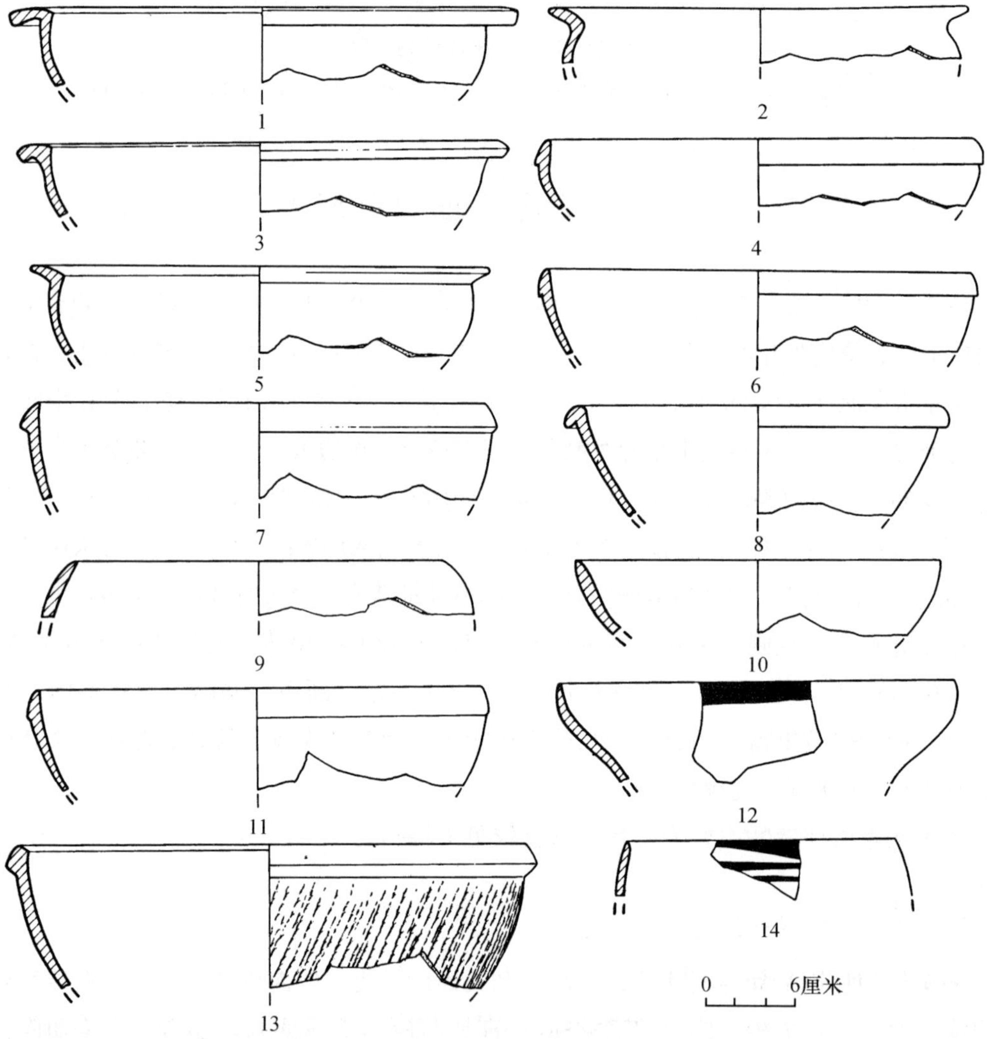

图六　卢家店遗址采集陶器

1～3、5. A 型盆（98SL∶05、98SL∶08、98SL∶06、98SL∶07）　4、6～8、11、13. B 型盆（98SL∶010、98SL∶09、98SL∶011、98SL∶014、98SL∶012、98SL∶013）　10. 碗（98SL∶03）　9、12、14. 钵（98SL∶04、98SL∶01、98SL∶02）

B型　6件。唇外有叠边。98SL∶09，泥质红陶。直口，尖唇，唇外叠边宽薄，弧腹。素面。口径28、残高5.6厘米（图六，6）。98SL∶010，泥质红陶。约直口，圆唇，叠边较窄薄，浅弧腹。素面。口径28、残高4.5厘米（图六，4）。98SL∶011，泥质红陶。约直口，尖圆唇，叠边较宽厚，弧腹。素面。口径30、残高6.2厘米（图六，7）。98SL∶012，泥质红陶。直口，圆唇，叠边较宽薄，弧腹。素面。口径28.4、残高6.6厘米（图六，11）。98SL∶013，泥质红陶。口微敛，方唇外鼓，形成窄厚叠边，弧腹。腹饰左斜绳纹。口径33.5、残高9.6厘米（图六，13）。98SL∶014，泥质黄陶。敞口，圆唇下垂，形成窄厚叠边，弧腹。素面。口径24、残高7.2厘米（图六，8）。

钵　3件。98SL∶01，泥质红陶，内壁为灰色。直口，尖圆唇，弧肩，腹内凹。器表磨光，肩顶部饰黑彩窄带纹。口径约25.8、残高6.6厘米（图六，12）。98SL∶02，细泥黄陶。敛口，圆唇，弧肩。器表磨光，饰白色陶衣，绘黑色彩纹，肩上部饰垂弧纹，其下有两道平行线纹。口径约18、残高3.8厘米（图六，14）。98SL∶04，泥质红陶。敛口，圆唇，弧肩。素面。口径24.4、残高3.6厘米（图六，9）。

碗　1件。98SL∶03，泥质红陶，口部颜色较浅淡。敞口，尖圆唇，弧肩，弧腹。磨光。口径24、残高4.8厘米（图六，10）。

夹砂罐　5件。夹砂，多红褐陶。98SL∶017，红褐陶。口微敛，圆唇外鼓，鼓腹。上腹饰竖线纹，其上加饰旋纹。口径20、残高5.8厘米（图七，1）。98SL∶018，红褐陶。近直口，略翻沿，圆唇内、外凸鼓，沿内侧有两周浅沟槽，鼓腹。上腹饰多周窄深旋纹。口径22、残高4.8厘米（图七，2）。98SL∶019，红褐陶。近直口，微折沿，圆唇，沿内面下凹，鼓腹。素面。口径21.8、残高2.8厘米（图七，3）。98SL∶020，灰陶。近直口，微折沿，宽厚平方唇，沿内面下凹，沿内折棱明显，鼓腹。腹饰斜线纹。口径14、残高4.8厘米（图七，5）98SL∶021，夹砂红陶。侈口，折沿，尖圆唇，沿内折棱明显，鼓腹。素面。口径20、残高3.2厘米（图七，4）。

小口高领瓮　1件。98SL∶016，泥质黑陶。近直口，斜方唇，高直领，领内侧有一道凸棱。领部磨光。口径10.6、残高4厘米（图七，6）。

平口瓮　1件。98SL∶015，泥质红陶。厚圆唇，斜平肩，鼓腹。腹饰斜绳纹。口径20、残高4.8厘米（图七，7）。

器底　15件。98SL∶022，盆类器底。泥质灰陶。下腹弧收，平底，底周围壁厚，底中部及腹壁较薄。素面。底径12、残高5.4厘米（图七，14）。98SL∶023，罐类器底。泥质灰陶。鼓腹，小平底。素面。底径11、残高9.4厘米（图七，15）。98SL∶024，碗、钵类器底。泥质红陶。下腹微弧，平底，底周围壁厚，底中部及腹壁较薄。素面。底径10、残高2.8厘米（图七，12）。98SL∶025，瓮、缸类器底。泥质红陶。下腹斜直，小平底。素面。底径18、残高5.2厘米（图七，8）。98SL∶026，瓮、

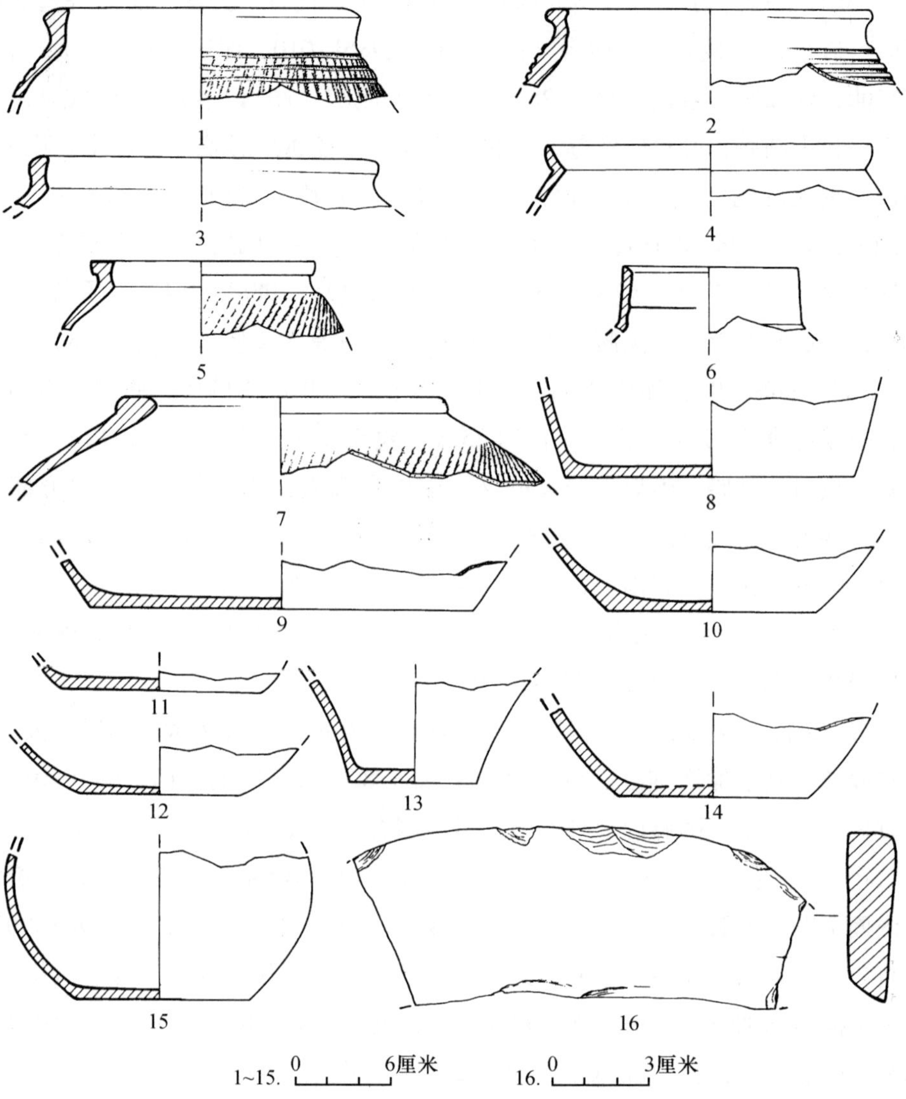

图七　卢家店遗址采集陶器、石器

1～5. 陶夹砂罐（98SL∶017、98SL∶018、98SL∶019、98SL∶021、98SL∶020）　6. 陶小口高领瓮（98SL∶016）　7. 陶平口瓮（98SL∶015）　8～15. 陶器底（98SL∶025、98SL∶026、98SL∶028、98SL∶029、98SL∶024、98SL∶027、98SL∶022、98SL∶023）　16. 石刀（98SL∶030）

缸类器底。泥质红陶。下腹斜直，大平底。素面。底径24、残高3厘米（图七，9）。98SL∶027，碗类器底。泥质红陶。下腹内凹，小平底，底部较厚，腹壁较薄。素面。底径8、残高6.1厘米（图七，13）。98SL∶028，盆类器底。泥质红陶。下腹斜直，平底，底周围较厚，底中部及腹壁较薄。素面。底径13、残高4厘米（图七，10）。98SL∶029，泥质红陶。下腹斜直，平底。素面。底径13、残高1.2厘米（图七，11）。

2. 石器

仅见石刀。

石刀　1件。98SL:030，灰白色石英岩，磨制。略呈长条形，单面刃，刃部有使用时留下的小崩疤。残长12、宽5、厚1.6厘米（图七，16；图版四三，2）。

五、大交口遗址（98SD）

位于三门峡市交口乡大交口村北，东邻小交口遗址，但因二者文化内涵不同，且有自然冲沟相隔，在文物档案中与小交口遗址分列为两处遗址，因此分别单独介绍。遗址南近310国道，北达陇海铁路南线（此处有南、北两股铁道线）一带，西为宽约80米的冲沟（沟内有大交口通往塬上的较大道路），东到陇海铁路南线交口火车站中东部。遗址随地势北高南低，处于东青龙涧河北岸的黄土台塬边坡上，拔河高度35～50米，遗址东北部用GPS手持机测得地理坐标为东经111°16.554′，北纬34°43.435′，海拔500米±5米。冲沟、陇海铁路，以及当地的居民修窑洞对遗址造成了很大的破坏，地表支离破碎（彩版二九，2）。

遗址大体呈长方形，东西长约150米，南北宽约100米，总面积约1.5万平方米。文化遗存随地势倾斜分布，文化层厚100～150厘米，遗迹、遗物较丰富。

（一）文化遗迹

灰坑1座。

98SDH01　位于交口火车站西侧的断壁上，坑口距地表约110厘米。圆形口，口径120厘米，斜壁下张，平底，底径170、坑深90厘米。坑内填土呈灰褐色，土质松软，含烧土块及石块、兽骨较多。出土遗物有小口瓶、夹砂罐、钵、缸等陶器残片。

（二）文化遗物

主要为陶器残片，有少量打制石片。

1. 陶器

从采集和98SDH01清理出土的陶片看，均为陶容器残片，陶片较细碎，胎较薄，火候较高，器物不精致。以泥质红陶为主，夹砂红褐、灰褐陶次之，另有少量泥质灰陶、黑陶以及夹砂红陶、灰陶和泥质黄陶等，泥质陶中一部分为细泥陶，陶色普遍较暗淡。以线纹陶为主，其次为素面陶，也见一部分绳纹和附加堆纹陶，少量彩陶。线纹多细密，有的极细，如不仔细观察，甚至看不清。彩陶多黑彩，少量红彩和白衣彩陶，彩纹有窄带纹、弧边三角纹、弧线、斜线及圆点纹等。器类有夹砂罐、小口瓶、钵、缸、带流盆、小杯等，另外还发现有陶环。

夹砂罐　22件。夹砂，多红褐和灰褐陶，少灰陶和黑陶。98SDH01∶4，红褐陶。折沿，尖圆唇，沿内折棱明显，鼓腹。腹饰斜线纹。口径23、残高3.8厘米（图八，7）。98SDH01∶5，灰陶。翻沿，圆唇外凸，鼓腹。素面。口径15、残高3.9厘米（图八，6）。98SDH01∶7，红褐陶。折沿，圆唇，鼓腹。素面。口径18、残高2.4厘米（图八，4）。98SDH01∶8，灰陶。折沿，方唇，近直腹。素面。口径16、残高5.9厘米（图八，8）。98SDH01∶9，灰褐陶。折沿，方唇，沿内面斜平，沿内折棱明显，弧腹。腹饰交叉线纹。口径13、残高5.7厘米（图八，2）。98SDH01∶11，灰褐陶。折沿，方唇，鼓腹。素面。口径16.1、残高6.8厘米（图八，10）。98SDH01∶12，黑陶。卷沿，尖圆唇，鼓腹。素面。口径28、残高2.8厘米（图八，3）。98SDH01∶13，红褐陶。折沿，方唇，沿内折棱明显，鼓腹。腹饰甚细斜线纹，腹上部贴附一斜向带按窝的泥条。

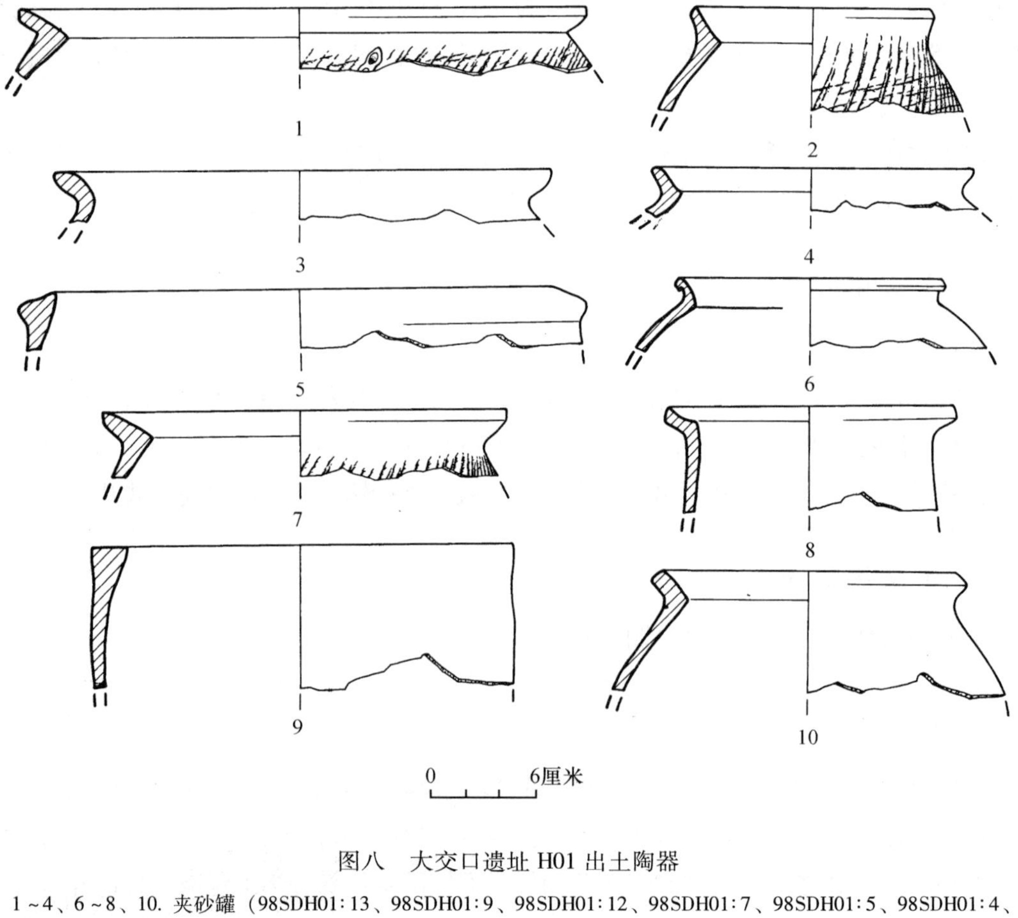

图八　大交口遗址H01出土陶器

1～4、6～8、10. 夹砂罐（98SDH01∶13、98SDH01∶9、98SDH01∶12、98SDH01∶7、98SDH01∶5、98SDH01∶4、98SDH01∶8、98SDH01∶11）　5、9. 缸（98SDH01∶10、98SDH01∶21）

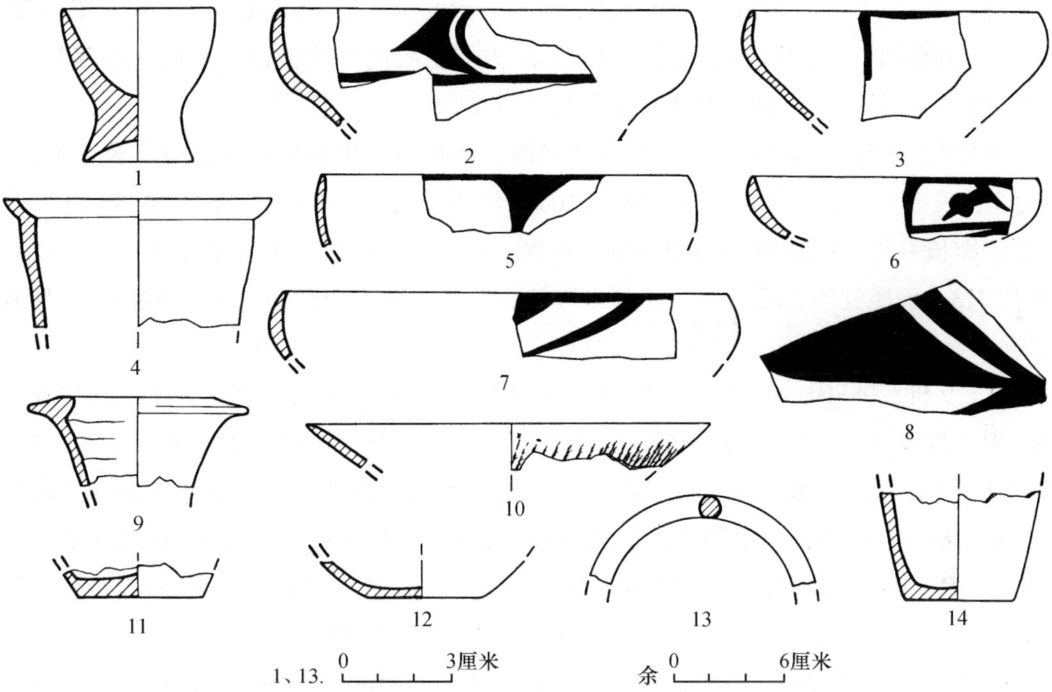

图九　大交口遗址 H01 出土陶器

1. 小杯（98SDH01:1）　2、3、5～7. 钵（98SDH01:24、98SDH01:25、98SDH01:18、98SDH01:19、98SDH01:20）　4. 泥质罐（98SDH01:3）　8. 彩陶片（98SDH01:17）　9. 小口瓶（98SDH01:2）　10. 碗（98SDH01:14）　11、12、14. 器底（98SDH01:16、98SDH01:15、98SDH01:6）　13. 环（98SDH01:26）

口径32、残高3.8厘米（图八，1）。98SD:01，灰褐陶。折沿，方唇，鼓腹。腹饰斜线纹。口径18、残高6厘米（图一〇，7）。98SD:02，红褐陶。翻沿，尖圆唇，鼓腹。腹饰竖线纹加饰旋纹。口径22、残高5厘米（图一〇，9）。98SD:03，红褐陶。折沿，方唇，沿面顶端有两周细沟槽，鼓腹。素面。口径20、残高4.3厘米（图一〇，10）。98SD:04，灰褐陶。折沿，圆方唇，沿面顶端有一周细沟槽，沿内折棱明显，鼓腹。腹饰甚细斜线纹加饰浅旋纹。口径22、残高6.7厘米（图一〇，8）。98SD:05，红褐陶。翻沿，圆唇，鼓腹。腹饰极细竖线纹，腹部横置一较大带深斜向按窝的鸡冠状鋬。口径26、残高7.5厘米（图一〇，3）。98SD:06，灰褐陶。折沿，圆方唇，鼓腹。腹饰较粗斜绳纹。口径24、残高4.3厘米（图一〇，6）。98SD:07，灰褐陶。翻沿，圆唇，弧腹。素面。口径11、残高3.8厘米（图一〇，4）。

缸　4件。98SDH01:10，夹砂红褐陶。敛口，方唇外凸，斜直腹。素面。口径28、残高3.1厘米（图八，5）。98SD:09，泥质灰黑陶。敛口，方唇，唇外有甚宽薄叠边，叠边下一周沟槽，斜肩。素面。口径39、残高6.5厘米（图一〇，2）。98SD:010，泥质灰陶。敛口，圆唇，唇外有窄厚叠边，鼓肩。素面。口径40、残高4厘米（图一〇，1）。98SDH01∶21，夹砂灰陶。直口微敛，宽方唇，唇内外均微凸，直腹，唇部甚厚，腹壁较薄。素面。口径24、残高8.4厘米（图八，9）。

小口瓶　3件。98SDH01∶2，泥质红褐陶。环形口，尖圆唇，细束颈。颈部素面。口径7、残高5厘米（图九，9）。98SD∶012，泥质红陶。环形口，口内部微微高出，尖圆唇，细长束颈。颈部饰甚细如刀刻的线纹。口径6、残高9.3厘米（图一〇，12）。98SD∶013，泥质红陶。环形口，口内部稍高，圆唇。颈部素面。口径7、残高3.8厘米（图一〇，13）。

钵　9件。98SDH01∶18，泥质红陶。微敛口，圆唇，弧肩。磨光，唇部与肩顶部饰一周窄带纹，以下饰弧边三角纹，均黑彩。口径约20、残高3.2厘米（图九，5）。98SDH01∶19，泥质红陶。直口，尖圆唇，弧肩，弧腹。磨光，唇及腹中部各饰一周窄带纹和直线纹，其间饰缀以圆点的弧边三角纹，均黑彩。口径约15.6、残高3.6厘米（图九，6）。98SDH01∶20，细泥黄陶。敛口，圆唇，鼓肩。磨光，唇部与肩顶部饰一周窄带纹，以下饰勾叶纹，均褐彩。口径约24、残高3.5厘米（图九，7）。98SDH01∶24，泥质红陶。直口，圆唇，鼓肩，下腹部内凹。磨光，肩部饰黑彩弧边三角纹、弧线纹和直线纹。口径约22、残高6.1厘米（图九，2）。98SDH01∶25，细泥黄陶。敛口，圆唇，鼓肩，斜腹。磨光，唇部饰一周窄带纹，上腹饰右边为竖直边的图案，均黑彩。口径约16、残高6厘米（图九，3）。98SD∶014，细泥红陶。敛口，尖圆唇，鼓肩，斜腹。磨光，唇部饰一周黑彩窄带纹。口径22、残高5.7厘米（图一〇，11）。98SD∶015，泥质灰陶。敛口，尖圆唇，鼓肩，斜腹，肩、腹之间微起折棱。素面。口径30、残高5.5厘米（图一〇，15）。98SD∶016，夹砂红陶。敛口，圆唇，鼓肩，弧腹，肩中部一周沟槽使口部好似唇外叠边。素面。口径22、残高3.7厘米（图一〇，16）。

泥质罐　1件。98SDH01∶3，泥质灰陶。折沿，方唇，直腹向下略收。素面。口径14.6、残高7.1厘米（图九，4）。

小杯　1件。98SDH01∶1，泥质灰陶。敞口，圆唇，微弧腹，小圈足。素面。该器形制甚小，手制，疑非实用品。口径4.2、圈足径3、高4.2厘米（图九，1）。

带流盆　1件。98SD∶011，夹砂灰陶。微敛口，圆唇，口部斜出一弧形小平流，斜鼓腹。腹饰细线纹。该器系手制，口部内、外壁泥条盘筑痕清晰，器形较粗糙。口径约15.6、残高4.8厘米（图一〇，14）。

小罐　1件。98SD∶08，夹砂灰陶。小折沿，圆唇，近直腹。素面。口径9、残高4.5厘米（图一〇，5）。

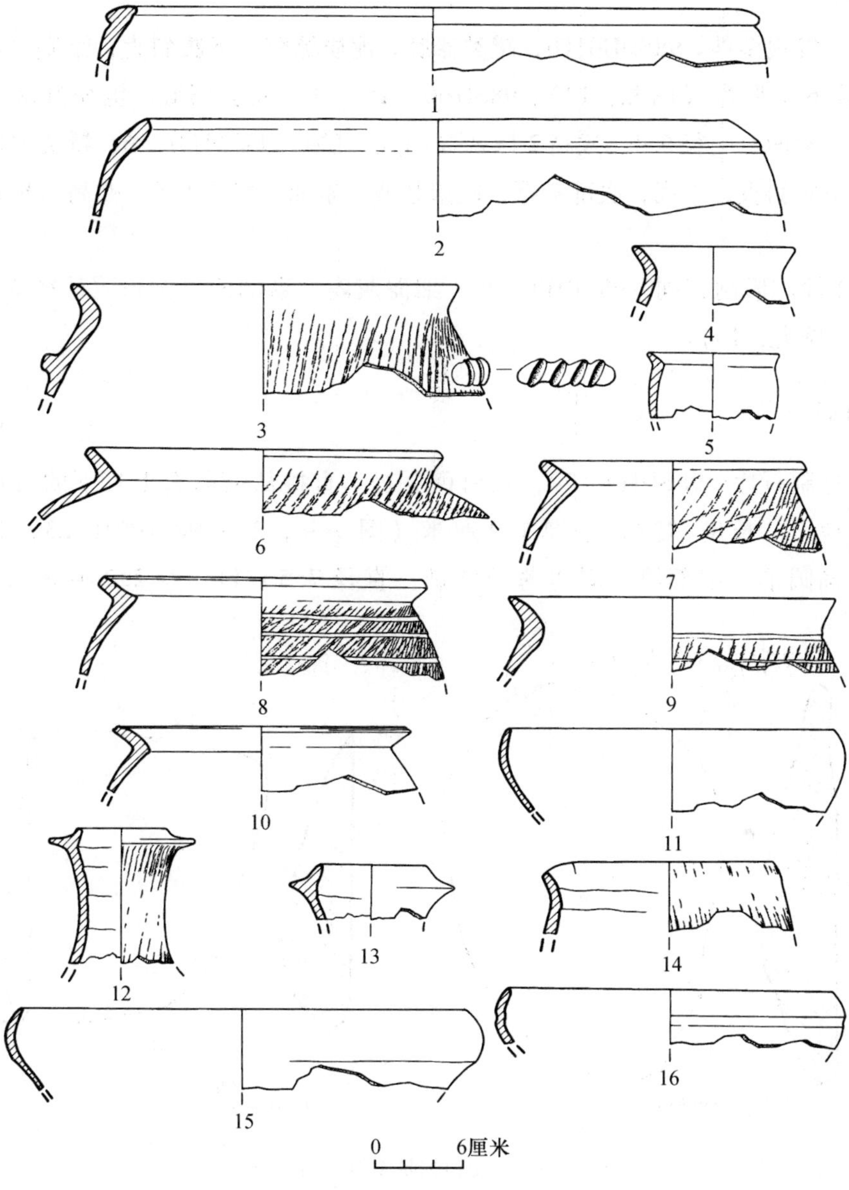

图一〇　大交口遗址采集陶器

1、2. 缸（98SD∶010、98SD∶09）　3、4、6～10. 夹砂罐（98SD∶05、98SD∶07、98SD∶06、98SD∶01、98SD∶04、98SD∶02、98SD∶03）　5. 小罐（98SD∶08）　11、15、16. 钵（98SD∶014、98SD∶015、98SD∶016）　12、13. 小口瓶（98SD∶012、98SD∶013）　14. 带流盆（98SD∶011）

碗　1件。98SDH01∶14，夹砂红褐陶。大敞口，尖圆唇，斜直壁下收较甚。腹饰斜线纹。口径22、残高2.4厘米（图九，10）。

彩陶片　发现多片。98SDH01∶17，细泥黄陶。磨光，饰黑彩弧边三角纹和弧线纹

（图九，8）。

器底　发现多件。98SDH01∶6，罐类器底。泥质黑陶。下腹斜直，平底。素面。底径6、残高6.1厘米（图九，14）。98SDH01∶15，钵、盆类器底。泥质红陶。下腹微弧，平底。素面。底径6.4、残高2厘米（图九，12）。98SDH01∶16，罐类器底。夹砂灰褐陶。下腹斜直，平底，底部甚厚，腹壁甚薄。素面。底径6.8、残高1.8厘米（图九，11）。

环　2件。形制相同。98SDH01∶26，细泥灰陶。纵剖面呈圆形。外径6.2、内径5.1厘米（图九，13）。

2. 石器

均为打制石片。98SDH01∶22，灰白色页岩。直接从河卵石上打下的石片，略呈方形，有锐刃。长8、宽6.5、厚1.9厘米（图一一，2）。98SDH01∶23，灰白色砂岩。略呈椭圆形，中部厚，周边薄而圆钝，直径7.5～11、厚2.2厘米（图一一，1）。

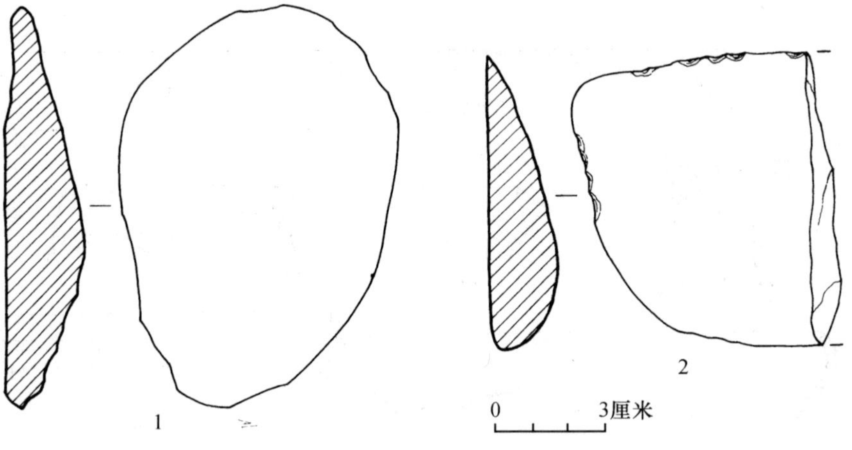

图一一　大交口遗址H01出土石器

1、2. 石片（98SDH01∶23、98SDH01∶22）

六、小交口遗址（98SX）

位于三门峡市交口乡小交口村，南临310国道，北达陇海铁路北线（此处亦有南、北两股铁道线）以北，西至陇海铁路南线交口火车站东部，东到柏营村东，西与大交口遗址基本相连，东近卢家店遗址，向南隔东青龙涧河与南交口遗址相望。

遗址处于东青龙涧河北岸的黄土台塬边坡上，随地势北高南低明显，拔河高度25～60米，遗址中东部用GPS手持机测得地理坐标为东经111°17.295′，北纬34°43.251′，海拔490米±9米。沟壑、陇海铁路，以及居民修窑洞对遗址造成了很大的破坏，地表支离破碎（彩版三〇，1）。

遗址呈狭长形，东西长约2800米，南北宽约300米，总面积约70万平方米。遗迹、遗物丰富，文化层厚50～250厘米。

（一）文化遗迹

发现有灰坑、房址和墓葬三类，集中分布在地势较平坦开阔的台地上，似有一定的分区。

1. 灰坑

数量最多，从断面看，有直壁平底状和斜壁下张平底状等，壁、底均较规整，推测坑口多为圆形。重点调查了其中的4座。

98SXH01　位于陇海铁路南线交口火车站东南侧的断崖上，坑口距地表50厘米。圆形口，口径250厘米，斜壁下张，平底，底径380、坑深150厘米。坑内填土呈深灰色，土质疏松，出土较多陶片。

98SXH02　位于陇海铁路南线交口火车站东南东青龙涧河北岸第4层梯田的断崖上，坑口已遭破坏，斜壁下张，平底，底径150、坑残深100厘米。坑内填土呈深灰色，土质疏松，含大量草木灰及少量烧土颗粒。出土有陶深腹罐残片及陶刀等。

98SXH03　位于310国道北侧的断壁上，开口于耕土层下，坑口距地表40厘米。坑口形状不详，口径180厘米，直壁，平底，坑深140厘米。坑内填土呈灰色，土质疏松，含少量炭粒和烧土颗粒。出土有深腹盆、鼎、大口罐等陶器残片。

98SXH04　在98SXH03的北侧，开口于明清以后文化层下，坑口距地表45厘米。坑口形状不详，口径200厘米，弧壁，圜底，坑深155厘米。坑内填土呈深灰色，土质疏松，出土大量陶片。

2. 房址

此次调查共发现4座，均为半地穴式建筑。

98SXF01　在陇海铁路南线交口火车站东北侧断面上，墙基清晰，口部距地表150厘米，墙基残高20厘米，居住面为白灰面，长250～320厘米，光滑平坦。

98SXF02　位于小交口村东断崖上，口部距地表120厘米，房址东西长290厘米，墙基残高16、宽20厘米。白灰居住面，平坦光滑。偏西部有一圆形柱洞，直壁平底，直径15、深35厘米，柱心径8、深18厘米，柱洞底部甚坚硬。白灰面下还有一层4～10厘米厚的烧土层，表明该房址经过了精心考究的修整。

3. 墓葬

发现3座，均竖穴土坑墓。

98SXM01　位于陇海铁路南线交口火车站东北侧断壁上，墓口距地表150厘米，长160厘米，为三人合葬墓，未见随葬品。

（二）文化遗物

有陶器、石器、骨器等。

1. 陶器

调查与清理发现的陶片均陶容器残片，以泥质浅灰陶和灰黑陶居多，夹砂灰褐陶和红褐陶次之，较少细泥浅灰和灰黑陶。多素面陶，少量磨光陶，纹饰以篮纹、绳纹居多，偶见方格纹、旋纹、附加堆纹等（表一、表二）。器物大多为轮制，仅器足、鋬类为用手捏塑而成。造型特征是常见平底器，其次为三足器，罕见圈足和圜底器。主要器类有侈口罐、深腹罐、小口高领瓮、鼎、鬲、斝、鬶、大口罐、三足罐、浅腹盆、深腹盆、碗、泥质罐、小盆、圈足盘、豆等。

表一　小交口遗址（98SX）H02陶片统计表

陶质陶色 / 纹饰	夹砂		泥质		细泥质	合计	百分比（%）
	灰褐	红褐	浅灰	灰黑	浅灰		
篮纹		2	9	7		18	24.32
篮纹＋旋纹			10	4		14	18.92
绳纹	2	12				14	18.92
方格纹	1	6				7	9.46
旋纹＋指甲纹				1		1	1.35
素面	3	1	10	2	3	19	25.68
磨光				1		1	1.35
合计	6	21	29	15	3	74	100
百分比（%）	8.11	28.38	39.19	20.27	4.05	100	
	36.49		59.46		4.05		

表二　小交口遗址（98SX）H03陶片统计表

<table>
<tr><td colspan="2" rowspan="2">陶质陶色
纹饰</td><td colspan="2">夹砂</td><td colspan="2">泥质</td><td>细泥质</td><td rowspan="2">合计</td><td rowspan="2">百分比（%）</td></tr>
<tr><td>灰褐</td><td>红褐</td><td>浅灰</td><td>灰黑</td><td>灰黑</td></tr>
<tr><td colspan="2">篮纹</td><td>4</td><td>5</td><td>3</td><td>5</td><td></td><td>17</td><td>17.17</td></tr>
<tr><td colspan="2">篮纹+旋纹</td><td></td><td></td><td>26</td><td>12</td><td></td><td>38</td><td>38.38</td></tr>
<tr><td colspan="2">绳纹</td><td>7</td><td>3</td><td></td><td></td><td></td><td>10</td><td>10.1</td></tr>
<tr><td colspan="2">方格纹</td><td>2</td><td></td><td></td><td></td><td></td><td>2</td><td>2.02</td></tr>
<tr><td colspan="2">旋纹+指甲纹</td><td></td><td></td><td></td><td>5</td><td></td><td>5</td><td>5.05</td></tr>
<tr><td colspan="2">素面</td><td>2</td><td></td><td>6</td><td>16</td><td>2</td><td>26</td><td>26.26</td></tr>
<tr><td colspan="2">指甲纹</td><td></td><td></td><td></td><td>1</td><td></td><td>1</td><td>1.01</td></tr>
<tr><td colspan="2">合计</td><td>15</td><td>8</td><td>35</td><td>39</td><td>2</td><td>99</td><td>99.99</td></tr>
<tr><td colspan="2" rowspan="2">百分比（%）</td><td>15.15</td><td>8.08</td><td>35.35</td><td>39.39</td><td>2.02</td><td rowspan="2">99.99</td><td rowspan="2"></td></tr>
<tr><td colspan="2">23.23</td><td colspan="2">74.74</td><td>2.02</td></tr>
<tr><td rowspan="10">器形</td><td>深腹罐</td><td>2</td><td>1</td><td></td><td></td><td></td><td>3</td><td>20</td></tr>
<tr><td>鼎</td><td>1</td><td></td><td></td><td></td><td></td><td>1</td><td>6.67</td></tr>
<tr><td>鬲（足）</td><td>1</td><td></td><td></td><td></td><td></td><td>1</td><td>6.67</td></tr>
<tr><td>大口罐</td><td></td><td></td><td>1</td><td></td><td></td><td>1</td><td>6.67</td></tr>
<tr><td>浅腹盆</td><td></td><td></td><td></td><td>1</td><td></td><td>1</td><td>6.67</td></tr>
<tr><td>折腹盆</td><td></td><td></td><td>1</td><td></td><td></td><td>1</td><td>6.67</td></tr>
<tr><td>豆</td><td></td><td></td><td></td><td>1</td><td></td><td>1</td><td>6.67</td></tr>
<tr><td>小口高领瓮</td><td></td><td></td><td>1</td><td>2</td><td></td><td>3</td><td>20</td></tr>
<tr><td>鬶（足）</td><td></td><td></td><td></td><td></td><td>1</td><td>1</td><td>6.67</td></tr>
<tr><td>深腹盆</td><td></td><td></td><td>2</td><td></td><td></td><td>2</td><td>13.33</td></tr>
<tr><td colspan="2">合计</td><td>4</td><td>1</td><td>5</td><td>4</td><td>1</td><td>15</td><td>100.02</td></tr>
<tr><td colspan="2" rowspan="2">百分比（%）</td><td>26.67</td><td>6.67</td><td>33.33</td><td>26.67</td><td>6.67</td><td rowspan="2">100.01</td><td rowspan="2"></td></tr>
<tr><td colspan="2">33.34</td><td colspan="2">60</td><td>6.67</td></tr>
</table>

观察98SXH02的出土陶片可见，篮纹较细密，偶见较宽浅者，旋纹较浅细，绳纹较细，方格纹为长方格和小方格，印痕较浅。98SXH03出土陶片中篮纹较细而规整，旋纹较细深，篮纹多自左上向右下斜饰，方格纹较小、印痕较深，绳纹多细密。

鼎　能基本确定为鼎者仅1件。98SXH03∶2，夹砂灰褐陶。侈口，折沿，方唇，沿面微凹，沿内折棱凸起，鼓腹。腹饰篮纹。口径17、残高17.6厘米（图一二，1）。

另外，发现鼎足4件，形制各异。98SXH01∶1，夹砂灰褐陶。较高的扁柱状足，足面中部竖置带斜按窝的堆纹。残高14.4厘米（图一三，2）。98SX∶02，夹砂灰褐陶。足上接盆形鼎，宽扁状足，足较厚大，横剖面约呈长方形，外面左右两侧施斜向刻槽。残高8.5厘米（图一五，11）。98SX∶03，夹砂红褐陶。足横剖面约呈扁椭圆形，足面

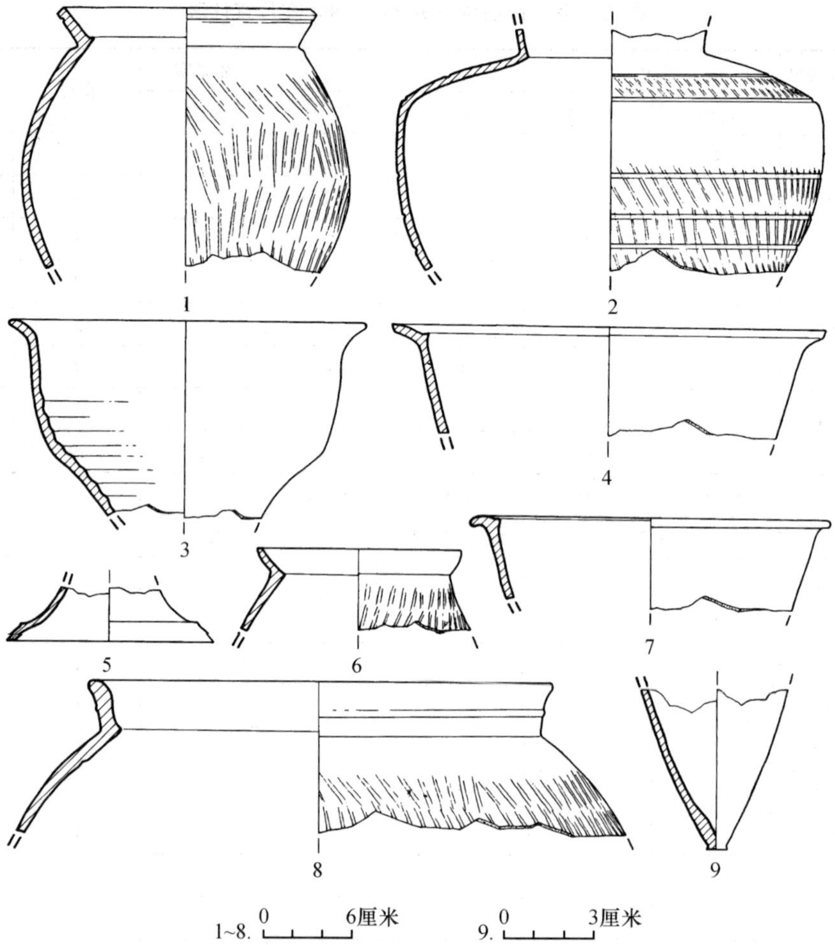

图一二　小交口遗址 H03 出土陶器

1. 鼎（98SXH03：2）　2. 小口高领瓮（98SXH03：9）　3. A 型深腹盆（98SXH03：4）　4. B 型深腹盆（98SXH03：5）　5. 豆（98SXH03：7）　6. 深腹罐（98SXH03：1）　7. A 型折腹盆（98SXH03：6）　8. 大口罐（98SXH03：3）　9. 鬶（98SXH03：8）

有三列斜向刻槽。残高 9.3 厘米（图一五，13）。98SX：04，夹砂红褐陶。足约为圆锥形，内面一侧起脊棱。残高 5.7 厘米（图一五，12）。

侈口罐　11 件。大多为夹砂灰褐或灰陶，偶见泥质浅灰陶。侈口，圆唇，领、肩之间分界不明显，内无明显折棱，鼓腹。腹饰绳纹或篮纹。98SX：07，夹砂灰褐陶。腹饰竖绳纹。口径 12、残高 6.8 厘米（图一五，8）。98SX：08，夹砂灰褐陶。领内上部微凹。腹饰竖绳纹。口径 16、残高 4.5 厘米（图一五，6）。98SX：09，泥质浅灰陶。素面。口径 16、残高 5.8 厘米（图一五，4）。98SX：010，夹砂灰陶。圆唇外凸。领、肩之间饰一周旋纹。口径 16、残高 6 厘米（图一五，2）。

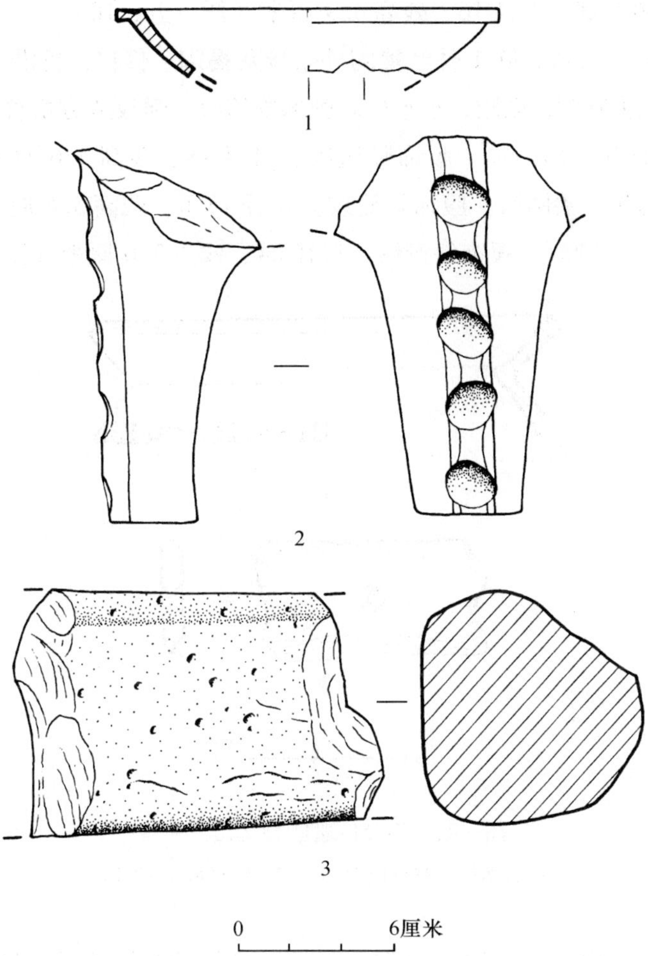

图一三 小交口遗址 H01 出土陶器、石器

1. 陶碗（98SXH01∶3） 2. 陶鼎足（98SXH01∶1） 3. 石磨棒（98SXH01∶4）

小口高领瓮 16 件。泥质，多浅灰陶，少量灰黑陶。领近直或微敞，唇多外凸，内部领、肩之间皆起折棱，外部领、肩分界明显，肩较宽，弧鼓腹。肩部素面或饰篮纹、指甲纹，腹部多饰篮纹并加饰旋纹。98SXH03∶9，浅灰陶。斜肩，鼓腹。肩部两周旋纹之间饰指甲纹，腹部饰篮纹加饰旋纹。肩径 27.2、残高 16.2 厘米（图一二，2）。98SX∶022，浅灰陶。敞口，厚圆唇外凸，斜直领，斜肩。素面。口径 15、残高 8.8 厘米（图一五，3）。98SX∶023，浅灰陶。微敞口，圆唇微鼓，斜直领，斜肩。素面。口径 15、残高 6.7 厘米（图一五，5）。98SX∶024，灰黑陶。敞口，圆唇外凸，斜肩。素面。口径 18、残高 5.6 厘米（图一五，9）。98SX∶025，灰黑陶。微敞口，圆唇，斜直领，斜肩。素面。口径 16、残高 6.7 厘米（图一五，7）。98SX∶026，泥质浅灰陶。宽

方唇微外凸，高领斜直。口径16、残高4.9厘米（图一五，10）。

深腹罐　13件。夹砂，除1件红褐陶外余皆灰褐陶。侈口，折沿，沿内棱凸出，多方唇，少量圆唇或尖圆唇，鼓腹，小平底。腹部饰篮纹、绳纹或方格纹。98SXH02:1，灰褐陶。方唇，唇面有一周凹痕。腹饰竖篮纹。口径18、残高4.6厘米（图一四，1）。98SXH03:1，灰褐陶。尖圆唇。腹饰斜篮纹。口径13.6、残高5.6厘米（图一二，6）。98SX:027，灰褐陶。圆唇。腹饰斜篮纹。口径24、残高7.6厘米（图一五，1）。

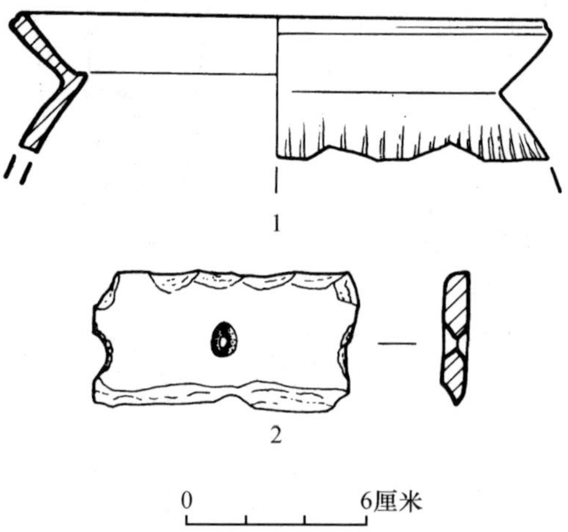

图一四　小交口遗址H02出土陶器

1. 深腹罐（98SXH02:1）　2. 刀（98SXH02:2）

鬲　8件。上部皆残，夹砂灰褐陶。分裆，足呈"V"字形，足壁斜直，无实足根，足底有甚小平面。裆、足皆饰绳纹，内有制作时留下的反绳纹。98SX:05，残裆部和一残足。残高7.6厘米（图一六，7）。98SX:06，残足。残高8.6厘米（图一六，6）。

斝　2件。皆残足。夹砂灰褐陶。足上部微鼓，下部内收，微有小实足根。98SX:011，足饰竖绳纹，内有反绳纹痕，足上端与斝身相接处有一周斜向抹痕。残高9.9厘米（图一六，4）。98SX:012，素面，内有反绳纹痕。残高6.6厘米（图一六，5）。

鬶　1件。98SXH03:8，残存袋足部分，细泥灰黑陶。胎壁甚薄，袋足微鼓，足底有小平面。素面。残高5.5厘米（图一二，9）。

大口罐　2件。泥质，器形甚大，侈口，折沿，圆唇外凸，鼓腹。98SXH03:3，浅灰陶。沿内折棱圆钝。腹饰斜篮纹。口径31、残高10.2厘米（图一二，8）。98SX:013，灰黑陶。沿内折棱锐尖。素面。口径35、残高6.8厘米（图一六，1）。

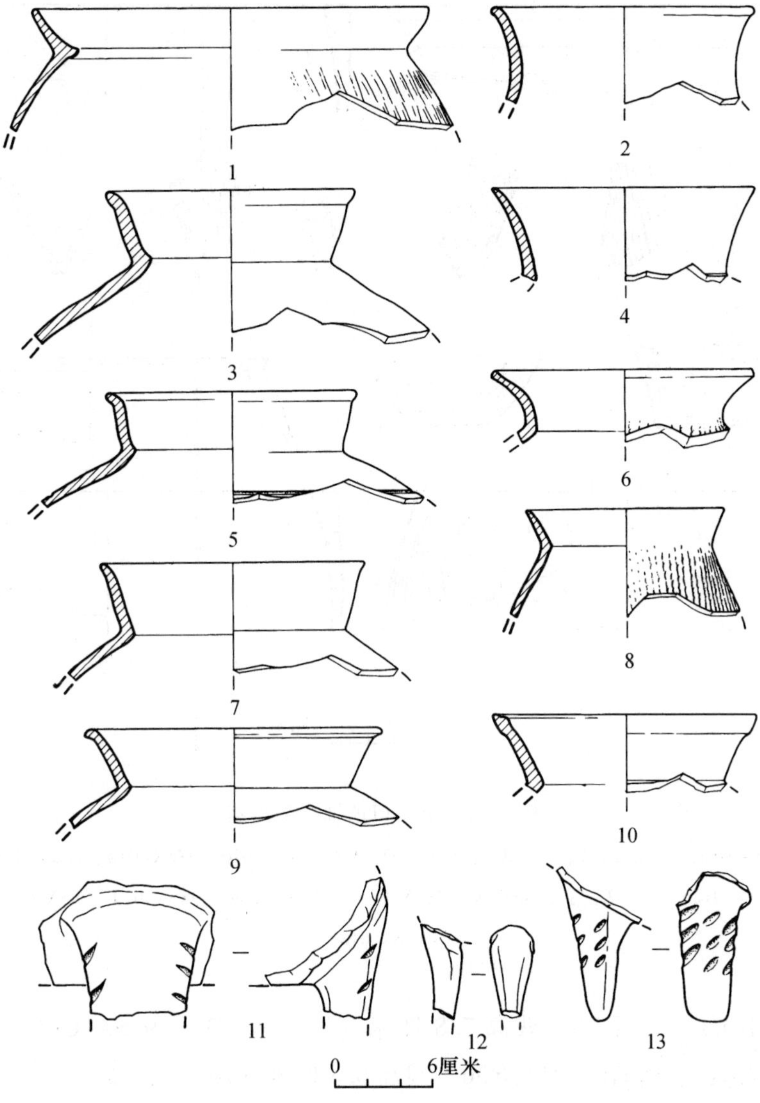

图一五　小交口遗址采集陶器

1. 深腹罐（98SX∶027）　2、4、6、8. 侈口罐（98SX∶010、98SX∶09、98SX∶08、98SX∶07）　3、5、7、9、10. 小口高领瓮（98SX∶022、98SX∶023、98SX∶025、98SX∶024、98SX∶026）　11～13. 鼎足（98SX∶02、98SX∶04、98SX∶03）

缸　9件。多夹砂灰褐陶。器形较大，胎较厚，其中口部胎壁甚厚。敛口，微鼓腹。腹遍饰绳纹或篮纹。依口部不同分二型。

A型　8件。平方唇，唇不外凸。98SX∶014，灰褐陶。腹饰细密斜绳纹。口径31、残高10厘米（图一六，11）。98SX∶015，夹粗砂红陶。唇部内外侧均施斜点状花边。腹饰较粗斜绳纹。口径34、残高9.5厘米（图一六，12）。98SX∶016，夹砂灰褐陶。腹

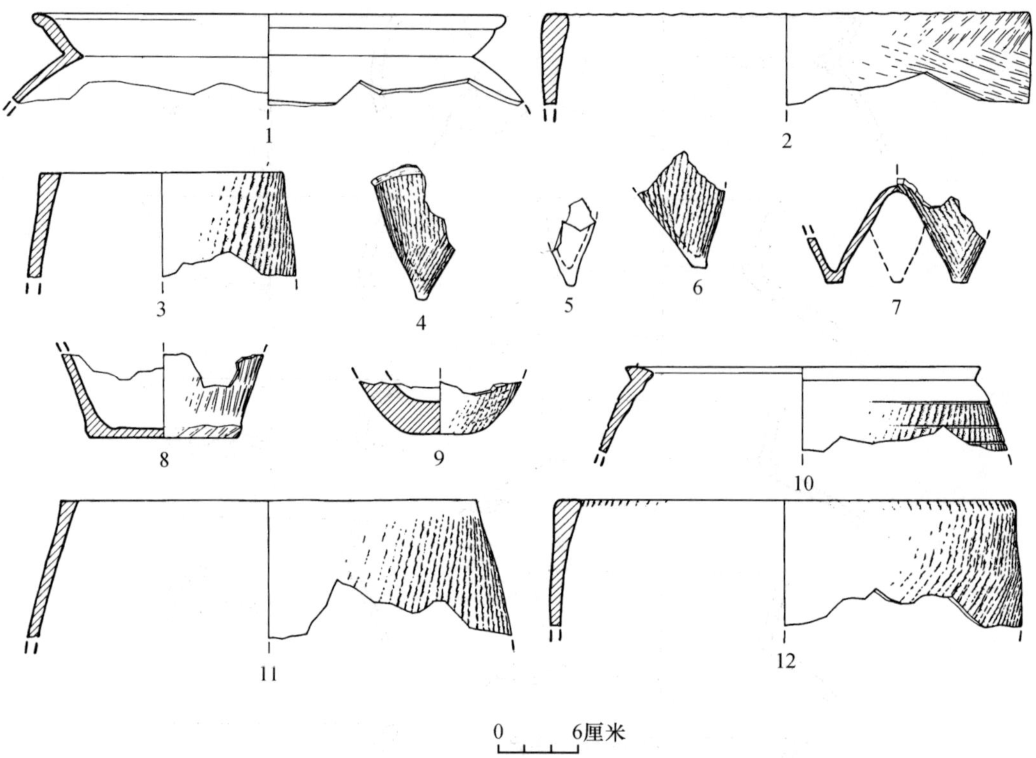

图一六 小交口遗址采集陶器

1. 大口罐（98SX:013） 2、3、11、12. A 型缸（98SX:017、98SX:016、98SX:014、98SX:015） 4、5. 斝（98SX:011、98SX:012） 6、7. 鬲（98SX:06、98SX:05） 8、9. 缸底（98SX:019、98SX:020） 10. B 型缸（98SX:018）

部及唇部饰斜绳纹。口径 18、残高 7.8 厘米（图一六，3）。98SX:017，夹砂灰褐陶。腹部及唇外侧饰斜、横篮纹。口径 36、残高 6.8 厘米（图一六，2）。

B 型 1 件。唇外凸。98SX:018，夹砂灰褐陶。口微敛，唇面微鼓，唇外凸呈锐角。腹饰竖绳纹加旋纹。口径 26、残高 6.2 厘米（图一六，10）。

另有缸底多件。98SX:019，夹砂灰褐陶。斜直腹，平底。腹饰竖篮纹，腹、底相接处也有压印的斜篮纹痕。底径 11、残高 6.3 厘米（图一六，8）。98SX:020，夹砂红褐陶。胎甚厚，腹近底部微弧，小平底。腹饰细碎绳纹，底部有纵横交错的草叶沟痕，其中一条沟痕较深，当系制作时放置禾秆之上所致。底径 6、残高 4 厘米（图一六，9）。

三足罐 1 件。98SX:021，夹砂灰褐陶。下腹斜直，平底，底周附厚矮上宽下窄的板形三足。腹、底、足遍饰绳纹。底径 10、残高 7 厘米（图一七，6）。

泥质罐 1 件。98SX:035，泥质浅灰陶。侈口，折沿，圆唇，沿内折棱较锐，鼓腹，腹上部附一横向薄鋬，应为成对分布。上腹饰浅旋纹一周，内壁轮旋痕清晰。口径15、残高13.2厘米（图一七，8）。

深腹盆　6件。泥质，浅灰陶或灰黑陶。依口沿不同分二型。

A型　4件。翻沿。98SXH03:4，浅灰陶。圆唇，曲腹。素面，内壁轮旋痕清晰。口径24、残高13.1厘米（图一二，3）。98SX:030，灰黑陶。方唇，微曲腹。素面。口径26、残高7.7厘米（图一七，13）。98SX:031，灰黑陶。圆唇。磨光。口径27、残高3.5厘米（图一七，9）。

B型　2件。折沿。98SXH03:5，浅灰陶。侈口，方唇，沿内折棱凸起，斜直腹。素面。口径29、残高7.2厘米（图一二，4）。98SX:032，浅灰陶。圆唇，沿内折棱凸起，斜直腹。素面，腹壁内外有制作时留下的轮旋痕，外部者细密，内部者宽疏。口径37、残高8.2厘米（图一七，12）。

浅腹盆　4件。泥质灰黑陶。敛口，圆方唇，浅斜腹，平底。98SX:01，唇中部有一周细浅沟痕。上腹部以上磨光，以下饰竖篮纹。口径27.4、高6厘米（图一七，1）。98SX:028，唇中部有一周沟痕。上腹部以上磨光，以下饰竖篮纹加饰一周旋纹。口径28、残高5.6厘米（图一七，3）。

折腹盆　3件。泥质浅灰陶。上腹斜直，中部折腹。依口部不同分二型。

A型　2件。平折沿。98SXH03:6，素面，内壁有制作时留下的清晰轮旋痕。口径24.2、残高6.2厘米（图一二，7）。98SX:033，素面，内壁有制作时留下的清晰轮旋痕。口径34、残高4.2厘米（图一七，10）。

B型　1件。无沿。98SX:034，圆唇外凸。上腹下部有两周甚细浅旋纹。口径26、残高8.4厘米（图一七，11）。

敛口盆　1件。98SX:036，泥质灰黑陶。敛口，圆唇，口部两度内收形成子口状，鼓腹。素面。口径16、残高4.6厘米（图一七，5）。

小盆　1件。98SX:037，泥质浅灰陶。微侈口，小翻沿，圆唇，腹微曲。素面。口径12、残高6.4厘米（图一七，7）。

圈足盘　1件。98SX:041，泥质灰黑陶。敞口，圆唇，浅盘，下附圈足。素面，圈足饰弦纹一周。口径27、残高5厘米（图一七，2）。

豆　1件。98SXH03:7，残存圈足部分，泥质灰黑陶。喇叭形圈足，足平方唇，向外微鼓，上部内收。素面。底径14、残高3.6厘米（图一二，5）。

碗　2件。夹砂灰褐陶。平方唇微外凸，口内部凸出一棱，斜腹。素面。98SXH01:3，口径14.6、残高2.4厘米（图一三，1）。98SX:042，口径14、残高4.3厘米（图一七，4）。

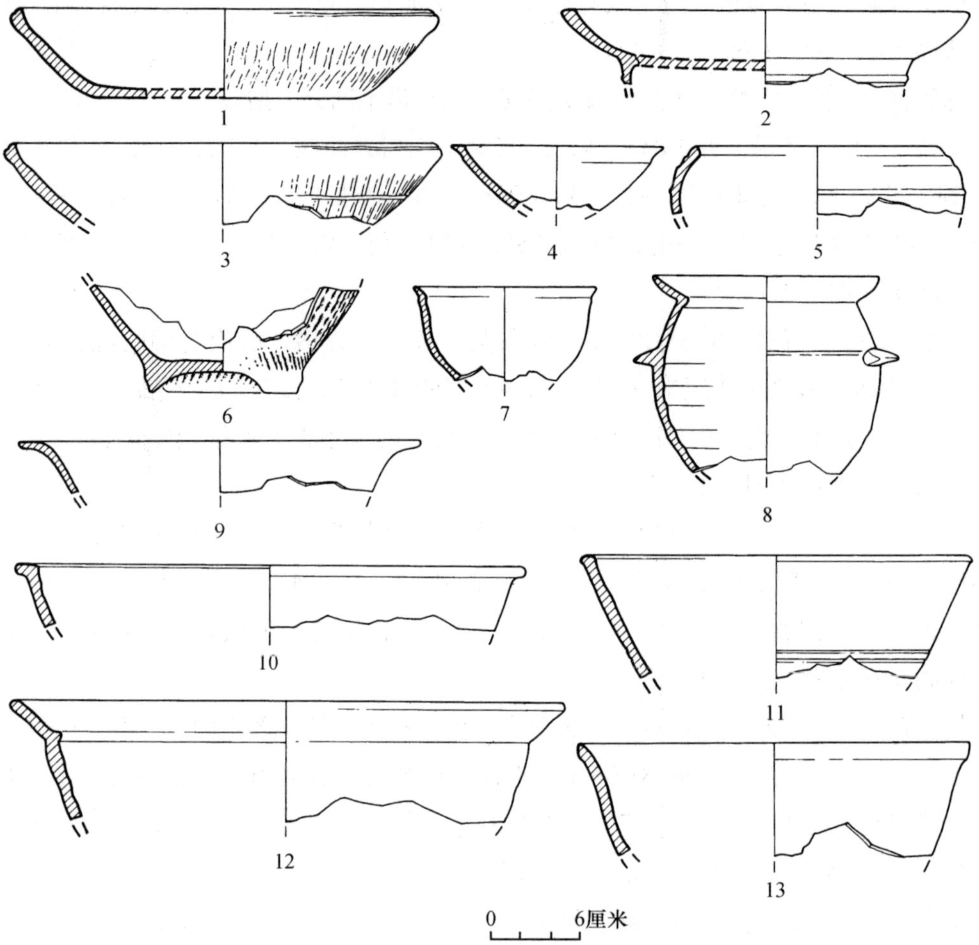

图一七　小交口遗址采集陶器

1、3. 浅腹盆（98SX∶01、98SX∶028）　2. 圈足盘（98SX∶041）　4. 碗（98SX∶042）　5. 敛口盆（98SX∶036）　6. 三足罐（98SX∶021）　7. 小盆（98SX∶037）　8. 泥质罐（98SX∶035）　9、13. A型深腹盆（98SX∶031、98SX∶030）10. A型折腹盆（98SX∶033）　11. B型折腹盆（98SX∶034）　12. B型深腹盆（98SX∶032）

另外，发现陶刀1件。98SXH02∶2，用泥质灰黑陶片制成。平面约呈长方形，两端有打制的缺口，刀中部有一两面钻的穿孔，单面刃。长8.6、宽4.6厘米（图一四，2；图版四三，1）。

2. 石器

有刀、球、磨棒等。

石刀　1件。98SX∶038，灰褐色。平面呈长方形，两端及背部均有打制痕，单面刃。长8.4、宽4、厚0.8厘米（图一八，1）。

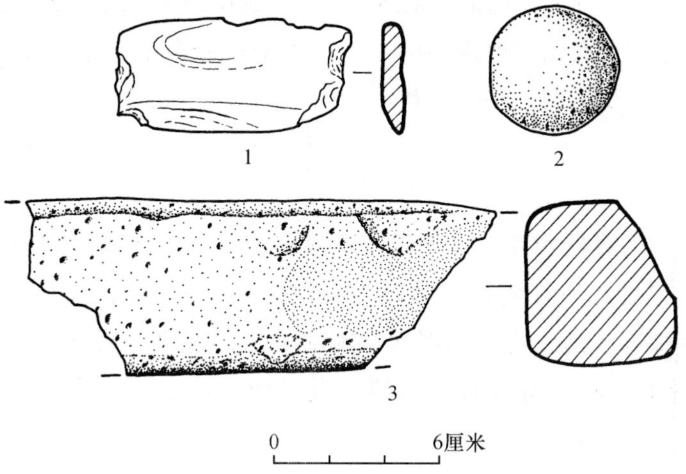

图一八　小交口遗址采集石器

1. 刀（98SX:038）　2. 球（98SX:039）　3. 磨棒（98SX:040）

石球　1件。98SX:039，深灰色。呈不甚规整的圆球形，表面有清晰的琢制痕。直径4.8厘米（图一八，2）。

石磨棒　2件。98SXH01:4，墨绿色。整体呈长条形，断面约椭圆形，器形粗短，两端有打掉石片的痕迹，器身琢痕清楚，一侧有被磨的平面。长14、宽9、厚8.6厘米（图一三，3）。98SX:040，灰褐色。长条形，断面约呈长方形，一端较粗，另端较细，两端均残，器身有琢痕，局部有磨面。该器也可能用作石楔等，但其使用磨痕表明其曾作为磨棒使用。残长17、宽6.5、厚5.3厘米（图一八，3）。

3. 骨器

仅见骨刀。

骨刀　1件。98SXH03:10，浅黄色。利用食草类动物的较大肋骨制成，其中一端较窄便于持握，另一端较宽两侧锋利，略有使用磨痕。长23、宽6.2厘米。

七、卢家店南遗址（98SLN）

位于三门峡市交口乡卢家店村南400米，隔东青龙涧河与卢家店遗址相望，西距南交口遗址约900米。因连霍高速公路从遗址中部穿过，当我们调查发现该遗址时，遗址已在高速公路施工中遭到严重破坏。遗址处于东青龙涧河南岸的二级阶地上，拔河高度15～20米，遗址南部用GPS手持机测得地理坐标为东经111°18.764′，北纬34°42.843′，海拔512米±5米（彩版三〇，2）。

遗址原东西长约200米，南北宽约80米，总面积约1.5万平方米。从遗址断面观察，文化堆积不丰富，文化层厚薄不匀，一般为150～350厘米。调查未发现遗迹，采集遗物也较少，仅有少量陶片和残石器。

1. 陶器

采集的陶片均陶容器残片，以夹砂灰陶最多，其次为泥质灰陶和夹砂灰褐陶，少见泥质灰黑陶，罕见泥质红陶。纹饰以中绳纹为主，旋纹次之，有的旋纹加饰于绳纹之上，素面和加饰于绳纹之上的绳切状附加堆纹再次之，偶见弦纹（表三）。陶器烧制火候高，胎质坚硬。器形有深腹罐、盆、敛口罐、缸、大口尊、圆腹罐、甑、小口瓮、簋、豆等。

表三　卢家店南遗址（98SLN）采集陶片统计表

陶质陶色 / 纹饰		夹砂		泥质			合计	百分比（%）
		灰	灰褐	灰	红	灰黑		
绳纹		18	17	10	2	5	52	64.2
绳纹＋附加堆纹		6	2				8	9.88
绳纹＋旋纹				4		2	6	7.41
旋纹				3		2	5	6.17
弦纹				1			1	1.23
素面		5		4			9	11.11
合计		29	19	22	2	9	81	100
百分比（%）		35.8	23.46	27.16	2.47	11.11	100	
		59.26		40.74				
器形	深腹罐	3	4				7	29.17
	缸	3					3	12.5
	大口尊			3		1	4	16.67
	豆			1			1	4.17
	盆			2		1	3	12.5
	敛口罐			1			1	4.17
	甑			1			1	4.17
	小口瓮					1	1	4.17
	擂钵			1			1	4.17
	圆腹罐	1					1	4.17
	簋			1			1	4.17
合　计		7	4	10		3	24	100.03
百分比（%）		29.17	16.67	41.67		12.5	100.01	
		45.84		54.17				

深腹罐　7件。夹砂，灰陶或灰褐陶。腹皆饰绳纹。依口沿不同分二型。

A型　6件。翻沿，方唇。98SLN∶01，灰陶。微束颈，弧腹。腹饰竖绳纹。口径22、残高8.8厘米（图一九，6）。98SLN∶02，灰陶。微弧腹。腹饰甚浅绳纹。口径22、残高6.2厘米（图一九，1）。98SLN∶03，灰褐陶。微弧腹。腹饰竖绳纹。口径22、残高4厘米（图一九，2）。98SLN∶04，灰褐陶。微束颈，鼓腹。腹饰竖绳纹。口径14、残高3.3厘米（图一九，12）。

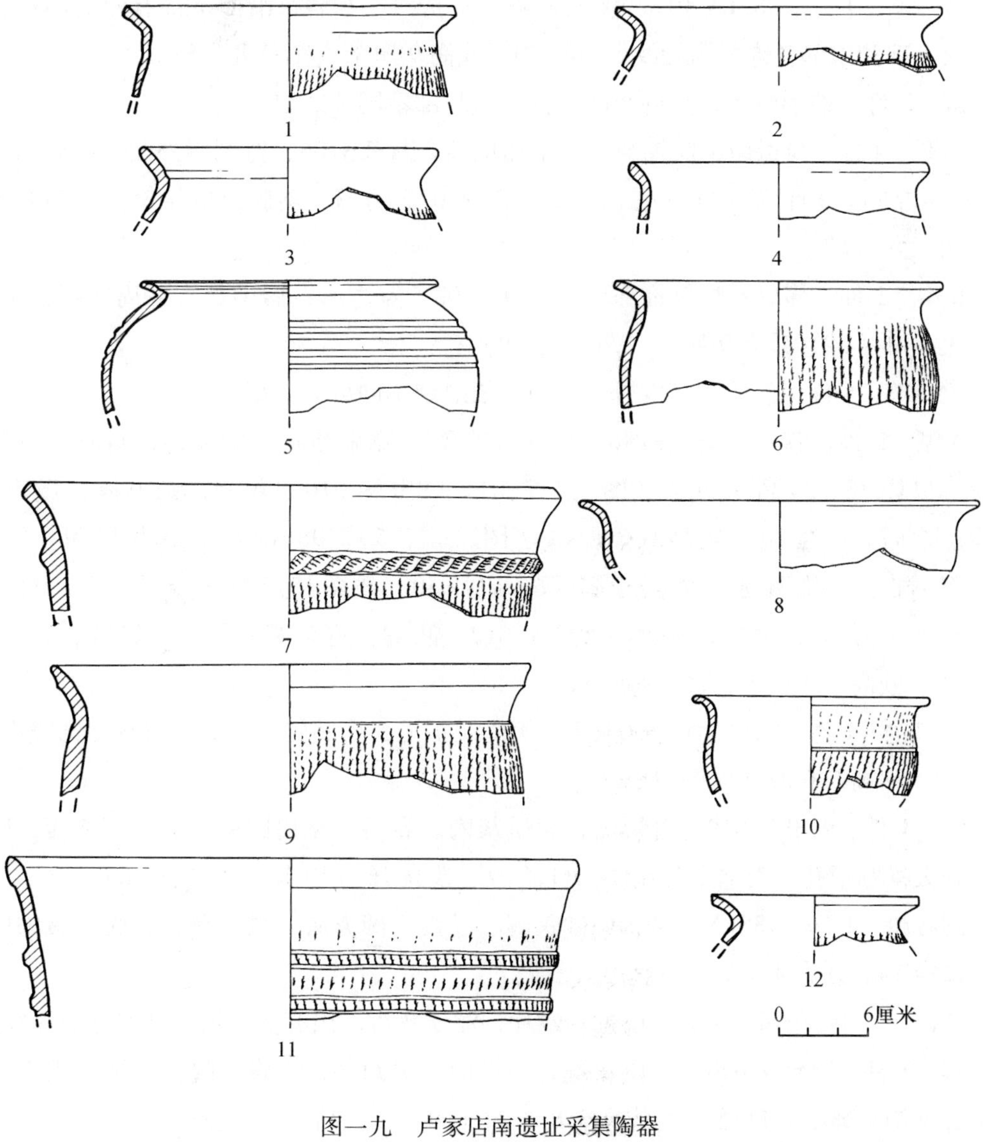

图一九　卢家店南遗址采集陶器

1、2、6、12. A型深腹罐（98SLN∶02、98SLN∶03、98SLN∶01、98SLN∶04）　3. B型深腹罐（98SLN∶05）　4、8、10. 盆（98SLN∶016、98SLN∶015、98SLN∶017）　5. 敛口罐（98SLN∶018）　7、11. A型缸（98SLN∶07、98SLN∶06）　9. B型缸（98SLN∶08）

B型　1件。沿内微有折痕。98SLN∶05，灰陶。圆唇，沿下部有一周沟槽，鼓腹。腹饰竖绳纹。口径20、残高4.8厘米（图一九，3）。

盆　3件。泥质，沿微卷。98SLN∶015，灰陶。圆唇，微弧腹。素面。口径27、残高4.5厘米（图一九，8）。98SLN∶016，灰陶。圆方唇，鼓腹。素面。口径20、残高4厘米（图一九，4）。98SLN∶017，灰黑陶。圆唇，微弧腹。腹饰竖绳纹加饰一周旋纹。口径16、残高6.7厘米（图一九，10）。

敛口罐　1件。98SLN∶018，泥质灰陶。窄折沿，圆唇，沿面下部有两周沟槽，鼓腹。腹上部和中部各饰两周旋纹。口径20、残高9厘米（图一九，5）。

缸　3件。器形较大，夹砂灰陶。依口、腹部不同分二型。

A型　2件。口微敞，腹饰绳纹、附加堆纹。98SLN∶06，宽圆唇外凸，腹微斜。口径38、残高11.3厘米（图一九，11）。98SLN∶07，方唇，斜腹。口径35、残高8.8厘米（图一九，7）。

B型　1件。侈口，腹仅饰绳纹。98SLN∶08，宽方唇，唇中部有一周凹痕，束颈，微弧腹。口径32、残高9厘米（图一九，9）。

大口尊　4件。泥质，灰陶或灰黑陶。依形制不同可分二型。

A型　3件。侈口，有肩。98SLN∶09，灰陶。宽扁圆唇，微束颈，斜肩。肩饰竖绳纹。口径38、残高8厘米（图二〇，1）。98SLN∶010，灰陶。圆方唇，微束颈，斜肩。素面。口径24、残高6.2厘米（图二〇，5）。98SLN∶011，灰黑陶。斜肩，斜直腹下收。肩饰两周、腹饰三周旋纹。肩径30、残高12.7厘米（图二〇，9）。

B型　1件。大敞口，无肩。98SLN∶012，灰陶。宽扁圆唇外凸，斜直腹。素面。口径36、残高6.3厘米（图二〇，3）。

小口瓮　1件。98SLN∶013，泥质灰黑陶。折沿，尖圆唇，斜肩。肩下部饰竖绳纹。口径20、残高5.6厘米（图二〇，2）。

甑　1件。98SLN∶019，盆形甑，泥质灰陶。卷沿，宽扁圆唇外鼓，深弧腹，腹近底部开大椭圆形孔。腹饰杂乱绳纹。口径24、残高16.5厘米（图二〇，6）。

圆腹罐　1件。98SLN∶014，夹砂灰陶。卷沿，圆方唇，微束颈，鼓腹。腹饰竖绳纹。口径14、残高4.7厘米（图二〇，7）。

擂钵　1件。98SLN∶022，仅见一残片，泥质灰陶。内有竖刻槽，外壁饰竖绳纹。

簋　1件。98SLN∶020，泥质灰陶。小折沿，尖圆唇，斜腹。腹上部饰一周窄深旋纹，以下饰斜绳纹。口径24、残高3.8厘米（图二〇，4）。

豆　残豆柄1件。98SLN∶021，泥质灰陶。细高柄，胎壁甚厚。柄上部饰两周弦纹。残高10.2厘米（图二〇，8）。

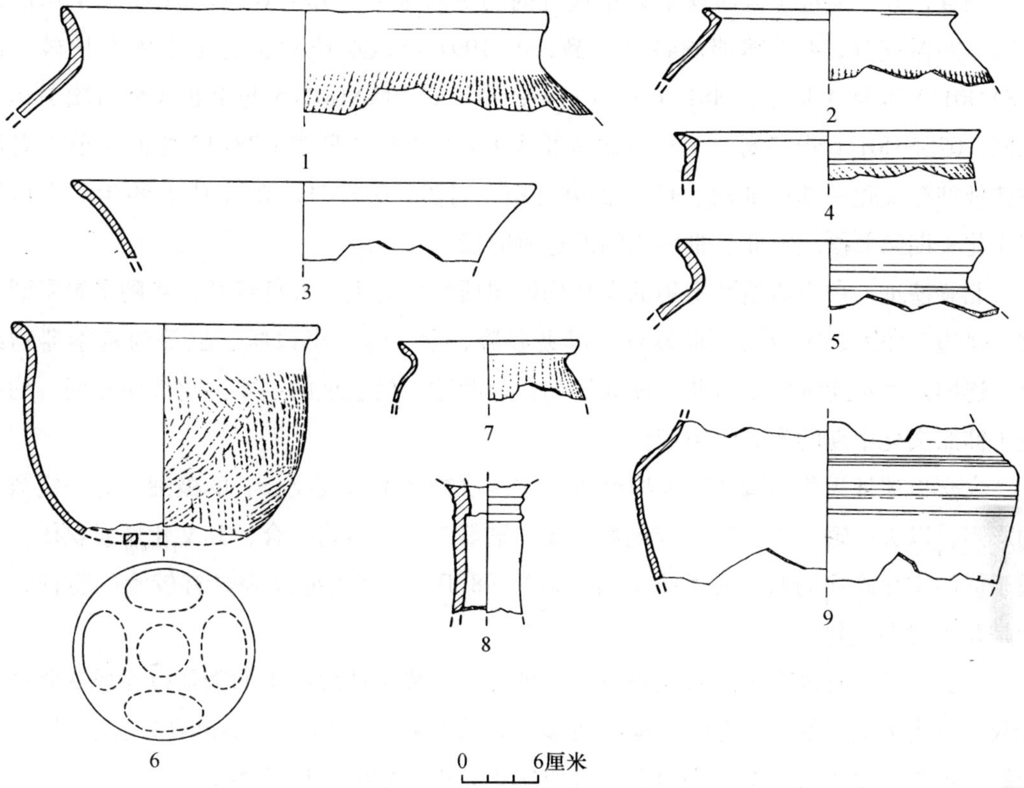

图二〇　卢家店南遗址采集陶器

1、5、9. A型大口尊（98SLN：09、98SLN：010、98SLN：011）　2. 小口瓮（98SLN：013）　3. B型大口尊（98SLN：012）　4. 簋（98SLN：020）　6. 甑（98SLN：019）　7. 圆腹罐（98SLN：014）　8. 豆柄（98SLN：021）

2. 石器

仅见石镰。

石镰　1件。98SLN：023，褐色页岩。磨制，长条形，弧头，背部圆弧较厚，双面直刃。长8.8、宽4厘米（图版四三，3）。

八、小　结

本次调查的几处遗址，除了卢家店南遗址属新发现的遗址外，其余的都为复查，由于调查较为细致，我们对这些遗址的规模与面积进行了重新认定，对遗址内遗存的分布有了一定的了解，对各遗址的文化性质与年代有了较确切的认识。

虽然南交口遗址已进行发掘，但为获取古代农作物遗存及^{14}C测年样本我们再次进行了调查，并在遗址Ⅰ区清理了2座灰坑内的少量堆积，其中07SNH01出土了窄沿罐和钵等陶器残片，4件钵形制特征一致，与1997年该遗址发掘的出土物[1]比较，钵07SNH01∶1等与AⅢ式钵H81∶1基本相同；窄沿罐07SNH01∶5与BⅡ式窄沿罐H46∶3相同，07SNH01∶6形态则介于窄沿罐AⅡ式H43∶13与AⅢ式H78∶12之间，前三者属本遗址仰韶文化一期第Ⅱ段，后者属第Ⅲ段，可见，07SNH01的年代大约为南交口仰韶文化一期第Ⅱ段或第Ⅱ、Ⅲ段之间的过渡时段。

北梁遗址、卢家店遗址采集的陶片均以泥质红陶为主，常见线纹，彩陶多黑彩圆点纹、弧边三角纹、窄带纹、垂弧纹，以夹砂罐、盆、钵、小口瓶、缸等为基本器物组合，连同朱家沟遗址的小口瓶、钵等器物，表明这三处遗址的主要文化性质相同，均应属于仰韶文化中期的庙底沟类型。

大交口遗址采集的陶片以泥质红陶为主。纹饰多细密线纹，有的极细，有一定数量的彩陶，以夹砂罐、小口瓶、带流盆、钵、缸等为主要器物组合，其文化性质整体上应属于仰韶文化晚期的西王村类型。而夹砂罐98SD∶06饰粗绳纹等具有较晚的特征，可能是龙山时期遗物。

小交口遗址发现有半地穴式白灰面房址等，采集及清理出土的陶器以泥质灰陶和夹砂灰褐陶为大宗，纹饰中篮纹、绳纹居多，以侈口罐、深腹罐、小口高领瓮、鼎、鬲、斝、圈足盘、豆等为基本器物组合，其应属于龙山时期的三里桥类型。

卢家店南遗址采集的陶片以夹砂灰陶最多，纹饰多绳纹，主要器物有深腹罐、盆、大口尊、圆腹罐、敛口罐、缸、簋、豆等，朱家沟遗址也有大口尊及绳纹加饰附加堆纹的陶片等，上述特征与伊洛地区典型二里头文化具有明显的共性，当属于二里头文化，即当地的夏文化。

仰韶中期的北梁遗址、朱家沟遗址、卢家店遗址均处于河流的二级阶地上，后者还主要分布于黄土台塬的边坡上。如果不考虑各自遗址内遗存的早晚，即以“仰韶中期”作为时间段将三者各作为一个聚落，则各聚落总面积分别为大约5万、3万、6万平方米，虽然北梁聚落、朱家沟聚落与同时期面积约8万平方米的南交口聚落[2]相比规模稍小，遗存稀少，但相互之间等级的差别似乎不明显，仍大致属于同等级别。它们比位于其西10～15公里面积达24万平方米的庙底沟聚落[3]规模明显偏小，遗存也无后者丰富，似处于较低一级的聚落级别上。

仰韶晚期大交口遗址处于黄土台塬边坡上，规模较小，如作为一个聚落，总面积仅约1.5万平方米。

龙山时代后期的小交口遗址处于黄土台塬边坡上，面积达70万平方米左右，如作为一个整体，则无疑是一处大型聚落。聚落内似有一定分区，如墓葬区很可能在发现有多处墓葬的西北部。

二里头文化的卢家店南遗址、朱家沟遗址均分布于河流的二级阶地上，文化遗存不丰富，总面积分别约1.5万和3万平方米，与同时期的规模约3.5万平方米的南交口聚落相似，也应属小型聚落。

（执笔：魏兴涛；摄影：郭民卿、魏兴涛；绘图：贾长有）

注　释

[1]　见本书第三章。

[2]　见本书第四章、第八章。

[3]　如果将庙底沟遗址仰韶文化时期遗存也看作一个聚落，则该聚落的面积达24万平方米。见中国科学院考古研究所：《庙底沟与三里桥》，科学出版社，1959年。

附录二　南交口遗址1997年出土仰韶文化中期农作物遗存初步研究

孔昭宸[1]　刘长江[1]　魏兴涛[2]

（1. 中国科学院植物研究所，北京市 100093；2. 河南省文物考古研究所，郑州市 450000）

南交口遗址地理坐标为东经111°16′53″，北纬34°43′02″，海拔475.2～539.2米，地处河南省三门峡市湖滨区交口乡南交口村西，青龙涧河支流东青龙涧河南岸的二级阶地和黄土台塬边坡上。河南省文物考古研究所于1997年9月至1998年12月为配合连霍高速公路洛阳至三门峡段的建设，对该遗址进行了考古发掘，发掘面积1400平方米，从中揭示出仰韶文化一期、二期、三期以及二里头文化等丰富的遗迹与遗物，其中仰韶文化二期属于仰韶文化中期庙底沟类型[1]。

笔者之一在遗址的发掘中，曾对部分遗迹单位采集土样，运用水浮选法对其中所含植物遗存进行了收集，以期获得该遗址原始农业及生态环境方面的相关信息，初步收获已于先期发表[2]。本文对1997年发掘的、由浮选所获仰韶中期的农作物籽实（果实和种子）通过外部形态进行鉴定和校比分析，进而试对这一时期的农业及生态环境进行初步探讨。

一、农作物遗存的鉴定及其生境分析

1. 粟作遗存及粟的生境

在灰坑97SNH25（灰坑号依1997年发掘时编号，各灰坑情况参见本书第四章，第四章中均省略“97SN”）中，见有13粒粟米（*Setaria italica*，俗称小米）。这些炭化的粟米呈黑色，多为破碎的米粒，只有少数完整者，籽粒呈倒卵形，由于籽粒的顶端受热胀裂，使米粒的长（高）度及厚度都较正常的籽粒大，长1.4～1.5、宽1.1～1.2、厚1.2～1.3毫米。在籽粒的背面仍可见其胚部脱落后所保留下来的细长条形至窄三角形凹状的胚区。胚区长为半粒长的4/5～5/6（图版四四，1）。通过对现代粟和与其籽粒形态相似的黍米（*Panicum miliaceum*）的比较，由粟和黍米炭化实验的证据[3]，可以确定 97SNH25 中发现的籽实全部为粟米，未曾见到黍米。

粟为一年生的旱生草本植物，其植物体的根系发达，可从土壤深层吸收水分，而粟叶的表层硅质化，蒸腾系数小，对土壤中的水分利用率高，这些生理生态特征使其成为生长期短、适应性强的栽培农作物。中国作为种植粟最多、栽培历史最悠久的国家之一，其现代分布可北起黑龙江的黑河，南抵海南省的崖县（三亚），西自新疆、西藏，东至台湾，全国各地基本都有种植。但粟的播种面积最多的却是华北和地处黄河中下游的冀、鲁、豫、晋、陕等省。其栽培主产区的地理范围为东经 108°~130°，北纬 32°~48°。由于粟具有早熟、耐旱、耐寒、耐瘠和能够适应季节性变化的生理特征，故通常被种植在海拔 1000~1500 米的丘陵上，适宜在我国华北、西北高原以及东北西部的干旱、半干旱地区种植。中国粟的种质资源丰富，因其（谷子）耐储藏，富于营养，而成为中国北方古代先民选育及现代旱地栽培的主要粮食作物。

黍为另一种重要的旱地作物，其不只有与粟相同的生理特征，而且籽粒的外部形态也与粟相似，它们在古遗址中往往共存。仅就黍和粟的现代生境比较，黍在半干旱地区更易于生长，分布范围较粟更广，最北界可达北纬 57°，适应性强，可在瘠薄的土壤上生长，故现代常把黍作为开荒、改造盐碱地和治理沙漠的农作物，并利用其生育期短的特性将之作为自然条件恶劣地区受灾后的补救作物。

2. 稻作遗存及水稻的生境

从灰坑 97SNH21 和 97SNH25 中，挑选出数粒完整的和破损的炭化稻米（Oryza sativa）的籽实（颖果）。这些稻米均为黑色，质脆，呈扁椭圆形，两侧扁。在米粒的表面，尚能清晰地见到两条凸起的纵棱，并有棱旁浅沟；而在米粒的基部，尚可见到呈缺口状的胚区。米粒长 5.5~6.25、宽约 2.75 毫米，长宽比在 2∶1 左右（图版四四，2、3）。从中国栽培稻种的起源与演变、历史、气候和古地理的特征，以及稻米籽粒的特征[4]来判别，可以确定南交口遗址中的炭化稻米应属人为加工脱掉稻壳的粳米（*Oryza Sativa subsp. Japonica*）[5]。

稻（*Oryza Sativa*）为一年生草本植物，全球分布，是世界上最重要的栽培粮食作物之一，在中国各地都有人工种植。稻属（*Oryza*）植物有 20 多种，但作为栽培的只有亚洲栽培稻（*O. sativa*）和非洲栽培稻（*O. glaberrima*）。对于亚洲栽培稻的起源地，尽管学者们各执已见，但它是由普通野生稻（*O. rufipogon*）演化而来这一点，却几乎成为学界的共识[6]。普通野生稻为多年生的湿地植物，喜温，感光性强，对土壤适应性广，更适应微酸性土壤。其具有发达的根系和不定根，茎呈匍匐状，无典型的地下茎，成熟期的种皮为红色。我国现今有三种野生稻即疣粒稻（*Oryza gramulate*）、药用野生稻（*O. officinialis*）和普通野生稻，其中普通野生稻与亚洲栽培稻的亲缘关系最为接近，其分布的北界为江西东乡县（北纬28°14′），是分布最北的一种。值得提及的是，有关中国栽培稻的起源、分异和传播的研究，长期以来一直是学术界研究的热点，但仅就目前我国考古遗址中所获得的有关稻、稻米、稻壳印痕、植硅体、花粉以及稻谷小穗轴[7]的遗存记录，判别它们是野生稻还是栽培稻中的籼稻（*O. Sativa subsp. Indica*）、粳稻，进而再区分是水或陆稻型，还是黏糯的稻型，至今仍存在许多实际困难。但在中国古遗址中，从有关前仰韶时代、仰韶时代和龙山时代有关水稻遗存的记录[8]判别中国栽培稻的起源地时，不应仅有最早遗址中有关稻作遗存的记录，还要考虑该地是否具有适于栽培稻野生祖先种——普通野生稻，是否具有适于它们生长发育的气候和环境条件，以及是否具备以种植和食用稻米的先民们的社会形态、稻作文化和先进的生产和加工工具[9]。

二、相关问题的讨论

近年来，在我国诸多考古遗址中，屡有以粟、黍和稻为代表的原始农作物的发现，从而将中国稻和粟的栽培历史上溯到距今9000～8000年以前甚至更早。通过对这些遗存的确切鉴定和对所处文化期年龄的校准，已使人们逐渐认识到中国的原始粟作和稻作农业都具有时间上的悠久性、地理分布范围的广阔性和栽培作物品种的多样性。因此，有关中国水稻和粟类的起源地点、传播途径、自然环境与人类文明进程关系的研究，已成为当前农业考古和环境考古领域关注的热点。

甘肃秦安大地湾遗址中不同文化期保存的粟、黍籽粒的形态鉴定和数量统计表明，当前仰韶时期的大地湾一期（距今7800～7350年）时，在渭河支流的葫芦河流域，最早出现的是少量黍米，然而至仰韶文化早期，虽仍以大量黍米为优势，却新出现了粟米，占黍、粟类籽粒总数的2.3%，同时还出现了可食的少量紫苏（*Perilla frutescens*）的种子。大地湾遗址仰韶文化中期未见农作物遗存。但至仰韶文化晚期粟米则升至籽粒总数的99%以上，黍米却降至总数的0.7%。大地湾遗址中不同文化期黍、粟比例的变化，似乎表明在葫芦河流域黄土丘陵地区最早种植的为黍，此后，黍、粟共存，至仰韶文化晚期，则以种植粟为优势。究其种植种类变化的原因，到底是环境状况的改变，还是先民们在种植理念或对食物结构做出的种植类型的选择尚不得而知[10]。葫芦河流域最早出现的是炭化黍米，这也许说明，黍较粟更能适应瘠薄的土壤和干凉的气候。但位于黄河中游地区，在地处黄河二级阶地上的河南渑池班村遗址中，在与大地湾一期大致同时的裴李岗文化灰坑里，却浮选出了大量炭化野生植物的果实和种子，计有栎（*Quercus*）、大叶朴（*Celtis koraensis*）、山茱萸（*Cornus officinalis*）、君迁子（*Diospyros lotus*）等落叶阔叶乔灌木植物，同时还有紫苏（*Perilla frutescens*）、野大豆（*Glycine soja*）、黄芪（*Astragalus*）和葎草（*Humulus scandens*）等草本，从而推测当时班村遗址附近山地和黄土丘陵上尚覆盖着暖温带落叶阔叶林，其主要树种栎含丰富淀粉，朴、山茱萸、君迁子具药用价值，在河岸湿地有紫苏、野大豆、黄芪、葎草等生长。其中野大豆具丰富营养，紫苏和黄芪具有药用价值，故可认为在裴李岗文化期时，班村附近呈现出森林、灌丛、草地和湿地的自然景观。当时班村的先民们主要依赖大自然的恩赐，能就近采集到可食的野生植物果实和种子，狩猎以鹿科动物为主并捕捞鱼类[11]。同时，在班村裴李岗文化期的浮选物中，还发现黍和粟的个别炭化籽粒，反映出在当时黄河岸边已种植粟、黍等旱生农作物。从而表明，同是黄河流域，在粟、黍的早期栽培阶段，不同的地理位置和气候环境，种植二者的种类还存在一定的差异。尽管在班村仰韶中期遗存中未鉴定出有植物遗存，但在庙底沟二期中却浮选出大量粟和少量黍米。由于本次发现的南交口仰韶中期旱作农业遗存为粟，结合以上情况，可以推断，至迟到仰韶文化中期，黄河中游地区种植的旱生农作物主要为粟。

伴随着全新世大暖期的到来，由于人口的增加，自然资源量的减少，使得源于长江中下游和淮河上游的栽培稻及其稻作文化向淮河、黄河中下游乃至渭河流域传播[12]。由目前我国新石器时代发现有稻作遗存的遗址的时代与地理位置可知，前仰韶时期的稻作遗存只散见于长江中下游和淮河上游，至仰韶时代数量猛增，并向黄淮地区辐射，即使在地处西北地区海拔1400余米的甘肃庆阳，在仰韶晚期时亦有大量栽培稻遗存的记录[13]。水稻遗存甚至还发现于甘肃天水市西山坪遗址[14]中，这是迄今所见中国新石器时代栽培水稻分布最西北的记录。然而至龙山时代，其分布范围有向淮河和黄河下游退缩的趋势。中国新石器时代遗址所揭示的稻作分布区扩大和缩小的变化，不仅与各文化的更迭有关，而且也与历史气候，特别是季风气候的影响直接相关。

我们注意到，南交口遗址中与仰韶文化中期鉴定出的粟和稻的米粒伴出的生产工具，除形体厚重的石斧外，还有形体较大且薄、磨制精致的扁平石铲，这些石器既可用来垦耕旱地，种植粟，亦适宜于水田耕作，可种植稻谷。此外，在遗址中还发现有较多的石刀和石磨盘、磨棒等。这些石器不仅可用于旱地粟类作物的收割与脱壳，而且也可进行稻米的收获及加工。

本次南交口仰韶中期浮选物中还见到不少植物炭屑和白旋螺（*Gyranlus*），而白旋螺生长在淡水湖体沿岸的浅水草丛中，从而佐证了遗址附近分布有淡水的湖沼湿地，植物炭屑则可能源于先民们燃烧的薪柴。但在遗址中未能鉴定出野生植物的果实和种子，这也许说明到仰韶文化中期，三门峡一带自然植被因受到人类活动的影响而减少，先民们的生计更多地依赖于原始农业。可见，地处黄河中游地区仰韶中期的南交口先民们因地制宜地在东青龙涧河岸黄土台地上种植旱生的粟，而在河流形成的河漫滩等低浅水域或湿地沼泽上种植水生的粳稻。结合本次浮选物中除发现有可能属蔷薇科的果实（图版四四，4）之外，未见其他野生果实，可以推知，三门峡一带仰韶中期乃以种植和食用粟和稻米为主的生业方式，已经取代了中原地区前仰韶时期裴李岗文化以渔猎和采集为主的生业方式[15]。

关于中国古代农业起源的中心和传播的问题，因其受复杂的社会、经济、技术和环境等因素的影响，这一问题是农业考古研究中的难点。由于古遗址中植物遗存的发现往往有其局限性，甚至是偶然性，因此以往学术界在论及新石器时代中国的原始农业时，一般认为黄河流域是以粟、黍为代表的旱作农业区，而将其排除在稻作区域之外。尽管河南郑州大河村[16]、洛阳西高崖[17]、渑池仰韶[18]以及陕西华县泉护村[19]等遗址都曾报道有仰韶中期稻米印痕的记录，但由于这些植物遗存缺乏细致的鉴定，因此似乎并未引起学术界足够的重视。南交口遗址稻米遗存的发现，连同大约同时在华县泉护村遗址仰韶中期炭化稻米的发现[20]，使该类遗存在空间分布上通过三门峡将郑州、洛阳与关中地区连接起来。上述发现还为黄河流域龙山文化时期的稻作遗存找到了源头，从而表明在仰韶文化中期，黄河、淮河流域的先民们，除种植以粟、黍为代表的旱地作物外，在约北纬35°一线黄河以南的广大黄淮地区，在平原或山前河谷临水地带都可能有水稻生长。这一地区并非单一的旱作，而是因地制宜，宜水则水，形成旱、水作物并重的粟、稻混作区。因此，南交口遗址中粟和水稻遗存的发现，对于中国原始稻作的传播路线、分布地域以及黄河流域农业的发展以及生产方式的研究提供了较确切的证据。

值得注意的是，现今豫、陕、晋临界地区为黄土分布区，属于较为典型的大陆性暖温带季风气候区，常年气温较低，降水偏少，农作物种类少，生长期偏短。尽管流域内的河道宽广，但径流量小，三门峡一带的中小型河流在春、秋、冬季大多枯水，成为季节性河流。南交口遗址粳稻遗存的发现与确认，再次表明仰韶中期为全新世大暖期中最为温暖潮湿的气候，黄河中游地区有充足的降水，河流有较大水量，湖沼湿地较为发育，适宜于喜温湿的水稻生长。而适宜的气候，也使临近遗址黄土台地上的旱地作物能够取得好的收成。原始农业的发展为黄河中游地区古文化的发展提供了坚实的经济基础。

南交口仰韶中期水稻籽实的发现，还为判断位于其东不远同属三门峡市辖区的渑池县仰韶村遗址出土的水稻遗存的时代提供了可能。由于仰韶村遗址中既分布有丰富的仰韶文化遗存，亦有龙山时代的文化堆积，加之三门峡一带以往未曾有仰韶时期稻作遗存的确切记录，故仰韶村遗址红烧土块或者为炉灶壁上发现的水稻印痕标本的年代长期以来受到质疑。南交口仰韶中期确切的水稻证据，使人们有更多的理由认为仰韶村遗址所出很可能也属于仰韶中期。

本文仅就南交口遗址1997年浮选出的粟和水稻标本进行了初步研究，对相关问题也进行了一定的探讨，但因三门峡地区以往农作物遗存发现较少，本次工作仍显不足。相信随着该地区考古工作的开展，遗址中会有更多、更早的植物遗存被发现，从而能在植物研究方面逐步深化对该地区历史气候环境、农业种类、发展水平及其对文明化进程影响的认识。

注　释

[1]　参见本书第四、八章。

[2][5]　魏兴涛、孔昭宸、刘长江：《三门峡南交口遗址仰韶文化稻作遗存的发现及其意义》，《农业考古》2000年第3期。

[3]　刘长江、孔昭宸：《粟黍籽粒的形态比较及其在考古鉴定上的意义》，《考古》2004年第8期。

[4]　a. 丁颖：《中国栽培稻种的起源及其演变》，《稻作科学论文选集》，农业出版社，1959年；b. 施雅风：《中国全新世大暖期气候与环境》，海洋出版社，1992年。

[6]　中国农业百科全书编辑委员会：《中国农业百科全书》农作物卷（上），农业出版社，1991年；王象坤、孙传清：《中国栽培稻起源与演化研究文集》，中国农业大学出版社，1996年。

[7]　朱乃诚、袁靖、赵志军：《关于考古学遗址中国古代农业技术发明创造的思考》，《中国社会科学院古代文明研究中心通讯》2007年第14期；郑云飞、孙国平、陈旭高：《7000年前考古遗址出土稻谷的小穗轴特征》，《科学通报》第52卷第9期。

[8]　严文明：《中国稻作农业的起源》，《农业考古》1982年第1、2期；孔昭宸、刘长江、张居中、靳桂云：《中国考古遗址植物遗存与原始农业》，《中原文物》2003年第2期。

[9]　王象坤、孙传清：《中国栽培稻起源与演化研究文集》，中国农业大学出版社，1996年；张芸、孔昭宸：《对万年前中国稻作农业产生环境背景的思考》，《中国社会科学院古代文明研究中心通讯》2007年第14期。

[10]　刘长江、孔昭宸、郎树德：《大地湾遗址农业植物遗存与人类生存环境的探讨》，《中原文物》2004年第5期。

[11]　孔昭宸、刘长江、张居中：《渑池班村新石器遗址植物遗存及其在人类环境学上的意义》，《人类学学报》第18卷第4期；孔昭宸、刘长江、杨振京：《中国西部全新世植物遗存及对历史植被和环境变化的初步探讨》，《西北地区自然演变及其发展趋势》，科学出版社，2004年。

[12]　张居中、孔昭宸、刘长江：《舞阳史前稻作遗存与黄淮地区史前农业》，《农业考古》1994年第1期；孔昭宸、刘长江、张居中、靳桂云：《中国考古遗址植物遗存与原始农业》，《中原文物》2003年第2期。

[13]　张文绪、王辉：《甘肃庆阳遗址古栽培稻的研究》，《农业考古》2000第3期。

[14]　李小强、周新郢、张宏宾、周杰、尚雪、John Dodson：《考古生物指标记录的中国西北地区

5000 aBP 水稻遗存》，《科学通报》第 52 卷第 6 期；李小强、张宏宾、周新郢、尚雪、纪明、赵克良：《甘肃西山坪遗址 5000 年水稻遗存的植物硅酸体记录》，《植物学通报》第 25 卷第 1 期。

[15] 孔昭宸、刘长江、张居中、靳桂云：《中国考古遗址植物遗存与原始农业》，《中原文物》2003 年第 2 期。朱乃诚、袁靖、赵志军：《关于考古学遗址中国古代农业技术发明创造的思考》，《中国社会科学院古代文明研究中心通讯》2007 年第 14 期。

[16] 严文明：《中国稻作农业的起源》，《农业考古》1982 年第 1、2 期。

[17] 洛阳博物馆：《洛阳西高崖出土的稻谷》，《史前研究》1981 年第 1、2 期。

[18] 黄其煦：《关于仰韶遗址出土的稻谷》，《史前研究》1986 年第 1、2 期。

[19] 黄河水库考古队：《陕西华县柳子镇考古发掘简报》，《考古》1959 年第 2 期。

[20] 韩伟：《远望集 · 前言》，陕西人民美术出版社，1998 年。

附录三　南交口遗址2007年出土仰韶文化早、中期植物遗存及相关问题探讨

秦　岭

（北京大学考古文博学院，北京市100871）

一、采样及浮选

南交口遗址位于河南省三门峡市湖滨区交口乡南交口村西，地处青龙涧河及其支流交汇的东南二级阶地及黄土台塬边坡上，海拔高度约500米。河南省文物考古研究所为配合连霍高速公路洛阳至三门峡段的建设，于1997～1998年度对该遗址进行了考古发掘。在发掘过程中，曾采集部分遗迹单位的土样标本，运用浮选法收集所含植物遗存，其中稻属遗存研究已先期发表[1]，相关收获另行发表[2]。

由于发掘是配合高速公路建设所需，发掘区较狭长，而部分探方因成为路边的断崖得以保留至今。2007年10月，为配合南交口发掘报告的整理，更多地获取植物遗存，结合采集测年样本的需要，遗址发掘者再次对原发掘区至今保留的探方南壁上堆积较好的仰韶文化二期即仰韶文化中期的8个灰坑97SNH2、97SNH4、97SNH8、97SNH11、97SNH20、97SNH28、97SNH39和97SNH64（灰坑号依1997年发掘时编号，各灰坑情况参见本书第四章，第四章中均省略“97SN”）进行了重新清理和取样；同时，对主要为仰韶文化一期即仰韶文化早期堆积的遗址Ⅰ区进行了调查，在断面上清理出2个包含物单纯的仰韶早期灰坑，即07SNH01和07SNH02，采集了土样[3]。由于断面暴露时间较长，为避免现代扰乱，这些单位均铲掉表层后再进行取样。样品在当地用水波浮选机进行浮选，筛网为0.2mm；浮选物阴干后送北京大学考古文博学院进行后期的分选鉴定和统计。

二、浮选结果概述

囿于样品数量和时间的限制，我们仅对浮选物中的植物种子、果实类进行了分拣、鉴定和统计，木炭遗存数量不多，较为细碎，暂时未做工作。

南交口遗址 2007 年出土的植物种子大致可分如下几类（表一）。谷物类包括稻（*Oryza sativa*）、粟（*Setaria italica*）、黍（*Panicum miliaceum*）。杂草类可细分为禾本科杂草和其他杂草，禾本科杂草中包括狗尾草属的狗尾草（*Setaria viridis*）及其他种类（*Setaria cf. verticillata*/other Setaria spp.）、黍属（*Panicum* sp.）的野生种类、稗属（*Echinochloa* sp.）、牛筋草（*Eleusine indica*）等；其他杂草包括藜科（Chenopodiaceae）、豆科（*Leguminosae*）、唇形科（疑似水苏 cf. *Stachys sp.*）等。此外，也发现了数量很少的果实类遗存，包括菱角残块（*Trapa*）、桃/杏属核果残块（cf. *Armeniaca/Amygdalus*）和不明坚果的果壳。最后，也有一些无法辨识的植物种子和残体。总体上看，与其他地区及本地区的新石器晚期文化相比，南交口遗址出土的植物种类并不算很丰富，这可能跟堆积性质以及样品大小也有一定关系。

表一　南交口遗址 2007 年出土炭化植物种子统计表

单位号		07SN H02	07SN H01	97SN H39	97SN H64	97SN H28	97SN H8	97SN H20	97SN H2	97SN H4	97SN H11	总计	
浮选土样体量（L）		10	16	13.6	13.5	13.3	14.2	11	14	12	16		
稻 *Oryza sativa*	完整稻米		6	2								8	64
	稻碎块		32	15	7						2	56	
狗尾草属 *Setaria* sp.	粟（*Setaria italica*）	37	131	33	4		1		23	7	33	269	279
	粟（带壳）	4		1							5	10	
	狗尾草（*Setaria viridis*）	10	38	3		1				2	8	62	313
	狗尾草（带壳）										1	1	
	狗尾草属其他（*Setaria cf. vertici-llata*/others）		55	2	2					1	2	62	
	狗尾草属碎块（*Setaria fragments*）		105	22	2	3			15	11	30	188	
黍属 *Panicum* sp.	黍（*Panicum miliaceum*）	3	30	10					2		5	50	65
	黍不成熟（*Panicum* cf. immature）		7	3					1		4	15	
	黍属（野）（*Panicum* small，wild sp.）	1	1						1			3	32
	黍属碎块（*Panicum fragments*）		24	2		3						29	
其他禾本科 *other grass*	稗属（*Echinochloa* sp.）										1	1	15
	牛筋草（*Eleusine indica*）										1	1	
	禾草种子碎块（grass fragments）	11						2				13	
其他杂草类 *other weeds*	疑似水苏（cf. *Stachys sp.*）		1									1	15
	藜科（Chenopodiaceae）		2	1		2	2			1	1	9	
	小型豆科（small Leguminosae）							1				1	
	中型豆科（medium Leguminosae）								3		1	4	

续表

单位号		07SN H02	07SN H01	97SN H39	97SN H64	97SN H28	97SN H8	97SN H20	97SN H2	97SN H4	97SN H11	总计	
浮选土样体量（L）		10	16	13.6	13.5	13.3	14.2	11	14	12	16		
其他	菱角（角残块）(*Trapa*)		1									1	3
	未知坚果壳		1									1	
	桃/杏属核果残块 (cf. *Armeniaca*/ *Amygdalus*)				1							1	
	未知种子（indet seeds）			1	2		1		1			5	13
	未知残块（indet fragments）		5							1	2	8	
	合计	66	439	95	18	9	4	3	46	23	96	799	

南交口遗址 2007 年浮选了 10 个单位，共 133.6 升土，鉴定统计出植物种子 799 粒，平均每升土样 6 粒左右，最多的单位每升 27.4 个，最少的单位 0.28 个，单位间的差异性很大。其中 07SNH01 包含物尤其丰富，共分拣出 439 粒植物种子，占鉴定总数的 54.9%。

由于可分析的单位数量太少，各单位包含物密度又差别较大，因此不便作单位之间的比较研究，在此仅就总体情况分仰韶早期和中期两组[4]进行综合统计。

从出土种子的绝对数量看，仰韶早期和中期的植物组合没有明显差别（图一）。谷物和杂草种子各占总数的一半左右。谷物中，粟始终具绝对优势，约占作物总数的 68%；稻和黍的比例相当，各占 16% 左右。

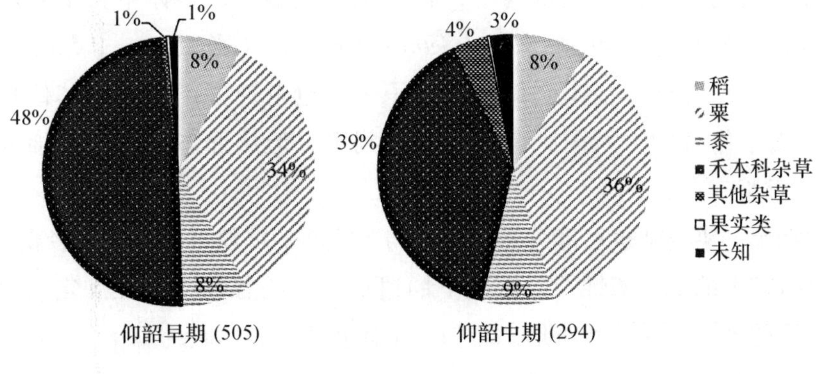

图一　南交口遗址 2007 年出土植物种子绝对数量比例图（括号中为种子数量）

综合在一起进行出土概率的统计（图二），可以看到出土概率最高的是杂草类和粟，有一半的单位发现了黍，10 个灰坑中有 4 个发现了稻属遗存。

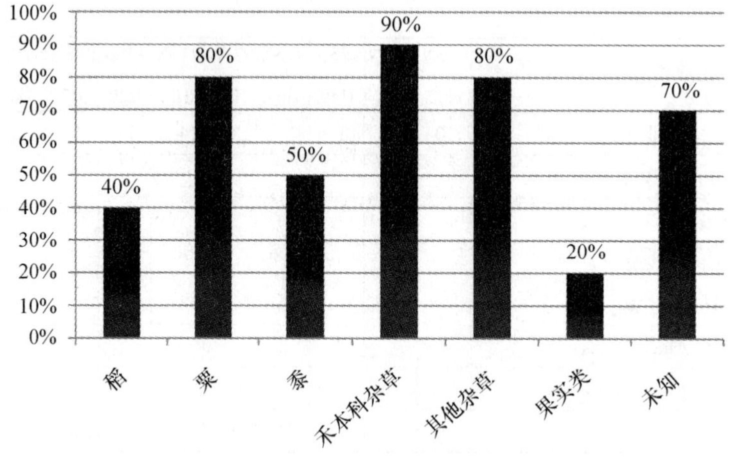

图二　南交口遗址 2007 年出土植物种子的出土概率统计图

三、各类植物遗存分述

南交口遗址 2007 年浮选物中数量最多的谷物是小米，包括粟和黍（彩版三一，3；彩版三二，1）。小米的分类主要是依据形态学上的判断标准[5]，粟和黍之间无论是在个体大小还是胚形态比例上的差异都较明显，容易区分。但要在狗尾草属（粟属）和黍属内对栽培作物、野生祖本及其他同属杂草种子进行细分，则判断标准仍然存在一定问题。在狗尾草属中，将形态明显偏小，整体窄长呈卵形，顶端略尖的一类定为粟的野生祖本狗尾草（*Setaria viridis*）（彩版三一，5）；形态圆整，个体较大的为粟。另外，在南交口出土种子中，也发现了一定数量其他狗尾草属的野生种类，囿于作者能力所限，未作进一步判定，但从形态上看，有细分成两到三种的可能（彩版三一，6）。

同时，在粟、黍类中也可能分辨出成熟与不成熟的籽粒。已有研究者指出，小米的成熟程度具有较大的不平衡性[6]，因此早期遗址出土的谷物中存在一定比例不成熟的谷粒是很正常的现象。这里暂将形态相似、个体较小，整体较为扁平的一类单独区分出来，定为不成熟的粟或者黍（彩版三二，2）。

近年来，在中国植物考古学研究中也开始逐步讨论作物加工问题[7]，因此这里将带壳与不带壳的谷粒区分开来进行统计（参见彩版三一，4 所示粟粒背部和腹部都保存了清晰的稃壳）。尽管纯净的谷粒也可能是在炭化过程中因为颖壳易于烧尽而形成的，但至少带壳的谷粒说明是在加工到最后步骤进行消费之前被遗留在了遗址中。南交口出土种子数量有限，但相信等将来资料积累到一定程度，这些数据可供进一步比较研究。

稻米是南交口遗址出土的非常重要的一类谷物。一共在4个单位中发现了8粒完整米粒和56个稻米残块（彩版三一，1、2），占植物种子总数的8%。1997～1998年的南交口发掘中，已有稻属遗存的发现及报道，在仰韶中期的两个灰坑中（97SNH21、97SNH25），“捡选出数粒已炭化的完整和破碎的稻米籽实”[8]。而这次出土稻米的单位，其中一个属仰韶早期（07SNH01），并且出土数量最多，占所有稻属遗存的60%。已取07SNH01中的稻米碎块送交测年，所获数据为距今5125年±35年，经校正为公元前3980～前3810年（68.2%置信区间）[9]。在三门峡地区出土距今近6000年的稻米，无论是所处地理位置还是年代之早都属首例，意义重大。

一般来说，单就稻米粒形无法绝对判定野生/驯化、或粳/籼之间的差别，还需要依据小穗轴、颖壳表面刚毛、芒等特征进行综合分析。但在南交口遗址中尚未发现除稻米外的其他稻属遗存，因此仅能对所出完整稻米进行测量记录（表二），与其他遗址作初步比较。从07SNH01出土稻米的粒形来看，虽然尺寸不算很大，但整体粒形饱满，长/宽比也落在典型的粳稻分布区间内。和同时期长江流域出土的稻米相比，南交口遗址出土的稻米相对粒形较短，整体显得较胖[10]。这一形态特点可能基于两种原因，一方面它完全有别于野生稻米相对窄长的特征，可能说明已是明确的驯化粳稻品种；另一方面也可能只是由于纬度较高，自然环境与日照长度与长江流域不同所致，这种南北差异在现代品种中也有体现。由于本次在南交口遗址中期单位中仅拣选出2粒完整稻米，数据太少，无法就稻米形态的历时性变化做进一步探讨。另1997～1998年度发现的中期稻米，据发表图片的比例换算，粒形数据分别为4.25/1.94，4.38/1.94，4/1.81，4/1.88（长/宽，单位mm），基本落在本次测量数据的分布区间内，唯略窄。因此总体上看，南交口遗址从仰韶早期到中期出土稻米的粒形分布较为稳定，从早到晚没有明显的形态变化。

表二　南交口遗址出土完整稻米测量数据表　　（单位：mm）

单位	长	宽	厚	长/宽值
07SNH01	4.39	2.16	1.55	2.032
07SNH01	3.75	1.96	1.43	1.913
07SNH01	4.23	2.24	1.63	1.888
07SNH01	4.18	2.39	1.74	1.749
07SNH01	3.84	2.58	1.84	1.488
07SNH01	3.23	1.70	1.27	1.900
97SNH39	4.60	2.21	1.67	2.081
97SNH39	5.02	2.36	1.60	2.127
平均值	4.16	2.20	1.59	1.897

除上文提到的和粟、黍类相关的禾本科杂草外，南交口遗址中也发现了一些其他野生植物种子。藜科种子是一般遗址中常见的种类（彩版三二，3），由于大多数藜科种子仅存薄而易碎的种皮，表面漆黑发亮，很难判断是否炭化，过去很多时候疑似现代扰入。这次特别取一个单位内的藜科种子进行测年，所获数据为距今4445年±35年，校正后为公元前3330～前3020年（68.2%置信区间）[11]，落在其他仰韶中期年代数据的分布区间内，可见藜科种子有其特殊的保存特点。

豆科的野生种类繁多，由于炭化后脐部保存状况不好，很多豆科种子个体又很小，无法进一步判定种属。这里仅就个体大小区分为中型和小型两类，中型表示其形态大于或等于一般粟的尺寸，小型则是比小米还小的豆科种子。作如上区分对南交口这样少的数据来讲意义不大，但对将来进一步进行作物加工步骤和社会分工方面的研究具有潜在的意义。

此外，南交口遗址中发现了唇形科疑似水苏属种子、菱角的残角（彩版三二，5）、桃或杏类果核的残块以及不明的坚果果壳（彩版三二，4）各一。这里不再赘述。

四、小　结

尽管南交口遗址2007年进行采样的单位不多，出土植物种类也不算非常丰富，但仍然为我们了解仰韶文化早、中期的生业经济和其他相关问题提供了重要数据，并进一步提出了一系列有待解决的议题：

第一，谷物组合的特点。可以说，南交口遗址是目前中国所见最早出现完整稻、粟、黍组合的地点。尽管目前数据不多，尚无法对所谓的旱稻混作进一步推测和分析，但稳定的稻、粟、黍共存关系可以显示出南交口遗址所代表的仰韶文化早、中期一个稳定的植物类食物资源。

对于黄河流域出土的早期稻属遗存，长期以来已有相当多的报道和研究[12]。就河南西部及关中一带而言，最早见诸报道并被广泛提及的是西乡李家村和何家湾遗址一些红烧土块上的稻壳印痕[13]，但一直未有具体数据和相关鉴定报告，无法进一步确认。在仰韶文化中出现稻属遗存并不是新鲜的事情，但过去所有报道均出自仰韶中期以后的文化堆积中，在仰韶早期单位中明确出土炭化稻米尚属首次。

近年在山东长清月庄遗址发掘中，出土了目前黄河流域最早的属于后李时期的稻属遗存[14]，一共发现了26粒炭化稻（含残块），均出自同一个单位，同坑出土有黍和鱼骨等其他自然遗存，但未见有粟；另共计发现炭化黍40粒（来自3个灰坑）和1粒粟（单独出自H61，与稻、黍并无共存，单位亦不在同一层位）。同时，月庄遗址也有相当多灰坑内出土了大量的栎果（橡子）等野生食物遗存[15]。据上述资料看，很难认为后李文化形成了固定的稻、粟、黍的食物结构，并且还相当程度依赖于野生食物资源的采集。

之所以说这个稻、粟、黍的稳定食物结构的形成有其重要意义，可以从如下三个层面来认识：首先从自然环境角度看，南交口遗址现在所处的地理环境并不适合水稻栽培，仰韶早、中期的自然环境与气候当与现在有相当程度的差别，将来有待进一步分析。其次为稻作起源及传播的问题，目前就稻属资源发现及其本地发展延续性来看，长江中下游地区为稳定的稻作起源地无大异议。而何时通过何种途径往北往西传播，目前虽有零星线索尚无法串起完整清晰的历史图景。最近甘肃天水西山坪遗址报道出土了5000年前明确的炭化稻遗存[16]，过去也有关于甘肃庆阳仰韶文化晚期的稻米研究及报道[17]，而陕西关中一带仰韶中晚期的稻属遗存更是屡见不鲜。南交口遗址为稻作往西北传播提供了较为明确的时间和路线。最后的问题则是从生业经济的角度如何认识仰韶文化，过去作为与长江文明相对的黄河流域的仰韶文化，一直被认为是以小米经济为主体的旱作农业，三门峡地区处于陕豫交界，是仰韶文化内部交流的重要通道，南交口遗址谷物遗存组合似乎为我们认识仰韶文化内涵以及庙底沟时期仰韶文化的扩张和与南方其他文化的交流提供了一个很好的背景和线索。

第二，谷物与杂草的组合关系。这是值得注意的，虽然仅10个单位，但所表现出来的组合关系仍然显示出其特别之处。

首先是与稻属资源相关的问题。尽管发现了一定数量的炭化稻遗存，但经过仔细分拣，却没有发现任何小穗轴、颖壳等相关的稻属遗留，这在一般存在稻作或者稻属资源的遗址中都是不常见的现象[18]。另外，如表一所列，尽管杂草占了总体数量的一半略强，但却没有发现与水田直接相关的杂草种类，如莎草科、部分稗属植物等，而这些在其他稻作或有稻属资源遗址中亦是常见的组合。就目前所见南交口遗址出土的野生植物，基本上都是典型的旱作伴生杂草。仅见炭化稻米，而未见其他相关水田伴生杂草和作物加工的遗留，或可理解为是南交口遗址作物加工模式的一种体现；然而同样作为谷物的粟、黍类，却能看到与之相关的大量伴生杂草被带入遗址，同时还有带壳的谷物（说明是最后去壳加工前被炭化的遗留）存在，这些又显示出与稻属不尽相同的加工模式。在同一聚落中，对不同谷物有不同的“收获—加工”形式，这或可为一种解释；而另一种理解则是小米类是本遗址自己生产自己加工消费的农产品，稻属资源则有其他来源的可能。

另一个需要指出的是，南交口遗址出土的杂草种类并不丰富，这是相对于中原其他地区遗址而言的。以嵩山南麓颍河地区的调查为例[19]，样品也是在清理剖面上获得的，单个土样体量在8～12升之间，仰韶时期一般遗址中可发现杂草20～30种，龙山时期一般遗址中可以发现的杂草可达30～40种之多（包括可鉴定到种、属的类别）。而笔者以同样的鉴定标准对南交口遗址样品进行分拣，仅见大致 10 种左右，除了上文提到的未见和稻作相关的各类杂草外，旱作常见的一些杂草种类此次也未能发现（如马唐属 *Digitaria spp.* 、剪股颖属类 *Agrostis/Aira/Calamagrostis spp.* 等）。目前不清楚是由于取样量不够还是堆积或遗址本身的特殊性所造成的；也不排除这种现象确实反映了仰韶早、中期的时代或地域特点。等将来数据积累到一定程度，可以通过不同地区时代的杂草组合特征显示其背后的作物加工和社会组织模式的差异。

南交口遗址采样单位不多，浮选结果反映的仅是一个初步认识，不可能完全代表或体现三门峡地区仰韶早中期的地域和时代特点。上文分析中所提出的种种解释及问题，有待于将来更多的资料来进一步印证或解决。通过对这批资料的分析，为将来工作提出一些可供深化的研究方向和线索，这或许是南交口遗址浮选结果的最大收获。

（取样浮选工作由魏兴涛完成，实验室工作由秦岭完成，部分植物种属鉴定得到伦敦大学学院考古学院 Dorian Q Fuller 博士的建议和帮助。）

注　释

[1][8]　魏兴涛、孔昭宸、刘长江：《三门峡南交口遗址仰韶文化稻作遗存的发现及其意义》，《农业考古》2000 年第 3 期。

[2]　孔昭宸、刘长江、魏兴涛：《南交口遗址 1997 年出土仰韶文化中期农作物遗存初步研究》，见本书附录二。

[3]　河南省文物考古研究所：《三门峡市交口一带考古调查报告》，见本书附录一。

[4]　分仰韶早、中期两组是综合考古学文化分期和测年数据的结果。由于这次浮选结合测年进行，从每个单位样品中都挑选了两个不同类别的一年生种子送交测年。测年结果与考古学年代判定一致，属于仰韶早期的两个单位，年代在公元前 4150 ~ 前 3800 年之间（已校正）；其他 8 个属仰韶中期的单位，虽然根据文化遗物面貌可再细分为两期四段，但绝对年代数据集中分布在公元前 3500 ~ 前 3100 年之间（已校正），无法做进一步细分。因此本文仅分仰韶早期和仰韶中期两个大的阶段进行综合分析。

[5]　刘长江、孔昭宸：《粟、黍籽粒的形态比较及其在考古鉴定中的意义》，《考古》2004 年第 8 期。

[6]　LuTracy L-D. A green foxtail cultivation experiment in the middle Yellow River valley and some related issues. Asian Perspectives，2000，41（1），1-14.

[7][19]　Dorian Q Fuller（傅稻镰）：《颍河中上游谷地植物考古调查的初步报告》，《登封王城岗考古发现与研究（2002 ~ 2005）》（下），附录四，大象出版社，2007 年。

[9][11]　吴小红、魏兴涛：《南交口遗址^{14}C 年代的测定与相关遗存的年代》，见本书附录四。

[10]　目前资料中，与南交口粒形最为接近的黄河流域的数据来自后李文化的月庄遗址。在该遗址一个灰坑中发现稻米遗存 26 粒，其中完整可供测量的 8 粒，平均数据为长 4. 1 毫米（长度范

围3.5~4.7)，宽2.3毫米（2.0~2.5)，稻米直接测年数据为公元前6010~前5840年（经校正)。由于年代相对更早，月庄的研究者认为驯化或野生种尚难判定。详见 Gary W. Crawford、陈雪香、王建华:《山东济南长清区月庄遗址发现后李文化时期的炭化稻》,《东方考古》第三集，科学出版社，2006年。

[12] 吴耀利:《黄河流域新石器时代的稻作农业》,《农业考古》1994年第1期。

[13] 魏京武、杨亚长:《从考古资料看陕西古代农业的发展》,《农业考古》1986年第1期。

[14] Gary W. Crawford、陈雪香、王建华:《山东济南长清区月庄遗址发现后李文化时期的炭化稻》,《东方考古》第三集，科学出版社，2006年。

[15] 承 Gary W. Crawford 教授面告，特此致谢。

[16] 李小强、周新郢、张宏宾、周杰、尚雪、John Dodson:《考古生物指标记录的中国西北地区5000 aBP 水稻遗存》,《科学通报》第52卷第6期；李小强、张宏宾、周新郢、尚雪、纪明、赵克良:《甘肃西山坪遗址5000年水稻遗存的植物硅酸体记录》,《植物学通报》第25卷第1期。

[17] 张文绪、王辉:《甘肃庆阳遗址古栽培稻的研究》,《农业考古》2000年第3期。

[18] 在笔者参与整理的长江下游、河南南部及山东地区的新石器遗址浮选样品中，如仔细分拣，都有一定数量的水稻小穗轴。小穗轴是稻谷去壳这一最后步骤的伴生物，通常比稻米更易于被炭化保存，样品中小穗轴的数量一般均多于炭化稻的数量。

附录四　南交口遗址^{14}C年代的测定与相关遗存的年代

吴小红[1]　魏兴涛[2]

（1. 北京大学考古文博学院，北京市 100871；2. 河南省文物考古研究所，郑州市 450000）

一、样品的采集、制备和测定

1. 样品的采集

1997～1998 年，为配合连霍高速公路洛阳至三门峡段的修建，河南省文物考古研究所对三门峡南交口遗址进行了发掘。发掘时没有采集测年样品，但对南交口仰韶文化二期（即仰韶文化中期）灰坑所取土样进行了浮选，发现有炭化的水稻、粟的籽粒。

由于发掘区较狭长，有些发掘区的断面处于高速公路路基以外隔离网以内，这样在发掘时划分的Ⅲ区有十几个探方的南半部就成为路边的断崖得以保留下来。2007 年，我们又在三门峡一带做考古工作，为了更多地获取农作物遗存以及采集^{14}C测年样品的需要，2007 年 10 月 10 日我们对遗址Ⅲ区原发掘区至今仍保留的探方南壁上堆积较好的 8 个遗迹单位铲刮掉表面后重新取土样和炭样。这 8 个单位分别是南交口仰韶文化二期的灰坑 97SNH2、97SNH4、97SNH8、97SNH11、97SNH20、97SNH28、97SNH39 和 97SNH64（灰坑号依 1997 年发掘时编号，各灰坑情况参见本书第四章，第四章中均省略“97SN”）。同时，我们还对遗址Ⅰ区进行了调查，这里是南交口仰韶文化一期（即仰韶文化早期）遗存分布区。但Ⅰ区原发掘区在高速公路施工中已被毁掉，我们只得另找断崖，铲刮断面后选取了两个灰坑即 07SNH01 和 07SNH02，从出土物可以确定均属南交口仰韶文化一期。对所采土样施以浮选，炭样备作测年之用。

三门峡一带属较典型的黄土堆积区，黄土直立性强，这里降雨较少，发掘区断面得以较完好地存留，探方壁上原来所划的地层线及遗迹边线依然清晰可见，断面上的灰坑等特征明显，遗址地层等堆积不复杂，现场对比原来所绘的发掘区遗迹分布图和各探方剖面图，发掘时的探方编号和遗迹编号能够得到准确辨认，所以可以保证样品采集的准确性。

由于加速器质谱所需样品量很少，1～2粒炭化稻或几粒粟或黍就可以得到^{14}C年代，这样就可以很方便地利用一年生的植物标本进行年代测定。为了保证测年准确，避免由于样品本身的不确定因素带来的误差，我们从每个灰坑中分别选择两类植物种子用于加速器质谱^{14}C年代的测定，其中有两个灰坑没有浮选出植物种子，我们就选用了木炭标本。

这样就获得了南交口仰韶文化一、二期的一些^{14}C测年样品，测年后可以了解到这两期文化遗存的绝对年代。

2. 样品的前处理和制备

植物种子和木炭标本在实验室的处理过程是相同的。首先是显微观察确保样品中没有嵌入现代植物的毛细根等纤维物。超声波清洗除去样品表面或孔隙中附着的外来污染物，比如黏土矿物等。采用酸—碱—酸的实验流程对样品进行清洗以除去样品在埋藏过程中引入的碳酸盐和腐殖酸等物质，最后用纯净水反复清洗将样品洗到中性。把处理好的样品置烘箱中低温烘干。

根据样品的含碳量对样品进行称重，装入石英管中，加入线状CuO，在真空系统上封管，将封好的石英管置马弗炉中，900℃，2小时。冷却后将石英管连接到真空系统上进行CO_2气体的纯化。将纯化好的CO_2气体转移到另一个真空系统上进行石墨制备。

石墨的制备采用Fe粉催化氢气还原的方法。

3. 样品的测定

测量过程在北京大学1.5SDH-1型加速器质谱（美国NEC公司制造）上完成，每个靶轮有40个靶位，每间隔三到四个样品要放置一个^{14}C标准确保测量过程的准确性。

二、^{14}C年代测定结果与日历年代

^{14}C年代测定结果见表一，其中计算年代所用的^{14}C半衰期为5568年。

由于^{14}C的半衰期5730也常被学界广泛使用，5568和5730两个半衰期所计算得到的^{14}C数据之间略有不同，可以通过一个系数做简单的转换：

半衰期采用5568所得到的^{14}C年代数据＝0.97×半衰期采用5730所得到的^{14}C年代数据

需要说明的是，在使用OxCal或CALIB程序进行日历年代校正时，需使用半衰期为5568的^{14}C年代数据，因为其中的树轮校正曲线所使用的^{14}C年代数据都是用半衰期5568计算得来的。所以在发表和引用^{14}C年代数据时一定要注明所采用的半衰期是5568

还是5730，日历年代数据可以直接引用而不必注明半衰期。

表一和图一中日历年代计算使用的程序为OxCal 3.10[1]，其中所采用的树轮校正曲线为I NTCAL104[2]，也有学者采用树轮校正曲线I NTCAL98进行计算，这两者之间的计算结果差别很小，可以忽略。

表一　^{14}C年代数据测定结果与日历年代

实验室编号	样品种类	出土地点及层位	考古分期	^{14}C年代*（1δ，BP）	日历年代（Cal. BP）1δ（68.2%置信度）	日历年代（Cal. BP）2δ（95.4%置信度）
BA08802	稻	07SNH01	仰韶文化一期	5125±35	5930（36.0%）5880 5810（32.2%）5760	5940（50.2%）5840 5830（45.2%）5740
BA08803	粟	07SNH01	仰韶文化一期	5220±35	5995~5925	6180（3.5%）6150 6120（6.7%）6070 6030（85.2%）5910
BA08804	粟	07SNH02	仰韶文化一期	5550±40	6400（26.3%）6365 6350（41.9%）6300	6410~6280
BA08805	黍	07SNH02	仰韶文化一期	5195±40	5990（28.9%）5960 5955（39.3%）5915	6180（1.7%）6150 6120（3.3%）6070 6030（90.3%）5890
BA08810	粟	97SNH28	仰韶文化二期Ⅲ段	4480±45	5290（42.7%）5160 5140（12.0%）5100 5090（13.5%）5040	5310~4970
BA08811	黍	97SNH28	仰韶文化二期Ⅲ段	4690±40	5470（15.0%）5440 5420（53.2%）5320	5580（14.9%）5530 5490（80.5%）5310
BA08806	稻	97SNH39	仰韶文化二期Ⅲ段	4670±40	5470~5320	5580（6.9%）5540 5480（88.5%）5310
BA08807	粟	97SNH39	仰韶文化二期Ⅲ段	4655±40	5460（58.7%）5370 5340（9.5%）5310	5580（3.0%）5550 5480（92.4%）5300
BA08808	稻	97SNH64	仰韶文化二期Ⅳ段	4470±40	5280（41.7%）5160 5140（9.1%）5100 5080（2.4%）5030 5000（4.9%）4980	5300~4970
BA08809	粟	97SNH64	仰韶文化二期Ⅳ段	4685±35	5470（15.1%）5440 5420（53.1%）5320	5580（9.8%）5540 5480（85.6%）5310
BA08813	木炭	97SNH20	仰韶文化二期Ⅳ段	4845±40	5650（50.4%）5580 5510（17.8%）5480	5660（62.9%）5570 5550（32.5%）5470

续表

实验室编号	样品种类	出土地点及层位	考古分期	^{14}C 年代*（1δ，BP）	日历年代（Cal. BP）	
					1δ（68.2% 置信度）	2δ（95.4% 置信度）
BA08814	粟	97SNH2	仰韶文化二期Ⅴ段	4535 ± 35	5310（18.1%）5270 5190（50.1%）5060	5320（34.5%）5210 5200（60.9%）5050
BA08815	黍	97SNH2	仰韶文化二期Ⅴ段	4645 ± 40	5460（56.9%）5370 5330（11.3%）5310	5570（1.6%）5550 5480（93.8%）5300
BA08818	粟	97SNH11	仰韶文化二期Ⅴ段	4505 ± 35	5290（11.3%）5260 5250（7.6%）5210 5190（49.4%）5050	5310 ~ 5040
BA08819	黍	97SNH11	仰韶文化二期Ⅴ段	5550 ± 35	6400（25.4%）6365 6355（42.8%）6295	6440 ~ 6280
BA08816	粟	97SNH4	仰韶文化二期Ⅵ段	4530 ± 35	5310（16.1%）5270 5230（1.0%）5210 5190（51.1%）5060	5320（34.1%）5210 5200（61.3%）5050
BA08817	藜科		仰韶文化二期Ⅵ段	4445 ± 35	5280（27.4%）5180 5120（2.0%）5110 5070（38.7%）4970	5290（36.4%）5160 5150（7.3%）5100 5090（45.2%）4950 4940（6.5%）4880
BA08812	木炭	97SNH8	仰韶文化二期Ⅵ段	4665 ± 40	5470 ~ 5310	5580（5.8%）5540 5480（89.6%）5310

* 计算^{14}C 年代数据所用^{14}C 半衰期为 5568 年；^{14}C 数据日历年代校正所用程序为 OxCal v3. 10 Bronk Ramsey (2005)。

表一中日历年代给出了两列数据，一列为^{14}C 数据取误差范围为 1δ 时所得到的日历年代，另一列为^{14}C 数据取误差范围为 2δ 时所得到的日历年代。置信度表示样本的真值落在数据所给定区间范围内的概率。对于同一个测量值而言，所选的误差范围越大，即数据的区间越宽，样本的真值落在给定区间内的概率就越大。图一不仅给出了每个数据的区间范围，也显示出了数值的概率分布，峰值越高，概率越大。所以^{14}C 年代数据和经过日历校正后得到的日历年代都是具有一定置信度的年代范围，这个年代范围的大小由测量过程产生的误差所决定，不能直接代表考古分期的年代范围。考古分期的年代范围由一组能代表考古分期年代分布的样本的年代所决定。

考虑到木炭样品本身由于生长年轮的问题，其年代数据可能不代表木炭被使用的年代而代表炭屑生长的年代，所以我们尽量选择一年生的炭化植物种子标本作为测年样品。但是 97SNH20 和 97SNH8 两个遗迹单位经过浮选没有能够得到一年生的炭化植物种子标本，只好用木炭样品代替，这两个木炭样品的^{14}C 年代测定结果显示，其年代数据确实比同层位或同期的一年生种子标本略早约 200 年左右，总体来看数据结果基本合理，可以作为参考数据而被使用。为了相对准确地显示年代数据的分布情况，在考虑考古分期的情况下绘制 ^{14}C 年代数据与日历年代数据分布图（图一）时这两个木炭样品的数据没有列入。

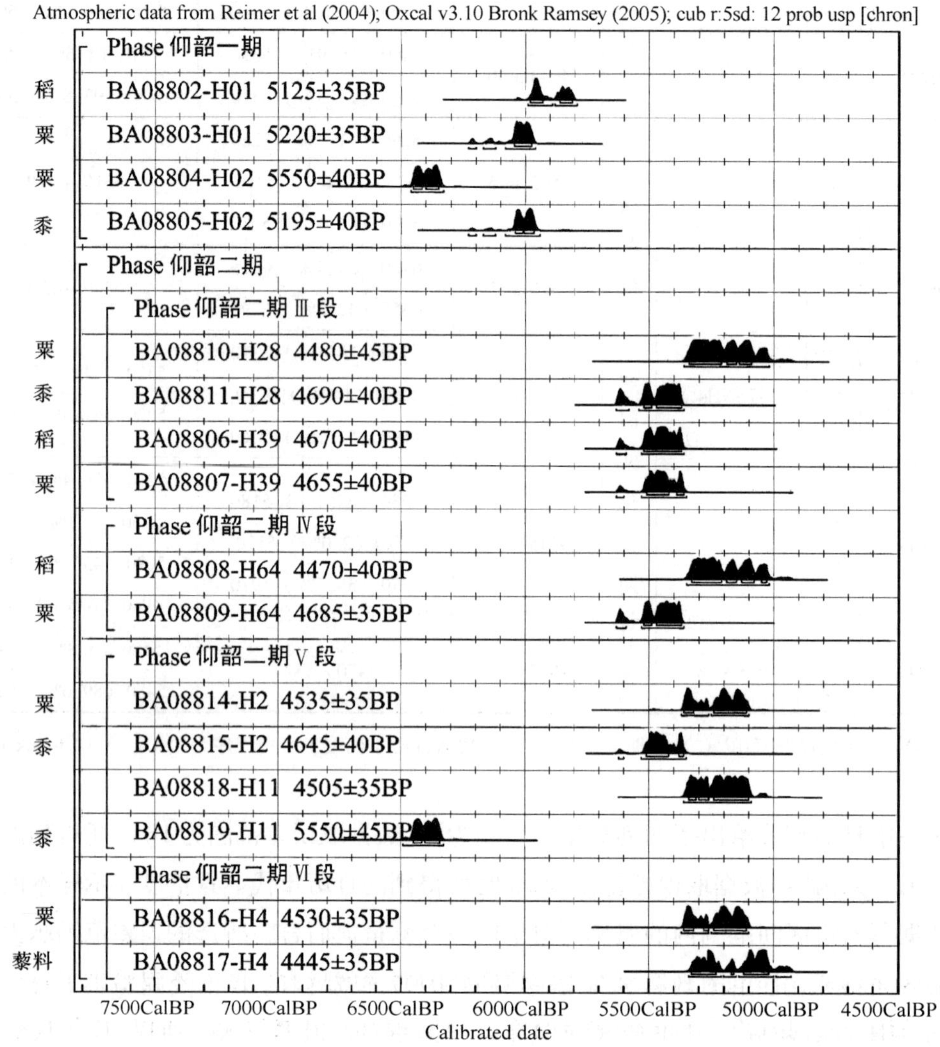

图一　^{14}C 数据日历年代分布图

三、测年数据讨论与南交口仰韶文化一、二期的年代

从 ^{14}C 年代测定结果来看，除了 BA08804、BA08819 数据以外，该遗址所测得的年代数据大致可以分为三组，第一组是距今 6000 ~ 5750 年；第二组是距今 5450 ~ 5300 年；第三组是距今 5300 ~ 4950 年。其中第一、二组数据之间有约 300 年的空白。第二组和第三

组数据之间是连续的，但分组现象是明显的。这些现象可以从图一中很清楚地看到。

结合样品所在单位的考古分期可知，第一组与 07SNH01 和 07SNH02 相对应，属于南交口仰韶文化一期，第二、三组与 97SNH28、97SNH39、97SNH64、97SNH20、97SNH2、97SNH11、97SNH4 和 97SNH8 相对应，属南交口仰韶文化二期。第一组的年代数据明显老于第二、三组，表明测年数据所显示出的分组现象与考古学分期的结果一致。由于南交口仰韶文化一、二期遗存分处于遗址的不同部位，两者之间没有早晚考古学层位关系，我们据文化特征进行分期，测年结果为前者早于后者提供了年代学实证。

首先考察 BA08804、BA08819 两个测年数据。两者的年代基本一致，均在距今 6400 年左右，他们与 BA08805 和 BA08818 各源自 07SNH02 和 97SNH11，但是测年数据却比后二者分别早了三四百年和 1000 年以上，明显比南交口仰韶文化一期还早一个时期。从出土物等判断 07SNH02、97SNH11 分属于南交口仰韶文化一、二期，也即相当于仰韶文化早、中期。据近年的考古成果，在豫西三门峡地区发现了灵宝底董等仰韶文化初期丰富的遗存[3]，该地区仰韶文化初期有较发达的文化，其年代区间据测年结果在距今 6400 ~ 6100 年[4]。这样，BA08804、BA08819 测年数据恰落在了仰韶文化初期的年代范围内。从而表明，虽然在南交口遗址发掘未发现比该遗址仰韶文化一期更早的遗存，但这里处于青龙涧河支流南岸的二级阶地上，地势较平坦开阔，早至仰韶文化初期这里应当就有人们活动，用于 BA08804、BA08819 测年的炭化植物种子很可能原系仰韶文化初期的遗物而分别混入到了仰韶文化早、中期的单位之中。这样，BA08804、BA08819 的测年数据在讨论仰韶文化一、二期遗存的年代时可以暂不考虑。

接下来讨论南交口仰韶文化一期遗存的年代。

南交口仰韶文化一期的测年样品取自 07SNH01、07SNH02，测年结果不考虑 BA08804 者，则对应第一组数据，即距今 6000 ~ 5750 年。1997 年发掘所获本期遗存又可分为三段，2007 年对该遗址再次调查清理时 07SNH02 无获得可据以分段的遗物，而 07SNH01 出土数件残陶器多具有 1997 年发掘的第Ⅱ段同类器物的特点，有的则与第Ⅲ段相同，其年代区间即第一组数据的年代应当将一期第Ⅱ、Ⅲ段的年代包含在内。虽然本期还有更早的即第Ⅰ段的遗存，但是考虑到上述年代区间较宽，这一区间的上限作为第Ⅰ段遗存的年代上限是适当的。如此，仰韶文化一期第Ⅰ段到第Ⅲ段的年代范围应大致落在距今 6000 ~ 5750 年，也即公元前4050 ~ 前 3800 年。

在本书第八章中我们论证了南交口仰韶文化一期的文化性质属于仰韶文化东庄类型，是通常所说的仰韶文化早期遗存。而在山西芮城东庄村遗址[5]、河南三门峡南家庄遗址[6]还发现有同属于东庄类型但年代稍晚于南交口仰韶一期第Ⅲ段的遗存，如把这批遗存的年代也加进来，东庄类型的年代下限很可能比以上年代数据还要稍晚些。由此我们可以大致给出仰韶文化东庄类型的年代，应与南交口仰韶一期的年代相当或下限略晚。

再看南交口仰韶文化二期遗存的年代。

若不考虑 BA08819 明显偏老的数据，仰韶文化二期的^{14}C测年数据可分为两组，即上文所说的第三、四组。

在本书第四章中，我们把南交口仰韶文化二期划分为早期（含第Ⅰ、Ⅱ段）、中期（含第Ⅲ、Ⅳ段）、晚期（含第Ⅴ、Ⅵ段）三期六段。观察图一，第三组约与中期相对应，第四组约与晚期相对应。尽管二期第Ⅲ段的一个数据和第Ⅳ段的一个数据落在了四组的范围之内，而二期Ⅴ段的一个数据又落在了三组的范围之内，但是整体而言，两组数据间具有明显的年代早晚关系，说明^{14}C测年与考古学分期相吻合。其中中期的年代范围应落在三组的年代数据范围之内，即约在距今 5450～5300 年之间，或公元前 3500～前 3350 年之间。晚期的年代应是落在距今 5300～4950 年之间，但就其年代下限来说实际上只有 1 个数据（BA08817）约为距今 4950 年，其余 3 个数据（BA08814、BA08818、BA08816）均在距今大约 5050 年上下，结合晚期第Ⅴ、Ⅵ段之间陶器器形等的变化不甚大，其时间跨度也不应太大，同时考虑到^{14}C年代误差等因素，我们考虑把晚期的下限定在距今 5050 年应是合适的。这样，有测年数据的仰韶文化二期中、晚期的年代范围大致落在距今 5450～5050 年之间，即公元前 3500～前 3100 年之间。

以上二期中、晚期中的第Ⅲ段和第Ⅳ段之间及第Ⅴ段和第Ⅵ段之间测年数据没有明显的阶段性差距，这可能表明^{14}C测年数据误差的存在不能细致地反映出文化上的短程变化。

本书第八章我们还论证了南交口仰韶文化二期属庙底沟类型，其与东关类型一脉相承，二期中的第Ⅰ段为该期最早的遗存，实际上也是庙底沟类型最早的遗存。由于南交口仰韶文化二期中的早期因遗存发现较少 2007 年秋未采集到测年样品，因此没有直接的^{14}C年代数据。但从已有的^{14}C测年结果可以看到，在代表南交口仰韶文化一期的第一、二组数据和代表南交口仰韶文化二期的第三、四组数据之间确实存在有年代分布上的空白，这正给考古分期中（即二期中的早期）遗存以相应的年代空间。在以上年代范围基础上适当向前延长约 200 年。这样，我们可推定出南交口仰韶文化二期年代范围大致落在距今 5650～5050 年，即公元前 3700～前 3100 年。这也应是豫陕晋交界一带庙底沟类型的大致年代。

据以上分析，结论为：

南交口遗址仰韶文化一期属仰韶文化东庄类型，年代范围大致落在距今 6000～

5750 年，即公元前 4050～前 3800 年，东庄类型的年代下限或略晚。仰韶文化二期属庙底沟类型，其年代范围大致落在距今 5650～5050 年，也即公元前 3700～前 3100 年。

（南交口遗址的年代测定工作得到了国家科技支撑计划项目《中华文明探源工程》二期"3500B. C. ～1500B. C. 中国文明形成与早期发展阶段的考古学文化谱系年代研究"课题的资助。

北京大学考古文博学院潘岩女士、高世君先生、蒙清平先生、舒涛博士参与完成了^{14}C 样品制备工作，北京大学物理学院刘克新先生、丁杏芳女士、付东波先生参与完成了^{14}C 年代测定工作，北京大学考古文博学院秦岭女士完成了测年用植物样品的挑选工作，在此一并表示感谢。）

注　释

[1] Bronk Ramsey C. Radiocarbon Calibration and Analysis of Stratigraphy: The OxCal Program. Radiocarbon. 1995, 37 (2): 425-430.; Bronk Ramsey C. Development of the Radiocarbon Program OxCal. Radiocarbon. 2001, 43 (2A): 355-363.; Bronk Ramsey C. OxCal 3. 10.

[2] Reimer PJ, MGL Baillie, E Bard, A Bayliss, JW Beck, C Bertrand, PG Blackwell, CE Buck, G Burr, KB Cutler, PE Damon, RL Edwards, RG Fairbanks, M Friedrich, TP Guilderson, KA Hughen, B Kromer, FG McCormac, S Manning, C Bronk Ramsey, RW Reimer, S Remmele, JR Southon, M Stuiver, S Talamo, FW Taylor, J van der Plicht, and CE Weyhenmeyer. 2004 Ⅰnt-Cal04. 14c Atmospheric data for the N Hemisphere. *Radiocarbon*, 46: 1029-1058.; Stuiver M., P. J. Reimer, E. Bard, J. W. Beck, G. S. Burr, K. A. Hughen, B. Kromer, G. McCormac, J. van der Plicht and M. Spurk 1998 ⅠNTCAL98 Radiocarbon Age Calibration, 24000～0 cal BP. *Radiocarbon*, 40 (3): 1041-1083.; Stuiver M., P. J. Reimer and T. F. Braziunas High～precision radiocarbon age calibration for terrestrial and marine samples 1998. *Radiocarbon*, 40 (3): 1127-1151.

[3] 河南省文物考古研究所 2006～2007 年发掘资料。

[4] 灵宝底董遗址测年工作由北京大学考古文博学院完成，测年结果待发表。

[5] 中国科学院考古研究所山西工作队：《山西芮城东庄村和西王村遗址的发掘》，《考古学报》1973 年第 1 期。

[6] 河南省文物考古研究所：《河南三门峡南家庄遗址调查与试掘》，《华夏考古》2007 年第 4 期。

附录五　南交口东汉墓镇墓瓶朱书文考略

郝本性　魏兴涛

（河南省文物考古研究所，郑州市 450000）

在 1997 ~ 1998 年考古工作者对河南省三门峡市南交口遗址的发掘中，除发现有仰韶文化、二里头文化等遗存外，还发掘了一批东周、汉代墓葬。其中东汉墓葬 M17 形制较大，随葬器物较丰富，而尤为引人注目的是，在墓室底部铺砖以下清理出 5 个陶镇墓瓶或称解注瓶，按东、南、中、西、北"五行"方位埋置，保存完好，瓶内装五种矿石，瓶腹有朱书陶文[1]，这在以往发现的汉代墓葬中尚不多见。现试对朱书文进行考释。

一、出土情况

南交口 M17 是一座尚存有封土冢、四周环绕以围墓沟的大型洞室砖券墓，地面以下部分由长条形斜坡墓道、砖券甬道、砖券前室、后室、侧室墓室等部分组成。该墓已被严重盗扰，墓内仅剩少量残碎人骨，当葬有 2 人。墓内劫后残余，经整理黏合计有陶器、铜器等 70 余件。据墓葬形制及出土器物特征，可推断这是一座东汉后期的墓葬。陶瓶发现在墓底的 5 个圆形小土坑内，竖立埋置。

墓底的 5 个小圆坑，口大底小，斜壁，平底，口径 22 ~ 28、深均 20 厘米，古代称这种坑为坎。

陶瓶实际上即陶罐，但河南西部一带以前出土的类似器物自铭为"瓶"。因其具有镇墓作用，是以称作镇墓瓶，又据瓶腹朱书文字内容知其具有解注作用，因此又可称为解注瓶。此五瓶形制相同，大小相当。均为泥质灰陶，侈口，平折沿，束颈，斜肩，圆筒形腹，平底，口径 7. 4 ~ 8. 4、高 15. 1 ~ 15. 8 厘米。器内装有矿物，器腹上有朱书文，其前绘有北斗七星图案。其中：

M17∶6 出土于后室东北角墓壁下的圆形小土坑内，首二字为"东方"（以下简称"东方瓶"）；

M17∶7 出土于前室东南角墓壁下的圆形小土坑内，首二字为"南方"（以下简称"南方瓶"）；

M17:8 出土于后室门中间甬道立柱下的圆形小土坑内，首二字为“中央”（以下简称“中央瓶”）；

M17:9 出土于甬道东南角墓壁下的圆形小土坑内，首二字为“西方”（以下简称“西方瓶”）；

M17:10 出土于前室东北角墓壁下圆形小土坑内，首二字为“北方”（以下简称“北方瓶”）。

以上五瓶均按其自铭方向埋置，东方瓶、中央瓶、西方瓶恰处或接近于正东西向。南方瓶、中央瓶、北方瓶处于南北一线上。

二、朱书文释读

五个陶瓶朱书文内容依次为：

东方瓶：“东方、甲乙、神青龙，曾青九两，制中央，令母守子，禍（祸）不起，从今日始，如律令！”

南方瓶：“南方、丙丁、神朱爵（雀），丹沙（砂）七两，制西方，令母守子，禍（祸）不起，从今日始，如律令！”

中央瓶：“中央、戊己、神如（勾）陈，雄黄七（误写作女）两，制北方，令母制子，禍（祸）不起，从今日始，如律令！”

西方瓶：“西方、庚辛、神白虎，礜石八两，［制东方］禍（祸）不起，令母制子，从今日始，如律令！”

北方瓶：“北方、壬癸、［神玄武］，慈（磁）石六两，制南方，令母守子，禍（祸）不起，自今日始，如律令！”

“禍”为“祸”之别字，“過”字也有写成“逷”字者，为同一偏旁的变化。祸不起，为无灾祸。

南方瓶，“爵”与“雀”音同通用，《史记·汲郑列传》中：“门外可设雀罗”。《汉书·郑当时传》中“雀”作“爵”。

中央瓶，“女”字与“七”字，相差一笔，本应写作“七”，多写一斜笔则误为“女”。

西方瓶，“虎”字简写作“雨”，乃汉代简化字，也可以说是俗体别字，并将“制东方”三字漏掉。

北方瓶，将“神玄武”三字漏写。

三、勾陈与北斗神符

青龙、白虎、朱雀、玄武为四方四神，已司空见惯。唯中央神“如陈”少见。如陈应为句（勾）陈。句（勾）为侯部字，如为鱼部字，两字韵部相近，如为句（勾）的假借字。或者如文中“七”误写成“女”一样，句与如均从口，如为句（勾）的误写。

勾陈为一星名。据刘向《说苑·辨物》：“璇玑谓北辰，末大星，正妃；余三星，后宫之属也。”北斗七星中最末的二等大星勾陈一是帝后；其他勾陈二、三、四是后宫群妃。《淮南子·天文训》已将勾陈与朱鸟（雀）、玄武、白虎、苍龙并列。

《晋书·天文志》：“北极七星，钩陈六星，皆在紫宫中……钩陈，后宫也，大帝之正妃也，大帝常居也。”由此可见既然朱书文前已有北斗七星神符，则此中央神宫（中宫）便以句（勾）陈常居了。

据统计[2]，在五代、宋、元出土买地券中，有十方提到“勾陈”，而且勾陈一般在青龙、白虎、朱雀、玄武之后，“内方勾陈，分掌四域”这样的文字最多，既然是分掌四域，自然可以位列中央。

值得注意的是，在汉代镇墓文（解注文）中勾陈在四神中央明显标出者非常罕见。因为《淮南子·天文训》说：“中央，土也，其帝黄帝，其佐后土，执绳而制四方”[3]，而这里的朱书中却以勾陈代替。勾陈在五代、宋、元买地券中一直有延续，可见这一传统持续之久远。

关于五个陶罐朱书文之前均有的北斗七星图案，星与星之间有连线，斗身在上，斗柄在下，斗勺口朝外。这些图案当系神符，其代表何意？值得探讨。

《淮南子·天文训》称北斗为北斗之神。吴荣曾先生曾经收集了大量不同类型的镇墓瓶材料，论述了这些镇墓瓶与巫术、道教的关系。他认为汉代人把北斗也看作掌管人生死的神灵。按《史记·天官书》记载，北斗文昌宫的六星中，即包括“司命”、“司禄”，人死后归天上北斗管属[4]。

陕西宝鸡曾两次出土陶瓶上书有“黄神北斗”：

一件是宝鸡市铲车厂 M1 东汉晚期墓出土陶瓶，瓶文前半段为“黄神北斗主为葬者睢方镇解诸咎殃，葬犯墓神墓伯，不利生人者，今日移别，墓家无殃。”[5]

另一件是宝鸡市五里庙东汉墓出土灵帝光和四年（181 年）陶瓶，文约 230 字，其中有：“黄神北斗谨为王氏之家后死之人世玉等……”[6]这是术者为王家合葬时进行解注所书。

长安三里村东汉墓中出土一件镇墓瓶，在长篇解注文后，画出一幅北斗星图，图下朱书四行，为“主乳死咎鬼，主白（自）死咎鬼，主币（师）死咎鬼，主皇（星）死咎鬼。”王育成先生解释为早死之鬼、自杀而死之鬼、军事冲突中死去之鬼、刑死之鬼，此四种厉鬼全归北斗君所主管[7]。

北斗七星能解注的传统观念，从汉代一直传到唐代。唐孙思邈《千金翼方·禁经下》记禁注文中有“北斗七星食一百二十种注”。注病是古人误认为鬼魅邪毒之气转相传染侵注的病症。这一类未知病因致死的人，统归北斗七星所镇治。

四、镇墓文中所体现的阴阳五行思想

阴阳五行思想是汉代思想的支柱，渗透到汉代各个方面，包括社会生活和意识形态的各个角落，生死和灵魂更是汉代人十分关注的问题。东汉中、晚期经常发生天灾人祸，疫病流行。人们对于造成灾祸的原因不明，只有从宗教迷信的角度，将根源推之于鬼神。因此在各种术数中，五行则以通神、通灵的面目出现。五行原理中最基本的是五行生胜学。

南交口陶瓶上，朱书文“制”为折、克之意。《大戴礼记·千乘》：“制刚柔”，王聘珍解诂曰“制，克也”。北方制南方，即水克火；中央制北方，即土克水；南方制西方，即火克金；东方制中央即木克土；西方［制东方］，即金克木。这种五宫诸神有除去邪气鬼祟的解除功能。安徽寿县刘君冢出土有圭形石刻一件，字迹已模糊，张勋燎、白彬参考徐乃昌释文，重释为：

> 曰（白?）天帝告除居巢刘君冢恶气。告东方青帝，主除黄气之凶；告南方赤帝，主除西方白气之凶；告西方白帝，主除青［气］之凶；告北方黑帝，主除赤气之凶；告中央黄帝，主除北方黑气之凶；……［子］子孙孙寿老。如律令！[8]

这一石刻文与南交口朱书文相比更加具体化，更通俗易懂。所谓告南方赤帝，主除西方白气之凶，就是南方制西方，火克金……这些文字的目的就是为了清除冢墓恶气。

在战国末年，邹衍五行学说已传入秦，三门峡地区当时属于秦国。湖北云梦睡虎地秦墓出土秦简《日书》甲、乙种，简974～982：“丙丁火，火胜金；戊已土，土胜水；庚辛金，金胜木；壬癸水，水胜火”[9]。这些简已不全，有脱文“甲乙木，木胜土”。说明秦国民间早已流传着五行思想。

古人将五行的相生比作母子，如土生金，则土是金母，金是土子。但五行中，凡相生也相抑，如木抑火，火抑土，土抑金，金抑水，水抑木。相生中又有相克，相克中有相资。这种复杂的关系反映了客观世界万物对立统一，依存转化的运动过程。

《淮南子·天文训》说："水生木，木生火，火生土，土生金，金生水。子生母曰义，母生子曰保，子母相得曰专，母胜子曰制，子胜母曰困。以制（原作胜，依王引之改）击杀，胜而无报。以专从事而有功。以义行理，名立而不堕。以保畜养，万物蕃昌。以困举事，破灭死亡。"[10]

南交口五个陶瓶朱书文中，东方与南方、北方三瓶朱书为"令母守子"，"守"与"保"同义。依《淮南子·主术》："则独身不能保也。"高诱注："保，犹守也。"母守子即母保子，依上文母生子曰保，则"令母守子"即令母生子。中央与西方瓶二朱书为"令母制子"，"制"为克、为胜，指母克子[11]。

五、关于五位与十天干之日神

南交口五个陶瓶，以甲乙、丙丁、庚辛、壬癸八个天干分配东、南、西、北四方，或称四宫，而以戊己居中宫。这种五位用于配合五行，出入于天、地、人、鬼四门。而南交口发现的是由四方（四宫）和中央（中宫）构成，《淮南子·时则》称之为五位。五位的重要是配合五行，我们结合五个陶瓶的五位可以作成以下对应表，见表一：

表一　南交口汉墓镇墓瓶朱书文所反映的五位、五行等对应表

五位	东	南	中	西	北
五行	木	火	土	金	水
十天干	甲乙	丙丁	戊己	庚辛	壬癸
五兽	青龙	朱雀	黄龙	白虎	玄武
五色	青	赤	黄	白	黑
五石	曾青	丹砂	雄黄	礜石	磁石

说明：五兽中黄龙，在陶瓶上为勾陈，有所不同。

关于天干日神，《淮南子·时则》说：

> 孟春之月，招摇指寅，……其位东方，其日甲乙，盛德在木；
> 孟夏之月，招摇指巳，……其位南方，其日丙丁，盛德在火；
> 季夏之月，招摇指未，……其位中央，其日戊己，盛德在土；
> 孟秋之月，招摇指申，……其位西方，其日庚辛，盛德在金；
> 孟冬之月，招摇指亥，……其位北方，其日壬癸，盛德在水[12]。

其日甲乙，即干支记日，包含有甲日与乙日，因此十天干，就已涵盖所有的日子。

东汉王充是无神论者，在《论衡·论死》中说："死不为鬼，无知，不能害人"[13]。他否认鬼神迷信，却明确指出当时社会"衰世好信鬼，愚人好求福"（《解除》)。他列举当时人的思想是迷信鬼神的，如《订鬼》说:"一曰，鬼者，人所得病之气也。……一曰：鬼者，甲乙之神也。甲乙者，天之别气也，其形象人。人病且死，甲乙之神至矣。假令甲乙之日病，则死见庚辛之神也。"由于早期道教施行解除法术，是根据墓主人死时的日期来决定采用何种五行生胜术，所以这些朱书文对于天干日神会特别标示出来。

六、关于镇墓瓶内的五石

南交口陶瓶自铭盛装曾青、丹沙（砂)、雄黄、礜石、慈（磁）石，共五种矿石。这五种矿石在汉至魏晋时期曾被医家采以入药，主要治疗外伤及寒症。湖南长沙马王堆3号墓出土的帛书中有《五十二病方》[14]，这是西汉初年宫廷御医所使用的适于南方的药物，如雄黄、丹砂、礜。此外，在甘肃武威一个土洞墓中发现一大批木简[15]，墓主人是七十多岁的民间医生，药方中有曾青、雄黄、磁石，这是适用于西北地区的为百姓治病的药物，反映出东汉初年这些矿石仍作药用。

关于五石药性是否有毒。约成书于东汉的《神农本草经》对丹砂、雄黄、礜石、兹（磁）石的药性均有记载。魏晋佚名的《名医别录》认为雄黄、礜石并有毒，丹砂、磁石并无毒。

晋葛洪《抱朴子·金丹》云:"五石者，丹砂、雄黄、白礜、曾青、磁石也。"[16]丹砂为赤色，雄黄为黄色，礜石为白色，曾青为青色，磁石为黑色，这正符合古代五行说的五色[17]。

据李零先生考证，"五石不仅为炼丹的石材，也用做绘画的原料，并被医家采以入药，治疗外伤和寒症。……它们除磁石外皆大毒，古人也叫五毒。"这种五石由魏晋名士何晏，在此基础上重新组合配制而成五石散，这种治寒的悍药，也叫"寒食散"，在文人士大夫阶层中服食，曾经吃死不少人[18]。

古代巫、医不分。《神农本草经》在研究病因时结合了以风为主的气论与鬼祟论，该书记载的药物主治邪气、恶气与鬼物。疰与注通，鬼疰与传染病相近。有时药物不仅治病，还能去邪气，驱鬼魅。因而五石被认为是仙药。《黄帝九鼎神丹经诀》卷十一《炼药使不散法》:"五石者，丹沙，太阳之精也；磁石，太阴之精也；曾青，少阳之精也；雄黄，石上之精也。感阴阳之正气，配五方之正位，能相制伏，无所发动，调炼去毒，故能令人不死者。"[19]该墓用五石就是取其能相制伏，无所发动，使已死鬼魅不能危害家中生人，而且有利于子孙。

陕西潼关吊桥汉代杨氏墓群2号墓也出土有东汉五个陶瓶，瓶面书有"中央雄黄利子孙安土"文字一行[20]。西安市和平门外4号墓出土献帝初平四年（193年）陶瓶，内盛类似汉白玉之石料一块，朱书138字。其文末尾更有“转要道中人，和以五石之精，安冢莫（墓），利子孙。故以神瓶震（镇）郭（椁）门。如律令！”[21]的字句，从而表明南交口陶瓶内装的五石，实际上是作为神药的所谓“五石之精（精魅）”，目的是为了安冢墓，利子孙，也即镇墓之用。河南境内一直到唐代墓葬中还出土有镇墓的五精石石刻。而正如《中国道教考古》所分析的，在葬墓过程中主持经办这种解注仪式的是“道中人”，也就是其他不少镇墓文中所说“天帝使者”之类的人士[22]。

同时，南交口陶瓶所具有的解注作用与早期道教天师道“分离人鬼，杀鬼生人，避免疾病流行”的核心相吻合，天师道也被认为最初是在西安、洛阳为中心的附近地区创立起来的[23]，三门峡恰处于西安、洛阳两京之间，这里的发现为上述认识增添了实证。

综上所述，南交口汉墓出土陶瓶上朱书文所体现的是阴阳五行思想，也是道教所具有的基本思想，在当时人们的心目中有着解注、安冢、镇墓的作用。以往在河南与陕西之间，也曾发现镇墓（或称解注、解谪）瓶[24]，或书雄黄、或书丹砂、或书礜石，但往往未见五石俱全者，而且尚有不少汉墓出土四瓶、五瓶而未见朱书、墨书者（也许原有朱书、墨书已脱落），由于未见文字或记录不全，不详其用途，而通过这一次发现则可以证实这些陶瓶均为同一性质，也具有同样的用途，即均为镇墓、解注之用，是早期道教仪式的一种物化形式。再者，南交口陶瓶无论其发现地域还是其所具有的解注作用无不与天师道紧密相关，从而为研究早期道教的形成与发展提供了新的重要资料。

注　释

[1]　见本书第七章。

[2][8][23]　张勋燎、白彬：《中国道教考古》，线装书局，2006年。

[3][10][12]　刘文典：《淮南鸿烈集解》，中华书局，1989年。

[4]　吴荣曾：《镇墓文中所见到的东汉道巫关系》，《先秦两汉史研究》，中华书局，1995年。

[5]　宝鸡市博物馆：《宝鸡市铲车厂汉墓》，《文物》1981年第3期。

[6]　王光永：《宝鸡市汉墓发现光和与永元年间朱书陶器》，《文物》1981年第3期。

[7]　王育成：《南李王陶瓶朱书与相关宗教文化研究》，《考古与文物》1996年第2期。星死为犯星灾而死，王育成谓刑死亦通。乳死为夭折。

[9]　吴小强：《秦简日书集释》，岳麓书社，2000年。

[11]　关于母与子还有另一解释，即《史记·律书》以十干为十母，以十二辰为十二子。

[13]　黄晖：《论衡校释》卷二十二，中华书局，1990年。

[14]　马王堆汉墓帛书整理小组：《五十二病方》，文物出版社，1979年。

[15]　甘肃省博物馆、武威县文化馆合：《武威汉代医简》，文物出版社，1975 年。

[16]　王明：《抱朴子内篇校释》，中华书局，1985 年。

[17]　经分析测定，有二瓶盛装矿物与为朱书文名称相符，余皆不符。参见本书附录六。

[18]　李零：《五石考》，《中国方术续考》，东方出版社，2000 年。

[19]　《道藏》十八册。

[20]　陕西省文物管理委员会：《潼关吊桥杨氏墓群发掘简记》，《文物》1961 年第 1 期。

[21]　唐金裕：《汉初平四年王氏朱书陶瓶》，《文物》1980 年第 1 期。

[22]　见张勋燎、白彬 2006 年文。关于道中人，有几种不同的理解。有人主张道中人为道中行人，泛指与死者无关的人。本文采用张勋燎说，指早期道教人士。

[24]　河南省博物馆：《灵宝张湾汉墓》，《文物》1975 年第 11 期。

（本文曾刊于《文物》2009 年第 3 期，收录时略有删改）

附录六　南交口东汉墓出土“五石”的分析及相关研究

杨玉璋[1]　张居中[1]　魏兴涛[2]

（1. 中国科学技术大学科技史与科技考古系，合肥市 230026；2. 河南省文物考古研究所，郑州市 450000）

一、引　　言

1997～1998 年，为配合连霍高速公路洛阳至三门峡段的修建，河南省文物考古研究所对三门峡市南交口遗址与古墓葬进行了抢救性发掘。其中东汉墓 M17 墓葬结构包括长条形斜坡墓道、砖券甬道、砖券前室、后室、侧室墓室五部分组成，方向 295°。从发掘情况来看，M17 历史上经多次盗掘，砖砌墓室毁坏严重，仅底部保存较好，发掘时在墓室底部铺砖以下发现有 5 个圆形小坑，分别位于后室东北角、前室东南角、后室门下、墓门甬道东南角及前室东北角，每个小坑内出土陶镇墓瓶 1 个。从这些陶瓶埋置的位置来看，正好对应着东、南、中、西、北五个方位。5 个陶瓶的腹部都有朱书文字，且字前皆绘有北斗七星图案。发掘时发现每个陶瓶内都装有不同的块状或颗粒状物质，根据陶瓶上朱书文内容来看，按出土的方位东、南、中、西、北顺序，这些物质分别是曾青、丹砂、雄黄、礜石和磁石[1]。为进一步确定这些物质的性质，并探讨它们在墓葬中的功能及代表的意义，我们运用 X 射线衍射法对它们进行分析研究。

二、实　　验

（一）实验样品

这批样品大小、颜色等特征各不相同，值得注意的是位于中央的陶瓶内出土了两种物质，从外观上看分别与东方和西方的瓶内所装物质相同，我们分别从北、西、南、东和中央五个瓶中采集实验用样品若干，样品具体特征见表一。

表一　南交口汉墓镇墓瓶出土矿物质测试样品表

样品编号	自铭方位	自铭名称	颜色	特　征
SMXN	北方	磁石	黑色	块状，表面有少量孔洞，有金属光泽
SMXW	西方	礜石	白色	块状，表面被风化大部分呈褐色
SMXS	南方	丹砂	鲜红色	块状，表面光滑，金刚光泽
SMXE	东方	曾青	蓝色	细小颗粒状，无光泽，结构疏松，有细小孔洞
SMXC-1	中央	雄黄	蓝色	细小颗粒状，无光泽，结构疏松，有细小孔洞
SMXC-2			鲜红色	块状，表面光滑，金刚光泽

（二）仪器及测试条件

利用X射线衍射技术（X-Ray Diffraction，XRD）进行物相分析，仪器为日本玛珂公司生产的MXPAHF型18kW转靶X射线衍射仪。工作条件为：Cu Kα辐射，电压40kV，电流100mA；发散狭缝（DS）、防散射狭缝（SS）和接收狭缝（RS）依次为1°、1°、0. 15mm；衍射计量范围是10°~70°。

（三）实验结果

各样品的XRD图谱如图一至图四所示，分析结果见表二。其中，样品SMXN、SMXW和SMXS物相较单一，分别是磁铁矿和赤铁矿、白云石、辰砂；样品SMXE的组成主要有硅酸铜钡、石英和方铅矿，同时还可能有一些未知矿物存在，从其XRD图谱来看，其中含有大量的非晶态物质，显然经过高温处理。而中央瓶内的两种样品SMXC-1和SMXC-2经分析分别与样品SMXE和SMXS为同一物质。此外，为确定中央陶瓶内是否有雄黄存在，我们采集了瓶内的土样进行了分析，但并未发现有雄黄的衍射特征峰存在。为节省篇幅，中央瓶内两个样品及土样的XRD图谱略去。

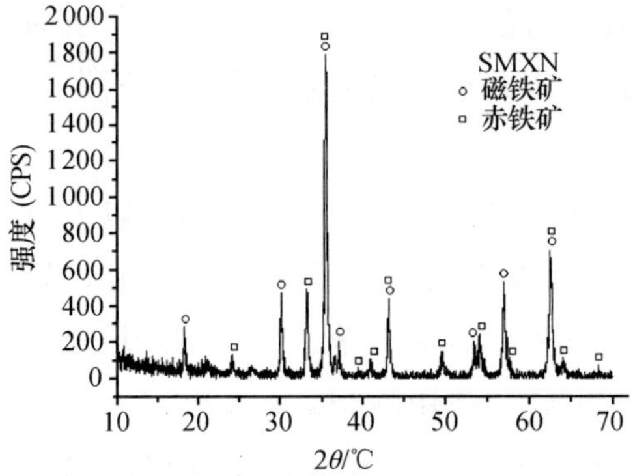

图一　南交口汉墓镇墓瓶出土矿物质样品SMXN的XRD图谱

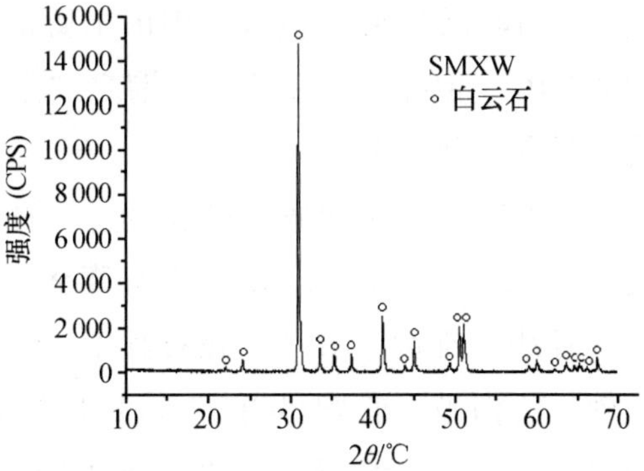

图二　南交口汉墓镇墓瓶出土矿物质样品SMXW的XRD图谱

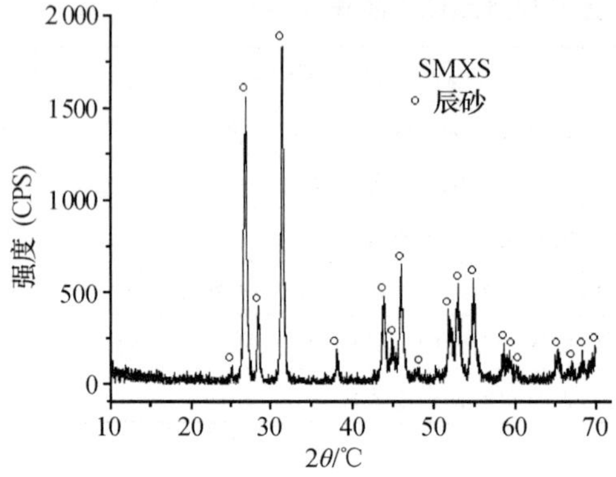

图三　南交口汉墓镇墓瓶出土矿物质样品 SMXS 的 XRD 图谱

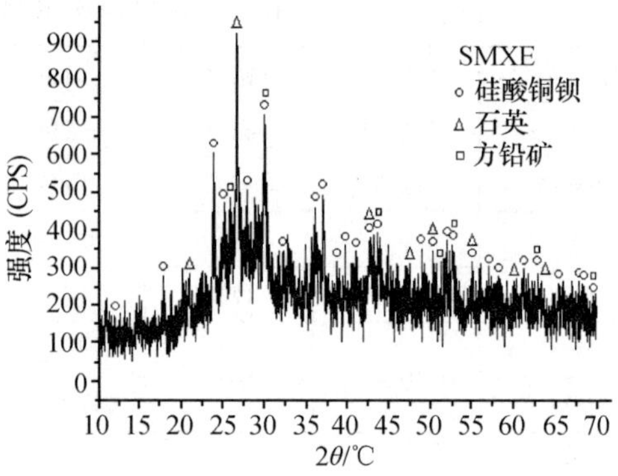

图四　南交口汉墓镇墓瓶出土矿物质样品 SMXE 的 XRD 图谱

表二　南交口汉墓镇墓瓶出土矿物质样品 XRD 分析结果

编号	自铭方位	自铭名称	XRD 分析结果
SMXN	北方	磁石	磁铁矿（Fe_3O_4）、赤铁矿（Fe_2O_3）
SMXW	西方	礜石	白云石［$MgCa(CO_3)_2$］
SMXS	南方	丹砂	辰砂（HgS）
SMXE	东方	曾青	硅酸铜钡（$BaCuSi_2O_6$）、方铅矿（PbS）、石英（SiO_2）
SMXC-1	中央	雄黄	硅酸铜钡（$BaCuSi_2O_6$）、方铅矿（PbS）、石英（SiO_2）
SMXC-2			辰砂（HgS）

三、分析与讨论

三门峡汉墓 M17 镇墓瓶中出土所谓“曾青、丹砂、雄黄、礜石、磁石”五种矿物即葛洪《抱朴子·金丹》中谓之“五石”者。从文献记载来看，此“五石”在古代主要有三种用途：

一为医家疗伤治病之矿物药。《周礼·天官·疡医》云：“凡疗疡，以五毒攻之”，郑玄注“五毒，五药之有毒者。今医方有五毒之药，作之，合黄堥，置石胆、丹沙、雄黄、礜石、磁石其中，烧之三日三夜，其烟上著，以鸡羽埽取之。以注创，恶肉破，骨则尽出。”这是最早有关“五石”药用的记载。《史记·扁鹊仓公列传》也有“中热不溲者，不可服五石”之记载。甘肃武威出土汉代医简中也有一例治疗麻疯病之《大风方》：“雄黄、丹砂、礜石、兹石、消石□长，一两人参□捣之”[2]。

二为古代方士与道教徒炼丹或冶炼金属的重要原料。如王充《论衡率性》云：“道人消烁五石，作五色之玉，比之真玉，光不殊别……消炼五石铸以为器。”葛洪《抱朴子·金丹》云：“用汞及五石液于铜器中，火熬之，以铁匕挠之，十日还为丹。”

三为古代五行说之“五色石”。金、木、水、火、土五行与西、东、北、南、中五个方位相对，又与白、青、黑、赤、黄五色相应，而曾青色青、丹砂色赤、雄黄色黄、礜石色白、磁石色黑，正与古代五行说之五色相合，故此五种矿物在古代又常被当作“五色石”使用。据李零先生考证，“五石”这一概念在古代不同的领域含义并非完全一致，但基本以葛洪《抱朴子·金丹》中的“五石”为基础，在一个大致确定的范围内作不同的选择[3]，因此，我们不妨认为狭义的“五石”就是指丹砂、雄黄、白礜、曾青、磁石这五种物质，现在我们知道，这五种矿物的化学组成分别为 HgS、As_4S_4、FeAsS、$2Cu_2CO_3 \cdot Cu(OH)_2$和 Fe_3O_4，除磁石外皆有毒，古人曾谓之“五毒”，可谓名副其实。此外，魏晋时期士大夫文人曾流行服食一种“五石散”，据王奎克先生考证，此“五石”为礜石、紫石英、白石英、赤石脂、钟乳，与我们上述“五石”并非同一概念[4]。

“五石”不但因用于医药与炼丹等而见之于文献记载，其名称及实物在汉晋时期的墓葬中也时有发现。如洛阳李屯元嘉二年镇墓瓶上有“为汝五石、人参，解□□”之辞[5]，咸阳永平三年镇墓瓶上有“建立大镇、慈、礜、雄黄、曾青、丹沙，五石会精，辰药辅神，冢墓安宁”等文[6]，初平四年镇墓文也有“文他央咎，转要道中人，和以五石之精，安冢墓，利子孙”之言[7]。从考古发掘的情况来看，镇墓瓶内所装“五石”一般只装其中一种或数种，如潼关吊桥杨氏墓群 M2 出土五个朱书陶瓶，瓶内所装皆为雄黄[8]；咸阳永平三年朱书瓶内只装有白色、黄色矿石和蓝色小颗粒三种物质[9]。

从墓葬结构和随葬品特征来看，南交口 M17 属东汉中晚期墓葬，其中出土的“五石”，名称与《抱朴子·金丹》的记载完全一致，说明东汉时期镇墓文中多次提及之“五石”即为古代文献记载中的曾青、丹砂、礜石、磁石和雄黄这五种矿物。但 XRD 分析结果表明，M17 陶瓶上所书矿物名称与瓶中实际盛放之物并不完全一致，其中位于前室东南角（样品 SMXS）与东北角（样品 SMXN）两个瓶内所盛之物与瓶上朱书所记矿物名称基本一致，确为丹砂（辰砂）和磁铁。由于在自然界磁铁矿和赤铁矿可相互转化，从而在磁铁矿样品中也分析出少量的赤铁矿存在；但其余三个样品与朱书文中所记之名并不相符，出土于墓门甬道东南角陶瓶内（样品 SMXW）的矿物为白云石[$MgCa(CO_3)_2$]，而不是朱书文中所说的礜石（FeAsS），这应该有两种可能：一是由于礜石与白云石色皆白，故以白云石代之，仅具有象征意义；二是由于二者颜色相同，古人误把白云石当作礜石来用。出土于后室东北角的陶瓶内所放物质也并非朱书文中所言之

“曾青”，经分析是一种含有硅酸铜钡（$BaCuSi_2O_6$）、方铅矿（PbS）和石英（SiO_2）及其他一些不明物质的混合物，从 XRD 图谱来看，这些颗粒中含有大量的非晶态物质，很显然曾受过高温处理。联系到许多镇墓文中有所谓“五石之精”、“五石会精”、“神药”等记载，这种蓝色的小颗粒可能与之有关。此外，值得注意的是，这种蓝色小颗粒中发现的硅酸铜钡，又被称为“汉紫”，曾被用作秦俑彩绘的紫色颜料[10]，但这种矿物在自然界并不存在，只是到 20 世纪 80 年代才被合成出来，中国古人在 2000 多年前即已使用，关于其来源一直是个不解之谜。从我们的分析来看，这种物质的来源可能与我国古代早期道教徒的炼丹活动有关。后室门中间甬道的瓶内所盛两种物质（SMXC-1 和 SMXC-2）经分析与样品 SMXS 和 SMXE 相同，一件镇墓瓶中同时放置两种物质，此前未见报道，对于这种做法的意义也有待进一步的探讨。

据刘卫鹏先生考证，东汉时期的镇墓五石，是古代对五种矿物药石的宗教使用，它们在当时五行思想的支配下，以五色代表五方，在墓中进行压镇[11]。M17 出土陶瓶上镇墓文的内容也反映了这一情况，后室东北角墓壁下出土陶瓶上朱书文为“东方甲乙神青龙曾青九两制中央令母守子祸（祸）不起从今日始如律令”，前室东南角墓壁下出土陶瓶上朱书“南方丙丁神朱爵丹沙七两制西方令母守子祸不起从今日始如律令”，后室门中间甬道立柱下出土陶瓶器腹朱书“中央戊已神如（勾）陈雄黄七（误写作女）两制北方令母制子祸不起从今日始如律令”，墓门甬道东南角墓壁下陶瓶器腹朱书“西方庚辛神白虎礜石八两祸不起令母制子从今日始如律令”，前室东北角墓壁下陶瓶器腹朱书“北方壬癸慈（磁）石六两制南方令母守子祸不起从今日始如律令”，以上陶瓶基本按东、南、中、西、北五个方位放置，从朱书的内容上来看，明显是道教徒所作，青龙、白虎、朱雀、玄武、如（勾）陈是道教中五方之神，道教徒将之与五行五色相配，并利用五行相克之理以达到压镇墓冢、除殃解咎、保佑生人平安之目的。由此看来，古人在镇墓瓶中盛放“曾青”等五种矿物，实际上是这五种矿物作为“五色石”所具有功能的延伸及其使用范围的扩大。

此外，五个陶瓶朱书文前皆绘有北斗七星图案，这一现象在东汉时期的墓葬中也曾多次出现，如山东嘉祥武梁祠石室刻石上有一幅北斗星图[12]，1957 年陕西长安县三里村出土一朱书陶瓶，其上有清晰的北斗星图及“北斗君”三字[13]，咸阳窑店出土一件东汉朱书陶瓶，上也绘有北斗七星图[14]。北斗是我国古人最崇信的大神之一，常用于镇咎除殃，如宝鸡铲车厂出土解除文曰：“黄神北斗为葬者阿丘镇解诸殃咎”，“黄神北斗为葬者睢方镇解诸殃咎”[15]；而在长安三里村朱书陶瓶的北斗星图形下还有 4 行文字：“主乳死咎鬼，主白（自）死咎鬼，主市（师）死之鬼，主皇（星）死之鬼”，据王育成先生考证，上述四咎鬼皆为北斗星所主，由此可见，M17 陶瓶朱书镇墓文前画北斗星图与其他汉墓中所见功能相同，皆为镇墓除咎之用。综上所述，M17 出土陶瓶上的朱书文及北斗星图都是早期道教活动的产物。

四、结　　论

综合上述 XRD 分析结果及考古、文献资料的讨论，我们认为：

(1) M17 朱书陶瓶中所装之“曾青、丹砂、礜石、磁石、雄黄”五种矿物即为古代文献记载之“五石”。但在 M17 中只有丹砂、磁石与陶瓶朱书文上所言名称相符，其余皆不相符，结合其他考古资料来看，“五石”在汉墓中的放置通常并不严格，有时仅放置其中一种或几种以作代表，只具象征意义。M17 中的“曾青”经分析，是一种含有硅酸铜钡、方铅矿、石英及其他一些不明物质的混合物，并且经过高温处理，可能与汉墓朱书文中的“五石之精”、“神药”等有关。硅酸铜钡在我国古代曾被用作紫色颜料，关于其来源一直不甚清楚，M17 中它的存在，揭示了这种物质的产生可能与早期道教炼丹的实践活动有关。

(2) M17 中出土“五石”在墓中的摆放位置基本上与东、南、西、北、中五个方位相对，同时又对应着道教的青龙、朱雀、白虎、玄武、如（勾）陈五方之神，并且朱书文中又包含着五行相克的思想，而曾青色青、丹砂色赤、礜石色白、磁石色黑、雄黄色黄，显然，“五石”是代表五色，以与五行五位相应，因此，“五石”在汉墓中的使用实际上是其作为“五色石”功能的一种延伸，结合朱书镇墓文的内容来看，其意义是在镇邪除殃，保佑生人。

(3) 北斗是我国古代的大神之一，它在汉墓中的出现同样是为了镇墓除咎之用，M17 陶瓶朱书文前的北斗七星图亦同此理。

注　　释

[1]　见本书第七章。
[2]　甘肃省博物馆：《武威汉代医简》，文物出版社，1975 年。
[3]　李零：《中国方术续考》，东方出版社，2000 年。
[4]　王奎克：《“五石散”新考》，《中国古代化学史研究》，北京大学出版社，1985 年。
[5]　洛阳市文物工作队：《洛阳李屯东汉元嘉二年墓发掘简报》，《考古与文物》1997 年第 2 期。
[6][9]　咸阳市文物考古研究所：《咸阳教育学院东汉墓清理简报》，《文物考古论集——咸阳市文物考古研究所成立十周年纪念》，三秦出版社，2000 年。
[7]　唐金裕：《汉初平四年王氏朱书陶瓶》，《文物》1980 年第 1 期。
[8]　陕西省文管会：《潼关吊桥汉代杨氏墓群发掘简记》，《文物》1961 年第 1 期。

[10]　周铁、张志军：《一件彩绘俑头的保护及秦俑彩绘紫色黄色颜料的分析》，《文博》1995 年第 1 期。

[11]　刘卫鹏：《“五石”镇墓说》，《文博》2001 年第 3 期。

[12]　信立祥：《论汉代的墓上祠堂及其画像》，《汉代画像石研究》，文物出版社，1982 年。

[13]　转引自王育成：《南李王陶瓶朱书与相关宗教文化问题研究》，《考古与文物》1996 年第 2 期。

[14]　刘卫鹏、李朝阳：《咸阳窑店出圭的东汉朱书陶瓶》，《文物》2004 年第 2 期。

[15]　宝鸡市博物馆：《宝鸡市铲车厂汉墓》，《文物》1981 年第 3 期。

后　记

三门峡南交口遗址与古墓葬的考古发掘得到了国家文物局、河南省文物局、河南省高速公路管理局、三门峡市文物局的大力支持。三门峡市文物考古研究所多年来为标本的存放和整理提供了场地。

本报告由魏兴涛编写，赵宏、史智民参加了第七章的编写。田野照片由魏兴涛拍摄，出土器物照片由郭民卿拍摄；器物底图由魏兴涛、杨军锋绘制，杨玉华清绘，张建华、贾长有也绘制了一部分线图；拓片由邱宏涵完成；器物修复由雷树威完成。英文提要由魏兴涛翻译，马萧林校订。

遗址地貌部分由北京大学环境学院夏正楷先生及其研究生张小虎完成。出土人骨由中国科学院古脊椎动物与古人类研究所张振标先生鉴定。出土动物骨骼和石器由河南省文物考古研究所李占扬先生鉴定。1997 年浮选发现的植物遗存由中国科学院植物研究所孔昭宸、刘长江先生鉴定和拍照；2007 年浮选发现的植物遗存由北京大学考古文博学院秦岭女士鉴定和拍照。遗址^{14}C测年工作由北京大学考古文博学院吴小红教授完成。汉代墓葬 M17 出土陶镇墓瓶上的朱书文字由河南省文物考古研究所郝本性先生隶定；镇墓瓶内置物的矿物成分分析由中国科学技术大学科技史与科技考古系张居中、杨玉璋、杨晓勇先生完成。

本报告编写期间得到了北京大学考古文博学院严文明、赵朝洪、赵辉、张弛等先生的指导；严文明先生审阅了报告，提出了重要修改意见，并撰写序言和题签书名。

科学出版社文物考古分社闫向东先生为本书的编辑出版提供了便利，责任编辑雷英女士付出了辛勤的劳动。

在此谨向参与各项工作和给予的帮助的单位与专家表示衷心的感谢！

编　者

Abstract

Nanjiaokou site, with a total area of 12 ha, is located in Sanmenxia city, western Henan province. In 1997 and 1998, Henan Provincial Institute of Cultural Relics and Archaeology excavated here to facilitate infrastructure construction. Relics from Yangshao culture and Erlitou culture, mainly from the former, had been found at the excavated area of the site which covers about $1400m^2$. Some tombs date to the Eastern Zhou period and Han Dynasty had also been found here, in which the most important is one of the late Eastern Han.

The Yangshao cultural remains fall into three periods.

The settlement of the first period of the Yangshao culture are in the middle and west of this site, with a smaller area of about 4. 5 ha. Semi-subterranean house foundations, ash pits with various shapes and vertical earthen pit tombs for singles were found. The artifacts are mainly ceramic containers, but little colorful pottery here. The basic set includes wide-edged jars, narrow-edged jars, basins, *bo*-bowls, bowls, point-bottomed amphoraes with small mouths, *gang*-jars, etc. The excavated stone implements are all forged with chipped stone or stone.

The relics of this period, generally belonging to the Dongzhuang type of the Yangshao culture, can be subdivided into three categories. Moreover, remains of *Setaria italica*, *Panicum miliaceum*, *Oryza Sativa* subsp. and other crops were also found. The most important is, rice remains were discovered in the early Yangshao culture period at the middle Yellow River valley for the first time.

The relics of the second period of the Yangshao culture, scattered in the east, are found richest in this site. With an area of about 80 000 square meters, the larger settlement had experienced the process from early occupation through gradual expansion to continuing development.

The house foundations are either on ground or semi-subterranean, and ash pits are mostly round, some of which are mother-son with unique structure. There is a tomb seemed like the second joint for several persons discovered in Sanmenxia area of western Henan for the first time.

To the artifacts, most are ceramic containers mainly from red pottery with plain surface and slanted-line decoration. Painted pottery are mostly in black with various designs. For wares, the basic combination include basins, jars, bowls, amphoraes with small mouths, *bo*-bowls, *gang*-jars, *weng*-vessels, covers, etc.

The unearthed stone implements are mainly grinded, such as shovels, knives, balls, millstones, grinding bar and cakes.

The relics of this period belong to the Miaodigou type of the Yangshao culture, which can be further divided into early, middle and late periods and six phases. During the early period, that is, early Miaodigou type, many wares came from the first period, indicating that Miaodigou type originated from Dongzhuang type, and took its early shape in the west of Henan province and the southwest of Shanxi province. In the middle and late periods, we can find remains of *Setaria italica*, *Panicum miliaceum* and *Oryza Sativa* subsp. , showing that a continuing warm, humid climate and a combination region were suitable for both dry land crop and paddy field crop, such as millet and rice.

Relics of the third period of the Yangshao culture are few, settled in the west corner of the site with an area of less than 0. 5 ha. Only ash pits can be seen in this area. The earthen containers are generally in dark color, popular with horizontal basket-strip impressions, and additional stack decoration. For wares, most are jars, *dings* (tripod cooking vessels, and point-bottomed amphoraes with gradually large bottoms) . No grinded stone implement found but more forging gallets discovered.

The relics of this period should belong to the later period of the Yangshao culture, or called the end period of the Yangshao culture.

A small settlement of the Erlitou culture in the west of the site is with an area of about 3. 5 ha where rectangular house foundations with several rooms, ash pits with round or rectangular mouth, and vertical rectangular pit tombs for joint burial of two persons are found. The excavated earthen containers are mainly grey wares, popular with rope-like impression and additional stack decoration. The basic ware combination includes deep-bellied jars, *weng*-vessels, single-handled jars, jars with laces, jars with shoulder lugs, basins, stem plates, vats with large openings. Only several stone tools can be found, such as shovels and axes.

The tombs dating to the Eastern Zhou period are all vertical rectangular earthen pits for singles.

There are many kinds of tombs of Han Dynasty discovered, for instance, vertical rectangular earthen pits, earthen cave tombs and cave tombs protected with bricks. They were dated to the early, late and end of Western Han Dynasty, as well as the early and late Eastern Han Dynasty.

One of the late Eastern Han tombs has earthen grave mound and surrounding ditch. Five earthen vases were found on the bottom of the tomb. Each of the vases is designed with *beidouxing* (the Big Dipper Stars) and written with red characters. And there are minerals inside the vases, providing valuable materials for a research on the origin and development of Taoism.

1. 遗址全貌（北→南）

2. 遗址全貌（南→北）

南交口遗址全貌

1. 遗址东南部（西北→东南）

2. 遗址所在二级阶地剖面（北→南）

南交口遗址局部

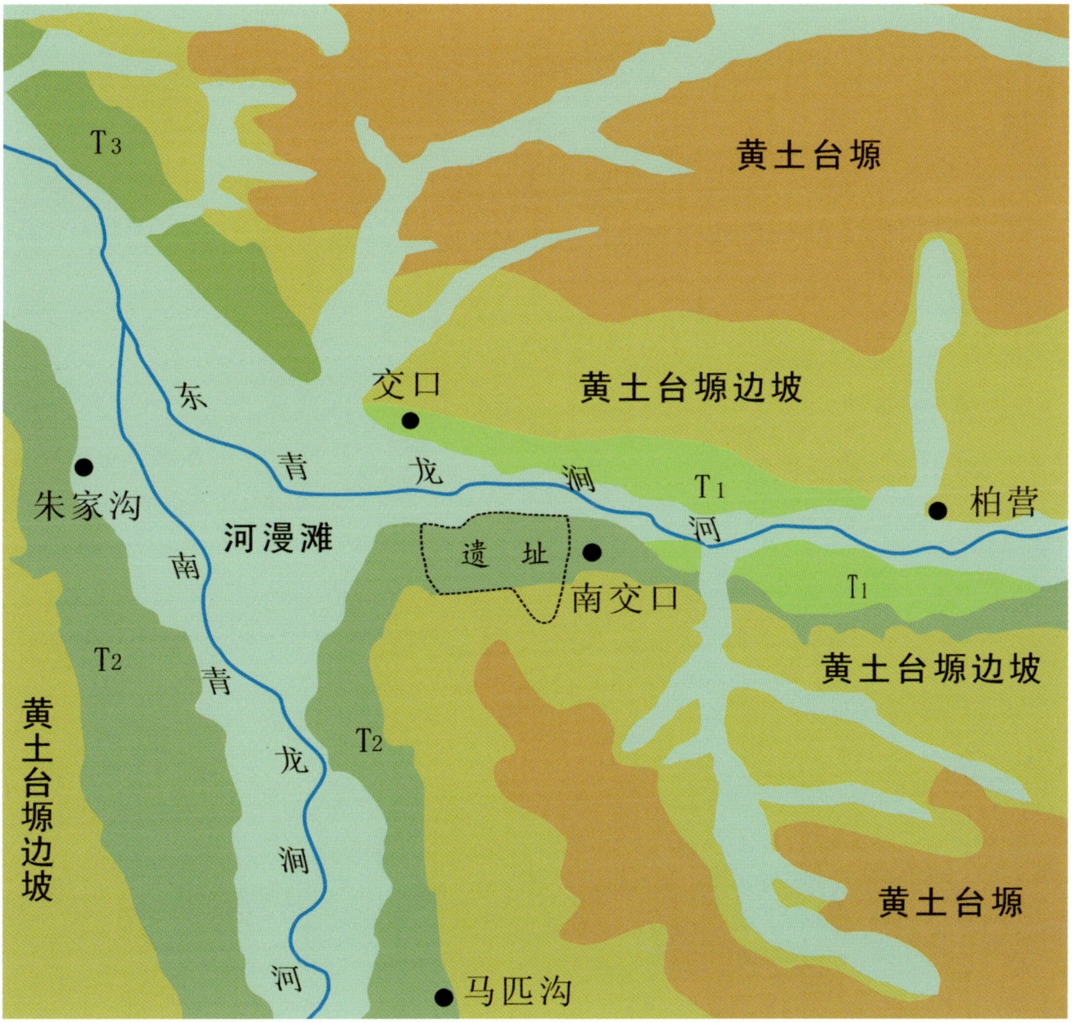

南交口遗址及其附近地貌示意图

1. Ⅲ区中部偏北发掘现场（西→东）

2. Ⅲ区东部发掘现场（东北→西南）

南交口遗址发掘现场

1. 2006年2月北京大学夏正楷教授（右）、张小虎（左）与遗址发掘主持者魏兴涛（中）在做遗址调查

2. 2007年10月发掘者在遗址的发掘剖面保留遗迹中采集炭样和浮选土样

南交口遗址调查、土样采集

H78（东→西）

仰韶文化一期灰坑（H78）

1. M7（东南→西北）

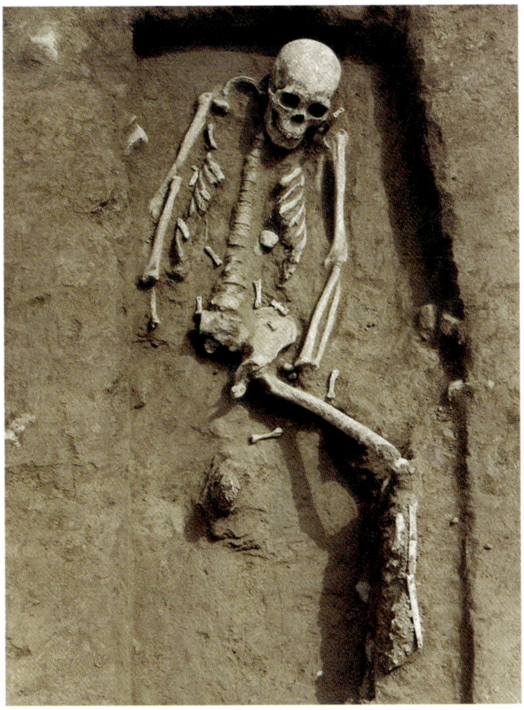

2. M8（西→东）

仰韶文化一期墓葬（M7、M8）

1. Ⅰ段（左 T33⑤：12、中 T33⑤：11、右 T33⑤：13）

2. Ⅱ段（上：左 H72：24、中 H72：25、右 H72：26；中：左 H72：27、右 H72：28；下：左 H72：29、中 H72：30、右 H72：31）

3. Ⅱ段（上：左 H72：6、右 H72：2；下：H68：1）

4. Ⅲ段（上：左一 H78：24、左二 T32④：7、左三 T32④：8、右 T32④：9；中：左 H78：25、中 H78：26、右 H78：27；下：左 T32④：10、中 H70：5、右 T32④：11）

5. Ⅲ段（左 H70：1、右 H78：4）

仰韶文化一期彩陶片

1. AⅡ式钵（H43：1）

2. AⅡ式钵（H54：1）

3. AⅢ式窄沿罐（H78：1）

4. AⅢ式宽沿罐（H78：2）

5. AⅢ式钵（H43：2）

仰韶文化一期陶器

Ⅰ式小口尖底瓶（H55∶1）

仰韶文化一期陶器

1. F1（北→南）

2. H2（北→南）

3. Z1（南→北）

仰韶文化二期房址、灰坑与灶址（F1、H2、Z1）

1. M2（北→南）

2. M2（东→西）

仰韶文化二期墓葬（M2）

1. 乙类AⅢ式盆（G2：1）

2. 乙类AⅢ式盆（G2：2）

3. 乙类BaⅡ式盆（H09：1）

4. 乙类BaⅢ式盆（H22：22）

5. 乙类BaⅣ式盆（H2：1）

6. 乙类BbⅡ式盆（H22：13）

仰韶文化二期陶器

1. 乙类BbⅡ式盆（G3：1）

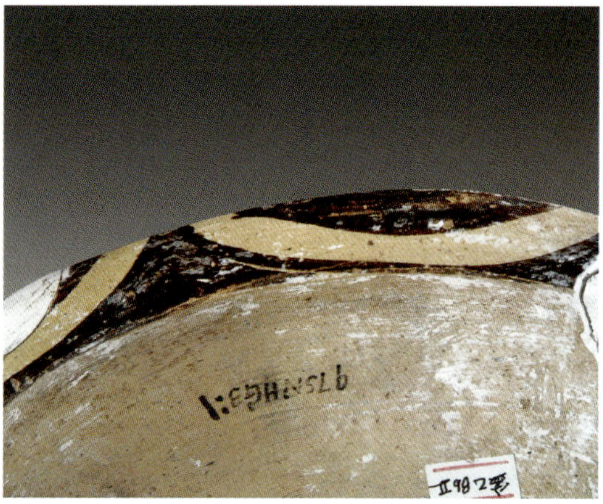

2. 乙类BbⅡ式盆（G3：1口部）

3. 乙类BbⅢ式盆（H22：15）

4. 乙类BbⅢ式盆（H22：15口部）

5. 乙类CⅡ式盆（H65：1）

6. 乙类CⅤ式盆（H21：11）

仰韶文化二期陶器

1. 乙类Ea Ⅰ式盆（H49：1）

2. Ba Ⅰ式碗（H09：2）

3. Ba Ⅱ式碗（H62：1）

4. Ba Ⅱ式碗（H62：4）

5. Ba Ⅲ式碗（H2：4）

6. Bb Ⅰ式碗（G2：4）

仰韶文化二期陶器

1. BbⅡ式碗（H22：4）

2. BbⅡ式碗（H22：5）

3. BbⅡ式碗（H22：8）

4. BbⅡ式碗（H22：9）

5. BbⅡ式碗（H22：14）

6. CaⅡ式碗（H22：10）

仰韶文化二期陶器

1. CaⅡ式碗（H89：1）

2. Ca Ⅲ式碗（H2：3）

3. Ca Ⅲ式碗（H2：5）

4. Cb 型碗 （H18：1）

5. Cb 型碗（H22：3）

仰韶文化二期陶器

1. AⅡ式小口瓶（H90：1口部）

2. AⅡ式小口瓶（H90：1腹部）

3. AⅡ式小口瓶（H90：1）

仰韶文化二期陶器

1. AⅠ式钵（H92：2）

2. AⅢ式钵（H8：2）

3. 甲类AaⅢ式缸（F4：1）

4. 甲类BaⅡ式缸（H22：2）

仰韶文化二期陶器

1. 垂弧纹(上：H65：4)；凸弧纹（下：左H010：1、右G2：127）

2. 垂弧纹（上：左H21：31、右G2：125；中：H22：48；下：左H39：1、右H2：54）

3. 垂弧纹（上：左H22：31、中H22：47、右G2：26；下：左H22：29、中G2：123、右G2：29）

4. 垂弧纹（上：左G2：120、右G2：122；中H18：15；下：左H2：22、右G2：31）

5. 凸弧纹（上：左H2：23、右H21：14；下：左G2：128、中H2：26、右H21：17）

6. 网格纹（上：左G2：124；下：H4：4）；圆点纹（上：右H21：15）

仰韶文化二期黑色彩陶片

1. 弧边三角纹（上：左 H21：4、右 H21：6；下：左 T03⑫：2、右 H2：14）

2. 豆荚纹（G2：121）

3. 窗棂纹（左 G2：130）；弧边三角纹（右 G2：126）

4. 连弧纹（上：左H49：2）；弧边三角纹（上：右 H6：3；下：左 G2：132、右 H14：8）

5. 三足动物图案（H21：32）

6. 白衣彩陶纹样（上：左 H65：25、中 H8：38、右 G2：133；下：左 H14：31、中 H30：7、右 H6：31）

仰韶文化二期黑色彩陶片与白衣彩陶片

1. 陶刀（H30：6）

2. 陶网坠（H89：22）

3. 陶球（H18：14）

4. 石研磨器（G2：109）

5. 石铲（左 H16：18、右 H16：17）

仰韶文化二期陶器与石器

1. A型石铲（左 H2：55、中 H2：56、右 H2：57）

2. A型石铲（左 H2：55另面、中 H2：56另面、右 H2：57另面）

3. A型石铲（H2：55）

4. A型石铲（H2：57）

5. A型石铲（H2：56）

6. A型石铲（H2：56另面）

仰韶文化二期石器

1. 陶羊圈（M17：4）

2. 陶羊圈（M17：4内陶羊）

3. 陶院落（M17：64）

4. 陶院落（M17：64内部）

5. 陶院落（M17：64内阁楼等）

汉代墓葬出土陶模型明器

1. M17：6～M17：10

2. M17：6

3. M17：6 内置物

4. M17：7

5. M17：7 内置物

汉代墓葬出土陶镇墓瓶及其内置物

1. M17：8

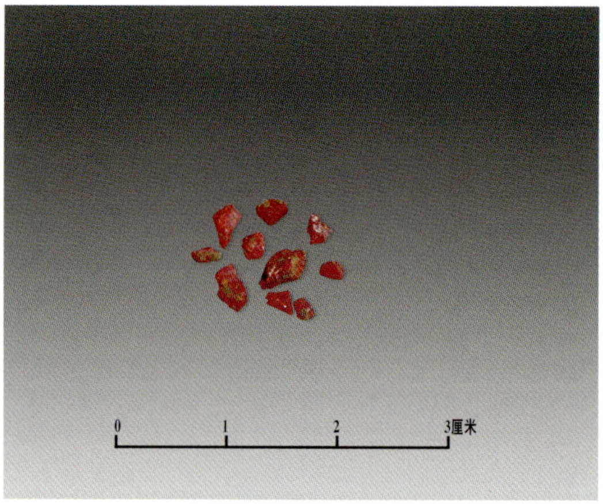

2. M17：8内置物（一种）

3. M17：9

4. M17：9内置物

5. M17：10

6. M17：10内置物

汉代墓葬出土陶镇墓瓶及其内置物

1. M17：3

2. M17：3另面

汉代墓葬出土玉璏

1. 北梁遗址北部（东北→西南）

2. 朱家沟遗址东部（东北→西南）

北梁遗址与朱家沟遗址

1. 卢家店遗址东部（西北→东南）

2. 大交口遗址西部（东→西）

卢家店遗址与大交口遗址

1. 小交口遗址中部（西→东）

2. 卢家店南遗址（西北→东南）

小交口遗址与卢家店南遗址

1. 07SNH01炭化完整稻米

2. 07SNH01炭化碎稻

3. 07SNH01炭化粟

4. 97SNH11炭化带壳粟细部（左 背部、右 腹部）

5. 07SNH01炭化狗尾草

6. 07SNH01炭化狗尾草属其他种类

南交口遗址浮选植物遗存

1. 07SNH01炭化黍

2. 07SNH01成熟与不成熟炭化黍对比

3. 07SNH01炭化藜科

4. 07SNH01炭化不明坚果果壳（侧视、俯视）

5. 07SNH01炭化菱角残块

南交口遗址浮选植物遗存

1. 遗址东部（东→西）

2. 遗址中东部（西→东）

南交口遗址局部

图版二

1. 遗址西部（东→西）

2. Ⅱ区发掘现场（西南→东北）

南交口遗址局部与Ⅱ区发掘现场

1. Ⅲ区中部偏北发掘现场（东→西）

2. Ⅲ区南部T01发掘现场（东北→西南）

南交口遗址发掘现场

1. Ⅲ区南部T03发掘现场（北→南）

2. 汉代M17发掘现场（东北→西南）

南交口遗址发掘现场

1. H78（西→东）

仰韶文化一期灰坑（H78）

1. M7（西南→东北）

2. M8（北→南）

仰韶文化一期墓葬（M7、M8）

1. AⅢ式窄沿罐（H78：3）

2. BⅠ式钵（H43：3）

3. 小罐（H72：1）

4. AⅠ式碗（T33⑤：1）

5. 石核（左H74：6、中H74：8、右H74：7）

6. 骨环（H43：32）

仰韶文化一期陶器、石器与骨器

1. Ⅰ式小口尖底瓶（H55：1）

2. Ⅰ式小口尖底瓶（H55：1口部）

3. Ⅰ式小口尖底瓶（H55：1腹部）

仰韶文化一期陶器

1. F5（西→东）

2. Z1（南→北）

仰韶文化二期房址与灶址（F5、Z1）

1. F1局部（北→南）

2. F1墙基内的石块

仰韶文化二期房址（F1）

1. M2（北→南）

2. F1与M2（左F1、右M2；东→西）

仰韶文化二期墓葬（M2）

1. 甲类E型盆（H65：2）

2. 甲类E型盆（H22：1）

3. 乙类CⅢ式盆（H22：12）

4. 乙类CⅢ式盆（H89：2）

仰韶文化二期陶器

1. 乙类CⅤ式盆（H8：1）

2. 夹砂罐残器（H16：11）

3. Cb型夹砂罐（H8：3）

4. D型夹砂罐（H4：1）

仰韶文化二期陶器

1. CaⅡ式碗（H22：11）

2. Cb型碗（H62：5）

3. Cb型碗（H21：1）

4. D型碗（G2：3）

5. BⅡ式钵（H16：1）

6. D型钵（H22：6）

仰韶文化二期陶器

1. AⅠ式小口瓶（H57：1）

2. AⅡ式小瓶（左G2：6、右H26：1）

3. AⅢ式小口瓶（左H28：1、右G3：2）

4. AⅣ式小口瓶（左H89：3、右G1：2）

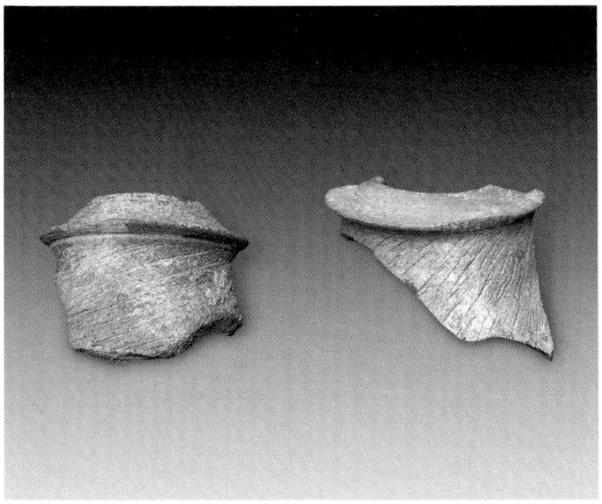

5. AⅤ式小口瓶（左H3：1、右T03⑫：1）

6. AⅥ式小口瓶（F2：1）

仰韶文化二期陶器

1. Ⅲ式釜（H2：2）

2. AⅡ式夹砂小罐（H88：1）

3. 小盆（H88：2）

4. A型小杯（G2：86）

5. A型小杯（H14：1）

6. A型小杯（H14：2）

仰韶文化二期陶器

1. A型小杯（H14：4）

2. A型小杯（H62：3）

3. B型小杯（H62：2）

4. B型器座（H2：6）

仰韶文化二期陶器

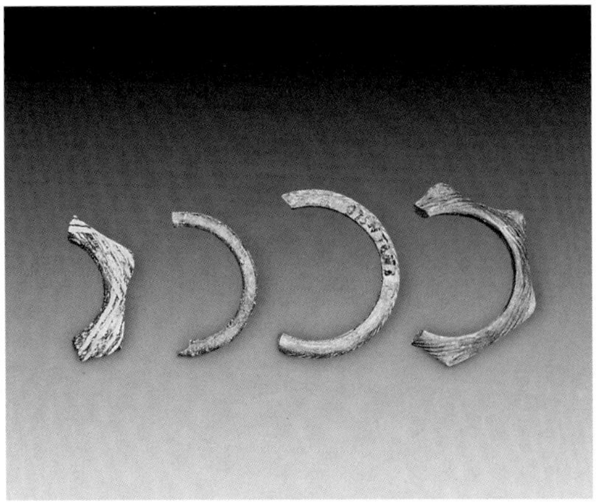

1. 陶环（左一H8：33、左二G2：110、左三H8：31、右H62：29）

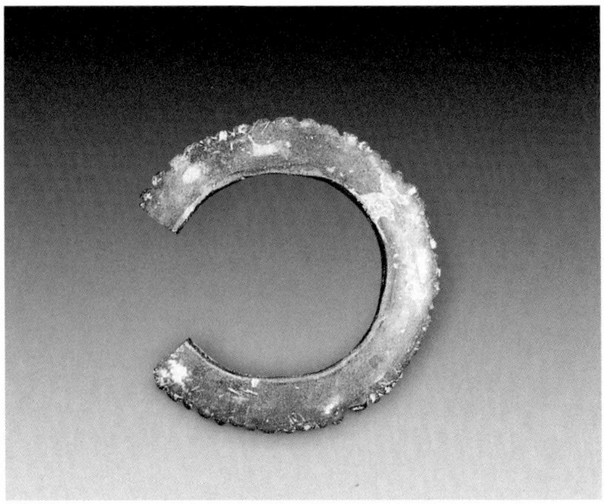

2. Ae型陶环（G2：112）

3. Af型陶环（左H89：21、右G2：119）

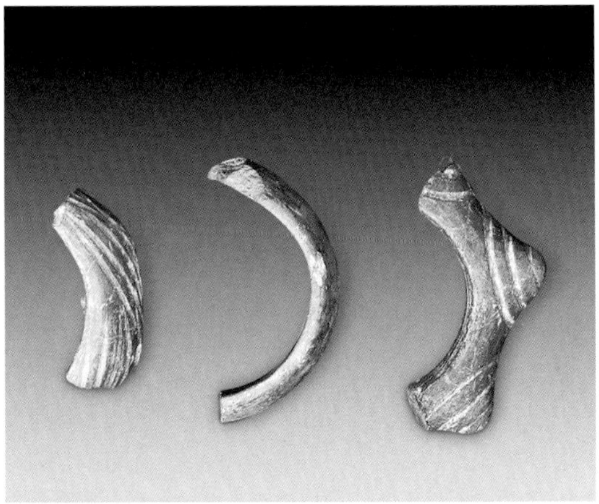

4. 陶环（左G2：117、中H8：32、右G2：111）

5. A型石磨棒（G2：108）

6. A型石磨棒（H6：29）

仰韶文化二期陶器与石器

1.石斧（H6：28）

2.A型石楔（H62：28）

3.骨锥（F2：4）

仰韶文化二期石器与骨器

1. 石斧（采：1）

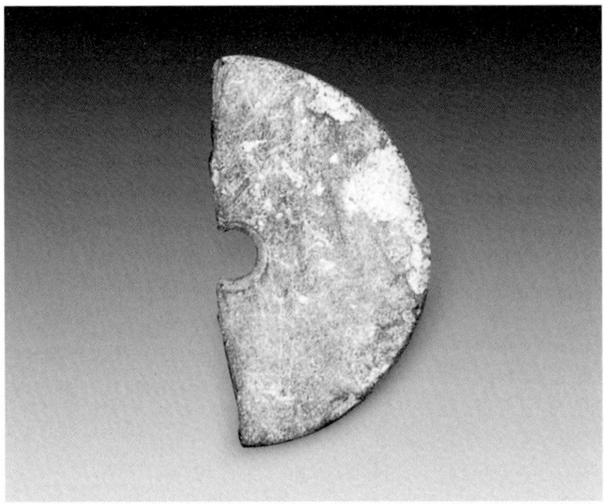

2. 石纺轮（H6：24）

3. A型石球（G2：98）

4. B型石球（H62：22）

5. 石球（上：左H62：24、右H62：23；下：左G2：105、右H5：3）

6. 石饼（左H14：29、中H6：25）；石环状器（右G2：102）

仰韶文化二期石器

1. 石刀（左G2：106、右G2：107）

2. 石刀（左H2：50、右H2：49）

3. Aa型石饼（H62：20）

4. Aa型石饼（H62：21）

5. Aa型石饼（G2：101）

6. B型石饼（G2：103）

仰韶文化二期石器

1. A型泥质罐（H01：2）

2. B型碗（H01：45）

3. A型小口高领瓮（H01：1）

仰韶文化三期陶器

1. F7东间（西→东）

2. M10（北→南）

二里头文化房址与墓葬（F7、M10）

1. Ⅰ式单耳罐（M10：3）

2. Ⅱ式单耳罐（T27⑥：31）

3. 直壁盆（M10：1）

4. 罍（M10：2）

5. 大口罐（T27⑥：6）

二里头文化陶器

1. T27⑥：1

2. T27⑥：3

3. T27⑥：2

二里头文化石铲

1. 豆（M4：2）

2. 豆（M4：3）

3. 壶（M4：4）

4. 壶（M4：5）

5. 鼎（M4：1）

东周墓葬出土陶器

1. 豆（M5：3）

2. 豆（M5：4）

3. 壶（M5：5）

4. 壶（M5：6）

5. 鼎（M5：7）

东周墓葬出土陶器

1. M16墓室（东→西）

2. 陶鼎（M16：4）

3. 陶缶（M16：2）

汉代墓葬及其出土陶器

1. 瓿（M16：5）

2. 瓿（M16：5肩部戳记）

3. 罐（M16：1）

4. 盆（M16：6）

5. 甑（M16：3）

6. 甑（M16：3底部）

汉代墓葬出土陶器

1. 陶盆（M3：8）

2. 陶盆（M3：13）

3. 陶甑（M3：9）

4. 陶甑（M3：9底部）

5. 陶瓿（M3：5）

6. 铜镜（M16：7）

汉代墓葬出土陶器与铜器

1. 甑（M3：18）

2. 甑底部（M3：18）

3. 瓶（M3：12）

4. 坛（M3：20）

5. 瓿（M3：11）

6. 仓（M3：14）

汉代墓葬出土陶器

1. 陶仓（M3：15）

2. 陶仓（M3：16）

3. 陶灶（M3：10）

4. 陶灶火门（M3：10）

5. 铜镜（M3：1）

6. 铜镜（M3：2）

汉代墓葬出土陶器与铜器

1. 陶壶（M1：1）

2. 陶壶（M1：2）

3. 陶耳杯（M1：3）

4. 铜镜（M1：9）

汉代墓葬出土陶器与铜器

1. 瓿（M12：1）

2. 瓿（M12：2）

3. 仓（M12：3）

4. 器盖（M13：2）

汉代墓葬出土陶器

1. 封土（西→东）

2. 墓道剖面（东→西）

汉代墓葬（M17）

1. 甬道与封门砖（东→西）

2. 墓室（西→东）

汉代墓葬（M17）

1. 侧室（北→南）

2. 前室南侧假耳室（东→西）

汉代墓葬（M17）

1. 博山炉盖（M17：67）

2. 豆形灯（M17：11）

3. 豆形灯（M17：68）

4. 豆形灯（M17：5）

5. 瓿（M17：65）

汉代墓葬出土陶器

1. 案（M17：39）

2. 案（M17：40）

3. 支架（M17：15）

4. 樽（M17：48）

1. 盘（M17：54）

2. 盘（M17：56）

3. 盘（M17：59）

4. 盘（M17：61）

5. 盘（M17：62）

6. 盘（M17：63）

汉代墓葬出土陶器

1. 陶盘（M17：60）

2. 陶釜（M17：12）

3. 刻字砖（M17：77）

4. 刻字砖（M17：78）

5. 刻图画砖（M17：82）

6. 石砚（M17：37）

汉代墓葬出土陶器与石器

1. 陶灶（M18：2）

2. 陶猪（M18：6）

3. 铜镜（M18：4）

汉代墓葬出土陶器与铜器

1. 小交口遗址陶刀（98SXH02：2）

2. 卢家店遗址石刀（98SL：030）

3. 卢家店南遗址石镰（98SLN：023）

交口一带遗址出土陶器与石器

1. 97SNH25炭化粟（约×8）

2. 97SNH21炭化稻（×8）

3. 97SNH25炭化稻（×8）

4. 97SNH88炭化蔷薇科果实（×3）

南交口遗址浮选植物遗存